法大名家

犯罪与刑罚论要

阮齐林 ◎ 著

中国政法大学出版社

2021·北京

图书在版编目（ＣＩＰ）数据

犯罪与刑罚论要/阮齐林著. —北京：中国政法大学出版社，2021.3

ISBN 978-7-5620-7362-8

Ⅰ.①犯… Ⅱ.①阮… Ⅲ.①犯罪学－研究②刑罚－研究

Ⅳ.①D917②D914.104

中国版本图书馆CIP数据核字(2020)第110337号

书　名	犯罪与刑罚论要 FANZUI YU XINGFA LUNYAO
出版者	中国政法大学出版社
地　址	北京市海淀区西土城路 25 号
邮　箱	fadapress@163.com
网　址	http://www.cuplpress.com (网络实名：中国政法大学出版社)
电　话	010-58908466(第七编辑部) 010-58908334(邮购部)
承　印	北京鑫海金澳胶印有限公司
开　本	720mm×960mm　1/16
印　张	31.75
字　数	500 千字
版　次	2021 年 3 月第 1 版
印　次	2021 年 3 月第 1 次印刷
定　价	139.00 元

自序

我的学习、工作经历比较简单。1978 年至 1982 年在西南政法学院读法律本科，本科毕业后到中国政法大学读研究生，研究生毕业后留校从事刑法学教学研究工作至今。我三十余年刑法学教学、研究生涯有这么几个比较重要的节点。

一、犯罪构成论体系及其比较研究

对犯罪构成理论体系感兴趣，有一个过程。我于 1992 年 10 月至 1994 年 4 月在日本东京大学做访问学者，了解了些外国刑法学说。回国后给研究生开讲日本刑法课程，同时也讲授中国刑法课程，自然就免不了比较，发现二者犯罪构成论体系差异很大。2000 年至 2003 年我在北京大学法学院在职攻读刑法学博士，于是就把犯罪论体系比较作为博士论题。从赴日本访学、到开讲日本刑法、再到将犯罪论体系比较选作博士论文题，逐渐形成了犯罪论体系方面的研究成果。2003 年 5 月，完成了题为"犯罪构成理论体系比较研究"博士论文。那些年忙于司法考试辅导，无心读书做学问，借"非典"流行的空闲，得以仓促完成博士论文。论文粗糙，羞于见人，一直尘封柜中。自己也不知道何时有精力、兴趣修订出版。已经发表的论文有以下几篇，收入本论文集中：

（1）"评特拉伊宁的犯罪构成论——兼论建构犯罪构成论体系的思路"。特拉伊宁的犯罪构成论在 20 世纪 50 年代中苏友好期间传入中国，后迅速在中国的刑法学说中占据了统治地位，成为社会主义阵营意识形态一致性在刑法学界的象征。而他的代表作《犯罪构成的一般理论》成为中国犯罪构成学说的经典。可以说，认识、评价中国的犯罪构成论不能不认识、评价他的犯罪构成论。构建犯罪构成论体系的思路是：首先以行为触犯刑法罚则即该当分则条文的罪状为犯罪的第一要件。在此，重要的是把罪状（或通过分则罪状描述的因素）当作一个整体来掌握，将其作为犯罪构成论的核心。"罪状"在三要件论中被称为"构成要件"，在法国理论中被称为"法定要素"，在英美理论中被称为"犯罪定义"。其次，把握社会危害性实质评价、主观罪过的归责评价，以此来指导司法并通过司法以弥补法律规定僵化可能产生的实质不公平。

本文发表于：《刑事法评论》（陈兴良主编）2003 年第 3 期，中国政法大学出版社 2003 年 9 月出版。这是我的博士论文的准备之作。

（2）"论应然犯罪之构成与法定犯罪之构成——兼论犯罪构成理论风格的多元发展"一文，是博士论文的副产品，2003 年发表于《法学研究》。该文主张在明确"三要件论""四要件论"理论倾向、风格、功能的基础上，寻求犯罪构成理论风格的多元发展。当时想以此触动一下固有的观念，接受多元犯罪论体系。

（3）"中国刑法学犯罪论体系之完善"，是时隔 10 年之后即 2013 年，应《法学研究》杂志编辑部之邀，在"刑法学研究之检讨与反思"的研讨会上作的发言整理成文。因为 2009 年"司法考试大纲"中首次采用"三要件"体系，引起了犯罪构成"三要件论"与"四要件论"之争，一时成为学界的热点话题。我认为，中国目前主流犯罪论体系是"二元"的，即"犯罪概念、特征论"与"犯罪构成论"并立，而三要件论是"一元"的，即"犯罪概念"与"构成要件"合为一体，构成要件是犯罪（概念）三特征之一。主张根据《刑法》第 13 条规定，把"犯罪构成论"纳入"犯罪概念特征论"，作为犯罪特征（要件）之一展开，形成刑事违法性（构成要件该当性）、社会危害性、应受惩罚性的犯罪论体系。

（4）"犯罪构成理论对公诉要点与顺序的影响"。这是将三要件论应用于公诉，对检察人员合理掌握公诉"内容和次序"的建议。该文于 2011 年被发表于《人民检察》，主张按照"三要件论"，认定犯罪遵循从特殊要件（罪状）到一般要件（危害·可责），先客观因素（行为·结果）后主观因素（故意），先涉嫌犯罪事实后评价（该当罪状、有害、可责）的思路，有助于合理起诉犯罪。公诉时，起诉书先对案件事实予以描述，然后阐述起诉理由与法律根据的做法契合了"三要件"理论，也抓住了公诉的要点和先后顺序，有利于庭审中控辩双方针对焦点问题展开攻防。

（5）"刑事司法应坚持罪责实质评价"。该文于 2017 年被发表于《中国法学》，以王力军案为例，阐释评价行为成立犯罪的模式：首先应当依据《刑法》第 225 条（非法经营罪）的法定罪状（构成要件）评价该行为是否该当罪状；其次，再作社会危害性（实质违法性）和可谴责性评价。该当罪状属于"法律"（形式）评价，危害性和可责性是"实质"评价。犯罪论体系其实就是评价行为成立犯罪的方法（或模式、套路）。为了摆脱三要件、四要件乃至英美控诉理由、辩护理由的犯罪论体系的束缚，在给研究生讲授犯罪论部分时，将其称为"犯罪的评价模式"，即被指控、判决有罪之行为必须：第一，该当罪状；第二，具有较严重社会危害性；第三，行为人就其所实施之违反刑法、危害社会行为可谴责。

二、中国刑法的特点对定罪量刑的影响

通过长期从事中国刑法和外国刑法的教学研究以及在检察机关挂职办案的经历，从比较的眼光，发现中国刑法较于德国、日本等欧陆国家刑法，具有以下特点。

（1）加重犯多。如盗窃、诈骗、抢夺、敲诈数额巨大处 3 年以上有期徒刑，特别巨大处 10 年以上有期徒刑；抢劫罪、拐卖妇女儿童罪处 10 年以上有期徒刑的加重事由有九项之多，强奸罪处 10 年以上有期徒刑的加重事由有五项之多，不胜枚举。

（2）客观化倾向，即定罪量刑的基本依据是结果。集中体现在侵犯财产和经济犯罪，如盗窃罪、诈骗罪、抢夺罪、敲诈勒索罪、贪污罪、受贿罪、非法经营罪、生产销售伪劣商品罪等，以犯罪金额作为定罪或加重犯主要依据。

（3）法定最低刑高，如绑架罪普通犯法定最低刑为 10 年以上有期徒刑，前述常见罪加重犯的法定最低刑加重到 10 年以上有期徒刑的相当普遍。

（4）法定最高刑重，常见罪如盗窃、诈骗、抢夺、抢劫、杀人、伤害、贪污、受贿、行贿等，法定最高刑为无期徒刑或死刑。

（5）限制减轻处罚。《刑法》第 63 条第 2 款规定，具有法定减轻处罚情节的，可以在法定最低刑之下判罚。反之，没有法定减轻处罚情节的，法官没有减轻处罚权限。中国刑法前述四个特点，在第五个特点即减轻处罚权的限制的助推下，往往会导致刻板的量刑。

以上五个特点，对定罪量刑产生了诸多影响。其中，我认为较为突出的有两点。

（一）限制了司法量刑的空间

（1）"论绑架罪的法定刑对绑架罪认定的制约"。该文章于 2002 年被发表于《法学研究》，绑架罪当时的法定最低刑为 10 年有期徒刑，主张对绑架罪的构成要件应当尽量作限制性的解释，使绑架罪的认定与严厉的法定刑相称。绑架罪主观上以勒索巨额赎金或者其他重大不法要求为目的；客观上限于使用暴力方法扣押人质，利用第三人对人质安危的担忧进行勒索。对于恩怨型、儿戏型"绑架"，熟识人之间索取恩怨纠纷为限度的财物或数额不大的财物，与绑架罪的处罚明显不称，不应当认定为绑架罪。

"以刑制罪"，是最简单也是最实质的解释论。因为根据罪刑相适应原则可先验地设定：每一刑罚法规的罪状与法定刑犹如天平一样平衡。天平的一端"刑"愈重，则另一端的"罪"必愈重。据此，对于配置重刑的条款，应当通过限缩解释抬高构成要件的门槛，限缩其适用范围，实现罪与罚均衡。

（2）"中国刑法特点与司法裁量空间"，这是 2008 年 3 月在国家检察官学院所作的讲座录音整理而成的文章，也是我这方面观点较为系统的阐述。中国刑法前述五个特点，明显地限缩了司法裁量空间，中国的法院或法官自由裁量刑罚空间小得可怜。有时，立法量刑模式制约下，不得不判处显然违背常识常理常情的量刑。其中，许霆案是突出的例子。"中国刑法配置刑罚的特点和酌定减轻的适用——从许霆案说起"一文，通过许霆案说明中国刑法量刑制度严重压缩法官量刑空间，导致法官不得不违背罪刑相适应原则，做出合法不合理的量刑。司法机关在处理刑事案件中面对 10 年法定最低刑的加重犯，有的不得不作无罪处理，如深圳机场清洁工梁某窃取天价黄金饰品案作了撤案处理；有的则不得不作出严苛的判罚。

（3）"应适当放宽'酌情减轻处罚'的权限"一文，阐述了中国刑法刑罚配置特点加上"酌情减轻"适用的严格限制（报经最高人民法院核准）。在处理法与情冲突的案件时，往往令法官为难、公众困惑，最终处理的结果只能是：要么是"以法曲情"；要么是"以情曲法"。欲减少这种情况，需从立法上适当下放酌情减轻处罚权，由各省高级人民法院审判委员会行使。

（4）"新中国刑法传统与刑法解释"。一方面，中国刑法实践 50 年间的积淀，就成为"传统"或"习惯"，影响着现行刑法的理解和适用，可称之为"新中国的刑法传统"。另一方面，现代刑法文明毕竟源于西方，其学说因体系完备、根基深厚而成为极具影响的"软实力"。二者有时会在刑法解释上发生冲突，需要了解和协调。

（5）"猥亵儿童罪基本问题再研究""论盗窃罪'数额犯'的既遂标准""论盗窃与抢夺界分的实益、倾向和标准""新定罪量刑标准下职务侵占罪与盗窃罪界分问题研究"等论文，讨论分则各罪的法律适用，坚持罪刑均衡的法律适用（解释）信念，注重避免苛刻的刑法适用；坚持刑法规范目的的解释，注重避免无视刑法功能的法律适用。刑法教义学虽然值得尊重，但中国刑法规定本身往往不合教义，如果讲求刑法教义学解释，弄不好会成为愚蠢法律（解释）适用的托词。

（二）给不喜好数罪并罚的司法习惯提供了广阔的空间

中国刑法前述的五个特点，加上定罪的较高数量或程度门槛，导致中国刑法能够满足同种数罪不数罪并罚的需要，如对犯数个同种盗窃、诈骗、强奸、拐卖等罪，直接累加数额或次数按加重犯以一罪处罚即可，且常见罪法定最高刑大多是无期徒刑，同种数罪再多，在该罪的法定刑无期徒刑范围内能够满足定罪处罚的需要。这不同于欧陆等国的刑法，常见罪如盗窃罪、诈骗罪，法定最高刑仅为 10 年或 15 年有期徒刑，有的罪法定最高刑更低，如受贿罪，德国刑法规定法定最高刑通常为 5 年有期徒刑，如果同种数罪不实行数罪并罚，会轻纵罪犯，产生鼓励犯罪的效果。因此，在欧陆国家刑法模式下，必须讲究数罪并罚，不仅异种数罪要数罪并罚，同种数罪也要数罪并罚，而且达到锱铢必较的程度。中国刑法学说中罪数和数罪并罚的概念，如想象竞合犯、牵连犯、吸收犯、连续犯、法条竞合犯都是舶来品，产生于需要斤斤计较数罪并罚的欧陆刑法模式，来到能够充分包容同种数罪但不数罪并罚的中国刑法模式下，绝对水土不服，连续犯概念在中国的数罪并罚中毫无意义，就是一个突出例证。针对这种情况，我于 1990 年初在《法学研究》发表了"简化不适用数罪并罚的犯罪形态及其处罚原则"一文，提出研究罪数问题需要考虑：（1）现有的立法模式和司法习惯在处理罪数问题上有无重大改革的必要；（2）对待"异种数罪"的数罪并罚应当在多大程度上受同种数罪不并罚模式的制约。后于 2006 年在《河南师范大学学报》发表了"论构建适应中国刑法特点的罪数论体系"一文，继续探讨这个话题。该文主张根据中国不喜好数罪并罚的制度的特点，分别从理论、立法、司法三个不同角度构建罪数论体系：（1）典型一罪和数罪；（2）法定处罚的一罪；（3）酌定处罚的一罪。在酌定处罚的一罪中包括想象竞合犯、牵连犯、选择一罪、同种数罪等概念。

三、财产刑正当理由以及中国刑法财产刑的完善

在1997年《刑法》全面修正之际，学界热议刑法完善问题。"论财产刑的正当理由及其立法完善"一文于1997年被发表于《中国法学》。该论文指出：我国现行刑法部分罚金刑无限额，没收财产刑广泛，没收处分制度相对薄弱。主张应当根据财产刑正当理由建立完善财产刑的思路：（1）规范罚金刑；（2）限制没收财产刑；（3）强化没收处分，通过强化没收处分，克服以罚金、没收财产刑代替没收处分的不规范现象。这篇论文中，明确各种财产刑适用的正当理由和功能，呼吁减少立法司法上没收财产刑的适用。我至今确信，在中国没收财产刑是一个比死刑更需要改革更需要重视的问题。随着中国民营企业的发展、有产者的增加，这将是敏感而尖锐的话题。死刑仅仅能剥夺被判刑人的生命，而没收财产刑，则能造成一个家族的衰落，其严酷性不亚于死刑。"再论财产刑的正当理由及其改革"一文指出：在财产刑方面我们应当改变"轻赎罪重预防重剥夺"观念导致的立法弊端，即一方面罚金刑适用范围限定于经济、贪利犯罪，而不是全部犯罪；另一方面又允许过分扩大财产刑的适用限度，普遍存在无限额罚金制、罚金刑并科制、一般没收。这一立法弊端造成罚金刑适用率低、执行难、政策效果不明显。财产刑既然以剥夺罪犯合法财产为内容，就应当建立在赎罪的正当根据上。既然以赎罪为根据，"以钱赎罪"与以自由、生命赎罪在正当性根据上并无实质差别。据此，罚金刑作为较轻缓的刑种适用于所有较轻的罪行不是不能接受的；罚金刑与自由刑易科也不是不能接受的。既然以剥夺合法财产权益为内容、以赎罪为正当根据，配置、适用财产刑就不能不顾及公民财产的安全，就不能不受刑罚公平、谦抑原则的约束。据此，无限额罚金制、罚金刑并科制、一般没收均缺乏存在的正当性根据。

四、投身于司法考试辅导

自1994年始至2014年止在中国政法大学任教之余，我从事司法考试辅导整20年。从事司法考试辅导有机会摆脱学院式的刑法学教学程式，自由发挥，从而形成了自己的教学特点，同时还收获了校外数十万司法考试学员的肯定。按照这一方法编写的一些讲义、教材，如《司法考试名师教程·刑法》《刑法·课堂笔记》《司法考试重点、难点、疑点精解丛书·刑法学卷》等，

虽然算不上学术精品，但都是教学经验的总结。这些教学经验、方法，也在此后编写的《刑法学》教材中有所体现，不仅方便学生理解，而且对一些年轻教师的教学，也有一定的参考价值。有得有失，司法考试辅导授课、辅导教材编写、修订，牵扯了大量的精力，在学术论文的写作、发表方面基本处在应付学校考核的低标准上，乏善可陈。只是因为敝帚自珍，临近退休之际，借中国政法大学出版"法大名师著作"丛书的机会，把自己写的论文、文章结集出版。其中，"论玩忽职守罪"是我的硕士学位论文，完成于1985年，一直尘封书柜未曾发表，借此机会与其他论文一并出版。

阮齐林

2020 年 4 月 1 日

目 录

三、犯罪与刑罚总论

四、罪刑各论

一、犯罪构成论体系

评特拉伊宁的犯罪构成论 [1]

——兼论建构犯罪构成论体系的思路

特拉伊宁的犯罪构成论在 20 世纪 50 年代中苏友好期间传入中国，让中国学者了解到全新的社会主义博大精深的犯罪构成理论。在当时东西方意识形态严重对立而社会主义意识形态亲和的背景下，包括特拉伊宁的犯罪构成理论在内的苏联刑法理论在中国的传习不仅具有学术意义而且具有政治意义。因此，他的理论迅速在中国的刑法学说中占据了统治地位，成为社会主义阵营意识形态一致性在刑法学界的象征。而他的代表作《犯罪构成的一般学说》成为中国犯罪构成学说的经典。时至今日，中国刑法学说中居支配地位的"四要件"犯罪构成论，依然是以特拉伊宁学说为范本构建的。他的犯罪构成论对中国刑法学说影响之深远，可以说，认识、评价中国的犯罪构成论不能不认识、评价他的犯罪构成论。在我国，人们对重建犯罪构成论的呼声甚高而收效甚微，忽视了他的理论特色不能不说是一个重要原因。要想中国的犯罪构成论有所发展、创新抑或是重建，不能不从认识特拉伊宁的学说开始。

通过近十几年的比较研究，我国学者在犯罪构成论体系方面的研究取得了显著的进展。基本达成了以下共识：以苏联 20 世纪 50 年代犯罪构成论为范本建立的"四要件论"与西方流行的"三要件论"主要差别在于其所属体系不同，在于一般要件的数量上，也即前者是"四要件"而后者是"三要件"。在要件的关系上，前者是所谓的"耦合式" [2]（或"齐合填充式" [3]）

---

〔1〕 本文是提交中国法学会刑法学研究会 2002 年度年会的论文，略有改动。本文发表于陈兴良主编：《刑事法评论第 13 卷》，中国政法大学出版社 2003 年版。

〔2〕 陈兴良："犯罪构成体系性思考（之一）"，载《法制与社会发展》2000 年第 3 期。

〔3〕 赵秉志、肖中华："我国与大陆法系犯罪构成理论的宏观比较"，载《浙江社会科学》1999 年第 2 期。

而后者是"递进式"〔1〕(或"递进排除式"〔2〕)。前者是"平面"的而后者是"立体"的。〔3〕在前者的体系中,"犯罪构成"(tatbestand)一词是广义的,包含犯罪成立的全部要件;而后者的体系中犯罪构成或构成要件(tatbestand)一词是狭义的,仅仅是犯罪成立要件之一。总体而言,前者是四要件平面耦合、一次性综合评价;后者是三要件分层递进(排除)式〔4〕评价。这些研究成果把两大犯罪构成论体系差异的认识推向了一个新的高度。但是在构建犯罪构成论上却得出了一个无奈的结论:两大犯罪构成论似乎仅仅是结构的差别,并无实质的差别。除此之外,这些研究成果也没有能合理解释一些问题,形成构建犯罪构成论的新思路。因此需要继续对特拉伊宁犯罪构成论进行深入系统地了解。〔5〕

通过对特拉伊宁的《犯罪构成的一般学说》(中国人民大学出版社 1958 年版)的分析,笔者认为他的犯罪构成论是"二元"的,他的著作前半部分(第 1、3、4 章)论述的是犯罪(四)要件(或方面)论,后半部分(第 5 章以降)论述的是构成因素论。他的犯罪要件论从存在的犯罪行为结构出发,依据法律规定的犯罪实质定义,建立了一个实质的、综合的犯罪构成观念(规格)。而他的构成因素论却完全沿袭流行的西方"三要件论"的构成要件观念,以分则规范注释为中心,建立了一个法律的、注释学的、形式的构成因素(总和)观念。在当时苏联的法制和理论背景下,他的理论的特点在于构成因素论部分,也就是说,他的犯罪要件论属于应时应景之作,与当时苏联的通说是一致的。而他的构成因素论,较之当时苏联的有关理论,最为倾向、最为接近西方的构成要件论。但是,由于受到当时苏联法制和理论背景的制约,他的理论往往在"东西方"之间摇摆,显现出"双重"的品格:一方面论述作为刑事责任根据的危害行为实质的、广义的、综合的、一般的犯

---

〔1〕 赵秉志、肖中华:"我国与大陆法系犯罪构成理论的宏观比较",载《浙江社会科学》1999 年第 2 期。

〔2〕 陈兴良:"犯罪构成体系性思考(之一)",载《法制与社会发展》2000 年第 3 期。

〔3〕 参见储槐植:《英美刑法》,北京大学出版社 1996 年版。

〔4〕 李洁:"犯罪对象的体系性地位——兼论犯罪构成体系特征对各构成要件要素的定位影响",载《中央检察官管理学院学报》1997 年第 2 期。

〔5〕 我国学者刘杰早在 1984 年写有《试评特拉伊宁的犯罪构成理论》一文(载《中山大学研究生学刊(文科版)》1984 年第 4 期),大约是我国最早系统评论特拉伊宁犯罪构成论的文章。但是,这篇文章似乎未被人们重视。

罪构成，另一方面论述作为分则法律规范注释的、形式的、狭义的、具体的、法定的构成因素；一方面批判西方构成要件论是形式的、主客观分立、形式与实质分立的，另一方面他自己的构成因素论又回到先前批判的形式的、分立的思路上。这种二元的理论结构和双重的品格，是他借鉴西方构成要件论与苏联当时的法律、社会实践相结合的产物，也是他的理论令人感到困惑的关键。

一、法定的、形式的、分立的构成因素论

特拉伊宁的《犯罪构成的一般学说》大体可分为三部分内容：（1）犯罪构成概念或观念论。其内容主要集中在第 1、3、4 章，论述犯罪构成的意义、概念等方面。（2）批判论。主要在该书第 2 章对资产阶级犯罪构成论进行批判。（3）构成因素论。主要论述于第 5 章至第 12 章。

在犯罪构成因素论中，特拉伊宁立足于分则法定构成因素的规范分析，并且在一定程度上也使用了形式与实质、客观与主观评价分立的方法。这与西方"三要件论"中的构成要件论基本一致，并没有表现出在第 2 章中批评西方理论时的否定态度。相反，其承袭了西方流行的"三要件论"的基本思路和方法。这表现在以下几个方面。

（1）着眼于规范解释论，对象限于分则条文法定（罪状）因素的分析。着重表现在：①构成分类是划分分则罪状的类型而不是行为类型。如在第 7 章"犯罪构成的分类"中，强调"犯罪构成是具体犯罪诸因素的总和……犯罪构成永远是现实的，永远是具体的"。[1]"作为分则基础的犯罪构成分类，实质上，在某种程度上同时也就是按照它们的社会危害性程度进行分类。"[2]根据结构，犯罪构成分为："简单的构成"（包含"叙述的构成""空白的构成"）和"复杂的构成"（包含"选择的构成"等）；根据危害程度大小，犯罪构成分为："社会危害性较小的""基本的"和"社会危害性较大"的三种犯罪构成。在第 8 章"犯罪构成因素的分类"中的论述"表明"了四个方面的构成因素。在第 10 章就使用了"社会主义刑法中的犯罪构成的一般概述"的名称，其中所谓的"一般构成和特殊构成""彼此相似的构成"等，都是针对具体分则条文进行的分析。②构成因素存在于分则罪状中。在第 11 章"犯

---

〔1〕［苏联］A.H. 特拉伊宁：《犯罪构成的一般学说》，中国人民大学出版社 1953 年版，第 80 页。

〔2〕［苏联］A.H. 特拉伊宁：《犯罪构成的一般学说》，中国人民大学出版社 1953 年版，第 84 页。

罪构成和罪状"中，特拉伊宁更是直言不讳地指出："每个规范都由罪状和罚则两个部分组成。其中罪状规定犯罪构成……""有些罪状，在它的'住所'中，容纳的不是一个构成，而是两个或更多的构成。"③立足于分则罪状，解决犯罪过程的形态。在关于犯罪构成与预备、未遂的论述中，其提出的预备、未遂的两个著名公式："预备行为＝故意＋不是构成因素的行为；未遂行为＝故意＋构成因素的行为—结果"，[1]也是以分则罪状为中心的注释论。这一切都表明特拉伊宁的犯罪构成论中的构成因素论是以分则为中心并针对分则进行规范（注释）的分析。

（2）形式与实质评价的分立。在第 12 章"犯罪构成和排除刑事责任根据"中特拉伊宁指出："在社会主义刑法体系中，不追究刑事责任的可能性是奠定在对犯罪行为的形式评价和实质评价的有机结合的基础上的。"[2]"犯罪构成的概念由下列两部分组成：①因素的总和；②作为犯罪的一定的、具体的、危害社会的行为。因此，十分清楚，只是具备'主客观要素的总和'还不具备犯罪构成。只有在这种总和组成危害社会行为的场合，才具备犯罪构成。""根据《苏俄刑法典》第 6 条附则，应当终止的是这样一些案件，它们被证明具备法律规定的犯罪构成的全部因素的总和，可是这种总和并不形成危害社会的行为，因而也就不具备犯罪构成。"特拉伊宁以此来说明《苏俄刑法典》第 6 条附则的规定。[3]在这里，（构成）"因素的总和"被形式化，行为的危害性实质内容被分立出来，具有独立评价标准的意义。这与西方早期古典理论中构成要件该当性和违法性的形式与实质评价分立的思路是一致的。所不同的是，在"三要件论"中违法实质评价被置于构成要件之外，而在他的理论中，被置于犯罪构成之内，属于貌离神合。而且，特拉伊宁的分立更为严重。因为在"三要件论"中，毕竟承认构成要件是违法的类型，并不否认构成要件中含有违法的实质内容，只是从犯罪认定步骤的角度将其放在第二步评价。而在他的理论中，不仅把实质内容社会危害性从"因素的总和"中分立出来，而且使"因素的总和"仅具有纯粹的形式意义。

（3）主观归责与构成因素分立的趋向。在第 9 章"犯罪构成的因素和刑事

---

〔1〕 [苏联] A. H. 特拉伊宁：《犯罪构成的一般学说》，中国人民大学出版社 1953 年版，第 253 页。

〔2〕 [苏联] A. H. 特拉伊宁：《犯罪构成的一般学说》，中国人民大学出版社 1953 年版，第 263 页。

〔3〕 第 6 条 附则对于形式上虽然符合本法典分则任何条文所规定的要件，但因为显著轻微，并且缺乏损害结果，而失去危害社会的性质的行为，不认为是犯罪行为。

责任根据"中，特拉伊宁一方面肯定"犯罪构成是刑事责任的唯一根据"；[1]"犯罪构成的存在，是以具备形成犯罪构成的一切因素（毫无例外）为前提的。"[2]"这个原理，是不引起什么怀疑的。"[3]另一方面又强调"从刑事责任根据的总的方面看某些构成因素的特殊意义。这个原理表现在：犯罪构成的两个相互密切联系着的因素罪过和因果关系，具有在犯罪构成的范围内作为刑事责任根据的意义"。[4]"把犯罪构成的两个因素作为刑事责任的根据的罪过和因果关系单独分出，却具有巨大的实际意义和深刻的原则意义。"[5]在这里，他又想把主观和客观归责从犯罪构成中"单独分出"。与这一犯罪构成评价与归责评价分立倾向相关联的，还有把刑事责任年龄和能力排除在构成因素之外这一观点。他在第5章"犯罪构成因素的概念"中指出："不能认为犯罪构成因素的情况：①表明主体本身的情况；②表明主体行为的情况。"[6]"责任能力不是犯罪构成的因素，也不是刑事责任的根据；责任能力是刑事责任的必要的主观条件，是刑事责任的主观前提……责任能力通常在犯罪构成前面讲，它总是被置于犯罪构成的范围之外……另一种表明主体特征的情况——年龄，也应当被划为责任的主观要件。"[7]在这里，他把责任年龄、责任能力排除在构成因素之外，作为刑事责任的主观前提，加上他强调把罪过从构成要素中分立的观点，都与西方古典理论中的有责性评价和构成要件分立的思路和方法一致。而且他的这种对责任年龄和能力与构成因素的分立更加极端，干脆把它们排除在作为刑事责任基础的广义的犯罪构成范围之外。这不仅导致了四要件犯罪构成论责任意思与责任能力的分立，而且导致了整个四要件论中主观归责（主观责任原则）观念淡薄。甚至于不得不另行建立起"刑事责任"的概念。但这又因为缺乏相应的法律因素作依托而有些空泛。这正是"四要件论"要件分立不当的问题之一。

〔1〕 ［苏联］A. H. 特拉伊宁：《犯罪构成的一般学说》，中国人民大学出版社1953年版，第192页。
〔2〕 ［苏联］A. H. 特拉伊宁：《犯罪构成的一般学说》，中国人民大学出版社1953年版，第192页。
〔3〕 ［苏联］A. H. 特拉伊宁：《犯罪构成的一般学说》，中国人民大学出版社1953年版，第192页。
〔4〕 ［苏联］A. H. 特拉伊宁：《犯罪构成的一般学说》，中国人民大学出版社1953年版，第192页。
〔5〕 ［苏联］A. H. 特拉伊宁：《犯罪构成的一般学说》，中国人民大学出版社1953年版，第197页。
〔6〕 ［苏联］A. H. 特拉伊宁：《犯罪构成的一般学说》，中国人民大学出版社1953年版，第60页。
〔7〕 ［苏联］A. H. 特拉伊宁：《犯罪构成的一般学说》，中国人民大学出版社1953年版，第62页。

（4）具有定罪模式、方法意义的犯罪构成。"对于成立该犯罪构成来说"，[1]"在刑事审判工作方面，……基本任务就是解决某人的行为中是否有犯罪构成问题"。[2]

（5）从特拉伊宁理论发展的过程看，其原本也是接近西方狭义构成要件观念的，只是到后来转向了广义犯罪构成概念。"特拉伊宁的书出版了三版。尽管该书第一版对犯罪构成问题作了详尽的阐述，但仍存在某些不足。例如，作者毫无根据地把社会危害性置于犯罪构成之外，这就使犯罪构成失去了刑事责任根据的意义。特拉伊宁把犯罪构成的两个要件——罪过与因果关系划分出来作为刑事责任的独立根据，这种做法也是有争议的。特拉伊宁认为，罪过具有从道德上、政治上对某人同其犯罪行为、结果的心理联系作出否定评价的意义……通过学术批判，特拉伊宁改变了自己以前的观点。他在其专著的第三版中是这样论述犯罪构成的：'……人的行为中具有犯罪构成是适用刑罚的根据，如果行为中缺少犯罪构成则应免除刑事责任。'"[3]

综上，特拉伊宁《犯罪构成的一般学说》中的第 5 章至第 12 章论述的犯罪构成因素论，基本上是他在第 2 章中批判过的西方流行的狭义构成要件论的翻版。我国学者很早也看出："特拉伊宁本人的理论中保留了许多贝林形式主义犯罪构成理论影响的痕迹。"[4]其实，这岂止是痕迹，这是其基本的理论体系。西方构成要件论主要有以下三个特征：（1）以分则条文法定要件注释为中心。"重视'特殊'的构成要件的概念并试图以此为契机来构筑犯罪论体系。"[5]"《德国刑法典》从规范法学派的立场规定行为的构成（tatbestand）是'法定构成''法律构成'，将它与刑法典分则的刑事法律规范的处理部分等同起来。第 5 条第 11 款'术语解释'作了如下说明：'违法行为只是实现犯罪构成的行为'……在德国的教科书和刑法典注释中，犯罪构成在关于刑事法律的一章中进行研究。"[6]"德国理论从开始到现在始终把犯罪构成理

---

〔1〕 ［苏联］A. H. 特拉伊宁：《犯罪构成的一般学说》，中国人民大学出版社 1953 年版，第 197 页。

〔2〕 ［苏联］A. H. 特拉伊宁：《犯罪构成的一般学说》，中国人民大学出版社 1953 年版，第 197 页。

〔3〕 皮昂特科夫斯基：《苏联刑法科学史》，曹子丹等译，法律出版社 1984 年版，第 45 页。

〔4〕 刘杰："试评特拉伊宁的犯罪构成理论"，载《中山大学研究生学刊（文科版）》1984 年第 4 期。

〔5〕 ［日］小野清一郎：《犯罪构成要件理论》，中国人民公安大学出版社 1991 年版，第 1 页。

〔6〕 ［俄］H. Φ. 库兹涅佐娃、И. M. 佳日科娃：《俄罗斯刑法教程》（总论）上卷·犯罪论，黄道秀译，中国法制出版社 2002 年版，第 172 页。

解为'法律构成'，将它与刑法规范的处理等同起来。"〔1〕（2）对于分立评价的思路和方法。尽管通说认为"构成要件是违法并且有道义责任的行为的定型"〔2〕，但是在体系上还是将构成要件评价与违法、有责评价分立。（3）实践的品格。特拉伊宁的构成因素论同样着重分析了研究分则法定因素，并且以此为中心谈论其与总则问题的关系。同样采取了构成因素总和与实质（危害性）、主观罪过评价分立的思路和方法。同样重视犯罪构成评价模式和标准的意义。

二、实质的、综合的、事实的犯罪（四）要件论

然而，特拉伊宁在第 1 至 4 章的犯罪构成概念和（四）方面论以及资产阶级犯罪理论批判论中，批判资产阶级犯罪构成论中犯罪构成的实质与形式分裂、主观与客观分裂；同时以苏联刑法规定的犯罪实质定义为基础，通过考察存在的犯罪行为具有的主客观（结构）特征以及与主体的不可分割性，强调犯罪构成危害实质与法律形式、主观与客观的不可分割性。特拉伊宁的理论要彻底与资产阶级形式的、主客观分裂的犯罪构成论决裂，建立全新的以实质定义为基础的主客观统一的社会主义的犯罪构成论。

（一）批判形式、强调实质，使社会危害性成为犯罪构成中具有积极要件作用的影子要件，以补充构成因素的缺口

特拉伊宁在批判西方理论形式主义的基础上，根据《苏俄刑法典》第 6 条的实质定义，得出三个基本结论。

（1）"犯罪构成永远是而且首先是危害社会的行为。"〔3〕

（2）"犯罪构成乃是苏维埃法律认为决定具体的危害社会主义国家的作为（或不作为）为犯罪的一切客观要件和主观要件（要素）的总和。"〔4〕

（3）"犯罪构成的因素就是决定苏维埃法律所规定的犯罪对社会主义国家有社会危害性并决定其程度的全部事实特征中的每一个特征。"〔5〕

---

〔1〕［俄］Н. Ф. 库兹涅佐娃、И. M. 佳日科娃：《俄罗斯刑法教程》（总论）上卷·犯罪论，黄道秀译，中国法制出版社 2002 年版，第 172~173 页。

〔2〕［日］小野清一郎：《犯罪构成要件理论》，中国人民公安大学出版社 1991 年版，第 16 页。

〔3〕［苏联］A. H. 特拉伊宁：《犯罪构成的一般学说》，中国人民大学出版社 1953 年版，第 43 页。

〔4〕［苏联］A. H. 特拉伊宁：《犯罪构成的一般学说》，中国人民大学出版社 1953 年版，第 48~49 页。

〔5〕［苏联］A. H. 特拉伊宁：《犯罪构成的一般学说》，中国人民大学出版社 1953 年版，第 69 页。

在这三个重要命题中，关键是"社会危害性"的地位、作用。在特拉伊宁的犯罪要件论中，社会危害性具有决定性地位和积极要件（独立确认犯罪）的作用。这是他的"危害性"与三要件论中的"违法性"的体系地位根本不同的地方。按照他的说法，"社会危害性"不是任何一个构成因素，而是"构成因素总和"所具有的属性。并且要同时具备构成因素总和且由因素总和形成（或决定）行为有危害性，才能认为具备犯罪构成。这实际上是在构成因素总和旁边又建立起一个实质要件。表面上看，它与三要件论的差别仅仅是结构不同：三要件论把违法性（实质）要件置于犯罪构成之外，而他把危害性（实质）要件置于犯罪构成之内。其实，因为两种理论体系的制度基础不同，实质要件的地位、作用（也就是内容）也是不同的。在三要件论中，违法性实质要件仅仅起到消极要件（排除犯罪性）的作用，类似于《苏俄刑法典》第6条附则的作用。而在他的理论中，危害性实质要件还具有积极要件的作用，如果危害行为缺乏法定构成因素的客观因素，但认为需要定罪的，可以通过类推补足法定客观因素的缺口。这不仅是类推制度允许的，而且正是《苏俄刑法典》第6条犯罪实质定义的精神。因此，特拉伊宁就提高社会危害性在犯罪构成中的地位而言，主张"行为的社会危害性都是决定每个犯罪构成基本的、本质的属性……不能是犯罪构成的一个因素"。〔1〕又认为把社会危害性作为犯罪构成的一个要件或因素的观点是"必然导致对社会危害性的意义估计不足，歪曲它的政治意义和法律性质"，〔2〕贬低它在犯罪构成中的作用。他必须考虑类推制度和犯罪的实质定义的要求，不能把危害性仅仅作为必要因素之一（因为这样只能起到消极要件的作用），而是要把它置于积极要件的地位。他采取了比较委婉的方式去贯彻这个意图，反复告诫人们社会危害性和犯罪构成、构成因素之间形影不离的关系；在犯罪构成和犯罪构成的因素的定义中，都使用要件或因素总和"决定"行为的危害性。问题是，最终他回避不了二者不一致的情形：其一是具备分则条文构成因素但危害性消失的；其二是有危害性但不具备分则条文构成因素总和的。对第一种情形，可通过第6条附则排除刑事责任；对第二种情形，可通过类推补足缺失的客观因素依然能够认定犯罪。在这种情形下，危害性的实质特征实际上成为已经成立犯罪的积极要件，即充足要件。他关于社会危害性在犯罪构成中的重

---

〔1〕 ［苏联］A. H. 特拉伊宁：《犯罪构成的一般学说》，中国人民大学出版社1953年版，第63页。
〔2〕 ［苏联］A. H. 特拉伊宁：《犯罪构成的一般学说》，中国人民大学出版社1953年版，第64页。

要性、种种关系的反反复复的论述，归根到底，就是要处理好这个问题。没有这个麻烦，他也不用费那么多口舌。他的理论恐怕也要简明得多。

（二）批判分立、强调综合，形成强势的犯罪要件、弱势的构成因素

特拉伊宁从存在的犯罪观念出发，强调行为的主客观的密切联系以及与行为主体的密切联系，得出犯罪构成是主客观要件总和的结论。并进一步认为"事实上而且应当在犯罪中划分客体与客观方面、主体与主观方面"。[1]"因此在构成中可以而且应当划分的是表明犯罪客体及其客观方面、犯罪主体及其主观方面的因素。"[2]由此形成"四要件"的犯罪构成体系。在构成因素的分类上，特拉伊宁特别在意犯罪要件与构成因素的区别。他认为，客体与客观方面、主体与主观方面是"犯罪"的要件，而不是"构成"的要件。只能根据犯罪的四方面要件分别划分法律上相应的表明该方面要件的因素。这说明他特别注意犯罪要件的事实性与构成因素的法律性的区别。但是在犯罪要件与构成因素的区分过程中产生了一个疑问：这个区别有什么实际意义？

这个实际意义在于犯罪的四方面要件具有贯彻犯罪的实质定义、为类推和《苏俄刑法典》第6条但书提供"入罪和出罪"规格的作用。如前所述，在行为缺乏法定的表明客观方面的构成因素、需要适用类推的场合，不能够依据法定构成因素的总和定罪，只能依据行为本身具有社会危害性的实质评价定罪。这时，定罪的依据实际上由法定构成因素悄悄地转移到有危害性的行为事实本身。换言之，此时定罪的唯一根据就是行为具有危害性本身。为了使这种情形下的定罪有一定的法制保障，特拉伊宁提供了一个"规格"，这就是犯罪的四个方面要件。其实，不仅他的理论如此，而且苏联20世纪50年代的犯罪构成四方面论也都具有这种实际的一般"规格"的作用。注意，这是指他所称的"犯罪"要件，而不是表明某方面的构成因素。他的这个"犯罪"的四要件在类推体制下，具有定罪的实质内容和"规格"作用。所以并非如我国有些学者如今对"四个方面"理解的那样，这仅仅是一种没有内容的空洞的分类"框架"或者"寓所"。[3]这也是特拉伊宁理论包括苏

---

〔1〕 ［苏联］A. H. 特拉伊宁：《犯罪构成的一般学说》，中国人民大学出版社1953年版，第99页。
〔2〕 ［苏联］A. H. 特拉伊宁：《犯罪构成的一般学说》，中国人民大学出版社1953年版，第99页。
〔3〕 肖中华："犯罪构成及其相关范畴辨析"，载《法学研究》2001年第2期。

联 20 世纪 50 年代犯罪构成论在维护法制方面具有的积极意义。因为在法律虚无主义观念盛行，实质标准至上的体制下，提出个一般规格总比没有规格好。

另外，特拉伊宁反对把"犯罪"的要件说成是"构成"的要件，还有体系协调的意义。因为苏联的通说认为行为具有犯罪构成是负刑事责任的唯一根据。但同时他又承认在缺乏表明犯罪客观因素的情况下，可以通过类推补足。如果认为客体与客观方面、主体与主观方面是"构成"的要件，意味着缺乏犯罪构成的要件也能构成犯罪，与犯罪构成是刑事责任根据的通说相矛盾。所以改成了缺乏"表明客观方面的因素"的说法，意思是缺的是"构成因素"而不是"构成（方面）要件"。构成因素经过类推补足后，依然认为具备犯罪构成要件。同样的道理，在行为形式上具备分则构成因素但危害性减弱或消失的场合，也可以认为实质上（缺乏必要的危害性及轻程度）不具备犯罪构成而排除刑事责任。就是这样的思路，避免了类推带来的尴尬，也解决了犯罪定义"但书"的除罪功能。当然，同时也增加了理论的复杂程度。

在特拉伊宁的理论中，如果遇到类推场合，犯罪的四要件实际具有对危害行为进行定罪的规格意义。因此，特拉伊宁非常注意维护犯罪构成或者犯罪四要件的完整性，而不是构成因素的完整性。[1]在篇幅上虽然是以论述构成因素为主，但在定罪的作用上，强调的却是犯罪构成或犯罪要件的不可或缺性。强势的犯罪构成或犯罪要件，弱势的构成因素，是特拉伊宁犯罪构成论的特征之一。

在我国修订后的刑法典确立罪刑法定原则之前，我国刑法法制状况与苏俄 50 年代刑法法制状况相近。表现在：其一，也实行类推制度，其二，不重视分则规范。这二者其实是相互关联的。在国家不惜使用一切手段打击犯罪的强势观念下，不拘泥于法律形式和细节，就需要类推制度。这与中苏刑法分则不发达或不受重视有关。在中国，有一段时期（新中国成立后至 1979 年

---

〔1〕 特拉伊宁也有大量的论述强调构成因素的完整性，参见《犯罪构成的一般学说》，中国人民大学出版社 1953 年版，第 66 页、第 70 页。但那些似乎是立法形成意义的犯罪构成因素或者已有罪状的诸因素，而不是司法意义的行为该当的构成因素。这也是他理论双重品格的表现之一。一方面，强调构成因素缺一不可（第 66 页、第 70 页），另一方面，在犯罪构成与类推中又非常明确、非常轻松地指出："由此必然得出下面的一般结论：在应当依据类推适用刑法规范的行为中，永远缺少一个为成立法律中所规定的犯罪构成所必要的因素。"

刑法典制定前）没有系统性的刑法规范，分则规范自然是不发达、不完备的。在苏联，虽然各加盟共和国有自己制定的刑法典，但是，从苏维埃联邦的角度来看，只有一个刑事立法指导纲要，其性质属于总则性规定，而我国在 50 年代引进的有关苏俄刑法的教科书、理论文章的作者，大多是从全苏维埃联邦角度考虑问题，所以往往也具有偏重一般规范的倾向。在当时，无论是法制背景还是作者的理论倾向，都偏重于总则一般规定而轻视分则规范。在犯罪构成论上，也就有把犯罪四方面要件视为"规格"观念的。

（三）犯罪构成观念在实质的、广义的四方面要件论与分则的狭义的因素论之间游移

特拉伊宁的犯罪构成论秉承苏联犯罪构成论的传统，也将犯罪构成作为构成犯罪的若干方面的要件总和来把握犯罪构成。为了贯彻《苏俄刑法典》第 6 条的实质定义，容纳类推制度和犯罪定义中"但书"的规定，他的犯罪要件论也不能不具有偏重实质、综合犯罪构成的倾向。以此来满足"犯罪构成永远是而且首先是危害社会的行为"[1]和行为具备犯罪构成是刑事责任根据的命题的观点。另外，特拉伊宁往往把犯罪构成尤其是构成因素当作法律的、类似于贝林"三要件论"中的狭义构成要件。他的犯罪构成论有背离苏俄犯罪构成论理论传统的一面。苏联的刑法理论传统是将犯罪构成当作犯罪要件的总和来掌握的。革命前的俄国和苏联 20 世纪 50 年代前的犯罪构成论，一贯将犯罪构成当作"行为所含有的和作为刑事责任根据犯罪构成"来把握。[2]"根本没有提到认为犯罪构成是'立法模式'或'科学抽象'的规范法学派的解释。"[3]《苏俄刑事诉讼法典》中规定的行为中含有犯罪构成是刑事责任的根据，也是把犯罪构成当作具有犯罪要件的总和来掌握的。特拉伊宁的犯罪构成论一反苏俄刑法理论的传统，着眼于分则法定罪状的要素，往往把犯罪构成与分则条文的罪状规定相提并论。例如他指出："定罪就是确定被审理的作为（不作为）同法律中所规定的犯罪构成相符合。"[4]在体系上，

---

〔1〕 ［苏联］А. Н. 特拉伊宁：《犯罪构成的一般学说》，中国人民大学出版社 1953 年版，第 43 页。

〔2〕 ［俄］Н. Ф. 库兹涅佐娃、И. М. 佳日科娃：《俄罗斯刑法教程》（总论）上卷·犯罪论，黄道秀译，中国法制出版社 2002 年版，第 171 页。

〔3〕 ［俄］Н. Ф. 库兹涅佐娃、И. М. 佳日科娃：《俄罗斯刑法教程》（总论）上卷·犯罪论，黄道秀译，中国法制出版社 2002 年版，第 175 页。

〔4〕 ［苏联］А. Н. 特拉伊宁：《犯罪构成的一般学说》，中国人民大学出版社 1953 年版，第 3~4 页。

他反对把"构成"划分为客体与客观方面、主体与主观方面的做法，主张在分则法定罪状中表明××方面的构成因素的划分方法，这种划分方法实际上把罪状当作构成，重视犯罪构成是分则条文规定法律因素的理论特色。也正是在这一点上，有理由认为特拉伊宁理论的特征之一是以分则规范为中心的解释论，具有西方三要件论重视分则条文特殊的构成要件的特点。正因为如此，有人批评"特拉伊宁认为犯罪构成既是行为成立犯罪的要件总和，又是犯罪的法律定性。所以他被指责出尔反尔"。[1]"50年代的理论上（也包括实践上）开始将过去理解的犯罪构成'一分为二'，一是现实的现象，是犯罪的核心，犯罪的结构，二是立法模式或者科学抽象。幸好这种一分为二没有对立法产生大的影响。如前所述，刑法典和刑事诉讼法典中，犯罪构成的定义始终是'行为中所包含的'。"[2]

在作为刑事责任根据的广义的、实质的犯罪构成概念和分则特殊的、法律的、狭义的构成要件概念之间摇摆，是特拉伊宁在西方三要件论与苏俄刑法传统和制度上左右摇摆的表现之一。

三、特拉伊宁的广义犯罪要件论与狭义构成因素论转换的结合点

特拉伊宁二元犯罪构成论转换的枢纽在第8章"犯罪构成因素的分类"中。他在该章中指出："事实上而且应当在犯罪中划分客体与客观方面、主体与主观方面；不过，这只是在犯罪中，而不是在构成中划分。"[3]"但犯罪构成的使命是揭示犯罪的具体内容，因此在构成中可以而且应当划分的是表明犯罪客体及其客观方面、犯罪主体及其主观方面的因素。"注意，这个"构成"的意思，其实就是指罪状。[4]"要对犯罪构成因素正确分类，必须将犯罪构成的因素分为四类：（1）表明犯罪客体的构成因素；（2）……"[5]通过这段文字，特拉伊宁完成了二元犯罪构成论之间的转换，即由事实的、综合的、实质的犯罪要件论转换到分则法律的、分立的、形式的构成因素论。犯

---

〔1〕［俄］Н. Ф. 库兹涅佐娃、И. М. 佳日科娃：《俄罗斯刑法教程》（总论）上卷·犯罪论，黄道秀译，中国法制出版社2002年版，第176页。

〔2〕［俄］Н. Ф. 库兹涅佐娃、И. М. 佳日科娃：《俄罗斯刑法教程》（总论）上卷·犯罪论，黄道秀译，中国法制出版社2002年版，第176页。

〔3〕［苏联］А. Н. 特拉伊宁：《犯罪构成的一般学说》，中国人民大学出版社1953年版，第99页。

〔4〕［苏联］А. Н. 特拉伊宁：《犯罪构成的一般学说》，中国人民大学出版社1953年版，第99页。

〔5〕［苏联］А. Н. 特拉伊宁：《犯罪构成的一般学说》，中国人民大学出版社1953年版，第100页。

罪要件论是从犯罪的实质定义出发，根据存在意义上的犯罪行为（结构）论证犯罪四要件的核心是危害行为，具有主客观不可分立性和作为刑事责任根据的广义性。而转到"表明"犯罪××方面的构成因素之后，这构成因素的载体或来源就被明显限定在分则条文的范围内，构成因素明显具有法律性、狭义性，并且被分立为表明相应（四个）方面的因素。理论的立足点也明显地由存在的犯罪要件论转向了法定的构成因素论。因为苏俄刑法理论的传统是从存在的犯罪来把握犯罪构成，特拉伊宁在构成因素论中突然转向法律注释论的做法成为他犯罪构成论的特色。而同时也反映出他的理论确实受到了西方构成要件论的影响。

他为了明确自己的观点，还特意批评混淆犯罪要件、犯罪构成要件和犯罪构成因素的观点："刑法总则教科书……走的是中间路线，它把主体和客体同犯罪放在一起讲，而把客观方面和主观方面同犯罪构成放在一起讲。这样一来就造成了这样一种情况，每一个犯罪构成都有构成的客观方面和构成的主观方面等作为要件。十分明显，没有统一根据的两重划分法——时而是犯罪的要件，时而是构成的要件使人不能对构成因素进行正确的分类。"[1]特拉伊宁强调严格区分犯罪要件、犯罪构成要件和犯罪构成因素，如前所述，既有与苏联刑法中犯罪实质定义、"但书"、类推保持一致的实体意义，也有体系协调的意义。

四、理论风格的成因和学术倾向

特拉伊宁的犯罪构成论呈现出广义犯罪要件论与狭义构成因素论二元分分立的品格。那么，他的理论品格成因和学术倾向是什么呢？关于他的理论品格的成因，我国学者很少论及。对特拉伊宁犯罪构成论二元的理论结构和分立品格原因，可以从其所处的时代背景和法制背景中寻找答案。他不能脱离当时苏联的三个重要制度基础：（1）苏联及各加盟共和国刑事立法基本原则及《苏俄刑法典》规定的犯罪实质定义[2]及其（附则）"但书"的规定；[3]

---

〔1〕 ［苏联］A. H. 特拉伊宁：《犯罪构成的一般学说》，中国人民大学出版社1953年版，第100页。

〔2〕 《苏俄刑法典》第六条 威胁苏维埃制度基础及工农政权在向共产主义制度过渡时期所建立的法律秩序的一切危害社会的作为或不作为，都认为是犯罪。

〔3〕 第六条 附则对于形式上虽然符合本法典分则任何条文所规定的要件，但因为显著轻微，并且缺乏损害结果，而失去危害社会的性质的行为，不认为是犯罪行为。

（2）苏联法律中确立的类推制度；〔1〕（3）《苏俄刑诉法典》确立的行为中具有犯罪构成是刑事责任根据的命题。〔2〕也不能脱离当时苏联的四个重要社会背景：（1）东西方意识形态对立；（2）革命和战争时期强化国家法制权威的需要；（3）苏联肃反扩大化等严重破坏法制的实践；（4）学术研究的禁区限制。这种基础和背景决定了他的理论不能不是偏重实质的、综合的、广义的犯罪构成论，通过以实质（社会危害性）为中心的综合，建立起能够作为刑事责任根据的广义犯罪构成论。

应当承认，在这种基础之上、背景之下构建犯罪构成论是相当艰难的。因为当时流行的西方犯罪构成论的基础是罪刑法定原则，在违法和有责的一般要件之前，加上构成要件的该当性，目的是落实罪刑法定原则。因此，西方构成要件论的基点是：行为该当分则某条规定的要素是成立犯罪的首要条件。理论定位和特点是分则条文的注释性研究（所谓法实证研究）。从特拉伊宁的知识背景和他对西方犯罪构成论的批判，可以看出他是了解这一理论出发点和特点的。他赞成犯罪构成论以加强法制为目的，这与西方学者建立犯罪构成论的目标一致。但是，他要在与西方学者不同的法律体制（即类推）下建立犯罪构成论，并且必须要把他的犯罪构成论与法律规定的犯罪的实质定义和类推制度有机地结合起来，必须与当时苏联缺乏法制意识的刑事立法和司法实践保持一致，必须与西方犯罪构成论中合理的和不合理的观点划清界限，这些都会给以加强法制为初衷的学者在建立犯罪构成论的理论尝试方面带来困难。

他非常清楚类推制度在犯罪构成中形成的漏洞，而这个漏洞恰恰就处在分则罪状中最为基本最为重要的表明客观方面的因素中。"同解决类推问题有关的一个基本理论问题在于：刑事法律没有明文规定、因而应根据类推来适

---

〔1〕 苏联及各加盟共和国刑事立法基本原则（一九二四年）第3条：某种危害社会的行为，如果是没有经刑事立法直接加以规定的，它的责任的根据和范围，以及对它所适用的社会保卫方法，应当由法院比照刑法典中所规定的同这种犯罪最相类似的犯罪轻重、犯罪种类的条款来决定。《苏俄刑法典》（一九二六年）第16条：某种危害社会的行为，如果是本法典没有直接规定的，它的刑事责任的根据和范围，可以比照本法典所规定的同这种犯罪最相类似的犯罪种类的条款来决定。

〔2〕《俄罗斯联邦刑法典》第8条，刑事责任的根据"刑事责任的根据是实施含有本法典所规定的全部犯罪构成要件的行为"。《苏俄刑事诉讼法典》在第5条中断然规定，在不具备犯罪构成的情况下，不得提起刑事案件，虽然已经提起的应予终止。《苏俄刑事诉讼法典》第309条规定在不具备犯罪构成时应作出无罪判决。

用刑事法律的危害社会的行为，不可能包含法律所规定的犯罪构成的全部因素。"[1]"在类推适用的刑法典规范所规定犯罪和被适用类推的社会危害行为之间的差别，只能在……表明犯罪客观方面的因素中。"[2]"类推只能用来补充有关表明犯罪客观方面的因素的不足。"[3]为了适应类推制度，他需要在他的法定犯罪构成因素总和中留下一个缺口，给类推补充客观方面因素留有余地，而不能像"三要件论"那样建立完全封闭的分则构成要件概念。

另外，在当时东西方意识形态对立的背景下，他不能不虚张声势地批判资产阶级的理论。其中不乏言不由衷或者有失客观公允的批评。例如，他揪住贝林构成要件是纯客观、价值中立的命题进行了激烈的批评，但对贝林以后的"三要件论"的发展避而不谈。而当时流行的西方构成要件论已经普遍接受了构成要件是违法、有责类型的新古典主义观点。再如，"三要件论"的"构成要件"的概念是狭义的，其实就是指分则条文规定的构成因素。相当于《苏俄刑法典》第6条附则所说的"本法典分则某条规定的要件"。"三要件论"把违法性从这种狭义构成要件中分立出来，将其作为一个独立的要件来评价犯罪行为。这与《苏俄刑法典》第6条附则的规定是完全一致的。特拉伊宁一方面批评"三要件论"从构成要件概念中抽走了实质内容，另一方面又力图证明《苏俄刑法典》第6条附则规定的合理性，以及与自己确立的犯罪构成概念的一致性。同样的东西（即分则条文规定的构成要素）当被"三要件论"作了形式化处理时，就遭到他的批评；当被《苏俄刑法典》第6条附则作了形式化处理时，就被赞扬、被肯定、被其犯罪构成的概念证明为合理。这种做法，只能认为是作者在意识形态对立背景下产生的情绪支配下的违心之论；这种做法，不仅徒然增加理论的篇幅，而且使他的理论在这个问题上自相矛盾。

特拉伊宁犯罪构成论的学术倾向是什么呢？换言之，他学术观点的主流是犯罪要件论还是构成因素论？对此，我国学者也看到了他理论的矛盾性，但大多站在他前半部分犯罪要件论立场上，也可以说是站在苏联50年代犯罪构成论和我国犯罪构成论通说的立场上，认为他后面的构成因素论未能将前面的犯罪要件论观点贯彻到底。例如有人认为，特拉伊宁强调把犯罪概念和

---

〔1〕 ［苏联］A. H. 特拉伊宁：《犯罪构成的一般学说》，中国人民大学出版社1953年版，第220页。

〔2〕 ［苏联］A. H. 特拉伊宁：《犯罪构成的一般学说》，中国人民大学出版社1953年版，第221页。

〔3〕 ［苏联］A. H. 特拉伊宁：《犯罪构成的一般学说》，中国人民大学出版社1953年版，第229页。

犯罪构成区分开来，"把犯罪的本质特征与犯罪构成相对立而不是相统一，这就是特拉伊宁犯罪构成理论最明显的特点和致命矛盾所在"，并认为"从这种理论逻辑中，不但不能推导出加强社会主义法制的结论，相反，只能导致对犯罪构成理论的否认"。[1]这种认识是片面的，特拉伊宁仅仅是对构成因素做了形式化的处理，而作为刑事责任根据的犯罪构成，仍然是同犯罪的实质紧密相连的。这种评论有失公允。这种"致命矛盾"是特拉伊宁借鉴西方犯罪构成论与苏联当时的法制、社会背景相冲突的产物。特拉伊宁对构成因素做狭义和形式化处理，并非"为各种自由擅断留下漏洞"[2]。他的理论留下的"漏洞"，是为适应当时苏联类推制度的需要。如果说，能从特拉伊宁理论中推导出否定法制的结论，那这也不是因为他的构成因素论，恰恰相反，而是他依据犯罪实质概念论述的犯罪要件论。在这点上，他的理论恰恰与当时苏联犯罪构成论通说是一致的。也有人认为，特拉伊宁"在表示犯罪构成因素的时候"把（要件）整体与（因素）部分等同起来，"使先前的立论没有贯彻下去"；再者，"特拉伊宁的论述中对构成要件是有所限制的，认为罪状规定犯罪构成"，他的观点有些内容存在矛盾。[3]这种评价的根据，实际上是以我国和苏联的犯罪构成通说为标准，把特拉伊宁与通说一致的东西视为他理论的主流。其实，他理论的主流在于构成因素论，即在他与通说不一致的地方。

特拉伊宁的学术倾向体现在他的构成因素论中。应当说，特拉伊宁在当时苏联学者中属于比较注重借鉴西方犯罪构成论的学者，他的理论倾向、特点也比较接近西方的犯罪构成论。但是，他很难将构成因素论中的分则规范注释的思路贯彻到底。因为苏联实行的是与罪刑法定价值基础相对立的类推制度。在这个类推制度的背后，是通过苏维埃刑事立法纲要和各加盟共和国规定的犯罪实质定义所表达的强烈的国家意志，即苏维埃国家将不拘泥于法律形式，同一切危害行为做斗争。在这样的体制下如何批判地继承西方构成要件论呢？这是特拉伊宁不能不面对的一个艰难问题。作为一个严肃、认真

---

[1] 刘杰："试评特拉伊宁的犯罪构成理论"，载《中山大学研究生学刊（文科版）》1984年第4期。

[2] 刘杰："试评特拉伊宁的犯罪构成理论"，载《中山大学研究生学刊（文科版）》1984年第4期。

[3] 孙燕山："犯罪构成问题再探讨"，载《法律科学》（西安）1997年第6期。

的学者，不能不使自己的理论与这种制度保持一致。他一方面有意借鉴西方犯罪构成论与苏联实践相结合，另一方面在结合过程中产生了构成因素论与犯罪要件论的裂痕。这是解读特拉伊宁犯罪构成论的关键。这也是导致特拉伊宁犯罪构成论产生某些矛盾、暧昧的观点，进行繁琐的论证的重要原因。

他的实质犯罪要件论不过是当时苏联法制状态的反映。同样的道理，当时苏联的犯罪构成论通说，即实质的、综合的、作为刑事责任根据的广义的犯罪构成论，也是当时苏联法制状态的反映。因此，特拉伊宁前半部分的犯罪要件论与当时苏联通说一致，但这不代表他理论的特色。研究当时的苏联刑法理论，就会发现那是非常普遍的观念。

五、建构犯罪构成论体系的思路

苏联 20 世纪 50 年代以前的"四要件论"与西方大陆主流学说的"三要件论"在体系上的主要差别在于：是否把分则条文规定的构成要件（或罪状）作单独的、整体的、狭义的把握。"三要件论"把犯罪构成当作刑罚法规（分则性条款）中的犯罪构成来把握，苏联 20 世纪 50 年代以前的"四要件论"的传统与主流观念把犯罪构成当作犯罪成立要件的总和把握。特拉伊宁在他的《犯罪构成的一般学说》中把犯罪构成既当作广义的"成立要件总和"，又当作"法律规范中"的狭义犯罪构成来把握。因此遭到了游移于广义犯罪构成与狭义犯罪构成之间的批评。[1]在特拉伊宁理论中，存在着实质与形式、主观与客观统一的犯罪构成要件总和（犯罪方面论）和刑罚罚则中的构成（犯罪因素论）之间发生体系性的冲突问题。这个问题在我国居通说地位的犯罪构成论中也时有发生。这是我国犯罪构成论中问题的症结。现在，产生这种症结的法制根源（类推）虽然已经消失，但是理论根源并没有消失，甚至没有被人们所重视。把犯罪构成作为"犯罪成立要件的总和"还是特定"刑罚法规中"的东西来把握，是"四要件论"与"三要件论"体系思路根本不同的地方，也是导致两大理论体系有其他重大体系性差别的根本原因。

苏联犯罪构成论（包括特拉伊宁犯罪要件论）是从存在的犯罪行为（在结构上分为四方面）出发把握法定的全部构成要件，可以说，是一种以犯罪行为结构为基础的包含主客观实质评价的犯罪构成论；而西方"三要件论"

---

〔1〕 ［俄］H. Ф. 库兹涅佐娃、И. M. 佳日科娃：《俄罗斯刑法教程》（总论）上卷·犯罪论，黄道秀译，中国法制出版社 2002 年版，第 176 页。

首先是从明确刑罚法规中的具体的犯罪类型入手，再进行主客观实质评价的犯罪构成论。这种差别又派生出两个功能性的差别。其一是在落实罪刑法定的明确性要求上，强弱不同。因为认定犯罪，首先都应依据刑罚罚则明确规定的各个犯罪的种类。也就是首先以行为触犯刑罚罚则为前提，然后再考虑其他的平衡需要。相反，如果犯罪构成不与刑罚罚则直接挂钩，在满足明确性要求上就会存在不足。其二是理论功能强弱不同。犯罪构成论中的故意、过失、行为、结果等界定不明确。在大陆法系的犯罪构成论中，通常是从狭义的构成要件（特定刑罚罚则）出发，解释行为结果、故意过失等主客观要素，即行为结果、故意过失都是限定在构成要件范围内的，含义明确而一贯（构成要件体系）。[1]而在苏联 20 世纪 50 年代犯罪构成论中，缺乏狭义的分则构成要件的观念，且通常从存在的行为结构把握故意过失、行为及其结果等概念，使这些概念从广义上使用还是狭义上使用变得模糊不清，而这妨碍了犯罪构成概念理论功能的发挥。

我国学者一直进行着与特拉伊宁相同的尝试，也就是结合东西方犯罪构成理论。在犯罪行为结构四方面的框架之下，配置法定的构成因素。一方面，我国具有通说地位的"四要件论"的骨架承袭了苏联 20 世纪 50 年代犯罪构成论的通说，从存在的犯罪行为（结构）的四个方面来把握犯罪成立的要件，这是一个综合的、实质的，广义的犯罪构成论。另一方面，引入西方立足于分则规范的狭义、形式、法定的构成要件观念，进行着类似于特拉伊宁把苏联"四要件论"与西方"三要件论"相结合的尝试。其引入的途径是：熟悉特拉伊宁理论的老一代学者，通过特拉伊宁的构成因素论间接引入西方理论狭义构成要件论的观念、术语；新一代的学者，则直接从现在西方流行的"三要件论"中引入狭义构成要件的观念、术语，殊途而同归。新老学者通过特拉伊宁理论找到了共同语言。

现在，我国学者进行这种尝试的条件比特拉伊宁当时的条件要好得多。因为现在与特拉伊宁创建他的犯罪构成论的时代已经大不相同。中国也罢，苏联（1958 年以后）或俄罗斯也罢，都与西方国家一样，大家都享有共同的法制基础即罪刑法定原则。不需要像特拉伊宁那样为了把罪刑法定基础上的

---

〔1〕 也有从存在的行为出发，在构成要件之前展开行为及其结果的理论体系（行为论体系），但是，往往注意使这样的行为结果尽量不含法律评价的因素。把它们与构成要件的行为结果相区分，避免混淆。

东西移植到类推基础上，进行复杂的证明。只需要简单地把法律规定的要素分别归入四个方面之中就可以了。就像有的学者比喻的那样：把法定的犯罪构成要件（因素）放进犯罪构成的四个方面的"寓所"中。〔1〕

但是，这种尝试并不尽如人意。特拉伊宁理论中的构成因素论与犯罪要件论的不协调的问题，依然存在。这表现在一些基本问题的分歧上。比如关于犯罪构成四要件的顺序，我国理论一直没有定论。有学者立足于存在的犯罪行为，强调犯罪构成的主体性，主体要件放在最前面，客体放在第二位；有学者从法律保护社会关系的角度出发，把客体放在最前，主体放在其后。关于主观要件与客观要件的顺序，有学者认为犯意驱动行为，所以主观在客观之前；有学者认为最先观察到的是外在表现，其后才是内心世界，所以客观在主观之前。〔2〕把客体置于主体之前，客观置于主观之前的体系思路似乎是从适用法律认定犯罪角度出发的，但是，却又处在广义的行为结构的犯罪构成论体系之中。比如，把"被犯罪所侵害"作为客体特征之一，这就是从犯罪发生的角度考虑的。似乎客体这种状态必须被犯罪行为侵害才能被"激活"。因为从法律规定的角度讲，法所保护的客体是一种秩序状态。这种状态不以"被犯罪侵害"为必要。至于犯罪一般客体的观念，几乎走向了犯罪本质论。而在强调犯罪主体性的体系中，从存在的犯罪论出发，构想出"主体—产生犯意—支配行为—侵害客体"的框架，可是在四方面要件之下谈论的又多是法定的因素。这些法定的、静态的、作为标准的要件如何能够具有主体性、形成一个活生生的犯罪构成过程，让人困惑不已。在要件要素的解释上，也存在两种角度变换。例如，关于行为、结果、因果关系，究竟是存在的犯罪行为的后果，还是法定的特定罪状结果？过去在许多著述中不讲究二者的区分。按道理讲，存在（自然）的犯罪行为、结果与特定罪状中描述的行为、结果是有差别的。比如强奸妇女导致被害妇女自杀的，自杀的结果，在自然意义上，是犯罪的结果，但在法律意义上（即强奸罪法条解释意义上）就不是强奸结果加重犯意义上的结果。再比如，被害人追窃贼不幸失足摔死，在自然意义上，也是盗窃行为导致的结果，但是在盗窃罪法定罪状解释上，就

---

〔1〕 肖中华："犯罪构成及其相关范畴辨析"，载《法学研究》2001 年第 2 期。

〔2〕 参见高铭暄、马克昌主编：《刑法学》（高等学校法学教材），中国法制出版社 1999 年版；何秉松主编：《刑法教科书》，中国法制出版社 2000 年版。在此，本文并无评论体系优劣的意思，而只是借两部较权威、具有代表性的著作说明学界对犯罪构成论出发点认识不统一。

既不是行为也不是结果，因为盗窃罪条文既没有规定逃跑行为也没有规定死亡结果。我国现在的犯罪构成论的学说逐渐引入了狭义的罪状行为、结果概念，有人称其为"构成要件"的行为、结果，有人直接称其为"分则法条规定"的行为、结果。这在一定程度上缓解了缺乏狭义构成要件观念带来的不便之处，但是即使如此，也没有完全解决问题。因为我国的犯罪构成论框架是立足于存在的犯罪行为（四方面）结构的，引入这些狭义构成要件的概念，难以达到协调。这表现在：（1）因为立足于存在的犯罪行为、结果，体系的"默认值"是自然的行为、结果，所以要不断地在著述中提醒，这里所说的是"构成要件的行为、结果"或者"分则法条规定的行为、结果"，以完成特拉伊宁式的转换。（2）术语上的问题。存在的犯罪论自始是从存在犯罪方面（要件）出发的，没有建立起狭义的分则特定法条因素的构成要件的概念。这使得广义犯罪构成要件与狭义构成要件概念产生矛盾。像特拉伊宁一样，在理论前面的部分提醒人们构成犯罪需要具备（犯罪）四方面要件，缺一不可，后面又说缺少某个要件（因素，其实指的是分则某罪的结果如杀人罪的死亡结果，即构成因素）不影响犯罪的成立。（3）仍有没有明确的地方，例如，有的著作基本引入了狭义构成要件意义上的行为、结果的概念，指出结果特征之一"是符合构成要件行为作用于行为客体所引起的变动"。[1]那么，什么是"行为客体"呢？在日本的"三要件论"中，指行为对象，按照"四要件论"，也指行为对象。但是"行为客体"的说法是"三要件论"中的"零件"，移植到四要件体系内，就不够协调。在该著作其他部分，没有找到"行为客体"的术语，只有"犯罪客体""犯罪对象"一说。在"四要件论"中，因其从存在的、实质的犯罪构成出发，重视体现犯罪实质的"客体"，贬抑"对象"。在客体部分介绍的对象，仿佛没有什么作用，在客观方面一般不作介绍。在该著作中解释结果时，又使用这样的概念来界定结果。再例如关于因果关系是否是客观要件（因素），我国学界也有争论。其实，从行为结构的（构成要件之外的）广义的犯罪构成论出发，按照"四要件论"的说法，结果是对客体的损害，如同客体一样，与犯罪形影不离，当然是犯罪要件。按照西方犯罪本质论中的古典观念，认为犯罪是对法益的侵害，就是社会危害性，结果也是犯罪要件，就如同损害结果对于侵权行为的意义一样。但这是

---

〔1〕 高铭暄、马克昌主编：《刑法学》（高等学校法学教材），中国法制出版社 1999 年版，第155 页。

西方学说犯罪本质论的结论，在构成要件论中又当别论。我国学说基本承袭了广义犯罪构成论框架，包括关于客体的种种学说，却普遍主张结果不是构成要件，显然存在体系冲突。相反，如果谈论特定法条描述的结果，某条明确规定某结果的，是该构成的要件；没有规定的，就不是必要的。关于因果关系的认定问题，两种体系观念冲突也很明显。表现在对因果关系的范围界定上：究竟是该当特定法条罪状的行为（实行行为）与法定结果之间的关系，还是自然的行为与结果的关系？我国学界一直不重视区别对待。我国学说大多是从苏联存在犯罪论出发，广义理解行为结果（虽然有对结果作狭义理解，但是在因果关系上往往又作广义理解），也就是着重研究自然行为的因果关系，以至于研究的范围越来越宽。比如，争论窃贼偷取财物后，引起被害人自杀的，或者引起被害人追击被车撞死的，有无因果关系。在法条注释论中不需要考虑这样的问题，因为这只是犯罪情节问题。由于按自然的行为、结果考虑，以致把问题复杂化，引入了"必然""偶然"，甚至于"内因""外因"等观念，进行广泛的论证，事倍功半。另外，关于继续犯、结合犯、行为犯、结果犯、危险犯、结果加重犯、加重犯、减轻犯、基本犯、身份犯、举动犯等概念，在把构成要件与分则罪状直接挂钩的体系中，其存在非常自然。但是纳入以行为结构为基础的"四要件论"中，就显得突兀。因为这些概念是对分则罪状的类型的分类，不是对犯罪行为结构作的分类，所以无法融入体系中。如果坚持行为结构的犯罪构成论，从体系协调考虑，这些关于罪状的基本概念需要作单独介绍。还有，在既遂、罪数问题上我国通说采取"犯罪构成说"，不采取"目的说""行为说"，也是与自身体系相左的。按理，以行为结构为基础的体系，应当采取"目的说""行为说"才符合体系思路。构成要件说以特定罪状被实现的情况作为标准，属于以分则罪状为基点的体系思路。

需要说明的是，本文的主旨不在于对我国某一犯罪构成论的评价，而在于说明，我国学说大多以苏联实质的、广义的犯罪行为结构的体系为理论框架，同时引入了大陆法系中的狭义构成要件论的"零件"，在体系上难免产生一些不协调的地方。我们所议论的特拉伊宁的理论中犯罪要件论与构成因素论的分裂问题，在我国学说中没有得到很好的解决。问题在于体系性思路不同的犯罪构成论很难结合到一起。特拉伊宁进行了这种结合的努力，但没有彻底解决问题。虽然当年困扰特拉伊宁的法制基础差异消失了，但是，即使在共同的罪刑法定基础上，我国学者的努力也没有很好地消解这些问题。犯罪构成论毕竟是发展得相当成熟精细的理论，不同理论体系的概念恐怕不易兼容。

各种犯罪构成论尽管有很多不同的地方，但是主要还是要明确把握法定构成要件的体系思路。对法律上的犯罪而言，主要还是从法律角度阐述犯罪的特征、确立犯罪的要件，因此应当把犯罪构成当作法律规范中的犯罪构成来把握。选择法规注释的角度构建法律规范中的犯罪构成论的理由如下。

（1）中国人的思维方式历来注重律学。法律注释符合中国人的思维方式和法律传统。我国犯罪构成论实际也在渐渐朝着注释论方向发展。尽管四要件的框架没有得到改变，但是其中的许多概念（零件），却来自于"三要件论"。这个事实说明了注重律学的倾向。

（2）犯罪构成论的功能定位主要是法律的理解、适用论，其实用价值之一是法律职业教育。统一对法律的正确理解和掌握，是在实定法时代最为基本的需求。而立足于存在的犯罪结构要件的犯罪构成论，不是满足这种功能需求的最佳方式。在这方面，"三要件论"解决得比较好。一方面，"构成要件""违法""责任"首先是依托法律分则和总则进行注释的产物，是从规范角度考虑的产物；另一方面，当运用它们评价行为，认定行为是否"该当"构成要件、"具有"违法、应负责任的判断时，它又具有指导司法实践的定罪模式的功能（实践品格）。这样的犯罪构成论能够很好地适应罪刑法定原则的要求，满足现代社会理解、适用法律最基本的需求。

（3）对于犯罪构成论而言，首先是把犯罪概念的特征论和犯罪构成论合为一体。即把犯罪概念、本质、特征的揭示论和犯罪成立一般要件论一体化。犯罪的本质、特征同时就是犯罪成立的一般要件。因为在犯罪总论部分，解决的就是法律上的一般犯罪的概念和要件问题，要件和特征是一致的，当然也是一体的。只有在刑法规定的一般犯罪概念之下展开的犯罪要件论，才是严格意义上的犯罪一般要件的理论。把犯罪概念、本质论结合为一体，有利于在犯罪成立论中注入有关犯罪主客观实质的理念，使法律的注释、适用延伸到立法的精神上并跟上时代观念的发展。由此可以避免形式僵化地理解、适用法律造成的不合理现象。其次，要解决好分则条文规定的各个犯罪要件（罪状）与犯罪概念的要件之间存在的"内容落差"问题。"三要件论"的构成要件概念直接与分则条款挂钩，其后使用违法责任的要件可以弥补这个落差。"四要件论"的四个方面要件虽然实际上也弥补了这个落差，具有犯罪成立要件总和的意义，可是不便直接与分则条文的罪状挂钩。因为如果直接挂钩，就可能丢失一些重要的内容。所以在对犯罪构成概念狭义化的同时，需要有弥补这部分内容缺口的犯罪要件。这部分内容主要是主客观实质评价的内容。再次是对主客观实质评价内容的表述问题。我国学说习惯上使用社会危害性、罪过来表述犯罪的主客观实质特征。使用"社会危害性"表达犯罪的实质特征未免宽泛。其实完全可以使用"违法性"概念同时表述犯罪的法律特征和实质特征。过去，我国学说不使用违法性观念揭示犯罪的本质特征，很大程度上是由于人为地对违法性概念作了形式化的理论设置。如果认为违法性包含危害性（实际也应当这样理解），那么，可以在违法性概念之下解决触犯刑律和具有危害性的问题。这样可以把犯罪成立的概念表述为，犯罪是该当罪状、违法、有责任（或者有罪过）的行为。罪状，是法条中明文禁止的行为；违法性是在行为该当罪状的基础上，考虑有无法律允许的正当行为和实质的危害性；责任考察行为人对违法行为有无可谴责性（罪过）。这也是一个模仿"三要件论"的体系。

首先，以行为触犯刑法罚则即该当分则条文的罪状为犯罪的第一要件。在此，重要的是把罪状（或通过分则罪状描述的因素）当作一个整体把握，作为犯罪构成论的核心。在罪刑法定的制度下，这是最基本的要求。在"三要件论"中，称其为"构成要件"。在法国理论中，称其为"法定要素"。在英美理论中，称其为"犯罪定义"。犯罪构成的一般理论应当以此为中心展开。

其次，从犯罪构成适用于具体案件的司法角度，把握社会危害性实质评价、主观罪过的归责评价，指导司法并通过司法弥补法律规定僵化可能产生的实质不公平。

因此，犯罪构成论，应当是一种依法定罪的理论。包含三方面的内容：从法注释角度讲，其一是罪状论，其二是违法论（阻却违法性事由、社会危害性评价），其三是罪责论（主观罪过）。从法律形式的角度讲，罪状论分析的是分则犯罪要件（要素）；违法论和罪责论分析的是犯罪的主客观的实质和总则犯罪要件（要素）。从司法适用的角度讲，行为或案件事实该当罪状、具有违法性（危害性）和罪责，应当被判断（认定）为犯罪。在此之后，是犯罪形态论，即未完成罪、共犯、罪数以及犯罪各论。

以罪状为中心展开犯罪构成理论研究。主要包含以下内容。

（1）犯罪是该当法定罪状、违法、有责（有罪过）的行为。

（2）罪状（分则条文通过罪状描述的犯罪要素）论。

①罪状的概念、意义；

②罪状的一般内容：A. 主体（注意，这里仅指分则条文的身份）；B. 主观要素；C. 客观要素；D. 记叙性要素与规范性要素。

③罪状的类型：A. 结果犯、单纯行为犯；B. 侵害犯、危险犯、形式犯；C. 即成犯、状态犯、继续犯；D. 身份犯、非身份犯；E. 故意犯、过失犯、结果加重犯；F. 结合犯。

（3）违法论：违法本质、正当化事由等。

（4）责任论：主观责任原则，包含主观罪过原则及无罪过事件；责任年龄、责任能力。

（5）罪状特殊形态论（经总则补充、修正或扩张的形态）形态。

①过程形态。A. 标准形态：既遂，行为人完成罪状，罪状被完整实现的形态。B. 特殊形态：未遂，已经着手未能完成罪状，因为意志以外的原因未被完整实现的形态；预备，为实行犯罪而预备的形态；中止，在犯罪过程中自动放弃犯罪的行为。

②共犯。A. 标准共犯：数人共同实行犯罪；B. 特殊共犯：帮助犯、教唆犯、共谋犯、组织犯。

③罪数。A. 标准罪数：一行为该当一罪状；B. 特殊罪数：行为数与该当罪状数不一致的情况，包含想象竞合、连续犯、牵连犯等。

论应然犯罪之构成与法定犯罪之构成

——兼论犯罪构成理论风格的多元发展[1]

在我国影响较大的有两个犯罪构成论体系：其一是由苏联传入并在我国占据主流地位的"四要件论"（主体、主观、客体、客观）；其二是贝林构建的，在德国、日本占主流地位的"三要件论"（构成要件［tatbestand］该当性、违法性、有责性）。自 20 世纪 80 年代末以来，我国学者开始关注这两个理论之间在体系上的差别。通过比较研究，学界取得了许多重要的成果，在一些基本问题上达成了共识。但是，我认为"三要件论"最重要的出发点是落实罪刑法定原则，意在构建法定犯罪之构成，最重要的体系特征在于把罪状当作整体来把握，由此决定了它依托法律形式进行注释的、顺应司法认定思路的、局限于法定犯罪之犯罪构成的理论风格；"四要件论"是意在构建应然犯罪之构成，由此决定它从存在的犯罪现象出发，依托犯罪行为结构来揭示、把握犯罪法律因素的应然犯罪之犯罪构成的理论风格。

一、罪状[2]是否被当作一个整体来把握

把罪状作为一个整体把握，即把行为该当罪状当作一个整体设定为犯罪成立的三个一般要件之一，是"三要件论"最突出的体系特征。

我国理论界对两种犯罪构成论体系差别达成的共识之一是：从术语上看，"犯罪构成"概念在两个体系中具有广义与狭义的分别，在"四要件论"中，犯罪构成指犯罪成立的一般要件的总和，在"三要件论"中，犯罪构成指犯

---

〔1〕 载《法学研究》2003 年第 1 期。

〔2〕 在我国刑法学界，关于罪状较为通行的定义是指："刑法分则包含罪刑关系的条文对具体犯罪及其构成要件的描述。"（参见高铭暄主编：《新编中国刑法学》，中国人民大学出版社 1998 年版，第 475 页。）对这种通行的定义较为细致的表述是："立法者在刑法分则性罪刑式条文中对具体犯罪构成要件和升降法定刑档次条件的类型化表述。"（参见刘树德："罪状之辨析与界定"，载《国家检察官学院学报》1999 年第 4 期）。本文对罪状一词在上述意义上使用。

罪成立的一般要件之一，即"构成要件（tatbestand）该当性"。在"三要件论"中，与我国广义"犯罪构成"概念相当的是"犯罪成立的一般要件"或"犯罪理论"[1]。因此，就犯罪成立论而言，两大体系是可比的："四要件论"是指犯罪成立的四个要件的总和；"三要件论"是指犯罪成立的三个要件的总和。解决的问题也是相同的，即确立行为事实成立犯罪、作为刑事责任或刑罚处罚的前提。[2]但是，两大体系中有一个关键概念是不可比的，即"三要件论"中"构成要件（tatbestand）该当性"中的"构成要件（tatbestand）"，特指刑法分则中法条处罚（法定刑）前提部分的内容（罪状）。"三要件论"通过这样一个"构成要件（tatbestand）"的概念对分则罪状进行整体把握，使它与"四要件论"的差别远远超出术语的范围，成为体系差别的根源。

在"三要件论"中，"构成要件（tatbestand）"就是指特定罪状或罪状所包含的犯罪因素的总和。因此"构成要件论"其实就是"罪状论"或罪状所含之犯罪因素论。李斯特指出："如果谈到刑法中的构成要件，通常是指特殊之构成要件，它表明分则章节中规定的具体不法类型特征之总和……特殊之构成要件对刑法教义学具有重大之价值，该得到承认且源之于科学价值，是贝林的无可争议的功绩。"[3]小野清一郎指出："犯罪构成要件论，是指在刑法总论亦即刑法的一般理论中，重视'特殊'的构成要件的概念并试图以此为契机来构筑犯罪论体系的一种理论。"[4]"其重点在于必须把握住刑法分则中被特殊化（具体化）的构成要件。"[5]这个"特殊的构成要件（tatbestand）"其实就是罪状。对此，库茨涅佐娃直接挑明："《德国刑法典》从规范法学派的立场规定行为的构成（tatbestand）……将它与刑法典分则的刑事

---

　　〔1〕　作者在著述中称"犯罪成立的一般要件"的，似乎侧重于法律注释。例如：〔日〕福田平、大塚仁：《日本刑法总论讲义》，辽宁人民出版社 1986 年版，第 38 页；〔日〕裁判所书记官研修所编：《刑法概说》（第 11 页，司法协会发行，1991 年 1 月修订版）。而称"犯罪理论"，似乎更侧重于论理，例如〔日〕野村：《刑法总论》，全理其、何力译，法律出版社 2001 年版，第 84 页。不同的称呼多少表明作者或著作的不同倾向，并非毫无差别。

　　〔2〕　〔日〕西园春夫："日本与德意志刑法和刑法学"，林亚刚译，载《法学评论》2001 年第 1 期。

　　〔3〕　〔德〕李斯特：《德国刑法教科书》，徐久生译，法律出版社 2000 年版，第 206 页。

　　〔4〕　〔日〕小野清一郎：《犯罪构成要件理论》，中国人民公安大学出版社 1991 年版，第 1 页。

　　〔5〕　〔日〕小野清一郎：《犯罪构成要件理论》，中国人民公安大学出版社 1991 年版，第 4 页。

法律规范的处理部分等同起来。"[1]她所称的"刑事法律规范的处理部分",在我国刑法学说中通常简称为罪状。在日本的注释色彩较浓的刑法教科书中,这一点也得到证实:如对构成要件(内容)因素的分类,其实就是对罪状因素的分类,划分主观因素、客观因素、描述性要素、规范要素等。对构成要件的分类其实就是对罪状的分类,如基本构成、修正的构成、加减的构成;行为犯、结果犯、举动犯;形式犯、实害犯、危险犯;继续犯、状态犯、即成犯,等等。[2]对故意内容和实行行为的认定,也是以构成要件其实也就是以罪状为准的。

因为对罪状的整体把握,所以产生了新的要件分割方式,形成"三要件"结构。在犯罪成立论中因为把罪状独立地当作一个要件,完整地进行把握,并作为评价犯罪的法律标准之一和构建犯罪成立论的核心概念,所以需要在理论体系上对犯罪成立要件从实质与形式、主观与客观的角度进行分割。刑法学者很早就依据自然法或"事物本身的法"对犯罪构成要件进行结构性分割,认为犯罪是客观上违法,主观上有责的行为,形成主观与客观分割的犯罪一般要件的体系。贝林在违法、有责两要件之前加上"构成要件该当性",形成"三要件论",势必要在原有主、客观要件分割的基础上,对犯罪成立要件进行新一轮的分割,即形式与实质的分割。贝林通过把构成要件形式化、客观化来实现这种分割,指出构成要件应当是纯客观、价值中立的,从而使构成要件该当性评价独立于违法性和有责性评价。有的学者批评贝林对构成要件极端的客观化、形式化的主张,但依然沿用他的"三要件"分立的体系。[3]有的学者拒绝形式与实质的分割,采取违法与有责或者该当构成要件和责任"二要件"体系,要么在违法要件中,依然把构成要件(罪状)当作一个整体,纳入违法性之中单独把握,[4]要么把违法性内容纳入构成要件之

---

〔1〕 [俄] Н. Ф. 库兹涅佐娃、И. М. 佳日科娃:《俄罗斯刑法教程》(总论)上卷·犯罪论,黄道秀译,中国法制出版社 2002 年版,第 172 页。

〔2〕 参见 [日] 福田平、大塚仁:《日本刑法总论讲义》,辽宁人民出版社 1986 年版,第 44~54 页。

〔3〕 例如小野清一郎提出构成要件是违法、有责的类型,大塚仁也持同样的观点,但他们都赞成三要件的体系。参见 [日] 小野清一郎:《犯罪构成要件理论》,中国人民公安大学出版社 1991 年版,第 28 页。[日] 大塚仁:《犯罪论的基本问题》,冯军译,中国政法大学出版社 1993 年版,第 38 页。

〔4〕 例如,日本学者野村在其《刑法总论》(野村著,全理其、何力译,《刑法总论》,法律出版社 2001 年版)中,采取行为论体系,着重从行为的违法——责任两大特征展开犯罪理论。但是,他在行为论之前,仍然设专节论述"犯罪的构成要素"和"犯罪的类型"(参见该书第 91~116 页)来整体把握分则罪状。

中把握。[1]尽管这些学者对构成要件内容是否含有违法和主观因素有不同的看法，对于构成要件与违法（或不法）是否应当分离有不同看法，但是，如果他们在犯罪成立论中把罪状整个地当作一个要件来把握，则仍然沿袭了贝林体系的思路和特征。

从理论上讲，"三要件论"中的构成要件不过是整体把握罪状的"空白代号"。因为构成要件是以一个整体与违法、责任并列，被当作认定犯罪的法律标准之一，所以它只是整体把握罪状的"空白代号"，或者是如我们所批评的"纯粹的法律模式"。在"三要件"体系中，"构成要件（tatbestand）该当性"仅仅是行为成立犯罪的要件之一，行为成立犯罪除了具备"构成要件该当性"之外，还需要具备违法、有责两个要件。这个把违法、有责内容人为分离出去后的构成要件概念与特定罪状存在着明确的指代关系，是特定罪状的"空白代号"。由于罪状（或立法者通过罪状）对各种犯罪的描述是千差万别，无法一概而论的，所以"构成要件该当性"，不过是指行为被认定与刑法××条罪状（的内容）具有同一性。相当于说，行为构成犯罪必须具备（或该当）分则条款的法定要素或犯罪定义。在构成要件的一般学说中，对构成要件内容通常是技术性的分析，如划分出客观性因素、主观性因素，本身并没有实际的、具体的内容，完全是空白的。其内容取决于该构成要件指代的特定罪状的内容。在这个意义上讲，行为人该当的构成要件是具体的、特殊的。因为行为事实该当的只能是构成要件所指代的刑法××条的特定罪状。犯罪构成中的每一个因素都是必要的，没有选择的。对于该当要求特定目的的罪状（目的犯）而言，目的就是该当罪状的必要因素。只能在两种意义上说构成要件是抽象的、一般的：第一，构成要件在理论体系中只是一个法条罪状的代

---

〔1〕 例如《法国刑法总论精义》就与典型的"三要件论"有所不同。其犯罪论分为两大部分，其一是犯罪要件，其二是排除减轻责任事由，类似于英美刑法理论的构架。可看作是（构成要件该当-有责）两要件论。该讲义没有把"行为的违法性"作为一个独立的要件。而是把违法性要件与该当犯罪要件合并为一。但是在该讲义中，有一点与三要件论是共同的，即依托法律对罪状进行整体把握。该讲义把犯罪要件分为事实实行为和犯罪心理两个要件（相当于主客观要件），但是这两个要件均在"法有规定"的前提或框架内，并且属于犯罪的"特有"要件。因此这两个要件属于该当法有规定的罪状的行为事实与犯罪心理。在法有规定的前提下所把握的事实行为和犯罪心理这两个要件，仍然具有对分则罪状整体把握的特征。同时体现犯罪的法定性。即作为法律上、实定法的犯罪。该讲义对犯罪对罪状或该当罪状行为的整体把握，可以通过一系列的观点反映出来。如事实实行为的类型、实行犯、正犯、共犯、教唆犯的概念等，也可以从该讲义在犯罪概念部分一再强调的犯罪的法定性得到印证。参见[法]卡斯东·斯特法尼：《法国刑法总则精义》，罗结珍译，中国政法大学出版社1998年版。

号；第二，构成要件所指代的罪状本身是对犯罪事实的抽象，即所谓"具体的不法类型"[1]或如小野清一郎所说的，违法有责的定型。

在"四要件论"中，则没有把罪状整体上作为认定犯罪成立的一般标准之一。罪状中规定的犯罪因素被打散并与刑法总则中规定的犯罪因素混在一起，分配到行为结构的四个方面，作为四个一般要件的法律来源。这表现在，无论是哪一个一般要件（主体、主观、客体、客观），与罪状均不存在这种完整的对应关系。因为"四要件论"缺乏这样一个完整把握罪状的要件，所以往往使用"分则条文规定的""刑法典分则处罚前提中的"概念来扮演罪状的角色，来界定既遂的类型，既遂、未遂、预备、实行行为的概念，实行犯与帮助犯、教唆犯等。因为"四要件论"中自始就没有把罪状完整地当作一个要件把握，所以，导致其与"三要件论"中的许多概念不能兼容。我国学者往往根据"四要件"（方面）也是对罪状的分析，或者根据"四要件"的主要内容也是来源于分则罪状，以为"三要件论"与"四要件论"没有实质差别。其实，广义的作为犯罪成立要件总和的"犯罪构成"与狭义的作为犯罪成立要件之一的罪状，存在着不对称性。前者内容大于后者，往往溢出罪状。无法用这种广义的犯罪构成概念来单独、完整地把握罪状。至于"四要件"中的任何一个要件，又小于罪状，不能涵盖所有罪状的因素，也不能用一个要件来完整地把握罪状。这是"三要件论"与"四要件论"重大的体系差别，也是二者的许多概念不能兼容的根源。

二、对法定犯罪因素是从法律还是从事实的角度把握

我国理论界对两种犯罪构成论体系差别达成的另一共识是：从体系上看，两种体系对法定犯罪成立的因素分配方式不同，"四要件论"分配在主体、主观、客体、客观四方面中，而"三要件论"分配在构成要件、违法、责任三要件中。从功能上看，"四要件论"认为行为具有（或包含）法定的犯罪构成要件是刑事责任的根据；"三要件论"认为行为该当犯罪成立的全部一般要件成立犯罪。我国学者经过十余年的比较研究，对此已经达成共识。

但是，我们不能忽视两种体系对犯罪成立要件的把握方式或者角度上的差异。这种差异隐藏在一个极为普通的命题之中，即犯罪构成是法律的还是事实的。人们对这个命题虽不陌生却有误解，似乎把它理解为犯罪构成本身

---

〔1〕〔德〕李斯特：《德国刑法教科书》，徐久生译，法律出版社2000年版，第206页。

的属性。任何一种犯罪构成论均不否认犯罪要件内容来源于法律，即法定性。那么犯罪构成是法律的还是事实的这个命题有什么值得讨论呢？因此，我国学者除了反对把犯罪构成视为"纯粹的法律模式"[1]以外，大多认为犯罪构成是法律的。[2]有些学者为了摆脱这一问题的困扰，还提出了事实的犯罪构成与法律的犯罪构成的分类。以上论据表明，我国学者对于犯罪构成是事实的还是法律的命题，主要着眼于从犯罪构成本身的属性进行研究。其实，这个命题并非如此简单，它是指对法定犯罪因素是从法律还是从事实的角度把握。其中隐含着两种犯罪构成论体系上的重大差别。"三要件论"把犯罪构成，至少是把构成要件（tatbestand）当作"法律规范中"的来把握，苏联和我国的"四要件论"的传统与主流把犯罪构成当作"行为事实中"的犯罪构成来把握。特拉伊宁在他的《犯罪构成的一般学说》中把犯罪构成既当作"行为事实中"的又当作"法律规范中"的犯罪构成来把握。把犯罪构成作为"行为事实中"的还是"法律规范中"的东西来把握，是"四要件论"与"三要件论"体系思路根本不同的地方，也是导致两大理论体系其他重大体系性差别的根本原因。

典型的"三要件论"把犯罪构成（tatbestand）当作"空白的法律模式"或"分则某条罪状的代号"来把握。《德国刑法典》第5条第11款"术语解释"特意说明："违法行为只是实现犯罪构成的行为。"因此，"《德国刑法

---

〔1〕 张文："犯罪构成初探"，载《北京大学学报》（哲社版）1984年第5期。

〔2〕 例如，孙燕山指出："首先应肯定构成的内容是刑法明文规定的，绝不是我们可以随意取舍的。在此前提下我们探讨有关构成要件，构成要件具有法律性，但至于这些要件的有机统一，作为成立犯罪的标准或规格叫什么，法律本身并没有直接规定，就像刑法对故意犯罪的规定并没有明确直接故意和间接故意一样，二者的区分只是刑法理论上的事情。"〔孙燕山："犯罪构成问题再探讨"，《法律科学》（西安），1997年第6期〕肖中华指出："犯罪构成的'法律说'与'事实说'的根本对立，在于犯罪构成究竟是事实要件的法律规定（类型）还是符合某一犯罪成立所必须具备的要件事实本身。"〔肖中华：《犯罪构成及其关系论》，中国人民大学出版社2000年版，第82页〕。肖中华还在题为"我国刑法中犯罪构成概念的再探讨——为犯罪构成'法定说'的所作的论证"一文中，也是围绕犯罪构成本身是法律的还是理论的、事实的等问题进行讨论。〔肖中华："我国刑法中犯罪构成概念的再探讨——为犯罪构成'法定说'所作的论证"，载《法学评论》（武汉）1999年第5期〕陈兴良指出："犯罪构成是法律标准还是构成事实……犯罪构成作为一种法律规定与理论命题，是在对各种犯罪事实加以抽象与概括的基础上形成的，但能否将犯罪构成等同于构成事实呢？显然，我们的回答是否定的……现在刑法理论中的犯罪构成要件是指犯罪的规格，这是一种法律标准，与构成事实是有所不同的，这已达成共识。"〔陈兴良："犯罪构成的体系性思考（之一）"，载《法制与社会发展》（长春）2000年第3期〕。

典》从规范法学派的立场规定行为的构成（tatbestand）是'法定构成'，'法律构成'将它与刑法典分则的刑事法律规范的处理部分等同起来……在德国的教科书和刑法典注释中，犯罪构成在关于刑事法律的一章中进行研究"。[1]也就是说，违法、有责行为只有在该当构成要件（tatbestand）的情况下才能成立犯罪。这个犯罪构成（tatbestand）如前所述，实际上是分则××条罪状的代号，并且是经过形式化（分离出违法性）、客观化（分离出责任）处理的（纯粹的）空白的法条罪状的代号，意思是判断违法、有责的行为事实是否成立犯罪，还需代入该当的具体的分则××条罪状，判断具有犯罪构成（tatbestand）该当性，方可成立犯罪。这是从贝林开始，为了落实罪刑法定原则而形成的犯罪成立"三要件论"的基本思路。在这个意义上讲，犯罪构成（tatbestand）是法律的，甚至是纯粹的法律模式，或者说分则××条罪状之代号。

在犯罪构成是"法律的还是事实的"这个命题中，所谓犯罪构成是"法律的"含义既然原本如此，那么，与其相对应的犯罪构成是"事实的"含义是什么呢？这只能从"四要件论"的创始者苏联学者那里找答案。库茨涅佐娃鲜明地指出这一命题的焦点：犯罪构成，或者是"类似于刑事法律罪状的关于犯罪的立法表述"，或者是"刑事法律行为"[2]。贝林的"三要件论""把犯罪构成仅仅看作是立法表述，是犯罪的法律模型，而不是把它看作现实生活的社会法律现象和事实"，这种认识导致了种种问题。她指出，与此相反，苏俄刑法的传统就不把犯罪构成当作法律模式而是作为刑事责任根据的人的行为的构成。她指出，"本世纪前半期俄罗斯刑法认为犯罪构成是构成犯罪的要素及其要件的体系（总和）。根本没有提到认为犯罪构成是'立法模式'或'科学抽象'的规范法学派的解释，也没有任何犯罪与其构成相对立。N. Я. 贡塔里正确地指出，'苏维埃刑法最初认为犯罪构成是一个结构，包含有危害行为的各要素组成的各个部分'"。[3]并且这种传统在现在的俄罗斯立法中得到肯定："刑法典和刑事诉讼法典中，犯罪构成的定义始终是'行为

---

〔1〕［俄］Н. Ф. 库兹涅佐娃、И. M. 佳日科娃：《俄罗斯刑法教程》（总论）上卷·犯罪论，黄道秀译，中国法制出版社 2002 年版，第 172 页。

〔2〕［俄］Н. Ф. 库兹涅佐娃："犯罪构成：一些有争议的问题"，马改秀译，载《外国法学译丛》1988 年第 2 期。

〔3〕［俄］Н. Ф. 库兹涅佐娃、И. M. 佳日科娃：《俄罗斯刑法教程》（总论）上卷·犯罪论，黄道秀译，中国法制出版社 2002 年版，第 175~176 页。

中所包含的'。"〔1〕

苏联学者大多从犯罪的实质定义和犯罪构成是刑事责任依据（或根据）的命题出发构筑犯罪构成论体系。因此，作为刑事责任根据的"犯罪构成"，除了在"构成犯罪的要件总和"的广义上使用外，最重要的特点是具有事实性。因为只有一定的犯罪事实才能作为刑事责任的根据。"有些文献认为，判定刑事责任的唯一根据应是认定犯罪分子的行为里有犯罪构成。持这种观点的人认为，这样措辞，'就是指出确有犯罪事实'。由于犯罪构成被理解为法律认定的犯罪行为特征的总和，所以在这些人看来，判定应负刑事责任的依据就是认定有犯罪构成，而且认为，这样判定才能在使用刑法准则时确保社会主义法制。"〔2〕持这种观点的学者，从分析犯罪行为的结构特征（主体、主观、客体、客观）出发，形成以危害（犯罪）行为事实结构为基盘的"四要件论"。在这种犯罪构成论中，"犯罪构成——这是构成危害社会行为的客观和主观必要要素的体系，其要件在刑法典总则和分则刑法规范的处理部分中加以描述"，〔3〕是"行为所含有的和作为刑事责任根据的犯罪构成"。

在苏联以及我国居主流地位的"四要件论"把犯罪构成当作事实的东西把握。从术语上讲，是指该当或具有法定构成要件（因素）总和的行为。犯罪构成的"要件"（或因素，或因素的要件，或要件的因素）才是法律的。这只是承认要件在"来源上"是法律的。在犯罪构成中，法定犯罪因素并非是从法律的角度来把握，而是从人的行为事实出发来把握。"也就是说，无论是几要件说的观点（指我国学说——引者注），都是将犯罪行为的整体在结构上进行分解，形成不同的要件。也正因为如此，在我国，犯罪构成要件与行为要件是一致的。"〔4〕这体现在：（1）犯罪构成的四个基本要件（或者构成因素的分体系）是以人的犯罪行为作基准，依据人的行为结构进行的划分。因此，对于法定构成因素的把握，是立足于人的行为结构特征，而不是立足

---

〔1〕 ［俄］Н.Ф.库兹涅佐娃、И.М.佳日科娃：《俄罗斯刑法教程》（总论）上卷·犯罪论，黄道秀译，中国法制出版社 2002 年版，第 176 页。

〔2〕 ［苏联］Н.扎戈罗德尼科夫、Н.斯特鲁奇夫："苏联刑法的研究方向"，王长国译，载《国外法学》1982 年第 1 期。

〔3〕 ［俄］Н.Ф.库兹涅佐娃、И.М.佳日科娃：《俄罗斯刑法教程》（总论）上卷·犯罪论，黄道秀译，中国法制出版社 2002 年版，第 170 页。

〔4〕 李洁："三大法系犯罪构成论体系性特征比较研究"，载陈兴良主编：《刑事法评论》1998年第 2 卷，第 442 页。

于分则条文罪状、针对罪状内容的划分。法定犯罪因素的划分的根据是与存在的犯罪行为的方面相对应，客体是犯罪所侵害的社会关系，主体必须是具有责任能力的人，客观方面是人的外部活动等，而不是与法律规范相对应。作为构成因素最基本载体的罪状内容，与犯罪构成的四个一般要件不能形成完全的对应关系。再如，在"四要件论"中广泛存在构成的"必要因素"和"选择因素"的概念。这也是立足于人的行为事实进行的分类。因为只有针对存在的行为构成犯罪而言，才存在所谓"选择""必要"的问题，从法律规范而言，某刑罚法规作为处罚前提的因素对行为该当该条处罚前提而言都是必要的，无所谓"选择"的问题。从存在行为事实出发把握犯罪构成的最显著的体系特征，是没有根据罪状划分的类型，如行为犯、继续犯、结果犯等，或者虽然引入了罪状类型的观念，但总是不能与体系协调一致。例如，从犯罪的实质考虑，犯罪总是具有法益（客体）侵害性，而根据这种法益侵害性往往又得出"泛结果"（即任何犯罪都有结果）的结论。在这种结论之下，很难兼容行为犯与结果犯，形式犯与实害犯的划分。（2）对于各因素之间的关系，"四要件论"从人的行为（存在的行为）的整体性来把握构成诸要件要素的不可分离分割性。

也有一些苏联或者俄罗斯学者把犯罪构成既当作是事实的，又当成是法律的。特拉伊宁在他的《犯罪构成的一般学说》[1]中构建了一个"二元"的犯罪构成论。他的著作前半部分（第1、3、4章）论述的是犯罪"四要件（或方面）论"。他的犯罪要件论从存在的犯罪行为结构出发，依据法律规定的犯罪实质定义，建立了一个实质的（决定行为危害性）、事实的、广义的（要件、因素总和）"四要件"犯罪构成框架。他的著作的后半部分（第5章以降）论述的是构成因素论。而他的构成因素论却完全沿袭流行的西方"三要件论"的犯罪构成（tatbestand）观念，以分则规范（罪状）注释为中心，建立了一个法律的、注释学的、形式的构成因素（总和）观念。他的理论往往在"东西方"之间摇摆，显现出"双重"或者"分裂"的品格。一方面论述作为刑事责任根据的危害行为事实的、实质的、广义的、综合的、一般的犯罪构成；另一方面论述作为分则法律规范注释的、形式的、狭义的、具体的、法定的构成因素。一方面批判西方构成要件论是形式的、主客观分立、

---

[1] ［苏联］特拉伊宁：《犯罪构成的一般学说》，中国人民大学出版社1958年版。

形式与实质分立的；另一方面他自己的构成因素论又回到先前批判的、形式的、分立的思路上。这种"二元"的理论结构和分裂的品格，是他借鉴西方构成要件论与苏联当时的法律、社会实践相结合的产物，也是他的理论令人感到困惑的关键。特拉伊宁理论的"二元"结构被批评是"出尔反尔"。"50年代的理论上（也包括实践上）开始将过去理解的犯罪构成'一分为二'，一是现实的现象，是犯罪的核心，犯罪的结构，二是立法模式或者科学抽象。"[1]例如，特拉伊宁认为犯罪既是客观实际，又是犯罪的法律定性。所以他被指责出尔反尔。[2]特拉伊宁的"二元论"也遭到我国学者的质疑。

三、应然犯罪之构成还是法定犯罪之构成

如同有犯罪的实质概念和形式概念一样，犯罪构成也有应然犯罪之构成和法定犯罪之构成的分别。

从存在的角度按照自然法揭示的犯罪构成，是应然犯罪（或超法规的犯罪）的犯罪构成。从自然法或存在的犯罪现象角度（或层面）出发，对犯罪构成要件最经典的把握是：犯罪是客观违法、主观有罪责的行为。或者如我国主流犯罪构成"四要件论"那样把握犯罪要件，犯罪总是由一定主体以一定的罪过形式和客观的举止侵犯一定客体，具有社会危害性的行为。这种犯罪构成的功能，不仅具有司法定罪的意义，而且具有揭示犯罪本质、特征，为立法犯罪化提供依据的意义。这种犯罪构成因为是包含了应然意义的犯罪之构成，它的范围是广义的，不仅包含法律明文规定的犯罪之构成，也包含法律没有明文规定的、应然意义的或超法规、实质意义的犯罪之构成。

这种犯罪构成难免脱离实定法的倾向。在实行类推制度的时期，法律体制和价值取向决定了必须选择这样的犯罪构成。在罪刑法定时代，这种犯罪构成论的要件虽然被加上了法定性的限制。但它仍然不是严格意义上法定犯罪之犯罪构成。这表现在两方面：（1）犯罪构成论具有积极的特性，不宜作为司法的定罪模式。犯罪的实质要件仍然十分活跃，社会危害性的实质标准不仅具有消极要件的意义，而且具有积极要件的意义。在某种程度上，相当于犯罪本质、特征论。这种犯罪构成论的着眼点，不是力求发现立法者已经

〔1〕〔俄〕Н. Ф. 库兹涅佐娃、И. М. 佳日科娃：《俄罗斯刑法教程》（总论）上卷·犯罪论，黄道秀译，中国法制出版社 2002 年版，第 176 页。

〔2〕〔俄〕Н. Ф. 库兹涅佐娃、И. М. 佳日科娃：《俄罗斯刑法教程》（总论）上卷·犯罪论，黄道秀译，中国法制出版社 2002 年版，第 176 页。

发现并"制造"出来的法律中的法，而是着眼于像立法者一样去发现、遵从事物的法。（2）与此重视实质的特征相应，这种犯罪构成论的构成要件不讲求与法定内容的对应关系。正因为如此，我国学者质疑"四要件论"把分则条文中往往没有具体规定的客体作为犯罪构成要件之一，"导致犯罪构成法定化问题上的疑问"。[1]

从刑事立法的角度（或层面）出发，作为司法定罪标准（或规格）的犯罪构成是法定犯罪之构成，其首先重视犯罪构成的法定性。"尤其是在以罪刑法定为原则的现代刑法中，构成要件必须要有成文法规的严格规定。"[2]而成文法严格规定"构成要件"的方式就是通过分则刑罚法规前提的罪状描述实现的。在"三要件论"中使用构成要件（tatbestand）一词指代具体罪状的描述，是分则××条规定之罪状的"空白的代号"。只有行为该当这种构成要件的，才能构成犯罪。从刑事司法的角度（或层面）出发，判断"裸"的行为或案件事实该当分则××条罪状构成要件（tatbestand）且违法、有责的，构成犯罪；或者违法、有责的行为该当分则××条罪状构成要件（tatbestand）的，构成犯罪。这种法定犯罪的犯罪构成具有以下特征：（1）把罪状当作犯罪成立要件之一，并从整体上把握。因为罪刑法定体现为分则法条中的罪刑条款，只有该当具体条款中的罪状，才可能构成犯罪。（2）贴近立法。依据法律规范来把握法定的犯罪要素。这表现为犯罪构成的"三要件"均有明确的对应的法律规定。体现出内容与形式（载体）的一致性。犯罪构成首先是法律规范中的构成。（3）适应司法定罪的思路。即对犯罪构成因素的把握不讲究与行为事实结构一致，而是讲究与司法应用法律标准评价（或认定）行为（被评价行为或案件事实）思路一致。行为该当分则××条罪状，并且经过进一步判断具有违法性和有责性的，成立犯罪。也是因为这一点，被小野清一郎称赞具有"实践的品格"。被大塚仁称赞"与上述刑事审判中犯罪事实的认定过程相协调"。[3]（4）具有消极性。在"三要件"中，只有法定的构成要件（罪状）具有积极要件的意义。而违法、有责要件，仅仅具有消极要件的意义，即排除该当构成要件的行为不成立犯罪的意义。虽然对违法性、有责性的理解可

---

〔1〕 李洁："三大法系犯罪构成论体系性特征比较研究"，载陈兴良主编：《刑事法评论》1998年第2卷，第442页。

〔2〕 〔日〕小野清一郎：《犯罪构成要件理论》，中国人民公安大学出版社1991年版，第4页。

〔3〕 〔日〕大塚仁：《犯罪论的基本问题》，冯军译，中国政法大学出版社1993年版，第49页。

以是超法规的，但是，这仅仅是在消极意义上使用（限制、缩小犯罪成立范围上使用）。正是这种消极性，从犯罪构成论上落实罪刑法定原则和在司法上体现刑罚的审慎、谦抑性的精神。

四、犯罪构成理论多元化

通过构成要件的概念对罪状（内容和形式）进行整体把握，并循着注释法律评价标准（构成要件、违法、责任）——司法适用法律评价标准定罪（构成要件该当性、违法性、有责性）的思路，构建犯罪成立"三要件论"。这种犯罪成立论是法定犯罪构成之注释——司法定罪论模式。通过犯罪行为的结构分析，并循着客体、客观、主体、主观把握犯罪成立要件的"四要件论"，是应然犯罪之犯罪成立论。无论是应然犯罪之构成还是法定犯罪之构成，都有其存在的价值。从哪一种角度来认识、把握犯罪构成要件，只是代表学者的一种理论倾向，既没有优劣之分也可以并行不悖。一个国家的刑法学界，并非只能采取一种犯罪构成论，并非必须推翻一种犯罪构成论才能确立另一种犯罪构成论。在国外，英美法系和大陆法系的犯罪构成论就有很大的差异，即使是在"三要件论"发源地的德国、日本学界，"三要件论"，即贝林创立的以构成要件该当性为中心的"三要件论"，也只是有影响的理论体系之一。许多著述，仍然首先从存在的应然的角度把握犯罪构成。例如，李斯特著《德国刑法教科书》[1]就是从行为出发把握犯罪构成，认为犯罪是违法、有责的行为，具有从存在的犯罪出发论证应然犯罪之犯罪构成的理论风格。他只是承认贝林所创之"特殊之构成要件对刑法教义学具有重大之价值"，也就是在刑法注释学上具有重要意义。而野村的《刑法总论》也是侧重于存在的、应然的犯罪的理论体系，但是保留有法定构成要件的概念，具有二元风格。

从不同角度阐述犯罪构成，不仅可以并行不悖，而且能相得益彰。法定的犯罪来源于现实的犯罪的概括、抽象，并且需要以现实的犯罪诠释、演绎法定的犯罪构成。反过来，对法定犯罪构成的适用，进一步促进对现实犯罪的认识。在"三要件论"中，违法、归责理论的发展，如期待可能性的理论就是从司法实践中首先提出的。

在我国学界，目前的问题并非是占主流地位的"四要件论"不够完美，

---

〔1〕〔德〕李斯特：《德国刑法教科书》，徐久生译，法律出版社2000年版。

而是理论的种类和思维方式的过于单一，缺乏辨别、接纳多元的犯罪构成体系的观念，总是站在一种体系的框架内看问题。比如关于结果乃至客体的把握，按照存在的应然的犯罪构成观，犯罪总是要侵犯一定的法益（无论法律是否具体描述），而对法益的侵害则是犯罪的结果（也不论法律是否具体描述），因此，得出"泛结果"的结论。结果与客体一样都是犯罪的必要要件（要素）。说客体、结果不是必要要件那是错误的。相反，在这种框架内试图引入行为犯、结果犯、形式犯、实害犯的观念，也是不相宜的。如果引入结果犯、行为犯的概念，说法不同，二者不是有无结果作为要素的差别，而是都有结果，只是结果与行为是否可分上的差异。可分的是结果犯，不可分的，是行为犯。相反，如果从规范的、司法的角度把握犯罪构成，法律在罪状中描述的东西、司法中能够具象观察判断的东西，才能作为犯罪构成的因素。在这样的体系中，客体仅仅作为法律保护的利益，并且因为在分则条文中通常不被描述，所以它仅仅具有对条文规定要素如对象、结果的解释论意义。而结果也只能是具体刑罚法规规定的、特定的、物质性的至少是可以观测的结果。如故意杀人罪的死亡结果，医疗事故罪的就诊人伤残死亡的结果。对于脱逃罪、非法拘禁罪、伪证罪等，恐怕就不能强求结果是构成要件。缺乏辨别、接纳不同犯罪构成论体系的观念，单一的思维方式，妨碍了我们正视不同犯罪构成论的体系差异，以至于遇到两种体系概念的冲突时，不是怀疑"四要件论"的正确性就是批评其他体系概念是错误的。

我们既需要应然犯罪之犯罪构成论，也需要法定犯罪之犯罪构成论。现在的问题主要不在于如何把"四要件论"发展到完美无缺的程度，也不在于如何选择一个理论体系，抛弃另一个理论体系，而在于在明确理论倾向、风格、功能的基础上，寻求犯罪构成理论的多元发展。

犯罪构成理论的多元发展，需要注意两个基本的问题。

第一，明确理论体系的出发点，究竟是应然、存在的犯罪构成论还是法定、司法的犯罪构成论。体系的出发点不同，将会导致把握犯罪构成要件的方式、角度的不同以及许多基本概念的差异。必须在认清体系思路的基础上，构建、评价犯罪构成论，避免不必要的混乱和冲突。而在犯罪构成论上最大的体系性差别，莫过于是否从法律规范的角度把分则条文罪状作为一个整体来把握。只要是把行为该当罪状作为一般构成要件之一，势必把犯罪构成当作法律中的构成、法定犯罪的构成，侧重的是刑法的注释和司法的适用。如果不将行为该当罪状作为犯罪成立要件之一来把握，势必是存在的、应然的犯罪构成。并由此而派生出种种的差别。

第二，明确理论的功能。究竟是定罪论还是犯罪结构论。如果着眼于定罪功能，应当明确区分被评价的行为事实和评价的标准，并且顺应司法定罪的思路，侧重于从司法运用法律标准评价行为（或案件）事实的角度构建犯罪成立的体系。这样的犯罪构成论具有偏重法律注释和司法定罪模式的风格。这种风格的犯罪构成论，是一种犯罪成立意义上的犯罪构成论，而不能称为犯罪论。

相反，如果着眼于揭示、反映犯罪的事实结构，那么，应当遵循犯罪的事实的、真实的、存在的状况，努力揭示、反映犯罪构成的"本来面貌"。真实的犯罪的确是一个有机整体，主客观不可分割、犯罪的实质与形式不可分割，从这个意义上讲，犯罪构成论不过是分析这样一种有机整体的工具，是一种从结构角度分析犯罪的一种方法。这种犯罪构成论揭示了一个客观、真实的犯罪结构。但是，这种风格的犯罪构成论不适合称为犯罪成立论，而适合称为犯罪论或犯罪结构论。它不必拘泥于法律形式、结构，也不必考虑司法认定犯罪的思路。

"四要件论"似乎就是一种侧重于这种功能的理论。它尊重犯罪的真实状况，以犯罪行为本身的结构为结构。没有明显的评价标准和被评价行为的区分。因为评价标准（法定构成因素）被融入被评价的行为事实之中来把握了。我国学者认为，"四要件论"是"一次性综合的平面评价模式"。其实，从理论构架上讲，还具有被评价的行为事实与评价的标准一体化的体系特征。

中国刑法学犯罪论体系之完善[1]

不妨换个角度考虑"三阶层"与"四要件"的犯罪论体系之争：是继续维持犯罪概念特征论与犯罪构成论并立的二元体系？还是构建犯罪概念构成论合一体系？即使不接受"三阶层"体系，是否也有必要依托《刑法》第13条规定，把犯罪构成论纳入犯罪概念特征论之内展开，形成犯罪概念特征与犯罪构成合一的体系。

关于犯罪构成在犯罪概念特征论之外还是之内问题的回答，存在二元体系和一元体系之别。翻开任意一本中国的刑法教科书，就会看到分别有"犯罪概念特征论"和"犯罪构成论"。在犯罪概念特征论中展开犯罪三个基本特征，即包含社会危害性、刑事违法性、应受刑罚惩罚性；在犯罪构成论中展开犯罪构成"四要件"，即包含犯罪客体、犯罪客观要件、犯罪主观要件、犯罪主体。翻开译介到中国的欧陆法系的刑法教科书，只有一个"犯罪概念要件论"即犯罪是该当构成要件、违法、有责的行为，行为成立犯罪需具备"三要件"即该当构成要件、违法、有责。中国教科书中犯罪概念特征论和犯罪构成论并立，属二元体系；与之相对，欧陆法系教科书中只有一个犯罪概念要件论，属一元体系。在二元体系中，犯罪构成论在犯罪概念特征论之外；而在一元体系中，犯罪构成论在犯罪概念特征论之内。

关于这个差异，有学者早已看出："在资产阶级刑法学中，犯罪构成作为犯罪成立的一个要件被包含在犯罪概念之中，这种关系是一种整体与部分的关系。而在社会主义刑法学中，犯罪构成是独立于犯罪概念之外的但是以犯罪概念为基础的，这种关系是一种抽象与具体的关系。"[2]"三要件论"体系中犯罪论体系与犯罪概念是同化关系，犯罪基本特征与犯罪成立要件是同一的。"所以外国犯罪论体系认定犯罪只有一个规格，可以叫作犯罪成立三要

〔1〕 载《法学研究》2013年第1期。

〔2〕 马克昌主编：《犯罪通论》，武汉大学出版社1999年版，第67页。

件，也可以叫犯罪的三特征"，"这种统一的尺度对于维护法制的严肃性有着重要的意义"；我国犯罪理论中"犯罪的构成要件与犯罪的基本特征是相互独立的……这便在认定犯罪时确立了两套标准，容易导致混乱"；"三要件论"与犯罪概念特征论为一体，所以是"一体论"，而"四要件论"在犯罪概念特征论之外，是"异体论"。[1]

"三阶层论"的"构成要件"与"四要件"的"犯罪构成"虽然都源自"tatbestand"，但所指含义显然不同。"三阶层"中构成要件只是犯罪三个要件之一，是狭义的，特指分则各条确立之具体罪之特有（或特殊）要件。"四要件论"中犯罪构成则指犯罪的全部一般要件总和，是广义的，包含了犯罪全体要件的内容。

"tatbestand"取狭义还是广义，取决于它在犯罪概念特征论之内还是之外。因为在犯罪概念特征之内它只是犯罪（特征）要件之一，必然是狭义的；在犯罪概念特征之外就表明其独立作为犯罪成立要件的总和，势必是广义的。广义的犯罪构成概念，不会有良好的理论功能，也不会与犯罪的危害性、有责性要件形成阶层关系。

根据我国《刑法》第13条的规定，"……危害社会的行为，依照法律应当受刑罚处罚的，都是犯罪"。据此，任何行为成立犯罪一般而言必须具备刑事违法性、社会危害性、有责性三个要件。

刑事违法性，指行为违反刑法或为刑法所禁止。在罪刑法定时代，这是犯罪的首要特征，体现于行为符合法定犯罪构成要件。构成要件，指刑法分则各条（刑罚法规）规定具体罪之特定要件。例如《刑法》第259条规定，"明知是现役军人的配偶而与之同居或者结婚的，处3年以下有期徒刑或者拘役"，其中罪状描述之"明知是现役军人的配偶而与之同居或者结婚的"是第259条之破坏军婚罪的构成要件。其中：（1）客观要件：与"现役军人的配偶""同居或结婚"；（2）主观要件：对与"现役军人的配偶""同居或结婚"客观要件具有"明知"。

构成要件（内容）一般可划分为客观要件和主观要件，前者包括身份、行为、行为对象、结果等要素；后者包括故意、过失、目的、动机等要素。构成要件依据其他分类标准还可以划分为：记述性要件和规范性要件；积极

---

〔1〕 姜伟："犯罪构成比较研究"，载《法学研究》1989年第5期。

的要件和消极的要件；成文的要件和不成文的要件等。

行为该当构成要件是成立犯罪的首要条件。例如甲与现役军人配偶乙结婚，符合《刑法》第 259 条之犯罪构成，即"明知是现役军人的配偶而与之同居或者结婚的"，表明该行为违反刑法，具有刑事违法性。如果行为没有违反刑法则不为罪，比如甲裸奔、乙吸毒、丙通奸，对于甲乙丙的行为，刑法典没有相应的构成要件，所以不能认定具有刑事违法性。

社会危害性指侵害刑法保护的利益。《刑法》第 13 条揭示了犯罪危害性的各方面表现：危害国家安全、公共安全、社会主义经济制度、人身权利、财产权利、社会秩序等。侵害的程度包括造成实际损害或者危险，这是犯罪的本质特征。行为没有危害性的，不能认为是犯罪。对于轻微有害行为可适用《治安管理处罚法》等行政法规进行制裁，因此犯罪应是具有较严重危害性的行为，"情节显著轻微危害不大的"，不认为是犯罪。行为符合构成要件通常具有社会危害性，但具有正当防卫、紧急避险、被害人同意等法定或酌定排除危害性事由的，不为罪。

有责性指行为人因其违反刑法、危害社会行为依法应受刑罚处罚。责任的本质是人应当对其违反刑法行为受到谴责。行为人有条件避免违法却选择违法，这种选择（意志）应当予以否定、责难，对行为人应当依法给予刑罚处罚。

责任要素包括刑事责任能力（刑事责任年龄和精神障碍者刑事责任能力）和刑事责任意思（故意、过失、意外事件、期待可能性）。构建犯罪论体系追求的目标是该体系能产出更优异的功能。犯罪概念要件合一至少产生两个变化：其一，构成要件成为犯罪概念之下的概念，产生理论的核心功能；其二，关于犯罪的重大观念如行为、构成要件该当性、社会危害性、刑事责任被一体把握，会产生良性互动效应。

在犯罪概念论之内作为成立犯罪要件之一的狭义的构成要件，特指刑法分则各条（刑罚法规）规定的具体犯罪的特有的构成要件，如"杀人""抢劫""虚开发票""传播性病"等，可以说刑法有多少条文规定多少个罪状罪名，就有多少个犯罪构成要件。这种构成要件：（1）用途特定，不再用于泛指所有的犯罪要件或要素，专门指称分则本条规定的（通过罪状描述的）犯罪行为类型，比如，引诱卖淫是犯罪行为，因为《刑法》第 359 条将其规定为犯罪即引诱卖淫罪，卖淫不是犯罪行为，因为刑法无明文规定。构成要件就特指刑法规定的这样一个一个犯罪行为类型，行为符合构成要件，就特指符合这样的犯罪行为类型。（2）内容特定，即把"危害"和"责任"这两个属于犯罪一般要件的内容剥离出去，只留下分则各条规定的特有的要件要素作为构成要件的内容。（3）赋予其独立的犯罪要件地位，形成构成要件、危害、责任三要件并立的格局。以这个特殊的构成要件概念为中心构建犯罪论体系，从而产生了如下诸多功能。

（1）法制功能。行为具有构成要件符合性是犯罪成立的首要条件，等于将刑事违法性作为犯罪成立的首要条件，把罪刑法定原则落到实处，使刑法学中的犯罪真正成为法律意义上的犯罪概念。

（2）锚定功能。犯罪论中社会危害性、有责性、作为、不作为、结果、因果关系、故意、过失等一般要素，均围绕着构成要件展开。比如，构成要件"故意"就是对自己实施该当构成要件客观要素行为事实的明知，同一构成要件范围内事实认识错误不阻却（对危害结果的）故意；认定不真正不作为犯须具有相当性等。

（3）基准功能。犯罪行为的开始（着手）、实行、实行终了，犯罪既遂、未遂，正犯与共犯，一罪与数罪等，均是以构成要件为基准去衡量、界定。比如：人实施的符合构成要件的行为，是实行行为；开始实施符合构成要件的行为，是犯罪的着手；人实施的行为完整实现了构成要件内容的，是犯罪既遂；已着手但未能完整实现构成要件内容的，是犯罪未遂。故意是对自己实施该当构成要件行为的明知；过失是对构成要件结果应当避免而没有避免。共同犯罪的分类方面：共同实施符合构成要件行为的，是共同正犯；参与共同犯罪但本人没有实施符合构成要件行为的，是共犯（帮助犯、教唆犯）。行为符合一个构成要件的，是一罪；符合数个构成要件的，是数罪（构成要件说）。

（4）使刑法解释论和司法适用（认定犯罪）成为一体。从刑法的解释角度来看，构成要件、危害、责任是犯罪的要件；从司法适用认定犯罪的角度（定罪论）来看，人的行为符合构成要件、具有危害性、具备有责性，应当认定构成犯罪，并且使司法认定犯罪过程"立体化"或"阶层化"。行为符合构成要件是认定犯罪的首要前提，而后是违法性实质审查，而后是内心意思有责性的审查判断；由客观形式审查（构成要件符合性）到实质审查（危害性），再深入到主观意思的审查，呈现出由表及里、由外到内逐层深入的审查步骤。

（5）以构成要件为核心把犯罪论各部分联系为一个整体。构成要件是分则各刑罚法规规定的犯罪特有要件，是危害和责任评价的前提和对象，把罪刑法定原则与犯罪构成、刑法总则与分则、危害性和有责性评价连结到一起。在这个体系中，有关犯罪成立与否的全部内容均被纳入考虑，包括各犯罪的要素和排除犯罪的要素（如正当化事由）；排除危害事由既可以是法定的，也可以是超法规的。构成要件的基准功能不仅体现在犯罪成立论中而且体现在犯罪形态论中，即犯罪着手与既遂、正犯共犯分类、一罪数罪确立均以构成要件为基准。

犯罪的根本点在于危害和责任，因为一个行为之所以应当被当作犯罪处罚，根源在于该行为客观上真正危害社会（实质违法），主观上确实应当受到责难（有责）。刑法通过一个一个的条文将它们定型为一个一个的犯罪概念（构成要件）。在罪刑法定原则之下，只能处罚这些法律定型了的危害、有责行为。但是一方面，不能保证审查个案时符合法律定型（构成要件）就真正符合危害、有责的犯罪终极标准；另一方面，法律不可能穷尽规定（定型）无危害、无责任的情形，这也需要根据危害、有责的犯罪终极标准来权衡判断。犯罪概念构成一体论中，犯罪的危害、有责的实质评价与构成要件评价相互影响、相互促进，将会促进构成要件解释论和犯罪本质、刑事责任理论的发展。

构成要件符合性判断是危害性、有责性的法律定型的判断，在此基础上叠加一层具体、实质的危害性、有责性判断，形成立体或阶层递进式评价模式，较为周密。阶层递进判断不仅是判断有序，而且有判断逐层深入具体的意味。

在《刑法》第13条犯罪概念特征论之外，另建立犯罪构成论作为犯罪成立一般规格或要件总和的二元体系存在以下三点不足：（1）在理论体系上没有确立起一个概念，发挥如同狭义构成要件概念那样的理论功能。犯罪概念要件一元体系中，构成要件从罪刑法定原则，犯罪的危害性、有责性要件，故意的认知内容，犯罪的着手、实行、既遂，共同犯罪成立与分类，罪数标准直至分则各条罪状的内容，皆有发挥核心作用。二元体系缺乏这样的核心概念。论及犯罪构成的重要性，学界曾经流行"犯罪构成是犯罪论核心"的说法。其实，就犯罪论的完善而言，能有一个构成要件这样的概念真正成为其核心概念是最为重要的。(2) 危害性评价与构成要件评价分离，犯罪社会危害性观念以及危害观念在解释构成要件方面的作用不能得到充分发挥。(3) 归责评价（罪过）与归责要素（故意、过失、责任能力、责任年龄）分离，责任观念在解释责任要素方面的作用不能得到充分发挥。

犯罪构成理论对公诉要点与顺序的影响[1]

　　检察机关公诉部门举行辩论赛，遴选案例为：大学生甲到校图书馆自习时，凭学生证从管理员乙处领取柜号为 88 的存包柜钥匙，存放书包和一个笔记本电脑。甲离开时把电脑留在 88 号柜中，退钥匙时特意叮嘱管理员乙，等会儿丙同学来，请把此 88 号柜给丙同学使用。女生丁也到图书馆自习，凭学生证从管理员乙处借用存包柜。乙看错，以为是丙同学，就将 88 号柜钥匙给了丁，后乙发现出错，记挂在心。丁离开时将柜中电脑拿上，退钥匙时，乙问丁 88 号柜中有没有别人的东西，丁回答未见任何东西。后丙同学前来借用 88 号柜，未见电脑，告知甲。甲报警。丁听说查电脑去向，感到害怕，将电脑弃于宿舍楼的洗手间。该电脑价值 4600 元。辩题：丁的行为是否构成盗窃罪？正方（控方）主张构成盗窃罪，反方（辩方）主张不构成盗窃罪。

　　令我感兴趣的是：不止一个正方（控方）辩手非常郑重地指出犯罪嫌疑人丁，已满 16 周岁，具有正常的辨认控制能力，符合盗窃罪的主体条件，客观上秘密窃取了他人的财物，主观上具有非法占有的故意，侵犯了他人财产的所有权，具备盗窃罪的犯罪构成，故丁成立盗窃罪。我认为，就本案争辩这些，有点脱离焦点。

　　本案的焦点是什么？是盗窃还是侵占之争，盗窃与侵占区别的（法律准绳）要点是什么，应该围绕这些进行争论。（1）从本质上讲，盗窃罪侵犯他人占有，侵占罪不侵犯他人占有。（2）从现象上讲，盗窃对象是他人占有之物；侵占对象是他人脱离占有之物（他人委托本人保管物、遗忘物、埋藏物）。（3）从主观上讲，盗窃罪对非法获取他人占有物有明知且有非法占有目的，侵占罪对侵占他人遗忘物有明知且有非法占有的意图。本案争论的焦点在于：（1）该电脑是否是脱离占有物？（2）丁的行为是否非法获取了他人占有物、侵犯（夺取）了他人占有？（3）丁的主观认识如何？是明知电脑是他

　　〔1〕　载《人民检察》2011 年第 1 期。

人占有物还是以为是他人遗忘物（脱离占有物）。指控丁构成盗窃罪，应当指控丁的行为：（1）非法使他人占有之物（电脑）脱离占有，夺取了他人对财物的占有；（2）对此客观事实明知且有非法占有的意图。丁的行为具备以上两个条件，成立盗窃罪。作为辩方则应当主张，该电脑是脱离占有的遗忘物，丁没有侵犯他人占有，不成立盗窃罪。或者退一步讲，即使该电脑是他人占有物，丁有充分的理由相信该88号柜中的电脑是他人遗忘物，属于脱离占有物，丁没有窃取他人占有物（盗窃）的意思，不成立盗窃罪。

就本案而言，丁是否达到刑事责任年龄、有没有承担刑事责任能力，即是否具备主体一般条件，与丁的行为性质是盗窃还是侵占无关，不是争论的焦点，无须争论。丁是否侵犯他人财产所有权、是否具有非法占有的目的，也不是争论的焦点，因为无论是盗窃还是侵占，都侵犯所有权、都有非法占有的目的，这不是二罪的区别点。丁是否采取秘密（窃取）方式，也与盗窃与侵占之争无关，因为秘密取得并非盗窃的本质特征，也非盗窃与侵占的区别点。如果涉及盗窃与抢夺之争，强调秘密取得以示与抢夺的公然性相区别，还算是说在点子上。可本案是盗窃与侵占之争，与公然还是秘密获取无关。控方说了许多与本案争议焦点无关的话题，以至于辩方无从反驳，丁是否达到责任年龄、是否侵犯所有权、是否具有非法占有的目的、是否使用秘密取得方式，均不能确认丁的行为是盗窃不是侵占，因为这些是盗窃与侵占共有的特征。这样不针对焦点问题的争论，基本上是各说各的，难以形成控辩双方的"针锋相对"。

上述情况在司法实践中可能也不是个别现象。在刑事法庭上，常常能听到有的公诉人从"主体——客体——主观——客观"四方面指控被告人构成了犯罪。需要说的、不需要说的，全都说上，令人感到指控不那么紧凑。那么，这种现象产生的根源在哪里呢？这还需要从犯罪构成论体系说起。

一、（特殊）构成要件与（一般）构成要件简评

在我国，一向流行犯罪构成"四要件论"，即认定行为构成犯罪，一般需具备犯罪客体、客观要件、主观要件、主体要件四个犯罪构成要件。近几年来，也有学者力推犯罪构成"三要件论"，即认定行为构成犯罪一般需具备构成要件该当性、违法性、有责性三要件。

"三要件论"与"四要件论"相比，有一个重大的不同，就是突出分则各正条之特殊构成要件的理解与适用。"三要件论"的构成要件该当性之构成

要件，特指刑法分则各条确立的具体犯罪之特有构成要件，如《刑法》第264条（盗窃罪）之构成要件，第270条（侵占罪）之构成要件……我国刑法分则（加上刑法修正案）确立有400多个罪名，其中每一种犯罪之特有构成要件就是"三要件论"所称之构成要件，是特殊的构成要件。犯罪的一般要件如社会危害性（法益侵害性）、刑事责任年龄、刑事责任能力、违法性意识、期待可能性等，分别放入违法性和有责性要件中。因此，（《刑法》第××条之罪的）特殊构成要件与犯罪的一般性（普遍性）要件是分开的。"四要件论"之"犯罪构成"（客体——主体——客观——主观），似乎既包含特殊要件也包含一般要件，至少没有将（《刑法》第××条之罪的）特殊构成要件与一般构成要件分开。也有学者就干脆认为，"四要件论"之犯罪构成是"没有（特殊）构成要件的犯罪构成"。[1]

其实，公诉工作处理刑事案件首先得有"套得上"该案件的分则条文。该条文所描述的罪状的内容也就是适用该条定罪的要件，就是"特殊"的构成要件。

在犯罪构成论体系上，（各罪之）特殊构成要件与一般构成要件分开还是不分开，会对人们适用刑法的观念产生影响。众所周知，适用刑法定罪，是从刑法分则到总则的，即先确认被告人有没有触犯《刑法》第××条的事实，也即是否具备该条之罪的特殊构成要件，如果被告人（涉案事实）具备《刑法》第××条之特殊构成要件，没有特殊的情况出现或被告人方没有提出正当防卫、紧急避险，未达刑事责任年龄、精神病人等理由进行辩护，就成立犯罪。如果被告人（涉案事实）没有触犯刑法任一条款之特殊构成要件，则免谈指控。把分则特殊的构成要件独立出来，有助于突出分则各条之特殊构成要件的理解与适用。但是，在"四要件论"中，各罪之特殊要件与一般要件混在一起，或者甚至干脆就没有特殊构成要件的内容，初习刑法者在学习刑法时也是从总则到分则的内容逐步展开，认为"犯罪构成四要件"（客体——主体——客观——主观）可以拿来直接定罪，其实不然，它只是包含有犯罪一般要件的框架，不能用来直接定罪。如果拿来直接定罪，就会出现控辩双方偏离争论焦点的情况。

---

〔1〕 陈兴良："四要件：没有构成要件的犯罪构成"，载《法学家》2010 年第 1 期。

二、"三要件论"定罪的顺序

"三要件论"与"四要件论"相比，还有一个重大的不同，就是注重构成要件即要素之间的顺序，具体存在以下三个顺序。

（一）特殊构成要件与一般构成要件之间的顺序

被告人（涉案事实）触犯（刑法分则第××条之）特殊构成要件，即该当第××条之罪的构成要件（构成要件该当性），是最先需要认定的事实，其次才轮到一般要件违法性、有责性的认定。被告人（涉案事实）不该当任何特殊构成要件，即没有触犯任何分则正条，不成立犯罪，无需作出违法性、有责性认定。如果该当某罪之特殊构成要件，则再依次作违法性、有责性认定。通常，从该当某罪之特殊构成要件可推知行为人具有违法性、有责性，被告人方没有提出特别的辩护理由（或异议）；如精神病、未成年、正当防卫、紧急避险、违法性认识错误、缺乏期待可能性等，控辩双方就没有必要在违法性、有责性一般构成要件上争辩。

（二）先客观后主观

在构成要件该当性、违法性、有责性三要件中，构成要件该当性和违法性的客观判断在先，有责性是主观判断，在后。在特殊的构成要件内部，客观要素和主观要素之间有一定顺序，其中，首先认定被告人的行为是否该当客观要素（触犯分则正条的客观事实），其次才认定是否该当主观要素（在故意犯罪场合，对自己触犯分则正条的客观事实有明知）。最典型的如《刑法》第 360 条（传播性病罪）规定："明知自己患有梅毒、淋病等严重性病卖淫、嫖娼的，处五年以下有期徒刑、拘役或者管制，并处罚金。"本条之罪（传播性病罪）特殊构成要件之客观要素为"自己患有梅毒、淋病等严重性病卖淫、嫖娼的"，主观要素是对"自己患有梅毒、淋病等严重性病卖淫、嫖娼"的客观要素"明知"。认定被告人行为该当特殊构成要件首先要认定是否该当客观性要素，如果不该当客观性要素，不成立犯罪；如果该当，则才需要考虑对此该当构成要件之客观事实是否"明知"。在刑法明文规定惩罚过失的场合，则需要证明被告人存在过失。比如警方在扫黄行动中抓获卖淫人员甲，首先应当认定甲的行为该当"患有严重性病卖淫"的要件，若甲有卖淫和患有严重性病的事实，则再认定甲是否明知自己患有严重性病，若第 360 条客观与主观要素都具备，则表明甲触犯《刑法》第 360 条，若甲在违法、责任上也不能提出辩解的事由，则甲成立传播性病罪。

"三要件论"对于特殊构成要件的客观要素极为看重。其创始人贝林曾主张构成要件是"纯客观的"，贝林有这样极端的认识，可见"三要件论"认为特殊构成要件位于首位的是客观要素，以该当这样的客观性要素为认定犯罪首要的条件。主观要素原本是在责任中，后来经过学说的发展，也承认特殊构成要件含有主观要素。但是，在特殊的构成要件中，客观要素是首要的、必须在主观之先进行确认，这是"三要件论"与生俱来的"基因"。重视客观要素，是刑法学说重视犯罪实害、警惕主观归罪的理论偏好，是讲求科学、理性、法治的时代的产物。

（三）先事实后评价

"三要件"的构成要件该当性认定是指，指控被告人的行为事实与分则正条之特殊构成要件（法定抽象事实）具有一致性，即存在触犯刑法的事实。然后再就该触犯刑法的事实进行是否（真的）具有违法性（危害性）和是否该予以刑罚谴责的评价。就被告人是否有触犯刑法之行为事实与被告人所为之行为事实是否具有真实的违法性和可责难性而言，事实与评价需要分开进行并且先事实后价值（判断）。

反观"四要件论"的"客体——主体——客观——主观"的犯罪构成要件，没有在体系上生成这种由分则特殊构成要件到总则一般要件的认定顺序。因此，司法实践中，认定犯罪的顺序，即四要件顺序为："客体——客观——主体——主观"。也有学者主张犯罪构成的四要件顺序为："主体——主观——客观——客体"，等等。"四要件论"没有单独把握特殊的构成要件，所以特殊构成要件之客观要素、主观要素分别在四个一般性要件之中。"四要件论"最为突出的问题是，事实判断与价值判断纠结在一起，比如主观要件的故意、过失，主体要件的责任能力、责任年龄、特殊主体等，事实要素与罪责评价混在一起。其实，故意、过失，精神病、年龄、身份等都是事实性要素，司法者根据被告人具有或不具有这样的事实要素，认定（判断）被告人对其违法事实是否该受到责难（承担刑事责任）。是否该受到责难（承担刑事责任）的判断是价值判断或评价。这种不讲究对事实的认定与评价分开的体系产生的影响随处可见。

综上所述，"三要件论"的较为合理之处表现为：（1）在犯罪成立要件中划分分则各正条之特殊构成要件和总则规定之一般构成要件；（2）在犯罪成立要件中区分事实性判断（构成要件该当性）和价值性判断（违法性、有责性）；（3）分则各正条之特殊构成要件中划分客观性要素和主观性要素；（4）在价值性判断的要件中划分客观违法性和主观有责性判断。

合理的分类应具有条理性，即这种体系有助于培育区分客观和主观、事实和价值（评价）的思维。因此，"三要件论"有很强的"位序"感：（起诉认定犯罪活动中）特殊要件该当性判断先于一般要件判断，客观要件（要素）判断先于主观要件（要素）判断，事实判断先于价值判断。位序感产生层次感：认定犯罪，首先该当特殊构成要件之客观要素（事实），而后是对该当特殊构成要件之客观要素（事实）有明知（或过失）。只有该当特殊的构成要件，然后才依次进行违法、责任评价。经历这"三阶层"的判断，确认被告人的行为构成犯罪。所以，"三要件论"被认为是"立体的"定罪理论。

三、公诉的要点与顺序

关于公诉的要点和顺序，《人民检察院刑事诉讼规则》第281条所规定的起诉书主要内容已经给出了框架，即：（1）案件事实；（2）起诉的根据和理由（被告人触犯的刑法条款和犯罪的性质）。其中，案件事实是"事实"部分，起诉的理由和根据是"评价"部分。检察机关的公诉人员都能按照起诉书的要求指控罪犯，其核心是案件事实与触犯刑法条款一致性（该当性）的认定，触犯的刑法条款首先且不可或缺的是分则条款，其次才是危害性评价和罪责评价。司法实务的做法与"三要件论"的定罪思路不谋而合。但是，目前，我国的刑法理论体系和学院的法律传习，却是"四要件论"的思路，不能满足指导司法实务的要求，不能充分指导司法人员准确、务实地掌握公诉的要点和顺序，因此，才会发生刑事法庭上的控辩双方脱离案件焦点争辩的情况。如果学习、掌握"三要件论"的思维方式，或许能够更好地指导司法人员有意识地区分事实和评价、特殊要件和一般要件、客观要素和主观要素，有意识地分清争辩的要点、掌握指控要点的顺序或层次。按照"三要件论"的思路，关于案件的指控可以包含以下内容。

在案件事实部分，首先应当客观地叙述犯罪事实经过（或白描式地叙述事实经过），然后是被告人对该客观事实的主观认知状况。案件事实部分不应当夹杂任何道德、法律的评价。这样才能真正做到事实清楚。在起诉书的案件事实部分经常可见这样的表述，"被告人××窜至××楼大肆盗窃作案，盗窃电脑、现金等财物，对财物非法占有"，"被告人非法从事经营活动……非法获利×××元共同分赃"。在"案件事实"部分夹杂大量的"评价"性概念，如"窜至""盗窃""作案""非法""分赃"等。这种做法忽视了事实和评价的界分。在"起诉的根据和理由"部分，才应当进行评价：如被告人所为之（案件事实）具有"盗窃"性质，且盗窃数额较大，该当（触犯）第××条，应以惩处……起诉的案件事实部分，应当考虑适用的法律准绳，即被告人触犯的法条的构成要素，围绕具体法条的特殊的构成要件叙述事实。

评价部分可分为：（1）被告人行为该当（触犯）《刑法》第××条客观要素（行为、对象、结果、因果关系、身份）的评价；（2）被告人行为该当（触犯）《刑法》第××条主观要素（故意或过失、目的犯的目的）的评价；（3）被告人行为违法性（社会危害性）及其程度、罪责评价。

刑事司法应坚持罪责实质评价[1]

农民王力军收购附近农户的玉米卖给粮库，在一年多时间里收购玉米百余吨、经营额 21 万余元、获利 6000 元。因王力军未办理粮食收购许可证和营业执照，原审法院依据《刑法》第 225 条第 4 项的规定，认定王力军犯非法经营罪，判处有期徒刑 1 年，缓刑 2 年，并处罚金 2 万元，非法获利 6000 元予以收缴。[2]原审法院利用该案进行法制宣传，引起公众质疑，继而引起最高人民法院的关注，最高人民法院对此作出再审裁定。巴彦淖尔市中级人民法院再审认定：王力军的行为违反了当时的国家粮食流通管理有关规定，但尚未达到严重扰乱市场秩序的危害程度，不具备与《刑法》第 225 条规定的非法经营罪相当的社会危害性和刑事处罚的必要性，不构成非法经营罪。原判适用法律错误、宣告无罪。[3]

这本是一件不起眼的"小案子"，被告人都不要求上诉，但因公众关注促成了案件的再审。小案子蕴含大契机。在刑法史上，小案子若反映大问题，往往能够推动立法、司法、学说的发展并成为著名案例。本文就是要以王力军案为契机，根据《刑法》第 13 条规定的犯罪概念，阐释刑事违法性、社会危害性、应受惩罚性三要件二层级的定罪模式，以期推动刑事司法落实罪和责的实质评价，实现国法与天理人情的统一。犯罪不仅是法律用刑罚禁止的行为，而且是有害、有责的行为。

一、《刑法》第 13 条的犯罪概念是罪责实质评价的根据

（一）《刑法》第 13 条犯罪概念的司法意义

司法工作人员应当充分认识《刑法》第 13 条犯罪概念的司法意义。对于

---

〔1〕 载《中国法学》2017 年第 4 期。
〔2〕 内蒙古自治区巴彦淖尔市临河区人民法院（2016）内 0802 刑初 54 号刑事判决书。
〔3〕 内蒙古自治区巴彦淖尔市中级人民法院（2017）内 08 刑再 1 号刑事判决书。

《刑法》第 13 条规定的犯罪概念三特征，每一个司法工作人员都耳熟能详。它不仅是立法意义的犯罪概念，也是司法意义的犯罪概念，因而指导刑法分则各条的适用。有学者认为，《刑法》第 13 条是犯罪的立法概念，因为"犯罪的实质概念主要回答为什么将某一行为规定为犯罪的问题，因而具有明显的立法视角……那么犯罪的实质概念就是一个犯罪的立法概念"。[1]其实，《刑法》第 13 条也是犯罪的司法概念。[2]如果立法概念不能同时成为司法概念，立法概念就只具有象征性意义，而没有现实意义。犯罪的立法概念与司法概念并行不悖、内容相同：犯罪具有"三特征"，即社会危害性（法益侵害性）、刑事违法性、应受惩罚性（可谴责性）。立法与司法对这三个特征进行评价的逻辑进路不同。立法上将某行为规定为犯罪的进路是：首先考虑社会生活需要，根据行为的社会危害性、应受惩罚性，设置罪状和配置法定刑，形成刑罚法规。这是因为，在立法时不可能考虑行为是否违反刑法。如果行为的社会危害性严重、应受刑罚惩罚，立法机关就通过制定刑罚法规，使该行为成为违反刑法的行为。司法定罪的进路是：犯罪概念"三特征"变身为司法定罪的"三要件"，首先评价该行为的刑事违法性即是否符合某刑罚法规罪状描述的构成要件，之后还要进一步评价该行为是否具有社会危害性和应受刑罚惩罚性。

在认定行为该当法定罪状即具备构成要件符合性时，应当坚持形式解释论，贯彻罪刑法定原则，严守犯罪法定性的门槛。即使行为具有严重的社会危害性和可谴责性也不能突破法律文本规定进行扩张适用。[3]但是，当行为具备构成要件的符合性之后，还必须进行罪（社会危害性）和责（可谴责性）的实质评价。对于不具有社会危害性、应受刑罚惩罚性的行为，不能将其认定为犯罪。即使持形式解释论立场的学者，也支持在出罪时进行罪和责的实质评价，如陈兴良教授指出："我们必须建立起形式判断先于实质判断的

---

〔1〕 陈兴良："形式与实质的关系：刑法学的反思性检讨"，载《法学研究》2008 年第 6 期。

〔2〕 《刑法》第 13 条后段规定，"但是情节显著轻微危害不大的，不认为犯罪"。"但书"就是司法角度的表述，以"但书"为依据认定无罪是普遍的司法实践。参见 2006 年 1 月 11 日最高人民法院《关于审理未成年人刑事案件具体应用法律若干问题的解释》第 9 条；2010 年 2 月 8 日最高人民法院《关于贯彻宽严相济刑事政策的若干意见》第 14 条、第 20 条；2014 年 8 月 12 日最高人民法院、最高人民检察院《关于办理走私刑事案件适用法律若干问题的解释》第 9 条；2014 年 11 月 3 日最高人民法院、最高人民检察院《关于办理危害药品安全刑事案件适用法律若干问题的解释》第 11 条等。

〔3〕 陈兴良："形式与实质的关系：刑法学的反思性检讨"，载《法学研究》2008 年第 6 期。

理念，使实质判断只有出罪功能而无入罪功能。"〔1〕在笔者看来，《刑法》第13条规定之（实质和形式）混合的犯罪概念的实质内容，应当成为限缩适用刑法定罪的要件，进而增加定罪的罪责实质评价的内容和层次，加强刑事司法模式的出罪功能。

（二）三要件二层级的定罪思路

适用刑法定罪判刑，必须坚持"三特征论"，即除了审查被告人的行为是否触犯刑法条文外，还要进行罪和责的实质评价。刑法的目的是保护法益不受侵害，每一刑罚法规都有其设定的保护法益目的。根据这样的目的指导法条罪状文本的解释，才能使认定的行为不仅在"字面"上而且在"实质"上违反刑法、构成犯罪。至于评价的要点，不同的法域、不同的学说有不同的表述。中国的刑法规定和理论学说一般表述为社会危害性和应受惩罚性；欧洲大陆国家与日本的刑法和学说一般表述为违法性和有责性。但其内容实际上基本一致，即都是指法益侵害性和可谴责性。评价的目的，是要进一步限缩刑罚处罚的范围。正如有学者所指出的："犯罪的实体是违法与责任。所以，对违法构成要件的解释，必须使行为的违法性达到值得科处刑罚的程度；对责任构成要件的解释，必须使行为的有责性达到值得科处刑罚的程度。易言之，必须将字面上符合构成要件、实质上不具有可罚性的行为排除于构成要件之外。"〔2〕刑法适用，不仅是对法律效力的审查，也不仅是案件事实与刑法条文是否合致的纯规范审查，而是应当进一步对该法条适用于个案是否"真的有危害性"、是否"真的应受刑罚责难"作实质审查。具体而言应当分两层审查三点。

第一是刑事违法性，即行为违反刑法或被刑法所禁止。在罪刑法定时代，这是犯罪的首要特征，体现于行为符合刑罚法规的法定犯罪构成要件（或该当刑罚法规之罪状）。如果不具备这一特征，即使社会危害性再严重，也不能认定为犯罪。

第二是社会危害性，即行为侵害刑罚法规保护的利益，侵害的程度包括造成实际损害与有造成实际损害的危险。这是犯罪的本质特征。行为没有社会危害性的，不能被认为是犯罪。行为"情节显著轻微危害不大的"，也不能

---

〔1〕 陈兴良："形式与实质的关系：刑法学的反思性检讨"，载《法学研究》2008年第6期。笔者认为，陈兴良教授所主张的构成要件的形式解释，与犯罪的实质评价并行不悖。愈是主张构成要件的形式解释，愈有必要坚持罪责的实质评价。二者位阶不同，功能不同。

〔2〕 张明楷："实质解释论的再提倡"，载《中国法学》2010年第4期。

被认为是犯罪。对于轻微有害行为只能适用非刑罚的制裁手段。

第三是应受刑罚惩罚性，其本质是行为人因其实施违反刑法的行为应当且能够受到刑法的谴责。行为人有条件、有能力避免实施违法行为却选择了违法行为，对这种选择（意志）应当予以否定、责难，对行为人应当依法给予刑罚惩罚。

大陆法系刑法学说的主流定罪体系，也是"三特征论"。认定行为成立犯罪，必须依次符合三个条件：一是该当刑法规定的构成要件（触犯刑罚法规）；二是具有违法性即法益侵害性（相当于我国刑法上的社会危害性）；三是具备有责性，即可谴责性。其中，构成要件符合性是刑罚法规法律文本层面的评价，之后的法益侵害性和可谴责性，是实质层面的评价。刑法理论的核心就是"罪和责"的本质观念，并期待用这样的本质观念指导刑法分则各条的适用或各罪的认定。在行为（貌似）该当罪状的基础上，进一步作出是否"真地"侵害法益、"真地"可以作出谴责的评价，通过三要件二层级的评价准确适用刑法、认定犯罪。

"三特征论"是层级递进的犯罪构成论，而不是平面耦合的犯罪构成论。构成要件符合性评价是危害性、有责性"法律定型"的评价，在此基础上叠加一层"具体、实质"的危害性、有责性评价，形成立体或阶层递进式评价模式。阶层递进评价不仅是有顺序的评价，而且是逐层深入、具体的评价。通过三要件二层级递进评价，能够发挥犯罪构成理论的体系性功能。首先是行为与法条是否合致的评价，之后是有没有社会危害性的评价，最后是有无可谴责性的评价；每一层级评价都是案件事实与三特征之一的全面、独立的评价。这不同于平面耦合的犯罪构成体系。平面耦合犯罪构成体系，在定罪方面认为具备犯罪构成四要件就当然具备社会危害性和应受刑罚处罚性，这种定罪理论体系容易忽略罪和责的实质评价，导致《刑法》第 13 条犯罪概念三特征中的社会危害性、应受刑罚惩罚性评价的虚置或丢失，不利于发挥《刑法》第 13 条犯罪概念准确定罪的功能。以下按照三要件二层级审查的定罪思路，分析王力军收购玉米案。

二、王力军收购玉米行为的构成要件符合性评价

（一）《刑法》第 225 条的保护法益和构成要件解释

根据《刑法》第 225 条的规定，违反国家规定，有下列非法经营行为之

一，扰乱市场秩序，情节严重的，构成非法经营罪：（一）未经许可经营法律、行政法规规定的专营、专卖物品或者其他限制买卖的物品的；（二）买卖进出口许可证、进出口原产地证明以及其他法律、行政法规规定的经营许可证或者批准文件的；（三）未经国家有关主管部门批准非法经营证券、期货、保险业务的，或者非法从事资金支付结算业务的；（四）其他严重扰乱市场秩序的非法经营行为。

对于《刑法》第 225 条第 4 项规定的"其他严重扰乱市场秩序的非法经营行为"，学界多采用"同类"解释规则，即第 4 项的行为应当与《刑法》第 225 条列明的前三项行为具有相同性质。"通过对第 225 条前三项的归纳可以看出，上述 3 类非法经营行为，都可以归纳为市场准入的范畴"，因此"市场准入秩序是非法经营罪侵犯的法益"。[1]最高人民法院再审裁定指出："在司法实践中适用该项规定应当特别慎重，相关行为需有法律、司法解释的明确规定，且要具备与前三项规定行为相当的社会危害性和刑事处罚必要性，严格避免将一般的行政违法行为当作刑事犯罪来处理。"通过该裁定可以看出，最高人民法院对《刑法》第 225 条第 4 项也采取了"同类解释"规则。

《刑法》第 225 条第 4 项的"其他严重扰乱市场秩序"的行为，应当是扰乱"市场准入秩序"的非法经营行为。不具有扰乱市场准入秩序性质的行为，不符合《刑法》第 225 条第 4 项的构成要件。

（二）王力军无证收购玉米的行为涉嫌违反国家的市场准入规定

在王力军作出收购倒卖行为时，国务院《粮食流通管理条例》（2004 年版，以及 2013 年修订版）第 9 条规定，"取得粮食收购资格，并依照《中华人民共和国公司登记管理条例》等规定办理登记的经营者，方可从事粮食收购活动"。当时的《粮食收购资格审核管理暂行办法》（2004）第 8 条规定："凡常年收购粮食并以营利为目的，或年收购量达到 50 吨以上的个体工商户，必须取得粮食收购资格。年收购量低于 50 吨的个体工商户从事粮食收购活动，无须申请粮食收购资格。"王力军一年多时间里收购粮食百余吨且没有办理收购许可证和营业执照，违反上述"国家规定"的市场准入制度。王力军收购玉米的经营额 21 万元，达到了经营额 5 万元以上的立案标准。

---

〔1〕 陈超然："论非法经营罪的法益"，载《江南大学学报（人文社会科学版）》2013 年第 1 期。

（三）王力军的行为不符合《刑法》第 225 条的构成要件

原审判决适用《刑法》第 225 条第 4 项 "兜底条款" 定罪明显不当。原审法院认为王力军无证年收购粮食 50 吨以上违反国家规定且达到刑事立案标准，其行为属于《刑法》225 条第 4 项 "其他严重扰乱市场秩序的非法经营行为"，据此判决其构成非法经营罪。[1] 这一判决不当之处在于，不符合司法解释的请示规定和刑法 "兜底条款" 的限制解释规则。

第一，该判决没有遵守司法解释的 "请示" 规定。《最高人民法院关于准确理解和适用刑法中 "国家规定" 的有关问题的通知》指出："各级人民法院审理非法经营犯罪案件，要依法严格把握刑法第 225 条第 4 项的适用范围。对被告人的行为是否属于刑法第 225 条第 4 项规定的 '其他严重扰乱市场秩序的非法经营行为'，有关司法解释未作明确规定的，应当作为法律适用问题，逐级向最高人民法院请示。" 所谓 "作为法律适用问题"，显然是构成要件解释问题，该通知旨在严格限制《刑法》第 225 条第 4 项的适用范围。原审法院适用第 225 条第 4 项，却没有按规定向最高人民法院请示，其对行为是否符合法条罪状的认定存在程序和适用权限的瑕疵，不能得出王力军收购玉米行为符合构成要件的结论。如果原审法院在适用《刑法》第 225 条第 4 项定罪的同时，逐级向最高人民法院请示，原审有罪判决很可能被上级人民法院否定。

第二，该判决不符合刑法 "兜底条款" 的限制解释规则。《刑法》第 225 条第 4 项 "其他严重扰乱市场秩序的非法经营行为" 的适用，应当受到一个前提条件的限制：即不属于《刑法》第 225 条已经列明的前三项非法经营行为类型。如果属于法条列明的前三项行为类型之一，则排斥第 4 项 "其他非法经营行为" 兜底条款的适用。

属于前三项列明的行为类型有两种可能性：其一，属于前三项列明的行为类型之一，且达到了立案追究刑事责任的标准，直接适用前三项之一，排斥适用第 4 项 "兜底条款"；其二，属于前三项列明的行为类型之一，但不完全符合或者未达到立案标准或者不具有特定的危险、结果，依据前三项列明的行为类型不能定罪处罚的，也排斥或不能适用第 4 项 "兜底条款" 定罪处罚。有学者在论及《刑法》第 114 条 "以其他危险方法危害公共安全" 之

---

[1] 参见内蒙古自治区巴彦淖尔市中级人民法院（2017）内 08 刑再 1 号刑事判决书。

"兜底"规定时指出："由此应当确立以下规则：采用放火、爆炸、决水、投放危险物质的行为方式，却又不能构成放火罪、爆炸罪、决水罪、投放危险物质罪的行为，也不可能成立以危险方法危害公共安全罪。"[1]《刑法》第225条与第114条"兜底条款"的适用规则相通。这是根据"同类解释"规则推出的必然结论。因为属于前三项列明的行为类型却因危害程度不够不能定罪，转而适用第4项"兜底条款"定罪，那么，对该"兜底条款"的掌握必定与列明的前三项行为不相当（即不具有相同性质）。

王力军无收购许可证收购粮食涉嫌非法经营，属于《刑法》第225条第1项的行为类型，即"未经许可经营法律、行政法规规定的专营、专卖物品或者其他限制买卖的物品的"。有学者在评论本案时也指出，王力军的行为符合第225条第1项的规定。[2]但原审法院为何不适用第225条第1项？笔者认为，王力军的行为虽然属于第1项未经许可买卖物品的行为类型，但也有不符合第1项之处：无证年收购玉米超过50吨，从"未经许可"角度看似乎符合第1项的规定，但是从"对象"角度看则不符合该项规定，该项规定要求是"专营、专卖、限制买卖"的物品。而粮食不属于"专营、专卖"品，也不属于"限制买卖"物品。《粮食流通管理条例》只是对经营粮食达到一定规模的企业设置了市场准入资格，对玉米等粮食并未作出限制买卖的规定。对经营主体资格的限制不等于对对象自由买卖的限制。王力军未经许可买卖物品的行为，属于第1项的行为类型，却不符合第1项的对象条件，故不能适用第1项定罪，根据兜底条款的限制解释规则，也不能适用第4项以其他非法经营行为定罪。

王力军违反市场准入无证收购玉米的行为，原本属于第1项行为类型，按照刑法"兜底条款"限制适用规则，即使王力军的行为构成犯罪，也只能适用第1项定罪，排斥适用第225条第4项"兜底条款"定罪。原审法院没有适用第1项定罪，退而适用第4项"兜底条款"定罪，又没有按规定逐级请示，在《刑法》第225条构成要件符合性判断上，既不符合"兜底条款"解释规则，也不符合司法解释限制适用要求，明显不当。

---

〔1〕 张明楷："论以危险方法危害公共安全罪——扩大适用的成因与限制适用的规则"，载《国家检察官学院学报》2012年第4期。

〔2〕 参见叶良芳："无证收购粮食行为入刑的法理考察——基于规范论和立法论的双重视角"，载《法治研究》2017年第1期。

三、王力军收购玉米行为的社会危害性评价

(一) 根据规范目的和个案行为进行具体判断

刑法条文（罪状）是抽象、类型的规定，将其适用于个案时，需要结合个案情况进行考量。非法经营罪是典型的"行政犯"，探求其规范目的需要溯源到有关行政法规。原审法院认定王力军的行为具备《刑法》第225条"违反国家规定"的要件，其中的"国家规定"就是指国务院的《粮食流通管理条例》。那么，我们根据王力军收购玉米行为，对照该条例的规范目的来看王力军的行为是否"实质"上违法。

《粮食流通管理条例》第1条规定了条例的目的为"保护粮食生产者的积极性，促进粮食生产，维护经营者、消费者的合法权益，保障国家粮食安全，维护粮食流通秩序"。王力军从附近农户处收购玉米，简单加工处理运输到粮库销售，赚取的差价相当于收购运输加工销售各环节的劳动报酬，不影响粮食市场价格，不损害消费者的权益。粮食销往粮库，符合该条例期待、鼓励的销售去向，有利于粮源管控，符合保障国家粮食安全的要求。因此，王力军的行为对粮食的生产、流通、价格、安全不仅没有产生危害（负面影响），而且还产生了正面的积极影响，亦即减轻了粮农卖粮负累，有利于保护粮食生产者的积极性，促进粮食生产。同时该条例第3条规定，"国家鼓励多种所有制市场主体从事粮食经营活动，促进公平竞争。依法从事的粮食经营活动受国家法律保护。严禁以非法手段阻碍粮食自由流通"。显然，王力军的购销行为也符合该条例的政策导向。即使因为年收购玉米50吨以上未办理证照，违反了市场准入规定，但是对个案进行实质评价的结论是，王力军的行为不违背该条例的规范目的，不具有法益侵害性。

(二) 具体判断行为是否造成法益侵害的结果和具体危险

行政犯是国家出于管理、控制社会的需要而在刑法中规定的犯罪，也称"法定犯"。法定犯也只有侵害法益时才有可能成立犯罪。一般行政违法与刑事违法的实质界分，在于客观上有没有发生值得科处刑罚的法益侵害的结果和具体危险（严重的法益侵害性）。换言之，一般行政违法行为虽然也可能侵害法益，但其侵害的主要是行政管理秩序，而不是值得刑法保护的法益。同样从事收购玉米的活动，在行政法上是合法行为还是非法行为在于有没有证照，而不在于"收购"行为自身。就王力军案而言，有关行政管理法规要求

年收购粮食 50 吨以上必须办理证照，王力军不办理证照就去收购玉米，违反了该行政管理法规，具有行政违法性质，应当给予行政处罚。

不过，认定行为构成非法经营罪进而适用刑罚处罚，则要求该行为必须具有严重的法益侵害性。根据《刑法》第 225 条的规定，非法经营行为"扰乱市场秩序，情节严重的"，才可能成立犯罪。"扰乱市场秩序"是指法益侵害结果，至少要有发生侵害结果的具体危险，而不包括抽象的危险。认定非法经营罪时，不能放弃"扰乱市场秩序"这一结果要件。《刑法》第 225 条第 1 项惩罚非法经营行为旨在保护国家规定的市场准入秩序，具体到王力军案，则是《粮食流通管理条例》规定的粮食收购市场的基本秩序。该条例规定年收购粮食 50 吨以上须办理收购许可证，其保护的法益内容是粮食的生产、流通、安全秩序，以及粮食生产者、消费者的利益。年收购粮食 50 吨以上需办理收购许可证，是一种行政管理秩序，是行政法所保护的法益；粮食的生产、流通、安全秩序，以及粮食生产者、消费者的利益，是刑法所保护的法益。因违反《粮食流通管理条例》而具备《刑法》第 225 条非法经营罪之"违反国家规定""扰乱市场秩序"的要件，必须对"粮食的生产、流通、安全秩序，以及粮食生产者、消费者的利益"造成损害结果或者具有造成损害的具体危险。如果该行为不可能对前述法益造成实害或具体危险，仅有扰乱市场准入秩序抽象危险的，则仅具有行政违法性而不具有刑事违法性。

在我国，对于非法经营罪的认定尤其要注重社会危害性的评价，以区别行政违法行为与刑事犯罪。其一，行政处罚与刑事处罚存在质和量的巨大差异，违反市场管理法规至多是罚款，违反刑法则给予刑事处罚，通常会导致剥夺人身自由。以非法经营罪为例，最高可以判处 15 年有期徒刑，处罚非常严厉，不亚于故意的自然犯。因此，行为违反行政法规（违规）而不具有刑法上的法益侵害性的，不应当给予刑罚处罚。有学者指出："在自然犯与法定犯一体化的立法体例之下……对刑法分则条文必须进行实质解释，充分考虑法条的法益保护目的与法条适用的后果。对于法益侵害轻微的行为，即使其处于刑法分则条文的字面含义之内，也应当排除在犯罪之外。"[1]王力军收购玉米的行为，本身没有危害粮食生产流通秩序，对于年收购量超过 50 吨依法应当办理证照而没有办理的行为，粮食管理部门给予行政处罚，就足以纠正

---

〔1〕 张明楷："自然犯与法定犯一体化立法体例下的实质解释"，载《法商研究》2013 年第 4 期。

这类行政违法行为，不应当定罪处罚。其二，一次法规范未必完善。法定犯需要经过二次法调整：一次法是有关行政、经济法规；二次法是规定犯罪与刑罚的刑法规范。有学者指出："法定犯的一次法调整未必完善，且往往牵涉各部门的利益，在入罪时'容易将部门利益全局化'。"[1] 粮食流通法规从计划经济体制向市场经济体制转型过程中，存在一定程度的滞后。一方面，粮食经纪人无证从事粮食收购，激发了市场活力，减轻了粮农卖粮负累，促进了国家对粮食的收购，有利于粮食生产、流通。另一方面，粮食流通管理法规却设置收购许可门槛，使这类收购行为不合法。妨害粮食生产、流通的，不是王力军无证收购行为，而是有关法规的滞后。"因此，对于法定犯需要以一次法规范调整为基础。在一次法规范未加以调整之前，刑法强行介入有违刑法的谦抑原则。"[2] 王力军案引起社会关注后不久，《粮食收购资格审核管理办法》就进行了如下修改："农民、粮食经纪人、农贸市场粮食交易者等从事粮食收购活动，无需办理粮食收购资格。"（第3条）这便印证了应当纠正的不是王力军的无证收购"违法行为"，而是行政法规本身。

（三）不能赞成放弃危害性评价的观点

有学者在评论该案时指出："从法规范的视角考察，李某[3] 无证收购玉米的行为满足非法经营罪的构成要件，具有刑事违法性，应当承担相应的刑事责任。"[4] 同时又指出，"但在立法论视角下，作为违法性基础的粮食收购市场准入制度的正当性却值得反思"，并主张"让上帝的归上帝，让恺撒的归恺撒"。[5] 言下之意，王力军的行为违反《粮食流通管理条例》是一回事，该条例有关规定是否正当合理是另一回事，不影响王力军的行为成立非法经营罪。笔者不能赞同这种观点。非法经营罪之类的法定犯存在双重违法性，其一是行政违法（前置法）；其二是刑事违法。判断是否违反前置法不一定违

---

[1] 胡业勋、郑浩文："自然犯与法定犯的区别：法定犯的超常性"，载《中国刑事法杂志》2013年第12期。

[2] 胡业勋、郑浩文："自然犯与法定犯一体化立法体例下的实质解释"，载《法商研究》2013年第4期。

[3] 原文如此。"李某"似应为"王力军"。

[4] 参见叶良芳："无证收购粮食行为入刑的法理考察——基于规范论和立法论的双重视角"，载《法治研究》2017年第1期。

[5] 参见叶良芳："无证收购粮食行为入刑的法理考察——基于规范论和立法论的双重视角"，载《法治研究》2017年第1期。

反刑事法。判断是否构成刑事犯罪，必须结合规范目的和案件具体事实进行实质评价，如果行为不具有严重的社会危害性和可谴责性，就不能认定为犯罪。这恰恰是行政违法与刑事犯罪的区别所在。"恶法亦法"的观念，从维护行政法规权威、行政管理效能，培育公民守法意识等方面考虑，具有合理性、正当性，但应当限于行政违法的认定和处罚。鉴于行政处罚与刑事处罚在性质、程序、严厉程度、功能等方面的巨大差异，不能以行政违法的认定、处罚替代刑事犯罪的认定、处罚。刑法走向理性、文明，就是依靠200年来执着坚守犯罪的法益侵害性和可谴责性观念，刑事司法必须坚守这样的罪责观。应当由司法人员依据"天理"、良知纠正法律的不公正，让每一个案件都体现公平正义，实现法律与"天理"人情的统一，法律效果与社会效果的统一。刑法是保护法益的最后手段，"只有在仅凭第一保护性规则之力难以有效保障被严重侵犯的调整性法律关系恢复正常的情况下，才有济之以刑事责任的追究与刑事制裁的启动，以补充第一保护性规则责任追究与制裁力量之不足的必要，刑事法律保护也才有了存在的意义与价值"。[1]最高人民法院再审裁定理由中也确认了实质评价的必要性，该裁定指出："就本案而言，王力军从粮农处收购玉米卖予粮库，在粮农与粮库之间起了桥梁纽带作用，没有破坏粮食流通的主渠道，没有严重扰乱市场秩序，且不具有与《刑法》第225条规定的非法经营罪前三项行为相当的社会危害性，不具有刑事处罚的必要性。"

　　社会经济发展的动力、活力来源于人们投身经济活动的积极性和创造力。因此，法律保障人们充分发挥主观能动性的自由空间是第一位的。自由的边界是法律，同时还需要通过法律规制人们的经营行为、维护经济秩序，不过这是第二位的。王力军从周边粮农"卖粮难"中发现商机，利用农闲走乡串户收购粮农手中的玉米，而后转卖粮库，于己、于粮农、于法所期待的粮食流通渠道都是有益的。对个案进行具体审查，就可以发现王力军的行为一方面违反了《粮食流通管理条例》，另一方面却有益无害。那么，应该选择入罪还是出罪？权衡利弊应当选择出罪。因为法律保障自由，充分发挥人们投身社会经济活动的积极性、创造性是第一位的优势利益，法律规制是次位的利益。在我国由计划经济向市场经济转型的过程中，经济、行政法规常常因时而变，对于人们的经营活动是否违法，必须进行实质评价。

---

〔1〕　田宏杰："行政犯的法律属性及其责任"，载《法学家》2013年第3期。

对于法定犯不能仅根据"行政违法加立案标准"定罪。即使达到了立案标准的数量，也不能放弃罪责实质审查。有学者提出，对于法定犯（行政经济犯）前置违法定性，刑事违法定量。不违反前置法不具备违法性不得入罪；虽然违反前置法但行政处罚足矣的不必刑事处罚，"毕竟，刑事制裁只是行政、民事制裁等第一保护性调整的救济与补充，不是法律保护性调整的主要方式，更不是法律保护性调整的唯一方式"。[1]这种观点值得赞赏。对于法定犯定罪，不能简单化为"行政违法加立案标准达标"。虽然一般而言，行为违反前置法且达到立案标准数量，足以表明该行为具有刑事违法性，但是这种做法并不总是正确。因为总会有特殊的个案，即使违反前置法且符合立案标准，但却不具有社会危害性和应受惩罚性。正是为了确保特殊的个案也得到妥当的处理，让司法公正落实在每一个案件上，所以认定犯罪必须坚持"三特征论"，行为即使符合罪状（构成要件），仍要进行罪和责的实质评价。王力军案就是适例。王力军年收购玉米超过50吨的行为，违反了当时的《粮食流通管理条例》且达到了非法经营罪经营额5万元的立案标准，但进行实质判断却发现其不具有社会危害性，不必给予刑事处罚。司法机关出台大量的"立案标准"解决法定犯刑事违法"定量"的认定。这些"立案标准"适应我国行政处罚与刑事处罚的二元结构，方便司法操作，具有重要的意义。不过，如果认为定罪量刑仅根据立案标准对号入座即可未免太简单化了，有可能导致机械、刻板司法。这种做法貌似严格执法，其实背离了立法、司法的本原。立法将危害社会应受刑罚处罚的行为规定为犯罪，司法认定犯罪必须要求行为具备社会危害性、应受刑罚处罚的要件。整个刑法学说或者说定罪理论体系，总是围绕这两个核心命题：其一是刑罚法规的罪状（构成要件）的解释，其二是实质的罪责观念。适用刑法定罪判刑总是要判断案件是否具备这两个要点。近年来一些引起公众质疑的判例，往往是简单化司法、忽视罪和责的实质评价的结果。

四、王力军收购玉米行为的有责性评价

（一）责任的基本含义

"责任"或"罪过"或"刑事责任"，是与不法（法益侵害性）并列的犯

---

[1] 田宏杰："行政犯的法律属性及其责任"，载《法学家》2013年第3期。

罪核心要素。"罪责是犯罪的概念特征，无罪责即无刑罚，是一个很长的且目前仍然没有结束的发展的结果。犯罪概念只是慢慢地吸收罪责特征于自身的。罪责学说的发展是衡量刑法进步的晴雨表。"[1]

责任的基本含义是：行为人对自己实施的违法行为应当受到谴责、非难。责任作为犯罪核心要素的意义在于：它赋予犯罪观念、刑罚处罚道义力量、教育意义以及预防犯罪作用。故意犯罪责任内容，因时代、学说体系差异虽然有不同的把握，但其核心是"知其不可为而为之"，这种对法规范应遵守而不遵守的叛逆态度或者能遵守而不遵守的懈怠态度，应当受到非难。此外，"实施了符合违法构成要件的违法行为的行为人不具有违法性认识的可能性时，不能对其进行法的非难。因为……不可能知道自己的行为被法律禁止的人，不能产生反对动机，不能从法律上要求他放弃该行为，因而不能追究其责任。唯有如此，才能保障行为人的行动自由。"[2]

（二）法定犯责任的特殊性

对于法定犯与自然犯的责任内容应作不同的把握，在认定法定犯时，尤其要注意故意与违法性认识的特殊性。

《刑法》第14条规定犯罪故意的认识内容是"明知自己的行为会发生危害社会的结果"，包含对行为结果"危害性"的认识。如果对自己行为的社会危害性毫无认识，就欠缺第14条规定的犯罪故意的危害性认识内容，存在阻却故意的余地。不仅如此，由于一般人只有借助于行政法规，才能认定法定犯的危害性，所以，法定犯的故意还有其特殊性。有学者正是考虑到法定犯与自然犯的犯罪故意的重大差别，主张扩大法定犯事实认识错误的范围，提出了以下观点："考虑到行政犯的特点以及我国刑法关于犯罪故意的明文规定，如果因为误解行政管理法规，导致对行为的社会意义与法益侵害结果缺乏认识的，应认定为事实认识错误，阻却故意的成立。"[3]不论这种观点是否被广为接受，但至少可以说明，相对于自然犯而言，对法定犯之犯罪故意的认定应当做特别严格的把握。在行为人没有认识到自己行为的危害性时，不能认定为行为人具有犯罪故意。在王力军案中，显然难以认为王力军认识到

〔1〕 ［德］李斯特：《德国刑法教科书》，徐久生译，法律出版社2000年版，第266页。

〔2〕 张明楷：《刑法学》（上），法律出版社2016年版，第322页。

〔3〕 张明楷：《刑法学》（上），法律出版社2016年版，第326页。

了自己收购玉米行为的危害性。

违法性认识的可能性是有责性的重要因素。成立非法经营罪，除了要求行为人具有故意之外，还必须具有违法性认识的可能性。但是，法定犯与自然犯不同，普通人凭常识、常理、常情能够觉察到自然犯的违法性，但却不能觉察到法定犯的违法性。"关于法定犯的核心理解，即与特定时代和社会的需求相关因而呈现较大的非自然性、立法规制性和变易性这一点一直被保留下来。"〔1〕"法定犯则在政治社会的要求下，体现了超常性的一面"，其"超常性"一方面不似自然犯那样贴近人们的常识、常理、常情；另一方面"需要以一次法规范调整为基础"。〔2〕因为法定犯的违法性不体现于行为自身，而体现于行政法规的禁止；如果行为人不了解相应的行政法规，一般就不可能了解法定犯的违法性。换言之，人们往往因为不了解前置的行政法规定而不知道自己行为的违法性。

就王力军案而言，王力军不可能认识到自己收购玉米的行为具有违法性，因而不具有可谴责性。有学者针对法定犯违法性认识特点，提出了认定是否具有违法性认识可能性的两个标准。其一，有没有认识的机会，具体而言看三点：（1）行为人对于行为的法律性质存在怀疑；（2）知道或应当知道自己的行业行为可能受到某些特殊的法律规范调整；（3）行为人认识到自己行为的社会危害性（法益侵害性）。其二，行为人有没有努力去查明法律以避免错误。〔3〕对照这两个标准衡量，王力军不知自己行为违法的认识错误是不可避免的。在粮食产区，种粮、收粮、买卖粮食是日常的生产、生活行为；在当地多年以来存在着大量的粮食经纪人从事粮食收购活动；王力军本人也已经从事粮食收购六七年之久，自由买卖、公平交易，年复一年劳作维持生计。显然，常人难以认识到该行为的违法性。《刑法》第225条第1项规定，"未经许可经营法律、行政法规规定的专营、专卖物品或者其他限制买卖的物品的"，构成非法经营罪。在常人看来，田间地头、农家院场、市场粮库都有粮食买卖发生，他们不可能认识到玉米是专营专卖或限制买卖物品。《刑法》第225条第4项规定的"其他严重扰乱市场秩序的非法经营行为"以"违反国

---

〔1〕 车浩："法定犯时代的违法性认识错误"，载《清华法学》2015年第4期。

〔2〕 胡业勋、郑浩文："自然犯与法定犯的区别：法定犯的超常性"，载《中国刑事法杂志》2013年第12期。

〔3〕 车浩："法定犯时代的违法性认识错误"，载《清华法学》2015年第4期。

家规定"为前提。王力军对无证照收购玉米的违法性认识依赖前置法（一次法规范）的认识。原《粮食收购资格审核管理暂行办法》（2004 年）第 8 条规定，"凡常年收购粮食并以营利为目的，或年收购量达到 50 吨以上的个体工商户，必须取得粮食收购资格。年收购量低于 50 吨的个体工商户从事粮食收购活动，无须申请粮食收购资格"。这规定本身并不禁止收购粮食的行为，只是"常年收购"或"年收购达到 50 吨以上"的，需要办理收购许可证。王力军是粮农，农闲时向附近农户收购玉米销往粮库，收购量多少不稳定，属于日常生产生活领域的活动，他难以认识到自己行为的违法性。王力军和其他一些无证照粮食经纪人没有机会判断行为是否合法，也没有必要努力去认识行为是否合法。他们对自己行为的违法性认识错误不可避免，不具有违法性意识，不具有可谴责性。对不具有可谴责性的行为，适用刑罚惩罚有违责任主义原则。

二、中国刑法的特点对定罪量刑的影响

中国刑法特点与司法裁量空间[1]

一、中国刑法特点

中国刑法的突出特点是将犯罪的结果·数额作为定罪和量刑的基本依据。具体表现为：其一，定罪起点以犯罪结果·数额为基本依据。大家知道，我国刑法中许多犯罪都有一个定罪的数量起点，俗称"刑事门槛"，比如盗窃罪要求"数额较大"，故意伤害罪实际要求"轻伤"的结果，等等。如果达不到这些客观危害程度标准的话，那么就作为其他违法行为予以处罚。其二，量刑也以犯罪结果·数额作为主要依据，突出体现在刑法规定了大量的结果·数额"加重犯"。比如在侵犯财产罪方面，对盗窃罪、诈骗罪、抢夺罪、敲诈勒索罪规定数额巨大、特别巨大作为加重犯，《刑法》第263条规定抢劫致人死亡的、数额巨大的，处10年以上有期徒刑、无期徒刑或者死刑；在侵犯人身罪方面，对故意伤害罪规定致人重伤、死亡的加重犯，第239条规定绑架致人死亡或者杀害被绑架人的处死刑；劫持航空器如果造成严重后果的，处死刑。其三，广泛设置了法定最低刑，并对减轻处罚进行了严格的约束。因为加重犯意味着法定刑升格，相应地表现为刑法条文中对犯罪设置有一档甚至数档法定最低刑，加上对减轻处罚的严格限制，导致在量刑方面的司法裁量权受到严格约束。根据《刑法》第63条规定，适用减轻处罚一般应具有法定减轻处罚情节，如果没有法定减轻处罚情节法院一般无权适用减轻处罚，如果因为案件的特殊情况需要减轻处罚，即酌定减轻处罚，必须报经最高人民法院核准。这三点综合起来反映出我国刑法在定罪量刑上以客观结果或数额为主要依据，显示出一种偏重于客观的特点。在刑法理论上对犯罪的评价究竟是看重行为的危害结果，还是看重行为人的主观恶性及再次犯罪的人身危险性？即究竟是侧重于犯罪的客观面还是主观面？显而易见中国刑法特别

---

[1] 载《国家检察官学院学报》2008年第3期。本文根据作者2008年3月25日在国家检察官学院讲座录音整理。

注重以犯罪结果、犯罪数额等客观指标作为定罪量刑的主要依据，因此它具有偏向客观的色彩，其特点是一种客观化的模式。

（一）这个特点在中国刑法中的体现

首先，以侵犯财产的盗窃罪为例，盗窃罪是发案最普遍的犯罪，每年法院受理的案件中约有三分之一是盗窃罪。《刑法》第 264 条规定，"盗窃公私财物，数额较大或者多次盗窃的"，这是定罪的起点，以数额为依据，最高人民法院规定数额较大为 500 元至 2000 元。"数额巨大或者有其他严重情节的，处 3 年以上 10 年以下有期徒刑"，这是数额加重和情节加重，情节严重很难掌握的，实践中操作最多的还是数额加重，因为数额有好观察好计量好掌握的特点。"数额特别巨大或者有其他特别严重情节的，处 10 年以上有期徒刑或者无期徒刑"。"有下列情形之一的，处无期徒刑或者死刑，并处没收财产：①盗窃金融机构数额巨大的；②盗窃珍贵文物情节严重的。" 从刑法对盗窃罪的规定，可明显看出其特点：犯罪金额是定罪的起点的主要依据，并且成为决定法定刑升格（加重法定刑）的主要依据；随犯罪数额增加相应设置法定最低刑，司法裁量受到法定最低刑的约束。

其次，以侵犯人身的故意伤害罪为例，《刑法》第 234 条规定，"故意伤害他人身体的，处 3 年以下有期徒刑……" 这条中虽然看不到结果，但实际操作上要求造成"轻伤"结果。根据《人体轻伤鉴定标准》，轻伤结果其实是很不轻的，需造成人体组织器质性或功能性损伤，对他人健康产生相当严重的损害时往往才能鉴定为轻伤。如果暴力攻击他人的行为对他人健康损伤达不到这个程度，一般只能按治安处罚法中殴打他人行为作治安处罚。"致人重伤的，处 3 年以上 10 年以下有期徒刑，致人死亡的，处 10 年以上有期徒刑或者无期徒刑……"，从这条也可以看出，以行为结果作为刑事追诉的基本指标；处刑随结果严重程度而升格形成结果加重犯，处罚加重犯受法定最低刑的限制。

最后，职务犯罪中的贪污罪也是如此。《刑法》第 383 条规定，"对犯贪污罪的，根据情节轻重，分别依照下列规定处罚：（一）个人贪污数额在 10 万元以上的，处 10 年以上有期徒刑或者无期徒刑，可以并处没收财产……（四）个人贪污数额不满 5000 元，情节较重的，处 2 年以下有期徒刑或者拘役；情节较轻的，由其所在单位或者上级主管机关酌情给予行政处分。对多次贪污未经处理的，按照累计贪污数额处罚"。这条虽说是根据"情节轻重"

分别适用轻重不同的法定刑幅度，其实情节轻重最主要的依据依然是贪污数额，也反映出这样的特点：以一定数额作为定罪的起点，随数额增加法定刑不断升格，并设置了法定最低刑。

通过以上常见且有代表性的立法例，即侵犯财产、侵犯人身和渎职犯罪，充分反映出中国刑法的特征：区分罪与非罪界限、犯罪与违法行为时往往以犯罪结果·金额为依据，法定刑的处罚刑度随着结果·金额的增加而不断增高，并设定了法定刑的底线，总体上体现了中国刑法的一种偏重客观的模式。我们知道，犯罪无非是对人的侵犯和对财产的侵犯，尽管刑法分则有三百多个条文规定了四百多个罪名，其实最简单地概括起来就是这两类犯罪。古代"杀人者死，伤人及盗抵罪"，其实就是最简约的刑法典，"杀伤"就是对人身的侵犯，"盗"就是侵犯财产，法律中惩治这两类犯罪基本上就能满足需要了。后来，由于社会管理的复杂化，法律也复杂化了，法律中规定的罪名渐渐多起来。不过这三个条款对盗窃罪、伤害罪、贪污罪这三个罪设置的处罚模式非常具有代表性，足以代表我国刑法处罚犯罪模式，依此类推，除了盗窃罪以外，侵犯财产罪中的抢夺罪、诈骗罪、敲诈勒索罪都以数额的不断累加而导致法定刑升格，数额巨大处 3 年以上，数额特别巨大，处 10 年以上，立法模式完全相同，均显示出上述特点。

（二）与外国刑法规定的差异

特点是通过比较而显现的，与外国有关法律条款的比较，可以更清楚地看出我国刑法这种客观模式。

《日本刑法典》规定："窃取他人的财物是盗窃罪，处 10 年以下惩役。"需要注意的是：第一，该条对盗窃罪没有设置盗窃"数额较大"或"多次盗窃"的定罪数量门槛；第二，没有设置数额的加重犯，换句话说，法定刑配置只是上面封顶（设置法定最高刑），下不兜底（不设置法定最低刑）。这种规定模式给予法官的司法裁量权非常之大，而且盗窃基本上是一个定性的问题。为什么？因为西方人观念中有些行为是绝对不可以做的，如"摩西十诫"中说到的不得为杀人、偷盗、奸淫等行为，属于为人处事的禁忌，认为此等行为严重破坏全社会至关重要的价值准则，应该作为刑事犯罪提起公诉，不设程度或数量的门槛。通过比较，就知道日本刑法对盗窃罪没有设置数额较大的门槛，也没有数额加重犯，更不存在法定最低刑的约束。

《德国刑法典》关于盗窃规定"盗窃他人动产非法占为己有的，处 5 年以下自由刑或罚金"。这里也没有数额较大的数额要件和数额加重、法定最低刑，而且本罪未遂可罚。他们对盗窃定罪的门槛比我们的远远要低。再看加重犯，"为实施犯罪，侵入、爬越、用假钥匙或者其他不正当的工具开启、进入大楼、住宅或者办公场所或者其他公共场所或者藏匿于该场所……""从封闭的容器或者其他防盗设备窃取物品的……""常业盗窃的，从教堂或者宗教场所或者窃取礼拜宗教敬重用物品的，窃取展览或者公开陈列的科学艺术或者技术上有重大价值的物品的，利用他人的困境无援、不幸事件或者公共危险行窃的……"这种情况属加重盗窃，法定最低刑处 3 个月以上剥夺自由刑，比起我国的盗窃罪加重犯，其法定最低刑显然很低。同时必须注意，这么多盗窃加重的事由都是方法、手段的加重，没有数额的加重。也就是说，即便是加重犯，也不是以犯罪数额作为加重的依据，还是以行为的方式和常业性为依据，这种行为方式、常业性更反映犯罪分子的主观恶性、人身危险性。这里从立法上反映出评价犯罪的重点和给予司法裁量的空间非常大。

再看伤害罪，《日本刑法典》第 204 条规定："伤害他人身体的，处 15 年以下惩役或 15 万元以下罚金或科料。"第 208 条，"实施暴行而没有伤害他人集合的，处 2 年以下惩役、10 万元以下罚金或者拘留或者科料"，第 208 条第 3 款："准备凶器集合，在二人以上共同加害他人生命身体或者财产为目的而集合时准备凶器或者知道如此准备，或者临时集合的，处 2 年以下惩役或者 30 万元罚金。"第 204 条是第 208 条的结果加重犯。第 208 条规定了"暴行"构成犯罪，暴行罪对人身进行侵犯，不需要伤害的结果。刑法确立了对他人人身是不可以暴力威胁的观念。暴行侵犯他人，有伤害结果的，构成伤害罪；没有伤害结果的，可构成暴行罪。通过伤害罪对比发现，暴力侵犯人身的行为，不以造成伤害结果为要件，只要对他人暴行侵犯就可以构成犯罪，没有明显的结果或程度起点，另外也没有根据结果加重，法定最低刑就是刑种的最低限度。

关于职务犯罪，《德国刑法典》规定："公务员索取或者向他人应诺收受他人利益的，处 2 年以下自由刑。如果是法官或者是仲裁人的，处 3 年以下自由刑。"这里没有定罪的数额起点，也没有数额加重。《日本刑法典》规定："公务员就其职务上的事项，接受邀请或者约定贿赂的，处 5 年以下惩役；接受请托的，处 7 年以下惩役。"第 197 条规定，违反前两条规定而实施不正当行为，处 4 年以下有期惩役。这里也不存在定罪起点和数额的加重，法定最低刑也不是很高，而是注重受贿是否枉法，对枉法要处罚重一些。

通过与以上德日刑法常见犯罪条款的比较可以看出，中国刑法的特色比较明显，定罪有罪量的起点，往往以结果·数额为主要依据，根据结果和数额增大规定加重犯，对加重犯设定多级法定最低刑。

二、司法裁量空间

中国刑法的特色对司法裁量权的影响是：在适用分则条款的时候，司法人员裁量权的余地有限。《刑法》第63条规定："犯罪分子具有本法规定的减轻处罚情节的，应当在法定刑以下判处刑罚。犯罪分子虽然不具有本法规定的减轻处罚情节，但是根据案件的特殊情况，经最高人民法院核准，也可以在法定刑以下判处刑罚。"在这种客观化的定罪量刑为主要依据的立法模式中，有广泛的法定最低刑限制，势必使得司法人员的裁量空间非常小，对其约束很大。上升到立法权与司法权的分工制约，让我们想到罪刑法定原则产生的动因。产生罪刑法定原则的动因之一就是反对罪刑擅断。罪刑擅断主要是司法擅断，就是司法者利用法律规定的模糊性，根据个人好恶出入罪、裁量刑罚，破坏司法公正。所以为了反对罪刑擅断，希望立法机关在规定罪和刑的时候尽可能明确，不给司法人员擅断的空间。这种试图压缩司法人员司法裁量空间的做法，最典型的情形是人们曾经尝试设计出绝对确定的法定刑。费尔巴哈就设定过受贿的处两年有期徒刑，这是绝对确定的法定刑，其实反映出在当时的背景下，对司法人员罪刑擅断的担忧，担心其随心所欲重判或者轻判，没有一个合理的依据，也失去了公平。所以立法权力求约束司法权，立法有创制罪和刑的权力，配置刑的权力，司法只能去忠实地执行立法规定。为了避免罪刑擅断，立法尽可能地削减司法裁量空间。但另一方面，社会生活是千变万化的，案情是千差万别的，如果立法约束太多，也妨碍司法根据案情合理地裁量刑罚。这永远存在一对矛盾，即立法权对司法权的约束，限制司法裁量的空间；司法需要适应千差万别的个案，保留刑罚裁量的空间，这是一个永远需要合理平衡的地方。1979年《刑法》规定，各级人民审判委员会根据案件的特殊情况在法定刑以内判罚显得过重，还可以在法定刑以下判处。当时的刑法授予了各级法院"审委会"酌情减轻处罚的权力，但是1997年修订《刑法》时，把此项权力收回最高人民法院，实际基本上剥夺了各级人民法院适用酌定减轻处罚的权力，因为最高人民法院不可能大量受理全国各地要求酌情减刑的案件。

（一）限缩了定罪司法裁量的空间

其一，因为刑法要求定罪一般要有数额较大或者较重结果，导致没有达到数额较大或没造成特定结果的违法行为，不能进入刑事程序追究刑事责任。简单地说，公安机关受理了这样的案件后就自行作出治安处罚或者劳动教养的处理，直到案件严重到了一定程度才移送检察机关公诉、追究刑事责任。换言之，由于我国刑法对定罪结果·数额起点设定了很高的门槛，如果没有达到这个起点，已经被公安机关或者其他行政执法机关分流处理了，移送检察机关要进行刑事追诉的案件往往是结果重或数额大的严重行为。现在强调搞"刑事和解"，其实我国这种行政罚、刑事罚分工的结构给检察机关和法院的刑事和解的空间已经很小了。我国学者看到国外强调保护被害人、积极吸引被害人参与案件处理，推进刑事和解，也开始把它作为学术上的热点、倡导推进刑事和解，甚至上升到构建和谐社会的高度，司法机关也作出了积极的响应。但是，我们应当清醒地看到，在我国这种法律结构下刑事和解的空间实在太小，不能高估其促进构建和谐社会的作用。很多司法机关包括北京一些检察机关强调刑事和解，呼吁吸纳被害人参与，期望刑事司法也能对构建和谐社会贡献一份力量，这个愿望是好的，但是大家要有一个清醒的认识，在中国体制下，移送检察机关处罚的刑事案件往往是结果比较严重的，数额比较大的，这种情况下已经不适宜灵活处理了。适宜灵活处理的，在公安机关已经处理了。经过公安机关的"筛选"之后，移送起诉追究刑事责任的，和解的余地已经很小很小了。因此，对于移送至检察机关起诉的刑事案件不宜过于强调促进刑事和解。这样可能有损法律的严肃性和被害人的权益。中外制度设计存在差异，外国刑法定罪一般没有"罪量"的起点，尤其对于"自然犯"主要考虑行为性质，刑事和解的空间比较大。而中国的体制对已经很严重的行为才移送检察机关和法院追究刑事责任，换句话说，公安机关已经不能和解的案件才移送起诉和审判，所以留给检察机关和法院刑事和解的空间很小，如果再经过检察机关这一关，留给法院的刑事和解空间就更小。如果公、检、法家家都大力推进刑事和解，效果令人担忧。中外国情不一样，法律背景也不一样，所以我国刑事和解不能搞得过热。

其二，法网稀疏使行为性质恶劣的犯罪行为不能有效地受到刑事追诉。因为我国刑法对很多常见罪都设立了结果或者数额较大这样一类危害程度的门槛，导致了大量的侵犯他人财产、侵犯他人人身的行为，比如偷盗行为、轻微伤害行为、暴力污辱行为等，都在公安行政执法机关阶段处理了，没当作犯罪处理。有一点是肯定的，处理了，不是没人管。由于刑事门槛很高，很多已经非常恶劣的行为还不能作为犯罪处罚，导致我国刑法法网比较稀疏，这样的法律结构不利于培养人们的规范意识。比如偷盗他人自行车，查来查去，最后认为行为人不构成犯罪，只是违法行为，这样不足以使行为人认识到偷盗行为的严重性，久而久之，不利于培养人们尊重他人财产的意识。其实盗窃数额大小不是最重要的，而且往往具有偶然性。重要的是应当让人们认识到行为性质的严重性，比如偷盗、打人的行为是不可以做的，做了就被认为是犯罪，这样有助于提高公民的规范意识，对构建和谐社会是有好处的。构建和谐社会意味着法律对公民的保护越来越周密，如果法网过疏，很多对公民的侵犯行为不认为是犯罪，那么公民也感觉没有受到很好的保护，不利于提高公民的生活质量和安全感，显得社会比较粗糙。有人说，这种立法结构对培养规范意识不利。一个孩子的妈妈不可能对孩子说，"孩子，你不可以偷数额较大的财物"。那意味着偷数额较小的财物问题不大。其实偷多、偷少行为性质都是一样的。刑法要惩罚的不是偷多少的问题，是人的不良行为。从小培养守法、尊重财产等规范性意识很重要。刑法要充分考虑这一点。所以有些学者说，未来中国要走向文明达到和谐社会的话，刑法条文要越来越多，法网越来越密，保证大家遵守规矩，互不冒犯，我们的生活质量才会越来越高，社会运行才会越来越和谐。

其三，与总则的协调问题。刑法分则对很多犯罪的定罪都有一个很高的结果·数额门槛，但总则却规定犯罪未遂的可以比照既遂犯从轻或减轻处罚。总则规定的未遂是普遍可罚，意思是说只要分则中是故意犯罪行为，不管是偷抢骗还是伤害，即使犯罪未遂的，都可以处罚。但实际的情况是这两者不协调。可以想见，盗窃即便是既遂了，但因为数额较小而不被认为是犯罪，同样盗窃数额较大的财物未遂的，是不可以惩罚的。由于刑法分则对很多犯罪设定了很高的犯罪结果·数额门槛，导致一些未遂犯罪实际上不处罚，但总则却规定未遂犯可惩。为了解决两者的协调问题，司法解释指出盗窃未遂情节严重的也应当定罪处罚，盗窃未遂有时还搞不清金额多少，这个金额是目标金额，不是窃取金额，很难计算，这种情况要求情节严重才数罪并罚，这样就填补了分则数额要求比较高和总则对未遂设的门槛很低之间的空档。尤其要注意避免两者的不协调，比如同样是偷东西，偷成了，因为数额不够大，不能定罪处罚；没有偷成，盗窃未遂反而可以处罚了，这显得非常滑稽。伤害罪，有轻伤的结果司法部门才作为刑案受理。那么，就产生伤害未遂可不可罚的问题。司法实务对故意伤害没有造成轻伤以上结果的（伤害未遂），通常不受理，但学术上仍然坚持伤害未遂，应该比照盗窃未遂情节严重的也应当定罪处罚，这一点需要注意。学术上讨论，分则对很多犯罪设定了数额起点，而总则对犯罪未遂设定起点非常低，没有数量限制，为了谋求两者平衡，一般情况下盗窃、伤害未遂设定情节严重才定罪处罚，和处理既遂取得平衡。伤害可能致重伤，盗窃以巨额财产为目标，这样未遂的也可以定罪处罚。

（二）限缩了司法量刑的空间

一是限缩了单科罚金、管制、缓刑等轻缓刑罚适用的空间。因为定罪起点比较高，很严重的犯罪行为才被移送追究刑事责任，这样导致单科罚金、缓刑、管制等轻缓刑罚适用的空间很小。早先许多人主张扩大单科罚金刑、减少监禁刑适用，扩大适用缓刑、管制等非监禁措施。国情不同、法律结构不同，不能把我国与外国的实践相提并论。在我国刑事诉讼中不宜过分强调扩大单处罚金、缓刑、管制这样宽缓的刑罚，因为刑法入罪的门槛已经很高，该用轻缓方法处理的案件早被公安等行政执法机关分流了，移送到检察机关的案件一般情况不适合用宽缓的方式处理。

二是司法量刑空间受到限制。因为常见罪的加重犯都有法定最低刑的限制，加之对减轻处罚适用的严格限制，导致司法裁量权整体上受到了极大的约束。这种约束在一些特殊的案件中，就暴露出一些问题。如许霆案，案情很简单，他在自动柜员机上取款时发现取 1 千元只扣 1 元，这样他连续取款100 多次，总共取款 17 万多元，并且告诉了同事。这位同事也取了 1.8 万元，后来他的同事投案自首了。许霆在潜逃一年多以后被抓获归案，一审法院判决他构成盗窃罪，并判处他无期徒刑，经媒体披露以后引起了公众的强烈反响。为什么会引起强烈的反响？问题到底在定罪上还是在量刑上？我认为问题在量刑上。此前他同事取 1.8 万元，被判盗窃罪缓刑一年没有引起反响。许霆案引起反响，因为判无期徒刑太离奇了，有违人们的公平感。首先，原审的一审法院判盗窃罪处无期徒刑，根据刑法规定是中规中矩的判决。《刑法》第 264 条规定，盗窃金融机构数额特别巨大的，处无期徒刑或者死刑。法定最低刑就是无期徒刑，数额特别巨大的标准根据法院的解释是 6 万元至10 万元以上，他取 17 万元远远超出规定金额，属于数额特别巨大。另外"盗窃金融机构",法院的解释是盗窃金融机构的经营资金。在抢劫案的解释中,抢劫金融机构也指抢劫金融机构的经营资金,不包括金融机构的交通工具、办公用品等;抢劫正在使用中的运钞车,也属抢劫金融机构。因此根据对盗窃罪、抢劫罪的司法解释,实质理解金融机构是指金融机构的经营资金,自动柜员机里的资金理解为金融机构的经营资金应该问题不大。既然法院认定他盗窃金融机构,且数额特别巨大,依法必须在法定最低刑以上量刑,判处无期徒刑,中规中矩。如果法官根据案情特殊情况需适用减轻处罚的话,首先看被告人有没有法定减轻处罚情节,如果有,法官有权裁量适用减轻处罚;如果被告人没有法定减轻处罚的情节,那么法官给他在无期徒刑以下判罚即适用减轻处罚必须报最高人民法院核准。但大家知道,这样的程序之路很漫长、很困难。而且按司法经验和刑事审判判例,适用酌情减轻处罚,根据案件特殊情况主要指案件处理方面的特殊情况,涉及国家政治经济文化科技外交等重大的需要,而不是案情自身的特殊情况,是案件处理涉及的特殊情况。按此说法,即便案件情有可原,有可怜悯之处,但只是案情特殊,则案件处理未必特殊。这条酌情减轻处罚之路是相当困难的,很难获得准许。这种情况之下一审法官判盗窃罪处无期徒刑是符合法律、符合司法习惯的,但公众还是有强烈的反响,感到有违公平,这说明了什么问题?它不是司法裁判的问题,是立法结构造成的。立法结构根据数额加重,而窃取的数额是不可改变的,非常明确,没有斟酌的余地,加上减轻处罚的约束,没有往下减轻的余地,即司法裁量的空间非常小,迫使法官作出可能被人们认为显失公平的判决。某种意义上讲,特定的立法结构(即加重犯+法定最低刑+减轻处罚事由法定)造成司法人员作出有违普通人公平感的判决。当然,为了避免不公正的不合理的判决,许霆案可以通过其他途径解决。为了克服刑法对司法裁量权的约束,许霆案可以考虑信用卡诈骗罪,《刑法》第196条第2款恶意透支比较符合。因为从许霆的角度讲,他持的是本人真实有效的银行卡,并且按照正常的取款程序从柜员机上取款,和合法取款没有任何差别,在这个问题上很多普通人感到对许霆定盗窃罪不好理解。既然持本人真实有效的信用卡按正常程序取款,又没有伪造磁卡和破坏柜员机的程序,按正常程序取款为什么构成犯罪,问题在什么地方?问题主要在"透支"。也就是说,假如被告人的卡里有50万元存款余额,在此情况下他取17万元,有没有超出卡中的余额?没有。有没有透支?没有透支。这种情况能不能定他的罪?我认为恐怕不能认为是犯罪。因为卡中有余额，持卡人有权从自动柜员机中支取，银行方面也有义务支付，而他支取存款的方式方法也符合银行方面规定的客户取款方式，只是银行方面记账显示与实际支取的金额不一致。记账显示不一致，不是认定被告人有罪的理由。况且，被告人动机存在两种可能性，其一动机不良，企图以此方式获取不正当利益；其二，并无不良意图，确实因为需要用款而支取。在卡中没有余额的情况下依然支取（透支）显示出具有恶意；但是如果卡中有余额，则难以证实被告人有恶意。况且，据我了解到的情况，该自动柜员机显示出错但后台记账依然是正确的，即真实记载了该卡实际支取的金额，这意味着，银行发现问题，可及时有效依照取款记录从卡中扣除，银行方面不会蒙受损失。这说明，如果被告人卡中有余额没有透支的话很难定罪。反之，说明许霆的问题在于明知卡里没有余额，以170元取了17万元，这种情况证明其行为具有非法占有的目的，透支后携款潜逃具有非法占有透支款的可能性，恶意透支决定其行为的犯罪性。如果认定许霆的行为是信用卡诈骗罪，可以回避量刑上的窘境，因为根据司法解释，恶意透支数额巨大为5万元以上不满20万元的，依据《刑法》第196条法定刑幅度为"5年以上10年以下"。如果法院处理许霆案在这个幅度内量刑的话，追求量刑合理就没有什么法律上的障碍。

一个好的司法人员在适用法律时应当尽量对立法应用于个案时偶尔可能存在的缺点加以弥补，最终形成一个公平合理的判决，这才是好的司法观念。许霆案暴露出中国刑法这种以结果·数额作为定罪量刑依据的问题，广泛给加重犯设定法定最低刑，并且约束减轻处罚的适用，这样的法律机制导致法官不得不作出有违普通人公平感的量刑。因此，广东省高级人民法院撤销原判，发回重审。

三、评价

（一）优点

第一，缩小犯罪圈，节约司法资源。因为大量的侵犯财产、侵犯人身的案件都通过行政处罚由公安执法机关截流了，行政程序显然要比司法程序简便，同时缩小了犯罪圈。如果一个人被定有罪的话，就会留下一个前科或污点，不利于他适应社会生活，比如对就业、成家、交往都有不利影响。一个人被贴上罪犯标签，会对他的生活产生很大的妨害，不利于他改过自新，所以缩小犯罪圈有一定的政策意义，避免轻易地给一个人打上犯罪的印记。正因为如此，很多国家也采取把过去认为是犯罪的行为从刑法中分离出去，比如有的规定为违警罪，有的规定为轻罪，有的规定为违反秩序罪，类似于我国治安处罚。但国外分流的主要是违反秩序的行为，而传统的自然犯，如盗窃、抢夺、抢劫、诈骗、伤害等行为仍然不可分流到违反秩序法的行为中，还留在刑法中。这说明我国刑事门槛较高，犯罪圈较小。

第二，操作简便，以可观察的结果·数额作为定罪量刑的基本依据，显然操作简便。

第三，能够在客观结果·数额上保持公平。也即犯罪结果·数额面前人人平等。

后两个优点适合中国国情，因为中国的法治道路举步维艰，法律职业群体与外国相比有一个很大的差别。外国的司法有悠久的历史，积累了丰富的经验，它们的司法人员有一个非常严格的选拔机制，人们对他们处理案件的知识水平和公正性非常信任。中国司法人员的背后没有数百年的司法经验的积累、传承支撑，导致司法文化、标准不统一，加之公众存在一些对法官、检察官的不信任感，促使立法严格地限制司法裁量权，严格地确定定罪量刑的结果·数额标准，约束司法裁量权，防止司法人员擅断。另一方面，司法人员为了表明自己的公正和清白，也希望立法、司法解释提供一个清晰可见的结果·数额标准。1997年修订后的《刑法》比修订前的《刑法》，以结果·数额作为定罪量刑的主要依据的特点更加明显、更加突出。这不仅是立法的原因，而且有司法方面的原因，因为1979年《刑法》经过司法机关近二十年的适用，通过司法解释积累起定罪量刑的具体数额标准，修订的刑法中吸收了司法经验，使刑法条文的定罪量刑数额标准更加具体、明确。如果比较一下新旧刑法典关于贪污罪、盗窃罪的规定不难发现这一点，情节加重为主变为数额加重为主，对贪污罪、受贿罪干脆直接在法条中规定犯罪数额。可见，现行刑法定罪处刑模式是立法与司法相互作用的过程。不能光说立法权限制司法裁量权，反过来也含有司法经验在其中。司法也力求采取客观标准统一尺度、表明自己的公正清廉。

（二）需要改进之处

这种模式偏重客观，不利于体现个别预防、教育刑思想。刑法中所谓观念性的东西有三个：（1）犯罪的本质；（2）责任的本质；（3）刑罚的本质。

在犯罪、责任、刑罚的本质上人们的观念不同，会导致定罪量刑的具体操作标准发生极大的差异。首先，关于刑罚的目的，多数教科书认为（也就是通说）是预防犯罪，预防犯罪包括一般预防和特殊预防，一般预防是针对社会大众所产生的威慑效应，最经典的口号"以儆效尤""杀一儆百"。我国在惩治经济犯罪特别是贪污贿赂犯罪上这种思想非常明显。特殊预防，是指对已经犯罪被判刑的人，通过适用刑罚对他进行教育、惩戒、改造、矫正，直至"复员"到社会，这种教育改造罪犯的观念才是预防主义的核心。刑法学上有句名言："应受惩罚的不是行为而是行为人。"这种观念很重要。过去是一种报应主义的观念，认为人有自由意志，走上犯罪道路是他自由选择的结果，因此一个有自由意志的人应该对自己选择违法的结果承担责任，所以应受惩罚的是行为，这是过去的报应观念。报应观念强调有罪必罚，同罪同罚，对事不对人，一个人对他违法的后果承担刑事责任。这种报应观被有些哲学家推到了极致，认为刑罚就是把罪犯应得的东西给他，即"以其人之道还治其人之身"。极端说法认为，有一个岛国如果解散的话，必须把监狱里的最后一个死刑犯执行掉。如果不执行的话，意味着背弃公正，没有使这个罪犯受到公正的对待，有辱其人格。报应主义把对行为的惩罚、对事的计较推到一个极端的程度。但这种观念指导量刑渐渐不能满足当时社会的需要。当时犯罪已经成为一个社会问题，西方社会处在工业化、城市化的进程中，农村人口集中到城市，在资本主义发展初级阶段，存在失业、贫困、财富分配不公正、治安等各种各样的社会问题、社会矛盾非常尖锐，犯罪率居高不下，严重影响社会生活和社会稳定。人们开始检讨，人有自由意志该对自己的行为负责这样的传统观念是否正确？能否有效应对社会中出现的犯罪问题、犯罪现象？进而开始对犯罪现象、犯罪人、犯罪行为进行研究。意大利医生龙勃罗梭研究后得出一个结论：说人有自由意志选择犯罪那是空想的，都是坐在摇椅上假定出来的一个虚幻的东西，犯罪是由个人人格决定的，是由人的天生素质决定的。后来有人指出，这种说法也不对。同样是兄弟俩，一个犯罪一个不犯罪，如何解释这个现象？有人修正他的观点，认为除了个人素质以外，还有地理、气候、季节等自然环境因素的影响，后来有人提出还有社会的因素的影响，比如生于贫困的家庭，残缺的家庭，生活于贫困的社区或从小没有受到良好的教育等，可能导致人走向犯罪的道路。总之那个时代开始重视对犯罪人、犯罪原因的研究，得出了不同结论。有一因论（个人素质），二因论

（个人素质和社会环境），三因论（个人素质、自然环境和社会环境），但不管几因论，对犯罪的关注由事（行为）转到人的研究，由同罪同罚到如何有效地教育、改造犯罪人。另外，研究发现人犯罪并非完全是自己选择的结果，有社会方面的问题，人类社会发展还很不完美，还存在许多不公平的现象，制度上还存在不合理的现象。也许可以认为犯罪是人类发展不完善的一种表现，至于发生在谁头上是偶然的，但人类不完美的本身决定人类社会必然有犯罪发生，因此把犯罪完全归责于犯罪人个人是不对的。同样是人，有的生在百万富翁之家，含着金钥匙出生；有的生在残缺的家庭，从小缺吃少穿，受不到教育，在贫困街区生活，处在社会底层，没有受到良好的遵纪守法教育，在此情况下，一个人走向犯罪道路能说完全是他个人选择的结果吗？也不公平，只能说这是整个社会不完善的表现。后来发展到极端的观念，认为社会不仅应该对犯罪人教育、改造使他回归社会，而且社会有责任有义务使他复员到社会，成为社会的一员，和我们共同和谐地生活，这叫回归主义。就是说罪犯到了监狱，就像到一个地方去受教育一样，目的是让他复员到社会，与人们共同经营生活。这样看问题的话，对犯罪的人选择犯罪的道义责难和刑罚报应的观念大大减弱，人们开始不斤斤计较犯罪结果的严重程度，而重视犯罪恶性有多大，可不可以教育改造。教育改造可教育改造者；隔离不可救药者；惩戒威慑可惩戒威慑者。总之，人们的刑法观念改变了，开始重视预防犯罪。

传统观念认为应受惩罚的是行为，而李斯特提出了评价重心的改变，认为应受惩罚的是行为人，因为犯罪是由人实施的，教育改造是针对人实施的，重在"治病救人"。这样的评价重心改变，可以说是刑法史上最有影响的一个观点。

撇开法律，仅仅分析犯罪现象，有四大要素：第一是人，犯罪是由人实施的；第二是主观意思；第三是行为；第四是结果。过去强调应受惩罚的是行为，重视的是行为和结果，行为、结果是客观的；后来重视预防，认为应受惩罚的是行为人，评价重心往前移，移到人的主观意思，最后推移到人，通过犯罪人的所作所为来看他反社会的人格及再次犯罪的可能性。

评价犯罪的本质有行为无价值论和结果无价值论。一种观点认为犯罪之害体现在结果上，因此认为评价犯罪重在结果，把定罪起点推到最末端"结果"。这是古典的学说，强调尊重个人的意志、保护个人的自由和权利。后来有种观点认为犯罪之害不仅体现在结果上，也体现在行为自身。这种观点把犯罪重心不仅推到行为，甚至于推到行为人，强调行为和人格的关联。

"9·11"以后恐怖主义事件频发，有人提出对犯罪要严加防范，不能等到结果发生才开始刑事介入，而是有危险就应该刑事介入。这种主张进一步把刑事介入界线往前推移，所以有种说法叫"危险时代的危险刑法"，此说法一语双关。一方面，"危险时代"是说我们的时代有恐怖主义、环境污染、生态失衡、高速交通，我们生活在充满危险、充满风险的时代。时代需求防范危险的法律，意味着刑法介入要提前，由既遂提前到未遂，甚至提前到预备，不仅惩罚造成结果的行为，还要惩罚没有造成结果但有危险的行为。另一方面，危险的刑法意味着惩罚犯罪的门槛降低、提前，国家公权力有可能介入过早，存在国家滥用刑罚权、侵犯公民的自由权利的风险。刑罚的目的是预防犯罪，受惩罚的不应是行为，而是行为人。对犯罪本质要素的评价重心移动，人们刑罚的目的观也就不同，是预防还是报应，对犯罪评价的重点不同，在定罪量刑的标准上就会发生移动，有的重视结果，有的重视行为，有的重视人，有的重视主观意思。发生这种移动意味着定罪量刑的依据发生了变化。

我国刑法定罪量刑的依据也就是评价犯罪的重点偏向于行为和结果，而且过于侧重于结果，侵犯人身要有轻伤的结果，侵犯财产要有盗窃、诈骗数额较大的结果，处罚的轻重主要取决于结果或数额的大小。从评价犯罪的价值观念和刑罚目的观角度看，我国刑法和司法机制侧重于行为和结果，偏重于客观，讲究有罪必罚，同罪同罚。但要注意，"罪"的内容并非只有结果，还包含行为方式。我国对罪的评价过于集中在结果上，同罪同罚几乎成了同数额同结果同罚，因此这是一种极端的重视客观的刑事立法司法模式，其缺点是对预防犯罪的目标考虑不足，对人和行为方式的评价不足。比如两人偷同样价值的一辆汽车，一人可能是偶然偷的，另一人可能是惯偷，其盗窃金额相同，按照我国重视客观结果的模式，他们的处罚大体相同。如果评价重点放在主观恶性、人身危险性上，则应认为二人应受的处罚存在巨大差异。检讨我们刑法对犯罪的评价，只重视结果忽视对人的评价，这是一个重大问题，体现出对犯罪预防的目的、对人格的评价以及宽容性考虑的不够。举一个真实的例子，夫妻离婚了，因为没有房子，所以还同居一个单元。有一天，前妻偶然看到前夫搁在餐桌上的钥匙，于是拿起钥匙打开他的箱子，翻出了一张12.5万元的存折，她就到银行把钱转到自己的账户。前夫报案，警察一查，嫌疑人不是别人，就是前妻。钱连本带利追回，前夫向警察求情：毕竟夫妻一场，算了。但是前妻还是被抓走了，北京的标准是盗窃 6 万元为数额特别巨大，依据《刑法》第 264 条法定最低刑为 10 年以上有期徒刑。承办此案的法官鉴于她没有法定情节，于是只好适用酌情减轻处罚报最高人民法院核准。这个适用酌情减轻的案件到北京市高级人民法院就被发回重审，认为不符合酌情减轻的条件。这样的人属于一念之差偶然失足，对社会治安没有什么危害性，也没有人身危险性，为什么法律这样无情，非要判她 10 年？显而易见，这暴露出刑法过于偏重结果，忽视人和行为的各种情况的斟酌裁量。法律刻板到这个程度，是否值得检讨？相反，一个惯偷在公共汽车上扒窃，哪怕只偷了 30 元，其人身危险性比偷前夫钱财的那位前妻要大得多。因为能在公共汽车上扒窃，一般具有相当的盗窃技能，具有常业性，可以说，只要不失手被抓会不停地作案。即使被抓住处罚以后，依然有重操旧业的可能性。对这样的犯罪人应当将其作为刑事政策打击的重点。可是在中国重视客观模式的体制下，只要一次抓住数额不够大就不能对其定罪判刑。另外，社会对司法人员的不信任感，也导致司法人员不敢背离盗窃数额定罪量刑。

我国体制下强调同罪同罚，操作上几乎变成同结果同金额同罚，严重忽视对犯罪人人格的评价以及对犯罪的具体行为方式的评价，忽视再次犯罪的可能性以及教育改造的需要。大力纠正这种偏差是我国未来刑事政策应有的发展方向。随着我们对预防犯罪目标的真正重视和落实，随着刑罚的宽容化，随着司法人员素质的提高和对司法人员信任感的树立，未来定罪量刑的趋向应该纠正目前过分重视结果·数额的偏向，而转向对行为的情况和犯罪人的主观恶性、人身危险性评价，转向对案件的综合评价，而不是以单一的结果·数额标准评价。

奇怪的是，所有的教科书都提倡预防主义，断然拒绝报应主义。但实际上我们量刑比报应主义还片面，只重视结果·数额，而对行为的性质、恶劣的程度都考虑不够。我曾参与处理过一个案例，甲乙两个邻居，甲是个无赖且身体强壮，老是欺负弱小的邻居乙。乙多次遭甲无端殴打，又屈辱又疼痛，但总没有达到轻伤程度。有一次乙又无辜受甲欺负，老实人气极了，反抗中回击一拳恰好打在甲鼻梁上，甲鼻梁骨折验为轻伤。那人跑去告状，公安受理了，乙造成甲轻伤构成了犯罪。乙说他打我多少次，经查又不够轻伤。在双方和解时，谁处于屈辱的地位？当然是老实人乙。可甲还要起诉乙。我认为,不能有失公正,案件要综合评价,老实人气极了才还击属正当防卫。我们不能忽视对人的评价、对行为本身的评价,不能脱离事件环境,要讲究是非曲直。显而易见,仅仅根据轻伤结果就认为乙有罪甲是被害人有悖基本公平和常理。在这个案例中追究乙对甲伤害的罪责,好像非常讲究严格执法,讲究法律要件,其实是一种倒退,因为考虑的标准太单调,将来一定要纠正这种偏向。

(三) 刑罚裁量原则与标准

那么裁量刑罚的标准是什么呢?《刑法》第61条规定:"对于犯罪分子决定刑罚的时候,应当根据犯罪的事实、犯罪的性质、情节和对于社会的危害程度,依照本法的有关规定判处。"即以事实为根据,以法律为准绳的量刑原则,这个原则的问题在于光注重事,不注重人。当时在刑法学年会讨论修订刑法时,我指出这个量刑原则是客观化的原则,忽视了犯罪人的人身危险性、家庭背景、社会环境以及将来对他的影响等因素的考虑,因此是个片面的量刑原则。也有人觉得有道理,但最终没有改。原因是当时考虑,我们曾经批判西方用人格、人身危险性来镇压人民群众,现在我国刑法也转回到这个地方不合适。后来说《刑法》第5条把这个问题解决了。《刑法》第5条规定:"刑罚的轻重,应当与犯罪分子所犯罪行和承担的刑事责任相适应。"这里强调刑罚的轻重不仅与"罪"相适应,还应与"责"相适应。罪和责相适应,考虑犯罪人的人身危险性,考虑对犯罪人的教育改造的难易程度以及对他将来的影响,注入刑罚个别化的内容,刑罚适应教育改造犯罪人的需要,这样就弥补了量刑原则客观化的缺陷。不过,刑法各条的具体规定和司法操作,并没有具体落实对"刑事责任"的评价。

真正体现现代刑法精神的应该是审理未成年人刑事案件解释的量刑原则,对未成年人量刑应当教育为主惩罚为辅。对未成年人适用刑罚应当充分考虑是否有利于未成年人的教育和矫正。对未成年人罪犯量刑应当依照《刑法》第61条的规定,并考虑未成年人实施犯罪行为的动机目的,是否初次犯罪,犯罪后的悔罪表现,个人成长的经历和一贯表现等因素。这里大量考虑犯罪事实之外的人身危险性和改造的难易程度,平时表现等,不仅惩前而且"治病救人",扩大宽缓刑罚的适用。难道这样的好东西仅仅适用于未成年人罪犯,不能适用于成年人罪犯吗?

通过对比可以看出我国这种极端重视客观的模式不利于体现预防犯罪、

教育改造罪犯的观念。审理未成年人刑事案件的司法解释作出新的规定，体现教育改造罪犯的观念，有利于纠正定罪量刑评价因素片面的做法。我们感到，在刑事司法中，司法人员对未成年人的量刑比较灵活，同样的罪有相当大差异的处理。这意味着审理未成年人刑事案件的量刑原则应该是未来审理所有成年人刑事案件的发展方向，有利于纠正我国立法上重客观结果的偏向，有利于克服司法裁量权受到极大约束的情况。

司法人员处理案件最重要的观念是什么？首先，犯罪之所以成为犯罪，最重要的问题就是犯罪的本质，到底是违反规范的行为自身还是对他人利益造成损害？到底是有结果才处罚还是有危险就处罚？评价犯罪是重在行为结果之害还是在行为之害，这些涉及犯罪本质的认识。其次，关于责任的问题，究竟人有自由意志应该对所作所为负责，还是人未必都有自由意志，犯罪未必是人自由选择的结果，所以不仅是个人对自己行为负责的问题，还有一个社会使他不再侵犯社会的需要。国外保安处分是纯属保护社会的需要而对罪犯适用的一个措施，没有谴责的味道。我国也有未达到刑事责任年龄的人强制收容教养，精神病人强制医疗，保护社会免受犯罪之害。再次，关于刑罚目的究竟是重在惩前还是重在毖后重在"治病救人"？我国刑法立法结构和司法操作在定罪量刑方面显现出极端客观化的倾向，简直不能称为同罪同罚，而是同结果同金额同罚，对犯罪评价存在严重偏差，不适应预防犯罪、公平合理地评价犯罪的需要。

四、结语

未来立法的趋向是改变客观化的倾向，重视将对人、对行为、对人的意思以及对行为人将来的影响各方面的因素考虑作为定罪量刑的依据，改变片面以结果·数额为依据的倾向。以结果·数额作为主要甚至唯一加重事由并广泛设定法定最低刑，这种模式过分限缩了司法裁量的空间，尤其是限缩了司法考虑结果·数额之外的因素的裁量空间。中国刑法未来的发展方向将是改变这种片面的客观化模式，这将是一个漫长的发展道路。在中国法律体制没有改变的情况下，为追求公平合理处理案件、为了体现预防犯罪的目的，司法人员往往需要扩大法定情节的认定、适用，争取裁量的空间。

中国刑法配置刑罚的特点和酌定减轻的适用

——从许霆案说起[1][2]

一、中国刑法配置法定刑的特点

中国刑法配置法定刑的特点是广泛以犯罪结果、数额作为配置法定刑的依据。这表现为一定量的犯罪结果或数量（数额）是定罪的起点，并随着结果或数量（数额）的增加而不断升格法定刑幅度，形成所谓加重犯，如结果加重犯、数额加重犯，例如1997年《刑法》第264条对盗窃罪的规定。

盗窃公私财物，数额较大或者多次盗窃的，处3年以下有期徒刑、拘役或者管制，并处或者单处罚金；数额巨大或者有其他严重情节的，处3年以上10年以下有期徒刑，并处罚金；数额特别巨大或者有其他特别严重情节的，处10年以上有期徒刑或者无期徒刑，并处罚金或者没收财产；有下列情形之一的，处无期徒刑或者死刑，并处没收财产：

（一）盗窃金融机构，数额特别巨大的；

（二）盗窃珍贵文物，情节严重的。

这条规定典型地反映了中国刑法配置刑罚（处罚）的特点。首先，盗窃"数额较大"（500元~2000元以上）是盗窃定罪的数额起点；其次，随着盗窃金额增加不断升高"法定最低刑"：盗窃"数额巨大"（5000元~2万元以上）处3年以上有期徒刑，"数额特别巨大"（3万元~10万元以上）处10年以上有期徒刑，"盗窃金融机构，数额特别巨大的"，处无期徒刑以上刑罚。

---

〔1〕 载赵秉志主编：《中国疑难刑事名案法理研究（第四卷）：许霆案件的法理争鸣》，北京大学出版社2008年版。

〔2〕 许霆案：被告人许霆在用银行卡取款时发现ATM取款机出故障，取千元仅从卡里扣一元，随后连续取款171笔共17.5万元，携款潜逃一年后被抓获。

二、刑法（立法）对法院（司法）量刑时适用减轻处罚的限制

法院在适用上述第264条处罚盗窃罪行时，应当"以事实为根据，以法律为准绳"，即必须根据盗窃事实并遵循《刑法》第264条的处罚准绳，如果被告人盗窃数额在10万元以上，依据第264条规定，法院一般应在"10年以上有期徒刑或者无期徒刑"的范围内判处主刑。就许霆案而言，如果法院认定他盗窃金融机构数额特别巨大，一般应在"无期徒刑或者死刑"范围内判处主刑。如果法院要在法定最低刑以下判处刑罚，比如对许霆判处低于无期徒刑的刑罚，这需要适用"减轻处罚"。

我国刑法为了限制司法裁量权，对"减轻处罚"作了较为严格的限制。《刑法》第63条规定："犯罪分子具有本法规定的减轻处罚情节的，应当在法定刑以下判处刑罚。犯罪分子虽然不具有本法规定的减轻处罚情节，但是根据案件的特殊情况，经最高人民法院核准，也可以在法定刑以下判处刑罚。"根据该规定，法院适用减轻处罚必须具备"法定"减轻处罚情节，比如自首、立功、未成年人等。如果被告人不具备法定减轻处罚的情节，法院原则上无权对被告人减轻处罚。就许霆案而言，许霆没有任何一个法定减轻处罚情节，审理该案的法官只可以在无期徒刑以上范围内裁量刑罚。正因如此，判决许霆无期徒刑于法有据。此外，刑法在减轻处罚适用上还留有一个救济途径，就是犯罪分子虽然不具备法定减轻处罚情节，"但是根据案件的特殊情况，经最高人民法院核准，也可以在法定刑以下判处刑罚"，这被称为"酌情减轻"。就许霆案而言，他虽然没有法定减轻处罚的情节，但经最高人民法院核准，可以判处低于无期徒刑的刑罚。因此，对许霆酌情减轻处罚，判处5年有期徒刑，也于法有据。这是立法者赋予最高人民法院的司法裁量权。

三、对许霆是否应当适用酌情减轻处罚，如何减轻处罚（即减轻多少）

如前所述，最高人民法院有权适用酌情减轻处罚，但对许霆案适用"酌情减轻"是否合理呢？这是见仁见智的问题，因为怎样才是"罚当其罪"，这问题实在深不可测。比如"杀人偿命"（判处死刑），曾被认为是"天经地义"的事，属于"罚当其罪"，可是许多国家废除了死刑，不再认为这是"天经地义"的。我国也尽量限制死刑适用，观念也在改变中。"杀人偿命"的罪与罚尚且具有可比性，可是盗窃1万元采用什么样的处罚算是"罚当其罪"，判几年有期徒刑才能"罚当其罪"？这没有可比性。有人可能会说，判

处 1 万元罚金最合适，可是这样不足以教育罪犯，也不足以以儆效尤，如果罪犯没有能力缴纳罚金还会使处罚落空。可见"罚当其罪"不过是特定历史条件下大多数人认同的公平感，这种公平感通过全国人民代表大会代表我国大多数人民的意志并反映在刑法里，所以，应当肯定依法定罪判刑是最大的公平。不过法律只能根据普遍情况制定，而生活中发生的犯罪案件千差万别，所以刑法往往规定一个或多个处罚的幅度，比如规定 3 年以上 10 年以下有期徒刑，并授权法院（司法）根据案情酌情裁量，授权法院在罪犯具有法定减轻情节时可在法定最低刑以下判罚，即使这样还是担心不能满足根据案情合理量刑的需要，所以还授权最高人民法院酌情减轻处罚的权力。许霆案的确十分特殊。首先，自动取款机出现故障使其能以 1:1000 的比例提款，他是在这样极罕见机会的巨大诱惑下才侵犯银行巨额财产的，这不反映许霆的主观恶性和人身危险性，也就是说若无此"机缘"许霆未必会作奸犯科。其恶性、危险性与其"触法"的严重程度明显不相称。其次，其作案方式也与人们观念中的偷盗相距甚远。《刑法》第 264 条对盗窃罪的处罚是按照"一般"情况设定的，并保留"特殊"情况下酌情减轻处罚的救济途径，既然许霆案的确具有特殊性，采取通常的处罚尺度显然不近情理，那么按照特殊途径予以酌情减轻处罚是合法又合理的。这正应验了刑法设立酌情减轻制度的前瞻性。

不过，许霆之罪虽然不至于判处无期徒刑，但是也没有到应当赦免其罪的程度。许霆在罕见机遇的巨大诱惑下不能把持自己，社会公众对此将心比心，觉得自己若置身许霆的处境也没有把持的自信，因此生同情、宽恕之心。理解人性的弱点虽然是社会观念、法治理念的进步，但是如何把握才是关键。把握不当，谅解人性弱点就成了"妇人之仁"，同情之泪就成了姑息养奸。哪种犯罪没有诱惑性？刑法就是帮助人们克制贪欲、抵制不良诱惑的，惩罚正是帮助人们产生对犯罪诱惑的警惕之心，这正是所谓刑法规范人行为的作用。我们要发挥这种作用而不是抑制这种作用。因此，为了显示法律的公正性、严肃性，确立他人合法财产神圣不可侵犯的规范意识，教育许霆本人，教育广大群众，有必要对许霆判处适当的刑罚。

在此，还有一个值得研讨的问题，就是酌情减轻处罚的幅度是否应有限制？法院判决许霆 5 年有期徒刑，意味着越过了《刑法》第 264 条的盗窃数额特别巨大处"10 年以上有期徒刑、无期徒刑"的幅度，在其下的盗窃数额巨大处"3 年以上 10 年以下有期徒刑"的幅度内判罚，这样的"越级"减轻处罚是否适当值得研究。因为最高人民法院的判例具有示范作用，将会对减轻处罚的理解产生深远影响，不能不慎重。

四、许霆案留下的思考

随着最高人民法院法官把法锤重重落下，许霆案大概可以尘埃落定了。但是，它产生的积极影响将是深远的。判例是推动法制进步的巨大动力。刑法是经过深思熟虑制定的，并经由训练有素的法官遵循惯例实施，对常态运行的法律进行泛泛的讨论往往不易发现其中的问题，因为每年每月成千上万的案件就在法律平稳运行的状态下处理着。其中的一个案例或判例引起广泛讨论，其实是社会生活向法律制度提出的挑战，而对这种挑战的回应就在不断地推动法制建设的进步。生活之树常青，法律制度也在这过程中随生活之树常青而常青。所以，我不觉得许霆案有什么值得大惊小怪的，也不认为我们的刑法制度出了什么大问题，长时间没有一个判例触动法律的神经反倒不正常了，因为这代表不是社会生活停滞不前就是社会大众麻木不仁。许霆案，也可以说社会生活，为我们的刑法制度带来怎样的思考呢？我认为就是立法（刑法）在量刑上给司法（法院）是否留下了合理的自由裁量空间。立法机构制定法律规定犯罪和刑罚，司法机关依法适用刑法定罪量刑。为了防止司法人员个人滥用职权，也就是为了防范罪刑擅断，刑法尽量对罪和罚作出明确、具体的规定，以约束司法的裁量权；但是为了适应千差万别的个案，又不能不留下允许司法酌情量刑的空间，许霆案引起人们的关注恰恰就是因为触及了这点。类似许霆的行为以盗窃定罪判刑早已有之，未见反响。可见，许霆案之所以引起反响在于法律令他面临无期徒刑的判决。法院最初判处他无期徒刑，是因为依法没有裁量的空间。

如本文开头所说，我国刑法配置法定刑的特点是广泛以结果（数额）作为依据，并随其数量的增加而升格法定刑。其效果是：（1）重视结果（数额），"同罪"同罚、罚当其罪，其实是偏向于"同结果"（数额）同罚，结果是客观的，以此为定罪量刑依据，其优点是标准明确、操作简便、公平显而易见，也可有效防范量刑的随意性；其缺点是有时可能不便充分考虑结果以外的因素，比如《最高人民法院关于审理未成年人刑事案件具体应用法律若干问题的解释》中指出的那些因素，"犯罪行为的动机和目的、犯罪时的年龄、是否初次犯罪、犯罪后的悔罪表现、个人成长经历和一贯表现等因素"，对预防主义、教育刑观念落实不充分。（2）司法对加重犯的量刑空间受到严格约束。刑法根据结果（数额/数量）的增加而升格法定刑，形成"加重犯"。立法对加重犯设定法定最低刑加上对酌情适用减轻处罚的限制，等于为加重犯的量刑设置了双重约束，使司法裁量的空间在此点受到严格限制。许霆案最初判处无期徒刑正是这双重限制的产物。

对我国刑法配置法定刑的特点及其对司法裁量权的约束，应予肯定还是应予改进，目前下结论为时尚早，但是这个课题到了需要考虑的时候了。因为我国刑法这一特点不改变，因"案件的特殊情况"需要酌情减轻的案件就会源源不断地出现，司法机关需要对此作出适当应对。

在现有法定刑配置和量刑模式下，司法人员在定性或适用法律时应当尽量避免苛刻的量刑。

我认为，认定许霆的行为属于信用卡诈骗罪的"恶意透支"，并无法律障碍，且能够量定合适的刑罚。

许霆案见诸媒体后，引起了人们的广泛关注；许霆被法院以盗窃罪判处无期徒刑后，则引起更多的议论。对其行为性质，有认为是盗窃，有认为是侵占，甚至还有认为是无罪的。我认为许霆的行为性质具有《刑法》第196条信用卡诈骗罪之（四）规定的"恶意透支"性质。理由如下。

许霆使用本人真实有效的银行卡通过正常的操作程序从 ATM 机取款，既没有破坏 ATM 取款机硬件的行为，也没有非法改动本人银行卡和 ATM 机的信息、数据的行为，无论取款次数多少其取款方式都不违法。假如许霆取款的金额没有超出其银行卡的余额（没有透支），则该行为只是违法和不诚信的行为，不是犯罪行为。因为只要客户卡中有足够的余额，客户有权利支取、银行有义务支付。银行方一旦发现问题有权也能有效改正客户卡中的记载，不会发生损失；客户基本不具备非法占有的条件，也不能被证实有非法占有的目的。结论是：在客户没有透支的情况下，仅仅凭从卡中扣除的金额低于实际支取金额是不足以定罪的。

可见许霆行为性质严重的关键是在银行卡"透支"情况下"恶意"取款。他明知本人银行卡中的余额不足，利用 ATM 机发生错误，未经许可提取远远超出本人银行卡余额的现金，并携款潜逃一年余。根据《刑法》第196条第2款之规定，"持卡人以非法占有为目的，超过规定限额或者规定期限透支，并且经发卡银行催收后仍不归还的"是恶意透支；恶意透支数额较大的，构成信用卡诈骗罪。

　　不过，面对许霆案这样罕见的情形，如何适用《刑法》第196条第2款之"恶意透支"认定他的行为构成信用卡诈骗罪可能也会有不同看法。我认为据此定罪处罚是可行的。首先，许霆是"持卡人"，所持之卡为本人合法有效之银行卡，该银行卡属于第196条中所称之"信用卡"。其次，有恶意透支行为，透支额高达17万余元，并且因为他逃匿导致发卡行无法催收已超过3个月。再次，许霆实施恶意透支行为的过程以及携款逃匿一年多，足以证明有非法占有该笔巨款的目的。许霆的行为具备《刑法》第196条第2款"恶意透支"的要件，成立信用卡诈骗罪。另外，许霆还需对其朋友郭某的信用卡诈骗罪行承担教唆犯的罪责。

　　关于处罚，根据《最高人民法院关于审理诈骗案件具体应用法律的若干问题的解释》第7条之规定：恶意透支5万元以上不满20万元的，属于"数额巨大"。依据《刑法》第196条规定，犯信用卡诈骗罪"数额巨大或者有其他严重情节的，处5年以上10年以下有期徒刑，并处5万元以上50万元以下罚金"。

　　我认为，对许霆的行为以恶意透支数额巨大为由，认定成立信用卡诈骗罪，适用《刑法》第196条定罪处罚较为合理、贴切。认定为盗窃罪或侵占罪难免有牵强不合之处。认定为无罪，面对《刑法》第196条的规定也说不过去。

应适当放宽"酌情减轻处罚"的权限[1]

中国刑法广泛规定加重犯并配置了相应的法定最低刑，其适用的条件主要是犯罪结果、金额等客观性因素。这种配置刑罚的模式对减轻处罚存在广泛的需求。然而，刑法对"酌情减轻"的适用权限却作了极为严格的限制，规定须报经最高人民法院核准。中国地域广大、人口众多，在"法定刑范围内"判罚显然过重的案件时有发生，正应了"法有限而情无限"的法谚。因为限制太严，在处理法与情冲突的案件时，往往令法官为难、公众困惑，其中广为人知的例子如"许霆案"。其实，类似的情与法冲突的案件绝大多数没有机会进入酌情减轻的程序，最终处理的结果只能是要么"以法曲情"，要么"以情曲法"。欲减少这种情况，需从立法上适当下放酌情减轻处罚权，由各省高级人民法院审判委员会行使。

一、"酌情减轻处罚"及其适用条件

《刑法》第63条规定，犯罪分子具有本法规定的减轻处罚情节的，应当在法定刑以下判处刑罚。犯罪分子虽然不具有本法规定的减轻处罚情节，但是根据案件的特殊情况，经最高人民法院核准，也可以在法定刑以下判处刑罚。该条第2款"不具有本法规定的减轻处罚情节"中的"减轻"，就是所谓的"酌情减轻处罚"。与此相对，该条第1款"具有本法规定的减轻处罚情节"中的"减轻"，可称为"法定减轻处罚"。

现行酌情减轻处罚制有一个形成过程，其前身是1979年《刑法》第59条第2款规定："犯罪分子虽然不具有本法规定的减轻处罚情节，如果根据案件的具体情况，判处法定刑的最低刑还是过重的，经人民法院审判委员会决定，也可以在法定刑以下判处刑罚。"这与现行《刑法》有两点不同，其一，适用权在各级人民法院审判委员会；其二，适用根据是"案情"特殊即"根

---

〔1〕 载陈泽宪主编：《刑事法前沿》（第六卷），中国人民公安大学出版社2012年版。

据案件的具体情况，判处法定刑的最低刑还是过重的"。在这种适用根据下，等于授予各级法院审判委员会广泛的自由裁量酌情减轻处罚权。"在实际执行中，由于对判处法定刑的最低刑还是过重的情况没有具体标准，各地人民法院掌握界限不统一，随意性较大，存在不少问题，甚至出现一些流弊。"[1]有鉴于此，1997年在修订刑法时，一方面收紧适用根据，另一方面上收适用权限至最高人民法院。可以说，现行《刑法》对酌情减轻收紧是对旧刑法过分放松进行反思的产物。时至今日，距离1997年修订刑法典已经十余年，又产生了对酌情减轻适当放宽的需求。

根据《刑法》第63条，减轻处罚原则上须具备刑法规定的减轻处罚情节，如未成年、从犯、自首、立功等。这意味着，法官对不具有法定减轻因素的罪犯无权适用减轻处罚。这体现出立法对司法量刑权的限制。司法应在法定刑幅度内量刑，没有法定量刑因素原则上不得在法定刑以下量刑。

对于"不具有法定减轻处罚情节"的犯罪分子，《刑法》第63条第2款作为特例允许酌情减轻处罚，即"根据案件的特殊情况，经最高人民法院核准"，也可以减轻处罚。因此"酌情减轻处罚"适用条件有两个。

（1）案件有"特殊情况"。这特殊情况分两种：①案件的"处理"具有特殊性。案件特殊情况，"是指案件的特殊性，如涉及政治、外交等情况"。[2]早先司法经验也作相同理解，"主要是指案件的处理具有特殊性，涉及政治、外交、统战、民族、宗教等国家利益的特殊需要"。[3]②"案情"自身具有特殊性，即具有可宽恕、怜悯的事由，在法定刑范围内判罚明显违背罪刑相适应原则，相当于1979年《刑法》第59条酌情减轻的条件，即"判处法定刑的最低刑还是过重的"。

对此条件的理解，也有个细微的转变过程。1997年修订《刑法》时，对1979年的酌情减轻处罚制基本持否定态度，所以对修订后《刑法》酌情减轻条件的"案件特殊情况"侧重理解为"国家利益"的需要。这样基本封堵了其常规适用的可能性。不过，在后来的适用过程中，基本是以上述案情自身

---

〔1〕 全国人民代表大会常务委员会副委员长王汉斌："关于《中华人民共和国刑法（修订草案）》的说明"，载高铭暄、赵秉志主编：《新中国刑法立法文献总揽》，中国人民公安大学出版社1998年版，第1537页。

〔2〕 胡康生、郎胜主编：《中华人民共和国刑法释义》，法律出版社2004年版，第61页。

〔3〕 最高人民法院刑事审判第二庭编：《刑事审判参考》（总第18辑），法律出版社2001年版，第6页。

具有特殊性为由上报酌情减轻，并且得到核准。所以，对案件特殊情况的实际掌握不限于"国家利益"的需要，也包括"案情特殊"。

（2）经最高人民法院核准。通常的程序是，下级法院在判决中对罪犯适用酌情减轻处罚的，逐级上报到最高人民法院核准。上级法院如果认为下级法院适用酌情减轻处罚不当的，可直接裁定驳回上报的判决，发回重审；如果认为适用正确的，继续上报上级法院直至上报最高人民法院核准。这意味着最高人民法院掌握酌情减轻处罚的适用权限，下级法院实际只有适用的建议权，没有最终决定权。

二、法定最低刑的广泛配置形成对酌情减轻的需求

（一）《刑法》对常见犯罪几乎都有法定最低刑的配置

侵犯财产罪方面，以《刑法》第264条盗窃罪为代表，有3年以下有期徒刑、3年以上10年以下有期徒刑、10年以上有期徒刑、无期徒刑几档法定最低刑，适用条件主要是盗窃数额。其他侵犯财产罪的法定刑配置如诈骗罪、抢夺罪，除没有无期徒刑档外，基本与盗窃罪相同。

侵犯人身权利罪方面，以《刑法》第234条故意伤害罪为代表，有3年以上有期徒刑、10年以上有期徒刑两档法定最低刑，适用条件主要是伤害结果（重伤、死亡）。其他暴力性犯罪如抢劫罪、强奸罪基本与故意伤害罪相同。

在贪污罪方面，《刑法》第383条对犯贪污罪的，有1年以上有期徒刑、5年以上有期徒刑、10年以上有期徒刑三档法定最低刑，适用条件主要是贪污的金额。挪用公款罪与其相似。

此外，还有一些严重犯罪，如绑架罪、拐卖妇女儿童罪、嫖宿幼女罪、组织卖淫罪、强迫卖淫罪，一般有5年以上有期徒刑、10年以上有期徒刑两档法定最低刑。

广泛配置法定最低刑不仅仅是立法模式，而且涵盖了实际发生案件90%以上的罪名。

（二）法定最低刑配置的幅度也较高

常见罪，如盗窃罪、诈骗罪、贪污罪、受贿罪、抢劫罪、绑架罪、强奸罪都配有10年以上有期徒刑的法定最低刑幅度。

（三） 适用法定最低刑的加重事由主要是数额和结果

以盗窃罪、诈骗罪为代表，主要加重事由是犯罪金额，以故意伤害为代表，主要加重事由是伤害的结果（重伤、死亡）。加重事由的客观性质，导致缺乏斟酌的余地，盗窃罪、诈骗罪、贪污罪、受贿罪达到数额特别巨大的（一般在 10 万以上），法定最低刑是 10 年。

在中国这样地广人多的国家，年均刑事案件近百万，依刑法规定法定最低刑在 10 年以上有期徒刑的，如盗窃罪、诈骗罪犯罪金额达到 10 万的，未必都应当判处 10 年以上有期徒刑，所以时常需要酌情减轻救济。《刑法修正案（七）》对《刑法》第 239 条绑架罪法定刑进行修正，增加规定"情节较轻的，处 5 年以上 10 年以下有期徒刑，并处罚金"，就是因为该条法定最低刑是 10 年有期徒刑，适用起来有所不便，一定程度上反映出法定最低刑配置与酌情减轻需求之间的关联。假如酌情减轻适用宽松，该条修正至少不至于那么亟需。

这些特点如果与外国刑法进行比较则更为突出。外国刑法典对某些罪的法定最低刑规定情况如下：《德国刑法典》，加重盗窃判处 3 个月（第 243 条），受贿罪加重犯最重的刑罚（枉法的）是 1 年（第 332 条），故意伤害罪致重伤的判处 2 年、致死亡的判处 3 年；《日本刑法典》，盗窃罪的刑罚是 1 个月监禁或罚金，即取刑种的下限，受贿罪加重犯（第 197 条之枉法的）判处 1 年，故意伤害致死的判处 3 年；《美国刑法典》重型贿赂处相当于贿赂价值 3 倍的罚金或 15 年以下监禁；[1]《加拿大刑事法典》，盗窃罪处 10 年以下监禁，伤害处 14 年以下监禁。[2]

此外，我国台湾地区"刑法"，盗窃罪加重犯判处 6 个月、常习犯判处 1 年，故意伤害致重伤的判处 5 年、死亡的判处 7 年（第 278 条），受贿谋取不正当利益的判处 3 年、违背职务的判处 5 年（第 122 条）。我国台湾地区"刑法"对盗窃罪基本不设法定最低刑，对于贿赂、伤害犯罪设置了较重的法定最低刑，但仍低于大陆地区。需注意，对受贿的自首者，减轻或免除其刑。在侦查或审判中自白者得减轻其刑。

从以上列举的有关国家、地区的刑法典规定看，对盗窃罪基本不设法定

---

〔1〕 王云海：《美国的贿赂罪——实体法与程序法》，中国政法大学出版社 2002 年版，第 9 页。

〔2〕 卞建林等译：《加拿大刑事法典》，中国政法大学出版社 1999 年版，第 211 页、第 166 页。

最低刑,贪污贿赂犯罪法定最低刑很低,不超过1年。对于故意伤害罪依结果轻重有2~3年法定最低刑限制。这足以突出显示我国刑法广泛设立法定最低刑,且设置的刑期较高,通常为3年、5年、10年以上有期徒刑三格。法定最低刑设置得多且高,势必导致对减轻处罚的需求,或者说是减轻处罚对量刑的影响更大。

三、酌情减轻收得过紧不能满足救济的需求

一方面,广泛配置法定最低刑的立法模式对减轻处罚存在广泛需求,另一方面,现行刑法的酌情减轻处罚显然不能满足这样的需求。

首先,根据一般的推断,每年实际获得酌情减轻救济的案例屈指可数,与救济需求明显不称。相对于年均百万件(人次)的刑事案件,除了具有法定减轻处罚情节者外,哪怕万分之一的在法定刑内判罚仍嫌过重者,也有百件(人),千分之一的,也有千件(人)。现有的酌情减轻显然收得过紧,不足以发挥应有的救济作用。

其次,基于个案观察也可得出此结论。例如刘某某盗窃前夫数额特别巨大财物案。[1]被告人刘某某(女,45岁)离婚后与前夫仍同居一套房内。某日刘某某取前夫放在餐桌上的钥匙,打开前夫居室床下的木箱,窃取前夫12.5万元的存折1个并将钱全部取出。因前夫告发归案,赃款全部起获。一审法院认为:被告人刘某某盗窃数额特别巨大,依法判处有期徒刑10年,剥夺政治权利2年,并处罚金人民币2000元。二审法院审理被告人刘某某的上诉认为:……鉴于刘某某犯罪的情节特殊,赃款没有损失等情节,原判对其量刑过重,应予以改判。据此,改判刘某某犯盗窃罪,判处有期徒刑3年,缓刑5年,并处罚金人民币2000元。因刘某某的犯罪行为无法定减轻处罚情节,依法报请最高人民法院核准对其在法定刑以下判处。北京市高级人民法院经复核认为:刘某某不具有法律规定的可以在法定刑以下判处刑罚的特殊情况。裁定撤销二审判决,并将案件发回二审法院重新审判。

本案确有特殊之处。盗窃共同生活的前夫的钱财,从动机上讲,被告人认为前夫在协议离婚时有隐瞒财产之嫌;从手段上看,取共同生活的前夫放在家中的钥匙开箱取物,手段非常轻微;从后果上讲,所有赃款全部追回,没有损失。仅仅因为数额特别巨大(12.5万元),依法处10年以上有期徒

---

[1] 北京市高级人民法院编:《北京法院名案判解》,法律出版社2001年版,第193页。

刑，显失公平，甚至于失之严苛。但是，如此特殊的情况，却不能获得酌情减轻的救济，可见限制之严。

曾引起广泛议论的许霆案也突出反映了这个问题。被告人许霆在用银行卡取款时，发现 ATM 取款机出故障，取 1000 元仅从卡里扣 1 元，随后连续取款 171 笔共计 17.5 万元，携款潜逃一年后被抓获。若法院认定被告人属于 1997 年《刑法》第 264 条之"盗窃金融机构，数额特别巨大"，其法定最低刑是无期徒刑。如果没有法定减轻处罚情节，依法势必被判处无期徒刑。该案见诸媒体后，引起了人们的广泛关注。最初许霆果然被法院以盗窃罪判处无期徒刑，上诉后，二审撤销原判发回重审，重审后，适用"酌情减轻"，判决被告人 5 年有期徒刑。许霆最初被判处无期徒刑正是酌情减轻处罚受到严格限制的产物。假如许霆案没有通过媒体曝光，没有引起公众的广泛关注，恐怕"依法"按常规处理，也就判处无期徒刑了。

四、酌情减轻救济不足的弊端

酌情减轻救济不足最显见的弊端，就是难免出现"以法曲情"或者"以情曲法"的现象。无论哪种方式，都会对刑法适用的统一、公正、权威产生不利的影响。

刘某某盗窃前夫数额特别巨大财物案没有获得酌情减轻，显失公正、有悖常情，属于"以法曲情"的情形。假如许霆案以当初判决无期徒刑结案，事后看来，大概也可算作"以法曲情"的例证。不过许霆很幸运，最终获得了酌情减轻的救济。可是大量需要救济的案件却得不到救济，只能"曲情"结案。

也有大量的案件，以"以情曲法"的方式结案，下面试举几例。

（一）沈某某盗窃数额特别巨大以数额较大处罚案

被告人沈某某（女）在酒店客房与被害人潘某进行完卖淫嫖娼离开时，将潘某放在床头柜上的嫖资及一只"伯爵牌"18K 金表拿走。之后，随手将表放在自己居所的桌子上，没当回事。该表价值 12 万余元，属于数额"特别巨大"，依《刑法》第 264 条法定最低刑为 10 年有期徒刑。对此，法院判决：被告人"一直误认为其所盗取的只是一只价值数百元的普通手表……真实可信……其认识到的价值只是'数额较大'，而非'数额特别巨大'……应按其盗窃时所能认识到的价值数额作为量刑标准"。判决沈某某犯盗窃罪，免予刑事处罚。[1]法官给出的理由是对盗窃数额有重大误解。[2]可是，关于事实认识错误的通说是法定符合说，盗窃数额的误认属于同一构成要件的具体事实认识错误，不阻却对实际数额成立故意。表面上，该案法官对事实认识错误案作出了一个违反通说的裁判，实际上，还是为了尽力回避10年的法定最低刑。

（二）李某某绑架免予刑事处罚案

被告人李某某在乙（男，单身离异）家做保姆并照看乙4岁的女儿丙。李某某与乙发生了两性关系，乙许诺与同居女友丁分手并娶李某某。丁因觉察李某某与乙关系暧昧遂以乙的名义将李某某解雇。李某某不满，于某日中午将丙从学校骗至其亲属处，后打公用电话以丙的安全相要挟向乙索要"补偿费"2万元。当日16时许，公安人员接群众举报后将李某某抓获，并在李某某的带领下将丙解救。李某某被控犯绑架罪。一审以非法拘禁罪判处李某某有期徒刑2年，理由是李某某的行为不符合绑架罪实质特征，故依据"索取不受法律保护的债务"的司法解释，以索债（情债）型非法拘禁定罪处罚。[3]控方坚持认为李某某构成绑架罪，提起抗诉。二审认为李某某绑架丙作为人质，并以此威胁乙索要"损失费"2万元，构成绑架罪。但鉴于犯罪情节轻微，判决免予刑事处罚。

本案的为难之处在于：从法理上讲，李某某扣押丙作人质勒索2万元，符合第239条之"以勒索财物为目的绑架他人"的犯罪构成，理应承担该条的法律后果"处10年以上有期徒刑……"如果适用第239条处罚，同时又不适用第63条、第37条，法院对李某某必须至少判处10年有期徒刑，并处罚金或没收财产。从情理上讲，对李某某判处10年有期徒刑实在太重，违背朴实的公平感，不合情理。一审法院为回避判刑10年，认定其构成非法拘禁罪，判刑2年。遭抗诉后，二审法院改判绑架罪，但同样想回避判刑10年。二审法院找不到可以对李某某适用第63条"减轻处罚"的事由，干脆依据第

---

〔1〕 何树志等："沈某某盗窃案——对所盗物品的价值有重大认识错误的应如何处罚"，载《中国刑事审判指导案例》（侵犯财产罪）[第315号]，法律出版社2009年版，第543~544页。

〔2〕 何树志等："沈某某盗窃案——对所盗物品的价值有重大认识错误的应如何处罚"，载《中国刑事审判指导案例》（侵犯财产罪）[第315号]，法律出版社2009年版，第545页。

〔3〕 臧德胜："挟持他人子女向他人索要'补偿费'的行为是否构成绑架罪——被告人李新朵绑架案法律适用问题探讨"，载《审判前沿》（总第11辑），法律出版社2005年版。

37 条"免予刑事处罚"。本案起诉、审判中定罪量刑的曲折变化，反映出法理与情理的较量并且情理始终支配着案件处理结果。假如酌情减轻的渠道畅通，一审就没有必要费周折定李某某非法拘禁罪，二审也不必费周折滥用免予刑事处罚。

（三）深圳机场女清洁工梁某"捡"取旅客价值 300 万元黄金未被追究刑事责任案

某晚 8 时许，王某在深圳机场办理行李托运手续时，将一个装有 14 000 余克黄金首饰的小纸箱放在行李手推车上方的篮子内，并单独停放在柜台前 1 米的黄线处，中途离开。王某离开 33 秒后，机场清洁工梁某将纸箱搬进机场一间厕所，第二日将纸箱带回住处。在住处被民警询问是否从机场带回任何物品时，梁某起初否认，之后，不得已承认。民警将黄金首饰追回时，尚有 136.49 克黄金首饰去向不明。深圳市检察机关审查后认为，梁某不构成盗窃罪，退回公安机关。在我看来，对本案认定盗窃不存在事实或法律的障碍。其深层原因是办案机关担心又惹争议，回避 10 年法定最低刑。其时许霆案引起的纷争刚刚尘埃落定，如果对梁某案以盗窃定罪，势必判处 10 年以上有期徒刑。梁某偶然一失足招致 10 年以上的处罚，恐怕又要惹争议、起风波。

类似"以情曲法"的例子非常之多，笔者常常见到遇到，如本是既遂却认定未遂，本不够自首却认定自首，本是受贿 10 万余元却认定不满 10 万元。此"以情曲法"并非出自徇私动机，而是为了追求罪刑相适应的效果，避开法定最低刑的限制，裁量适当的刑罚。"以情曲法"往往导致无谓的争论，左右摇摆的判决结果，会浪费司法资源，破坏刑法适用的统一性。

五、适当放宽酌情减轻处罚权限是关键

放宽酌情减轻的适用满足救济的需要，关键在于适当下放核准权限。在适用酌情减轻两个要件中（案件"特殊情况"和经最高人民法院核准），案件"特殊情况"本身就有酌量的余地，作适当扩大解释即可。1997 年刑法修订之初，对于这个"特殊情况"解释较窄，一般指事关国家政治、外交等特殊情况，即事关"国家利益"的情况，而不考虑根据案情在法定刑范围内处罚是否合理的问题。正如有学者所指出的："对特殊情况的这种解释，在刑法修订初期，对于纠正刑法修订以前法定刑以下判处刑罚的滥用情形是有其时代意义的。"[1]不过，经过一段时间的实践检验后，司法适用和学理解释渐呈扩大趋势，如有学者指出，"如将'案件的特殊情况'局限于'涉案的特殊因素'则是不妥当的"，其理由是：如果认为酌定减轻仅仅适用于具有"特殊因素"的案件，则会违反罪责刑相适应原则和刑法面前人人平等的原则，且与免予刑事处罚适用条件不平衡。[2]从最高人民法院的判例看，也有以案情特殊在法定刑范围内判罚仍显过重为由，适用酌情减轻的。[3]由此可见，无论从理论角度还是实务角度，对酌情减轻适用根据作合理扩张解释，不成问题。

酌情减轻处罚适用的瓶颈在"权限"。中国年均近百万的刑事案件，需要酌情减轻处罚救济的，按万分之一，有百件，按千分之一，就有千件，按百分之一则有万件。从我国《刑法》法定刑配置的特点看，每年在法定刑范围内判罚仍显过重需要救济的案件估计数以千计，都要层层报最高人民法院核准，最高人民法院未必有足够的人手审核。权限上收太高、程序繁琐，反过来制约着适用实体标准的掌握。所以，笔者认为现行《刑法》施行十余年里，通过酌情减轻救济的案件屈指可数，权限上收太高、渠道不畅是主因。在目前体制下，酌情减轻处罚不可能成为量刑常用的救济措施，只是法外施恩，近似于司法特赦。只有适当下放核准权限，才能改变现状。

将酌情减轻处罚权授予各省高级人民法院审判委员会行使是可行的，不会导致该项权力的滥用。修订前的《刑法》规定各级法院审判委员会有酌情减轻处罚权，授权的范围比较宽，加之控制不力，以致出现了随意适用的流弊。1997年修订刑法时将酌情减轻处罚权收归最高人民法院，几乎封住了这个渠道，未免矫枉过正。在1997年《刑法》施行十余年后，量刑公正日益受到重视。尤其是近些年量刑规范化试点试行，形成了规范的量刑程序、积累了丰富的量刑经验，为放宽酌情减轻处罚权提供了可靠的保障。在这种背景下，高级人民法院审委会完全有能力合理行使这项权力。这样，不仅在《刑法》中保留了酌情减轻处罚的救济渠道，而且使其能保持通畅，实际发挥救济作用。

放宽酌情减轻处罚与既有的量刑规范和司法经验不冲突。因为案件的特殊情况，主要是既有的法律规定、司法解释、司法经验未曾考虑到的情况。

---

[1] 仇晓敏："法定刑以下判处刑罚的几个问题"，载《人民司法》2009年第21期。
[2] 张永红、孙涛："酌定减轻处罚当议"，载《国家检察官学院学报》2007年第5期。
[3] 张永红、孙涛："酌定减轻处罚当议"，载《国家检察官学院学报》2007年第5期。

有关国家和地区，普遍将酌情减轻处罚作为一般性的制度，授权法官酌情适用，说明酌情减轻存在的合理性，值得参考。如《日本刑法典》第 66 条："有值得酌量的犯罪情节时，可以减轻刑罚。"《韩国刑法典》第 53 条（酌量减轻）："具有可宽恕的犯罪情节的，可以酌量减轻处罚。"《瑞士联邦刑法典》（1996 年修订）第 66 条（依自由裁量从轻处罚）："（一）法律规定依自由裁量从轻处罚的，法官可不受对重罪或轻罪规定的刑种和刑度的约束；（二）但法官受一刑种法定最低刑度的约束。"《意大利刑法典》第 62 条-2："除第 62 条规定的情节外，法官还可以考虑其他一些情节，只要他认为这样的情节可以成为减轻刑罚的合理根据。"《俄罗斯联邦刑法典》第 61 条："处刑还可以考虑本条第 1 款没有规定的减轻刑罚的情节。"

我国台湾地区"刑法"第 59 条（酌量减轻）："犯罪之情状显可悯恕，认科以最低度刑仍嫌过重者，得酌量减轻其刑。"我国澳门地区《刑法典》第 66 条（刑罚之特别减轻）："除法律明文规定须特别减轻刑罚之情况外，如在犯罪之前或之后或在犯罪时存在明显减轻事实之不法性或行为人之罪过之情节，或明显减少刑罚之必要性之情节，法院亦须特别减轻刑罚。"

可见，虽然不能断言没有哪部刑法典没有授予法官酌情减轻处罚权的，但是可以说它是一个极其普遍的制度。这普遍性制度的背后包含两个基本的准则。其一，法有限而情无限，必须赋予法官适度的自由裁量权。"授予法官以自由裁量权，是使法律具体情况具体适用的最普遍方式之一，从而使法律更具灵活性和适应性。没有自由裁量权，法律会经常受到诸如严厉、无情、不公正等批评。"[1]其二，犯罪人只应受到与其罪责相称的处罚，不能因为法律考虑不周全而承担过重的惩罚。这种案件特殊的情况，可能只占刑事案件的千分之一、万分之一，但是对犯罪人而言则是百分之百的，对于中国这样人口众多的大国而言，其数量也是相当可观的，应当有一个较为畅通的救济渠道。

---

〔1〕 ［英］戴维·M. 沃克：《牛津法律大辞典》，光明出版社 1988 年版，第 262 页。

论绑架罪的法定刑对绑架罪认定的制约[1]

关于绑架罪，在理论和实践上存在着一些重大的分歧和模糊的认识，这不能不引起重视。因为绑架罪是一种较为常见的被法律规定了极其严厉处罚的犯罪，对其构成要件的不同理解和掌握，可能导致司法适用上的不平衡，使同样的行为受到罪与非罪或者畸轻畸重的对待。[2]对绑架案件的处理，可能因为"一念之差"导致极为悬殊的结果，以致司法人员在处理有关绑架案件时每每有如履薄冰之感。[3]理论上的认识不一和司法人员面临的这类艰难的选择，以及行为人同样行为面临着相差悬殊的处理结果，都使我们不能不重视对绑架罪构成要件作合理统一的解释。

一、对绑架罪要件的解释应当与法定刑相称

在绑架罪要件的把握上，最令人困惑的并不是存在着分歧，而是人们解决这种分歧的依据不一致。按理，应当依据现有的立法模式解释。但是，有

---

〔1〕 载《法学研究》2002年第2期。

〔2〕 例如，关于绑架罪是否以使第三人为人质安危担忧为要件，涉及此罪与彼罪的界限，同样的行为如果认定为绑架罪，则法定最低刑为10年有期徒刑，且以扣住人质为既遂；如果认定为抢劫罪，法定最低刑为3年有期徒刑，且以抢取财物为既遂；如按非法拘禁定罪，则通常法定最高刑为3年有期徒刑，处罚竟有天壤之别。另外，关于绑架罪是否包括欺骗行为的分歧、成立中止时间的分歧、刑事责任年龄分歧亦涉及被告人重大的利益。

〔3〕 这方面的实例如，甲某借乙某嫖娼之际，邀约数人将乙某绑架，开始索要5万元，经讨价还价，乙某同意给1万元，并通过电话让其侄儿交钱。然后又将乙某随身携带的200余元和手机抢取。但甲某等人在尚未派人去约定地点取钱的情形下就被查暂住证的巡警撞上抓获。在此案中，甲某等人没有使第三人为人质安危担忧的情节，如果认为构成绑架必须具备使第三人为人质安危担忧的要件，甲某的行为不构成绑架罪，只能以抢劫罪一罪论处，并且其索要的1万元不能算做既遂的金额，按普通抢劫通常在3年以上10年以下的幅度内处罚。如果认为绑架罪不以使第三人为人质安危担忧为要件，那么甲某的行为不仅构成绑架罪而且构成抢劫罪，数罪并罚，即对抢劫罪在3年以上10年以下处罚，对绑架罪在10年以上处罚。认识上的一念之差就让行为人多出一个应当处10年以上刑罚的犯罪。再如，甲某因为雇主拖欠其2000元工资，屡次讨要不果，便将乙某之子绑架，要乙某加倍支付工资4000元。如果按照非法拘禁罪处罚，仅在3年以下处刑；如果按绑架罪处罚，得在10年以上处刑；如果数罪并罚将会更重。

的同志按照自己的认识难以得出合理的处理结果时，不是尽量寻求立法的"本意"反思自己的结论，而是批评立法有"疏漏"之处，进而提出修改立法的建议。[1]如果一方是在现有立法的框架内解释法律，而另一方是要打破现有的立法框架，要求制定出"合理"的法律，二者基本立场的分歧将导致二者之间难以达成共识。

统一合理地把握绑架罪的构成要件，首先必须立足于现有的立法模式。依据现有的立法是解释法律的基本规则，这表现为，首先应当设定任何立法的表达形式和内容都是立法者有意作出的，没有相反的根据，不能认为立法者发生了疏漏和错误。对立法不是不能批评，但是不能简单推测其表达形式和内容不符合立法者意志。也就是说，法律规定具有有效性并且符合立法者真实意图是解释法律的基点。在法律尚未修改之前，至少应当在现行立法框架内作出解释、达成共识。对绑架罪构成要件作出宽泛的扩张性的解释导致了罚不当罪的尴尬局面，批评绑架罪立法（第239条）法定刑起点过高（在10年以上）又是导致尴尬局面的根源。用这样的方式来解释现行有效的法律，难免有"削足（法定刑）适履（构成要件的解释）"之嫌，背离了现行立法的框架。

立足于现有的立法模式来解释绑架罪的构成要件，尤其要重视法定刑的制约。绑架罪的法定刑与罪状共同构成了关于绑架罪的现行立法模式，不能脱离法定刑孤立地解释罪状。因为法定刑明确地表达了立法者对某种罪行的评价，这种规定的明确性是无可争议的；在立法者改变对绑架的评价、修改刑法之前，是必须执行该规定的。但是，人们解释绑架罪的构成要件时，往

---

〔1〕 参见肖俊德、樊洪："略论绑架罪的几个问题"，载《中州学刊》2000 年第 6 期。"法定最低刑 10 年有期徒刑的规定未考虑绑架罪和其他犯罪一样也存在着犯罪情节较轻这一客观情况……例如实行行为后，未达目的前将被绑架人释放……和非法拘禁极为相似……处 10 年以上有期徒刑显然畸重。又如有些'文绑'或勒索数额只有几百上千元等一律处 10 年以上有期徒刑同样量刑过重。"因而主张完善绑架罪的法定刑。胡捷："绑架罪刑罚梯度有待完善"，载《检察日报》2001 年 1 月 15 日，第 3 版。案例一：张某因急用钱向其堂兄借 2000 元未果，遂将堂兄 3 岁儿子（张某与小孩熟悉）抱到女友处，暂由女友照看。然后用匿名信要堂兄交 3000 元交换小孩，否则将对小孩不利。当其女友按张某所说交人取钱时被抓获。案例二：李某等三人经密谋后持刀威胁将正在出售假证件的王某劫持到某招待所开房关押，要王某打电话给家人筹款 1000 元赎人，否则将对王某进行人身伤害。三小时后，当李某去向受害人王某之妻收取赎金时被抓获归案。该文的作者认为"对他们判处 10 年或 10 年以上有期徒刑确实有悖于罪刑相适应原则。鉴于上述司法实践中遇到的处理绑架罪之尴尬，笔者建议修改《刑法》第 239 条"，以完善绑架罪刑罚梯度。

往忽视法定刑。因为《刑法》第239条对绑架罪罪状描述得比较简单，人们对描述罪状的术语如"绑架他人""以勒索财物为目的""劫持人质"也比较熟悉，很容易就形成了一种惯常的理解和适用模式。当这种惯常的理解适用模式应用于实践遭遇到罚不当罪的尴尬局面时，以致首先怀疑的不是自己对罪状的理解，而是质疑立法规定的法定刑有问题。这种思维方式说明在绑架罪的解释方面，过于相信对绑架罪构成要件的惯常理解而严重忽略法定刑对构成要件解释的制约。

本文的一个基本思路是，既然我国《刑法》第239条对绑架罪规定了异常严厉的法定刑，那么在对绑架罪构成要件的解释上就应当予以考虑，作出与处罚相称的解释。解释法律的终极目的在于使案件得到公平合理的处理，而不在于使犯罪的要件符合我们的理解，也不在于使它以什么样的罪名受到处理。如果从法律原则上讲，就是使罪行受到的处罚符合罪刑相适应的原则。

我国《刑法》中对绑架罪规定的是最为严厉的法定刑。[1]其不同寻常的严厉性表现为法定最低刑为10年以上有期徒刑，结果加重犯和结合犯唯一的法定刑为死刑。在普通刑事犯罪中只对劫持航空器罪规定了同样严厉的法定刑。从法定最低刑看，处罚的严厉性相当于加重的抢劫罪、强奸罪以及放火罪、投毒罪、爆炸罪的结果加重犯。从法定最高刑看，重于故意杀人罪、加重的抢劫罪、强奸罪以及放火罪、投毒罪、爆炸罪的结果加重犯。如果与外国刑法中绑架罪的处罚相比较，同样可以显示出其严厉性。最明显的是我国《刑法》对绑架罪规定的法定最低刑为10年以上有期徒刑，而在外国刑法中，绑架罪的法定最低刑通常为3年以上有期徒刑或者更低。[2]此外，与绑架罪相关犯罪的法定刑相比较，如与非法拘禁罪、拐骗儿童罪、拐卖妇女儿童罪、抢劫罪的处罚进行比较，法定刑轻重的差别极为悬殊，这也明显反映出我国

---

〔1〕 在我国刑法中虽有背叛国家罪、武装叛乱罪、暴乱罪的法定最低刑略重于绑架罪和劫持航空器罪的法定最低刑，但是毕竟不是普通刑事犯罪，实际适用的机会很少。

〔2〕 关于绑架罪的法定最低刑，按《德国刑法典》第239条、《日本刑法典》第224条规定，为3年自由刑；《韩国刑法典》第336条规定按抢劫罪处罚（3年自由刑）；《瑞士刑法典》第185条规定处重惩役（1至20年）是1年重惩役；《俄罗斯刑法典》第126条规定是4年剥夺自由刑；《加拿大刑法典》第279条仅规定最高可处无期徒刑，根据第717条规定没有最低刑罚的限制。

《刑法》对绑架罪规定的刑罚特别严厉。[1]

鉴于我国《刑法》中对绑架罪规定了极为严厉的法定刑，意味着必须严格解释绑架罪的犯罪构成要件，以体现罪刑相适应的原则。[2]因为绑架罪法定刑极其严厉，在解释上理所当然地认为我国的立法者把绑架罪评价为一种极为严重的罪行。如果尊重和重视立法者的评价，就应当严格解释绑架罪的构成要件，力求把绑架罪限定在与立法者评价相称的范围内。这一倾向在立法和司法实践中已经有所反映。《刑法》第 238 条规定为了索债而扣押、拘禁他人的，以非法拘禁罪论处。对此，一般理解为行为人没有非法占有财物的目的，所以不成立绑架罪。这种理解恐怕过于形式化。其深层的原因恐怕还是索取的财物数额有限度（往往以债务为限），行为人与被害人相识且行为人往往需要告知被害人亲属绑架是谁所为，由于绑架者的身份是公开暴露的，所以通常不敢过分加害人质。这样的特性使其危害性显然与典型的绑架犯罪对人身、财产所带来的危害不相当，所以不认为是绑架罪。对这里所称的

---

〔1〕 在我国《刑法》中，非法拘禁罪法定最高刑一般情形下为 3 年以下有期徒刑，非法拘禁罪与绑架虽然同为侵犯人身权利的犯罪，但是法定刑轻重极为悬殊。在外国刑法中，二者在法定刑轻重方面没有如此大的悬殊，如《德国刑法典》规定非法剥夺他人自由，处 5 年以下自由刑或者罚金；《俄罗斯刑法典》规定绑架以外的非法剥夺自由行为，一般处 3 年以下限制自由，或者处 3 个月以上 6 个月以下拘役，或者处 2 年以下剥夺自由，有加重情节（不含结果加重犯）之一的，处 3 年以上 5 年以下剥夺自由；《瑞士刑法典》规定，非法拘禁他人处 5 年以下重惩役或者监禁刑，意图勒索赎金的，处监禁刑（3 天至 3 年）；《日本刑法典》规定逮捕或非法拘禁他人处 3 个月以上 5 年以下惩役。在我国《刑法》中，拐骗儿童罪处 5 年以下有期徒刑，与绑架罪的法定刑轻重也是极为悬殊的。在外国刑法中，如《德国刑法典》规定，诱拐儿童处 5 年以下自由刑或者罚金，情节特别严重的（一般指牟利为目的）处 6 个月以上 10 年以下自由刑；《日本刑法典》规定，掠诱或者和诱未成年人处 3 个月以上 5 年以下惩役，以牟利为目的的，处 1 年以上 10 年以下惩役；《瑞士刑法典》规定拐骗儿童与非法拘禁处罚相同。我国《刑法》中对抢劫罪的法定刑一般为 3 年以上 10 年以下有期徒刑，与绑架罪的法定刑轻重比较也是极为悬殊的。而在外国刑法中，如《德国刑法典》规定普通抢劫罪处 1 年以上自由刑，情节较轻的处 6 个月以上 5 年以下自由刑；《日本刑法典》规定普通强盗罪处 5 年以上惩役；《瑞士刑法典》规定普通抢劫罪处 10 年以下重惩役或 6 个月以上监禁刑；《韩国刑法典》规定诱拐强盗（相当于绑架罪）按强盗处 3 年以上有期徒刑。从以上比较中可以看出，外国刑法中对绑架罪虽然一般都规定了比非法拘禁罪、拐骗（拐卖）儿童罪、抢劫罪较重的法定刑，但其轻重差距没有我国规定的那样大，有的国家把绑架作为非法拘禁或者拐骗儿童、拐卖儿童的加重类型（日本），有的国家对绑架与抢劫法定刑相同（韩国）。

〔2〕 参见王宗光："论绑架罪的认定"，载《法律适用》2000 年第 5 期。该文作者也认识到了这个问题，指出认定绑架罪的基本准则之一是罪刑均衡原则，"在认定绑架罪时，必须考虑到绑架罪是重罪……如系绑架还是非法拘禁或敲诈勒索难以决定时，也要凭借社会一般观念，掂量一下行为人应受刑罚处罚的轻重，以此逆推行为性质的轻重。在此情况下，罪刑均衡原则其实在无形中决定着认定绑架罪是此罪与彼罪的界限"。不过，这一原则在其对绑架罪构成要件的解释上并未得到贯彻。

"债务"，当初一般理解为合法债务，[1]不包含非法债务或者"恶债"。但是最高人民法院却在后来作出扩张解释，对于为了索取不受法律保护的赌债、高利贷的，也仅以非法拘禁罪论处。这种不合"常理"的司法解释，无非是从处罚的合理性考虑，通过扩大非法拘禁罪的范围以缩小绑架罪的范围。在实务上，司法人员对有关绑架案件，有的认为处10年以上有期徒刑显失公平。[2]也有的干脆避开绑架罪条款的适用，认定为非法拘禁罪、敲诈勒索罪或者抢劫罪。[3]

《刑法》第239条规定，绑架罪是指"以勒索财物为目的绑架他人"，或者"绑架他人作为人质"。从宏观上讲，能够与我国刑法规定的严峻刑罚相称的绑架罪只有两种类型：其一是绑架勒赎，即俗称的"绑票"行为，是指以勒索巨额赎金为目的，绑架他人作为人质，使第三人为人质的安危担忧而迫使其交付财物的行为；其二是有关国际公约中规定的"劫持人质"及与其严重性相当的行为，即绑架他人作为人质，使第三人（包括任何个人、组织、政府）为人质的安危担忧而被迫满足其重大不法要求的行为。从立法的过程中可以清晰地看出这两种立法类型。原1979年制定的刑法典中没有规定绑架罪，故在1991年《关于严厉惩治拐卖妇女儿童犯罪的决定》中补充规定绑架勒索罪，即属于修订后《刑法》中所规定的"以勒索财物为目的绑架他人"的行为。在修订《刑法》时有人提出绑架勒索仅能包括绑架人质勒索财物的情况，不能包括绑架人质勒索财物以外的不法要求的情况，尤其是不能包括国际公约中劫持人质的罪行，范围过于狭窄。所以在修订后的《刑法》中增加了其他绑架人质的类型。[4]从国外的有关立法也可大体看出这两种绑架类型，例如，《俄罗斯刑法典》中分别规定有绑架罪和劫持人质罪；《德国刑法典》的第239条a项规定掠人勒赎罪，第239条b项规定绑架他人作为人质；《法国刑法典》第224-4条规定绑架人质罪。

---

〔1〕 参见李淳、王上新：《中国刑法修订的背景与使用》，法律出版社1998年版，第307页。"这里所说的'为索取债务非法扣押、拘禁他人'，是指为了逼迫他人履行合法债务。"

〔2〕 胡捷："绑架罪刑罚梯度有待完善"，载《检察日报》2001年1月15日，第3版。

〔3〕 参见戴常林、尧宇华："论我国刑法中的绑架罪"，载《江西社会科学》1999年第5期。对于有些绑架行为，如尚未开始勒索财物或者中途释放被绑架人的，"和一般的非法拘禁犯罪极为相似……而对上述行为处10年以上有期徒刑显然畸重。为达到量刑上的合理，有的法院便以敲诈勒索罪或者非法拘禁罪定罪处刑，但这显然有违罪刑法定原则和罪刑相适应原则"。

〔4〕 参见李淳、王上新：《中国刑法修订的背景与使用》，法律出版社1998年版，第308页。"增加关于'绑架他人作为人质'的规定。这是考虑《反对劫持人质国际公约》和我国同劫持人质犯罪做斗争的实际需要增加的。"

二、绑架罪的勒索内容和程度

概括地说，绑架罪的主观方面是意图勒索某种不法要求。具体地说，可以分为两类：一是勒索财物；二是勒索财物以外的不法要求。我国《刑法》分开表述，显然是因为"以勒索财物为目的"是日常生活中常见的绑架类型，须予以突出，而以绑架他人"作为人质"，作为补充。关于绑架罪的主观意图是勒索某种不法要求，大概是没有什么争议的。问题是能否在意图勒索的内容和程度上有所限制。

为了与绑架罪的处罚相称，在意图勒索的内容和程度上应当有所限制。也就是说，将勒索的不法要求适当限制在"重大"的范围内，即以勒索"巨额"赎金或者迫使满足其他"重大"不法要求为目的。所谓数额巨大的赎金，按照我国对侵犯财产罪如盗窃罪、抢劫罪、诈骗罪等的数额巨大的习惯掌握，至少应当在1万元以上。所谓迫使满足其他重大的不法要求，一般理解为迫使第三人作出某种重大作为或不行为，如交换人犯、在政策上作出重大让步，等等。从立法的过程看，我国《刑法》规定"劫持人质"的绑架类型主要是考虑有关国际公约的规定，因此其不法要求的掌握应当与公约的规定相当。如果意图索取的赎金不够巨大，迫使满足的其他不法要求不够重大，显然与立法者的评价不相称，不构成绑架罪。

立法对绑架罪的严厉处罚，显然是针对社会生活中发生的特定的绑架犯罪类型的。这种特定绑架犯罪往往是以勒索巨额赎金或者迫使满足重大不法要求为目的。因为勒索的赎金或者其他不法要求很高，难以满足，使被勒索人处在两难的选择之中：要么蒙受巨大损失、作出重大的让步；要么使人质遭受巨大的痛苦甚至牺牲。这种情形是典型的绑架犯罪类型，也是绑架成为凶恶的、难以应付的犯罪的根本原因。这种类型的绑架使用手段的极端性和迫使满足不法要求的重大性往往是密切关联的。因为迫使满足的不法要求重大，所以需要采取绑架人质、加害人质的方式相逼迫；因为不法要求难以满足，所以才使人质蒙受巨大的危险、使被勒索人承担巨大的压力。如果罪犯绑架人质仅仅是索要少量财物或者其他微不足道的不法要求，那么局面完全改观。对被勒索人而言，因为很容易满足其不法要求，就不可称其为棘手的问题；对被绑架人而言，人身安全所蒙受的风险就大大降低。这样的"绑架"也就不可称其为一种难以应付的凶恶的犯罪了。很难想象立法者对于绑架人质索要几千元钱或者迫使满足其他微不足道条件的犯罪行为，规定最低处10

年以上有期徒刑的刑罚。合理的解释是，在我国《刑法》中被科以重刑的绑架罪应当是那种勒索巨额赎金或者迫使满足其他重大不法要求的绑架类型。在现实生活中，确有一些人因为一时冲动或者因为存在纠纷或者抓住被害人的某些弱点，绑架人质，索要少量钱财或者迫使满足其他条件。例如，因为被害人拖欠工资、债务，而索要少量超出工资、债务范围的钱财的；或者由于冲动、无知、愚昧而扣留人质索取少量钱财的；或者扣住岳母要求媳妇回家的，等等。这种情形的绑架，显然不具有与法律的严厉评价相当的不法程度，其实与非法拘禁、敲诈勒索、寻衅滋事的不法程度差别不大，完全可以按照非法拘禁罪或者敲诈勒索罪论处。

作出这样的理解，也有利于保持相关或者相近犯罪之间处罚的平衡。如对绑架处 10 年以上有期徒刑、无期徒刑，相当于抢劫数额巨大的法定刑，因此，对其数额标准按抢劫罪加重的数额掌握，比较合理。即使按照这个数额掌握，其实对绑架罪的处罚仍然比抢劫罪重。因为绑架罪通常扣留人质，即使没有实际索取财物也构成既遂，而抢劫的既遂通常需要实际抢取财物。

脱离我国《刑法》对绑架罪处罚的特定模式，仅仅从法律形式上分析绑架罪的构成要件是不够的。从法律形式上看，绑架罪不过是非法拘禁罪和敲诈勒索罪的合成。[1]可是《刑法》对非法拘禁罪仅仅规定 3 年以下有期徒刑，对敲诈勒索罪规定的法定刑与盗窃罪、诈骗罪基本相同，也很普通。为什么非法拘禁和敲诈勒索结合到一起使其不法程度猛然上升以至于值得立法者对其规定严峻的刑罚呢？显而易见，在立法者心目中考虑的并不是两种犯罪或者两种行为的简单相加，而是存在于社会生活中的某种犯罪类型。这种犯罪类型就是采取绑架人质的方式以加害人质相威胁或者以释放人质为交换条件，向第三人勒索巨额赎金或者迫使满足其他重大不法要求的行为。这是促使立法者对绑架罪规定严峻刑罚的动因，也是制约绑架罪解释和适用的根据。"不管在什么时候，对一个词的各种意思进行选择，都应当选择与情理和正义相符合的含义。"[2]

---

〔1〕 正因为如此，日本的刑法将其作为诱拐的加重类型，学者也有认为绑架是非法拘禁和强要罪的结合犯。

〔2〕 [英] 丹宁勋爵：《法律的训诫》，杨百揆、刘庸安、丁健译，法律出版社 1999 年版，第 26 页。

三、侵犯第三人的自决权

对于绑架罪意图勒索的对象应当限定于第三人，在我国理论上属于通说。[1]行为人通过绑架人质的方式，使第三人为人质的安危担忧从而向第三人勒索巨额赎金或者迫使其满足行为人的其他重大不法要求。这种情形的绑架行为，不仅侵害了人质的自由，而且侵犯了第三人的自决权，扩大了犯罪行为波及的范围。这是典型的绑架类型，自然也是立法者规定绑架罪刑事责任轻重的主要根据。作出这种限制的实质效果，就是将意图直接向被绑架人本人索取财物的"绑架"行为排除在绑架罪的范围之外。绑架罪以意图向第三人勒索为要件的问题，在理论上虽然是通说，但在司法实践中往往贯彻得不够坚决、彻底。这表现在对行为人仅仅向被绑架人勒索财物甚至是特别巨大财物的场合，究竟该定抢劫罪还是绑架罪存在着含混的认识，[2]对是否需要利用第三人对人质安危的担忧进行勒索，也有不同的认识。在处理具体案件时，审理人员也表现出犹豫不决的态度。

从法律规定的"以勒索财物为目的"来看，虽然不能得出必须向第三人勒索的结论，但是从法律规定的"绑架他人作为人质"的表述看，显然应当理解为需要向第三人勒索。因为既然是"人质"，显然是对第三人而言的，不是对被绑架人而言的。在外国的刑法中，有的规定罪名是掠人（掳人）勒赎、诱拐勒赎，就包含使被掳掠、诱拐人的亲属为人质安危感到担忧的内容；有

---

[1] 参见张明楷："论绑架勒赎罪"，载《法商研究》1996 年第 1 期。该文主张《关于严惩拐卖、绑架妇女儿童的犯罪分子的决定》中规定的"绑架勒索罪"应当称为"绑架勒赎罪"，就意在把该决定规定的犯罪限定在向第三人勒索的范围内，排除向人质本人勒索的情况。高铭暄、马克昌：《刑法学》，中国法制出版社 1999 年版，第 838 页。该书提出："绑架罪……（1）为勒索财物而绑架他人……要求其亲属或其他利害关系人交付一定数额的财物……（2）绑架他人作为人质……向其亲属或其他有关人员提出其不法要求。"李淳、王上新主编的《中国刑法修订的背景与使用》也作出了相同的解释。周道鸾、张军：《刑法罪名精释》，人民法院出版社 1998 年版，第 469 页。该书提出："'以勒索财物为目的绑架他人'……勒令与人质有关的亲友……'以钱赎人'。"何秉松：《刑法教科书》，中国法制出版社 2000 年版，第 872 页。该书提出："绑架罪的犯罪对象包括被绑架人质和人质的亲属及相关人等，表现为双重或多重被害人。"也间接表达了存在被害第三人的观点。

[2] 参见刘家琛主编：《新刑法新问题新罪名通释》，人民法院出版社 1998 年版，第 659 页。该书提出："所谓以勒索财物为目的，是指行为人绑架被害人的目的在于以加害被害人相威胁迫使被害人近亲属交给其财物。"但是在紧接着论及绑架罪与抢劫罪区别时，该书又指出，"绑架罪的行为人主观方面故意的内容仅限于将他人置于自己的控制之下，至于实施这一犯罪的目的如何，对本罪的成立没有影响"，这又使绑架罪与抢劫罪、非法拘禁罪在目的上的区别变得模糊起来。

的在法律条文中直接明确规定绑架罪有向第三人勒索的内容。

从社会危害性看，是否向第三人勒索，危害性差别较大。绑架他人之后是仅仅直接向被害人勒索财物还是以被害人作为人质向第三人勒索财物，表面上看，仅仅是索取财物的对象不同，但其实质涉及是否侵犯第三人的自决权的问题。这种第三人，不仅包括人质的亲友，而且还包括单位、组织和政府。当罪犯以虐待人质甚至杀害、伤害人质的方式向第三人勒索时，对第三人的影响是巨大的。第三人必须在满足犯罪人的非法要求与解救人质之间作出艰难的选择，这不仅是救人还是破财的两难选择，而且涉及更为深远的道德、法律问题。菲律宾绑匪的所作所为，对菲律宾社会政治、经济产生的恶劣影响就是其极端的例证。而行为人在绑架他人之后，仅仅向被绑架人索取财产，没有侵犯到第三人的自决权，其危害影响的范围受到了限制。此外，从犯罪的实际情况看，行为人在绑架他人之后仅仅想以不惊动第三人的方式索取财产，其索取财产的方式、数量将受到很多的限制。只能以被绑架人能够控制、支配的财产为限。被绑架人的命运也基本掌握在自己的手中，因为，绑架者只是与被绑架者之间进行谈判、较量，由此被绑架者决定是否让步、满足绑架者的条件，其危害性更接近于抢劫罪。因此，以抢劫论处本无不妥。如果我国《刑法》对绑架罪与抢劫罪的法定刑规定的差距不大，其实认定为绑架罪还是抢劫罪均无实质的差别。但是，鉴于我国《刑法》对绑架罪规定了明显重于抢劫罪的法定刑，尤其是规定了很重的法定最低刑，为了使这类不侵害第三人的绑架行为与抢劫罪在处理上保持平衡，将其认定为抢劫罪较为合理。

对第三人勒索的意图中还应当包括利用第三人"对人质的安危担忧"内容。因为只有意在使第三人为人质安危担忧来勒索财物与迫使满足其不法要求的场合，才会侵犯到第三人的自决权。在司法实践中有时会遇到这样的情况：行为人绑架他人之后，没有使第三人为人质安危担忧而勒索财物的意思，只是向被绑架人勒索财物。被绑架人被迫答应给予财物，并指令第三人交付财物，但是并未告知被绑架的事实或处境。第三人只是遵照被绑架人指令交付财物。对于这种情形，能否认为具备向第三人勒索的要件？在这种场合下，第三人既然不知道发生绑架的事实，也就不存在为人质的安危担忧的问题。第三人的自决权并未受到可能的或者实际的侵犯，不能认为具备向第三人勒索的要件。如果行为人绑架人质之后，不直接向第三人勒索，而是通过被绑架人告之遭到绑架的处境，使第三人为被绑架人的安危担忧而交付财物的，应当认为具备向第三人勒索的要件。

四、绑架人质的方式

绑架罪的方式一般被认为是使用暴力、胁迫以及其他剥夺自由的手段。关于其他剥夺自由手段的解释，一般认为包括麻醉、偷盗、拐骗婴幼儿等手段。其中争议较大的是使用欺骗手段的，是否属于绑架的其他手段之一。

有的学者主张绑架罪的行为方式仅限于暴力，并且把绑架行为视为一个持续的过程，只要行为人在这个过程中使用了暴力手段侵犯了被害人的人身自由，就足以认定具有绑架的暴力。[1]这种使人不能反抗、不敢反抗或者不知反抗的有形力量，包含通常所说的胁迫、麻醉的方法。应当赞同这种对绑架方式的狭义的严格的解释。在这个意义上讲，使用欺骗的手段不能构成绑架罪。但是在实际生活中，有使用欺骗的方法引诱未成年人玩耍，借机敲诈未成年人父母的情况，也有借邀约成年人玩麻将、外出旅游之机，向有关人员勒索财物的情况。对于这种具体的事例是否应当认定为绑架罪存在着争议。我认为问题的关键在于对"欺骗"如何理解。如果行为人仅仅使用下述严格意义上的欺骗手段，即：（1）行为人只有使用欺骗方法而没有使用暴力方法的意图；[2]（2）不违背被害人自由行动的意愿；（3）没有实际使用暴力方法，不能构成绑架罪。因为绑架罪的基本内容之一是侵犯人身自由，而这种欺骗方式，不足以侵犯人身自由。行为人只有勒索的故意和行为，没有侵犯人身自由的故意和行为，不能成立绑架罪。有的著作指出绑架的"其他方法还包括欺骗方法"，但对欺骗手段有不同的理解，"例如，甲、乙合谋向丙勒索财物，以谈生意为名，将丙骗至甲临时租住的房屋，就势将其扣押，也是绑架"。[3]这种情况实际上属于似欺骗而非欺骗的方法。行为人使用欺骗手段

---

〔1〕 参见张明楷："论绑架勒赎罪"，载《法商研究》1996年第1期。

〔2〕 参见方文军："论绑架罪"，载《检察时空》2000年第3期。该文实际认为使用欺诈的手段不构成绑架罪，但是对于这种情形，"行为人在绑架人质的意图支配下采取的欺骗手段具有向强制性手段发展的危险，这种危险意味着，当欺骗手段不再有效时，行为人会采取暴力、威胁的手段来控制人质"，认为构成绑架罪。这其实是意图使用暴力手段但未实际使用暴力手段的情况。而使用暴力的手段应当包括意图使用暴力手段的情形。

〔3〕 高铭暄、马克昌：《刑法学》，中国法制出版社1999年版，第837~838页。

将他人诱离或者诱至某一地点，而后将其"扣押"或"关押"。[1]这种"扣押"或"关押"已经超出了欺骗方法的范围，应当归入暴力方法的范围。因为若能扣押或关押住他人，通常是需要借助暴力的。是"扣押"或"关押"方法才使行为应当被认定为绑架，而不是前面的引诱行为。换言之，扣押或关押行为才是绑架的实行行为，而诱骗被害人赴扣押、关押的地点，恐怕只能算是绑架的预备行为。行为人在暴力绑架犯罪过程中使用了某种欺骗手段，并不能决定欺骗可以成为绑架的实行行为。就如同把被害人引诱到某一地点对其抢劫可以构成抢劫罪，但不能据此认为抢劫罪的手段包括欺骗一样。

需要说明的是对"不违背被害人行动的意愿"应当如何理解。这里所说的"不违背被害人行动的意愿"是指不违背被害人通过行动、语言等表示出来的意愿。只要是被害人表面上是同意的，就认为不违背其意愿。比如说被害人不知自己落入圈套、家人遭到勒索的真相，玩得兴起，乐不思蜀，应当认为不违背他的行动意愿、人身自由没有遭到侵犯。关于这一点，有人主张采取"无限定说"，认为"即使被害人没有认识到自己被剥夺人身自由的事实，也构成对他人人身自由的剥夺"。[2]这种主张是不能得到赞同的。因为人身自由是人们按照自己意愿行动的自由，而不是认识、意志的自由。欺骗手段造成被害人产生错误的认识、意志，仅仅侵犯他人的意志自由，没有侵害人身自由。至于被害人基于误解作出了不符合其本意但符合其错误意志的行动，仍然属于他的意志行动，不能认为其人身自由遭到侵犯。这也正是欺诈和暴力对自由侵害存在根本差别的地方。

即使对未成年人和有精神障碍的人使用欺骗的手段也未必都能构成绑架罪。关键在于这种欺骗手段是否超出了未成年人处理事务能力的范围、达到了足以侵犯人身自由的程度。对于婴幼儿而言，因为缺乏基本的辨认、控制能力，行为人使用欺骗的手段使其脱离家庭、监护人，足以认为具有绑架的性质。这与偷盗婴幼儿的行为性质相同。少年、儿童因为年龄大小的不同，一般具有不同程度的归家意志和表达归家意志的能力，如果行为人使用欺骗方法滞留少年、儿童，但没有实施超出少年、儿童处理事务能力的诱骗行为

---

〔1〕 参见肖中华："关于绑架罪的几点思考"，载《法学家》2000年第2期。"从实践来看，有的犯罪分子使用欺骗方法将他人骗到一定场所后将其关押起来，然后向其近亲属等人员勒索财物，这种行为无疑应定为绑架罪。但行为方法不属于暴力、胁迫或麻醉三者之任何一种。"

〔2〕 方文军："论绑架罪"，载《检察时空》2000年第3期。

或者足以违背少年、儿童行动自由的行为，按照具体的被害人认识、处理事务的能力判断，尚未达到足以使其不能反抗程度的，应当认为行为尚未达到侵犯少年、儿童人身自由的程度，不具有绑架的性质。例如，利用少年、儿童贪玩心理引诱其打电子游戏、玩扑克牌、吃饭、看电影等，其间乘机向少年、儿童亲友声称绑架了该少年、儿童而勒索财物的。如果行为人实施了超出少年、儿童处理事务能力的诱骗行为或者实施了足以违背少年、儿童行动自由的行为，按照具体的被害人认识、处理事务的能力判断，达到足以使其不能反抗程度的，则应视为侵犯到少年、儿童人身自由，应当认为具有绑架的性质。如诱骗少年、儿童外出旅游并阻断其与家人通信联系的；引诱少年、儿童打电子游戏、玩扑克牌，当被害人表示想要回家的时候，行为人施加威胁、恐吓行为继续滞留少年、儿童的，或者将少年、儿童置于无法回家的境地的，或者以父母不在家、找不到家为由，不让少年、儿童回家或者不送其回家的，等等。行为人因为使用这类方式构成绑架罪的，将其行为属性归为欺骗的手段还是暴力的手段，恐怕是一个概念之争的问题。如果行为人实施的诱骗行为超出少年、儿童处理事务能力，但没有意图或者没有实际使用暴力的，可以称之为欺骗行为，类似于偷盗婴幼儿的行为。如果行为人仅凭诱骗行为难以滞留被害人进而实施了足以违背少年、儿童行动自由的行为，应当称之为暴力行为。

在有的国家的刑法中，把绑架罪限定在更为狭小特定的犯罪类型上，强调绑架使被害人"脱离自然的社会小环境，将他从其常住地或临时居住地转移并随后违背其意志拘禁在另一地点"，并据此与非法拘禁罪和劫持人质罪相区别。[1]由于强调绑架必须具有使被害人离开特定场所的特征，所以认为欺骗他人离开特定场所也可以具有绑架实行行为的意义。我国《刑法》中的绑架罪包含劫持人质的情况，不便加上使他人离开特定场所的要件，因此诱骗他人离开特定的场所就不具有实行行为的意义。

五、犯罪中止认定

对于绑架人质之后尚未开始勒索行为就主动释放被绑架人的，应当在量

---

〔1〕 参见俄罗斯联邦总检察院编：《俄罗斯联邦刑法典释义》，黄道秀译，中国政法大学出版社1999年版，第339页、第344页。

刑中予以充分的考虑，此观点可以认为是一种共识。[1]因为对这种情况从宽处理不仅符合罪刑相适应原则，而且有利于鼓励罪犯放弃犯罪，具有政策、策略上的意义。正因为如此，许多国家的立法都将类似的情况明文规定为免除、减轻处罚的情节，这几乎已成为一种普遍的对待绑架犯罪的刑事政策。[2]因为我国《刑法》没有类似的专门的法定减轻、免除处罚的规定，所以只能通过两种途径考虑：其一是作为酌定情节；其二是通过理论解释作为法定情节。

作为酌定情节考虑，在我国现行《刑法》对绑架罪规定的处罚模式看，有很大的局限性。因为我国《刑法》对绑架罪规定了极为严厉的法定最低刑，对中途主动释放人质的行为仅仅作为酌定情节考虑，一般也应在 10 年以上有期徒刑的幅度内惩罚。这使司法实践落实酌情这项普遍的宽大政策受到了很大的限制。一些国家对绑架罪的法定最低刑规定为 3 年以上有期徒刑或者更低的情况下，尚且把中途主动释放人质的情况作为法定减轻、免除处罚的情节，那么，我国在绑架罪法定最低刑较高，司法裁量余地很小的情况下，更需要另辟蹊径，缓和严峻立法的限制，追求合理的处理结果。司法实践中的解决办法之一是回避认定绑架罪。对于有些绑架行为，如尚未开始勒索财物或者中途释放被绑架人的，"和一般的非法拘禁犯罪极为相似……而对上述行为处 10 年以上有期徒刑显然畸重。为达到量刑上的合理，有的法院便以敲诈勒索罪或者非法拘禁罪定罪处刑"。[3]反映这种现象的人批评这种回避的办法，认为"这显然有违罪刑法定原则和罪刑相适应原则"，但除了建议修改《刑法》以外，也没有提出更好的解决办法。[4]笔者认为，法院回避认定绑架罪的做法的确与法相悖，但是法院追求"量刑上的合理"是符合罪刑相适应原则的。因为法律本于人情，法官也有一颗普通人的心，他们这样做有益于实现实质的公平。这种情理与法律相悖的现象，一方面反映出一项法律规

〔1〕 参见李希慧、孙光俊："论绑架罪的几个问题"，载丁慕英等主编：《刑法实施中的重点难点问题研究》，法律出版社 1998 年版，第 750 页。对实施了绑架行为后而自动放弃勒索财物行为的犯罪分子，不按照犯罪中止处理。"这样做，对于犯罪人来讲，显然是不公平的，也与刑法鼓励犯罪人自动放弃不可以继续实施的犯罪的立法精神不符。"

〔2〕 参见《俄罗斯联邦刑法典》第 126 条的附注规定："主动释放被绑架人的，如果在其行为中没有其他的犯罪构成，可以免除其刑事责任。"其他如，《德国刑法典》第 239 条：行为人放弃绑架，使被绑架人脱离绑架的，可减轻处罚。

〔3〕 戴常林、尧宇华："论我国刑法中的绑架罪"，载《江西社会科学》1999 年第 5 期。

〔4〕 参见戴常林、尧宇华："论我国刑法中的绑架罪"，载《江西社会科学》1999 年第 5 期。

定如果在适用中显得过于严苛，将迫使法官回避适用；另一方面也促使我们考虑寻求宽大处理中途释放人质行为的适当途径。

另一个解决的办法就是从学理上把中途主动释放人质的情况解释为犯罪中止。按照通说，只要绑架行为完成，就构成犯罪的既遂。一旦既遂，即使行为人尚未开始勒索行为也没有成立犯罪中止的可能性。这种观点在既遂方面的一般理论根据是"构成要件齐备说"；在绑架罪方面的根据是"单一行为说"，即认为绑架罪的实行行为仅限于绑架，勒索财物是其目的，属于超过的主观要件，所以当行为人绑架行为完成，则犯罪既遂；也有从客体方面的解释，认为绑架罪的主要客体是侵犯人身自由，因此一旦绑架行为（侵犯自由）完成，人身自由遭到侵犯，犯罪就告既遂。[1]按照通说，绑架人质以后犯罪就告既遂，此后主动释放人质的行为没有成立犯罪中止的余地。也有人以"双重行为说"为根据，认为绑架罪的实行行为包括绑架和勒索双重行为，主张绑架罪应当以勒索财物行为实施完毕为既遂标准。因此，绑架人质之后尚未实施勒索财物行为之前应当有成立犯罪中止的可能性。[2]

笔者认为对于绑架罪中止的认定，不妨变换一个角度进行思考，可以从追求处罚合理性中寻求根据。上述学者的有关争论看似讨论的是绑架罪的行为是单一行为还是双重行为这个基本问题，但是实质涉及"对行为人即使放弃勒索财物或提出不法要求的行为，也没有成立中止的余地"的不合情理性。[3]认为此观点不合情理，其重要原因之一大概在于绑架罪法定最低刑较高，把这种主动放弃勒索的情况仅仅作为酌定情节考虑，往往也得在 10 年以上有期徒刑内作出处罚，不能充分体现政策价值。

对绑架罪犯罪中止的认定，应当充分考虑处罚的合理性，适当从宽掌握。也就是说，为了勒索财物而绑架他人之后，尚未开始向与人质有关的人员勒索财物或提出其他不法要求之前主动释放人质的，认定为犯罪中止。这种观点从理论上是可以得到解释的。

---

〔1〕　参见林亚刚："关于绑架勒索罪若干问题的探讨"，载《法学家》1996 年第 4 期。孟庆华："《关于绑架罪的几个问题》——绑兼与肖中华同志商榷"，载《法学论坛》2000 年第 1 期。王宗光："论绑架罪的认定"，载《法律适用》2000 年第 5 期。

〔2〕　参见肖中华："关于绑架罪的几点思考"，载《法学家》。

〔3〕　参见肖中华："关于绑架罪的几点思考"，载《法学家》。李希慧、孙光俊："论绑架罪的几个问题"，载丁慕英等主编：《刑法实施中的重点难点问题研究》，法律出版社 1998 年版。单一行为说在以下两个问题就得不到正确、合理的解决，"其一，犯罪中止问题……"

第一，如果从（自然观察的）行为人预定的犯罪过程看，对在绑架人质之后实施勒索以前自动释放人质的行为认定为犯罪中止是符合法律规定的。刑法关于犯罪中止的时间条件的规定是"在犯罪过程中"。从自然的角度观察，这个犯罪过程中应当是指犯罪人意图实施绑架犯罪预定的犯罪进程，即绑架人质并继续勒索钱财或提出不法要求。犯罪人仅仅绑架了人质尚未进一步实施勒索行为，可以认为是在（犯罪人预定的）犯罪过程中，或者说犯罪人预定的犯罪过程并没有结束，此时主动释放被绑架人符合法律规定的成立中止的时间条件。

第二，即使按照构成要件齐备说，也不能排除主动释放人质成立犯罪中止的可能性。根据构成要件齐备说，行为人的行为具备了分则条文基本的构成要件，就是既遂。又根据单一行为说，绑架人质之后就具备了绑架罪的基本要件，构成既遂。既遂后自然没有了成立中止的时间条件。但是采取构成要件齐备说可能出现犯罪既遂与犯罪过程的结束不一致的情况。也就是说，根据构成要件齐备说，犯罪（齐备某条的要件）既遂以后，并不当然意味着犯罪（自然）过程的结束。其典型的例子是我国《刑法》关于破坏交通工具罪等危险犯和结果加重犯分条规定的法律结构所形成的犯罪既遂和犯罪过程结束不一致的情况。行为人实施的破坏行为足以危害交通工具的安全时，构成第116条规定的犯罪既遂条件（危险犯），但是行为人在交通工具倾覆、毁坏的结果（也是行为人追求的结果或预定实现的结果）发生之前，自动放弃犯罪或者自动有效地防止犯罪结果发生的，仍有成立（第119条规定的结果加重犯）犯罪中止的余地。既然上述危险犯既遂仍有中止的余地，那么，对于勒索财物前自动释放人质的，承认其有成立中止的余地应该也是可以的。

第三，按照结果说，犯罪未得逞是指没有发生行为人所追求的、行为性质所决定的危害结果。[1]据此，绑架人质以后有无成立中止的余地要看对绑架罪结果的理解。对绑架罪的结果通常理解为人身自由遭到侵犯，正因为如此，根据结果说一般认为绑架人质并把人质置于行为人控制、支配之下为既遂，所以没有成立犯罪中止的余地。不过，这未免过于看重绑架罪侵犯自由的一面。如果看重绑架罪对第三人自决权侵犯的一面，把"侵犯第三人自决权"作为绑架罪"行为人所追求的、行为性质所决定的危害结果"，那么也可

---

〔1〕　参见张明楷：《刑法学》，法律出版社1997年版，第261页。

以得出有成立犯罪中止余地的结论。把"侵犯第三人自决权"作为绑架的结果是有充分理由的。从绑架罪法定最低刑（10 年以上有期徒刑）与非法拘禁罪法定最高刑（3 年以下有期徒刑）之间存在的巨大空档来看，绑架罪不宜被理解为非法拘禁的加重类型，而应当将其理解为一种与非法拘禁罪具有质的不同的犯罪类型。把非法拘禁罪的结果与绑架罪的结果视为同一的解释明显背离立法的评价，因此，根据非法拘禁罪的结果是侵犯人身自由不能当然地推断绑架罪的结果也是侵犯人身自由。在外国刑法中，绑架罪的法定最低刑期与非法拘禁罪的法定最高刑期往往是相互衔接的，在这种处罚模式下，把绑架罪解释为非法拘禁的加重类型未尝不可。而根据我国《刑法》规定的处罚模式，应当对绑架罪和非法拘禁罪的结果有不同的把握，以体现立法的不同评价，即非法拘禁罪的结果是侵犯人身自由，绑架罪的结果是侵犯第三人的自决权。行为人绑架人质之后尚未向第三人勒索之前，可以认为犯罪未得逞，其自动释放人质、放弃犯罪的，可以成立犯罪中止。

第四，从实质的角度考虑，在勒索之前主动释放人质的，无论是从犯罪人的主观恶性、人身危险性还是从客观危害的角度上讲，与其他情形的犯罪中止，并无明显的差别。相反，如果这种情形不能成立犯罪中止，会使处罚居高不下，导致过于严苛的判决。与其这样，还不如认可这种情形成立犯罪中止。退一步讲，构成要件齐备说虽然是通说，但在依通说难以导致合理结论的场合，也不是不允许有例外的。承认危险犯既遂以后还有成立结果中止的余地，就是一个例外。此外，承认非法拘禁罪既遂以后不一定构成犯罪，也可当作一个例外。按常理，犯罪既遂不存在无罪的问题。可是这个常理在非法拘禁罪上就行不通。实践中，一般要拘禁他人一定的时间，比如 12 小时以上，才可认为构成非法拘禁罪。如果固守犯罪既遂而不论时间长短就认为一定构成犯罪，显然会导致不合理的结论。

猥亵儿童罪基本问题再研究[1]

猥亵儿童罪由于其侵犯对象的特殊性，对其的立法规定和司法认定应当表现出与其他犯罪的差异性。虽然我国刑法理论对猥亵儿童犯罪业已取得斐然的理论成果，但是，出于对儿童的特别保护和跟进刑法理论发展的考量，依然不能忽视对猥亵儿童罪基本问题的深入研究。基于此，本文拟对猥亵儿童罪的基本问题进行再研究，以期对科学立法和保护儿童有所裨益。

一、猥亵儿童罪的概念和法定构成要件

根据《刑法》第237条规定之"猥亵儿童罪"的罪状，猥亵儿童罪指故意对不满十四周岁的儿童以奸淫幼女之外的方式进行性侵犯的行为。因为不满十四周岁的儿童尚未形成健全的性意识选择防范能力，需要运用法规范和儿童性禁忌规范特别保护。对儿童实施刺激、满足性欲的行为，即认为属于儿童不能够识别选择防范的性行为，即认为具有对儿童性侵犯的性质，即是猥亵儿童的犯罪行为。鉴于《刑法》第236条规定奸淫幼女的以强奸论，故猥亵儿童罪不包含奸淫幼女方式的性侵犯行为。据此，猥亵儿童罪可以简单被定义为故意性侵儿童的行为，其构成要件如下。

（一）猥亵儿童罪的客观要件：猥亵儿童行为

猥亵儿童行为，是指对不满十四周岁的人实施性侵犯行为。鉴于奸淫幼女的以强奸论，准确地说，猥亵儿童行为，指以奸淫幼女之外的方式对儿童实施性侵犯的行为。其中，"性侵犯行为"，是以普通成人性观念为标准认为的具有刺激、兴奋、满足性欲的行为。因为婴幼儿尚未形成性意识，不能理解性意义。十岁左右的儿童，虽然开始逐渐形成性意识，但不具有成熟的性识别选择防范能力。所以，尽管猥亵的对象是儿童，但评判行为是否为性侵犯的标准是普通成人的性观念。按照普通成人性观念的标准，对儿童实施具

---

[1] 载《人民检察》2015年第22期。

有刺激、兴奋、满足性欲的行为，就是对儿童实施猥亵的行为，也就是对儿童性侵犯的行为，主要包括以下情况：第一，对儿童性器官或性敏感部位的侵犯；第二，对儿童实行常识意义的性行为，如鸡奸、手淫、（与男童）性交、以性器官或性敏感部位磨蹭儿童身体；第三，使儿童自行实施第一、第二类情况中的性行为或观看自己或他人实施第一、第二类情况中的性行为。

其中，"性侵犯"不以被害儿童当时感知性侵犯事实及性质为必要。婴幼儿没有形成性意识，只要行为人的行为客观上逾越了与儿童亲昵的界限、普通人看来具有性侵犯性质，即可被认定为是猥亵儿童行为。性意识形成中的儿童，虽然对性意义有一定程度的感知，但鉴于儿童身心尚未成熟，即使行为没有令其产生性羞耻感，也可以被认定为是猥亵行为。当然，令儿童产生性羞耻感的行为通常足以被认为具有猥亵性质。

尽管儿童在遭遇行为人实施的性意义行为之时没有性意识或性羞耻感，但仍然需要判定其遭受到了性侵害。因为儿童遭遇性意义行为的情形可能留在意识、记忆里，对其未来成长、人格形成发生持续的侵害或负面影响。有的性侵行为可能对儿童身体造成伤害，也会对其未来健康成长造成负面影响。

（二）猥亵儿童罪的主观要件

1. 猥亵儿童的故意

根据《刑法》第14条第2款"故意犯罪，应当负刑事责任"和第15条第2款"过失犯罪，法律有规定的才负刑事责任"的规定，猥亵儿童罪是故意犯，即以故意为主观构成要件。猥亵儿童罪的故意，是指行为人明知自己实施了猥亵儿童的行为（事实）。行为人把未满十四周岁的儿童误认为已满十四周岁而与之发生"自愿"猥亵行为的，因缺少猥亵儿童的故意，不构成犯罪。对于误信为儿童而实施猥亵行为的，不能认定存在该罪的构成要件该当事实，不过有观点认为这种情况可成立未遂犯。[1]因为我国治安处罚法也规定有猥亵儿童的治安违法行为，对于这种情况没有必要追究刑事责任，给予治安处罚就已经很充分了。

关于猥亵儿童故意的认定，最高人民法院、最高人民检察院、公安部、司法部联合发布的《关于依法惩治性侵害未成年人犯罪的意见》（以下简称《意见》）以幼女（儿童）年龄是否达到十二周岁为标准，分别予以指导和

---

[1] 参见［日］山口厚：《刑法各论》，王昭武译，中国人民大学出版社2011年版，第121页。

规范。《意见》第 19 条第 2 款规定，"对于不满十二周岁的被害人实施奸淫等性侵害行为的，应当认定行为人'明知'对方是幼女"；"也就是说，即使被害人身体发育、言谈举止等呈早熟特征，行为人亦辩称其误认被害人已满十四周岁，也不应采信其辩解"。《意见》第 19 条第 3 款规定："对于已满十二周岁不满十四周岁的被害人，从其身体发育状况、言谈举止、衣着特征、生活作息规律等观察可能是幼女，而实施奸淫等性侵害行为的，应当认定行为人'明知'对方是幼女。"只有极其特殊的例外情况可以排除此种"明知"，"具体可从以下三个方面把握：一是客观上被害人身体发育状况、言谈举止、衣着、生活作息规律等特征确实接近成年人；二是必须确有证据或者合理依据证明行为人根本不可能知道被害人是幼女；三是行为人已经足够谨慎行事，仍然对幼女年龄产生了误认，即使其他正常人处在行为人的场合，也难以避免这种错误判断。"《意见》第 19 条认定行为人"明知""幼女"的规定同样适用于猥亵儿童罪案件中认定明知对方是"儿童"。

2. 猥亵儿童罪不应当被解释为"倾向犯"

对于猥亵儿童罪是否属于"倾向犯"，即是否以行为人"为了刺激、满足性欲"的动机或内心倾向为主观要件，需要特别阐述。因为关于强制猥亵、侮辱妇女罪"是否为倾向犯……对此问题，不论是国外还是国内均颇有争议"。[1]"传统观点以及我国刑法理论的通说持肯定态度，要求本罪主观上具有刺激或者满足性欲的内心倾向。"[2]侮辱妇女，"这里的猥亵……满足自己性欲或挑逗他人引起性兴奋和满足，有碍身心健康的性侵犯行为"。[3]从立法历史发展过程看，1997 年修订《刑法》时将流氓罪分解，"分别规定为若干独立的罪名"。[4]强制猥亵、侮辱妇女罪和猥亵儿童罪就是源自流氓罪中"侮辱妇女或者进行其他流氓活动"这一基本内容。流氓罪的成立以流氓动机为要件，是倾向犯，猥亵罪与流氓罪的渊源关系自然导致学说将猥亵罪解释为倾向犯。这种立法演变轨迹，在学术文献中依然可见，例如，"侮辱妇女，即是指行为人基于流氓动机，针对不特定的妇女使用或实施各种淫秽下流的

---

〔1〕 彭新林："关于强制猥亵、侮辱妇女罪的两个问题"，载《中华女子学院学报》2006 年第 3 期。

〔2〕 张明楷：《刑法学》（第四版），法律出版社 2011 年版，第 786 页。

〔3〕 高铭暄、马克昌主编、赵秉志执行主编：《刑法学》，北京大学出版社、高等教育出版社 2000 年版，第 480 页。

〔4〕 高铭暄：《中华人民共和国刑法的孕育诞生和发展完善》，北京大学出版社 2012 年版，第 454 页。

语言或动作，致使妇女的人格尊严受到侵害"，"我国刑法规定的强制猥亵、侮辱妇女罪中的'猥亵'的含义可以界定为：'猥亵'是以妇女为侵害对象而实施的，能够刺激、兴奋、满足行为人或第三人性欲，损害善良的社会习俗，违反良好的性道德价值观念，且不属于奸淫妇女但又具有明显的'性'内容的行为"。[1]立法修订的影响只是将措辞由"流氓动机"变为"为了刺激或满足性欲"或者"为了性刺激"。司法实务中，猥亵罪的判决书中往往会出现"为了追求性刺激"之类的判词以表明具备猥亵主观倾向要件。

我国台湾地区的学说、实务曾广泛采取猥亵罪倾向犯说。"行为人所为的行为在客观上若不能认为系基于色欲的一种动作，而且在行为人主观上亦非为了刺激或满足其本人性欲的行为，即非猥亵行为。"[2]行为人除了故意之外，还必须出于"淫欲的满足才能成立的犯罪。忽视这种心理倾向而作解释，法律的运作就成了'说文解字'"。[3]我国台湾地区的学说、实务一定程度上反映了欧陆学说和实务。"本罪需要是以作为行为人的猥亵性主观倾向的表现而实施的（倾向犯），即需要是在刺激行为人的性欲、使其兴奋或者使其满足的意图之下实施的，因此，例如只是以报复或者侮辱、虐待的目的实施胁迫女子使其裸体后进行摄影的行为，虽然成立强要罪，但是不构成本罪。"[4]判例认为，本罪是倾向犯，要求是在"刺激、兴奋或者满足犯人的性欲这种性意图之下实施了猥亵行为，因而，即便是出于报复的目的，让被害女性裸体之后，再拍摄其裸照的，也不构成本罪"。[5]

日本新近的学说逐渐采取否定倾向犯的观点，如"有学说提出，这种所谓的'性意图'，与是否侵害了作为保护法益的性的自由毫无关系，因而，无须此要件，这种观点是妥当的"。[6]或许是受其影响，我国学者渐有否定倾向犯观点的言论，由此引起关于猥亵罪是否为倾向犯的争论。[7]

否定说作为新说，首先，立足于法益侵害说的客观取向，认为猥亵对性

〔1〕 韩轶："强制猥亵、侮辱妇女罪的几个问题"，载《河南公安高等专科学校学报》2002年第3期。

〔2〕 林山田：《刑法各罪论》（上册），北京大学出版社2012年版，第162~163页。

〔3〕 林东茂：《刑法综览》，中国人民大学出版社2006年版，第256页。

〔4〕 ［日］大塚仁：《刑法概说（各论）》，冯军译，中国人民大学出版社2003年版，第106页。

〔5〕 ［日］西田典之：《日本刑法各论》，法律出版社2013年版，第88页。

〔6〕 ［日］山口厚著：《刑法各论》，王昭武译，中国人民大学出版社2011年版，第122页。

〔7〕 彭新林："关于强制猥亵、侮辱妇女罪的两个问题"，载《中华女子学院学报》2006年第3期。

自主权（法益）侵害是客观的，行为人无论是否出于刺激或者满足性欲的倾向，其猥亵行为都侵犯了性自主权，与猥亵行为人主观倾向无关。其次，否定说认为，不要猥亵（刺激或满足性欲）的内心倾向，完全可以从客观上认定猥亵行为，区分罪与非罪、猥亵罪与侮辱罪，不会导致客观归罪。[1]再次，否定说认为，以（刺激或满足性欲的）内心倾向为要件，反倒会不当扩大或缩小处罚的范围。[2]

肯定说则针对否定说的观点逐一进行了反驳。首先，如果立足于规范违反说，重视行为本身反伦理性与行为人内心的恶性，应当肯定猥亵罪是倾向犯。"客观上是相同的脱光妇女衣服的行为，如果是出于诊断或治疗的目的，就不构成犯罪；如果是出于刺激或满足性欲，则可能构成犯罪。所以，倾向犯中的内心倾向，根据内心倾向的有无，法益侵害性显著低下的场合，可以解释为影响违法性。"[3]其次，确立刺激或满足性欲内心倾向要件，有利于认定猥亵行为，有利于区分猥亵罪与《刑法》第246条侮辱罪的界限。对于不能认定猥亵倾向的，还可以按照侮辱罪定罪处罚，不至于不当扩大或缩小处罚范围。[4]

针对肯定说的反驳，否定说进一步论证："肯定说以行为人的内心倾向作为定罪的基础的非客观性，背离了我国刑法所坚持的客观主义的刑法观。"[5]"强制猥亵罪不是行为人违反抑制性欲义务的犯罪，而是侵害作为被害人法益的性自由的犯罪"，因此只要侵犯了性自由，"不管行为人的内心倾向如何，都应当认为成立本罪"。[6]

前述是否倾向犯之争主要是围绕强制猥亵、侮辱妇女罪进行的，就猥亵儿童罪来说，同样存在是否是倾向犯的问题。

笔者主张，不应当将猥亵儿童罪解释为倾向犯，不以行为人具有刺激、

---

〔1〕 张明楷：《刑法学》（第二版），法律出版社2003年版，第699页。

〔2〕 张明楷：《刑法学》（第二版），法律出版社2003年版，第699页。

〔3〕 彭新林："关于强制猥亵、侮辱妇女罪的两个问题"，载《中华女子学院学报》2006年第3期。

〔4〕 彭新林："关于强制猥亵、侮辱妇女罪的两个问题"，载《中华女子学院学报》2006年第3期。

〔5〕 丁友勤："也论强制猥亵、侮辱妇女罪的两个问题——兼与彭新林同志商榷"，载《中华女子学院学报》2007年第2期。

〔6〕 彭新林："关于强制猥亵、侮辱妇女罪的两个问题"，载《中华女子学院学报》2006年第3期。

满足性欲内心倾向或动机作为主观要件，理由如下。

从法规范解释角度讲，《刑法》第 237 条没有明文规定猥亵儿童罪需以刺激或满足性欲之类的动机为要件。那么，是否有必要将其作为不成文要件呢？笔者认为，也没有必要。首先，客观上对儿童实施性行为，因为儿童没有性的识别选择防护能力，按照社会成人一般观念认为该行为具有性意义即刺激、满足性欲的性质，即违反了儿童性禁忌规范，足以危害儿童身心健全成长，构成对儿童的猥亵或性侵犯。其次，行为人主观上对自己、对儿童实施的性行为事实有认知，同时应当认识到自己的行为违反儿童性禁忌，具有性侵儿童的故意和危害性认识。

从司法认定角度讲，行为人对儿童实施刺激、满足性欲的行为，即具有性意义的行为，即具有性侵犯性质的猥亵行为。刺激、满足性欲是根据成人一般性观念对行为客观性质的判断，而不是对行为人主观动机的判断。常人看来刺激、满足性欲的行为，就是对儿童实施性意义行为。这种观点在司法实务上也有反映，新近有猥亵儿童罪的判决，已不提"为追求性刺激"之类的判决理由。

认定行为人是否具有"刺激、满足性欲"动机，根据只有两个：其一，被告人供述；其二，根据行为表现推断。被告人供述不可信，其实只能是依据行为表现认定行为是否具有常人看来的刺激、满足性欲的性质。刺激、满足性欲的性质，不能求诸行为人的动机，而只能求诸社会性观念、儿童性禁忌和行为事实。行为人对儿童实施刺激、满足性欲的行为，可以表现或反映出行为人具有性欲动机，但不等于成立猥亵儿童罪以性欲动机为主观要件。

二、治安违法行为与刑事犯罪的界限

在我国现行法律体制下，猥亵儿童行为既是犯罪行为也是治安违法行为，因此，需要从程度上划分出治安违法行为给予治安处罚与犯罪行为给予刑事处罚的界限。笔者认为，对于猥亵儿童行为应如同对待奸淫幼女行为那样，原则上都应当起诉追究刑事责任，理由如下。

（一）猥亵儿童行为客观危害性、主观反伦理性都比较严重，应当将其行为性质评价为近似于奸淫幼女的行为

猥亵儿童与奸淫幼女都是性侵儿童的行为，只是行为方式上有所区别：奸淫幼女是以奸淫方式性侵；而猥亵儿童是以奸淫以外方式性侵。对于儿童

以奸淫以外的方式性侵，对被害儿童的身心健康造成的损害与奸淫不相上下。可以说，对儿童奸淫之外的性侵害，因其非常规性、变态性，对儿童身心的危害性不亚于奸淫幼女行为。因此，对待猥亵儿童行为原则上应和对待奸淫幼女行为一样起诉追究刑事责任。

（二）我国刑法对于猥亵儿童危害性评价比奸淫幼女低 2.5 个档次，明显不平衡，需要司法矫正

第一档治安违法行为，猥亵儿童是治安违法行为，奸淫幼女行为的危害性大于治安违法行为的危害性；第二档普通刑事犯罪，猥亵儿童罪是 5 年以下有期徒刑、拘役，奸淫幼女可能超过 5 年有期徒刑；第三档严重刑事犯罪，猥亵儿童罪的加重犯，奸淫幼女犯罪的普通犯是 3 年以上 10 年以下有期徒刑，并且从重处罚。相比奸淫幼女行为，刑法对猥亵儿童行为危害性评价严重不足，所以，在执法上应当尽量矫正，对于猥亵儿童行为原则上要移送起诉追究刑事责任。

《法国刑法典》第 222-223 条规定："以暴力、强制、威胁或趁人无备施以任何性进入行为，无论其为何种性质，均为强奸罪。"我国台湾地区"刑法"也将"性交"扩大规定为"性进入行为"。[1] 在上述《法国刑法典》和我国台湾地区"刑法"中，奸淫与其他性侵入（猥亵）行为被评价为同一性质（性交），这种对奸淫与奸淫之外性侵入（猥亵）等同评价的观念和立法，值得借鉴。

有的国家刑法对猥亵与性交的刑法评价差距不大，刑罚相差最多是一个档次的差别。如《德国刑法典》第 176 条规定"对儿童性行为"包含性交，性交仅仅是对儿童性行为的加重情节。《瑞士刑法典》第 187 条规定（……与儿童性行为）处五年以下重惩役或监禁；第 189 条规定（性强制）处十年以下重惩役或监禁，第 190 条规定（强奸）处十年以下重惩役。与此对比，我国刑法对于猥亵儿童与奸淫幼女的刑法评价相差 2.5 档，对奸淫幼女与猥亵儿童的评价严重不平衡。

（三）猥亵儿童行为比奸淫幼女行为更难查证

奸淫幼女案中往往会在被害人身体、衣服留有痕迹证据，而猥亵儿童行

---

〔1〕 丁友勤："也论强制猥亵、侮辱妇女罪的两个问题——兼与彭新林同志商榷"，载《中华女子学院学报》2007 年第 2 期。

为一时难以发现和证明，认定性侵是嫌疑人所为存在相当难度。因此，一旦能够证实猥亵儿童行为，就应当追究刑事责任。如果认为猥亵儿童与奸淫幼女危害性仅相差 1 档，那么，对猥亵儿童行为一般就认为是达到应予追究刑事责任的犯罪行为。尤其是对于下列猥亵儿童行为，应当定罪处罚：（1）对儿童实施性侵入行为，侵入儿童身体行为与奸淫幼女的危害性相近；（2）使儿童裸露性器官或裸露性敏感部位进行猥亵；（3）行为人以自己的生殖器直接接触儿童身体、令被害儿童反感或不安的；（4）强制猥亵儿童；（5）以搂抱、亲吻、抚摸等方式猥亵儿童 2 次以上；（6）对儿童负有特殊职责的人猥亵儿童；（7）其他猥亵儿童的情形。

当然，对儿童偶尔或轻微性骚扰行为，以及在公共场所、公共交通工具上"咸猪手"性骚扰行为，可以认为情节显著轻微、危害不大，给予治安处罚。

三、猥亵儿童罪加重犯不应当过分扩张适用

猥亵儿童罪加重犯引证自强制猥亵侮辱妇女罪加重犯规定。《刑法》第237 条第 3 款规定，"猥亵儿童的，依照前两款的规定从重处罚"，即"处 5 年以下有期徒刑或者拘役"；"聚众或者在公共场所当众犯前款罪的，处 5 年以上有期徒刑"。《意见》第 23 条对于该"聚众或者在公共场所当众"进行了扩大解释："在校园、游泳馆、儿童游乐场等公共场所对未成年人实施强奸、猥亵犯罪，只要有其他多人在场，不论在场人员是否实际看到，均可以……认定为在公共场所'当众'强奸妇女，强制猥亵、侮辱妇女，猥亵儿童。"对此，《意见》制定者进一步解释："将'教室'解释为'公共场所'并未超出'公共场所'概念所能包含的最广含义，也符合一般公民的理解和认知，属于合理的扩大解释……《意见》第 23 条基于从严惩治发生在校园等儿童集中的特殊场所的性侵害犯罪的政策考量，对'当众'概念并没有局限于最狭义的文义解释。也就是说，'当众'并不要求在场人员实际看到……性侵害行为处于其他在场人员随时可能发现、可以发现的状况。"[1]

随着这个扩大解释的提出，实践中出现了进一步扩大解释的观点。如主张《意见》第 23 条应由性侵未成年人犯罪扩大到性侵成年人犯罪。"在认定

---

〔1〕 黄尔梅主编，最高人民法院刑事审判第一庭编著：《性侵害未成年人犯罪司法政策案例指导与理解适用》，人民法院出版社 2014 年版，第 219~220 页。

在公共场所当众强奸妇女，强制猥亵、侮辱妇女，猥亵儿童时，不应当以被害人的年龄为标准而划分不同的认定标准，而是应当采取同样的认定标准"，即"当前解释结论适用范围的未来一般性扩张"到成年妇女的性侵犯罪。[1]甚至主张在信息时代的"当众"涵义扩张到网络空间，若隐若现地提出："可能利用信息传播技术同步到其他网络具体空间（其他直播空间），也应当认定为在公共场所'当众'的情形"。[2]

笔者反对前述过分扩张的观点，主张对"聚众或者在公共场所当众"的加重事由不应当过分扩张（解释）适用，理由如下。

从语义上解释"在公共场所当众"，其"公共场所"，一般指"公众自由出入的场所。如广场、公共汽车上、公园等场所"。[3]"当众"，一般解释为"当着众人面""当着多人面"。[4]"所谓在公共场所当众猥亵妇女，是指在车站、码头、公园、影剧院、歌舞厅等公共场所当着第三人或多人的面对妇女进行猥亵的行为。"[5]

根据《刑法》第5条罪刑相适应原则解释，应当处5年以上有期徒刑的罪行必须是严重罪行，据此，"在公共场所当众"猥亵，无论如何应当在实质上具有严重的社会危害性。

从体系上解释，校园、教室一般属于"单位内部"，不属于公共场所。如《刑法》第291条规定（聚众扰乱公共场所秩序罪）："聚众扰乱车站、码头、民用航空站、商场、公园、影剧院、展览会、运动场或者其他公共场所秩序……"《刑法》第290条规定（聚众扰乱社会秩序罪）："聚众扰乱社会秩序，情节严重，致使工作、生产、营业和教学、科研、医疗无法进行，造成严重损失的……"校园、教室等属于"社会秩序"而非"公共场所秩序"。

从历史解释角度，"在公共场所当众"一般是"当着众人面"，不仅表现出流氓对公序良俗的蔑视、挑战，而且加强了对被害人的羞辱、对公众、社会造成更恶劣影响，具有"严重危害社会治安"和"危害特别严重"的性质，故而应当加重其刑罚。强制猥亵、侮辱妇女罪源自修订前流氓罪的分解，

---

〔1〕 武诗敏："在公共场所当众强奸的解释逻辑与未来适用"，载《法学论坛》2014年第3期。
〔2〕 武诗敏："在公共场所当众强奸的解释逻辑与未来适用"，载《法学论坛》2014年第3期。
〔3〕 李淳、王尚新主编：《中国刑法修订的背景与适用》，法律出版社1998年版，第304页。
〔4〕 武诗敏："在公共场所当众强奸的解释逻辑与未来适用"，载《法学论坛》2014年第3期。
〔5〕 陈兴良主编：《罪名指南》（上册），中国政法大学出版社2000年版，第666页。

而其加重犯规定则源自流氓罪有关处罚规定。修订前 1979 年《刑法》第 160 条规定流氓罪加重犯只有 "流氓集团的首要分子，处 7 年以上有期徒刑"。1983 年 9 月全国人大常务委员会通过《严惩严重危害社会治安的犯罪分子的决定》规定，"对下列严重危害社会治安的犯罪分子……进行流氓犯罪活动危害特别严重的" 可以在刑法规定的最高刑以上处刑，直至判处死刑。为配合 "严打"，最高人民法院、最高人民检察院于 1984 年作出的《关于当前办理流氓案件中具体应用法律的若干问题的解答》中规定，"进行流氓犯罪活动危害特别严重" 一般是指 "……用野蛮、残酷的手段侮辱、猥亵妇女，后果严重、影响极坏的……" 1997 年修订《刑法》时，在 1997 年 2 月 17 日修订草案（修改稿）第 237 条第 2 款（聚众或者在公共场所当众猥亵）还有 "社会影响恶劣的或者造成严重后果" 的内容。鉴于聚众或者在公共场所强制猥亵妇女、侮辱妇女的行为本身就蕴含着极其恶劣的社会影响和严重后果，故立法机关将其删除，最终形成了 1997 年《刑法》第 237 条的规定。

综上，猥亵罪的 "聚众或者在公共场所当众" 的加重事由，源自对严重危害社会治安、进行其他流氓活动危害特别严重的加重规定，本身具有 "社会影响恶劣的或者造成严重后果" 的属性，不应当脱离 "公共场所" 和 "当众" 文义可能的射程、脱离罪刑相适应原则、脱离立法演进过程，进行过分的扩张适用。《意见》第 23 条规定，基于从严惩治发生在校园等儿童集中的特殊场所的性侵害犯罪的政策考量，对 "当众" 概念并没有局限于最狭义的文义解释。也就是说，"当众" 并不要求在场人员实际看到。《意见》出于特别政策和特定性侵类型考量以司法解释形式出台，其扩大解释的权威性不容置疑、应当遵从，但是，笔者仍有以下观点。

（一）《刑法》第 237 条 "当众" 之一般含义，应当是公然猥亵，不惧怕被公众发现甚至有意当着众人面实施猥亵侮辱，以逞施淫威，加深对被害人的侵害、加强对社会的恶劣影响

在适用《意见》第 23 条时，不应当仅掌握其形式要件，还应当结合 "危害严重、影响恶劣" 的实质特征适用。否则，过分扩大适用会给案件处理带来困惑。

猥亵与奸淫，在实行方便或随意程度上存在巨大差别。强奸需要双方生殖器官裸露、结合方能实现，在公共场所当众扒（被害妇女）衣服且自行脱衣、双方裸露身体性器实施奸淫，对被害人的侵害、对社会的影响十分严重。

猥亵的程度有高有低，即使在公共场所，程度轻微的猥亵或者性骚扰行为可以方便、随意且隐蔽实施，并且对被害人没有严重的危害、对社会公众没有恶劣影响，有的只是治安违法程度的猥亵或性骚扰，显然不具备"危害严重、影响恶劣"的实质特征，不应当认定为"在公共场所当众"猥亵的加重犯。

对于偶尔为之或者仅能证实一次猥亵且情节一般的猥亵未成年人行为，仅仅因为符合"在校园、游泳馆、儿童游乐场等公共场所"和"有其他多人在场"的条件，就适用"在公共场所当众"规定处 5 年以上有期徒刑，显然罪刑不成比例，违反罪刑相适应原则。

（二）《意见》第 23 条的解释，应该严格限制在第 23 条性侵未成年人案件的范围内，不能适用于性侵未成年人之外的案件

对于猥亵成人的行为不应当适用该条关于"在公共场所当众"的扩大解释。对于通过网络空间传播的猥亵行为，也不应当适用该扩大解释。对于猥亵成年人的行为，对于网络空间传播的猥亵行为，仍然应当遵守《刑法》第 237 条"在公共场所当众"的普通含义适用，即"当着众人面"猥亵，且具有危害严重、社会影响恶劣的实质特征。

四、立法完善和司法习惯建言

《刑法》第 237 条第 3 款规定："猥亵儿童的，依照前两款的规定从重处罚。"从这种规定模式看，猥亵儿童罪似乎附随或依从于强制猥亵侮辱、妇女罪的规定，忽视了猥亵儿童罪自身特点，且过于简单。由此导致猥亵儿童罪定罪处罚出现一些问题，仅仅通过司法难以解决，需要从立法上完善。

（1）"聚众或者在公共场所当众"猥亵，属于强制猥亵、侮辱妇女罪的常见严重类型，或许适合于对强制猥亵侮辱妇女罪的加重处罚，即有恃无恐地在公共场所当众猥亵、侮辱妇女，加深对被害人的侵害、施淫威制造社会影响。这对于强制猥亵、侮辱妇女罪而言具有经验上、类型上的意义（典型性、代表性），但对于猥亵儿童而言没有典型性。因为"恋童"，特别是猥亵同性儿童，在社会观念上被视为异类、变态，即使流氓也不太乐意在公共场所当众实施以逞淫威、挑战公序良俗。在公共场所猥亵儿童往往也是偷偷摸摸的，因此立法设定的加重类型与犯罪人作案恶劣情形严重不符。

（2）刑法没有规定猥亵儿童犯罪常见且值得加重惩处的类型，以至于远远不能适应惩处猥亵儿童犯罪的需要。猥亵儿童者往往成癖，即所谓"恋童

癖"，往往是基于心理、生理变态需求而实施的犯罪，具有侵害对象的不特定性、犯罪的习惯性等特性，此特性决定了猥亵儿童犯罪最常见的严重类型是长期侵害多人、多次，因此，猥亵儿童罪最典型加重类型应当是猥亵儿童多人或多次的加重情形。有关猥亵儿童案调研统计资料指出："样本统计结果显示，一次猥亵一人的比例为 65.4%，而猥亵多人或多次猥亵同一人的案件的发生率高达 34%。"[1]刑法没有规定这种加重类型，以至于猥亵数十人的，无法适用更严厉的刑罚。

（3）建议立法对猥亵儿童罪删除"聚众或者在公共场所当众"的加重事由，增加"猥亵多人或多次"和"情节恶劣"的加重事由。"聚众或者在公共场所当众"的加重事由脱离猥亵儿童犯罪实际情况，应当予以删除。依靠"在公共场所当众"一个加重事由，不可能满足处罚猥亵儿童罪的需求。期望通过扩张该事由以满足处罚需求行不通，而且过分扩张会适得其反，反而把不值得加重处罚的猥亵儿童行为进行加重处罚。鉴于猥亵儿童应予加重处罚的常见情形是猥亵多人、多次，因此，需要增加规定"猥亵儿童多人或多次"的加重事由。另外，猥亵儿童犯罪往往与犯罪人性取向异常变态有关，其犯罪手段、情节、后果常人难以预料。所以，增加规定"猥亵儿童多人或多次"和"情节恶劣"的加重事由，对于"在校园、游泳馆、儿童游乐场等公共场所"性侵未成年的行为，也足以应对。

（4）应当纠正刑法对于猥亵儿童评价的偏差。猥亵儿童与奸淫幼女同属于性侵儿童的行为，在刑法评价上至多保持一档差别。奸淫幼女以强奸论，在 3 年以上 10 年以下有期徒刑范围内从重处罚。参照奸淫幼女的评价处罚，猥亵儿童就应当被评价为具有犯罪性质并追究刑事责任，不应当作为治安违法行为进行处理。治安违法行为规制"性骚扰"行为，包括对成年人、未成年人以及儿童的性骚扰。

与此同时，在我国，奸淫幼女构成强奸罪既遂采取"接触说"，这是学界通说也是司法习惯。在修订后的刑法中规定猥亵儿童罪之后，有独立的行为类型和罪名，对于在没有遭遇意志以外原因阻碍的情况下，追问行为人有没有奸淫（奸）的意图或目的没有意义。就对被害人性侵害程度而言，性器官摩擦接触未必更为严重，将其评价为猥亵行为与其他猥亵方式也是平衡的。

---

〔1〕 陈兴良主编：《罪名指南》（上册），中国政法大学出版社 2000 年版，第 666 页。

论盗窃罪 "数额犯" 的既遂标准 [1]

一、"分别掌握" 说法的缘起

盗窃罪 "数额犯"，指《刑法》第 264 条规定之盗窃 "数额较大""数额巨大""数额特别巨大"。"数额犯" 既遂认定的话题，也可转换成 "数额犯" 未遂适用，因为就同一案件犯罪形态而言，认定既遂即排斥未遂，反之认定未遂则排斥既遂。同一案件，检察机关起诉盗窃既遂、法院判决盗窃未遂，便发生了既遂还是未遂的争议。有争议很正常，但是争议双方都拿不出确切根据说服对方或者说服自己就不正常了。加上司法解释规定 "盗窃未遂情节严重" 应当定罪处罚，据此可推论，如果盗窃未遂不够情节严重的，就不应当定罪处罚。由此可见，盗窃既遂未遂不单事关罪轻罪重的犯罪形态，还事关诉与不诉、罪与非罪的处理。案例如下。

> 案例一　甲给小型连锁超市送货时发现该店二楼桌上有一纸包，似乎包的是钱，便顺手窃取在手、下楼、出店门、登上送货三轮车，骑行渐远。店老板乙见甲下楼手里似乎拿着个东西，惦记起桌上的钱纸包，赶紧上楼看，果然不见，就急忙下楼追，追上甲质问是否拿了店里什么东西？甲将纸包交出，内有 1000 元现金，达到 "数额较大" 标准。本案既遂还是未遂？诉还是不诉？判有罪还是无罪？

实务上对案例一认定为既遂，起诉判罪大概是常规常例。如果认定盗窃未遂，不单是既遂未遂之争，而且还事关是否 "情节严重"、有罪无罪之争。真实的案例是，案例一中店主乙的纸包内有 6 万元，刚好达到 "数额特别巨大"。检察机关起诉盗窃既遂，法院判决未遂，适用 10 年以上有期徒刑至无期徒刑幅度，按照未遂犯减轻处罚。检察机关起诉案例一甲的盗窃行为既遂

---

〔1〕　载《人民检察》2014 年第 19 期。

是常规尺度，可是法院偏偏判决未遂。这是因为法院要考虑：对甲认定既遂要适用 10 年以上有期徒刑刑罚，甲若没有法定减轻处罚情节，必须判处 10 年以上有期徒刑，[1]过于严厉。在本案处理中，既遂的常规尺度与罪刑相适应要求发生了显著冲突，孰是孰非，远远超越既遂未遂认定本身，这涉及如何给盗窃"数额加重犯"以罪刑相适应的处罚，涉及如何适用有关盗窃未遂的司法解释，涉及盗窃未遂可罚范围。

案例一中的甲，盗窃 1000 元"既遂"的实益是"处 3 年以下有期徒刑、拘役或者管制，并处或者单处罚金"；盗窃 1000 元"未遂"的实益是司法解释盗窃未遂情节严重的适用；盗窃 6 万元"既遂"的实益是"处 10 年以上有期徒刑或者无期徒刑，并处罚金或者没收财产"；盗窃 6 万元"未遂"的实益是法定可"减轻处罚"。这些"实益"才是案例一中 1000 元与 6 万元，既遂与未遂困扰的根源。笔者看来这是合理且终极解决困扰的本源和依据。案例一中的 1000 元与 6 万元不是偶然罕见的事项，类似如金表、首饰、玉器、字画、古玩、文物、汽车、摩托车、手机等，真与假一字之差、既遂与未遂一步之遥、一念之差，事关背后的实益：有罪无罪、10 年以上有期徒刑还是 3 年以下有期徒刑。在这些实益面前，学说对圆满性的向往显得轻飘，实务对公平合理结论的追求起决定作用。这导致对于案例一中盗窃 1000 元的行为，判既遂很普通且没有质疑之声，如果判未遂反倒面临是否够情节严重是否能定罪的质疑。案例一中盗窃 6 万元的行为，判未遂也能接受且没有明显不妥。永恒的公平感导致既遂未遂尺度的摇摆，谁都没有错。只有一点似乎需要弱弱地提醒下：能不能对盗窃罪"数额犯"既遂的标准有意识地作有差别的掌握，即"分别掌握"？

本文旨在说明：盗窃罪"普通数额犯"与"数额加重犯"的既遂不宜采取同一标准，应当"分别掌握"。盗窃罪既遂标准，理论界"有学说没尺度"，实务界判例摇摆不定看不出清晰尺度，根源在于忽视二者差异、不能有意识地"分别掌握"既遂标准。因此，应当有意识地"分别掌握"标准。基本倾向是：对于"普通数额犯"应尽量扩张既遂，可取极端扩张"控制说"，缩小未遂适用；对于"数额加重犯"应尽量缩小既遂，采取"损失说"，扩大未遂适用。本文试图说明既遂"分别掌握"合理且可行，不仅为盗窃数额

---

[1]　虽然可以适用《刑法》第 63 条第 2 款特别减轻处罚救济，但是该救济渠道极不畅通。

犯而且为广大其他数额犯既遂标准的"分别掌握"开辟道路。

二、应当最大限度扩张认定盗窃"数额较大"既遂

盗窃罪"普通数额犯"即盗窃"数额较大",应尽量扩张既遂认定,即尽量将既遂认定提前,缩小未遂适用。理由如下。

(一)司法实务对盗窃"普通数额犯"既遂的认定过于狭窄

"普通数额犯"既遂认定尺度过于狭窄、靠后,导致了诸多困扰,也不符合当前刑事政策导向。司法判例对在盗窃现场被"人赃俱获"的往往认定未遂,甚至自盗窃现场逃离被跟踪尾随数百米后被"人赃俱获"的也认定未遂。例如对下列五个案件法院均判决未遂。

案例二 被告人在公司七号车间上班期间,于凌晨2时趁无人之际,从窗户进入公司四号、六号车间,分别盗得礼盒精品红枣2提、简装健康情红枣2包、精品枣博士7提,逃跑时被发现,弃赃逃走。被盗物品价值3320元。[1]

案例三 某日11时许,被告人驾驶电瓶车至某炼铁厂路南侧处,将之前在该厂盗窃并藏匿于此的轴承4只(共值11 680元)放入电瓶车后备箱内,准备携带出厂,在厂区2号门门口被执勤保安"人赃并获"。[2]

案例四 某日下午,被告人伙同张×冲(另案处理)驾驶轿车至柳屯镇什八郎转盘附近,将李×生拴在电器修配门市门口的一条母藏獒盗走,后又去盗窃另一条公藏獒时被李×生发现,被告人被迫将公藏獒扔掉后逃窜。母藏獒价值1100元,公藏獒价值1700元。被盗母藏獒已返还失主。[3]

案例五 被告人在李村中街某店内,趁佘××为其清洗项链之际将佘××放在里屋床上的棕色钱包盗出,被佘××当场抓获。钱包内有1018元人民币及银行卡等物品。[4]

---

〔1〕 河南省新郑市人民法院:"王浩勇盗窃案一审刑事判决书"(2010)。

〔2〕 宝刑初字(2011)第238号刑事判决书。

〔3〕 濮县检刑诉(2011)143号起诉书指控,河南省濮阳县人民法院一审刑事判决书(2011)。

〔4〕 河南省郑州市金水区人民法院(2010)刑事判决书。郑金检刑诉(2010)915号起诉书。

案例六 原审被告人陶×到嘉善县东方大厦二楼服装部的雅戈尔西装专卖厅内，伺机行窃。趁该专卖厅营业员袁×正在向其他顾客销售服装之际，顺手从货架上拿下5套共计价值6940元的西装。在携赃离开该专卖厅时，被相邻的杉杉专卖厅营业员柏×发现。柏×立即告诉了袁×，并大喊捉贼。袁×即与其他营业员呼喊捉贼并追下楼梯至大门口，未发现原审被告人陶×。此时，正在距大门口20米的大厦大堂外值勤的保安姚×，发现陶×捧着几套西服跑过，后面有两名营业员冲出来喊捉贼，陶×见状扔下西装继续逃跑。姚×即与营业员一起追赶陶×，将陶×抓获。西装则被营业员当场取回。[1]

这种既遂尺度或未遂认定与有关司法解释冲突。《最高人民法院关于审理盗窃案件具体应用法律若干问题的解释》（1998年）（已失效）第1条第2项："盗窃未遂，情节严重，如以数额巨大的财物或者国家珍贵文物等为盗窃目标的，应当定罪处罚。"那么，街头偷辆电动车、商店偷件商品、宾馆窃取客人财物、入户盗窃财物等数额较大被人赃俱获的，[2]明显不符合司法解释所称之以"数额巨大财物"或者"国家珍贵文物"等为盗窃目标的"情节严重"标准，依司法解释不应定罪处罚，但事实上普遍处罚。有人为此感到困扰，批评该解释的合理性。"从最高人民法院的司法解释来看，盗窃未遂只有达到情节严重才能定罪处罚。这就在两者之间出现了极为明显的冲突，在理论上和实践中给司法人员造成了不小的混乱。如对案件情节基本相同的盗窃案件，有些司法人员认为是既遂，有些又认定为未遂；某些司法机关对已达到数额较大但未达到数额巨大的盗窃未遂案件处以刑罚，但某些司法机关又以属盗窃未遂且未达到'情节严重'为由不作为犯罪处理。对盗窃未遂案件的认定和处理，已成为各地司法机关及司法人员争议最大的问题之一。"[3]

这种广泛冲突症结并非源自司法解释，而在于既遂标准过于狭窄导致未遂扩张适用，把案件处理推向与司法解释冲突的境地。以自身对既遂标准的错误把握将正确的司法解释推向谬误。其实，很多未遂判例本当认定为盗窃

---

〔1〕 浙江省嘉兴市（2000）嘉中刑终字第51号判决书。

〔2〕 这里指《刑法修正案（八）》之前的盗窃罪认定。

〔3〕 咸冠南、谢健平："对当前盗窃未遂案件认定和处理状况的若干反思"载 www.zclawyer.net，最后访问日期：2014年7月16日。

既遂。如果正确把握既遂尺度减少未遂认定，这种冲突就可减少、甚至消失。一方面认为该盗窃案达到了可罚程度，另一方面又拼命朝不可罚的盗窃未遂方向认定，实属作茧自缚。

在《刑法修正案（八）》之后，这种狭隘既遂尺度造成的困扰仍然存在。2013 年《最高人民法院、最高人民检察院关于办理盗窃刑事案件适用法律若干问题的解释》第 12 条沿用 1998 年司法解释盗窃未遂内容，并采取了列举方式："盗窃未遂，具有下列情形之一的，应当依法追究刑事责任：（一）以数额巨大的财物为盗窃目标的；（二）以珍贵文物为盗窃目标的；（三）其他情节严重的情形。"依然明确对盗窃未遂定罪处罚以"情节严重"为条件。笔者认为解决困扰，不在于扩张解释"情节严重"，不在于批评盗窃未遂可罚性的限制解释，而在于把既遂标准调整合适，尽量把犯罪进程达到可罚程度的盗窃行为认定为既遂，纳入可罚范围。不应当一边缩小既遂、扩大未遂的认定，一边抱怨司法解释中盗窃未遂可罚范围限制太严。

在《刑法修正案（八）》之后，刑事政策导向和法律结构的调整需要扩大盗窃处罚范围。《刑法修正案（八）》规定入户盗窃、扒窃、携带凶器盗窃不以数额较大为要件，降低刑事处罚数额门槛，提升盗窃行为样态定罪地位。其他盗窃类型也需要相应调低入罪门槛，保持各类型盗窃入罪标准平衡，比如甲在公共场所"拎包"作案盗窃旅客行李。如果认定扒窃，即使不够数额较大、即使未遂也能定罪；如果认定不是扒窃，则要求数额较大且既遂才能定罪。按照权威观点，本案甲拎包行为似乎不具有扒窃性质。[1]笔者看来该拎包行为跟扒窃差不多，其入罪尺度至少不能与扒窃过于悬殊。劳动教养废止之后，原属于劳动教养对象的偷盗行为也有部分被纳入盗窃罪范围，需要扩张既遂、减少未遂来入罪。

（二）盗窃"数额较大"既遂的合理标准

盗窃"数额较大"既遂的标准应当是：行为人对被盗财物超过"接触"

---

[1] 胡云腾、周加海、周海洋："我们认为，扒窃行为中'随身携带的财物'，应当限缩解释为未离身的财物，即被害人身体与财物有接触，如装在衣服口袋内的手机、钱包、手提肩背的包，坐躺倚靠着的行李等。"《关于办理盗窃刑事案件适用法律若干问题的解释》的理解与适用"，载《人民司法》2014 第 15 期。如此限缩掌握扒窃，势必有大量公共场所的盗窃行为仍以数额较大为要件，扩大未遂适用，势必使接近于扒窃的盗窃行为不能定罪判刑。导致与扒窃案件处理的不平衡：近似的案件定扒窃的可轻易入罪而定盗窃的难以入罪。

达于"控制"且足以与现场其他财物区分的程度。其要点如下所述。（1）行为人"控制"了被盗财物。此"控制"，指将被盗物品拿起、搬起达到可携带搬运离去程度或者推行驾驶车辆可离去程度，如将被盗财物握持于手、手提背挂肩扛于身、大件大宗笨重物置于运输工具上、电动车摩托车等已经撬开锁具推离驶离停放位置等。（2）被盗财物与盗窃现场其他财物可区分。其实质标准是《刑法》第264条盗窃"数额较大"行为的可罚基准程度。按照这一标准，结合具体情形，与这种"控制"程度相比，相同或超出的认定为既遂一般可罚；不足的认定为未遂，依司法解释情节严重才可罚。按照笔者提出的标准，前述五个未遂判例都应当认定为既遂定罪处罚。

笔者所称"控制"与理论上"控制说"的含义不同，只为借用学界熟知概念和便利标签而已。关于盗窃既遂标准的学说，有接触说、转移说、隐匿说、控制说、失控说、损失说。主流似乎是"控制说"或"失控说"。因学者解释、实务操作的差异，并无清晰的界分。诚如学者指出："现在的问题不是采取什么学说，而是如何认定行为人取得占有的问题。"[1]本文重心不在于采取何种学说，而是在于持强烈倾向、试图清晰界定盗窃"数额普通犯"的既遂标准。

在扩大盗窃"数额较大"既遂适用的强烈倾向支配下，"控制"仅仅是超过了"接触"达于将被盗物品"持握且能携离"的程度。因此，第一，不问行为人是否得到或失去，只要达到"控制"即可，即使被当场"人赃俱获"也是既遂。第二，不问被害人是否失控，即使在被害人的居所、宅院、公司企业院落、办公楼宇、办公室、商店、饭店等场所"人赃俱获"的，也应认定为既遂。第三，不问是否将财物带离盗窃作案现场，将被盗财物隐匿在现场的，因经历行为人"握持、搬运"控制过程去隐匿，也认定为是既遂。从行驶中的火车汽车上将他人财物抛扔窗外，也经历"握持、搬运"控制过程，抛扔出去，也认定为是既遂。对"控制"的极端扩张，可有效统一适用标准。因为采取极限的标准取事物一极端，总是要明确很多。

这样极端的认定尺度，可以有效缩小《最高人民法院、最高人民检察院关于办理盗窃刑事案件适用法律若干问题的解释》第12条盗窃未遂的适用范围，减少不必要的纷争。这种纷争始于20世纪80年代，当时就因为《最高人民法院、最高人民检察院关于当前办理盗窃案件中具体应用法律的若干问

---

[1] 张明楷：《未遂犯论》，法律出版社、日本成文堂联合出版1997年版，第143页。

题的解答》（以下简称《解答》）（已失效）第 1 条第 2 项规定："对于潜入银行金库、博物馆等处作案，以盗窃巨额现款、金银或珍宝、文物为目标，即使未遂，也应定罪并适当处罚。"下级法院对于该《解答》中盗窃未遂可罚范围存在疑问。最高人民法院研究室给出的答复是《解答》"虽然只列举了部分应依法定罪处罚的盗窃未遂案件，但并不排除其他盗窃未遂案件的定罪处罚"。对此吉林省高级人民法院请示："我们理解，对于盗窃未遂的案件，要根据具体情节，区别对待。除'两院'《解答》中规定的情况外：一、对盗窃行为实施终了，所盗窃数额明确达到较大的未遂案件，应依法定罪处罚；二、对以盗窃巨额财物为目标，而又数额不明确的，应参照'两院'《解答》的规定，依法定罪处罚。"此后，1998 年和 2014 年两个关于办理盗窃案的司法解释基本承袭了《解答》有关盗窃未遂可罚范围的规定，下级法院也基本沿袭了吉林省高级人民法院请示中的理解。按照笔者对盗窃数额较大既遂的极端把握，对于该请示中第一种情形即"对盗窃行为实施终了，所盗窃数额明确达到较大的未遂案件"，一般认定为既遂定罪处罚，有效缩小了《最高人民法院、最高人民检察院关于办理盗窃刑事案件适用法律若干问题的解释》第 12 条盗窃未遂的适用范围。

这样极端的认定尺度，可将盗窃既遂与金额计算统一起来。《最高人民法院关于审理盗窃案件具体应用法律若干问题的解释》（1998 年）（已失效）第 1 条第 1 项指出："盗窃数额，是指行为人窃取的公私财物的数额。"该条第 2 项紧接着规定"盗窃未遂的……"从该条上下文关系理解，"盗窃数额"等于"窃取数额"等于"既遂数额"，没有既遂的不能计算为窃取数额，作这样理解才涉及下文第 2 项提及的"盗窃未遂……"的处理问题。可是因为司法实务上采取过于狭窄的既遂标准，凡作案当场被"人赃俱获"的都认定为未遂，导致"窃取数额"与"既遂数额"不能统一，认定未遂的也计算作窃取数额。如甲第一次盗窃一辆价值 2000 元的电动车，第二次盗窃一辆价值 3000 元的电动车，在离开现场时被发现抓获。对于第二次盗窃认定为未遂。过去，司法实务对于本案这样的情况，在盗窃金额和未遂适用上往往有不同做法：（1）认定盗窃金额 5000 元同时适用未遂处罚；（2）认定盗窃金额数额较大适用未遂处罚但不明确指出盗窃金额是 2000 元还是 5000 元。根据现行司法解释：盗窃既有既遂又有未遂，达到同一量刑幅度的，以盗窃罪既遂处罚。如果将既遂的标准提前至极限，可以有效地将窃取数额与既遂数额统一。

行为人控制的，即窃取的，也即既遂的。例如，前述甲第二次盗窃价值 3000 元的电动车被人赃俱获案。在街头盗窃电动车时被人赃俱获的，只要锁具已被打开且推离或驶离原停放位置（哪怕是一步），即认定为控制，即为既遂，即算为盗窃数额。那么甲第二次盗窃也应当认定为既遂，将该车辆价值 3000 元与第一次窃取车辆价值 2000 元相加，盗窃金额 5000 元。如果连笔者主张的既遂程度都达不到的，因其控制确实程度太低不计入盗窃数额也是合情合理。

这样极端的尺度，在理论上并无障碍。盗窃罪侵犯的法益可以理解为他人财产占有秩序，至于盗窃行为进展到何种程度造成对占有秩序"已然侵害"，向来都有宽严程度不同的掌握，从接触，到取得，到转移，到控制，到失控，到损失，都有其道理。本文结合刑法条文罪刑配置的特点，刑事政策导向，司法操作的公平、合理、简便诸多因素考虑，认为极端扩张盗窃"数额较大"既遂（或极端限缩其未遂）的适用，符合政策导向，具有公平简明的特点。盗窃"数额较大"未遂根据刑法总则未遂的规定一般可罚，根据司法解释则一般不罚（如同故意伤害罪未遂一般不罚）。因此从刑法实际运行角度，盗窃"数额较大"既遂的认定实质是盗窃可罚范围的认定，应当依据确定可罚范围的需要确定其既遂标准。此外，笔者主张这种程度的"控制"为既遂，虽说"极端"，但只是相对于当前司法实务的认定尺度而言。参照日本学界主流的"取得说"的尺度，相当接近，并不极端。[1]

三、盗窃罪"数额加重犯"的既遂标准的收缩和未遂的扩张

本文的主旨是，一方面批评司法实务对于盗窃罪"普通数额犯"既遂标准适用过于狭隘，过分扩大未遂适用；另一方面主张对于盗窃罪"数额加重犯"则应当收缩既遂的适用，扩张未遂的适用。主张对盗窃罪"普通数额犯"与"数额加重犯"既遂或未遂标准做"分别掌握"。

（一）盗窃罪"数额加重犯"既遂的标准有必要严格限缩

相对于盗窃罪"普通数额犯"，盗窃罪"数额加重犯"既遂的标准有必要严格限缩。主要基于以下理由。

对于同一条文同一罪名数额普通犯与数额加重犯既遂认定尺度分别掌握，

---

〔1〕 张明楷：《未遂犯论》，法律出版社、日本成文堂联合出版 1997 年版，第 143 页。

在理论上说得通。有学者提出"既遂标准层次性理论",支持数额加重犯有独立的构成要件:"既然数额加重犯具有独立的构成要件,那么,由基本犯与数额加重犯之间所存在的构成要件的层次性差异所决定,数额加重犯在既遂的标准上也应有别于基本犯。"[1]从法律适用的"原点"讲,刑罚法规前部是"假定"(罪状)后部是"法律效果"(法定刑),当行为实现了前部罪状的法定要件即应当承担后部规定的法定刑处罚。因此,在某一刑罚法规规定有一个罪状和一个对应法定刑场合,就形成了一个独立的罪刑关系,完全可以而且也应当独立把握。至于行为人对该罪状实现到何种程度达到适用该法定刑处罚的基准程度,其实质标准是罪刑平衡达到公平正义的要求,或者至少不违背罪刑均衡的要求。

因为盗窃数额巨大、特别巨大导致法定刑升格(加重)处罚,具有较强的造成"已然"损害的性质,达到较为严重的损害程度。多次盗窃累加构成数额巨大、特别巨大的案件,或者预谋以巨大或特别巨大财物进行盗窃的案件,一般既能反映行为的客观危害性也能反映行为人的危险性,适用盗窃罪数额加重的法定刑,基本可以体现罪刑均衡。但是行为人在作案时偶然地(并未发生认识错误)窃取数额巨大、特别巨大财物的,不能充分反映行为人的人身危险性,适用数额加重的法定刑处罚,主要是基于客观结果的危害性。因此有必要对其既遂的程度有较高的要求,做适当的限制适用。如一次偶然窃取价值数额巨大或特别巨大的汽车、古董、金表、首饰、玉石以及其他奢侈品被"人赃俱获"的。其盗窃数额虽然巨大、特别巨大,但是侵犯财产法益的客观危害程度、行为人人身危险程度并不严重,适用加重的法定刑处罚明显不称,需要通过未遂的适用缓解严苛的量刑限制。

(二)认定盗窃罪"数额加重犯"既遂的合理尺度

盗窃罪"数额加重犯"的既遂标准应当采取"损失说"。此"损失"标准指,行为人将财物控制且已经带离被害人控制区域和作案现场达到使被害人彻底失去控制的程度。按照这一标准,第一,行为人未能将被盗财物带离作案现场或被害人控制区域的,不是既遂,如在盗窃现场被"人赃俱获"的;在盗窃现场隐藏、隐匿且未造成损失的;窃取财物未能带离被害人控制区域,

---

[1] 王志祥:"从既遂标准的层次性理论看加重犯的既遂问题",载《法律科学西北政法大学学报》2011年第5期。

如院落厂区办公楼宇等，且未造成损失的。第二，被害人没有彻底丧失控制的，不是既遂。即使离开盗窃现场和被害人控制区域，但是被害人或警方追踪尾随行为人并"人赃俱获"或将赃物起获的，认为被害人没有彻底丧失控制，适用未遂。这一标准也可以称为极端的"控制加失控说"，为了简明起见，且不与人们习惯的"控制说""失控说"相混淆，也为了合乎中国司法实务的一贯说法，姑且称之为"损失说"。

这一标准具有可行性。"损失说"很早就在司法解释中出现过，如《最高人民法院、最高人民检察院关于办理盗窃案件具体应用法律的若干问题的解释》（1992 年）（已失效）中就提出："已经着手实行盗窃行为，只是由于行为人意志以外的原因未造成公私财物损失的，是盗窃未遂。"最近，有关权威人士撰文主张"损失说"："盗窃罪系财产犯罪，根据传统认识、社会一般观念，应当将造成他人财产损失补充解释为该罪的构成要件要素；对实施盗窃行为但没有实际造成他人财产损失的，不应认定为盗窃既遂，只能认定为盗窃未遂。否则，难以为社会公众所理解、认同，也难以体现、贯彻罪责刑相适应的刑法基本原则。"[1] 上述司法解释和文章虽然没有进一步解释"损失"的标准如何掌握，但至少表明"损失说"在司法实务中有重大影响，为司法人员所熟悉。其实，当前司法实务中也有不少既遂判例结论接近于采取笔者主张的"损失说"。

（三）不可引入"量刑规则"理论解释盗窃罪"数额加重犯"

关于盗窃罪"数额巨大""数额特别巨大"是否为加重的犯罪构成，有无未遂，存在不同观点。中国的通说认可"数额加重犯"存在未遂的观念。近来有学者提出质疑，认为那不是"加重犯"而是"量刑规则"，并指出"区分量刑规则与加重的犯罪构成、减轻的犯罪构成具有重要意义，突出地表现在……故意的加重犯（如故意的结果加重犯）也存在未遂犯……量刑规则是不可能存在所谓未遂的。换言之，只有当案件事实完全符合某个量刑规定时，才能按照该规定量刑"。[2] 如果引入"量刑规则"概念解释"数额加重犯"，将会产生一个重大影响即导致"数额加重犯"与普通犯（或基本犯）

---

〔1〕 胡云腾、周加海、周海洋："《关于办理盗窃刑事案件适用法律若干问题的解释》的理解与适用"，载《人民司法》2014 第 15 期。

〔2〕 张明楷："加重构成与量刑规则的区分"，载《清华法学》2011 年第 1 期。

的差别认定、适用，这倒与本文对"普通数额犯"与"数额加重犯"既遂标准做显著差别掌握的主旨不谋而合。不过，鉴于以下考虑还是不宜引入"量刑规则"理论解释"数额加重犯"。

"量刑规则"只有"有"或"无"两个选项，不适合中国的刑法体制。《刑法》第264条盗窃罪规定有3年以下有期徒刑、10年以上有期徒刑的二级数额加重，加上"减轻处罚"的限制适用，"有和无"的两个选项太单调，可能导致量刑极为刻板。相反，将其作为加重犯把握，在"有和无"两个选项之间多个未遂选项，更富有弹性，适合中国刑法逐层加重且不易减轻处罚的体制。中国刑法中的"数额加重犯"规定如此广泛、如此复杂，是德国刑法不可比拟的，[1]也是德国学者难以想象的。借鉴其理论应当十分慎重，充分考虑两国刑法制度的巨大差异。

引入"量刑规则"只有"有和无"两个选项，就目前能够想象到的情形而言，至少不便处理两类案件。其一是行为人精心谋划准备后使用电钻等专门工具穿墙凿壁盗窃银行、博物院未遂的案件，如丁某凿壁盗窃银行金库未遂被判有期徒刑10年案。[2]这类案件依照"量刑规则"只能判处普通盗窃犯未遂（3年以下有期徒刑从轻减轻处罚），太轻。其二是行为人实际窃取了数额特别巨大的财物被"人赃俱获"的场合，如甲进入博物馆盗窃一幅价值百万的名画（或玉石、钻戒、古董、文物之类），从开始翻墙入室到伸手拿取字画到携字画出了博物馆（或银行、商店、宅院）之后被"人赃俱获"的，这一过程中任意一节点都可认定未遂，被害人或警察尾随追踪行为人到距离作案现场数百米之处甚至到其家中"人赃俱获"的，也可能认定为未遂。行为人盗窃作案过程有如此大跨度的进展差异，司法实务认定此类案件未遂有如此大的空间，依"量刑规则"仅能作"有和无"的认定。如果认定"有"则适用10年以上有期徒刑刑罚（且无法定情节不得减轻处罚）；如果认定"无"则适用3年以下有期徒刑刑罚（且按照未遂犯从轻或减轻处罚）。让法官做这种"断崖"式的选择，太为难了，让被告人面临这样"断崖"式的可能判

〔1〕 德日盗窃罪立法特点：着眼"上面封顶"最高刑为有期徒刑，不在意"下面兜底"，其"加重犯"的法定最低刑极低，低到了在中国法官看来可以忽略不计的程度。德日刑法体制使法官拥有宽广的量刑空间，而中国则限制得死死的，所以学说上应当千方百计扩大法官的量刑权，多一个未遂选项，多一个裁量权。

〔2〕 （2000）沪二中刑终字第178号判决书。丁某携电筒、蛇皮袋等，使用榔头、凿子、冲击钻欲打通金库墙壁行窃被抓获。库内有1000万余元。

罚，太惊心动魄了。远不如中间加个"未遂"选项，更有利于法官裁量罪刑相适应的刑罚。本文认为，在中国学说尤其是司法实务对既遂标准极端地推后，且掌握尺度十分不一致的情况下，依"量刑规则说"来解释《刑法》第264条的数额加重而排除未遂适用是不恰当的。

张明楷教授在《加重构成与量刑规则的区分》和《简评近年来的刑事司法解释》中质疑"数额加重犯"未遂的例证，笔者认为按照中国通说即加重犯（有未遂）处理问题不大。张教授举例之一是：甲窃取30万元的画未遂，乙窃取2.8万元的画既遂。按"数额加重犯"有未遂说，对甲在10年有期徒刑至无期徒刑之间适用未遂判罚，对乙在3年以下有期徒刑判罚。张教授认为甲乙二者相较明显不公。笔者看来，这真不是什么大不了的不公，不值得担心，完全可以缓解。依"数额加重犯"有未遂说，法官对甲认定未遂减轻处罚最低可以判至3年有期徒刑，对乙也可以判至3年有期徒刑，没有什么明显不公。关键是法官有空间（权限）来裁量罪刑均衡的刑罚。而依张教授的"量刑规则说"连法官量刑空间都给剥夺了，何来裁量罪刑均衡的刑罚？笔者在此举个稍稍极端的例子，甲在博物院窃取价值连城的国宝级文物，且在窃取时不小心触碰掉地摔毁（刚刚接触到还未拿起），乙盗窃一个富豪闲置不用的3万元金表。按"数额加重犯"有未遂说，甲在10年有期徒刑至无期徒刑之间适用未遂判处（最低可以判3年有期徒刑），乙在3年至10年有期徒刑之间判处，合情合理，且法官可以很方便地裁量适当刑罚。相反若按照"量刑规则说"，对甲只能在3年以下有期徒刑（未遂从轻减轻）判罚。如此一来，甲案比乙案危害性要大很多，乙案却必须在3年以上有期徒刑判罚。张教授还忽视了一点，就是"有和无"之间的判断有时很困难，或者说司法实务中尺度不易统一。按照"量刑规则说"就同一案件往往会出现"断崖式"判罚结果，比如博物院盗宝案，甲从端起宝物时起，到拿出保险柜，到出展室门，到出博物院门，到归家路途中，最后到刚刚入家门，这漫长作案过程中被"人赃俱获"的，依"量刑规则说"只许做"有和无"两种选择，意味着法官对甲的处罚只有两种选择：（1）3年有期徒刑以下依未遂从轻减轻处罚；（2）10年以上有期徒刑至无期徒刑依既遂处罚。在存在模糊区域场合只给黑白两项选择是不明智的。相反依通说，吃不准既遂未遂时判个未遂，法官可以在 3 年至 15 年有期徒刑之间量刑，[1]应当较公平合理方便。该文举例之二是部分既遂部分未遂的情形：甲一次盗窃 4000 元既遂，另一次盗窃 30 万元未遂。依通说或司法解释，在盗窃"数额较大"既遂与盗窃"数额特别巨大"未遂之间择一重处罚。张教授认为"这种做法明显不当"。[2]但是笔者认为相比"量刑规则说"的处理结果，此做法明显较妥当。因为 10 年以上有期徒刑、无期徒刑幅度的适用非同小可，若其认定存在模糊区域、斟酌空间、不同尺度，还是多个未遂选项比较好。就量刑的不合理性而言，"数额加重犯"有未遂说比起"量刑规则说"简直是小巫见大巫，两弊相权取其轻。

此外，意图盗窃百万珠宝（钻戒、古董、字画之类），实际窃取了价值千元赝品的，依据司法部门长期形成的犯罪金额计算绝对客观的习惯，只会按照赝品实际价值计算为千元盗窃金额，不可能认定为盗窃数额特别巨大未遂。意图窃取数额较大财物却意外窃取数额巨大、特别巨大财物的，可以通过事实认识错误来解决。

---

[1] 因为未遂，减轻处罚可以低至 3 年，从轻处罚不至于判处无期徒刑。

[2] 张明楷："简评近年来的刑事司法解释"，载《清华法学》2014 年第 1 期。

论盗窃与抢夺界分的实益、倾向和标准[1]

盗窃与抢夺的界分在中国刑法中是重大而有普遍意义的论题。因为自《刑法修正案（八）》出台以后，新增加规定"入户盗窃""携带凶器盗窃""扒窃"不以"数额较大"为要件；加上原有的"多次盗窃"不以"数额较大"为要件、"携带凶器抢夺以抢劫论"（第267条第2款），导致盗窃与抢夺的罪责或"实益"呈现出错综复杂状况：同一行为如果定性抢夺（而不是定性盗窃），与定罪的几率成反比，与"以抢劫论"的几率成正比，其实益因场合而异。这一问题涉及盗窃罪与非罪、盗窃与抢劫的界限。涉及盗窃、抢夺、抢劫三罪名的案件约占全部刑案的半数，其定罪量刑的标准容不得半点含糊，亟需确定一个清晰的思路和明确的标准。

本文的主旨是：根据实益，着眼于法律合理适用，梳理并约定一个统一的，不因场合、实益而异的界分标准和适用规则。倾向是：缩小抢夺罪（条）扩大盗窃罪（条）的认定、适用，化解立法中盗窃与抢夺实益部分"倒挂"形成的难题。结论是：强行夺取他人密切持有物（尚未达到抢劫暴力程度）的，是抢夺；违背他人意志非法取得他人占有物（尚未达到抢夺强力夺取程度）的，是盗窃。行为构成抢夺同时竞合盗窃，择一重适用法律。

一、立法模式和学说

（一）论题范围和立法模式

为明确本论题范围，也为了使本文观点易于理解，有必要先说明本论题的范围及其立法规制。

本论题范围仅限于这样一类侵犯财产的行为，即"以非法占有为目的，违背他人意志非法取得他人占有（或持有）财物的行为"（以下简称"偷

---

[1] 载《当代法学》2013年第1期。

抢行为"〔1〕)。对于"偷抢行为"有两种立法规制模式。(1) 两分模式, 即只规定盗窃和抢劫两个罪名, 不见抢夺罪 (条)。德国、日本以及世界大多数国家采取两分模式。(2) 三分模式, 规定盗窃、抢夺、抢劫三个罪名。中国大陆地区刑法是三分模式。已知的有俄罗斯刑法、〔2〕我国台湾地区"刑法"也是三分模式。〔3〕不论两分还是三分模式, 规制的行为范围是相同的, 即"偷抢行为"。

在两分模式中, 没有抢夺罪 (条), 惩处"偷抢行为"只有两种选择:盗窃罪或抢劫罪。其界分的标准是暴力胁迫是否达到足以压制被害人反抗的程度, "'使用暴行或者胁迫强取他人财物'……必须达到足以压制被害人反抗的程度", 成立抢劫罪。〔4〕"在暴行完全是用作直接夺取财物的手段的场合, 由于该暴行并非是用作压制被害人的反抗, 不成立抢劫罪。因此, 所谓'抢了就跑'的行为, 正常情况下, 仅成立盗窃罪。"〔5〕

在三分模式中, 惩处"偷抢行为"则有三种可能:盗窃罪、抢夺罪、抢劫罪。由此产生盗窃与抢夺界分的必要。俄罗斯刑法中的界分标准是"秘密"还是"公开"。《俄罗斯联邦刑法典》第158条规定"偷窃, 即秘密侵占他人财产;第161条规定"抢夺, 即公开夺取他人财产的"。"公开的、明目张胆的、周围人一目了然的因而是非常粗暴的使财产脱离他人占有的方式是抢夺罪最突出的特点。"〔6〕根据苏俄判例, 开始是偷窃, 但当为他人所知悉, 并且犯罪人意识到这一情况仍无视, 公开完成对他人财产侵占的, 则就变成了抢夺。〔7〕通过俄罗斯刑法规定和苏俄法院判例可知, 公开与秘密是抢夺与盗窃界分的基本标准。中国学界的通说持相同观点, 似受苏俄刑法的影响。

---

〔1〕 此"偷抢行为"也可以称为"偷抢案件"。这类侵犯财产的取财行为违背他人意志, 不同于诈骗, 诈骗取财不违背他人意志。这类侵犯财产行为的对象是"他人占有 (持有) 财物", 不同于侵占, 侵占的对象是他人脱离占有物。这类犯罪行为也被称为"夺取占有"的行为。

〔2〕 参见《俄罗斯联邦刑法典》第158条、第161条、第162条。

〔3〕 参见我国台湾地区"刑法"第320条至第330条。林山田:《刑法特论》(上册), 三民书局股份有限公司1978年版, 第249页。

〔4〕 [日] 山口厚:《刑法各论》, 王昭武译, 中国人民大学出版社2011年版, 第252~253页。

〔5〕 [日] 山口厚:《刑法各论》, 王昭武译, 中国人民大学出版社2011年版, 第255~256页。

〔6〕 俄罗斯总检察院:《俄罗斯联邦刑法典释义》, 黄道秀译, 中国政法大学出版社2000年版, 第425页。

〔7〕 俄罗斯总检察院:《俄罗斯联邦刑法典释义》, 黄道秀译, 中国政法大学出版社2000年版, 第425页。

我国台湾地区学者界分标准是和平还是暴力。"所谓窃取系以和平之手段，违背他人之意思……而取走其持有物"，[1]"所谓抢夺……遽然以不法腕力。使人不及抗拒，而强加夺取。行为人强行夺取之时，当然不免施用强暴手段，但以尚未至使不能抗拒之程度为限"。[2]且认为秘密性或公然性并非界分要点，如我国台湾地区学者指出：窃取是以非暴力或和平之手段，不以秘密之方法为必要。[3]"是否系公然夺取"与抢夺罪成立无关。[4]

此外，我国台湾地区学者鉴于台湾地区"刑法"规定抢夺罪有致人死伤的结果加重犯，而盗窃没有，所以主张还要结合被害人持有的紧密程度来界分。"抢夺必须针对紧密的持有，唯其如此，持有者方有倾跌受伤或猝死的可能。例如：出其不意猝取被害人紧握手中的钱包、肩上的背包、项上的金饰，这种猝取可能使被害人摔倒地上，造成受伤或更严重后果。"[5]因为盗窃没有致人死伤的加重犯，所以基本上只能破坏"松懈的持有"。[6]由此可以推测，对于非法取得被害人"松懈持有"之物，不可能产生致人死伤加重结果的，认为应是盗窃不是抢夺。

在俄罗斯、我国台湾地区的三分模式中，抢夺的刑罚比盗窃的刑罚大约重一个档次。[7]尤其是，《俄罗斯联邦刑法典》第161条加重抢夺（处3~7年剥夺自由）诸加重事由中有一项"使用不危及生命或健康的暴力，或以使用这种暴力相威胁的。"在我国台湾地区"刑法"第321条第2款有抢夺结果加重犯规定：抢夺"因而致人于死者，处无期徒刑或7年以上有期徒刑，致重伤者，处3年以上10年以下有期徒刑"。其处罚与同"法"第277条故意伤害致人死亡、重伤的结果加重犯相同。这种立法模式产生两个效果。（1）法律

〔1〕 林山田：《刑法特论》（上册），三民书局股份有限公司1978年版，第206页。

〔2〕 林山田：《刑法特论》（上册），三民书局股份有限公司1978年版，第250页。

〔3〕 林山田：《刑法特论》（上册），三民书局股份有限公司1978年版，第207页。

〔4〕 林山田：《刑法特论》（上册），三民书局股份有限公司1978年版，第251页。

〔5〕 林东茂：《刑法综览》，中国人民大学出版社2009年版，第301~302页。

〔6〕 林东茂：《刑法综览》，中国人民大学出版社2009年版，第301~302页。

〔7〕 如《俄罗斯联邦刑法典》第161条普通抢夺最低刑为1年劳动改造（类似社区劳动），最高刑为4年有期徒刑，第158条普通盗窃，最低刑是罚金，最高刑是3年有期徒刑。我国台湾地区"刑法"第320条（普通盗窃罪）法定刑是："5年以下有期徒刑、拘役或500元以下罚金"。第325条（普通抢夺罪）法定刑则是："6月以上5年以下有期徒刑"，与第321条之"加重盗窃罪"法定刑相同。我国台湾地区"刑法"第321条"加重盗窃罪"主要指有以下情形之一的盗窃：夜间入户、毁越门户墙垣、携带凶器、结伙、乘灾害、车站码头。

评价上，抢夺罪重于盗窃罪。（2）抢夺具有一定的暴力，只是没有达到抢劫的程度。例如（俄罗斯）"法律规定抢夺可能使用不危及生命健康的暴力或以使用这种暴力相威胁，所以应当承认：公民人身权可成为其侵害客体"。[1]"抢夺时的身体暴力可以表现为殴打、打击，造成擦伤、紫血斑、血肿，向后扭手、摔跌方法、空手道和其他单人打斗方法、捆绑手脚等造成身体疼痛……审判实践把诸如……攻击行为定为暴力抢夺。"[2]

（二）归纳与评价

不论何种模式，取财的暴力程度是重要的界分标准。两分模式处理"偷抢行为"的思路是："非抢劫即盗窃"，即暴力胁迫足以压制被害人的，是抢劫，不够抢劫程度的是盗窃。这模式较为简明，将抢夺纳入盗窃罪范围处罚。三分模式中，我国台湾地区"刑法"以暴力程度作为标准。俄罗斯刑法中虽然以公开与秘密为基本标准，但是暴力仍是主要的、实质的标准。不论何种模式，其界分的思路都是从可资适用的法条或触犯的罪名中进行由重到轻排除式的选择。在评价上，抢夺具有一定的暴力性所以危害性较大、配置法定刑较重。法律评价、实益是选择界分标准的重要依据。

需要说明的是，俄罗斯刑法虽然强调抢夺的公开性，但主要还是因为公开方式往往伴随暴力、胁迫，更显对财产权的破坏和蔑视，所以危害性较大、处罚较重。

（三）中国学说和争议

1. "旧说"

我国学说和实践历来认为盗窃的特点是"秘密窃取"，而抢夺的特点是"公开夺取"，因此把"秘密"还是"公开"作为盗窃与抢夺界分标准。此观点曾是通说，可称之为"旧说"。"旧说"具有代表性见解如"刑法解释论的通说认为：盗窃是指秘密窃取公私财物的行为。抢夺是指公然夺取公私财物的行为……从行为类型上进行比较，秘密窃取行为与抢夺行为最重要的差别

---

[1] 俄罗斯总检察院：《俄罗斯联邦刑法典释义》，黄道秀译，中国政法大学出版社2000年版，第424页。

[2] 俄罗斯总检察院：《俄罗斯联邦刑法典释义》，黄道秀译，中国政法大学出版社2000年版，第426~427页。

是前者取财具有秘密性，后者取财具有公开性"。[1]"抢夺罪与盗窃罪的区分，关键在于判断'秘密'与'公开'的标准……以及抢夺行为是否必须要求强力。"[2]

2. "新说"

新说认为应当彻底摒弃"旧说"盗窃"秘密"性特征，主张盗窃与抢夺界分标准是（对物的）暴力性。张明楷教授批评"旧说"道，"从'秘密与公开'角度区分盗窃与抢夺的观点与做法存在诸多缺陷"，"基本上不可能区分盗窃罪与抢夺罪"。"盗窃行为既可以具有秘密性，也可以具有公开性。"[3]其结论是："以对物暴力的方式强夺他人紧密占有的财物，具有致人伤亡可能性的行为，才构成抢夺罪；盗窃与抢夺的区别在于，对象是否属于他人紧密占有的财物，行为是否构成对物暴力。"[4]他的观点被认为"对通说理论进行了颠覆性的批判，在批判的基础上提出了两个罪全新的行为类型理论……"[5]可称为"新说"。

3. 评价

"旧说"简单明了，而且有司法解释支撑。"旧说"主要是基于盗窃罪"秘密"性特征的通说，[6]加上《最高人民法院关于审理盗窃案件具体应用法律若干问题的解释》（1998年）（已失效）中将盗窃定义为："以非法占有为目的，秘密窃取公私财物数额较大……构成盗窃罪。"检察院起诉、法院判决往往套用司法解释的盗窃罪定义，把"秘密窃取"作为盗窃罪的法律根据，强化了"秘密性"是盗窃罪要件的观念。与盗窃"秘密性"相对应，对抢夺的概念则普遍添加了"公开"（或"公然"）的特征，形成根据"秘密"还是"公开"区分盗窃与抢夺的标准。"旧说"对盗窃、抢夺及抢劫的区分也简单明了：对"偷抢行为"使用暴力的是抢劫，非暴力且秘密的是盗窃，非暴力且公开的是抢夺。这与存在的盗窃、抢夺现象也很契合，易于理解。

---

〔1〕 董玉庭："盗窃与抢夺新界分新说的质疑——兼与张明楷教授商榷"，载《人民检察》2010年第15期。

〔2〕 刘树德：《抢夺罪案解》，法律出版社2003年版，第219页。

〔3〕 张明楷："盗窃与抢夺的界限"，载《法学家》2006年第2期。

〔4〕 张明楷："盗窃与抢夺的界限"，载《法学家》2006年第2期。

〔5〕 董玉庭："盗窃与抢夺新界分新说的质疑——兼与张明楷教授商榷"，载《人民检察》2010年第15期。

〔6〕 陈兴良：《陈兴良刑法学教科书之规范性法学》，中国政法大学出版社2003年版，第502页。

此外，"旧说"有比较法上的根据。俄罗斯刑法就是以"秘密"还是"公开"作界分标准的。中国刑法深受苏俄刑法影响，俄罗斯刑法及其解释也给"旧说"相当的支持。

"旧说"的缺陷，诚如"新说"所批评的：（1）不足以界分盗窃与抢夺；（2）不足以证明"秘密性"是盗窃罪要件、"公开性"是抢夺罪要件。既然不能很好界分盗窃与抢夺，意味着"旧说"标准缺乏界限功能，在此特定场合没有价值，可有可无。与此关联，盗窃的"秘密性"、抢夺的"公开性"也可有可无。我国《刑法》第 264 条罪状没有规定盗窃是"秘密"的，第 267 条也没有规定抢夺是"公开"的。当"秘密"还是"公开"不具有区分盗窃与抢夺的界限功能时，没有必要坚守这一标准。

"新说"对"旧说"的批评是中肯的，动摇了"旧说"的根基，破除了盗窃以"秘密"为特征，抢夺以"公开"为特征的传统观念。对于"新说"的结论，即盗窃与抢夺的界分不应是"秘密"或"公开"，而应是（对物的）暴力，本文也赞同。

"新说"提出暴力标准说，并且努力使该标准的内涵具有界限功能，在方法和方向上都值得赞同。"新说"提出的暴力具有两个特点：其一，"对物"的暴力；其二，该暴力"具有致人伤亡可能性"。"新说"对该"暴力"所做的两点限制很有趣：其一，强调该暴力"对物"，言外之意不是对人，猜测其意在避免与抢劫的暴力混淆；其二，该暴力"具有致人伤亡可能性"，意在与公然盗窃区分。"新说"为寻求该"暴力"兼有界分抢夺与抢劫、抢夺与盗窃的功能，可谓煞费苦心。

二、区分盗窃与抢夺的"实益"

"实益"，在刑法学中指罪责的有无和轻重。盗窃、抢夺的共同点是：以非法占有为目的、违背他人意志、非法取得他人占有物。如果盗窃、抢夺定罪量刑的标准相同，则二者的区分对罪责不生影响，即没有实益。反之，如果对罪责有无或轻重发生影响，则有实益。

我国刑法中盗窃与抢夺界分的实益情况极为复杂。将《刑法》第 264 条（盗窃）与第 267 条（抢夺）对比，在一般场合，二者定罪量刑标准相同，同时司法解释规定抢夺的数额标准参照盗窃，可见在一般场合二者的区分没有实益。不过，在特殊场合，尤其是在经《刑法修正案（八）》修正之后，盗窃与抢夺在某些特定场合界分的实益不仅显著而且错综复杂。

（1）行为人在"携带凶器"作案[1]的场合。根据《刑法》第 267 条第 2 款，携带凶器"抢夺"的，以抢劫论；根据《刑法》第 264 条，携带凶器"盗窃"的，是盗窃罪。也就是说，在行为人"携带凶器"作案的场合，被认定为抢夺还是盗窃，利害攸关。对行为人而言，被认定为抢夺不利，认定为盗窃有利。

（2）行为人在公共场所、公共交通工具上针对他人携带的财物作案的场合，如果被认定为抢夺，则以数额较大为要件，不够数额较大的是治安违法行为；如果被认定为盗窃即属于"扒窃"，即使不够数额较大也成立盗窃罪。对行为人而言，在这种场合被认定为抢夺有利，而被认定为盗窃不利。

（3）行为人在"入户"作案的场合，实益问题更为复杂，存在两种可能。第一，携带凶器入户作案，该行为如果被认定为抢夺，则以抢劫论且属于"入户抢劫"加重犯，根据《刑法》第 263 条第 2 款第 1 项，其法定最低刑为 10 年以上有期徒刑；如果被认定为盗窃，则性质仍然是盗窃罪。对行为人而言，这种场合被认定为抢夺极为不利。第二，在入户作案但没有携带凶器的场合，该行为如果被认定为抢夺，则以数额较大为定罪要件，数额不够较大的仅是治安违法行为；如果被认定为盗窃，即使数额不够较大也成立盗窃罪。对行为人而言，被认定为抢夺有利，认定为盗窃不利。

（4）"多次"作案的，如果是抢夺，仍以数额较大为要件；如果是盗窃，则不以数额较大为要件。对行为人而言，被认定为抢夺有利，认定为盗窃不利。

本文认为"旧说"不可取，主要根据在于"旧说"无法应对这样复杂的实益关系。如果采取"旧说"，将会严重背离盗窃与抢夺界分的实益，使《刑法》第 264 条（盗窃）的适用陷入困境。一般而言，公开夺取他人占有物危害较大，比如，在公共场所或公共交通工具上作案，越公然、越嚣张则对社会秩序危害性越大。行为因"公开性"明显而定性抢夺，如果没有达到数额较大标准，不构成犯罪，（危害）重行为反被出罪。"秘密"作案的危害性较小，但不论是否数额较大都能定盗窃罪（扒窃），轻行为反倒容易入罪。这不仅有悖常理，也不符合《刑法修正案（八）》将"扒窃"不够数额较大的情形入刑的意图。将"扒窃"入刑的目标之一是打击在公共场所、交通工具上

---

〔1〕 此处"作案"与本文简称的"偷抢行为"具有同等意义，指仅涉嫌盗窃、抢夺、抢劫三罪的场合。本文"作案"没有特别说明的，皆在此意义层面使用。

结伙作案，气焰嚣张危害公众安全感的情况。将公开实施的行为定性为抢夺，反倒不易定罪处罚，显然与立法初衷不符。在携带凶器"作案"时，与"扒窃"情形正好相反，公开性越明显的定抢夺几率越高，以抢劫论的几率越高，罪责越重。如果对"公开"与"秘密"在携带凶器场合采取一种标准，在公共场所作案采取另一种标准，将会使作为界分标准的"公开"与"秘密"失去规范的确定性，不能发挥界限功能。这样的困局依靠"旧说"不可能解决，所以应当抛弃"公开"还是"秘密"的界分标准。

本文认为"新说"可取但不周全，因为其没有充分考虑界分的实益，尤其是经《刑法修正案（八）》修正后界分实益的复杂情况。抢夺与盗窃界分的标准，应当根据中国刑法的特点，充分考虑实益，实现刑法的合理、协调适用。

三、根据实益确定抢夺与盗窃界分的倾向和标准

（一）缩小抢夺、扩大盗窃的倾向以及选择暴力标准的证明

前述盗窃与抢夺界分"实益"情形可以概括为两类。

第一类，"携带凶器"作案时，抢夺的以抢劫论，盗窃的仍定盗窃，皆不以数额较大为要件。鉴于抢劫罪是暴力犯罪且处罚明显重于抢夺、盗窃，所以这类情形合理的界分倾向是：缩小"抢夺"、扩大"盗窃"的认定。这样可以合理控制"携带凶器抢夺以抢劫论"的适用，使其适用与抢劫罪的暴力性、处罚的严厉性相称。在这种场合采取这种倾向，以一定程度的暴力作为抢夺与盗窃界分标准最相宜。因为一方面由抢夺转化为抢劫罪，要求暴力程度非常贴近抢劫性质；另一方面即使没有任何暴力还可以"携带凶器盗窃"为由定罪处罚。这是能两全的选择。"旧说"的"公开""秘密"标准在此处最不相宜，因为存在不当扩大抢劫适用的危险。"新说"主张（对物的）暴力标准较为适宜，可有效避免"旧说"此种不当扩张的危险。

第二类，"多次"或"入户"或"在公共场所、公共交通工具上针对他人携带财物"作案时，定性抢夺的，以数额较大为要件，定性盗窃（扒窃）的不以数额较大为要件。鉴于"抢夺"与"盗窃"的实益在此处出现"倒挂"，抢夺危害大却容易出罪（以数额较大为要件），盗窃危害小却容易入罪（不以数额较大为要件），应当尽可能缩小"倒挂"范围，所以这类情形合理的界分倾向同样是：缩小"抢夺"、扩大"盗窃"的认定。这会产生以下效

果：这类情形的作案，不论秘密公开，不论数额是否较大皆可以盗窃罪定罪处罚。从而最大限度避免"公然作案"危害大反倒因数额不够较大不能定罪的"倒挂"的情形。又鉴于界分标准无论在何种场合都应当作同一把握，包括在携带凶器作案时，所以这类作案的界分标准同样是一定程度的暴力。

根据实益寻求此罪彼罪界限并非机会主义，而是有其正当根据。刑法的目的是保护法益，因此也应当从法益侵害性上寻求罪与罪的界分标准，并保持罪刑相适应，实现刑法的引导、阻吓功能。法益侵害性较大的行为，应当令其承担较大的罪责；法益侵害性较小的行为，应当令其承担较小罪责。体现法益侵害程度的是什么呢？"秘密·公然"还是"和平·暴力"？显然是"和平·暴力"，侵犯财产方式在这上面的差异更能显示出其法益侵害性。据此，应当从法益侵害性差异上寻求处罚的差异，侵犯财产方式上的暴力有无、轻重决定罪责轻重（实益）。

在三分模式下，抢夺比盗窃危害性大、处罚重的原因主要是其暴力性，所以根据暴力程度掌握抢夺与盗窃的界分标准，缩小抢夺罪认定，与刑法评价一致，同时显示出三分模式的必要性。

（二）抢夺之"强力"特点的掌握

"新说"提出的抢夺之暴力是"对物暴力""具有致人伤亡可能性的"。[1]其试图用"对物"的暴力与抢劫之（对人的）暴力相区别，用"具有致人伤亡可能性"的暴力程度与盗窃相区别。"新说"在抢夺构成要件及其功能方面进行了开拓性的研究，具有启发性。本文寻求抢夺与盗窃界分标准的思路与"新说"不同。

本文立足于中国三分模式及其错综复杂的实益关系，着眼于寻求合理的法律适用方案，并设定一个标准使其具有实现该方案的功能。本文以标准具有实现最佳法律适用方案的功能为目标，不在意寻求抢夺"本该"如何。因为在两分模式中，无须抢夺概念也能合理惩治"偷抢行为"。那么采取三分模式惩治同样范围的行为，寻求合理的法律适用方案以及具有界限功能的标准是关键，不必计较抢夺固有的内容。基于这样的考虑，本文将"抢夺"定义为"强力夺取他人紧密持有财物的行为"。此"强力"与"暴力"并无实质

---

〔1〕 董玉庭："盗窃与抢夺新界分新说的质疑——兼与张明楷教授商榷"，载《人民检察》2010年第15期。

差别，使用"强力"而不使用暴力，并非为了标新立异，而仅仅是为了避免与抢劫的暴力相混淆。此"强力"夺取的内容，本文也不想如"新说"那样添加诸如"对物的（暴力）""具有致人伤亡可能性的（暴力）"之类的限定。因为在足以实现界限功能的前提下，多一要件限定不如少一要件限定。多一重限定可能多一重累赘。

抢夺指"强力夺取他人紧密占有物的行为"。这一概念足以满足界限功能，理由如下。

第一，关于抢夺与抢劫的界限。很简单，此"强力"夺取指虽然有一定的暴力但尚未达到足以压制他人使其不能抗拒、不敢抗拒的（抢劫）暴力程度。很简单的原因是：本文自始就没有也无意于触动抢夺与抢劫界分的既有标准。在"携带凶器抢夺"以抢劫论时，前提是还没有使用抢劫程度的暴力，所以也没有触及既有标准。本文主张缩小抢夺认定的部分转移到盗窃适用范围，不影响既有的抢夺与抢劫界分的通说标准。

"新说"主张抢夺具有某种暴力性，又担心被指责与抢劫罪界分不清。其实，即使主张抢夺应有暴力因素也不触及抢劫的认定标准。夺取财物的暴力没有达到抢劫程度的，本来就定抢夺罪；若达到抢劫（通说）暴力程度的，则本来该定抢劫罪。"新说"没有必要心虚胆怯，给抢夺暴力加上"对物"的限制。

第二，关于抢夺与盗窃的界限。本文力主缩小抢夺的认定，即在"偷抢行为"范围内，"强力夺取他人紧密持有的财物"尚未构成抢劫的，是抢夺，其余的都是盗窃。没有必要限定该行为是秘密还是公开、暴力是对人还是对物，是否足以致人伤亡。因为这些特征对盗窃、抢夺、抢劫都是非本质的因素。添加这些"特征"或许在某一类某一个案件中有助于我们把握界限。但这些"特征"不具有普适性，可能成为"框框"，妨害法律的合理适用。盗窃、抢夺、抢劫界分的本质因素是暴力程度。在司法时需结合案情斟酌暴力程度。或许这斟酌是法律适用永远摆脱不了的问题。如甲故意与被害人相撞，或故意给被害人脚下使绊，或故意飞踹被害人背部，或……致其手中提包落地，甲或同伙公开或秘密将提包拿走。该定盗窃、抢夺、抢劫？恐怕既不能依据"类型化"的标准认定，也不能依赖细致的定义来认定。对此还是需要根据个案的情况，斟酌暴力程度来认定。比如相撞重则可能导致死亡、昏迷、伤害，轻则可能没有觉察。取提包或迅猛或隐蔽，只能视具体情形斟酌认定。

这样的斟酌不仅在盗窃、抢夺的认定时需要，在抢夺与抢劫、强奸与通奸、绑架与非法拘禁、故意伤害与故意杀人等界分时同样不可避免。可以说，试图寻求能够省却个案具体判断的标准是不可能的。

（三）竞合论补正

用"强力夺取"的限定来缩小抢夺、扩大盗窃的认定，只是压缩了这方面"罪责倒挂"的范围，即"入户""多次""在公共场合针对他人携带财物"作案，即使公然也可以定盗窃，不以数额较大为要件。不过，这仍然不能彻底解决"罪责倒挂"问题，比如"入户"抢夺即入户强力夺取他人占有物的，该如何适用法律？其危害性不比窃取小，不能因为是"抢夺"不是"盗窃"而要求"数额较大"。所以，还需要进行以下补正。

抢夺当然符合盗窃的构成要件，或者说抢夺必然触犯盗窃，其竞合关系犹如抢劫罪当然符合或触犯抢夺罪、盗窃罪，强奸罪当然竞合强制猥亵妇女罪，绑架罪当然竞合非法拘禁罪，故意伤害罪当然竞合故意杀人罪。基于这种竞合适用原则，"多次"抢夺当然符合"多次盗窃"，"入户"抢夺当然符合"入户"盗窃，定罪不以数额较大为要件。"扒窃"是一种特殊的盗窃，通常指在公共场所、公共交通工具上窃取他人携带的财物的行为。如果在属于"扒窃"的场所针对他人携带财物抢夺的，同样符合"扒窃"，定罪不以数额较大为要件。这样掌握也符合常理，"街头"夺包尤其是"飞车"夺包，严重危害社会治安应予严厉惩治，其危害性甚于秘密"扒窃"，应当认为同时符合"扒窃"。这样也会减少"扒窃"认定的困惑。

总之，本文将盗窃与抢夺之间的界分首先视为法律适用技巧。根据刑法保护法益、规范行为的目的，根据罪刑相适应原则的要求，选择合理的法律适用方案，确定法律适用倾向、标准，而不专注于阐释盗窃、抢夺"本来"该是什么样子。对"偷抢行为"无非就是抢劫、抢夺、盗窃三罪（条）的适用，其方案首先必须保证该三罪（条）整体适用的合理性，不悖实益、常理。"偷抢行为"约占全部刑事案件的一半，因此，本文提出的法律适用方案必然会接受司法实务的检验，笔者也期待着检验的效果。

新定罪量刑标准下职务侵占罪与盗窃罪界分问题研究[1]

2016 年 4 月 18 日起施行的《最高人民法院、最高人民检察院关于办理贪污贿赂刑事案件适用法律若干问题的解释》（以下简称《解释》）对职务侵占罪的定罪量刑标准作出了大幅调整，将职务侵占罪"数额较大"的起点由原来的 5000 元至 1 万元调整为 6 万元，"数额巨大"的起点调整为 100 万元。《解释》的施行提高了职务侵占罪的入罪门槛，由此造成了职务侵占罪与盗窃罪在定罪量刑标准上的巨大差距：盗窃罪数额较大的起点为 1000 元至 3000元，与职务侵占罪入罪标准相比，后者最高可达前者的 60 倍，最低也有 20倍。另外，数额加重犯（数额巨大）的起点也相差巨大，盗窃数额在 3 万元至 10 万元以上属于数额巨大，处 3 年以上 10 年以下有期徒刑，盗窃数额在30 万元至 50 万元以上属于数额特别巨大，处 10 年以上有期徒刑或者无期徒刑。而职务侵占罪的数额巨大起点为 100 万元，法定刑为 5 年以上 15 年以下有期徒刑。相比之下也是数倍的差距。在职务侵占罪与盗窃罪定罪量刑标准差距如此之大的情况下，如何准确地对行为定性，将变得更加重要。

一、职务侵占罪定罪量刑标准调整所产生的影响

《解释》对职务侵占罪入罪门槛的提升产生了两方面的影响。

（一）职务侵占罪与盗窃罪的界分利害重大

在新的定罪量刑标准之下，某一行为是被认定为职务侵占罪还是盗窃罪，对行为人来说将产生截然不同的两种结果。笔者在工作中就遇到过这样一个案例。被告人吴某某与被告人陈某某系亲戚关系，二人同是某快递公司业务员，负责收揽及派送快递，被告人李某某系被告人陈某某的妻子。吴某某在得知陈某某急需用钱归还贷款后，就与陈某某、李某某共谋通过调包快递的方式牟利，三人最终商定由陈某某购买一袋大米，通过快递运送到吴某某所

---

〔1〕 原载《人民检察》2017 年第 9 期，原名为"职务侵占罪与盗窃罪之比较研究"。

负责的区域，吴某某在去上一个中转站分拣快递的过程中将陈某某的快递单与其他快递的快递单对调，然后由李某某负责接收快递。共谋后，三人按计划分工进行，陈某某邮寄的装有大米的快递寄到了吴某某所负责区域的上一级中转站，吴某某在去中转站分拣本区域快递时，发现了陈某某邮寄的快递，后吴某某将陈某某包裹上的快递单抽出，并与旁边另一个重量相当的包裹的快递单进行了调换。被调换的包裹由快递员送到了陈某某所填写的收件人手中，该包裹实际由李某某接收。包裹内含 12 部苹果 6Splus 手机，经鉴定，价值人民币共 57 000 元。

在这样一起案件中，对三名被告人的行为该如何定性？在《解释》施行之前，根据 57 000 元的犯罪数额来看，无论是认定为职务侵占罪还是认定为盗窃罪，最终处罚结果大致相同。但在《解释》施行之后，如果将三名被告人的行为定性为职务侵占，由于未达到 6 万元数额较大的入罪标准，三被告人的行为不构成犯罪；如果定性为盗窃，则不仅构成犯罪，还应处 3 年以下有期徒刑，在某些经济欠发达地区，甚至可能达到盗窃数额巨大标准，成立盗窃罪加重犯，应处 3 年以上有期徒刑。类似案件应定性为职务侵占还是盗窃？如果掌握的标准不一致，将会导致司法机关对同样或同类行为作出差别显著的定性处理，因此，在职务侵占罪新的定罪量刑标准之下，对类似行为亟需确立一个统一的界分标准。

（二）新标准不利于保护单位财产

以往的司法尺度在界分职务侵占罪与盗窃罪时，总是扩张适用职务侵占罪、缩小盗窃罪的适用，这种倾向体现在最高人民法院的一系列指导判例中，笔者将在下文详细介绍。如果继续采取既往标准，将上述公司、企业或者其他单位的人员，利用职务或工作便利实施的窃取行为统一认定为职务侵占罪，将会导致公司、企业等单位财产得不到有力保护。因为职务侵占罪的定罪门槛过高，而公司、企业，特别是中小企业，很少有"内盗"数额达到 6 万元以上的，数额没有达到 6 万元就不构成犯罪，不能定罪处罚。这样的司法标准会造成刑事法网漏洞，不利于保护公司、企业等单位的财产。

二、既往的界分尺度

既往学说和司法经验在界分职务侵占罪与盗窃罪时都认为：利用职务便利"窃取"单位财物的行为，属于职务侵占罪与盗窃罪的法条竞合，应当优先适用职务侵占罪定罪处罚，排斥盗窃罪的适用。这一做法的源头是惩治贪污罪的立法规范和司法实践。从 1952 年的《中华人民共和国惩治贪污条例》（已失效）确立贪污罪名开始，国家工作人员利用职务上的便利"窃取"公共财物是以贪污论，排斥以盗窃罪论处。1995 年的《全国人民代表大会常务委员会关于惩治违反公司法的犯罪的决定》（以下简称《决定》，已失效），首次确立了职务侵占罪。《决定》将不符合贪污罪主体规定的人员从贪污罪中分离出来，纳入职务侵占罪的范围，而 1997 年刑法修订时保留了《决定》中的有关内容，立法者将一部分原为贪污罪的行为划入职务侵占的范围，这也导致职务侵占罪确立后，其适用一直因循着一种惯性思维，即利用职务便利"窃取""骗取"公司、企业等单位财物，因为不具有国家工作人员的主体身份不能定贪污罪的，以职务侵占罪定罪处罚。在这样的惯性思维下，对于公司、企业等单位的"内盗"，具有国家工作人员身份的，就定性为贪污；不具备的就定性为职务侵占。因贪污罪含利用职务便利的"窃取""骗取"行为，当然地推及职务侵占也含利用职务便利的"窃取""骗取"行为，甚至由"利用职务便利窃取"扩张至"利用工作便利窃取"，这体现在最高人民法院一系列指导判例中。

（一）指导判例确立的界分尺度

最高人民法院在其发布的一系列类似判例中，确立了对于职务侵占罪与盗窃罪的界分尺度，其基本逻辑是扩张职务侵占罪的适用，排斥盗窃罪的适用。

1. 贺某某职务侵占案[1]

被告人贺某某是某铁路快运公司郑州站营业部的装卸工，利用搬运、装卸旅客托运行李包裹的职务便利，在两年多的时间里 19 次采取"掏芯"手段窃取电脑、手机等财物，价值共计 45 871 元。郑州铁路运输法院认为：被告人身为郑州车站委外装卸工，利用职务便利非法占有本单位的财物，数额较大，构成职务侵占罪，判处有期徒刑 2 年。该指导判例作者的评论或"指导意见"是这样说的：第一种观点认为，贺某某没有利用职务便利，属于纯劳务行为，所以只能以盗窃罪定罪；第二种观点认为是职务侵占罪，因为贺某某确实利用了职务上的便利。该案裁判理由指出：1995 年通过的《决定》第

---

〔1〕 最高人民法院刑事审判第一、二、三、四、五庭主办：《中国刑事审判指导案例》第 1 册，法律出版社 2009 年版，第 679 页。

10 条规定，公司和其他企业的董事、监事、职工利用职务上的便利或者工作便利，侵占本公司、企业数额较大财物的，构成侵占罪。虽然《决定》第 10 条用了"利用职务或者工作上的便利"的表述，现行《刑法》第 271 条第 1 款则表述为"利用职务上的便利"，但这并不能得出现行《刑法》改变了该构成要件，将"利用工作上的便利"排除在职务侵占罪之外的结论。现行《刑法》没有沿用《决定》第 10 条的表述，仅仅出于《刑法》用语简洁的考虑，并没有改变本罪构成要件的意图。也即利用职务上的便利，应理解为包括利用工作上的便利。基于此，我们认为职务侵占罪之利用职务便利，包括工作上的便利。包括因工作需要合法持有单位财物的便利，而不包括因工作关系、熟悉环境而容易接近财物的条件。认定是否利用职务上的便利，主要看便利条件是否直接为其工作职责所包含。本案中被告人贺某某是火车站行包房装卸工，其在车站行包房的职责是根据行李员方向清单进行清点与接车，对列车所卸入库的货物装卸办理交接手续等。其对中转的货物具有一定的管理权和经手权。被告人贺某某的盗窃行为就是利用其当班管理、经手财物的职务便利，在自己负责的中转货物中，实施"掏芯"手段将财物非法据为己有，完全可以认为是利用职务便利窃取他人财物，可以构成职务侵占罪。

通过上述指导案例可知，指导意见认为职务侵占罪的"利用职务便利"，包括利用工作便利，尤其不需要有管理职能，即便是从事劳务，只要他经手经管单位财物，"监守自盗"，都可认为是"利用职务便利"，都应该定性为职务侵占罪，这自然扩大了职务侵占罪的"利用职务便利"的范围，也就扩大了职务侵占罪的适用，排斥了盗窃罪的适用。

2. 林某职务侵占案[1]

被告人林某系某县信用社工作人员，2000 年 3 月 30 日下午 5 时 30 分许，林某和同事涂某从下属网点收款后押钞回信用社，将收回的 70 余万元存进金库保险柜后，被告人林某支开涂某，利用金库保险柜钥匙未上交之机，又返回打开金库大门及保险柜，盗走 70 万元，携款潜逃。福州中级人民法院认为：林某采取秘密窃取的手段，窃取金融机构的巨额钱款，构成盗窃罪，数额特别巨大，判处死刑，剥夺政治权利终身（当时盗窃罪还有死刑）。被告人上诉，福建省高级人民法院二审认为：上诉人林某犯职务侵占罪，判处有期

---

[1] 最高人民法院刑事审判第一、二、三、四、五庭主办：《中国刑事审判指导案例》第 1 册，法律出版社 2009 年版，第 670 页。

徒刑 15 年，没收财产 10 万元。该案的裁判理由指出：林某窃取信用社巨款是利用了保管保险柜的钥匙以及能够进出金库这两条职务上的便利，尽管其行为也同时利用了信用社管理制度上的混乱和漏洞，但就其窃取钱款行为的本质而言仍然是一种利用职务便利的行为，故对其行为应定性为职务侵占罪。

从裁判理由来看，该案也是极度扩张了"利用职务便利"的适用，从而扩大了职务侵占罪的适用。在笔者看来，本案中林某显然实施了窃取行为：首先，该 70 万元在信用社金库，应在单位占有下；其次，金库有专人值守；再次，收钞押钞都是二人同行相互监督、共同占有。因此林某违背占有者意志将他人占有物转为自己占有，实施了窃取行为。但是指导案例优先考虑林某有职务上或工作上的便利，优先适用职务侵占罪，排斥盗窃罪，这是当时较普遍的司法经验，也是指导判例的判旨。

3. 刘某职务侵占案[1]

被告人刘某系无锡某科技有限公司金加工车间代理主任。公司金加工车间大门及车间内仓库大门均锁有两把挂锁，只有两把挂锁同时打开才能开启大门。刘某和车工组长刘某某分别掌管每扇门上一把挂锁的钥匙。2007 年 9 月上旬，刘某乘公司停产车间无人、刘某某到其他厂上班之际，将车间大门上由刘某某保管的钥匙挂锁撬开，换成一把新锁。同月中旬，刘某用钥匙打开车间大门，再用自己保管的仓库大门钥匙打开仓库上的一把挂锁，撬开另一把挂锁进入仓库内，窃得价值 5.6 万余元的财物。该指导判例以职务侵占罪定性，判刑 2 年零 9 个月。其裁判理由指出：行为人对单位财物的管理权限及于职责范围的全部，其管理权能以及因该管理权所产生的便利亦不因有其他共同管理人而受到影响，其单独利用管理职务便利窃取本单位财物的行为不影响"利用职务上的便利"的认定。本案中，刘某同时使用撬锁的方式打开另外两把挂锁的行为与一般盗窃行为无异，但其能够顺利实现非法占有单位财物的目的，关键还是利用了其作为车间主任对单位财物直接负有保管职责的便利。

这个指导判例旨在说明，被告人刘某利用职务上的便利，窃取自己经管的财物，优先适用职务侵占罪。本案中，刘某显而易见实施了窃取行为。首先，车间、仓库的财物应当是在公司占有之下；其次，这是二人共同管理的

---

[1] 最高人民法院刑事审判第一、二、三、四、五庭主办：《中国刑事审判指导案例》第 1 册，法律出版社 2009 年版，第 693 页。

仓库，制度上一人管一把锁，相互监督。刘某违背他人意志将他人占有物转为自己占有，行为具有窃取性质。该指导判例判旨则认为有利用职务便利的因素，优先适用职务侵占罪，排斥盗窃罪适用。

以往的判例，不管是指导案例还是普通判例，都有同样的扩大职务侵占罪适用的倾向。如浙江奉化市中级人民法院一审判决书：被告人周某利用在公司车间从事镀锡工作，经手、使用原料锡的职务便利，趁公司人员不备，将车间熔化炉的锡水舀出放在车间角落冷却，再伺机将其拿出公司，多次盗窃的财物价值 2 万余元。法院以职务侵占罪定罪处罚。为此，笔者检索北大法宝司法判例库，检索到职务侵占罪案 25 000 件。然后在这个检索结果范围里输入"窃取"继续检索，得到了 1500 余案，输入"盗窃"检索到 1200 余案，两项相加 2800 余案，那等于说 25 000 个职务侵占案，就有 2800 件包含有窃取或盗窃行为。

由以上指导判例和普通判例，以及北大法宝案例概略统计可以看出，我国以往适用职务侵占罪的尺度较为扩张，包含窃取行为。因工作关系经手劳动工具、原材料、产品，利用其便利窃取财物的，优先适用职务侵占罪，而不是适用盗窃罪。从过去的实践看，在职务侵占罪与盗窃罪界分上，显而易见扩张职务侵占罪适用，缩小盗窃罪适用。而且认为职务侵占罪当然包含窃取行为，一旦行为人利用了职务或者是工作便利，即便有窃取行为也应按照职务侵占罪定罪处罚。

（二）从新标准看既往尺度的不足

既往的标准符合当时的法律规定，适应当时处理有关犯罪案件的需要，对司法实务发挥了积极的、正确的指导作用。但在《解释》对职务侵占罪定罪量刑标准作出了重大调整之后，有必要重新审视既往标准。

1. 既往标准过度扩张"利用职务上的便利"的范围，不利于保护公司企业财产

既往标准在利用职务便利与利用工作便利的区分上，过度扩张利用职务便利的范围，甚至将利用职务便利解释为包括利用工作上的便利，这样一来就极大地扩张了职务侵占罪的适用范围，缩小了盗窃罪的适用范围。在《解释》提高职务侵占罪入罪门槛的情况下，继续保持这种倾向，将会导致一大批行为因达不到职务侵占罪的入罪标准又不能认定为盗窃罪，最后只能作无罪处理。文章开头提到的快递员"调包"快递的案子就面临着这样的尴尬，

按照既往标准，被告人身为快递员有经手快递的职务便利，对其实施的窃取行为应当认定为利用了职务上的便利，那么就应当定性为职务侵占罪，但是被告人的犯罪数额又未达到《解释》规定的数额较大的起点，无法以职务侵占罪定罪处罚，这样无疑是放纵了犯罪。

2. 将窃取方式包含在职务侵占罪之中没有法条和法理依据

传统观点认为，职务侵占罪的行为方式同贪污罪一样，包含侵吞、窃取、骗取，然而这种观点并没有足够的法条和法理依据。

首先，在法律文本上，《刑法》第382条明文规定贪污罪含"窃取"方式，而《刑法》第271条却没有明文表述职务侵占罪含"窃取"方式。对于这两个法条文字表述的差异应从解释规则上理解为"立法者有意为之"，据此，职务侵占罪不包含"窃取"行为有法律文本上的根据。

其次，在刑法体系上，职务侵占罪（第271条）规定于侵占罪（第270条）之后，表明二者关联更紧密。侵占罪之法律要点在于将自己占有之他人财物非法侵吞，在仅获取"所有"不夺取"占有"意义上，不法程度低于盗窃，故侵占罪不能包含"窃取"行为。职务侵占罪作为侵占罪的特别类型，应当同样具有不夺取"占有"的侵吞属性且不法程度同样低于盗窃，不能包含"窃取"行为。

最后，在刑法的评价上，职务侵占罪不法程度明显低于盗窃罪，刑法对职务侵占罪配置的法定刑低于盗窃罪，司法解释确立的定罪量刑的数额标准也轻于盗窃罪，尤其是《解释》给出职务侵占罪6万元为"数额较大"、100万元为"数额巨大"的新标准后，在定罪数额起点上职务侵占罪要比盗窃罪高出20~60倍，在量刑数额标准上至少高出10倍以上。在刑法规范评价上，职务侵占罪的不法程度远远低于盗窃罪，而在刑法适用上却认为职务侵占罪包含"窃取"方式，以低度不法包含高度不法形成的"倒挂"司法尺度，违背法理情理。因此，应当认为职务侵占罪不得包含"窃取"方式。

三、调整职务侵占罪的司法尺度

《解释》施行后，既往的司法尺度已经不能适应新形势的要求，有必要对职务侵占罪与盗窃罪作出新的界分。

（一）严格区分"利用职务便利"和"利用工作便利"

"利用职务上的便利"应当指利用单位委托其"保管"单位财物的职务，

这种受托"保管"之责应当与侵占罪中的"保管"之责相同，委托人（单位）向受托保管人有返还请求权，也即受托保管人不仅依单位职责有妥善保管该财物的义务，且依职责承担返还责任，如发生损坏、丢失的，在财务或账目上有据可查，单位可追究其失职或赔偿等责任。单位工作人员不具有这种职务上的保管责任，仅仅利用在单位工作，因使用劳动工具、加工零件、装配产品、搬运货物等经手、过手单位财物的便利，或者利用在单位工作而熟悉环境、出入方便等便利，窃取单位财物的，不属于利用职务上的便利，应定性为盗窃罪而非职务侵占罪。按照调整后的标准，前述三个"指导判例"中被告人窃取财物的行为都不具备利用职务上便利的条件。

在上文的案例中，吴某某身为快递员，其职责为揽件和派件。其受单位指派到上一级中转站去分拣本区域快件属于其工作职责之一。在中转站分拣快递环境里，有监控器全程监控和中转站负责人监管，吴某某在分拣过程中接触到快件，但对快递没有经管、监管职责。其在中转站分拣本区域快递时"调包"包裹上的快递单，导致客户的邮包被投递到同伙手中。只是利用工作方便"窃取"财物（的间接正犯）行为，不符合职务侵占罪的利用职务便利的条件，应当以盗窃罪论处。如果吴某某是在分拣完成之后，在派送快递的过程中对自己负责派送的快递实施上述行为，则应当认为其是利用职务便利。因为此时快递公司有账可查，其经手快件如果丢失，公司有据可查、可依其在公司的职责追究责任。

（二）理顺职务侵占罪与相关犯罪的关系

理顺职务侵占罪与侵占罪、贪污罪、盗窃罪之间的法律适用关系：职务侵占罪是侵占罪的特别类型，而非贪污罪的特别类型，应具有侵占罪的根本属性，即"侵吞受托保管物"，排斥"窃取他人占有物"的窃取行为，也就是说职务侵占罪应当和侵占罪一样，都是不侵犯占有的犯罪。单位存放于车间、库房、料场、货架、行包房、金库等处的财物，应属单位占有的财物，由厂主、店主或者车间、库房、料场等主管负责人以及门卫、保安占有；封缄于行李、包裹内的财物同时还在主人占有下。单位人员利用工作便利窃取的，属于窃取他人占有的财物，成立盗窃罪，排斥适用职务侵占罪。二人以上共同保管的单位财物应当认为是全体保管人共同占有的财物，保管人违背其他保管人意志窃取的，也属于窃取他人占有财物，成立盗窃罪，排斥适用职务侵占罪。

四、结语

在《解释》对职务侵占罪的定罪量刑标准作出调整之后，必将有大量案例面临职务侵占罪与盗窃罪的界分问题，如何准确、合理地界分二罪，不仅关系到刑法的准确适用，更关系到司法标准的统一。以往的界分尺度已不能适应职务侵占罪定罪量刑标准调整所带来的问题，面临着不得不改的现实。为此，我们有必要重新划定职务侵占罪的适用范围，准确地区分利用职务之便与利用工作之便，适度缩小对利用职务之便的解释，以便将部分不具有典型利用职务便利特征的行为划入盗窃罪的范围，通过盗窃罪进行打击。同时，彻底理顺职务侵占罪与侵占罪、贪污罪、盗窃罪之间的法律适用关系，将"窃取"这一典型的侵犯占有的方式从职务侵占罪的行为方式中剔除出去。最后，希望本文的论述能够对职务侵占罪与盗窃罪的界分提供帮助。

职务侵占罪不应包含"窃取"方式[1]

新近出台的《最高人民法院、最高人民检察院关于办理贪污贿赂刑事案件适用法律若干问题的解释》（以下简称《解释》）对职务侵占罪定罪量刑数额做出大幅调整："数额较大"起点为6万元；"数额巨大"起点为100万元。这与盗窃罪"数额较大"起点1千元至3千元、"数额巨大"起点3万元至10万元比较，差距巨大。

这必将产生两个影响。其一，职务侵占罪与盗窃罪的区分利害重大。例如，某快递公司员工甲与乙、丙通谋，由乙邮寄一件价值微薄的邮包给丙，当该邮包被快递员集中至甲工作的配送点时，甲将客户丁贵重邮包（价值57 000元）的投递单与丙的进行调换，导致丁的邮包被递送给丙，甲乙丙分赃。该案甲乙丙的行为，如果被认定为具有职务侵占性质，因未达到6万元数额较大标准不构成犯罪；如果被认定为具有盗窃性质，则成立盗窃罪（共犯），甚至可能成立"数额巨大"应处3年以上有期徒刑的加重犯。其二，如果认定该案行为性质是职务侵占罪，不成立犯罪、不具有刑事可罚性，可能导致刑事法律出现巨大漏洞，使公司、企业、事业单位财产得不到有力的保护。为此，在此后《刑法修正案（九）》时代，职务侵占罪定罪量刑标准发生重大调整时，有必要反思以往的司法尺度，寻求更为合理的尺度。

一、惩治贪污罪的规定和司法实践

以往的司法尺度是扩张适用职务侵占罪、缩小适用盗窃罪。传统观点认为职务侵占罪包含利用职务便利"窃取"单位财物的行为，属于法条竞合，应当优先适用职务侵占罪定罪处罚，排斥盗窃罪适用。其源头是惩治贪污罪的规定和司法实践，自1952年《中华人民共和国惩治贪污条例》（已失效）中确立贪污罪名始，国家工作人员利用职务便利"窃取"公共财物的，以贪

---

〔1〕 原载《法制日报》2016年5月18日第10版。

污论处，排斥盗窃罪名适用。1995 年的《全国人民代表大会常务委员会关于惩治违反公司法的犯罪的决定》（已失效）首次确立职务侵占罪名，其适用一直因循着一种惯性思维，即利用职务便利窃取、骗取公司、企业等单位财产，因为不具有国家工作人员主体身份不能定贪污罪的，以职务侵占罪定罪处罚。

这体现在有关"指导判例"中，如贺某某职务侵占案（第 452 号），火车站行包房装卸工贺某某当班装卸旅客托运行李包裹时，用"掏芯"手段窃取电脑、手机、电磁炉等价值 45 871 元的财物；林某职务侵占案（第 247 号），林某和涂某二人押钞存进信用社金库后，林某支开涂某，又返回金库盗走 70 万元；刘某职务侵占案（第 516 号）刘某和刘某某各持有公司仓库两把门锁中的一把门锁钥匙，刘某撬开另一把门锁窃取了价值 56 209 元的财物。

法院对上述 3 起案件中的窃取行为均以职务侵占罪定罪处罚，这是相当普遍的司法尺度。在"北大法宝"中检索到的职务侵占罪判例中有很多都是单位工作人员窃取所在单位财物的行为。

二、调整职务侵占罪的司法尺度

以往的司法尺度没有法条和法理根据，且面临着不得不改的现实。《刑法》第 382 条明文规定贪污罪含"窃取"方式，但是《刑法》第 271 条却没有明文表述职务侵占罪含"窃取"方式，这两个法条文字表述差异当属立法者有意为之，说明职务侵占罪不包含"窃取"行为有法律文本上的根据。

《刑法》中职务侵占罪（第 271 条）规定于侵占罪（第 270 条）之后，表明两者关联更紧密。侵占罪之法律要点在于将自己占有之他人财物非法侵吞，在仅获取"所有"不夺取"占有"意义上，不法程度低于盗窃，故侵占罪不能包含"窃取"。

职务侵占罪作为侵占罪的特别类型，应当同样具有不夺取"占有"的侵吞属性且不法程度同样低于盗窃，不能包含"窃取"。刑法评价也说明职务侵占罪不法程度低于盗窃罪，刑法对职务侵占罪配置的法定刑低于盗窃罪，司法解释确立的定罪量刑的数额标准也轻于盗窃罪，尤其是《解释》给出职务侵占罪 6 万元为"数额较大"、100 万元为"数额巨大"的新标准后，在定罪数额起点上职务侵占罪要比盗窃罪高出 20 倍至 60 倍，在量刑数额标准上至少高出 10 倍以上。在刑法规范上职务侵占罪的不法程度远远低于盗窃罪，而在刑法适用上却认为职务侵占罪包含"窃取"方式，以低度不法包含高度不法形成的"倒挂"司法尺度，违背法理情理，在此后《刑法修正案（九）》

时代不能任由这种情形维系下去。因此必须调整以往职务侵占罪的司法尺度，严格限缩职务侵占罪的适用。

第一，严格区分"利用职务上的便利"和"利用工作方便"。"利用职务上的便利"应当指利用单位委托其"保管"单位财物的职务，这受托"保管"之责应当与侵占罪的受托"保管"之责相同，委托人（单位）向受托保管人有返还请求权，也即受托保管人不仅依单位职责有妥善保管该财物的义务，且依职责承担返还责任，发生损坏、丢失的，有财务或账目上的依据追究其失职或赔偿等责任。单位工作人员不具有这种职务上的保管责任，仅仅利用在单位工作，因使用劳动工具、加工零件、装配产品、搬运货物等经手、过手单位财物的便利，或者利用在单位工作而熟悉环境、出入方便等便利，窃取单位财物的，不属于利用职务上的便利，应定性为盗窃罪而非职务侵占罪。据此，前述"指导判例"以及以职务侵占罪定罪处罚的大量判例，只是利用工作上的方便条件，不具有利用职务上便利的要件。

第二，彻底理顺职务侵占罪与侵占罪、贪污罪、盗窃罪之间的关系。职务侵占罪是侵占罪的特别类型而非贪污罪的特别类型，应具有侵占罪的根本属性，即"侵吞受托保管物"，排斥"窃取他人占有物"的窃取行为。单位存放于车间、库房、料场、货架、行包房、金库等处的财物，应属单位占有的财物，由厂主、店主或者车间、库房、料场等主管负责人以及门卫、保安占有；封缄于行李、包裹内的财物同时还在主人占有下。单位人员利用工作便利窃取的，属于窃取他人占有的财物，成立盗窃罪，排斥适用职务侵占罪。二人以上共同保管的单位财物应当认为是全体保管人共同占有的财物，保管人违背其他保管人意志窃取的，也属于窃取他人占有财物，成立盗窃罪，排斥适用职务侵占罪。

论计赃论罪立法模式对受贿罪共犯适用的限缩[1]

在中国刑法上，受贿罪共犯明显有两处限缩适用：其一，非特定关系人与国家工作人员成立受贿罪共犯，司法解释要求具备"收受财物后双方共同占有"（以下称"共同占有说"）的条件；其二，刑法独立规定有介绍贿赂罪，对国家工作人员介绍贿赂行为，会因为以介绍贿赂罪定罪处罚而排斥受贿罪共犯适用。这里的"限缩适用"是相对于普适性共犯原理而言的。按照共犯原理，行为人故意地与他人共同犯受贿罪，或者教唆、帮助他人犯受贿罪，就成立受贿罪共犯，包括受贿罪的共同正犯和共犯。其成立无须受收受财物的限制，也无须以介绍贿赂罪定罪处罚。

笔者认为，这两处特别限缩根植于中国刑法对贪污受贿罪特有的重视"违法取利""计赃论罪"的立法模式。通过了解中国特有的立法模式，有助于理解受贿罪共犯的限缩适用，合理掌握受贿罪共犯适用的尺度。

一、新中国惩治受贿罪立法的特点：重视违法取利、计赃论罪

刑事立法和司法实践，有普适性的一面，也有其历史、经验的一面。回顾新中国惩治贪污受贿的立法和司法实践会发现，在计赃论罪的模式下，对贪污受贿罪共犯曾经按照"个人受贿数额"处罚，不同于现在的按照"共同受贿总额"处罚。

新中国惩治受贿罪立法自 1952 年的《中华人民共和国惩治贪污条例》（以下简称《惩贪条例》，已失效）开始。《惩贪条例》第 2 条规定："一切国家机关、企业、学校及其附属机构的工作人员，凡侵吞、盗窃、骗取、套取国家财物，强索他人财物，收受贿赂以及其他假公济私违法取利之行为，均为贪污罪。"这条的关键词是"违法取利"。第 3 条规定，犯贪污罪者[2]依

---

〔1〕 本文系中国政法大学科研项目"对'两高'办理贪污贿赂刑事案件适用法律研究"（项目编号：10817359）的阶段性成果。
〔2〕 含受贿罪。

其情节轻重，按"个人贪污的数额"，分别处罚。贪污 1 亿元[1]以上者，判处 10 年以上有期徒刑或无期徒刑，其情节特别严重者判处死刑；5000 万元以上不满 1 亿元者，判处 5 年以上 10 年以下有期徒刑；1000 万元以上不满 5000 万元者，判处 1 年以上 5 年以下有期徒刑……不满 1000 万元者，判处 1 年以下的有期徒刑、劳役或管制；集体贪污，按各人所得数额及其情节，分别惩治。这条所规定的处罚模式是按照"个人贪污的数额"设置法定刑轻重，可称之为"计赃论罪"的模式。与之关联的集体贪污按"各人所得数额"处罚。

《惩贪条例》中规定的惩治受贿罪的立法模式，显示出三个特点。其一，重视"违法取利"。国家工作人员的渎职行为是否入刑，主要的分界点在于是否违法取利、中饱私囊。把受贿罪规定于贪污罪之内，与贪污罪同等评价和处罚，也体现出对受贿罪评价偏重于违法取利的一面。其二，"计赃论罪"。根据个人贪污的数额确定法定刑幅度，"计赃论罪"，即受贿罪定罪量刑模式是以个人受贿数额为定罪量刑的主要根据，根据个人受贿的数额设定法定刑幅度。其三，共同受贿的，按照"各人所得数额"处罚。而非今日通行的按照"共同受贿总额"处罚。

《惩贪条例》的上述特点，在新中国第一部刑法典即 1979 年《刑法》中基本消失了。1979 年《刑法》第八章渎职罪第 185 条规定，"国家工作人员利用职务上的便利，收受贿赂的，处 5 年以下有期徒刑或者拘役。赃款、赃物没收，公款、公物追还。犯前款罪，致使国家或者公民利益遭受严重损失的，处 5 年以上有期徒刑"。从这条规定中可看出立法模式的重大变化：其一，受贿罪与贪污罪分离，将受贿罪独立规定于"渎职罪"一章中，表明立法者由《惩贪条例》重视"违法取利"的一面，转而重视"渎职"的一面。其二，法定刑配置，不以受贿数额作为定罪量刑的主要依据，而是以"致使国家和公民利益遭受重大损失"为法定刑升格处罚的依据。可以说，1979 年《刑法》放弃了《惩贪条例》重视违法取利、计赃论罪模式。

不过，1979 年《刑法》的模式仅存三年就被修改。1982 年《全国人民代表大会常务委员会关于严惩严重破坏经济的罪犯的决定》规定：对受贿罪比照 1979 年《刑法》第 155 条贪污罪论处，情节特别严重的，处无期徒刑或者

---

[1]　旧币，与新币的换算比例为 1 万比 1，1 亿元等于新币 1 万元。

死刑。前述决定改为比照贪污罪论处，差不多又回到了《惩贪条例》重视违法取利、计赃论罪的模式。1988年《全国人民代表大会常务委员会关于惩治贪污罪贿赂罪的补充规定》（以下称《惩贪补充规定》，已失效）则彻底回到了《惩贪条例》的模式，受贿罪适用贪污罪的法定刑，依据个人贪污受贿所得数额规定"四档"法定刑幅度，除数额有所调整、顺序改为由轻到重之外，与《惩贪条例》完全相同。

1997年修订《刑法》关于受贿罪的处罚，仍沿用《惩贪补充规定》的模式，"作了简化，只规定依照贪污罪处罚，即主要以受贿数额作为处罚的依据，但对索贿的从重处罚"。[1]1997年《刑法》虽然经2015年《刑法修正案（九）》修正，但《惩贪条例》《惩贪补充规定》模式依然被完整保留下来。

特点经比较产生。中国现行刑法计赃论罪模式与德国、日本等国家相比较而言，有很大差别。如《德国刑法》第331条受贿罪法定最高刑为2年、法官等特别职责人受贿法定最高刑为3年，第332条索贿且悖职的法定最高刑为5年，法官等特别职责人索贿且悖职的法定最高刑为10年。《日本刑法》第197条受贿罪法定最高刑为5年，对第三人供贿法定最高刑为3年。而且德国、日本刑法受贿罪加重的事由是索贿、悖职、司法职权等特殊身份，而不是受贿金额。我国1979年《刑法》的模式比较接近德国、日本，但其存续期间很短，仅存三年多就消失了。

二、受贿罪共犯按"共同受贿总额"处罚与"共同占有"说

受贿罪共犯处罚原则已悄然变化：由早先按照"各人所得数额"处罚转变为按照"共同受贿总额"处罚。在相当长的时间里中国刑法对受贿共犯是按照"个人所得数额"处罚的，《惩贪条例》第3条第5款规定："集体贪污，按各人所得数额及其情节，分别惩治。"这里的集体贪污，包括共同受贿。1988年《惩贪补充规定》中规定，"二人以上共同贪污的，按照个人所得数额及其在犯罪中的作用，分别处罚。对贪污集团的首要分子，按照集团贪污的总数额处罚；对其他共同贪污犯罪中的主犯，情节严重的，按照共同贪污的总数额处罚"。据此，直到1997年《刑法》修订前，法律规定上对受贿罪共犯处罚原则为：一般按"各人所得数额"处罚，例外按总额处罚。

---

[1] 全国人大常委会法制工作委员会刑法室编：《〈中华人民共和国刑法〉条文说明、立法理由及相关规定》，北京大学出版社2009年版，第785页。

1997 年《刑法》总则第 26 条关于共犯的处罚有重大修改，规定对主犯按照其所参与的或者组织、指挥的"全部罪行"处罚。学说上，共犯"部分行为全部责任"原理的影响逐渐扩大，取得通说地位。这突出表现在 2003 年《全国法院审理经济犯罪案件工作座谈会纪要》（以下称《纪要》）这一解释上："（1997 年）《刑法》第 383 条第 1 款规定的'个人贪污数额'，在共同贪污犯罪案件中应理解为个人所参与或者组织、指挥共同贪污的数额，不能只按个人实际分得的赃款数额来认定。"由此明确了审判实践中受贿罪共犯按照共同受贿总额处罚。之后《刑法修正案（九）》则将 1997 年《刑法》第 383 条"个人贪污数额"修正为"贪污数额"，淡化了"个人贪污数额"，刑法的修正也呼应了《纪要》的解释。

计赃论罪立法模式未变而处罚原则却发生了变化，势必产生两方面的问题。其一，在司法方面与先前的经验发生冲突。按照早先的刑法规定以及据此形成的司法习惯，一般按照"各人所得数额"处罚受贿罪共犯。转而按照"共犯受贿总额"处罚，势必与司法人员的观念、司法经验、司法案例，产生冲突。这表现为在受贿罪共犯案件处理中往往会发生分歧、争议。其二，加重了受贿罪共犯的刑事责任。举一例可简单说明：甲向五名国家工作人员各行贿 2 万元，五人成立受贿罪共犯。如果按照各人受贿 2 万元处罚，在《刑法修正案（九）》修正之前，一般判刑 1 年左右。如果按照五人受贿总额 10 万元处罚，依当时刑法规定适用 10 年以上有期徒刑刑罚。如果没有法定减轻处罚的情节，依法对五名共犯人都应当判处 10 年以上有期徒刑。[1]这量刑结果显然加重了各共犯人的责任。处罚原则的变化，在当时极端情形下可能会产生 1 年左右到 10 年左右量刑上的差别。这不能不引起司法实务方面的高度重视。

司法实务面对这样的问题，对于个案的审理，不能不在共犯一般原理的应用上有所变通。变通的方案主要有两个：其一是限缩受贿共犯的成立；其二是"对'部分实行全部责任'的共同犯罪理论作适当突破，在必要时改为按照个人实际所得数额而非共同受贿数额处罚"。[2]这两个解决方案存在密切

---

〔1〕 黄应生："《最高法研究室关于共同受贿案件中受贿数额认定问题的研究意见》解读"，载《司法研究与指导》2012 年第 2 辑（总第 2 辑）。

〔2〕 黄应生："《最高法研究室关于共同受贿案件中受贿数额认定问题的研究意见》解读"，载《司法研究与指导》2012 年第 2 辑（总第 2 辑）。

联系，受贿共犯的成立意味着按照共犯受贿总额处罚。如果按照总额处罚各共犯人，在个案审判上可能产生显失公平的结果，解决的途径只有这两个：要么限缩共犯的认定，要么突破按照总额处罚的规则，按照个人所得数额处罚。二者殊途同归：限缩受贿共犯按照受贿总额处罚的适用，以避免显失公平的判罚。关于突破按照受贿总额处罚的方案，最高人民法院法官在《〈最高法研究室关于共同受贿案件中受贿数额认定问题的研究意见〉解读》一文中做了充分的论述。本文仅就受贿罪共犯成立条件的限缩展开讨论。

2003 年的《纪要》在明确按照受贿总额处罚的同时，提出了"共同占有说"。《纪要》指出："近亲属以外的其他人与国家工作人员通谋，由国家工作人员利用职务上的便利为请托人谋取利益，收受请托人财物后双方共同占有的，构成受贿罪共犯。"2007 年《最高人民法院、最高人民检察院关于办理受贿刑事案件适用法律若干问题的意见》（以下简称《办理受贿案意见》）重申："……特定关系人以外的其他人与国家工作人员通谋，由国家工作人员利用职务上的便利为请托人谋取利益，收受请托人财物后双方共同占有的，以受贿罪的共犯论处。"《纪要》和《办理受贿案意见》把收受请托人财物后"共同占有"，作为非特定关系人与国家工作人员之间成立受贿共犯的条件。"共同占有说"区分特定关系人与非特定关系人，对非特定关系人成立受贿共犯设立"共同占有"的条件，也可以称"特定关系人与非特定关系人"区别说，不过归根到底是"共同占有说"。最高人民法院的法官曾就该规定做过以下解说，"关于共同占有，区分特定关系人与非特定关系第三人，并规定后者需以共同占有为条件，主要是出于主客观相一致原则与刑事打击面的考虑，考虑到特定关系人与国家工作人员已有共同利益关系，故不再要求共同占有要件。"[1]由此可以推知，根据《办理受贿案意见》，构成受贿罪共犯通常要具备"共同占有"的条件，只是国家工作人员与特定关系人之间不要求"共同占有"。因为二者之间存在共同利益关系，一方占有的等于"共同占有"。因而称其为"共同占有说"更接近其实质意义，表明"共同占有"对于认定受贿罪共犯的重要作用。

《纪要》和《办理受贿案意见》属于有权解释，其"共同占有说"引起广泛的讨论，同时又受到一些批评。批评的理由主要有两点：其一，明显违

---

〔1〕 刘为波："《关于办理受贿刑事案件适用法律若干问题的意见》的理解与适用"，载《人民司法（应用）》2007 年第 15 期。

反共犯基本原理；其二，不当限缩受贿共犯处罚的范围。如，有学者指出"非特定关系人第三人帮助国家工作人员收受财物但未实际占有，或者国家工作人员未实际占有，只要双方具有通谋的共同故意，理应作为受贿共犯处理。从这方面看，'两高'《意见》的规定确实是限制了受贿共犯的打击面，值得理论上进一步思考"。[1]再如，"脱离了受贿罪的保护法益来认定受贿罪的成立……与共犯原理相冲突……明显造成了一个不可容忍的处罚漏洞"。[2]批评者提出的解决路径通常一致：即任何人与国家工作人员共谋，并参与、教唆、帮助其受贿犯罪，即可成立受贿罪共犯，不必共同占有收受财物。

笔者认为，中国刑法特有的计赃论罪的立法模式需要"共同占有说"适当限缩受贿罪共犯的范围。共犯相比单独犯，有一个不利的法律后果，就是"部分行为全部责任"。具体到受贿罪共犯，体现为按照共同受贿总额处罚。自《惩贪条例》又经《惩贪补充决定》再经 1997 年《刑法》修订和 2015 年《刑法修正案（九）》修正，"计赃论罪"模式一直沿袭至今。而受贿罪共犯量刑规则却发生了重大变化，由早先原则上按照个人所得数额处罚，转变为现行按照共同犯罪总额处罚。在"计赃论罪"模式下，对受贿罪共犯成立条件按照共犯成立一般原理掌握，可能会扩大刑事打击面；将"部分行为全部责任"的处罚原则贯彻到底，某些个案的处理难以做到罪刑相适应。最高人民法院法官论及共同受贿案件中受贿数额认定的疑难之处时曾指出："罪刑相适应原则永远是法官办案时应当遵循的原则。只有实现了一个个具体个案的公正，才有抽象的一般公正。离开了个案公正的一般公正无异于空中楼阁。"[3]这或许道出了司法实践提出"共同占有说"的缘由。忽视中国刑法贪贿犯罪定罪处罚模式与德国、日本等国的差异，套用其共犯成立的条件和处罚原则会脱离实际，造成显失公正的判罚。有学者指出："相关规范之所以规定'共同占有财物'要件，主要是基于刑事政策的考虑，是为了限缩刑法的打击面，通过规定此要件将某些在理论上成立受贿罪共犯的情形予以排除了。"[4]将理论上成立共犯的某些情形排除，就是主张限缩适用。

---

〔1〕 卢勤忠："第三人收受财物型受贿罪的认定"，载《华东政法大学学报》2007 年第 5 期。

〔2〕 黎宏、姚培培："论受贿罪的共同正犯"，载《人民检察》2015 年第 19 期。

〔3〕 黄应生："《最高法研究室关于共同受贿案件中受贿数额认定问题的研究意见》解读"，载《司法研究与指导》2012 年第 2 辑（总第 2 辑）。

〔4〕 李丁涛："非特定关系人成立受贿罪共犯的认定"，载《中国纪检监察报》2018 年 12 月 26 日，第 8 版。

三、受贿罪共犯认定的重点在"共同占有"收受的财物

受贿罪包括两方面的行为，其一，利用职务便利为请托人谋取利益；其二，收受请托人财物。计赃论罪的处罚模式下判刑的主要依据在受贿数额。受贿罪共犯成立则各共犯人按照受贿总额处罚。因而，认定共犯的成立，重点在"共同占有"收受的财物。道理很简单，评价受贿罪共犯罪责的主要依据，也应当是认定受贿罪共犯成立的主要依据。重视各共犯人在"共同占有"收受财物上的共同性。否则，认定成立受贿罪共犯，将不得不变通共犯"部分行为全部责任"原则，例外允许按个人所得数额处罚。[1]

首先，受贿罪共犯主观要件"共谋"内容的认定。各共犯人对受贿罪的两个客观环节有认识：其一，明知国家工作人员利用职务上的便利为请托人谋取利益，在数个国家工作人员共同实施的场合，明知各国家工作人员利用职务上的便利为请托人谋取利益；其二，明知国家工作人员收受或企图收受请托人的财物。因为受贿罪共犯依法按照共同受贿总额适用刑罚，因此还要求对共同受贿总额有认识。如果对共同受贿的总额缺乏认识，令其对受贿总额承担罪责显失公平。例如，重庆某区果品办三负责人受贿案（以下称"果品办案"）。某公司中标某区果林项目后，为了在栽种、付款事宜上得到区果品办关照，该公司边某、秦某、唐某宴请区果品办副主任肖某和易某吃饭。期间，边某私下向肖某表示，若项目完成赚到钱，将按照每株2元标准给果品办主任陈某和易某、肖某好处费，肖某当时未表态。此后，秦某将请托意图告知易某，易某再将该意图转达给陈某，陈某、易某二人均未明确表态。项目完工后，请托方如约分别给予陈某、易某、肖某各26万元。在项目实施及工程款发放过程中，陈某、易某、肖某分别利用职权为请托方谋取了利益。[2]本案中，三名被告人都各自利用职务上的便利为请托方谋取利益，收受了财物，具备了受贿罪共犯的客观要件。关键在于是否具备受贿罪共犯的主观要件。肯定的意见认为，有相当的根据认定具备主观要件，请托方宴请易某、肖某，并私下告知肖某按每株2元给好处费，之后又私下告诉易某按每株2元给好处费，并请易某转告陈某。项目完成后，请托方按照每株2

---

〔1〕 参见黄应生："《最高法研究室关于共同受贿案件中受贿数额认定问题的研究意见》解读"，载《司法研究与指导》2012年第2辑（总第2辑）。

〔2〕 李毅磊："贿赂犯罪中疑难共犯问题研究"，载《中国检察官》（经典案例）2016年第3期。

元的标准计算出总数后平均，分别给三人各 26 万元。易某、肖某虽然被分别告知请托，但同时接受请托方宴请，应当知道彼此受到请托。易某转告陈某，虽未表态，也应知道彼此受到请托。事后三人各得到 26 万元，与请托方许诺的每株 2 元标准一致。三人应当心知肚明这是当初许诺的兑现，甚至可以算出各人所得数额。三人对接受请托、收受财物达到如此程度的认识，可以认定对于接受请托、收受请托人财物有认知。国家工作人员对收受请托人财物往往讳莫如深，达到本案如此认知程度还不能认定具有共同受贿的主观故意，恐怕很难找到受贿罪共同正犯的案件了。否定的观点也有相当的理由，因为本案是事后收受"感谢费"类型的案件，三人虽然于事先得知请托方给予好处费的许诺，但具有不确定性，而依合同配合中标方施工，依合同验收、支付工程款，也是各自本职本分的工作，不能评价为共同犯罪行为，三人利用职务便利为请托人谋利行为的共同性不能表现出犯罪的共同性。只是在收受请托人给予 26 万元好处费之时，才显现出受贿犯罪行为。而收受好处费是分别进行的，虽然三名被告人在收受 26 万元之后能够认识到其他人也得到了好处费，但相互之间就收受好处费没有进行明确的沟通，没有达到共谋收受财物的程度。据此，也可认为不具有共同受贿的故意，不成立受贿罪共犯。罪责相适应是刑法的基本原则，责愈重则认定的标准愈高。在计赃论罪模式下，成立受贿罪共犯要按照共同受贿总额处罚，导致各被告人承担很重的刑事责任，与此相应，应当提高受贿罪共同故意的认定标准。需要各受贿人在收受财物上具有明显的犯意联络，才可认定为共同犯受贿罪。

其次，收受财物后"共同占有"。对于特定关系人之间共谋利用职务便利为请托人谋利、收受财物的，不以共同占有为必要。因为各共犯人是共同利益关系人，其中一人收受即具备共同占有的条件。在非特定关系人的国家工作人员共谋为请托人谋利、收受请托人财物的案件中，需要共同占有收受的财物。如"果品办案"中，三人基于同一请托人、同一请托事项为请托人谋取利益，各自收受了 26 万元好处费，具备共同占有收受财物的条件。如果其中有人没有收受请托人给予的 26 万元好处费，则不成立受贿罪，也不成立受贿罪的共犯。即使知道果品办其他人接受请托、为请托人谋取利益，也不能构成受贿罪共犯。

前述"果品办案"的处理，涉及一个很有意思的话题。就是刑事审判实务检验刑法理论、推动理论的修正、发展，类似"反向工程"。司法人员处理刑事案件需要考虑个案处理结果的妥当性，因为法律是抽象的，刑法原理是普适性的，而个案千姿百态不一定都是典型案件。按照原理、原则处理个案得不出妥当的结论，司法人员仍然追求结果的妥当性而不得不对原理原则做出变通运用。由追求个案处理结果的妥当性，反向寻找变通的理由和路径。就"果品办案"而言，需要考虑处理结论的妥当性，即对果品办三被告人按照总额处罚是否妥当。如果认为不妥当，解决的路径是什么？无非是两条，其一，不成立共犯，各共犯人在共同收受财物上没有达到"共谋"程度，对他人是否收受财物、收受多少也没有清楚的认识，不具备受贿共同故意不成立共犯。结论自然是无需按照受贿总额处罚。按照这一进路，则掌握共同犯罪主观要件的尺度显然超出常理常规。由此进一步衍生出对受贿罪认定尺度超常规掌握是否可取的问题。笔者认为可取，因为受贿罪各共犯人定罪处罚的关键因素在个人收受数额，因此成立共犯需要客观共同占有收受的财物，主观就共同占有收受财物有共谋。德国、日本等国家，受贿罪定罪处罚的关键因素为为请托人谋取利益，其加重因素是主体职务性质（如法官等司法人员）和悖职，其认定受贿共犯或许可以忽略共同占有收受的财物。其二，成立共犯但不按照总额量刑而是按照个人所得量刑的例外。这是最高人民法院研究室在《关于共同受贿案件中受贿数额认定问题的研究意见》的批复中表现出的进路。因为毕竟在共同收受财物上没有共谋，对他人是否受收、收受多少也不清楚，因此只按照本人收受数额处罚。无论哪个进路，都能丰富共犯原理的具体运用，即受贿罪共犯认定或处罚尺度需要特别限缩掌握。

国家工作人员对其他国家工作人员收受财物的行为知情，并且在履行职务时同其他受贿的国家工作人员一起利用职务之便为请托人谋利，对其他国家工作人员收受贿赂起到了一定的作用，但是本人没有占有收受的财物的，也不应当以受贿罪共犯（帮助犯）定罪处罚。例如，村干部甲、乙、丙、丁在开会时，村民李四找来要求承建某村的灾后重建项目，并承诺要拿出20万元感谢在座各位村干部。事成之后，李四拿20万元交给甲，甲自己留5万元，给乙、丙、丁各5万元，乙、丙、丁收下。甲、乙、丙、丁共同接受请托，为请托人谋取不正当利益，收受请托人财物后共同占有，且知道共同收受的总额，构成受贿罪共犯。对甲、乙、丙、丁四人应当按照共同受贿总额处罚。假如甲转给丁5万元，丁拒绝收受，丁没有共同占有收受的财物，不成立受贿罪共犯。即使丁知道李四的请托和承诺且为其谋取了不正当利益，也不能认定丁成立受贿罪共犯。因为丁可以辩解自始就没有收受财物的意思，只是不愿意得罪甲、乙、丙，不便表明态度。即使丁知情且帮助了甲、乙、丙为请托人谋利、收受贿赂的行为，也不能对丁以受贿罪共犯定罪处罚。或者假如丁收下 5 万元之后第二日即主动退还给李四，同样也不能对丁以受贿罪共犯定罪处罚。[1]

国家工作人员本人没有占有收受的财物，即使对他人受贿行为客观上起到促进作用、主观上知情，符合帮助犯条件的，也不能适用受贿罪共犯定罪处罚。例如，王五为承揽某路段工程向发包方工作人员甲提出请托，甲说："这事我一个人说了不算，还得乙同意。"于是王五给甲 20 万元，其中包含托甲转交给乙的 10 万元。甲将 10 万元转交乙，乙不收，说："钱不能收，事照办。"甲说："一共 20 万咱俩平分，你放心收下吧。"乙仍不肯收，说："你都拿上吧，反正我不能要。"甲说："钱不收，那事情你得同意哟。"乙说："没问题，事照办。"乙没有占有收受的财物，笔者未见此种情形被认定构成受贿罪共犯的判例。[2]如果造成严重后果的，通常也只是追究乙的渎职罪责。再假如国家工作人员甲接受赵六请托收其 10 万元，全部给了国家工作人员乙，并且与乙共同利用职务上的便利为赵六谋取利益。这种情形下，甲没有与乙共同占有收受的财物，也不宜以受贿罪共犯定罪处罚。可以按照行贿罪共犯或介绍贿赂罪定罪处罚。从理论上讲，前述二案中乙的行为完全符合受贿罪帮助犯的条件，对于甲受贿，乙客观上起到促进作用，主观上知情，但不宜以受贿罪共犯定罪处罚。因为乙主观上没有与甲收受财物后共同占有的意思，客观上也没有共同占有收受的财物。在斡旋受贿的场合，国家工作人员甲利用职务上的影响力通过国家工作人员乙的职务行为为请托人谋取不正当利益，甲收受请托人财物的，甲成立受贿罪，乙没有共同占有收受财物的，不成立受贿罪共犯。即使知情，也不能认定为受贿罪的共犯。从历史的、经验的角度看，中国《惩贪条例》向来重视受贿"违法取利"一面，根据是否中饱私囊界分是否按贪污受贿入罪，界分贪污贿赂罪与渎职罪的界限。国家工作人员能够洁身自好、本人拒绝收受贿赂的，不具有违法取利性质，不作为受贿罪或受贿罪共犯处罚。对他人受贿知情不举或者有渎职行为的，一般作为违

---

[1] 之所以设例，因为无奈。国家工作人员未共同占有收受财物的，既未找见构成受贿罪共同正犯的判例，也未找见不成立受贿罪共同正犯的判例。只好设例。

[2] "说有容易、说无难"。只是就笔者见识而言目前尚未见过此种判例。

反党纪政纪性质的行为进行处理，后果严重的，按照滥用职权、玩忽职守等渎职罪处罚。

四、介绍贿赂罪对受贿罪共犯的限缩

介绍贿赂罪与受贿罪共犯的司法适用，具有此长彼消的关系：向国家工作人员介绍贿赂的行为，以介绍贿赂罪定罪处罚了，就不会适用受贿罪共犯定罪处罚；反之，以受贿罪共犯定罪处罚，就不会以介绍贿赂罪定罪处罚。注意，这里是说"定罪处罚"上此长彼消的关系，而不是"触犯罪名"意义上的此长彼消关系。即使认为该案中向国家工作人员介绍贿赂的行为符合受贿罪共犯的条件，但以介绍贿赂罪定罪处罚了，那么在法律适用意义上，就减少了受贿罪共犯的适用。

学者关于介绍贿赂罪与受贿罪共犯的认定或区别，多从"介绍贿赂"行为角度分析是独立成立介绍贿赂罪还是受贿罪共犯。对此存在三种观点。其一，认为介绍贿赂罪具有在立法上独立存在、司法上独立适用的价值，不能被行贿受贿共犯所兼并。"我们认为，介绍贿赂罪有其独立存在的现实和理论意义……介绍贿赂罪是一个独立的、完整的违法行为，有其自身存在的价值，不能构成行贿罪或受贿罪的共犯"。[1]其二，折衷观点，认为"我国刑法并无必要规定介绍贿赂罪……在刑法尚未取消介绍贿赂罪的情况下……但不得不正确面对，并尽可能想办法作相对合理的区分"。[2]其三，极端排斥介绍贿赂罪适用空间的观点。认为"按照受贿人的意图，为其寻找索贿对象，转告索贿人的要求等，完全符合受贿罪的共同犯罪的成立条件。理当认定为受贿罪，而不得认定为介绍贿赂罪"。[3]

笔者认为，刑法将介绍贿赂罪单独规定为犯罪，与重视违法取利的理念和计赃论罪的模式相关。有学者指出，介绍贿赂罪多余，是立法错误。这个批评值得商榷。一国刑事立法和司法实务，既有逻辑、理性的一面，也有历史、经验的一面。中国受贿罪立法理念和模式，自 1952 年《惩贪条例》确立以来延续至今，基本没有变化。司法人员依据该理念、模式适用刑法处理受贿案件，积累而成的司法习惯、经验影响着一代一代的法律职业者。1997 年

---

〔1〕 朱程斌、阮防："以刑制罪：介绍贿赂罪认定的一个误区——兼论《刑法修正案（九）》对介绍贿赂犯罪的修改"，载《江西警察学院学报》2016 年第 2 期。

〔2〕 刘明祥："从单一正犯视角看贿赂罪中的共同犯罪疑难问题"，载《法学家》2017 年第 2 期。

〔3〕 张明楷："受贿罪共犯"，载《法学研究》2002 年第 1 期。

修订刑法之时，有效的受贿罪共犯的处罚根据是 1988 年《惩贪补充规定》，对受贿罪共犯一般是按照"各人所得数额"处罚。若行为人向国家工作人员介绍贿赂但没有与受贿人共同占有收受的财物，则无从按照"各人所得数额"处罚。居间介绍贿赂但本人没有违法取利的，与违法取利的受贿区别对待，单独规定介绍贿赂罪和法定刑，其立法根植于重视违法获利理念、计赃论罪模式。

刑法独立规定介绍贿赂罪和法定刑，多少会限缩了受贿罪共犯的适用。笔者在"法信"（智答版）平台"类案推送"栏输入"介绍贿赂罪"一词检索，共检索到 1468 篇适用介绍贿赂罪的判决书，可见其在司法实务中仍有较广泛的适用。有些介绍贿赂行为符合受贿罪共犯条件，但是按照介绍贿赂罪定罪处罚较为合适，不必按照受贿罪共犯处罚。司法实践中区分介绍贿赂罪与受贿罪共犯，一般以是否非法获利为标准，居间促成行贿、受贿实现，对受贿起到教唆、帮助作用但没有从中获利的，一般不定受贿罪共犯，而是以介绍贿赂罪定罪处罚。司法实践采取的"是否非法获利共同占有财物"的界分标准，与立法上自《惩贪条例》以来重视受贿罪违法取利理念、根据非法获利数额决定处罚轻重的模式一脉相承。如王某介绍贿赂案，[1]泽州县交通局委托各乡镇负责实施"村通水泥路"项目工程，李寨乡政府决定由罗泉村村委会负责其中的某 1.6 公里路段的工程议标、实施。某工程队负责人姜某有意承包该路段工程，通过时任李寨乡土岭村党支部书记的被告人王某与时任罗泉村党支部书记兼村委主任郭某（已判刑）联系。2015 年 4 月，被告人王某找到郭某说明了姜某想承包该路段工程，郭某表示姜某要承包该工程需要给其 6 万元好处费。随后王某又带姜某与郭某见面，商谈好姜某承包该工程给郭某 6 万元好处费的事情。2015 年 7 月，姜某中标该工程后开始施工，于 2015 年 8 月完工。2015 年 7 月至 2016 年 1 月，姜某分三次送给郭某好处费共计 6 万元。法院判决王某构成介绍贿赂罪，判处拘役 6 个月，缓刑 1 年，并处罚金 2000 元。本案王某居间撮合请托人姜某与受托人郭某双方达成贿赂合意，之后，由双方自行完成行贿与受贿。王某没有与郭某共同占有收受财物。对王某以介绍贿赂罪定罪处罚较合适。

再如被告人宋某介绍贿赂案[2]，被告人宋某与王某甲同在北京市交管局

---

[1]　泽州县人民法院（2018）晋 0525 刑初 35 号刑事判决书。
[2]　北京市第一中级人民法（2014）一中刑初字第 2441 号刑事判决书。

工作，知道任秘书科科长的王某甲能办机动车牌照。有朋友找宋某办牌照，宋某就将其介绍给王某甲。王某甲先后给宋某介绍的秦某、王某乙办了五个牌号，秦某、王某乙要给好处费，宋某就将自己开立的由王某甲控制的账户卡号提供给秦某、王某乙，由他们将感谢费存入该账户（该账户还有其他人存入的贿款，由王某甲控制用于炒股），共三笔45万元。法院以宋某犯介绍贿赂罪判处有期徒刑2年。本案宋某与王某甲是同事，把朋友介绍给王某甲办车牌号，帮助王某甲接受感谢费。该行为符合行贿、受贿罪共犯的要件，但鉴于宋某本人没有共同占有收受的财物，按照介绍贿赂罪单独认定处罚较为合适。另，在居间介绍多名请托人向国家工作人员行贿的场合，因为各行贿人行贿数额不大，不追究行贿人刑事责任的场合，对居间介绍人单独认定为行贿罪的共犯，也不太合适。该案的介绍贿赂行为或许既符合行贿罪共犯也符合受贿罪共犯的要件，但按照介绍贿赂罪定罪处罚更合适，表明介绍贿赂罪在司法上仍有适用的空间，在立法上还有作为独立犯罪类型的必要性。

五、正确认识"共同占有"条件的地位

《办理受贿案意见》规定对于非特定关系人成立受贿罪共犯，要求收受财物后双方"共同占有"，这个"共同占有"是否具有受贿罪共犯构成要件意义，尚待理论上进一步探讨、司法实践进一步检验。有学者指出，《办理受贿案意见》第7条"共同占有"的规定"存在诸多不合理性，因此，司法机关不应当将其当作认定受贿罪共犯的唯一标准"。[1]笔者认为，在重视"违法取利""计赃论罪"立法模式、司法习惯的背景下，通过"共同占有"条件限缩受贿罪共犯适用具有一定的合理性，但同时也应当认识到其局限性。

首先，根据共犯制度和原理，对受贿罪共犯原本不需要添加"共同占有"条件的限制。依据中国刑法共同犯罪的规定，二人以上共同故意犯罪的，就可成立共犯。中国刑法采取单一共犯制，不存在共同正犯与共犯的区分，其优点是最大限度减少共犯成立的限制，最大限度地简化了共犯成立的条件，没有身份的人也可以构成身份犯共犯。无论有实行行为还是有教唆、帮助行为，作用大的皆可以成为主犯，作用小的皆可以成为从犯。这是对共犯成立限制最小的共犯制度，是最彻底的谋求罪刑相适应的实质共犯论。据此，国家工作人员与任何人"通谋"，利用职务上的便利为请托人谋取利益，收受或

企图收受请托人的财物，任何人只要对前述受贿犯罪起到物理的或心理的促进作用，任何人与国家工作人员之间就可以成立受贿罪共犯。正如有学者指出：相比区分共犯制，中国刑法单一共犯制更适合中国贿赂罪立法以及解决受贿共同犯罪疑难问题。[1]因此对受贿罪共犯要求具备"共同占有"条件并无刑法共犯制度上的根据。因此，如果中国"计赃论罪"立法模式、重视"违法取利"的观念发生变化，或刑法取消介绍贿赂罪，"共同占有"的条件可能就失去了存在的合理性或必要性了。

其次，对受贿罪共犯的处罚，如果适当松动"部分行为全部责任"的处罚原则，适当缩小按照"共同受贿总额"处罚的范围，适当扩大按照"各人所得数额"处罚的范围，在"计赃论罪"模式下也能够合理裁量刑罚，那么，也就不需要通过"共同占有"条件限缩受贿罪共犯的适用了。

---

[1] 刘明祥："从单一正犯视角看贿赂罪中的共同犯罪疑难问题"，载《法学家》2017 年第 2 期。

新中国刑法传统与刑法解释[1]

确立新中国刑法传统的观念具有重要意义。因为合理解释、适用刑法，不仅存在刑法理念、解释方法的冲突，[2]而且还存在借鉴外国刑法学说与中国刑法传统的冲突。一方面，新中国成立以后，彻底废除国民党旧"法统"，不仅从制度层面而且从司法人员、学说、教育（司法人才的培养）等方面进行了全面清除，并且在近乎空白的基础上开始了新中国的刑法实践。经历半个多世纪，形成了具有中国特色的刑法体制和学说，如严格限制刑事处罚范围的犯罪观念；未完成罪一般可罚；根据共犯的作用划分共犯种类及其责任；教唆犯独立可罚；同种数罪原则不并罚以及对异种数罪不计较并罚；限制适用酌情减轻处罚；广泛设置法定最低刑或加重类型；计量论罪处刑，等等。如果以现状为基准，新中国刑法实践 50 年间的积淀，已成为"传统"或"习惯"，影响着现行刑法的理解和适用，可称之为"新中国的刑法传统"。另一方面，现代刑法文明毕竟源于西方，其学说以体系完备、根基深厚而成为极具影响的"软实力"。二者有时会在刑法解释上发生冲突，需要了解和协调。

比如既遂、未遂问题，在对我国影响较大的德国、日本的体制中，通常只有定质、定性的问题，犯罪行为在实质上侵害法益（刑法保护的利益、客体）、在形式上具备了分则条文规定的犯罪事实，就是犯罪既遂。而在我国的刑法中，特殊情况下还要考虑定量问题。如案例1：被告人甲某在 L 酒家将就餐顾客置于座椅靠背上挎包中的钱包窃取，当逃离现场时被发现并被抓获。钱包装有现金 900 余元和市值 30 000 元的股票等财物。深圳市罗湖区人民法院于 1993 年 3 月 5 日判决被告人"窃取他人钱财，数额巨大，已构成盗窃罪。被告人所盗之股票尚未抛售，属犯罪未遂"。还如判例2：甲潜入其所在公司库房，窃得面额为 68 元的月饼券 3000 张，总计面额 20.4 万元。甲销出

---

〔1〕 载《人民法院报》2005 年 3 月 30 日。

〔2〕 陈兴良教授关于"刑法解释方法及位阶关系"一文就试图解决这个问题。载《人民法院报》2005 年 2 月 23 日"理论与实践周刊"版。

150 张获赃款 8000 余元。窃取的其余月饼券因为公司觉察后停止使用而未能销出。法院判决甲盗窃金额特别巨大（20.4 万元），但属于犯罪未遂。[1]上述两案中，显然存在两个既遂的标准，其一是基本罪既遂；其二是数额加重犯既遂。在中国刑法对盗窃罪有数额加重的体制中（盗窃数额较大处 3 年以下有期徒刑，数额巨大处 3 年以上 10 年以下有期徒刑，特别巨大处 10 年以上有期徒刑），按照最高人民法院关于审理盗窃案的司法解释，上述两案的票面金额（因能够随即兑付）属于盗窃罪"定罪量刑的标准"的金额，对上述两案的被告人应当分别适用"数额巨大"（依据 1979 年《刑法》应判处 5 年以上 10 年以下有期徒刑）或数额特别巨大（10 年以上有期徒刑）的法定刑幅度处罚，但是犯罪人毕竟未能实际兑付，按照既遂处罚或者说不适用未遂情节宽大处罚是否合理，就成为问题。法院的判决结果是适用未遂情节宽大处罚。《日本刑法》规定，"窃取他人财物的，是盗窃罪，处 10 年以下惩役"。在这种对盗窃罪定罪量刑不计量（无数额加重犯）的刑法规定中，对上述两案决无适用未遂的余地。从既遂的观念看，盗窃行为达到使他人对财物失控的程度、侵害他人财产法益就是既遂。上述两案的被告人盗窃"钱包""月饼券"（他人财物）既遂，不应该在已经既遂的情况下还适用未遂。另外从"加减构成"适用的原理看，像结果加重犯一类的加重构成，通常以加重的结果实际发生为适用要件，实际造成了加重结果，就适用加重的法定刑处罚，没有实现的，就不适用，其本身不存在未遂问题。因此，自日本刑法学说和司法实务的观点看，对上述两案适用未遂违背法理。但是自中国刑法对盗窃罪计赃论罪处刑的传统看，不无道理。

首先，它背后是计量定罪处刑的模式。在中国，不仅对盗窃罪而且对其他罪如贪污、挪用、盗窃、诈骗、抢劫等犯罪，要么在立法中明确规定定罪处罚的数额起点，要么在司法解释中明确定罪量刑的数额起点，犯罪金额计算成多少是定罪量刑的关键依据，决定罪与非罪或处罚轻重。于是产生了极为发达的犯罪金额计算方法和理论，斤斤计较犯罪数额，以至于需要计较犯罪金额的既遂未遂。而这模式下面，是根植于"本土"的整个刑法观念、制度系统。（1）新中国的刑事政策是尽量缩小刑事处罚的范围，通过《刑法》（第 13 条）犯罪实质定义和"但书"普遍提高犯罪门槛，并通过分则条文广

---

〔1〕 沈德咏主编：《经济犯罪审判指导与参考》2003 年第 3 卷，人民法院出版社 2004 年版，第 32~37 页。

泛采用"数额较大""情节严重"一类程度要件作具体限制，将危害不大的行为排除在犯罪范围之外，在实体、程序、性质上严格区分犯罪和违法行为，计量论罪处刑由此应运而生，成为重要的司法操作方式。（2）司法体制。法院须接受党政机关领导和上级法院的业务指导，不提倡司法独立、法官个性。新中国法学教育普及程度不高，未能通过法学教育给未来的法官提供统一的司法理念、标准、习惯等，法官往往通过师徒相传的方式培养，具有很强的地域性。这种体制，十分需要最高人民法院提供具体的数量标准指导下级法院办案，法官办案也高度依赖司法解释提供的数量、数额标准。这种上下级法院相互作用的局面，促使最高人民法院发布了大量量化定罪处刑标准的司法解释。对犯罪数额（数量）的计算、对"情节严重"弹性程度要件的掌握成为重要的司法技术，法官甚至庞大的法律职业群体在刑事司法方面形成了"斤斤计较"犯罪数额数量的"匠气"风格。（3）立法与司法相互促进。立法要求计量造成司法讲究计量，司法又通过判例、司法解释积淀成司法经验，立法吸收司法经验进一步促进刑事立法的计量模式。将修订后的刑法典与1979年刑法典对比，不难发现这一点。

其次，法官需要扩大自由裁量空间。计量定罪处刑模式最显著的效果是严格约束了法官的自由裁量权。法官的裁量权受到三重限制。第一重是立法限制，盗窃数额特别巨大、抢劫数额巨大、贪污受贿10万元以上依法应当在10年以上处刑，法官一般无权突破这里的10年底线。第二重是最高人民法院司法解释的限制，如解释规定"个人盗窃公私财物'数额特别巨大'，以3万元至10万元为起点"，法官必须遵照执行。第三重是法官所任职法院的操作习惯。刑法中广泛设置加重类型的同时严格限制"酌情"减轻处罚的适用，进一步加强了对法官自由裁量权的限制。

法官对上述两案适用未遂，可以说是在特定体制下，为了争取一点自由裁量空间而扩张适用法定情节的情况。如何评价上述两案未遂的适用，不能脱离处理该案的制度基础，即可称之为"新中国刑法传统"的那些东西：依司法解释计量、依法数额加重、不得酌情减轻，锁定了审判该案件的量刑格局。法官为了追求公平合理，缓和刻板量刑模式在个案中可能产生的严苛性，需要寻求法定情节的扩大适用。外国的体制对法官量刑没有这样大的约束，外国的学说遇不到这样的问题。因此我们不能将它简单纳入外国学说的"控制"或"失控"的框架内进行解释，也不能只考虑定质层面的既遂。从注释刑法的角度，在未遂犯一般可罚的体制下，既遂的认定其实就是能否适用未遂情节的问题，是一个量刑问题。或许，在中国计量定罪处刑的量刑模式下，我们需要构建数额加重既遂认定理论或未遂适用理论，而且为了缓和刻板的量刑模式对法官自由裁量权的过分约束，这种解释论似应倾向于鼓励扩大未遂情节的适用。

类似问题又如绑架人质后主动释放人质的能否适用犯罪中止。《日本刑法》第282条之二规定："在提起公诉前，将被诱拐的人解放至安全场所的，减轻其刑罚。"有此特别规定，且该罪法定最低刑只有3年惩役，足以满足灵活处理案件的需要，不需考虑适用犯罪中止。其他国家刑法也有类似的规定。我国通说断然排除成立中止的余地。不知这通说起源于何处，是不是只注意到国外不适用中止的通例而忽视了减轻处罚的特别规定呢？中国刑法对绑架罪的法定最低刑是10年有期徒刑，且对酌情减轻适用作极严限制，又没有类似减轻处罚的特别规定。在这样的特定制度背景下，对绑架者主动释放人质的适当考虑适用犯罪中止是不是更合理一点？法官可不可以通过适用犯罪中止扩大一点自由裁量空间，缓和一下量刑体制的刻板？

与"斤斤计较"犯罪金额数量的习惯相反，在数罪并罚方面，新中国的刑法传统不采取"斤斤计较"的态度。对同种数罪一般不实行数罪并罚，对计量论罪处刑的犯罪，则累计犯罪金额或数量以一罪处罚。对异种罪的数罪并罚，通常也采取较为粗放的态度，表现为学说和实务对想象竞合犯和牵连犯认定范围较宽。这种不计较数罪并罚的习惯可能与中国的刑法结构有关，许多常见多发犯罪的法定最高刑为死刑或无期徒刑，足以适应综合数罪处罚的需要；也可能与较有利于重惩犯罪有关，因为这样可以将数个只能判处有期徒刑的罪升格为无期徒刑甚至死刑之罪；甚至这可能也与司法操作方便有关，在数罪中往往同种数罪较多，累计数量以一罪处罚，比数罪并罚简便。但不管原因如何、是否合理，这种习惯已经融入了立法、司法体制中，例如多次贪污的或多次贩运毒品的，累计数额处罚；多次盗窃的，累计数额处罚；多次抢劫的处10年以上有期徒刑……从刑法特色上讲，计量论罪处刑模式给中国刑法染上浓重的客观主义色彩，但这种定位未必全面，对同种数罪一罪处罚，则具有强烈的主观主义色彩。从刑法实务上讲，借鉴来自"斤斤计较"数罪并罚的外国制度和学说，就应当谨慎从事。至少应注意它们学说中牵连犯、想象竞合犯、吸收犯、连续犯等观念产生于对数罪并罚锱铢必较的制度背景，而这与新中国刑法传统的取向相反。照搬这些概念与中国的司法实务难免有不合之处，如对同种数罪不并罚的习惯使连续犯概念在数罪并罚方面失去了实际价值，以至于出现了随意的解说，使连续犯的概念与它（在欧陆学说中）本来的意义相差甚远。对同种数罪不并罚习惯会影响到对异种数罪的并罚，因为在并罚方面对同种数罪粗放而对异种数罪精细，恐怕会产生失衡之感。所以令人为难的局面出现了：一方面刑法解释论不能忽视传统，同种数罪不并罚势必带动数罪并罚全局粗放，主张对异种数罪"斤斤计较"并罚就显得不合时宜；另一方面如果一味坚持传统的就是合理的，会使我们的刑法解释论成为无根的浮萍。同种数罪不并罚的习惯是否合理？如果是陋习，我们岂不是在错误的前提下越走越远？如果将来中国刑法中大量减少死刑、无期徒刑，还能继续维持这个习惯吗？维持粗放还是回到精细，涉及刑法传统的冲突、习惯的维持与改革。

我国刑法的罪与非罪问题[1]

正确区分罪与非罪是我国刑法中的一个基本问题。例如，侵害人身或者侵犯著作权到何种程度应当追究刑事责任；偷窃财物在何种情形下有必要定罪判刑。这个问题的产生以及对它的解决方式是我国刑法很有特色的内容之一。对它的理解和掌握，是深入、实际地掌握我国刑法的要领之一。

一、我国对违法行为处罚的二元法律体系所产生的罪与非罪问题

在我国，对违法行为（或者恶行、坏人坏事）的处罚主要有行政处罚和刑事处罚。行政处罚中主要的处罚方式，也是与刑事处罚最密切的处罚方式是治安处罚和劳动教养。治安处罚是由《治安管理处罚条例》规定的，分为三种：（1）警告；（2）罚款 1 元以上 200 元以下，有特别规定的场合可罚款 5000 元以下；（3）拘留 1 日以上 15 日以下。治安处罚适用于违反治安管理的行为。《治安管理处罚条例》规定的违反治安管理行为几乎包括了所有的轻微的侵害行为，相当于一部轻微罪行法典。[2]

---

[1] 原载于薛瑞麟主编：《法大刑法学研究文集》，中国政法大学出版社 2002 年版。

[2] 例如该条例第 22 条规定："有下列侵犯他人人身权利行为之一，尚不够刑事处罚的，处 15 日以下拘留、200 元以下罚款或者警告：

（一）殴打他人，造成轻微伤害的；

（二）非法限制他人人身自由或者非法侵入他人住宅的；

（三）公然侮辱他人或者捏造事实诽谤他人的；

（四）虐待家庭成员，受虐待人要求处理的；

（五）写恐吓信或者用其他方法威胁他人安全或者干扰他人正常生活的；

……"

该条例第 23 条规定："有下列侵犯公私财物行为之一，尚不够刑事处罚的，处 15 日以下拘留或者警告，可以单处或者并处 200 元以下罚款：

（一）偷窃、骗取、抢夺少量财物的；

（二）哄抢国家、集体、个人财物的；

（三）敲诈勒索公私财物的；

（四）故意损坏公私财物的。

违反治安管理行为与刑法中规定的伤害罪、非法拘禁罪、侮辱罪、诽谤罪、虐待罪、盗窃罪、诈骗罪、抢夺罪、哄抢罪、敲诈勒索罪、故意毁坏财物罪等相比实际上只有程度上的（或者量的）差别，但是它们的法律意义根本不同，至少在我国是被这样认为的。违反治安管理的行为不是犯罪，治安处罚不是刑事处罚而是行政处罚；在程序上，由公安机关按照行政程序对违反治安管理行为适用治安处罚。由此产生了罪与非罪问题之一：违反治安管理行为与刑事犯罪行为的区别。

另一个与刑事处罚最为密切的行政处罚是劳动教养。劳动教养，是对于被劳动教养的人实行强制教育改造的一种措施，也是对他们安置就业的一种办法。需要实行劳动教养的人，由民政、公安部门、所在机关、团体、企业学校等单位，或者家长、监护人提出申请，经省、直辖市、自治区人民委员会或者它们委托的机关批准。根据《国务院关于劳动教养的补充规定》，劳动教养的期限为1年至3年。必要时得延长1年。因为劳动教养比治安处罚更为严厉，所以需要劳动教养的行为往往比违反治安管理的行为更为严重。[1]由此产生了另一个罪与非罪之问题：需要劳动教养的违法行为与刑事犯罪行为的区别。

此外，在工商、税务、海关、交通管理等行政法规中，对非法经营、偷税抗税、走私、交通事故等违法行为也有行政处罚的规定，也存在行政违法行为与犯罪行为的区别。

解决由二元处罚体系产生的罪与非罪问题，主要办法如下所述。

（1）我国刑法在刑法总则中规定犯罪的一般定义时，以"但书"的方式说明：危害行为"情节显著轻微，危害不大的，不认为是犯罪"。

（2）我国刑法在刑法分则中规定各种犯罪定义时，对涉及财产、经济的

---

〔1〕 例如《国务院关于劳动教养问题的决定》第1条的规定，对于下列几种人应当加以收容实行劳动教养：不务正业，有不追究刑事责任的流氓行为或者有不追究刑事责任的盗窃、诈骗等行为，违反治安管理、屡教不改的……

公安部《劳动教养试行办法》第10条规定，对下列几种人收容劳动教养：

（一）罪行轻微、不够刑事处分的反革命分子、反党反社会主义分子；

（二）结伙杀人、抢劫、强奸、放火等犯罪团伙中，不够刑事处分的；

（三）有流氓、卖淫、盗劫、诈骗等违法犯罪行为，屡教不改，不够刑事处分的；

（四）聚众斗殴、寻衅滋事、煽动闹事等扰乱社会治安，不够刑事处分的；

（五）有工作岗位，长期拒绝劳动，破坏劳动纪律，而又不断无理取闹，扰乱生产秩序、工作秩序、教学科研秩序和生活秩序，妨碍公务，不听劝告和制止的；

（六）教唆他人违法犯罪，不够刑事处分的。

犯罪，往往加上"数额较大"的限制，例如盗窃罪、诈骗罪、抢夺罪、敲诈勒索罪、侵占罪、聚众哄抢罪、故意毁坏财物罪等；有的甚至规定一定数量犯罪金额的限制，例如走私罪偷逃应缴纳税额 5 万元以上，非法生产、销售伪劣产品罪销售金额 5 万元以上，侵犯著作权罪违法所得 3 万元以上，等等；对性质较轻的危害人身、社会治安的犯罪，往往加上"情节严重""情节恶劣""多次"或者结果的限制，例如侮辱罪、诽谤罪、诬告陷害罪、虐待罪、遗弃罪、寻衅滋事罪等，对于故意伤害罪则一般要求造成轻伤的结果。

（3）在刑事司法中，对"数额较大""情节严重""情节恶劣"进行解释并严格依照法定犯罪金额适用。

它所产生的效果或者影响有以下几点。

（1）"量"的观念。[1] 犯罪，尤其是行为本身性质较轻的犯罪有"量"或者程度的观念。例如，偷窃、抢夺、诈骗、敲诈、侵占、贪污、受贿少量财物的，故意伤害他人未造成轻伤后果的，偶尔寻衅滋事的，因为其量少或者危害程度低，不被认为是犯罪。

（2）客观化的倾向。为了掌握"量"的限度，在人口大国里统一执法，立法上明确规定出部分犯罪的"量"的标准；立法未规定具体的"量"的标准的，司法机关也要制定出"量"的标准。例如，盗窃罪"数额较大"在 500 元左右，诈骗罪的"数额较大"在 2000 元左右，故意伤害罪造成的轻伤后果要根据"人体轻伤鉴定标准"经法定程序鉴定予以确认。同样的行为是不是犯罪主要取决于这样的客观量化的标准。

（3）在统计上，犯罪率显得较低。

我国刑法中罪与非罪问题的产生以及对它的解决方式具有以下的利弊。

（1）在刑事政策方面，可以有效地避免把轻微的危害行为当作犯罪，也就有效地避免把有轻微危害行为的人贴上"罪犯"的标签。

（2）效率较高。由行政机关使用行政程序处理大量的违法案件，可以节省开支和时间。

（3）刑法在维护人们道德观念方面的作用有所减弱。偷窃、抢夺、骗取、侵占、敲诈少量财物，殴打他人未至轻伤，从法律上看竟然不是犯罪。从而使这类行为在道义上的恶性未能受到足够的否定评价。

---

〔1〕 关于中国刑法中犯罪概念的量的因素，参见储槐植："我国刑法中犯罪概念的定量因素"，载《法学研究》1988 年第 2 期。

（4）在刑事司法方面，难以充分考虑犯罪人的主观恶性和人身危险性。由于许多种类的犯罪的定罪标准被量化，定罪往往取决于客观的数量或者后果。行为未侵害足够数量的财产或者未非法获取足够经济利益，或者未造成特定后果的，行为人即使有较深的恶性和较大的危险性，也不能被定罪。刑法对付这类人显得软弱无力，以至于有这样的说法：这类人"大法不犯，小法不断犯；忙死公安，气死法院"。因此，往往依靠劳动教养措施来处罚这些人。尽管人们对劳动教养制度有所批评，但是它确实能弥补刑法这方面的欠缺，在维护社会治安方面发挥了重要的作用。

（5）法制问题。治安处罚最高可处 15 日以下的拘留（剥夺自由），劳动教养最高可处 3 年以下的收容教养，必要时还可延长 1 年。这样的处罚权力由行政机关依照行政程序行使，如果没有严格的制约，就可能发生侵害公民权益的情况。在刑法修订过程中，曾经有人提议将劳动教养纳入刑法，就出于这种担心，希望把劳动教养进一步规范化。

二、未完成罪和共同犯罪的罪与非罪问题

在我国刑法总则中规定未完成罪一般可罚，不必在分则中特别指明何种犯罪的未完成行为可罚；未完成罪包括犯罪的预备、未遂和中止，中止包括准备过程中的中止和实行过程中的中止。从立法上讲，有准备行为即可构成犯罪，不必有着手实行行为。共犯行为同样一般可罚，不必有人已经着手实行犯罪，尤其是教唆他人犯罪的行为独立可罚，不以被教唆人已经实行犯罪为必要。中国刑法关于未完成罪和共犯的一般规定在罪与非罪问题上具有重视主观犯意、轻视实行行为，重视定性、轻视定量的特点，这与在普通犯罪形态的定罪上重视客观、定量的特点形成明显的对比。

在我国刑法分则中，对许多非严重犯罪往往在客观结果或者情节上有量的限制，或者以造成特定的结果为要件。因此许多犯罪的未完成行为和共犯行为实际是不可罚的。例如《刑法》第 292 条之聚众斗殴罪、第 293 条之寻衅滋事罪等。

我国的刑事司法对未完成罪和共犯同样坚持重视客观、定量。对于非严重犯罪的未完成行为和共犯行为、在正犯尚未着手实行犯罪的场合的帮助行为和教唆行为，通常以该行为"情节显著轻微，危害不大"为由，不予定罪。必要时，给予治安处罚或者劳动教养处分。例如，对于故意伤害罪，以造成"轻伤"后果为必要；对于盗窃罪，一般以实际窃取"数额较大"财物（既

遂）为必要，只是在以重大财产为盗窃目标如在银行、博物馆等场合的情节下，对未完成行为才予以定罪；对于侮辱罪、诽谤罪、虐待罪、遗弃罪等以"情节严重""情节恶劣"为要件的犯罪，其未完成行为和共犯行为通常被认为情节不够严重或者恶劣，不予定罪。由此产生以下的效果和影响。

（1）在中国的刑事司法实践上，非严重犯罪的未完成行为和共犯行为很少被实际定罪处罚。尽管根据刑法总则的规定，这些行为是一般可罚的。

（2）在掌握"着手"实行犯罪的时间上较为靠后。在很多情况下是依靠把近似于犯罪的实行行为认定为预备行为这一做法，才能够以"犯罪预备"名义惩罚该行为。

但是，我国无论是刑事立法还是刑事司法，对于教唆他人犯罪的行为格外严厉，明显表现出重视主观恶性和社会危险性的倾向。

坚持、完善违法犯罪的二元制裁结构

——后劳教时代惩治违法犯罪的法律结构[1]

劳动教养（以下简称劳教）制度的废止，一方面推进中国的法制建设和人权保障，为将来被批准加入《公民权利和政治权利国际公约》创造条件，意义重大；[2]另一方面则为制裁违法犯罪行为法律结构的调整提供了重要契机。因此，后劳教时代的刑法结构调整成为引人注目的话题。

一、通过司法分流，后劳教时代制裁违法犯罪二元体系已经悄然形成

在劳教制度被废止之前，中国惩治违法犯罪行为的法律体系基本是三元的：第一是治安处罚，适用对象是治安违法行为；第二是劳教，适用对象是劳教对象人员（行为）；第三是刑罚处罚，适用对象是犯罪行为（罪犯）。

自从2013年初中央政法委宣布拟提请全国人大常委会停用劳教后至今，劳教制度悄然退出历史舞台，中国惩治违法犯罪行为的法律制度事实上进入到"后劳教时代"。后劳教时代最显著特征是三元体系简化为二元体系：治安处罚和刑罚处罚。

司法分流，即将劳教对象行为分流到刑法和治安管理处罚法处置，是进入后劳教时代、形成二元体系的主要方式。关于劳教制度的存废、改革及其产生的影响，争议颇多。迄今至少存有两点共识：其一，对劳教法规规定之应收容劳教对象人员（行为），仍需要管束，不能放任不管。其二，已经建立起来的劳教设施、人员等资源仍然需要发挥作用，不能弃之不用。劳教对象（行为）客观存在且需要处置，并不会因为劳教停用废止而消失，需要由其他法律措施替代处置。

原劳教对象（行为）范围，根据《国务院关于劳动教养问题的决定》

---

〔1〕 载《苏州大学学报（法学版）》2014年第1期。

〔2〕 褚宸舸："停止使用劳教制度及其'蝴蝶效应'"，载《理论视野》2013年第3期。

（已失效）《国务院关于劳动教养的补充规定》（已失效）和国务院转发的公安部《劳动教养试行办法》等法律、行政法规的规定，可分为以下三类。

（1）实施刑法禁止、尚不够刑事处罚的行为，具体包括：①实施刑法中危害国家安全、危害公共安全、侵犯公民人身权利、侵犯财产、妨害社会管理秩序的行为尚不够刑事处罚、被不起诉、被免予刑事处罚的行为；②前述行为的教唆、帮助行为。

（2）实施治安违法行为如卖淫、嫖娼，吸食、注射毒品成瘾，屡教不改的。

（3）实施其他行为，如违法犯罪嫌疑人为抗拒审查、逃避惩罚而自伤、自残的。

自劳教制度在 2013 年初停用以来，司法分流的重要举措主要体现在以下几个方面。

2013 年 3 月出台了《最高人民法院、最高人民检察院关于办理盗窃刑事案件适用法律若干问题的解释》，其中第 2 条规定了有八种情形盗窃的"数额较大"的标准可以降低百分之五十：（1）曾因盗窃受过刑事处罚的；（2）一年内曾因盗窃受过行政处罚的；（3）组织、控制未成年人盗窃的；（4）自然灾害、事故灾害、社会安全事件等突发事件期间，在事件发生地盗窃的；（5）盗窃残疾人、孤寡老人、丧失劳动能力的人的财物的；（6）在医院盗窃病人或者其亲友财物的；（7）盗窃救灾、抢险、防汛、优抚、扶贫、移民、救济款物的；（8）因盗窃造成严重后果的。第 3 条扩大多次盗窃的适用范围，规定"多次盗窃"是指"2 年内盗窃 3 次以上"。[1]此外，《刑法修正案（八）》规定"入户盗窃""携带凶器盗窃""扒窃"三种情形不以数额较大为要件。

2013 年 5 月出台的《最高人民法院、最高人民检察院关于办理寻衅滋事刑事案件适用法律若干问题的解释》，将寻衅滋事罪中随意殴打他人，追逐、拦截、辱骂、恐吓他人，强拿硬要或者任意损毁、占用公私财物等行为"情节恶劣"的标准具体化，便于司法人员操作掌握。

这两个司法解释虽然仅仅涉及盗窃罪和寻衅滋事罪两个罪名，但是实际适用劳教的对象（行为）却占有很大的份额。其中因盗窃等侵犯财产行为被

---

〔1〕 原司法解释规定"1 年内 3 次以上"。

劳教的占劳教人员的百分之四十。此外，寻衅滋事罪这一个罪名几乎可以涵盖轻微（不够刑事处罚）的抢夺、抢劫、敲诈勒索、故意毁坏财物、故意伤害（不够轻伤）、猥亵、侮辱、扰乱公共秩序等行为。上述两个司法解释将这两个罪名认定标准适当降低并加以明确，基本可吸纳前述"实施刑法禁止、尚不够刑事处罚的行为"。即将盗窃罪和寻衅滋事罪的"数额较大"或"情节恶劣"的"入罪门槛"适当降低，同时体现劳教适用条件中"屡教不改"的行为人特征，有效吸纳了过去需要适用劳教处理的行为。

前述作出"卖淫、嫖娼，吸食、注射毒品"治安违法行为、屡教不改的，本来就不属于刑法禁止的行为。劳教停用之后，对于卖淫嫖娼行为，治安处罚足以处置；对于吸食毒品的行为，根据《中华人民共和国禁毒法》，由公安机关对于需要"强制隔离戒毒的人员"实施强制戒毒。同时，可以用公安机关强制戒毒吸纳司法劳教戒毒。[1]

总之，2013年初停用劳教之后，经过三项举措将劳教适用对象（行为）作了有效分流处置。第一，经关于盗窃罪和寻衅滋事罪的两个司法解释，将实施刑法禁止、尚不够刑事处罚的劳教行为大部分分流到刑法中予以"犯罪化"。其合理性在于，劳教1年至3年剥夺自由的严厉程度本来就超过了管制刑、拘役刑，虽然扩大了犯罪圈，但是不至于出现罪刑不均衡的状况。第二，对于小部分刑法禁止、尚不够刑事处罚的行为以及卖淫嫖娼行为，分流到治安管理处罚法中。第三，对吸毒成瘾者则分流至公安部门，由公安部门依据《中华人民共和国禁毒法》强制隔离戒毒。自此，劳教制度由2013年初停用到年末拟提请全国人大常委会废止，波澜不惊，如同水到渠成，通过司法分流极其稳妥地消弭了劳教废止后的法律空白。

二、后劳教时代刑法结构调整的各种观点的述评

众多学者就后劳教时代刑法结构调整提出建议，述评如下。

（一）融入刑法说

该说认为，劳教适用范围大体有两类：其一，严重违反社会治安管理屡教不改的；其二，轻微犯罪免予刑事处罚的。其范围事实上与刑法规定重合，

---

[1] 曹义鸿、徐永胜、闫旭光："依法禁毒之于劳动教养制度改革的方向"，载《甘肃警察职业学院学报》2009年第3期。

所以应"将劳动教养融入我国的刑法体系中，实现法律的文明"。[1]这种观点仅要求废止劳教、劳教行为入刑，简单明了。在不涉及治安管理处罚法调整这点上讲，对违法犯罪行为惩治实际采取治安罚、刑事罚的二元体制。随着劳教停用废止，该主张实际上已经成为现实。

（二）纳入《违法行为教育矫治法》说

该说主张以2010年全国"两会"中提及的尚在起草阶段的《违法行为教育矫治法》取代劳教制度。"矫治对象主要针对多次违反《治安管理处罚法》屡教不改，或者实施了犯罪行为，又不需要追究刑事责任，但放回社会又具有现实危害性的人员。"[2]"矫治种类可以分为四类：（1）强制教养；（2）社区矫正；（3）强制戒毒；（4）强制治疗。"决定程序是"公安机关提出强制矫治意见书、法院审查出具决定书"。[3]它不属于《刑法》，也不属于《行政处罚法》，应将其归纳为行政强制法的范畴，[4]类似观点如，"我国刑法理论的犯罪概念存在结构性缺损，要求社会治安必须建构三级制裁体系，这是劳动教养之所以长期存在的法律原因，也是如今构建违法行为教育矫治制度的理由"。[5]

这种观点把劳教纳入违法行为教育矫治法，程序上改由公安提起、法院决定。就内容而言仅仅是把劳教换了个称呼、变了个程序，就惩治违法犯罪行为的法律结构而言，采取治安罚、矫治法、刑事罚三元体系。这一观点最主要的问题在于继续维持惩治违法犯罪的三元体系。此外，就内容而言，仅仅改由法院决定，对现有体系改动较少。

（三）废除劳教建立保安处分制度说

废除劳教制度代之以保安处分，或者说借劳教废止的契机建立保安处分

---

〔1〕 杜雪晶："论劳动教养存中国的法律归宿——以社会危害性与人身危险性为基础的法律分析"，载《西南政法大学学报》2013年第2期。

〔2〕 李晓燕："论劳动教养制度的废存及违法行为教育矫治的制定"，载《法学杂志》2013年第3期。

〔3〕 李晓燕："论劳动教养制度的废存及违法行为教育矫治的制定"，载《法学杂志》2013年第3期。

〔4〕 李晓燕："论劳动教养制度的废存及违法行为教育矫治的制定"，载《法学杂志》2013年第3期。

〔5〕 姚佳："'改头换面'还是'脱胎换骨'——从劳动教养制度的停用谈起"，载《北京警察学院学报》2013年第3期。

制度，这是当前学界最为普遍最为有力的主张。如"在废止劳教制度的同时，通盘考虑并解决目前各种保安处分措施存在的问题，实现保安处分措施的法治化"。[1]但是对于现行治安管理处罚法是否需要一并调整则语焉未详。

在建立保安处分制度说中，也有具体提出"刑法的刑罚与保安处分二元说"。该说主张：在劳教制度脱胎换骨之际，"建立一部统一的刑法典，确立重罪、轻罪、违警罪和保安处分的体系"，[2]"从而确立起中国刑法的刑罚与保安处分之二元化格局"。[3]保安处分处理未达到刑事责任年龄的人、精神病人、吸毒和酗酒成瘾者所实施的危害社会行为。并且认为，"在刑法和治安管理处罚法之间插入一个现行劳动教养制度，是无论如何也理不顺逻辑关系的"。[4]其核心观点是：第一，如同现代很多国家那样在刑法之内建立刑罚与保安处分的二元体系；第二，将治安管理处罚法中涉及剥夺自由处罚的内容纳入刑法。这种主张的彻底之处在于，不仅主张建立保安处分而且要求顺势调整治安管理处罚法，"建立一部统一的刑法典，确立重罪、轻罪、违警罪和保安处分的体系"。所以可称之为刑法的一元体系或刑法之内的刑罚、保安处分二元体制。简言之，其借鉴了现代国家刑法广泛采用的刑罚、保安处分二元体制。

但这一观点过于激进，也不可取。原因是，第一，我国现行治安处罚和刑事处罚的二元体系根深蒂固，相沿成习，目前不宜进行根本性的改变。第二，劳教已然废止且社会已经悄然适应了没有劳教的现状，今后无论是否建立保安处分都与劳教制度无关，不必傍上劳教说事。"未达到刑事责任年龄的人、精神病人、吸毒和酗酒成瘾者实施危害社会行为"的处理问题，本来就不是劳教制度的核心问题，不是废止劳教制度的理由。劳教制度的核心实体问题是：有责任能力人实施危害行为受剥夺自由处置的正当性根据何在？建立保安处分仅仅是解决无责任能力或酗酒成瘾者实施危害行为的处置，不能解决有责任能力者实施达不到（现行刑法）刑事处罚的危害行为的处置。这一问题的解决，需要在治安管理处罚法与刑法之间作出调整。

---

〔1〕 时延安："劳动教养制度的终止与保安处分的法治化"，载《中国法学》2013 年第 1 期。
〔2〕 刘仁文："劳教制度的改革方向应为保安处分"，载《法学》2013 年第 2 期。
〔3〕 刘仁文："劳教制度的改革方向应为保安处分"，载《法学》2013 年第 2 期。
〔4〕 刘仁文："劳教制度的改革方向应为保安处分"，载《法学》2013 年第 2 期。

三、后劳教时代刑法结构调整的思路

(一) 前提

后劳教时代的刑法结构的调整必须接受两个前提。

第一,劳教改革、完善问题已经成为过去时。2013 年初劳教停用之后司法成功分流,直至年末劳教被拟议废止,劳教制度已经不复存在,应适用劳教处置的对象已经有效通过刑法、治安管理处罚法和禁毒法得到处理。也就是说,中国已经处在没有劳教制度且不需要劳教制度就足以处置各种违法犯罪行为的时代。过去常常为人们讨论的劳教制度改革的关键问题,如"涉及的调整公检法司几个部门的权力配置的最核心的问题……此外,无论如何设计未来的新的劳教体系,该体系是否司法化、其矫治的范围和方式如何与《刑法》和《治安管理处罚法》相衔接……必须认真考虑和对待的问题",时至今日,对于上述种种考虑已经不能将其称之为问题了。[1]

第二,劳教废止后形成的"二元"结构表现相当稳定。劳教废止后,处置违法犯罪行为的二元结构已是既成事实:其一,治安违法行为及处罚;其二,刑事犯罪行为及刑罚。目前,治安管理处罚法和刑法的适用未见异常,没有产生法律制裁缺位(漏洞)或制裁过分严苛的情况。社会反映平静,表明已经实施完毕的司法分流方案是可行的、成功的。法律结构由原来的三元改变为二元的重大调整并未产生重大的波动,也没有产生负面的影响。

接受这两个前提意味着,后劳教时代刑法结构的调整,可以甩掉劳教沉重的历史包袱,以既成事实的治安处罚和刑事处罚二元结构为基础,进一步讨论处置违法犯罪行为的法律结构调整问题。劳教废止只不过是引发这个讨论的契机。

(二) 二元结构的维持

目前,劳教制度从停用到拟议废止,已经实现了平稳过渡,其收获是巨大的。第一,由三元结构转变为二元结构,制裁层次得到简化,更加合理;第二,由行政机关适用劳教所产生的法制问题就此消解。对于分流到刑法的部分,通过刑事诉讼程序适用刑法定罪判刑;对于分流到治安管理处罚法的

---

〔1〕 李晓燕:"论劳动教养制度的废存及违法行为教育矫治法的制定",载《法学杂志》2013 年第 3 期。

部分，适用治安管理处罚法处罚。

中国既有的处罚违法犯罪行为的两大体系，即刑法和治安处罚体系，其地位不可动摇。这方面的调整，影响巨大，涉及犯罪概念、犯罪统计、犯罪标签等标准的重大变化，涉及公安、检察院、法院三机关权限的改变，甚至要改变法律职业群体业已形成的司法经验和习惯，必须慎重处理。劳教制度刚刚废止，应当有一个较长适应、观察时期，不应当急于再进行重大的法律结构调整，尤其是不能急于对固有的治安处罚与刑事处罚二元结构进行重大调整。

建立保安处分制度，也只能用来解决没有刑事责任能力人的危害行为以及酗酒吸毒瘾癖人的处置，不能用于处置通过违法犯罪行为表现出人身危险性的正常人。（正常人表现出的）人身危险性以及关联的保安处分概念，目前不宜引入中国刑法。人身危险性以及基于人身危险性进行行政的或刑法的强制性预防措施，其危害法治、侵犯人权的危险性甚至大于不规范的劳教制度，万万不可引入。即使实行刑罚和保安处分二元体制的国家，也对实施这类强制性预防措施持极为审慎的态度。"由于保安监督严重干涉行为人的自由，因此，在司法实践中，德国法院在适用保安监督时非常慎重，努力将保安监督作为保护公众免受累犯侵害的刑事政策的最后一个紧急措施。"[1]

（三）未来对二元结构的优化

后劳教时代更为积极的刑法结构调整方案，则是待废止劳教后的二元体制运行平稳后，进一步优化刑法和治安管理处罚法的二元结构。优化的思路是：以天然犯与法定犯（行政犯·秩序犯）为主要标准，界分刑事违法行为与治安违法行为。对于"天然"犯罪行为即违反伦理并具有侵害人身、财产、名誉等权利的行为，如盗窃、抢劫、诈骗、敲诈、侵占、杀人、伤害、暴行、放火、爆炸等行为，都应当纳入刑法规制的范围。对于天然犯之外的违反社会管理秩序的行为，纳入治安管理处罚法范围。与此相应，对于治安违法行为的制裁措施，以罚款为主、拘留为辅，在程序上仍然由公安机关依照治安管理处罚法适用。对于分流进入刑法的行为，则依据刑法定罪处罚。

这样分流的益处在于，对于天然犯零容忍，认定为犯罪的予以刑事处罚，

---

[1] 江溯："从形式主义的刑罚概念到实质主义的刑罚概念——评欧洲人权法院2009年M诉德国案判决"，载《时代法学》2012年第4期。

尤其是对于侵犯财产的盗窃、抢夺、抢劫行为和侵犯人身、人格权利的暴力行为，在法律上不论结果轻重一律将其行为性质评价为刑事犯罪，这有利于实现法律评价的统一，有利于培养公民的规范意识，尤其是严禁偷盗和暴力的意识，有利于保护公民财产和人身不受侵犯。天然犯从治安管理处罚法分离出去后，治安处罚的对象仅仅是不侵害权益的"违反秩序（规则）"行为，其范围大大缩小，其"危害"程度大大降低。与此相应，也可以大大轻缓其制裁措施，以罚款为主，将剥夺人身自由的拘留期限缩短到 7 天以内，甚至也可以取消治安处罚中的拘留措施。

中国刑法上的新类型危险犯[1]

一、概说

（一）立法状况和动向

经济高速增长和环境资源压力，使中国日益强化对市场经济秩序和环境资源的保护力度。1997年修订《刑法》时，立法者充分考虑了这样的需求，刑法典不仅设专章专节规定了大量的破坏经济秩序、环境资源的犯罪，而且也确立了一些新类型的危险犯。如第339条之非法处置进口的固体废物罪，第341条之非法收购、运输、出售珍贵、濒危野生动物，珍贵、濒危野生动物制品罪，第141条之生产、销售假药罪，第143条之生产、销售不符合卫生标准的食品罪，第144条之生产、销售有毒有害食品罪，第155条之走私固体废物罪等。

刑法修订之后，全国人大于2002年12月通过《刑法修正案（四）》，进一步扩大了有关危险犯的范围：其一，增补第344条之二"非法收购、运输、加工、出售珍贵树木或者国家重点保护的其他植物及其制品罪"；其二，修正第345条第3款之非法收购盗伐、滥伐的林木罪，取消原来的"以牟利为目的"和"在林区"的限制，增补规定运输盗伐、滥伐的林木行为是犯罪；其三，将第145条之生产、销售不符合标准的医用器材罪由结果犯修正为危险犯。针对这一修正，《刑法修正案（四）》说明指出："近一段时间以来，有的地方生产、销售不符合国家标准、行业标准的医疗器械的情况较为严重，一些个人或单位甚至大量回收废旧的一次性注射器、输液管等医用材料重新包装后出售。这些伪劣医疗器械、医用卫生材料一旦被使用，必然会严重危害人民群众的生命健康。如果等到使用后，危害结果发生了才追究刑事责任，

---

〔1〕 原载《检察实践》2005年第12期，中国人民大学报刊复印资料《刑事法学》2006年第3期转载。

为时已晚，要求将刑法规定的构成这类犯罪的标准修改为，只要足以严重危害人体健康的，就构成犯罪。"[1]这段说明反映出立法者将惩罚有关犯罪行为界限向前推移的意图。

学界对新型危险犯的研究兴趣也在增长，一方面关注国外立法、学说的动向；另一方面积极倡导危险犯的类型化，如主张将某些过失危险行为犯罪化，"作为大陆法系成文法代表国家的德国和日本在刑法典中均规定了不少过失危险犯。""我们赞同刑法中设立危险犯的肯定说"，"参照上述国家的立法例，应增设一些过失危险犯，但应限于前述危害公共安全的过失危险行为和破坏环境资源保护的过失危险行为"。[2]

（二）二元法律结构与危险犯

在中国，对违法行为划分为刑事违法和非刑事违法（一般违法），并在法律形式、行为性质和处理程序上进行严格区分。在这种二元立法结构下，往往根据有没有"实害"乃至"严重程度的实害"把犯罪与一般违法严格区分开来，以致中国刑法把绝大多数犯罪限定在实害犯范围内。不仅普通刑事犯罪如此，经济、环境等犯罪也是如此。如《刑法》第 338 条之重大环境污染事故罪就是过失实害犯，违法排放、处置危险废物需"造成重大环境污染事故"才被认为是犯罪。如果没有造成重大污染后果，根据 1989 年《环境保护法》第 35 条由环境保护行政主管部门给予警告或者处以罚款。[3]再如，交通肇事罪也是过失实害犯。依据有没有"严重的实害"把违反交通法规的行为与交通肇事罪严格区分开来。根据《最高人民法院关于审理交通肇事刑事案件具体应用法律若干问题的解释》交通事故案件通常需：（1）致"死亡 1 人或者重伤 3 人以上"的实害结果，且（2）"负事故全部或者主要责任"（构成要件 =（1）+（2））；或者具备（1）A"酒后"、B"吸食毒品"、C"无

---

[1] 全国人大常委会法制工作委员会副主任胡康生：关于《刑法修正案（四）（草案）》的说明，于 2002 年 12 月 23 日在第九届全国人民代表大会常务委员会第 31 次会议通过。

[2] 马建松："过失犯比较研究"，载《郑州大学学报（社会科学版）》2000 年第 4 期。另储槐植、蒋建峰也赞同对危害公共安全的过失危险犯罪化，参见"过失危险犯只存在性与可存在性思考"，载《政法论坛（中国政法大学学报）》2004 年第 1 期。

[3] 比如行政主管部门对环境污染行为可适用以下行政罚：对水污染行为最高可处 20 万元以下的罚款（《水污染防治法实施细则》第 42 条）；对进境在中国海域倾倒废物的最高可处 100 万元罚款（《海洋环境保护法》第 87 条）；对将境外固体废物进境倾倒最高可处 100 万元罚款（《固体废物污染环境防治法》第 66 条）。

驾驶资格驾驶机动车辆"、D "肇事后逃逸"等情形之一，且（2）"致一人以上重伤、负事故全部或者主要责任"的（构成要件＝（1）中 A、B、C、D 之一 +（2）），才能以交通肇事罪定罪处罚。否则，属于"尚不够刑事处罚"的行政违法行为，给予治安处罚。[1]因此，中国刑法上的交通肇事罪，不仅是实害犯，而且是相当严重程度的"超级"实害犯。

二元法律结构使中国刑法对犯罪普遍高筑实害的"刑事门槛"。这在一定程度上缓和了人们对危险犯扩张的顾虑，因为扩张惩罚危险犯通常仅导致刑法之下行政处罚的扩张，不至于造成刑事处罚的扩张。对刑法实务产生的影响是：成立危险犯通常也要求具有较严重程度，不是只要存在危险就定罪处罚，这种定量的要求即使对新型危险犯也不例外。中国与欧陆诸国刑法体制和学说的差异，导致了在新类型危险犯的把握上也存在差异。欧陆学者谈论的新类型危险犯话题，在中国大多属于行政处罚层面的问题。

（三）中国体制下，有关危险犯突出的问题

1. 在未遂犯可罚范围上，总则与分则之间、学说与实务之间不协调

一方面，刑法分则构成要件对诸多犯罪设置实害甚至严重实害的门槛，对许多实害犯的未遂实际不处罚。例如，盗窃需数额较大（千元左右，大约相当于普通职工 2 周薪酬），才定罪处罚，如果数额不够较大需"多次盗窃"（1 年内 3 次以上）才定罪处罚，盗窃未遂须"情节严重"才定罪处罚。[2]再如故意伤害罪，通常要造成"轻伤"结果才能进入刑事程序，追究刑事责任。罕见对故意伤害未遂定罪处罚的判例（虽然法律和学说上均不排除处罚未遂的可能性）。另一方面，《刑法》总则第 23 条却规定未遂犯一般可罚，通说还主张对除愚昧犯、迷信犯之外的不能犯均按照未遂犯处罚。学说和刑法总则采取极端扩张态势，而实务适用分则各本条时采取极端限制态势，二者明显失衡。这种不均衡，使得未遂犯的可罚范围变得模糊不清，不符合罪刑法定

---

〔1〕 交通管理部门依据《治安管理处罚条例》最高可处 15 日以下拘留或 200 元以下罚款。2003 年 10 月通过的新《道路交通安全法》加重了对交通违章行为的处罚，提高了罚款数额，最高可达 2000 元。如该法第 91 条：饮酒后驾驶机动车的，处暂扣 1 个月以上 3 个月以下机动车驾驶证，并处 200 元以上 500 元以下罚款；醉酒后驾驶机动车的，由公安机关交通管理部门约束至酒醒，处 15 日以下拘留和暂扣 3 个月以上 6 个月以下机动车驾驶证，并处 500 元以上 2000 元以下罚款。饮酒后驾驶营运机动车的，处暂扣 3 个月机动车驾驶证，并处 500 元罚款；醉酒后驾驶营运机动车的，由公安机关交通管理部门约束至酒醒，处 15 日以下拘留和暂扣 6 个月机动车驾驶证，并处 2000 元罚款。

〔2〕 1998 年《最高人民法院关于审理盗窃案件具体应用法律若干问题的解释》。

原则的明确性要求。这个问题在适用《刑法》第 142 条（生产销售劣药罪）时就暴露出来。第 142 条规定生产销售劣药罪以"对人体健康造成严重危害的"实害结果为要件。按照最高人民法院解释，该结果为"轻伤"程度的伤害。问题是：生产销售劣药没有造成轻伤结果的是否也具有可罚性、以未遂犯处罚？按照总则一般可罚的模式和通说对未遂犯可罚范围的扩张解释，意味着分则各本条故意罪的未遂（含不能犯）皆具有可罚性，生产销售劣药未造成轻伤实害结果似乎可罚。可是从《刑法》第 142 条规定实害结果的意图看，应解释为没有造成轻伤害结果的不能适用《刑法》第 142 条处罚。这一点可以从《刑法修正案（四）》对第 145 条的修正得到印证。因为如果该条之未遂可罚，就没有必要将该条之罪由结果犯修正为危险犯。

2. 对某些危险犯评价过于极端，存在轻刑化的必要

由于观念不同，中国刑法对于某些危险犯的评价与欧陆的差异极大。突出的例证就是中国刑法对违反枪支管理制度一类的犯罪规定了严厉的刑罚，如《刑法》第 125 条之非法制造、买卖、运输、邮寄、储存枪支、弹药、爆炸物罪，其法定最高刑为死刑。对这类抽象危险犯如此重罚，未免严苛。在 2001 年 3 月石家庄大爆炸案后，[1]最高人民法院于当年 5 月出台《关于审理非法制造、买卖、运输枪支、弹药、爆炸物等刑事案件具体应用法律若干问题的解释》：非法制造、买卖、运输、邮寄、储存军用枪支 1 支以上的；或军用子弹 10 发以上的；或炸药、发射药、黑火药 1000 克以上或者烟火药 3000 克以上的……即应适用该条定罪处罚（3 年以上 10 年以下有期徒刑）；达到上述基本犯数额 5 倍以上的，属于该条规定之"情节严重"，"处 10 年以上有期徒刑、无期徒刑或者死刑"。该解释出台以后，按照该解释的数量标准刻板适用法律出现了一些不合情理的判决：在农村有人为节省成本私造炸药用于生产、生活（如开矿、制造烟花爆竹），因数量较大而不得不被判处 10 年以上有期徒刑。[2]为了缓和过于严厉的判决结果，最高人民法院又在当年 9 月发布《最高人民法院对执行〈关于审理非法制造、买卖、运输枪支、弹药、爆

---

〔1〕 2001 年 3 月被告人靳如超非法购买炸药在河北石家庄市 4 栋居民楼制造爆炸，造成 108 人死亡，38 人受伤的严重后果。

〔2〕 例如，安徽某农民在农闲时受雇为他人配制制造烟花爆竹的火药，数量达到数百公斤，被查获后以非法制造爆炸物罪判处 11 年有期徒刑。后经当地人大代表帮助申诉，改判为 3 年有期徒刑，缓刑 4 年。

炸物等刑事案件具体应用法律若干问题的解释〉有关问题的通知》加以纠正：对于因生产生活所需非法制造、买卖、运输、枪支弹药爆炸物没有造成严重社会危害的，如发生在该解释施行之前，不作犯罪处理；如发生在该解释施行之后，可依法免除或减轻处罚。此后，最高人民法院在 2003 年又发布了《关于处理涉枪、涉爆申诉案件的有关问题的通知》，继续解决因刻板实施该解释遗留的问题。最高人民法院先后发布两个通知缓和因解释厉行《刑法》第 125 条所产生的严苛判决结果，说明对危险犯规定严厉刑罚存在风险。中国刑法对其他违反枪支管理规定的犯罪也规定了严厉的刑罚，如依法被指定、确定的枪支制造企业、销售企业，违反枪支管理规定，非法销售枪支的，最高可处无期徒刑（第 126 条）。

有关违反枪支管理的犯罪，当属抽象危险犯，因为其犯罪性体现在行为自身所具有的危险性方面，定罪无需事实上造成危害公共安全的结果，也不必证明具体危险。[1]对于这种抽象危险犯规定如此严厉的刑罚值得商榷。因为刑法的重要信念之一是：犯罪原则上应具有实害性，刑罚由此向下延伸惩罚危险犯属于个别的情况，[2]仅有危险性就予以严厉惩罚不近情理。如果本人或他人利用非法制造、流通的枪支弹药实施抢劫、杀人、恐怖活动，造成严重实害结果的，可以依据其他条款以其他罪名严厉惩罚。刑法的基调应是事后问责，为事先防范而严惩危险犯，也不够妥当。因此，在中国倡导以法益侵害、实害犯为基础的危险及危险犯观念具有重要的现实意义，有利于合理使用刑罚权。中国的学说还应当关注刑法对某些危险犯过分责罚的问题，纠正过分脱离实害、脱离事后问责基调的危险犯观念。

二、生产销售伪劣商品罪中危险犯的认定与处罚

（一）规定的概要

在中国刑法典第 3 章"破坏社会主义市场经济秩序罪"之下规定有第 1

---

[1] 野村稔："对于抽象的危险犯构成，这种危险的发生就不在法律文字上作要件式的规定。""就抽象的危险犯而言，由于只要实行构成要件内容的行为就认为存在危险，因此它是不允许反证的推定。""刑法中的危险概念"，载西园春夫主编：《日本刑事法的形成与特色》，法律出版社 1997 年版，第 284 页。

[2] 林东茂："刑罚的严厉性导致刑法原则上以惩罚实害犯为主，为更周全保护法益，例外惩罚危险犯，即可能造成实害的情形。"《危险犯与经济刑法》，五南图书出版有限公司 1999 年版，第 4 页。

节"生产、销售伪劣商品罪",该节第 140 条至第 150 条共 11 个条文分别确立了 9 种犯罪的构成要件及其罪名。其中,第 141 条之生产、销售假药罪,第 143 条之生产、销售不符合卫生标准的食品罪,共 2 条 2 个罪名的基本构成是具体危险犯。第 144 条之生产、销售有毒、有害食品罪,是抽象危险犯。第 145 条之生产、销售不符合标准的医用器材罪原本是结果犯,以"严重损害人体健康为要件"。经《刑法修正案(四)》将该条之罪由结果犯修改为具体危险犯,即仅以"足以危害人体健康"为要件。该节其余各条之罪为实害犯。

(二) 解释、运用的情况

1.《刑法》第 141 条之生产、销售假药罪

该罪属于具体危险犯,以"足以严重危害人体健康"为要件。关于该罪具体危险的认定,最高人民法院解释,"经省级以上药品监督管理部门设置或者确定的药品检验机构鉴定,生产、销售的假药具有下列情形之一的,应认定为《刑法》第 141 条规定的'足以严重危害人体健康':(1)含有超标准的有毒有害物质的;(2)不含所标明的有效成分,可能贻误诊治的;(3)所标明的适应症或者功能主治超出规定范围,可能造成贻误诊治的;(4)缺乏所标明的急救必需的有效成分的。"[1]如案例 1 所示。甲乙丙丁戊生产、销售假药案[2]中 5 名被告人将"穿心莲片"用"三金片"[3]的包装瓶包装,伪冒正宗"三金片"销售 180 件给某医药公司,获货款人民币 216 000 元,药品在流入市场之前被查获。法院的裁判理由为:该销售假冒三金片应属于最高人民法院有关司法解释第 3 条第 2 项的'不含所标明的有效成分,可能贻误诊治'的情形,符合足以危害人体健康的要件。并表示对下列观点不予采纳:"假冒三金片并未流入市场……且穿心莲片对人体无害,不构成'足以危害人体健康'的要件。"据此宣告 5 名被告人有罪,分别判处甲 3 年有期徒刑;乙 3 年有期徒刑;丙 2 年 6 个月有期徒刑,缓刑 3 年;丁 2 年有期徒刑,缓刑 3 年;戊 1 年有期徒刑,缓刑 2 年。[4]

---

〔1〕 最高人民法院:关于审理生产销售伪劣商品案件适用法律的解释,2001 年 4 月。
〔2〕 最高人民法院刑事审判第一庭、第二庭:《刑事审判参考》,法律出版社 2000 年版,第 8 页。
〔3〕 二种药物均为中药制剂,所含成分不同。
〔4〕 最高人民法院刑事审判第一庭、第二庭:《刑事审判参考》,法律出版社 2000 年版,第 13 页。

2.《刑法》第 143 条之生产、销售不符合卫生标准的食品罪

本条之罪属于具体危险犯，以"足以造成严重食物中毒事故或者其他严重食源性疾患"为要件。《最高人民法院、最高人民检察院关于办理生产、销售伪劣商品刑事案件具体应用法律若干问题的解释》第 4 条规定："经省级以上卫生行政部门确定的机构鉴定，食品中含有可能导致严重食物中毒事故或者其他严重食源性疾患的超标准的有害细菌或者其他污染物的，应认定为《刑法》第 143 条规定的'足以造成严重食物中毒事故或者其他严重食源性疾患'。"如案例 2 所示。甲乙销售盐水鹅致人食物中毒案中，[1]甲在自家经营的新春熟食店出售盐水鹅等熟食，1 月 6 日有顾客 106 人食用后发生食物中毒，并去医院就诊。1 月 7 日又有顾客 16 人发生食物中毒。市防疫站于 1 月 7 日上午接到医院报告后即要求甲的熟食店停业。甲将此事告诉了经营另一家熟食店（即春富店）的儿子乙，乙认为春富店没有发现问题，与甲商量后，于当日下午 2 时许将新春熟食店的部分熟食拿到春富店继续销售，导致 1 月 7 日下午至 8 日上午又有 104 名顾客发生食物中毒，并去医院就诊。卫生防疫部门证实，此次事故是由于食用溶藻性弧菌所污染的食品而引起，造成食物污染的原因是食物生产过程违反卫生防疫要求。法院认为，甲乙均构成生产、销售不符合卫生标准的食品罪，对甲、乙各处有期徒刑 3 年，缓刑 4 年。

本案争议的焦点是被告人有无故意。此案中，被告人至少知道销售不洁食品有引起食物中毒的危险。当卫生防疫部门通知新春熟食店停止经营后，被告人仍将熟食移至春富熟食店销售，又造成 104 人中毒。其显然具有间接故意，故被法院宣告有罪。

3.《刑法》第 144 条生产、销售有毒、有害食品罪

本条之罪属于抽象危险犯，只要有故意将有毒、有害非食品当作食品生产销售的行为，就成立犯罪。如案例 3 所示。甲、乙、丙三名被告人在米线中掺入"吊白块"（甲醛次硫酸钠）案。[2]2000 年 9 月至 2001 年 7 月间，被

---

〔1〕 刘家琛主编：《刑法新罪与疑难案件评析》，中国民主法制出版社 1999 年版，第 170 页。

〔2〕 最高人民法院刑事审判第二庭主办、熊选国主编：《假冒伪劣犯罪判解》，法律出版社 2004 年版，第 75 页。

告人甲乙丙共同生产掺入非食品原料甲醛次硫酸钠[1]的米线 5 万斤左右，并销售出去。检察院以甲乙丙犯生产、销售有毒、有害食品罪提起公诉。被告人及辩护人均提出，不知甲醛次硫酸钠系有毒、有害物质，不构成犯罪。法院认为，往米线中掺入对人体有害的甲醛次硫酸钠，大量生产并广为销售，危害了社会主义市场经济秩序和人民群众的身体健康，已构成生产、销售有毒食品罪，分别判处：甲有期徒刑 1 年并处罚金 1 万元；乙有期徒刑 2 年并处罚金 5000 元；丙有期徒刑 10 个月并处罚金 3000 元。

　　该案的评析人指出："生产、销售有毒、有害食品罪是行为犯，只要行为人在生产、销售的食品中掺入有毒、有害的非食品原料，或者销售明知掺有有毒、有害的非食品原料的食品的，就构成犯罪，不以实际造成损害后果为构成要件。但生产、销售有毒、有害食品罪是故意犯罪，过失行为不构成本罪。因此在查处生产销售有毒、有害食品犯罪案时，应当查明行为人是否明知所掺入的是有毒、有害非食品原料，或者是否明知所生产销售的食品含有有毒、有害非食品原料……既然从事食品生产经营，应当知道将非食品添加剂的化工原料甲醛次硫酸钠掺入食品是违反食品卫生管理法规行为……对化工原料有害人体健康的后果漠不关心持放任态度，这不属于主观过失，应是明知其行为违法性的故意犯罪。"[2]

　　在案例 4 中，甲乙丙丁四人毒死耕牛，并将其低价收购后在市场上出售牛肉。[3]被告人甲乙丙丁四人自 1993 年冬至 1996 年 2 月间，以夜间在牛草料中投放灭鼠药或者直接朝牛嘴灌鼠药的手段，作案 20 次，毒死耕牛 44 头，价值 7 万余元。每次在毒死耕牛后，前去低价收购，然后在市场上出售牛肉。检察院指控被告人构成投毒罪。法院一审认为：被告人以牟利为目的，毒死耕牛 44 头，将有毒的牛肉投放市场销售，对人民群众的身体健康和生命安全构成威胁，社会危害极大，其行为均已构成投毒罪，分别判处：甲死刑；乙无期徒刑；丙有期徒刑 6 年；丁有期徒刑 3 年，缓刑 4 年。甲乙丙丁提出上诉。法院二审认为：上诉人以投毒的方式毒死耕牛，然后低价收购死牛肉出

　　[1]　甲醛次硫酸钠，俗称"吊白块"，主要用于染料工业上作拔染剂。人食用甲醛次硫酸钠后，可引起过敏、肠道刺激，食物中毒等疾病，容易致癌，属于有毒的食品原料。

　　[2]　最高人民法院刑事审判第二厅主办、熊选国主编：《假冒伪劣犯罪判解》，法律出版社 2004 年版，第 76~77 页。

　　[3]　最高人民法院刑事审判第一庭、第二庭：《刑事审判参考（1999 年第 3 辑）》，法律出版社 1999 年版，第 1 页。

售牟利，严重影响了农业生产，其行为均构成破坏生产经营罪和销售有毒、有害食品罪，数罪并罚判处：甲有期徒刑 12 年；乙有期徒刑 10 年；丙有期徒刑 2 年；丁免予刑事处分。

法院一审判决成立投毒罪，二审判决成立破坏生产经营罪和销售有毒、有害食品罪，这涉及两个问题。第一，1997 年《刑法》第 114 条之投毒罪"危害公共安全"危险要件的认定。学说上通常认为该公共安全之危险是指对不特定多人生命、健康的危险或重大财产的损害。法院裁判理由为：从对象看，"每次毒死的耕牛都是事先确定的对象"，从手段看，"每次都是将鼠药撒在特定的耕牛草料上或者直接将鼠药灌入牛嘴中"，"这种手段行为在客观上不可能危害不特定的重大公私财产安全，不涉及公共安全"，[1]因此不构成投毒罪。这种"残害耕畜"行为成立《刑法》第 276 条之破坏生产经营罪。第二，销售有害食品罪的认定。甲乙丙丁销售的是用鼠药毒死的耕牛肉，属于销售有害食品，故成立销售有害食品罪。

（三）评论

（1）上述中国刑法中生产销售伪劣商品罪危险犯的解释、运用大体是妥当的，各方争议不大。主要是因为，最高人民法院通过司法解释，规定了有关条款具体危险的认定标准，委托有相当资质的官方机构鉴定。以"鉴定"为依据认定具体危险，一定程度上统一了认识，为法院认定提供了便利。

（2）《刑法》第 140 条一般性处罚条款缓和了判断具体危险的争议。该节第 140 条之生产、销售伪劣产品罪是该节之罪的一般性规定，以"销售额"达到 5 万元为要件。该节第 149 条第 1 款规定："生产、销售本节第 141 条至第 148 条所列产品，不构成各该条规定的犯罪，但是销售金额在 5 万元以上的，依照本节第 140 条的规定定罪处罚。"[2]也就是说，生产、销售本节第 141 条至第 148 条所列产品缺乏危险要件或结果要件不构成该条之罪，但销售额在 5 万元以上的，可以依据第 140 条定罪处罚。因此在销售额达到 5 万元以上的场合，各方的想法可能是：有无具体危险反正都能够定罪，只是适用的条文、罪名不同而已，所以便没有什么争议了。只是在销售额不到 5 万元或

---

〔1〕 最高人民法院刑事审判第一庭、第二庭：《刑事审判参考（1999 年第 3 辑）》，法律出版社 1999 年版，第 5 页。

〔2〕 该条第 2 款还规定如果发生竞合，从一重罪处罚："生产、销售本节第 141 条至第 148 条所列产品，构成各该条规定的犯罪，同时又构成本节第 140 条规定之罪的，依照处罚较重的规定定罪处罚"。

数额难以查清的场合，对危险的争议才变得重要起来。不过，经营数量较小，没有造成实害结果的案件，往往由行政部门作行政处罚结案，难以进入刑事程序。

（3）成立上述各罪的危险犯，应具备犯罪故意。上述各罪危险犯的处罚虽然不重，[1]但是情节或结果加重犯的处罚相当严厉。[2]如果不问被告人主观心态，只要有危险或结果就定罪，可能产生苛刻的判决结论。至于故意的认定，在危险犯的场合，应要求被告人知道所生产、销售的是假药或不符合卫生标准的食品或有毒、有害食品。在情节或结果加重的场合，应要求被告人知道行为可能引起的严重情形或结果。否则，只能适用刑法中其他过失罪条款定罪处刑，如过失致人死亡罪、过失投放危险物质罪等。

（4）对于上述案例4，法院一审以投毒罪定罪处罚。对于类似于案例4的情形，此前也有以投毒罪处罚的判例，[3]并因此导致了严厉的判决。说明实务对于把握投毒罪之公共危险存在一定的偏差。最高人民法院在《刑事审判参考》上刊载案例4，有期望严格解释投毒罪之公共危险的趋向。

---

〔1〕 各罪危险犯法定最高刑：投毒罪：10年有期徒刑；生产、销售不符合卫生标准的食品罪：3年有期徒刑；生产、销售有毒、有害食品罪：5年有期徒刑。

〔2〕 各罪情节或结果加重犯法定最高刑分别为：生产、销售假药罪，销售有毒、有害食品罪，投毒罪：死刑；生产、销售不符合卫生标准的食品罪：无期徒刑。

〔3〕 如"赵闹投毒案"（载最高人民法院公报编辑部编：《典型案例全集》，警官教育出版社1999年版，第283页）；"黄文兴等三人毒死他人生猪并倒卖有毒猪肉案"和"韩庆虎等八人投毒案"（载最高人民法院中国应用法学研究所编：《人民法院案例选》（上），中国法制出版社2000年版，第33~39页）。

简化不适用数罪并罚的犯罪形态及其处罚原则[1]

一

中华人民共和国成立以来，我国刑法学界就不适用数罪并罚的各种犯罪形态如牵连犯、想象竞合犯、连续犯、吸收犯以及法规竞合等进行了广泛的研究。然而，当大家把各种犯罪形态横向加以比较的时候，就不无遗憾地发现，这些犯罪形态相互之间都存在着交叉、重合现象，以至于无法严格地把它们区别开来。比如，一般认为想象竞合是一行为触犯数罪名，法规竞合是一行为触犯数法条，可是我们看不出这两个定义有什么实质性的区别，因为触犯数法条不可能不触犯数罪名，触犯数罪名必然要触犯数法条。在二者的范围上，大家对于一行为触犯数个有交叉关系的法条是想象竞合还是法规竞合存在着分歧，而这种竞合关系正是实践中大量遇到且亟需明确的问题。如果肯定这是法规竞合，想象竞合的范围便被压缩到没有实际意义的程度，仅仅包括一行为造成的数结果触犯数个无交叉关系法条的情况，如一枪打死一人、伤一人或者一枪打死一人、毁一物，这样的情况实属罕见。如果肯定这是想象竞合，从理论上讲，在数法条之间的交叉部分也是法条重叠现象。为什么触犯有包容、重合关系的数法条能成立法规竞合，而触犯有交叉关系的数法条的交叉部分不能成立法规竞合，只能成立想象竞合？再如，一般认为，牵连犯是指以实施某一犯罪为目的，其犯罪的方法行为或结果行为触犯其他罪名的犯罪。按照这一理论，盗窃枪支予以私藏的，应构成牵连犯，但是，按照吸收犯的理论，重行为吸收轻行为，这种行为又构成了吸收犯，只成立盗窃枪支罪。这样同一种犯罪现象，究竟属于牵连犯还是属于吸收犯，有时便很难作出准确的判断。针对这种难以区分的情况，有的同志认为，牵连犯

---

[1] 原载《法学研究》1991年第6期。

本质上就是吸收犯，因而主张废除牵连犯，也有的主张废除吸收犯。

除了想象竞合与法规竞合、牵连犯与吸收犯难以区别之外，还有其他一系列难以解决的问题。比如，想象竞合犯与牵连犯或吸收犯的界限、法条竞合与牵连犯或吸收犯的界限以及如何理解想象竞合犯和法条竞合的本质、如何理解连续犯连续行为的性质和主观条件、如何理解牵连犯的牵连关系，等等。这些问题尽管在理论界研究得颇多，争论了很久，但由于观点不一，标准不一，致使同一种犯罪现象仍然既可归属于此种犯罪形态，也可归属于彼种犯罪形态。迄今为止，这些问题仍然似一团乱麻一样困扰着人们的思绪，斩不断，理还乱，总也找不到一个圆满的解决方案。

尽管在各种犯罪形态的定义、特征和区别标准上众说纷纭、莫衷一是，但是在对各种犯罪形态的处罚原则上，却出现了相对的统一。比如，大家一致认为，对于想象竞合犯应按照法定刑最重的犯罪论处，对于牵连犯应按照数罪中最重的一个罪所规定的刑罚处理，对于连续犯应按一罪名从重处罚，对于吸收犯应是重罪吸收轻罪，只按重罪处罚，轻罪在所不问。一句话概括，对于不适用数罪并罚的各种犯罪形态都是适用"从一重处断"的原则。对于法条竞合，学者们提出了三个适用原则：一是特别法优于普通法，二是复杂法优于简单法，三是重法优于轻法。然而，根据我国刑法规定，在多数情况下，特别法和复杂法规定的法定刑重于普通法和简单法。即使有特别法、复杂法轻于普通法和简单法的情形，司法部门往往也择一重法条处断。例如盗窃通讯设备数额特别巨大的以盗窃罪论处，冒充国家工作人员招摇撞骗财物数额特别巨大的以诈骗罪论处，制造贩卖假药数额特别巨大的，以投机倒把罪论处，等等。这就是说，法条竞合往往也采用"从一重处断"原则。

由上可见，在刑法学界，一方面对于不适用数罪并罚的各种犯罪形态进行着旷日持久的争论，另一方面对各种犯罪形态又适用同样的处罚原则，这便提出了一个值得思考的问题：大家苦心构筑一个想象竞合犯、牵连犯、连续犯、吸收犯的理论体系，并为之孜孜不倦地研究、不厌其烦地争论，其目的究竟何在呢？长期以来，针对各种犯罪形态的区别，理论界虽然进行了大量的研究，但仍然无法把它们严格地区别开来，即使区别开了，也仍然采用同样的处罚原则。那么，这种区别又有什么意义呢？我们能不能摆脱这种学究式的研究，避开毫无意义的概念之争，从指导思想和方式方法上来一个较大的转变呢？我们认为这既是可能的，也是必要的。为此，本文设想简化不适用数罪并罚的犯罪形态的种类，建立一种简明实用的能体现罪刑相适应原则的理论模式。这种理论模式是：以行为的单复和触犯法条的单复为标准，将理论上所称的不适用数罪并罚的情况分为一行为触犯数法条和数行为触犯一法条两种情况，并分别采用相应的处罚原则。这样，既可使理论体系简化，也便于司法实践操作。

二

为了准确地说明一行为触犯数法条和数行为触犯一法条这两种不适用数罪并罚的犯罪形态，有必要先研究一下什么是一行为以及一行为与数行为的判断标准问题。

我们认为，所谓一行为是指以一个故意或过失实施的若干动作总和。这里首先需要解决的是确定标准问题。确定行为单复的标准应当是社会生活经验，即人们根据社会生活经验判断是一个意思及其支配下的若干动作或者一个所作所为，就是一行为。其理由是人们关于行为单复的经验来源于社会主体的实践活动，它是人类实践活动目的性和阶段性的反映，具有客观性。它同时又对作为社会实践主体的任何人包括犯罪人、立法人员、司法人员关于行为单复的观念产生深刻的影响，具有统一性。社会关于行为单复的经验既是立法和司法活动力图予以反映的社会现象，又是一项立法或者一个案件的判决是否合理公正的评价准则，以它为标准判断行为的单复是可取的。

经验上的一行为很大程度上是人们观察到的具有独立、完整意义的一个所作所为，甚至是"一件事"，而不是行为外观上的一个动作。人们通常根据事情的起因，行为人的动机、目的，事情发生的时间、地点，涉及的对象等因素综合判断行为的单复。一般来说，一个主观意图支配下的若干动作具有共同的起因、目的、时间、地点的特点，便被认为是一行为。比如张某因李某弄脏了晾晒的衣服而对李某进行辱骂，就是基于一个起因，产生了一个目的，在一定的时间、地点对一定的对象进行侮辱。人们习惯于从整体上把握这件事情，认为张某有一次（或一个）侮辱他人的行为。尽管张某在外观上可能说了许多有辱人格的言语，但人们不会去分解开每一句话，把它们视为数个所作所为。再比如打架或伤害他人，可能包括若干拳脚，造成被害人身体多处受伤，但只要从行为人的意思，事情的起因、时间、地点，被害人等情况看，不过是一次性的所作所为，仍属一行为。至于拳脚的数量，被害人受伤的情形，只是行为的细节，可能影响行为的危害程度，但不影响行为的个数。在社会生活经验上，行为的时间、地点对决定行为的个数或次数具有很大的作用，如果行为人对他人侵害之后，改换时间或地点，也即换一个场合又对他人实施侵害，即使事情的起因、受害对象、行为方式都是相同的，人们也会认为这又是一个或一次行为。

这里所称的一行为是指主客观相统一的行为，故意犯罪的一行为是在行为主体犯罪意思统率、支配下实施的若干动作的总和，过失犯罪的一行为是表现犯罪人疏忽和轻信心态下的若干动作及其后果的总和。这种主客观相统一的行为在社会经验上才具有独立的、完整的意义。由于犯罪的主观意思不同，采取的犯罪方式、侵犯的对象以及时间、地点、环境等具体情况的差异，使一行为既可能包括数个法律性质相同的动作，如以数拳脚伤害他人，也可能包括数个法律性质相异的动作。比如，在故意杀人时有损害他人健康的动作，在抢劫或强奸时侵入住宅，在盗窃枪支的场合持有枪支，等等。杀人和伤害，抢劫、强奸和侵入住宅，盗窃枪支和私藏枪支是法律分别规定的独立的犯罪，从法律观念而言，它们分别充实了数个不同的构成要件。但在实际发生的犯罪现象中，某些动作是实施某一犯罪行为必经的过程，或是必需的手段，或为必然伴生的状态，从社会经验上来看，并未超出一个意思活动或者一个所作所为的范围。在一个犯罪事实中，它们往往有机地结合在一起，以致从充实构成要件的角度分解、独立出来总显得有些勉强，甚至不合情理。在这里，复杂多样的犯罪现象同相对单纯的法律规范存在着不一致的情况。依据社会经验的标准衡量行为的个数同使用法律标准衡量行为的个数，在某种场合存在着差异。要适当地解决这一问题很大程度上取决于人们的倾向。

如果承认对某些充实数个构成要件的行为不实行数罪并罚，就不可避免地要使用经验的标准。许多国家的刑法理论和刑法制度之所以主张对某些充实数个构成要件的行为（或事实）不定为数罪或者不实行数罪并罚，其要旨就是要以常识补救法律的机械和严苛。按法律的标准而言，充实一个构成要件是一罪，充实数个构成要件的是数罪，在一般情形下这是不会发生问题的。可是人们发现充实数个构成要件的事实有时自行为样态上观察不过是一个意思活动，或者充实数个构成要件的事实，其中的一些事实并没有独立、完整的意义。对于这样的情况许多人倾向于同数罪区别对待，要么定为一罪，要么按一罪处罚，形成了罪数论中的特殊问题。这反映了人们在法律评价同经验观察不一致时，倾向于经验的标准，宁愿求得案件合乎情理的解决，而不拘泥于法律形式。

有人认为以社会经验作为评价行为个数的标准不够明确，这是可以理解的。因为犯罪现象复杂多样，本身就有诸多不确定的因素，很难提出一个更为具体确切的标准。国外学者虽提出了许多解决行为个数的学说，如自然行为说、社会行为说、法益说、构成要件说等，但是，没有一个成为公认的标准，因而也就不能令人信服地解决问题。我国刑法学者则对行为标准问题不予置评。在各种版本的教科书及许多有关的文章中，学者们经常大量地使用"一行为""数行为"的概念，但对于这"一行为""数行为"是根据什么标准确定的，则不予说明，似乎它们是不用证明就可使用的理论前提。这势必导致行为个数在确定罪数和犯罪竞合方面形同虚设。而以充实构成要件的个数为唯一的标准，甚至倒过来以充实构成要件的个数来确定行为的个数，即充实一个犯罪构成的为一罪，也就是一行为，充实数个犯罪构成的是数罪，也就是数行为。如果被充实的数个犯罪构成共占同一事实，便认为是想象竞合或法规竞合，也就是一行为，如果被充实的数个犯罪构成共占的不是同一事实，但具有某种关系的，如牵连、吸收或连续关系的，便认为是数行为犯数罪，在处断上作一罪。这种单独以犯罪构成的数量确定罪数的方式实际上取消了罪数论中的以行为数量作为罪数标准的地位，同公认的以行为个数和犯罪构成个数相统一确定罪数的理论是不一致的，至少没有将双重标准的理论贯彻到底。由于实际取消了行为标准，掩盖了行为标准的经验本源，在解决罪数的特殊情况时便发生了问题。比如牵连关系，可能出现数个独立的行为具有牵连关系，也可能出现一行为同另一个不具有独立意义的"行为"具有牵连关系，有无牵连关系不能说明行为的单复，自然也不能从根本上说明应否数罪并罚。再如吸收犯，有人认为是处断上的一罪，有人认为是实质的一罪，其观点不一恐怕与看问题的角度不同有关。认为处断一罪的，大约是从充实的犯罪构成是数个的角度出发的；认为实质的一罪，则是从行为数量的角度出发的。在这种场合，不依据一定的标准对行为的个数作出判断，并选择一个角度评价罪数，恐怕难以取得一致的意见。此外，想象竞合、法规竞合的概念均以"一行为"作基础，不确定这"一行为"的标准，恐怕在理论上是不完整的。我们提出以社会生活经验为判断行为个数的标准，尽管不够具体明确，但至少指出了判断行为个数的本源，使行为个数在确定罪数方面具有独立的地位，坚持以双重标准确定罪数，即根据行为个数同充实犯罪构成的个数相统一来确定罪数。在行为个数与充实犯罪构成的个数不一致的特殊场合，则通过社会生活经验救济法律的机械和严苛，求得案件合情合理的处理。

三

在解决了一行为与数行为的标准之后，我们就可以把不适用数罪并罚的各种犯罪形态简化为以下两种情况了。

（一）一行为触犯数法条的犯罪

1. 表现形式

一行为触犯数法条是指以故意或过失实施了一系列的动作，同时触犯数个相异的、规定有法定刑的刑法条文。

一行为触犯数法条的表现形式有以下几种。

（1）一行为触犯数个有包容关系的法条。这种法条包容关系表现为一个在构成要件上附加特别限制的法条可以成为相应的一般性法条的一部分。在这种情况下，一行为触犯特别法条，必然要触犯相应的一般性法条。例如一行为触犯《刑法》第 101 条反革命杀人罪，必然要触犯《刑法》第 132 条杀人罪。一行为触犯《中华人民共和国惩治军人违反职责罪暂行条例》第 4 条泄露军事机密罪必然要触犯《刑法》第 186 条泄露国家机密罪。

（2）一行为触犯数个有交叉关系的法条。这种法条交叉关系表现为一个法条的一部分内容可为另一法条的一部分内容，这样的交叉关系使一行为触犯一法条的同时可能又触犯与其有交叉关系的法条。法条的交叉关系为一行为触犯数法条提供了可能性，而犯罪人采用的具体行为方式使这一可能性变为现实。例如《刑法》第 166 条规定的冒充国家工作人员招摇撞骗罪与《刑法》第 151 条诈骗罪就存在着这种交叉关系，当犯罪人冒充国家工作人员诈骗财物时，便会触犯这两个法条。

（3）一行为触犯数个无包容交叉关系的法条。由于法律规定的抽象和分立，一行为触犯了数个独立的法条。这包括以下几种情况。

第一，犯罪人实施一犯罪行为所必经的过程或必需的手段又触犯了另一法条，而这一行为连同其必经的过程或必需的手段以社会生活经验衡量还是一行为或者一个所作行为。例如入室盗窃，当犯罪人以住宅内财物为目标时，非法侵入住宅便成为该犯罪的必经过程或必需的手段。刑法中虽分别规定有非法侵入住宅罪和盗窃罪，犯罪人的入室盗窃行为也确实触犯了上述两法条。但这入室盗窃行为是司空见惯的一种盗窃罪类型，是典型的社会经验上的一行为，如果把它视为数行为，触犯数法条，未免太拘泥于法律形式了。

第二，实施一犯罪行为必然伴生的不法状态又触犯另一法条的。如盗窃、抢夺枪支弹药并予私藏。盗窃、抢夺枪支弹药后，行为人必然要在或长或短的时间里持有它们，持有是其盗窃、抢夺行动后必然伴生的状态。行为人在持有枪弹后又进行其他犯罪活动的，如持枪杀人、抢劫的，则不属于必然伴生的不法状态。

第三，实施某些特定犯罪的过程中易伴生的动作及其结果又触犯其他法条的。例如在实施强奸罪或者抢劫罪过程中，因使用暴力而致被害人伤亡的，刑讯逼供致人伤残的。这种经验上一行为的观念反映在立法上，便是对有关犯罪易伴生的动作及其结果专门作了加重处罚的规定，不以数罪论处。

以上列举的一行为触犯数法条的范围包括了传统理论中想象竞合犯、吸收犯、法规竞合犯的全部内容，也包括了牵连犯的一部分内容，但不包括传统理论认为属于牵连犯而实质是数行为触犯数法条的情况，例如盗窃枪支并用来杀人的。

2. 定罪和处罚原则

（1）定罪原则。一个犯罪行为触犯数个法条的只应适用其中一个法条定罪处罚。

一行为理应只能触犯一法条，一行为触犯数法条是由于立法技术造成的，不应让行为人就一行为承担数个罪责。按照我国《刑法》第 10 条规定的犯罪概念，犯罪是一种违反刑法应受处罚的危害社会行为，可见行为是我国刑法上犯罪概念的基础，没有行为便没有犯罪。行为的单复决定犯罪的单复。刑法规范是犯罪现象的抽象和类型化，它不仅力图在表述犯罪的样态上符合犯罪现象的类型，而且在犯罪的单复上也与犯罪现象的单复相吻合，即以一个刑法法条规定一个完整的犯罪样态。但是立法者制定法律不仅仅根据具体的犯罪现象在法律中表述犯罪，它还要采取一定的方法进行概括、分门别类，这就产生了法条的交错和抽象。一行为触犯数法条，表面上看是法律评价同社会观念发生了分歧，实质上是法律由于交错和抽象造成的。由于法条的交错规定，法条之间发生了包容和交叉关系，使得一行为必然或可能触犯数法条。由于法条抽象，力求简明，在规定某一犯罪类型时，一般只规定集中反映该罪社会危害性必不可少的重要特征，而对于其他的事实特征则予以省略，因此自然不必也不可能罗列出该种犯罪必经的过程或必需的手段，或者罗列出该种犯罪必然伴生的不法状态，这就造成了社会观念上的一行为在某场合触犯无包容交叉关系的数法条的现象。

（2）处罚原则。对一行为触犯数法条的，原则上应于所触犯的数法条中选择一个法定刑较重的法条定罪量刑。在数法条法定刑相同的情况下，按特殊法优于一般法、复杂法优于简单法予以适用，与此同时需要规定一些例外规则。

例外规则之一，在立法中有专门规定的例外。例如我国《刑法》第133条规定"……本法另有规定的，依照规定"，就属本文所称的专门规定，犯其他罪如交通肇事罪、重大责任事故罪、失火罪等致人死亡的，适用各该条的规定处罚，不适用择一重处罚原则；例外规则之二，当特殊法条或复杂法条所规定的法定刑能完全适应处理某一具体犯罪需要时，予以例外处理。例如，冒充国家工作人员招摇撞骗、诈骗财物的，既触犯了《刑法》第151条，又触犯了《刑法》第166条。两条相比较而言，招摇撞骗罪条较为特殊，因此在该条法定刑能完全适应处罚某一犯罪的情况下，即诈骗财物数额较大或重大的情况下按招摇撞骗定罪处罚。在招摇撞骗财物数额巨大，处10年以下有期徒刑显然不能罪刑相适应时，才择一重处罚。

设立上述例外规则的主要理由是：我国刑法中有些特别规定或复杂规定轻于普通法条或简单法条，如果一律实行择一重处罚原则，会削弱甚至取消这些法条独立存在的意义。在司法实践中对于一行为触犯数法条的，如果特殊法条或复杂法条完全能适应处罚某一具体犯罪的需要时，都按照法律适用的一般原理，适用特殊法条或复杂法条定罪量刑。但在不能适应处罚犯罪需要时，则择一重处罚。这种司法习惯，弥补了刑事立法某些不协调的方面，是可取的。因此原则上适用择一重处罚原则，同时在能够实现罪刑相适应的条件下，兼顾优先适用特别法或复杂法。这样做，比较适合我国刑事立法的特点，与司法习惯也是一致的。

（二）数行为触犯一法条的犯罪

1. 表现形式

数行为触犯一法条，是指以数个故意或过失实施了数个行为触犯了同一法条。这种情况主要有两种形式。

（1）同种数罪，即以数个社会生活经验上的主客观相统一的行为，数次触犯同一法条，每一行为都独立构成一个犯罪。

（2）惯犯，即在较长的时间内，以多个故意，多次实施同一犯罪行为，触犯同一法条，而法律根据行为人反复实施同种类犯罪的特点，独立规定为一罪。惯犯是事实上的同种数罪而法律规定上的一罪，例如惯窃罪、惯骗罪、走私或投机倒把的常业犯等。

值得指出的是连续犯问题。在我国刑法理论上，连续犯是指行为人以一个概括的或同一的故意连续实施数个犯罪行为。由于连续犯的故意基本上是一个，按照主客观相统一的原理，其算不上有数个行为，所以，严格讲它不属于本文所说的数行为触犯一法条的情况。但是我们认为可以将连续犯作为数行为触犯一法条的特殊形式。其理由如下所述。第一，连续犯作为介于一罪与同种数罪之间的犯罪现象，它与同种数罪之间并无截然的界限，尤其是行为人在异时异地对不同对象实施同类犯罪行为时，很难断定行为人究竟是出于一个概括的故意还是出于数个犯罪的决意，因而也就难以断定是连续犯还是同种数罪。第二，在我国刑法理论与司法实践中对连续犯和同种数罪适用同样的处罚原则，即按一罪从重处断。由于处罚原则无异，反过来又使二者之间的区分在实务上显得无关紧要。这种情形最突出地表现在对贪利性犯罪的处理方面，司法机关只累计犯罪数额进行定罪量刑，根本不考虑数行为间的关系，计较究竟是连续犯还是同种数罪。从简化理论、方便操作的角度考虑，将连续犯概念所包括的犯罪现象当作数行为触犯一法条的特殊形式是合适的，并无不可克服的法律或理论上的障碍。

2. 定罪和处罚原则

对数行为触犯一法条的，不实行并罚，按一罪从重处断。根据我国立法特点和司法习惯，从重处罚可以通过两种方式体现：（1）对于贪利性犯罪，如贪污、盗窃、投机倒把、走私罪等，在立法或司法习惯上是以累计数次犯罪的数额为量刑基本依据的，按累计的犯罪数额处罚；（2）对于其他犯罪，则酌情从重处罚。我国刑法分则许多条文中规定有"情节严重""情节恶劣""情节特别严重""情节特别恶劣""造成严重后果""后果特别严重"等不同的量刑幅度，数行为触犯一法条的可与上述情节挂勾，体现从重处罚的原则。由于法律将惯犯特别规定为一罪，并且专门规定了较重的法定刑，已体现了从重处罚的精神，因此对惯犯只能直接按专门规定的法定刑处罚，不应根据数行为触犯一法条的情况再行从重处罚。

四

对于一行为触犯数法条和数行为触犯同一法条的行为，是否定为数罪，是否并罚，涉及时效、赦免以及诉讼程序中的一些具体问题，需予以说明。

（一）关于一行为触犯数法条的情况

由于本文所称的一行为是根据社会经验判断的一行为，一般具有共同的起因、目的、共时、同地等特点，排除了牵连关系松散的牵连犯，对时效、管辖不会发生实质影响。在遇到赦免、确定审理事实范围、改判等情况时，因这样的一行为本身就不可分解，不宜分解开来分别定罪，亦不宜分解开来分别赦免或审理。

（二）关于数行为触犯同一法条的情况

对审判前的同种数罪按一罪从重处罚，使同一案件中各罪所判之刑不明确，肯定会给改判、减刑、赦免带来不便。例如某人因分别犯有三个强奸罪，被法院按一罪从重判处，如果二审认为其中一个强奸罪不成立，需要改判，在数罪并罚的情况下，只需改变该次强奸罪判决，不必改变另二罪的判决；在按一罪处断的情况下，因一罪的改判而不得不改动整个判决。在赦免或减刑时也可能遇到类似的麻烦。我们认为，对于审判前发现的同种数罪按一罪从重处断，无论是执法的准确性还是执法的效率都优于数罪并罚。就执法的准确性而言，我国刑事立法对经济犯罪基本以累计犯罪数额为量刑的依据，对其他一些常见犯罪如抢劫罪、强奸罪等规定一般情节和加重情节两个法定刑幅度，这种模式适合于对同种数罪不并罚。大量的司法解释进一步强化了这种模式，根据这些司法解释，常见的同种经济犯罪和常见的同种危害社会治安的犯罪都应按一罪处断。因此在现有的立法、司法体制内，对同种数罪不并罚是准确执法的一个要求。就执法的效率而言，对同种数罪不并罚所带来的诉讼上的方便也远远大于并罚所带来的方便。权衡二者的利弊得失，选择按一罪处断的模式较为合理。

论构建适应中国刑法特点的罪数论体系[1]

中国学说中的罪数论体系及其概念主要源于外国学说，明显不适应中国的数罪并罚体制。因此有必要考虑中国刑法和司法习惯不喜好数罪并罚的特点，建立适合这种特点的罪数论体系。构建的思路是：对一罪、数罪和数罪并罚问题，分别从理论、立法、司法三个不同的角度进行考虑。一方面，应当坚持确立"前法律的"或理论意义上的一罪、数罪观念（典型一罪和数罪）。因为刑法学说应当有自己独立的观念和价值准则，不能盲目跟随法律规定、司法习惯而漂浮摇摆，丢失自己论理的、批判的品格。刑法学的作用，不仅仅在于注释现行刑法，而且还应当能够理性地指导刑法规范的创制、修订，引导和培育更加合乎理性的司法习惯。尤其是在中国刑事立法广泛规定加重犯和司法习惯对同种数罪、"选择一罪"不并罚的制度背景下，更应该在刑法学体系中为观念的一罪与数罪保留一席之地。制度规定未必都是合理的，广泛的加重犯立法例的基础是广泛配置重刑（无期徒刑、死刑为法定最高刑）和当时的刑事政策需求，当这种基础发生变化时，如限制无期徒刑或死刑的配置与适用，为了体现罪刑相适应原则，恐怕又需要计较数罪并罚。[2]同样的道理，司法习惯对同种数罪不数罪并罚是以广泛的加重犯立法例为基础的，这种习惯明显违背限制加重原则的基本理念。如果减少加重犯的立法例、重视限制加重的理念，这种司法习惯不是不可以改变的。另一方面不能不根据目前的立法与司法现状，在学说上阐释法律规定和司法实务上按照一罪处罚的情形，以便正确理解和适用刑法条文。

一、粗放与精细：外来罪数论概念水土不服

中国刑法方面，对同种数罪不实行数罪并罚的司法习惯、广泛存在的加重犯立法例、较高的追究刑事责任门槛，造成不计较一罪与数罪并罚的现状。

---

〔1〕 原载《河南师范大学学报》（哲学社会科学版）2006年第3期。
〔2〕 假如对抢劫罪废止死刑，恐怕就不会像目前这样扩大适用抢劫结果加重犯了。

（1）司法习惯对同种数罪不实行数罪并罚，而是累计以一罪处罚。这可能与中国的刑法结构有关，因为中国刑法中的常见罪几乎都有加重犯的规定，[1]可以满足对同种数罪不并罚的需要；这也可能与较有利于重惩犯罪的刑事政策思想有关，因为这样可以将数个具备基本构成的同种罪行，累加成为具备加重构成的罪行，从而使处罚可以升格为无期徒刑甚至死刑；甚至可能与实施较为简便有关。在司法实践中遇到的数罪案件中，同种数罪较多，在判决宣告前一并审理的均不实行数罪并罚，例如多次盗窃、诈骗、抢夺未经处理的，累计数额处罚。这种习惯与刑事立法中广泛的数额、数量、情节加重规定相配套，产生了对同种数罪一般无需并罚的独特模式。

（2）刑法分则广泛规定加重犯。其中，有的明确规定对多次犯同一罪作为加重犯或累计数量处罚，如《刑法》第236条第2项规定"强奸妇女、奸淫幼女多人的"，第263条规定"多次抢劫"的，第383条第2款规定"多次贪污未经处理的，按照累计贪污数额处罚"，第347条规定"对多次走私、贩卖、运输、制造毒品，未经处理的，毒品数量累计计算"。由于有了这样的规定，使同种数罪不并罚不仅成为一个司法习惯而且具有立法上的依据。另外还有"异种罪行"加重犯，如拐卖妇女中奸淫（强奸）被拐卖妇女的，为强迫妇女卖淫而强奸的，这导致对某些异种数罪不实行数罪并罚。

（3）中国刑法设定的刑事责任门槛较高，使对异种数罪的数罪并罚也较为粗放。因为对单个的危害程度较低的行为不追究刑事责任，久而久之会对异种数罪的处罚发生影响。比如，对单独发生的非法侵入住宅或者伪造一张公文的行为，通常因达不到追究刑事责任的程度而不当作犯罪处罚。当这样的行为成为其他罪行的过程或手段行为时，一般也难以被考虑进罪数中，并实施数罪并罚。再如，刑法中规定有大量的"选择一罪"，在数罪并罚上面，几乎被当作同种罪对待，行为人实施贩卖毒品和运输毒品行为，即使两个行为完全独立也是累计数量按照一个"贩卖、运输毒品罪"处罚。

而外国刑法方面，对数罪并罚"锱铢必较"。例如日本判例：甲、乙二人于某日晚在2个小时左右的时间内，连续从农会仓库窃取糙米3次，每次3包，计9包。原判决适用并合罪判决有期徒刑1年6个月。被告以其犯罪行为

---

[1] 姜伟："我国刑法中规定罪刑单位的条文中约75%有加重构成，法定最高刑为死刑的50余种……"基本上可以满足同种数罪按一罪处理的需要。《犯罪形态通论》，法律出版社1994年版，第477页。（此处指修订前刑法——引者注）。修订后的刑法在这方面沿续了相同的体例。

"只足构成一个盗窃罪，原审判决予以分割合并处罚显属违法"为由提起上诉，经日本最高法院审理，认为应以一罪定罪处罚。[1]在日本，对此案尚存是否应当按数罪并合处罚的分歧，可见计较之一斑。其中的原因可能与我国的正相反。它们的刑事门槛较低，对轻微的危害行为也需依法追究刑事责任，因此对于非法侵入住宅，伪造一件公文、证件之类的行为，作为单个犯罪一般具有可罚性。因此当这类行为作为其他犯罪过程或手段行为的场合，才有考虑是否应当数罪并罚的必要。其法定最高刑较低，对适用死刑、终身监禁有严格的限制，为了合理评价和处罚数罪，需要严格执行数罪并罚。此外，严格执行限制加重原则，一方面重视对数罪的精确评价和处罚，"在同一行为人实施数个犯罪行为情况下，每个犯罪均应科处相应刑罚"。另一方面担心因数罪累计处罚"导致有期徒刑的执行令人难以忍受的严厉"，[2]因而有所限制。其结果是：（1）数罪并合处罚比以一罪吸收处罚有所加重，这使一个案件中的事实究竟认为是一罪还是数罪，决定是否适用数罪并合处罚的原则，对案件的处罚轻重产生不同的影响。[3]（2）数罪并合处罚比并科有所限制，即以数罪中最重的一罪为基础，限制数罪处罚的升格，数罪中最重的罪为无期徒刑的，不能因为数量多便将其升格为死刑；最重的罪为有期徒刑的，不能变相升格为无期徒刑。

中国学说中关于罪数和数罪并罚的概念、理念，如想象竞合犯、牵连犯、吸收犯、连续犯和限制加重原则等，却是来自于计较一罪与并合罪界分的外国法律体制。这些概念移植到中国，严重"水土不服"。如对同种数罪不并罚的习惯使连续犯、继续犯概念在数罪并罚方面失去了实际价值。因为缺乏实益，以致迷失了界定和解说的方向。我们说不出为什么要这样解说而不能那样解说的道理，反正怎样解说都无关痛痒。在这种情况下，对异种数罪使用牵连犯和吸收犯两个概念解决例外不并罚的情形，也显得多余。此外，立法中广泛确立的"加重犯"，对罪数和法条竞合、想象竞合的观念也造成一定程度的冲击。比如绑架又杀害人质的、拐卖妇女又奸淫被拐卖妇女的，究竟该

---

〔1〕 洪福增译：《日本刑法判例评释选集》，汉林出版社1977年版，第161页。
〔2〕 ［德］李斯特：《德国刑法教科书》，许久生译、何炳松校，法律出版社2000年版，第398页。
〔3〕 例如日本刑法第47条规定，数罪应处法定最高刑可以其中一项最重罪行应处法定最高刑为基础，加重二分之一刑期。

达成一罪还是数罪的共识？[1]使用爆炸方式故意杀人且致众人死亡的，与故意杀人罪究竟是法条竞合还是想象竞合关系？从罪状的表述和学说一般解说看，属于法条竞合；从法定刑轻重的比较看，似乎应当被认为是想象竞合。同种数罪不并罚的习惯和广泛的加重犯立法例，也使限制加重的理念在同种数罪处理方面失去了限制的效用，处罚可以脱离数罪中最重一罪的制约，因犯罪的数量多而发生升格。

我国学者已经认识到这种因体系、结构性冲突而发生的问题很难通过局部的协调得到解决。[2]有学者认为连续犯概念在中国的体制下失去了实际价值，主张将其废除。[3]有学者认为，吸收犯与牵连犯这两个概念功能冲突且难以界分，主张废止其一。[4]也有学者试图对吸收犯进行细致的界定，发挥其理论作用。"吸收犯的存废之争，起因于目前罪数理论中吸收犯与其他罪数形态，尤其是牵连犯、连续犯交叉情况之存在"，[5]因此试图通过界分吸收犯与牵连犯、连续犯，以化解这种争议。

二、根据本国数罪并罚制度的特点构建罪数论体系

对概念的厘定、删减，难以从根本上解决这种体系性冲突。需要转换思路，根据中国制度的特点重新设定罪数论体系。

（一）设计的原则

1. 应当确立独立的罪数观念

法律上的一罪一个法律效果与观念上的一罪一罚不一致，这不是从理念上放弃确立一罪的理由。学说还是应当并且也能够确立"前法律的"一罪与数罪的观念。否则，将会使罪数论失去独立的价值，而且会使数罪并罚失去根基。

---

〔1〕 例如1998年司法考试卷二多项选择题第63题：下列哪种行为构成强奸罪？其中"人贩子奸淫被拐卖的妇女的"竟然算错误选项（不构成强奸罪）。我认为，正确的问法应当是：下列哪种情形应当是加重犯？假如人贩子是已满14岁不满16岁的人，难道不能对其强奸行为定罪处罚吗？此题中引起的歧义看似偶然，实则暴露出我国学说在罪数、数罪并罚理论方面的不成熟、不规范。

〔2〕 杨兴培："论一罪的法律基础和事实基础"，载《法学》2003年第1期。该文对我国学说罪数论体系、概念提出了激烈的批评，但观点过于激进。

〔3〕 郭彩霞："论连续犯概念的存废"，载《中国地质大学学报（社会科学版）》2003年第6期。

〔4〕 童伟华认为：吸收犯在罪数体系中存在重复与交叉且缺乏实用性因此主张吸收犯概念废止。参见童伟华："吸收犯学说评述"，载《华侨大学学报（人文社科版）》2001年第2期。

〔5〕 阴剑峰："略论吸收犯"，载《法学家》1998年第6期。

2. 坚持"构成要件说"

坚持将"构成要件说"（或适用一个法律效果的行为事实）贯彻到底，也即必须贯彻"以法律为准绳"的基本原则。在中国刑法中规定有许多法定以一罪处罚的情况，例如《刑法》第 240 条关于拐卖妇女、儿童罪的规定，在行为构成该条基本犯的前提下，如果具备法定的八项情形之一的，就适用"处 10 年以上有期徒刑、无期徒刑……"加重的法定刑；如拐卖妇女后又"奸淫被拐卖妇女的"，行为人分别犯下拐卖妇女罪和强奸罪，类似于外国刑法中的结合犯。一方面，从适用刑法最朴实的观念出发，拐卖妇女后又"奸淫被拐卖妇女的"就是适用该条特定（一个或一种）法律效果的（构成）条件，只能以一罪定罪处罚（或不数罪并罚）。另一方面这种情形显然与典型的一罪不同，无论从观念上还是从法律上看，都是数罪，称其为一罪还是数罪就成为问题。面对这样的问题，应考虑注释、适用刑法的需要，将其作为独立的种类，即法定处罚的一罪。

对于一行为触犯数罪名的想象竞合犯，因为行为实现了数个构成要件，根据构成要件说，将其视为实质的数罪，司法酌情处罚的一罪。

3. 禁止重复评价、重复处罚

在司法实践中，根据案情，对同一行为事实只能进行一次（或一个）构成要件评价，或适用一次（或一个）法律效果（法定刑），不得重复评价，即司法习惯中的禁止"一件事情两头占"。因此：（1）想象竞合犯实现了数个构成要件，但其根据社会生活观念只有一个行为事实，司法只能择一重罪处罚。[1]（2）对于因受贿而渎职构成滥用职权、玩忽职守的渎职罪的，除法律有特别规定的以外应当评价为数罪，实行数罪并罚。但是如果具体案件中渎职的事实作为受贿的立案事由的，[2]即受贿数额未达到立案的标准，加上渎职情节后则可以立案的，按照禁止重复评价原则，不得数罪并罚。

---

〔1〕 陈兴良教授认为"从禁止重复评价的原则出发，想象竞合犯是观念上的数罪，实质上的一罪"。（陈兴良：《当代中国刑法新理念》，中国政法大学出版社 1996 年版，第 245 页）。也有学者认为，想象竞合犯"基于数个罪过，侵犯了数个法益"具备了受数次评价的实质内容，因此认为属于实质数罪。（参见王明辉、唐煜枫："重复评价禁止与想象竞合犯"，载《中国刑事法杂志》2005 年第 2 期）。笔者认为，想象竞合犯并非纯粹的一罪，只是基于禁止重复评价原则对想象竞合犯不实行数罪并罚。

〔2〕《最高人民检察院关于人民检察院直接受理立案侦查案件立案标准的规定（试行）》一、贪污贿赂犯罪案件之（三）受贿案之"2. 个人受贿数额不满 5000 元，但具有下列情形之一的：（1）因受贿行为而使国家或者社会利益遭受重大损失的"。

4. 适当简化罪数论体系

适当简化罪数论体系，使之适合中国制度的特点。鉴于中国刑法"加重犯"的立法例众多，同种数罪不并罚的司法习惯根深蒂固，在这种不计较数罪并罚的体制难以改变的情况下，应顺应这种体制，剔除一些对数罪并罚无实质意义的概念，简化分类。

（二）按照上述原则构建的罪数论体系

1. 典型一罪和数罪〔1〕

（1）典型一罪。所谓典型一罪，按照"构成要件说"，一个行为事实实现（充实）一个（一次）构成要件的，为一罪。其典型性在于：社会生活中的危害行为类型与法定的犯罪类型（构成要件）一致，即理念上的一行为、一犯罪、一处罚与法律上的规定（制度设置）相吻合。如甲故意杀害乙，是常识上的一个罪行，同时也被法律（《刑法》第232条）确认为一个罪行，理念上的一罪与法律评价上的一罪相一致。

（2）典型数罪，数个典型一罪便是典型数罪。分为同种数罪、异种数罪。人们虽然在如何确认"一行为"上难以达成共识，也难以谋求立法者在设置构成要件时让构成要件与行为数量完全一致。出于刑事政策与立法技术的考虑，当在法律中把一罪当作另一罪的加重情形时，尽管完全根据"构成要件说"这一个标准也难以说清是一罪还是数罪，但是对于"典型的"一罪大体还是能够把握的，对不典型的情况，需要单独解决。

2. 法定处罚的一罪

（1）加重犯，或称"情形加重犯"，指以基本犯为基础，法律规定有某种情形适用较重法定刑。根据具体情形的特点，可细分为罪行加重（如拐卖妇女的犯罪人奸淫被拐卖妇女的，走私、运输毒品暴力抗拒缉查的）、结果加重、情节加重、数额数量加重、次数加重等。

（2）吸收犯，指法律规定在实施某一犯罪中，又实施了另一严重罪行，仅以重罪定罪处罚的情况。如《刑法》第238条规定非法拘禁时使用暴力殴打致被拘禁人伤残、死亡的以故意伤害罪、故意杀人罪定罪处罚。因为其中的非法拘禁行为和故意伤害（或故意杀人）行为均属于独立的罪行，在仅以

---

〔1〕 这里沿袭了学者早已提出的典型一罪与不典型一罪的两分思路。储槐植："论罪数不典型"，载《法学研究》1995年第1期。

重罪论处的场合，轻罪被吸收。[1]再如《刑法》第292条规定聚众斗殴致人重伤、死亡的以故意伤害罪或故意杀人罪定罪处罚。刑法明文规定对数罪择一重罪处罚的，如《刑法》第399条第4款规定"司法工作人员收受贿赂……依照处罚较重的规定定罪处罚"，也可归入这一类。

这里使用的"吸收犯"一词，特指"法定"只处罚重罪，对其关联的轻罪既不单独定罪处罚，也不作为法定从重、加重事由的情形。法定对轻罪的不处罚，解释为轻罪被处罚的重罪所"吸收"。此处"吸收"的用法，类似于数罪并罚吸收原则中"吸收"一词用法。

关于集合犯，因为是同种性质行为的反复实施，在同种数罪不并罚的背景下，无特别考虑的必要。

3. 酌定处罚的一罪

（1）想象竞合犯，指一行为同时触犯数罪名的情形。想象竞合犯究竟是实质一罪还是实质数罪，因选择确立罪数的标准不同而有不同的结论。按"行为说"，鉴于是一行为所以认为是实质一罪（假数罪）；按"法益说""结果说""构成要件说"，一般认为是实际的数罪处断的一罪。我国通说采取构成要件说，将这一通说贯彻到底，理应认为是实质数罪，酌定处罚上的一罪。[2]对于同种数罪的想象竞合，因我国对同种数罪不并罚，所以在数罪并罚上不成问题。对于异种数罪的想象竞合，根据禁止重复评价的原则，择一重罪处罚。

（2）牵连犯，指实施某个犯罪，作为该犯罪的过程行为、手段行为、结果行为又触犯其他罪的情况。根据牵连关系可细分为：①过程行为与目的行为的牵连，如甲入户强奸，其入户的非法侵入他人住宅行为作为强奸之过程行为；②手段行为与目的行为的牵连；③结果行为与原因行为的牵连。如实施侵犯著作权犯罪行为，又销售其侵权复制品的。

（3）"选择一罪"，指刑法条文规定了若干独立的犯罪构成，既可以由一个犯罪构成成立一罪，也可以由数个犯罪构成成立一罪。[3]"选择一罪"具

---

〔1〕 有学者认为这是合并犯，参见孙国祥："合并犯综论"，载《江海学科》2002年第2期。笔者认为，对被拘禁人的杀伤已经独立成立故意杀人罪或故意伤害罪，法律规定以故意杀人罪或故意伤害罪定罪处罚，并且行为人非法拘禁行为从法律规定看来对刑事责任带来其他影响，实际是对其吸收。

〔2〕 在确定罪数的标准上，我国通说采取"犯罪构成说"，但是在想象竞合犯上，却采取"行为标准说"将其作为实质的一罪，标准不一。日本学者大塚仁则根据"构成要件说"将想象竞合犯作为"科刑的一罪"（大塚仁：《刑法概说》（总论），冯军译，中国人民大学出版社2003年版，第421页）。

〔3〕 何秉松：《刑法教科书》，法制出版社2000年版，第491页。

有多种可能性，行为人的行为只具备法定的选择罪名之一，如甲走私毒品，这其实属于典型的一罪。行为人的行为在不同的场合分别具备了选择罪名中的数个行为，如甲在2004年3月8日实行一次走私毒品行为，在2004年6月5日实施一次运输毒品行为，实际属于典型数罪，只是按照中国的司法习惯不实行数罪并罚。就行为特征和罪名看，近似于异种数罪；就可累计数量处罚而言，又近似于同种数罪。行为人对同一宗毒品既有制造又有运输、贩卖行为的，近似于牵连犯或吸收犯。由于"选择一罪"因案情不同会有不同的属性，所以单独归为一类。

（4）同种数罪。关于连续犯、继续犯，因为中国刑法习惯对同种数罪不并罚，导致连续犯、继续犯在数罪并罚上失去实际意义。没有在罪数论部分保留的必要。[1]

关于吸收犯的地位、内涵以及与牵连犯的关系，我国学者多有讨论。从理论设计的角度看，对异种数罪也不宜一律实行数罪并罚，因此需要设置一个理论概念，解决异种数罪例外不并罚的问题。我国学说使用吸收犯和牵连犯两个概念解决这一问题。两个概念的功能相同，难免发生冲突。所以有人主张把牵连犯或者吸收犯废除一个，只保留一个避免冲突的发生。这种思路是正确的。尤其是在中国对数罪并罚采取较为粗放态度的背景下，使用一个概念解决异种数罪例外不并罚问题就足够了。对牵连犯和吸收犯究竟该保留哪一个，学者有不同看法。[2]我认为还是保留牵连犯概念较合理。因为牵连犯和吸收犯均按一罪处断，其处理结论都是"吸收"，但是"牵连犯"一词在字面上能表现吸收的根据，即数罪因为存在牵连关系而产生吸收（一罪吸收另一罪而不数罪并罚），而"吸收犯"一词字面上不表现吸收的根据。既然是设置"犯罪论"的概念，应选择能直观表现犯罪之间关系的那个词比较好。至于牵连关系不易确定、处理原则难以统一的问题，对于吸收犯而言同样存在。因为简化掉牵连犯概念保留吸收犯概念，也需要确定哪种情形属于"吸收关系"，即解决吸收的根据问题，如果不能解决这一问题，同样不能发挥概念的理论功能。如果是这样，还不如选用较直观反映犯罪之间关系（或吸收根据）的牵连犯概念。

---

〔1〕 继续犯作为一种构成要件类型，相对于即成犯、状态犯而言有其特点，在我国学说上作为分析构成要件类型（或特点）的概念有其存在的价值。

〔2〕 参见张明楷：《刑法学》（第二版），法律出版社2003年版，第374页。

将吸收犯简化出罪数论体系，关键看原吸收犯的理论功能是否可以合理简化或转归其他概念承担。一般认为吸收犯的功能主要有：①重行为吸收轻行为；②高度行为吸收低度行为；③实行行为吸收非实行行为；④完成行为吸收未完成行为[1]。其中，重行为吸收轻行为的情形如携带管制刀具到火车上抢劫的，可以解释为手段行为的牵连关系；高度行为吸收低度行为的情形如非法制造枪支与贩卖、运输所造之枪支，既可以解释为原因行为的牵连关系，也可以按照选择一罪适用方式解决；实行行为吸收非实行行为的情形如既有实行行为又有教唆帮助行为的，可从行为在共犯中的地位、作用因素考虑。况且在已有（或进展到）实行行为的情况下，认定罪数时本来就没有考虑该实行行为之帮助、教唆、预备行为的必要，因为那不过是犯罪实行的随附情况情节而已。完成行为吸收未完成行为的情形如对甲先实施杀人行为未遂和既遂的，大体属于连续犯的情形。在对同种罪不并罚的背景下，对决定是否数罪并罚没有实际价值。由此可见吸收犯的部分功能可由牵连犯取代，部分功能可以简化，不会因此发生理论功能的缺失。

在罪数论体系上，对理念上的罪数与立法上、司法上的罪数分而论之，也是因为无奈。加重犯的立法例太多，不喜好数罪并罚的司法习惯太重，导致立法、司法上的罪数与观念上的罪数以及处理数罪的限制加重原则冲突过大。就现状而言，与其牵强谋求二者的统一还不如分而论之。一方面从理论上阐明罪数观念和数罪处理原则；另一方面从法律注释、适用角度阐明目前制度上按照一罪处罚（不数罪并罚）的现状。

---

〔1〕 林亚刚："论吸收犯的若干问题"，载《政治与法律》2004 年第 2 期。也有学者认为，"吸收犯的吸收关系只有一种形式：重行为吸收轻行为"，参见张明楷：《刑法学》（第二版），法律出版社2003 年版，第 372 页。

对未"溢出"特别法的行为，排斥"重法优先"规则

——从盗伐林木案的法律适用说起[1]

一、通说

法律上的竞合，指一行为同时触犯两个以上法律规范的情形。因为触犯了两个以上法规，所以产生了究竟该适用哪一个法规的问题。刑法学说中的"竞合"，涉及两个概念，其一是法条竞合，其二是想象竞合。法条竞合适用的规则是"特别法优先"，想象竞合适用的是"重法优先"。由此产生了"竞合案"法律适用的第一个关键点，是法条竞合还是想象竞合？令人纠结的是，二者的界分不甚清晰。至少我一直被困扰。我猜想，也有不少学界同仁被困扰。更令人纠结的是，法条竞合是否可例外适用重法优先规则？如果可以，那么二者适用规则上的相容、趋同，又使得法条竞合与想象竞合的界分显得无关紧要。其效果是，当"竞合案"的法律适用契合重法优先时，大家都平静接受法条竞合犯"特别法优先"的规则，如盗窃枪支、弹药案；当不能契合时，立即就有"重法优先"的主张，如林卫清的《一起盗窃林木案的认定》一文论及的陈某盗伐林木案。

陈某盗伐油松 8 棵合材积 1.8 立方米，价值 1.2 万元。对此案适用法律规则不同，可得出两种差别甚大的处理结论。

第一种，若特别法优先，适用《刑法》第 345 条（盗伐林木），不成立盗伐林木罪，因为没有达到司法解释规定的（2 立方米）"数量较大"的定罪起点。

第二种，若重法优先，适用《刑法》第 264 条（盗窃）以盗窃罪追究刑事责任，则 1.2 万元不仅远超盗窃罪"数额较大"（500~2000 元）的定罪起点，而且达到盗窃"数额巨大"（5000~20000 元）的起点，是数额加重犯，

---

[1] 原载《检察日报》2011 年 2 月 17 日第 3 版。

其法定刑幅度为 3 年以上 10 年以下有期徒刑。

对陈某盗伐林木竞合盗窃案，理论和实务的通说是重法优先。如林卫清一文，一方面认为这是法条竞合一般应特别法优先；另一方面又指出，"对严重的盗伐林木案件，是可以适用重法条优于轻法条的原则"，其理由有两个：其一是"罪刑相适应原则的需要"，其二是"不违反罪刑法定"原则。

在此之前，张明楷教授就此问题曾作了更为全面细致的论述，并且超出了陈某盗伐林木案极端例子的范围，指出对严重盗伐林木案件有必要适用重法优于轻法的原则，以盗窃罪论处；对不符合盗伐林木罪数量条件但达到盗窃罪数额标准的行为应认定为盗窃罪。其根据是："如果绝对地采取特别法条优于普通法条的原则定罪量刑，就会造成罪刑不均衡的现象。在这种情况下，只要刑法没有禁止适用重法条，或者说只要刑法没有指明适用轻法条，为了贯彻罪刑相适应的基本原则，就应按照重法条优于轻法条的原则定罪量刑。"[1]

按照张教授的观点，盗伐林木同时构成盗伐林木罪和盗窃罪的，也应当择一重法条定罪处罚，似乎甚至不排除突破《刑法》第 345 条盗伐林木罪的法定最高刑 15 年有期徒刑，适用第 264 条以盗窃罪处无期徒刑。

二、对通说的质疑

我对通说有两点质疑。

第一点质疑是：在我看来，无论是《刑法》第 345 条（盗伐林木罪）还是第 127 条（盗窃枪支弹药罪），它们与《刑法》第 264 条（盗窃罪）的关系是完全一样的，为什么盗窃枪支触犯盗窃罪的，特别规定优先，而盗伐林木触犯盗窃罪的，重法优先？通说给出的理由是"罪刑相适应的需要"且"不违反罪刑法定原则"，我认为这个理由太粗放，等于说只要"实质合理"就可以，不能令我信服。若把这主张进行到底，一个盗窃枪支弹药行为同时触犯盗窃罪的，也应当适用重法优先原则。如果这个主张成立，那么则又派生出一个疑问：法条竞合特别法优先的一般规则到底有什么意义？无关痛痒时，特别法优先，事关利害时，重法优先，等于否定了特别法优先规则。

第二点质疑是：它们的关系到底是法条竞合还是想象竞合？从中国当前既有的学说来看，不甚明了，至少我本人看不清楚。自《刑法》第 264 条"窃取他人财物"角度看，涵盖窃取枪支弹药、林木乃至国有档案、公文印章

---

〔1〕 张明楷："盗伐林木罪与盗窃罪的关系"，载《人民检察》2009 年第 3 期。

等财物，似乎都是法条竞合关系，应采特别法优先原则。从盗伐林木危害环境、盗窃枪弹危害公共安全、窃取国有档案危害文物管理、盗窃公文证件危害公共信用看，其危害（法益侵害）显然"溢出"了《刑法》第264条窃取财物的范围，似乎是想象竞合，择一重罪处断才更为准确。可见，它们的关系取决于对案件事实和构成要件的评价，如果人们的评价出现差异或发生摇摆，就会使想象竞合还是法条竞合的认定产生差异。比如，《刑法》第140条生产、销售伪劣产品罪与生产、销售假药罪（第141条），生产、销售劣药罪（第142条）等，是否属于法条竞合关系就存在分歧，法律出版社的《国家司法考试辅导用书》有的年份的版本认为是法条竞合，有的年份的版本则认为是想象竞合。无独有偶，对于《刑法》第329条第3款窃取国有档案同时又构成其他罪的，择一重罪处罚，究竟是法条竞合法律拟制择一重罪还是想象竞合法律提示择一重罪，也有不同见解。

就盗伐林木竞合案而言，张明楷教授主张法条竞合例外适用重法说的依据如下所述。（1）在法律规定中，盗伐林木罪的处罚轻于盗窃罪，而实际上盗伐林木罪的违法性与有责性未必一概轻于盗窃罪。[1]（2）"盗伐林木罪不仅侵犯了财产，而且侵犯了森林资源"，[2]其危害性大于盗窃（死）木料。这两个根据没有错，不过，这不禁使我心生疑惑，这到底是在说想象竞合还是法条竞合？换言之，这好像在用想象竞合的特征（或思维）解读法条竞合现象，得出了想象竞合（择一重）的法律适用规则，高举的是罪行均衡的旗帜。

三、对未"溢出"特别法的行为，排斥重法优先规则

一行为符合特别法同时触犯一般法，只要该行为的危害性（或违法有责性）没有"溢出"该特别法，应适用特别法优先规则。除刑法有特别规定的以外，排斥重法条优于轻法条的适用规则。下面就以一个盗伐林木行为触犯《刑法》第345条（盗伐林木罪）和第264条（盗窃罪）为例说明这个观点。

（一）应当重视特别构成要件定型的判断和评价，限制竞合观念越位运用

首先，《刑法》第345条规定之盗伐林木罪，完全是源于社会生活中特定的犯罪类型，如同聚众哄抢罪、盗掘古文化遗址古墓葬罪这些特定的犯罪类

---

〔1〕 张明楷："盗伐林木罪与盗窃罪的关系"，载《人民检察》2009年第3期。

〔2〕 张明楷："盗伐林木罪与盗窃罪的关系"，载《人民检察》2009年第3期。

型。并根据这种犯罪类型配置了相应的法定刑，即第 345 条"盗伐森林或者其他林木，数量较大的，处 3 年以下有期徒刑、拘役或者管制，并处或者单处罚金；数量巨大的，处 3 年以上 7 年以下有期徒刑，并处罚金；数量特别巨大的，处 7 年以上有期徒刑，并处罚金。"与《刑法》第 264 条（盗窃罪）相比较，其处罚明显较轻。这种较轻的刑罚配置，是立法者刻意为之的。其证据是，1979 年《刑法》第 128 条对盗伐林木罪规定法定最高刑为 3 年有期徒刑，与当时《刑法》第 152 条盗窃（数额巨大）的法定刑明显失衡。为此，1987 年最高人民法院、最高人民检察院印发的《关于办理盗伐、滥伐林木案件应用法律的几个问题的解释》中对"盗伐林木据为己有，数额巨大的"，定盗伐林木之罪名、适用盗窃罪之刑。经 1997 年修订后，《刑法》第 345 条将盗伐林木罪的法定最高刑由 3 年有期徒刑大幅提高到 15 年有期徒刑。足以佐证 1997 年修订刑法时，立法者已经充分考虑了盗伐林木罪与盗窃罪法定刑配置的平衡问题。

其次，《刑法》第 264 条（盗窃罪）一般规定的刑罚重于第 345 条（盗伐林木罪）特别规定是合理的。因为第 264 条包括对各种各样的盗窃罪行的处罚，如入户盗窃、扒窃、盗窃金融机构、盗窃珍贵文物，也包括对各种各样盗窃犯人的评价，如盗窃累犯、盗窃集团首要分子，考虑适应处罚盗窃罪行和行为人的可能出现的极端情形，需要设置较重的法定最高刑。相反，盗伐林木这种行为类型非常特定，立法者评价这种特定行为类型、预想其极端的情形，设定其法定最高刑为 15 年有期徒刑，这种设定是合理的。因为在山林中偷砍树木，这种方式对环境的破坏、对他人财产的侵犯，再严重再极端，最重处 15 年有期徒刑就足够了。换言之，在形形色色的盗窃之中，对于盗伐林木这种盗窃类型，立法者认为最重只能处 15 年有期徒刑。

再次，认为盗伐林木罪危害性（或违法性和有责性）重于盗窃罪的，这种观点弄错了语境。在立法配置刑罚时，盗伐林木并非是盗窃中违法有责最严重的情形，考虑到林木远在山林之中、林木的笨重、砍伐林木的劳动付出、山民"靠山吃山"的生存习惯等，盗窃林木的行为应属于盗窃中较轻的类型。根据盗伐林木不仅如同盗窃一样侵犯财产还破坏环境，多一重侵害法益，所以罪责应重于盗窃罪，这种推论太简单，不符合生活逻辑。

综上，在《刑法》第 345 条规定了特定的犯罪类型即"盗伐林木"并配置了"相称法定刑"时，只要行为完全符合盗伐林木罪构成要件，且不超出该构成要件评价范围的，只能定盗伐林木罪。不顾构成要件的完全吻合，运用竞合概念寻求其他法条适用，是竞合概念的越位运用或滥用。盗伐林木罪处罚轻于盗窃罪，是立法者刻意为之且符合社会对盗伐林木的评价。根据"罪刑均衡"的需要和竞合的概念，要求选择适用盗窃罪重法是不妥当的。主张《刑法》第345条"盗伐林木"之罪与第345条之刑不配，盗伐林木罪不轻于盗窃罪，这些论据不足以支持重法优先适用的观点。

（二）罪刑法定原则与盗伐林木竞合案解释的取向

（1）对盗伐林木同时触犯盗窃罪（条）的，如果法律没有明文规定择一重罪处罚的，应当适用特别法优先的规则。所以，《刑法》第266条（诈骗）、第234条（故意伤害）、第233条（过失致人死亡）等中的"本法另有规定的依照规定"，属于注意规范。《刑法》第149条生产销售伪劣产品罪同时触犯其他特殊伪劣产品罪的，第329条第3款抢夺、窃取国有档案同时构成其他罪的，适用重法条定罪处罚，属于拟制规范。在没有这种拟制规定的场合，因条文内容重叠导致一行为触犯A条文必然触犯B条文的，且该行为没有"溢出"A条文的，应当适用特别规定优先的规则，如盗窃枪弹、公文证件同时触犯盗窃罪条文的，聚众哄抢同时触犯抢夺罪条文的，职务侵占、贪污同时触犯盗窃罪、诈骗罪条文的。

（2）既然《刑法》第345条对盗伐林木罪规定的处罚轻于盗窃罪，那么，盗窃山林中他人已经砍伐倒的原木的，以盗窃罪定罪，但是量刑时应考虑盗伐林木罪的量刑标准酌情从轻处罚。即使是数额特别巨大，考虑到盗伐林木罪的法定最高刑为15年有期徒刑，因此，其处罚最重不能超过15年有期徒刑。因为同等条件下，盗窃"死树"的危害性轻于盗伐"活树"，所以其处罚不能重于盗伐林木罪。而不应当相反，认为盗伐林木（活树）比盗窃"死树"危害性更大，所以不排除定盗窃罪处无期徒刑。盗伐林木、盗窃山林中的原木，比之盗窃金银细软、盗窃金融机构、入户盗窃、公共场所扒窃，其人身危险性、社会危害性较小，不处盗窃罪的最高刑（无期徒刑）也符合罪刑均衡原则。

（3）陈某盗伐油松8棵合材积1.8立方米，价值1.2万元。如果以盗窃罪定罪处罚，是数额加重犯，如果按照特别法优先规则适用第345条竟然不构成犯罪，这样极端的例子产生的极端结论的确令人如鲠在喉一般难受。这样的情形可以通过《刑法》第345条之构成要件的解释予以缓解，比如降低盗伐林木罪数量较大的起点。

《罪数论》序言[1]

　　刘刚博士的博士学位论文《罪数论》拟出版，邀我写个序。我没有作序的斤两，所以一再推托。可是实在没有推托的理由，因为他的博士论文题就是我定的。刘刚原本自己选了题目且已经着手准备。我对他说，你是高校教师，现在已经是副教授了，将来恐怕也要以刑法学教学研究为业了，对你而言，做博士论文不单是完成学业，也是在给自己未来的学术生涯打基础，应该选个有意思的课题来做。经我这一说，他来劲了，问什么课题有意思。我说，罪数论算一个吧。学界对这个问题很关心，研讨的著作、文章也很多，却仍然处在"众说纷纭、莫衷一是"状态中，似乎还没有找到合理的解决方案。你正当年，有机会值得一试。过了些日子，他给我来发来一条短信"：老师，经过这段时间对罪数论的研究，我发现了一种刑罚的替代措施，谁犯罪就罚他写罪数论！"看来，在中国的刑法制度和学术背景下，罪数论的确是重大而疑难的课题，刘刚为寻求本课题的理论突破作出了艰苦的努力。

　　在这本《罪数论》中，刘刚解决罪数的思路是：区分"评价的罪数"与"科刑的罪数"，将罪数形态划分为"评价的一罪·科刑的一罪""评价的数罪·科刑的一罪""评价的数罪·科刑的数罪"。突出罪数论的重点：评价和处断，即为何表面充实数个犯罪构成的只评价为一罪？为何被评价为数罪的只能以一罪处断？思路清晰，重点突出。

　　关于罪数的评价标准，本书虽然仍持传统的"犯罪构成标准说"，但提出应重点把握"加减·普通的犯罪构成"在罪数评价中的具体适用。有意无意将分则各正条之狭义"构成要件"作为基准，倾向于"三要件论"的特殊构成要件观念。关于罪数评价原则，本书虽然也沿袭全面评价原则和禁止重复评价原则的传统主张，但强调此二原则在司法实践中的运用并没有必然的先后之分。

---

　　[1]　本文为刘刚所著《罪数论》（法律出版社 2010 年版）的序言。

关于罪数论的核心概念和问题，如牵连犯、吸收犯、想象竞合犯，本书发表了一些颇有见地的见解，表达出自己的立场，如主张对牵连犯应当评价为数罪，由法官酌情决定是否数罪并罚，而不应当一概以一罪处断；主张对吸收犯应抛弃一罪还是数罪的无谓之争，而从评价的罪数与科刑的罪数两方面进行把握；主张对想象竞合犯从犯罪本质的角度重新审视，应选择"法益说"评价其罪数。总体显示出扩大数罪并罚的倾向。

这本《罪数论》也有让我略感失望之处。因为上述种种见解、论点，基本不是我期待的，或者说，不合我向他推荐罪数论题的初衷。我的期待只是如同流星一样在他的书中一闪而过。他在本书第一章中指出：比较各国罪数论之后"有了发现，例如，对于非法侵入他人住宅进行盗窃的行为事实，德国认为是想象竞合犯，日本认为是牵连犯，俄罗斯、英美认为是数罪，中国认为是吸收犯"。据此他得出五点启示："其一，中国的罪数论与日本的渊源更深；其二，罪数论不是真理的判断，而是价值的选择；其三，罪数论研究要立足本国立法结构、司法制度，但也不能丧失论理、批判的品格；其四，应推动判例制度的建立，结合实际案例研究罪数理论；其五，学说是没有妥协的，但立法是妥协的，求同存异，逐渐达成共识，并上升为明确、合理的立法，是中国罪数论研究的最终出路。"他如果沿着这"发现""启示"继续挖掘下去，或许就能找到突破之门。

对于"入室盗窃"这样简单的案例，各国及地区学说说法不一，其"根源"在哪里？私以为主要在其背后的刑法制度。《德国刑法典》第243条（特别严重的盗窃）规定："（1）犯盗窃罪，情节特别严重的，处3个月以上10年以下自由刑。具备下列情形之一的，一般视为情节特别严重：①为实施犯罪，侵入……住宅、办公或商业场所或其他封闭场所……"由此规定可知，在德国刑法中"入室"是盗窃的法定情节加重犯，当然被认为是"想象竞合犯"（其实等于"法条竞合犯"），在德国刑法制度背景下，即使再偏好数罪并罚的学说也不会主张（实质数罪）数罪并罚的观点。《日本刑法典》第235条（盗窃）规定："窃取他人的财物的，是盗窃罪，处10年以下惩役。"《日本刑法典》规定盗窃罪似乎只此一条。"入室盗窃"在日本刑法中当然需评价为（牵连犯·吸收犯）数罪，而不是法条竞合犯或想象竞合犯。可见，德日学说对"入室盗窃"的不同说法在于立法制度不同，不在于它们对想象竞合犯、牵连犯概念有什么不同的理解，并且在各自的法律体系下都是正确的。

至于英美法，则制度差异更大。众所周知（英国）普通法中有"夜盗罪"（burglary），指"怀有犯重罪意图在夜间打开并进入他人住宅的行为"，[1]它属于"重罪"且只需具有"犯重罪意图"即可，所以"夜间非法入户"意图犯重罪且实施了盗窃（重罪）的，当然要以夜盗罪和盗窃罪数罪并罚，法官和学者不可能"买一送一"（放掉一个罪不处罚）。因为夜盗罪和盗窃罪都属于"重罪"，即使夜间入户盗窃是常见的相伴生的犯罪现象，法律上的"重罪"评价也使得英美法实行数罪并罚。《俄罗斯联邦刑法典》第158条规定，盗窃而"……（3）非法潜入住宅、房舍或其他储藏处的"，是盗窃罪的加重犯，与《德国刑法典》的规定类似，对法定情节加重犯当然也不实行数罪并罚。但非法侵入住宅在既不属于非法侵入住宅罪加重犯也不属于其他罪加重犯的场合，则数罪并罚，如犯故意杀人罪、故意伤害罪致人重伤等伤害程度的场合。[2]在"入室盗窃"的规定上，我国台湾地区"刑法"第321条也把夜间"入室盗窃"作为加重盗窃罪。

对于"非法获取并使用枪支作犯罪工具"的案件，中外的处置方式也大不相同，其根源在哪里？窃以为其根源同样是刑法制度（法律评价）的差异。在诸多枪支管制宽松的国家，并未把非法涉枪行为当作严重的不法行为，为杀人而非法获取（非法购买或盗窃）枪支并用于杀人的，与为杀人而非法获取（如盗窃）匕首并用于杀人的，非法获取的犯罪工具是枪还是刀的法律性质差别不大，因此都当作牵连犯以一罪处断并无不当。在中国则不然。中国是对枪支管制最为严厉的国家，《刑法》第127条规定盗窃枪支的普通犯为3年以上10年以下有期徒刑，加重犯为10年以上有期徒刑、无期徒刑或者死刑。《刑法》对其配置的刑罚与抢劫、强奸等重罪相当，远重于盗窃罪、抢夺罪、敲诈勒索罪、故意伤害罪等。在中国刑法中非法涉枪犯罪的重罪性质，使得盗窃枪支或非法持有、私藏枪支并在实施其他犯罪中携带、使用的，如"为杀人而盗窃枪支用于杀人的"，在中国刑法适用中断然不能按照牵连犯处断。在中国，若行为人盗窃或非法购买匕首（管制刀具）去杀人的，因为其盗窃或购买匕首达不到犯罪程度甚至不认为是牵连犯（处断的一罪），而被认为是单纯一罪。

---

〔1〕 储槐植：《美国刑法》（第二版），北京大学出版社1996年版，第241页。

〔2〕 俄罗斯总检察院编，黄道秀译：《俄罗斯刑法释义》，中国政法大学出版社2000年版，第370页、第397页、第409页、第411页。

对"入室盗窃""非法获取并使用枪支作犯罪工具"的情形，各国罪数论说法不同或中外罪数论说法不同，其根源在于刑法制度的差异。在刑法制度上被评价为严重不法行为（或重罪的），通常不能被他罪所吸收。在立法技术上有两种处理方式，其一就是数罪并罚，如英美刑法对"夜间入室盗窃"的，以夜盗罪和盗窃罪数罪并罚。其二是作为法定的加重情节，如德国、俄罗斯刑法。制度上的差异又根源于法律文化差异，欧美诸国重视住宅保护的"宅文化"，重视侵宅行为，所以千方百计地要在法律评价上体现出来，要么数罪并罚、要么作为加重情节。在中国、日本等东方国家，或许不重视侵宅行为，所以就不必处处在法律评价上体现出来。[1]至于当作一罪处理还是数罪并罚，那是枝节的法律技术问题。由此又派生两个问题，第一，中国学说把"侵宅盗窃"当作吸收犯，是因为中国的"宅文化"就是轻视侵宅行为的不法，还是因为中国刑法有较高入罪门槛，短暂的侵宅行为尚未达到犯罪的程度，连吸收犯、牵连犯都不够格？第二，日本学说主张"侵宅盗窃"以牵连犯处断是否足以表明日本真的轻视"侵宅"行为的不法？未必。或许日本法官认为对侵宅盗窃罪案依法处10年以下（或15年）惩役，把侵宅作为盗窃的从重量刑情节考虑足以满足严惩"侵宅盗窃"罪案，达到与（英美）数罪并罚或（德国）作为法定情节加重犯同样的效果。这需要比较各国"侵宅盗窃"案例的量刑才能得出实质的结论。比较之后"或许"可得出这样的结论：各国对"侵宅盗窃"这样简单的案例尽管有数罪并罚、法定情节加重犯、牵连犯、吸收犯等不同处罚方式，但"侵宅"的因素在量刑上都得到了充分的体现，实际效果是相同的！如果"发现"了这样的真相，我们得到的"启示"恐怕就更多了，把"侵宅盗窃"当作数罪还是处断一罪抑或是法定一罪，对于实现罪责相适应而言都是技术性问题，应当结合本国刑法制度特点设计出能够实现罪刑相适应原则的罪数理论，而不必在意是否符合学说或书本上的概念。中国严管枪支的"枪文化"，决定中国刑法对于"使用枪支做犯罪工具"的案件要千方百计体现出对非法涉枪犯罪的法律评价。枪支管制松弛的国家，对于非法获取枪支与非法获取匕首可以等量齐观，而中国则不能。为杀人而盗窃枪支（或非法购枪）并杀人的，即使在他国被普遍当作处断一罪但在中国则不宜。

---

〔1〕 我国刑法规定"入户抢劫"的加重犯表明我国刑法重视抢劫情形的"侵宅"。

很遗憾刘刚只是灵光一现，之后与破解之门擦肩而过，未能沿着开初的发现坚定地走下去。他走向另一条路。他把主要精力放在想象竞合犯、牵连犯、吸收犯概念和处断原则上，他认为中国刑法罪数学说的乱象，是因为立法不按规则出牌，是因为司法解释起到推波助澜的作用，是因为立法没有明文规定想象竞合犯等酌情不数罪并罚的情形，等等，他归结道："可以说，中国大陆罪数论领域之所以一片混乱，立法者与司法者也难咎其责。""尽管如此，中国罪数论研究的最终出路仍在于立法。通过对中外罪数理论的比较，可以发现一个非常有意思的现象，即只要立法有明确规定的地方，就一派风平浪静；而只要还没有立法或者说立法还不太明确，争论就会风起云涌。"在这里刘刚似乎开错了方子、号错了脉。立法的任务是满足刑事政策、社会需要、民意等需求，怎样出牌都是对的，司法任务在现有立法框架下追求公平合理的处罚，只要个案判罚是公正的，能够得到同行和公众的认同，也没有错。错在学说上没有把它归置好。罪数论应当"削履适足"而非"削足适履"。

窃以为罪数论乱象的根源不在立法、不在司法，唯独在学者。中国刑法的特点是：定罪要求很高的"罪量"、广泛配置加重犯、同种数罪一并审理、习惯不数罪并罚等。这些制度特点恰恰在数罪并罚上与外国有极大的差异，而大家只在字面上摆弄想象竞合、牵连、吸收、法条竞合等源于外国学说的概念，没有深入研讨其背后各国制度、文化的差异，不仅不能合理借鉴其精要，反而深受其累。

解决之道是，沿着刘刚这"发现""启示"继续走下去。一个实例一个实例地，去"发现"其背后各国制度上的差异，"发现"该差异背后的文化差异，"发现"该差异对学说的影响，通过权衡利弊，会得出很多有益"启示"的。

三、犯罪与刑罚总论

新刑法提出的新课题[1]

新刑法通过了。曾经是热点的刑法修改、完善问题骤然由沸点降至冰点。尽管还有人意犹未尽，但人们已把焦点纷纷转向新刑法。

新刑法最引人注目的莫过于它对原刑法有哪些改动。改动之处固然很多，但从宏观上看，可归结为两点。第一是根本性的改动。新刑法确立罪刑法定原则、取消类推制度是根本性的变化，它正式把我国刑法奠定于法制的基石之上。第二是具体的改动。对具体改动可以从两方面进行考察，其一是实质性改动，即国家以法律名义规定的犯罪与刑罚的实际内容发生了变化，从罪的方面看，将原来法律不认为犯罪的情形规定为犯罪或者将原来法律规定的犯罪的情形不再规定为犯罪；从刑的方面讲，是加重或减轻了某种犯罪的刑罚。其二是技术性变动或者结构性变动，即由分解、合并、汇纂原有法律条文的内容所产生的形式上的变动，这对同样的行为不带来有罪无罪、罪轻罪重的变化，仅带来分类、适用法律条文的罪名上的变化。首先应当明确：新刑法的具体变动在总体上是受根本变动制约的。从表面上看，新刑法明显增加了篇幅、条文和罪名，其实比起原刑法不仅没有扩张可罚性行为的范围，而且是限制、缩小了可罚性行为的范围。因为1979年《刑法》本身就是全面的刑法典，1979年《刑法》保留类推制度反映了不遗漏任何犯罪的立法精神，也从制度上保障不遗漏任何实质意义的犯罪。加上1979年《刑法》施行后又被大量单行刑法补充修改，加重了一些犯罪的刑罚，由此可知，原刑法不仅全面，而且严厉。新刑法确立罪刑法定原则，从根本上制约了罪刑的范围，其篇幅、条文、罪名的增加，意味着法律的明确性增强了，而不是罪与刑进一步扩张。所以，从宏观上讲，新刑法带来的实质变动是明确或缩小了罪刑的范围；带来的形式变动主要是分解原刑法的内容，以更多的条文、罪名更为具体地界定可罚性行为的范围。

---

[1] 原载《法学研究》1997年第5期。

根据对新刑法总体变动的分析，以下三个问题值得重视。

一、充分认识、评价新刑法确立的罪刑法定原则

新刑法可能有这样那样不尽如人意的地方，但仅就其正式确立罪刑法定原则而言，就是一部极富成果的刑法典，具有划时代的意义。过去，我们虽然也讲罪刑法定原则，但主要还是作为外国法的原则加以介绍、评价的，从注释刑法的角度讲，我们实际上是在谈论我国刑法上无具体法律根据的原则，甚至是与刑法制度（类推）不相容的原则。现在不同了，新刑法确立了这一原则，使其成为我国刑法学注释的对象。这需要以更为现实、严谨的态度阐述这个原则的内容、价值以及对我国整个刑法制度的影响。因为罪刑法定作为我国刑法上的原则，其内容和表现形式、其价值和理论基础，以及对法律制度方方面面所产生的影响，不可能与外国法中的罪刑法定原则完全相同。比如仅从反对封建主义的"罪刑擅断""心理强制说"等来谈论我国刑法上的罪刑法定原则产生的背景、动机、理论基础，显然是不够充分、贴切的。

罪刑法定原则的确立，还呼唤与之相适应的刑法解释理论。刑法理论将以罪刑法定为基础阐述刑法解释的规则、司法解释的权限。刑事类推制度取消了，那么，司法类推解释是否被允许？什么是类推解释，什么是合理的扩张解释？这些问题有待刑法学者作进一步的探讨。在罪刑法定时代，刚性的刑法规定，如何适应变动中的社会生活，司法人员如何发挥聪明才智去协调二者之间的冲突，其合理的限度在哪里？这都是需要深入思考的问题。

罪刑法定原则的确立，还将导致刑法解释方法论的转变，即由重视实质的解释转向重视形式的解释。在罪刑法定原则之下，刑法形式上的东西将居于首要的、主导的地位。犯罪，首先是法律形式上存在的犯罪，即刑法分则明文规定应受刑罚处罚的行为。法无明文规定，即使是滔天罪恶，也不是法律意义上的犯罪。因此，犯罪的形式定义、法律特征及犯罪法定要件将成为首要的问题。在构筑犯罪构成体系时，分则条文中表述的罪状应作为一个整体独立地成为犯罪构成的必要条件。模糊、淡化甚至脱离分则罪状所构筑的犯罪构成理论，不能被认为是充分体现罪刑法定原则的理论。在保留类推制度的时代，重视犯罪的实质、轻视犯罪的法律形式是必要的，不仅如此，还需要在分则条文规定的罪状之外，构筑一个不依赖于分则罪状的一般犯罪构成或者犯罪成立的"规格"，唯有如此，才能合理解释"刑法分则无明文规定的犯罪"何以具备犯罪构成。换言之，重视犯罪的实质、建立脱离罪状的一

般犯罪构成，是适应类推体制理论模式的，也在一定程度上弥补了刑事立法环节的薄弱（如 1979 年《刑法》施行以前的立法状况）或者刑事立法的简单化（如 1979 年《刑法》以后的状况）。在确立罪刑法定原则并相应建立了发达的分则体系之后，我们需要审视刑法理论中与新刑法不协调的方法和内容，建立起一个以罪刑法定为基础、以分则罪状为中心的犯罪理论。

二、法条竞合问题将更为突出

新刑法虽然在总体上并未扩张可罚性行为的范围，但是新刑法分则的条文及其所确立的罪名却增加很多，这意味着新刑法中的法条竞合的情况较之原刑法有大幅增加，法条竞合增多将导致法律适用的复杂化。因此，正确地解决法条竞合问题将成为新刑法研究的重大课题，明确新刑法中哪些条文存在竞合关系，以及对这些有竞合关系的条文如何适用，对于贯彻罪刑法定原则，准确适用刑法具有重要的意义。与此相关联，哪些犯罪现象属于想象竞合，它们与法条竞合有何区别，也将成为需要深入研究的问题。由于想象竞合与法条竞合适用的处罚原则有实质的差别，二者的辨析，涉及刑罚的轻重，在罪刑法定体制之下，这种问题不能含糊。

刑法运用的复杂化将对法律工作者提出更高的要求。司法人员和律师必须精通刑法分则各个罪刑条款及其相互关系，掌握适用法律的规则，才能适应刑法实务的要求。

三、对于违反行政法规的犯罪，如何认识、评价其罪过形式的问题

新刑法最为显著的变化是吸纳了大量的附属刑法规范，根据《关于〈中华人民共和国刑法（修订草案）〉的说明》，刑法中有 130 个条文来自行政法、民法、经济法中依照或比照刑法有关条文追究刑事责任的规定。这些规范主要规定违反行政法规的犯罪，姑且简称为"行政犯"。如新《刑法》第 6 章第 4 节有关妨害文物管理的犯罪、第 5 节有关危害公共卫生的犯罪、第 6 节有关破坏环境资源保护的犯罪、第 9 章渎职罪中的有关犯罪等。这些"行政犯"与杀人、放火、抢劫、强奸等"自然犯"有一个显著的差别，就是伦理道义上的恶性不太明显，这对传统的故意、过失观点将形成一定的冲击。在传统的观念中，故意、过失的区别相对分明，在评价上有质的差别，例如对故意杀人罪与过失杀人罪，人们就十分看重它们罪过形式上的差别及恶意评价上的差别。而"行政犯"由于伦理上的"恶"不十分显著，所以故意、过

失的差别就不甚明显和重要。过去，对原刑法中泄露国家机密和玩忽职守罪的罪过形式产生的疑惑，就已使得这一问题初露端倪。在新刑法中这类问题将增加并突出起来，如第 397 条之滥用职权罪，第 330 条之违反传染病防治法规定罪，第 331 条之违反规定造成传染病菌种、毒种扩散罪等，这些罪的罪过形式是故意还是过失抑或二者兼而有之，就较难确定，即使能够确定，对于具体故意、过失内容的解释及评价，也与传统的观念有所不同。传统的观念以"自然犯"为常型，对某一犯罪的主观方面，以故意、过失界定其质的差异，直接故意与间接故意在质上是相同的，过于自信与疏忽大意在质上是相同的。而对于某一具体"行政犯"而言，其主观方面往往更侧重排除或排斥直接故意，换言之，行为人对违反有关行政法规的行为所导致的危害结果有无意欲（希望的态度）更为重要。因此，间接故意与直接故意的区别比起间接故意与过失的区别，对于界定罪过的性质、评价罪过的程度具有更重要的意义。"行政犯"对传统罪过理论带来的另一冲击是认识错误问题。也还是因为其伦理上的"恶"不明显，所以法律认识错误对罪责的影响，将成为值得探讨的问题。与此相联系，法律认识错误与事实认识错误的区分，也将面临新的问题，例如《刑法》第 325 条规定的私自出售、赠送禁止出口的珍贵文物罪，行为人对"禁止出口的珍贵文物"的误认，属于法律错误还是事实错误就值得辨析。

论刑法上的认识错误[1]

一、错误的概念和分类

刑法中的认识错误，是指行为人对自己实施的犯罪构成事实或者对自己行为的社会危害性质，主观认识与客观实际不一致。所谓犯罪构成事实，指刑法分则以罪状形式所表述的客观事实；所谓行为的社会危害性质，指行为对社会利益的损害，其标志或认识途径是不被法律秩序所允许，也即社会、法律意义上的负价值。

对刑法中的错误可以作广义和狭义的理解。广义的理解，不仅包括认识与实际的部分不一致，也包括对实际发生的事情完全无认识的情况。根据广义的理解，错误论应是故意论和过失论派生的特殊问题，即发生错误在何种情况下排除故意，在何种情况下排除过失。狭义的理解，仅指认识与实际部分不一致的情况。根据狭义的理解，错误论在体系上应仅是故意论派生的特殊问题，故意（本体）论阐述在认识与实际一致情况下（无错误）故意的成立问题，错误论说明在认识与实际不一致的情况下，对故意的成立产生何种影响的问题。

对错误不宜作广义的理解而应作狭义的理解。错误论在体系上应作为故意论派生的特殊问题，其主旨在于解决发生错误是否排除因错误对实际发生的事实成立故意，或者对该事实具有社会危害性发生认识错误，是否排除承担故意罪责。因为一切过失都可以归结为认识错误，所以错误对过失而言是一般性问题而非特殊性问题。既然错误乃是过失问题中的应有之义，自然不必于过失论之后再另予特别讨论。倘若对错误作广义理解，则难以界定过失论与错误论的范围，难以明确错误论的主旨，亦难以避免体系上的重复。我国绝大多数论著都将错误论置于故意论和过失论之后，这种体系上的定位表

---

〔1〕 原载《法学研究》1996 年第 1 期。

明了其对错误都有意无意地作了广义的理解。[1]其结果不可避免地导致了错误种类（范围），尤其是事实错误种类的膨胀，导致错误论主旨的含糊不清。

关于错误论的立法依据，在国外，刑法学中的错误论往往是以本国的刑事立法为依据的。例如，日本刑法第 38 条（关于故意、过失条款）规定，"……（2）对于本应从重处罚的罪行，如果犯人在犯罪时不知情的，不得从重处罚。（3）不得因不知法律而认为没有犯罪故意。但根据情节可以减轻处罚"。德国 1979 年新刑法第 16 条规定："（关于事实情况的错误）（1）行为人在行为时，对于犯罪的法定构成事实所属情况欠缺认识的，不成立故意行为，但对过失行为的可罚性不产生影响。（2）行为人在行为时误认为有可成立较轻法规所定犯罪构成事实之情况的，只按较轻法规处罚其故意行为。"第 17 条规定："（违法性的错误）行为人在行为时，欠缺为违法行为的认识，且此认识错误是不可避免的，其行为无责任。如系可避免的，得依第 49 条第 1 项减轻其刑。"其他如法国、意大利、挪威、波兰等国均有类似的规定。刑事立法关于错误的规定，是刑法学错误论的重要根据，对错误的概念、分类、效果及其在理论体系中的位置具有重要的影响。

关于错误的分类，传统的理论把错误划分为事实认识错误和法律认识错误两类。所谓事实认识错误一般指行为人所认识到的犯罪事实与实际情况不一致，包括对犯罪构成事实的认识错误和违法性阻却事由的事实认识错误，后者在我国被称为"行为性质"的错误，如"假想的防卫"。所谓法律认识错误，一般指对法律的不知或误解。在西方，犯罪论多采用"构成要件符合性——违法性——有责性"的"三要件"体系。传统的见解认为，违法是客观的，责任是主观的，把故意仅仅作为责任的形式和内容，因此无论是事实认识错误还是法律认识错误，都仅属于责任论中的问题。事实认识错误可以免责，而法律认识错误不得免责。新的见解认为，故意并非仅为责任要素，也是违法性要素进而是构成要件要素，从而把故意区分为构成要件故意、责任故意乃至违法性故意。构成要件的故意，简称故意，以对构成要件事实的认识为中心。责任故意，以违法性意识为中心。[2]在新见解流行后，简单地

---

〔1〕 例如，"行为人的认识错误问题，是犯罪构成主观方面的一个特殊而重要的问题"。引自马克昌主编：《刑法通论》，武汉大学出版社 1991 年版，第 347 页。

〔2〕 参见日本裁判所书记官研修所编：《刑法概说》，1990 年版，第 15 页以下；〔日〕大塚仁：《犯罪论的基本问题》，冯军译，中国政法大学出版社 1993 年版，第 188 页以下。

把事实认识错误和法律认识错误根据故意的区分在体系上分离开来，即事实认识错误作为故意论的特殊问题，法律认识错误作为责任（故意）论的特殊问题，并未彻底解决问题。因为新见解对故意的精细区分，使错误的传统分类显得粗糙，以致事实认识错误与法律认识错误界限不明确的矛盾更加突出。这首先表现在违法阻却事由的错误的性质，究竟是事实认识错误还是法律认识错误？更进一步的问题是，它究竟阻却故意还是阻却责任？其次，还表现为规范要素认识错误的性质问题。对于诸如"淫秽物品""他人财物"之类含有较多社会意义的规范要素的认识，不单是"有无"的事实认识，还包括对事物的社会、法律意义的判断。当行为人贩卖淫秽书刊而自认为不是淫秽书刊的场合，究竟属于事实认识错误还是法律认识错误？这确有难解之处。鉴于上述种种原因，西方学者对错误的分类作了一些调整，把错误分为构成要件事实错误和违法性错误（亦称禁止性错误），前者特指对构成要件性事实的认识错误，属于故意论的反面问题，其主旨是解决这种错误是否阻却（构成要件）故意；后者指对行为是否为法规范所禁止的不知或误解，属于（故意）责任的反面问题，其主旨在于解决是否阻却（故意）责任。[1]至于违法性阻却事由的错误，被划入违法性错误之中。[2]亦有学者主张，它应是一个独立的错误种类。[3]

新分类与旧分类的相同点是：构成要件事实错误在性质上仍是事实认识错误，违法性错误在性质上仍是法律认识错误。二者的不同之处主要是由体系上的差异派生出来的。以构成要件事实认识为中心内容的故意，其反面问题的错误只能是构成要件事实错误，难以容纳违法性阻却事由的事实错误；以违法性意识为中心内容的（故意）责任，其反面问题的错误称为违法性错误或禁止性错误自然更为确切，它表明这种错误的中心并非是对法律具体规定的不知或误解，而是对自己的行为是否一般性地被法规范所禁止（不允许、否定）的不知或误解。如果将新分类与前述体系的新见解联系起来看，就会发现新分类与旧分类的差别并非仅是称呼的略有不同，它是整个犯罪理论新

---

〔1〕 关于错误的分类及其与体系的关联，参见［日］大塚仁：《犯罪论的基本问题》，冯军译，中国政法大学出版社 1993 年版，第 194 页以下。

〔2〕 关于违法阻却事由的归类，参见［日］福田平、大塚仁：《日本刑法总论讲义》，李乔、文石等译，辽宁人民出版社 1986 年版，第 126 页；林山田：《刑法通论》，三民书局 1986 年版，第 180 页以下。

〔3〕 大塚仁称其为"关于违法性的事实的错误"。参见［日］大塚仁：《犯罪论的基本问题》，冯军译，中国政法大学出版社 1993 年版，第 225 页。

进展的一个组成部分。德国 1979 年新刑法关于错误的规定就是受新分类影响的立法例，同时，这一立法例又是对新分类十分有力的支持。我国的刑法学说首先应考虑立足于我国的刑事立法、司法及理论体系划分并界定错误的种类。我国的刑法学说对错误一直采用传统的分类和解释，最近亦有学者采用新的分类与解释。[1]但是不论采用新分类还是旧分类或者提出其他的分类，都应当提出法律和理论根据，使我国刑法学中的错误论与我国立法相联系，与我国的理论体系协调一致。

我国刑法规定了故意的一般概念但没有规定错误问题。就现有的刑法规定而言，错误论虽然不似日、德等国那样有直接的法律根据，但有间接的法律根据。这个法律根据就是《刑法》第 11 条规定的故意犯罪概念。由于错误属于故意的反面问题，所以通过刑法上的故意概念可以解释错误论的一些基本问题。我国《刑法》第 11 条规定："明知自己的行为会发生危害社会的结果，并且希望或者放任这种结果发生，因而构成犯罪的，是故意犯罪。"我国学说一般从认识因素与意志因素两方面解释犯罪故意心态。关于认识因素，一般认为两项内容是必要的：其一是对犯罪构成事实的认识；其二是对行为社会危害性的认识。由此逻辑地引申出相反的命题，即行为人在犯罪构成事实上或者在行为的社会危害性质上发生认识错误，是否影响成立犯罪故意，这就是错误论的命题。由此还可以逻辑地引申出两种错误的类型：其一是犯罪构成事实的认识错误，其二是行为社会危害性质的认识错误。前者是一种事实性认识错误；后者是对一种行为的社会、法律意义的认识错误。在刑事立法中，分则以罪状形式表述的各种事实都具有社会危害性，事实与价值（性质）是高度统一不可分离的。行为人对犯罪构成事实有认识，一般足以推定其对行为的社会危害性质有认识。但是不能排除社会实际生活中出现违反这种推定情况的可能性。只要承认故意犯罪必须对事实和性质两项内容均有认识，那么作为其反面问题的错误，划分出犯罪构成事实错误与社会危害性错误就是有法律依据和实际意义的。将我国刑法上的错误种类，分别称为犯罪构成事实的错误和社会危害性的错误，实质上是抛弃事实认识错误和法律认识错误的传统分类，采纳犯罪构成事实错误和违法性错误（禁止性错误）的新分类。作出这样的选择，除有上述《刑法》第 11 条的根据之外，还有以下的理由。

---

[1] 参见何秉松主编：《刑法教科书》，中国法制出版社 1995 年版，第 226 页。

首先，使划分出的错误种类与犯罪故意要素的对应关系更为具体、明确。成立犯罪故意以有犯罪构成事实认识和社会危害性认识为不可缺之要素，与此相对应的，就是犯罪构成事实和社会危害性两种认识错误。把错误的种类与故意的认识要素具体"挂钩"，是在体系上确定错误论的位置、主旨以及进行富有成效讨论的基础。

其次，有助于对错误论尤其是法律错误论进行富有成效的讨论。我国的理论一贯主张犯罪故意需要认识社会危害性，但不必要认识"违法性"。对故意的成立与否而言，研究这种意义的"违法性"错误显然缺乏针对性，以致我国的法律错误论主旨不明、实益不大，回避了需要解决的问题。因此，确立一个与故意认识要素"挂钩"的社会危害性认识错误，取代空洞的法律认识错误，是使有关错误问题的讨论更具实效性的重要步骤。

最后，有利于"排除行为社会危害性事实的认识错误"的归类。这种错误的性质徘徊于事实认识错误与法律认识错误之间。如果将事实认识错误明确为犯罪构成性事实错误，将法律认识错误明确为社会危害性错误，那么就比较容易确定这种错误的归宿。

本文采纳了"构成要件事实错误、违法性错误"的新分类，却对后者改称"社会危害性错误"，其中的重要原因之一是中外刑法理论对"违法性"一词理解不同。在西方学说中，"违法性"是三大犯罪构成要件之一，对其含义虽有形式违法性论与实质违法性论之争，但趋于调和，公认"违法性"是形式与实质的统一。从它的地位、作用看，"构成要件符合性"侧重解决形式违法，"违法性"则侧重解决实质违法，即行为是否侵害法益为整体法秩序所不容。[1]法定或非法定的违法性阻却事由之违法性，即在此意义上使用，否则非法定（或超法规）的违法性阻却事由便不可能被承认。作为故意责任要素之一的违法性意识之违法性也在这一意义上使用。从内容及在理论体系中的地位、作用看，西方学说中的"违法性"与我国学说中的"社会危害性"意思最为接近。

---

〔1〕　关于违法性概念的论述，如"违法性指行为侵害法益等，客观地看违反整体法秩序"，"形式上违反法规不是违法"。参见日本裁判所书记官研修所编：《刑法概说》，1990 年版，第 29 页。关于违法性的概念及实质与形式违法性之争论，参见 ［日］木村龟：《刑法总论》，有斐阁 1973 年版，第 236 页以下。洪福增：《刑法理论之基础》，刑事法杂志社 1977 年版，第 235 页以下；陈朴生：《刑法专题研究》，台湾政法大学法律学系法学丛书（十九），1988 年版，第 38 页。

我国刑法及其学说广泛使用"社会危害性"一词而不是"违法性"一词，这表现出我国刑法和学说重视揭示犯罪实质的倾向。我国刑法理论由于广泛地使用"社会危害性"的概念，使"违法性"一词既无地位又不规范，除了在表示犯罪基本特征时使用并有较确切的含义外，其他之处基本上看不到它的踪影。从客观方面的危害行为、危害结果到主观方面的明知自己的行为会发生危害社会的结果乃至正当防卫等排除社会危害的行为等，都采取实质性的社会危害性概念，而不使用违法性概念。偶尔涉及违法性，往往侧重的是其形式意义，与西方学说中的违法性概念相去甚远。中外理论对违法性的不同理解，在我国理论上引起了不少的歧义、误解。为了全面地揭示违法性错误应有的实质内容，明确它与犯罪故意的关系，在我国刑法理论上，以社会危害性错误取代违法性错误的表述是必要的。

应当指出的是，西方学说采用新分类，与故意被分为构成要件故意和责任故意的体系见解有很大的关系。我国的学说历来主张统一地把握犯罪故意（故意与故意罪责的统一），因此在我国的理论上采取何种分类与体系上的见解无关。

综上所述，我国刑法上的认识错误应是指行为人对自己实施的犯罪构成事实行为或者对自己行为的社会危害性质，主观认识与客观实际不一致。它是由刑法上的故意所引申出的反面问题，其主旨在于解决发生认识错误是否影响犯罪故意的成立。刑法上的错误可以划分为犯罪构成事实的认识错误和行为社会危害性质的认识错误。关于排除社会危害性行为的事实错误，可归入行为社会危害性质认识错误之中。

二、犯罪构成事实的认识错误

犯罪构成事实的认识错误，是指在故意犯罪过程中，行为人实际造成了与其预想不一致的犯罪构成事实。它是由故意的必要认识内容之一（即对犯罪构成事实有认识）所派生出的错误类型。其主旨在于解决行为人对与其预想不一致的事实能否成立犯罪故意的问题。其要点如下所述。

第一，这类错误是在故意犯罪过程中发生的。如果行为人本无犯意，而实际造成了非预想性危害结果的，属过失论的一般问题。因为在这种场合，不涉及是否成立犯罪故意。这是对错误作狭义理解所应得出的结论。

第二，这里所说的"犯罪构成事实"，与故意论作为故意认识内容之一的犯罪构成事实是同一的概念。关于成立排除社会危害性行为的事实错误，不属于犯罪构成事实错误。我国学界历来将这种错误纳入"事实错误"之中。根据这种错误的事实性质，把它归入"事实错误"未尝不可。但在作了犯罪构成事实错误的限定之后，就不宜再把它包括进去了。

第三，这类错误论的主旨在于：确定对因错误而实际发生的、非预想的犯罪构成事实是否成立故意。明确这一主旨，对划分错误论与故意（本体）论的范围，简明而有实效地讨论犯罪构成事实错误，具有重要的意义。考察故意犯罪过程中的错误不难发现，关于行为人的主观认识有两个事实：其一是行为人预想实现的犯罪事实；其二是因错误而实际发生的事实。对于预想实现的犯罪事实，由于行为人本来就有犯罪故意，所以不论发生错误与否，也不论得逞与否，都应认定具有犯罪故意。假如因错误而实际发生的事实不是犯罪构成事实，如为杀人而杀死了一条价值不大的狗。因为杀死一条普通的狗不具有刑法上的危害性，不必考虑对因错误而发生的事实追究刑事责任，自然不必研究行为人对杀死狗一事是何种心态。所以这样的错误并无作为错误问题特别加以讨论的必要，直接按行为人原犯意定罪处罚即可。因错误致狗死亡而未致人死亡的，是单纯的犯罪未遂问题。只有当行为人预想实现一个犯罪构成事实并且因错误实际发生了一个非预想的犯罪构成事实，才有作为错误问题加以研究的必要。因为认定行为人在故意犯罪过程中对非预想的犯罪构成事实的心态，有一定的特殊性，故不能为故意论的一般内容所容纳。

为了明确错误论的主旨，维护错误论作为故意论特别问题的地位，简化错误的种类并对错误问题进行切实而有成效的讨论，[1]有必要将下列情况从错误论中排除出去。

第一，在故意犯罪过程中，行为人虽有认识错误，但并未因错误而实际造成非预想的犯罪构成事实。较典型的如：因错误而发生的手段不能犯和对象不能犯。前者如误将白糖当砒霜而用于投毒杀人的；后者如将男人误认为女人而强奸的，撬开保险柜而其中空无一物的等。在这些事例中，行为人虽有认识错误，但只因认识错误而未实现预想的犯罪，并未因错误而实际造成非预想的犯罪构成事实。这属于典型的故意犯罪未遂问题，不必作为错误论问题讨论。其实这类因错误而发生之"不能犯"，值得特别讨论的地方不在主

---

〔1〕 有的学者指出："这种错误（指事实错误——引者注）种类繁多，相当复杂。"参见张明楷：《犯罪论原理》，武汉大学出版社 1991 年版，第 305 页。其实，造成"种类繁多，相当复杂"的原因，很大程度上在于对错误论的主旨不明。缺乏一个界定事实错误种类的基准。

观方面而在客观方面。对"不能犯"应否追究刑事责任，取决于其行为在客观上是否具有造成危害结果的可能性。如具有现实的可能性，就追究未遂罪责；如果绝对不具有现实可能性（如迷信犯），则不宜追究刑事责任。至于主观方面的犯意总是存在的，没有什么可争议的。

第二，在故意犯罪过程中虽然因错误而发生了非预想的事实，但该事实不属于犯罪构成事实。例如，行为人主观上想杀人却因错误而误杀了一条狗或一头猪的。由于非预想的事实不具有刑法上的重要性，不存在要行为人对这一事实负刑事责任的问题，所以也不必作为错误论的事例予以讨论。需要说明的是，在日本刑法中杀死一条普通的家犬一般认为是器物毁坏罪的构成事实，而在我国刑法上则因为数额较小一般不认为是故意毁坏财物罪的构成事实。

第三，主要应由故意本体论解决的某些犯罪构成事实认识错误的事例。我国的有些论著还将下述事例作为错误论问题：不知是赃物而代人运输、保管、销售的；不知是现役军人的配偶而与之结婚或同居的（对象自身性质的认识错误）；不知自己患有严重性病而卖淫嫖娼的（主体认识的错误）；不知是禁渔区、禁渔期而捕捞水产品的（特定时空条件的认识错误）。[1]这类"错误"的事例似应通过对犯罪故意要件的正面阐述加以说明。故意的认识因素，主要是对犯罪构成事实存在（有无）的认识，但对某些含有社会、法律意义的事实（或因素），还包括对其社会、法律意义的认识，如赃物、严重性病、淫秽物品等因素。各种犯罪的犯罪故意在其认识内容和程度上都有特定的要求。行为人的认识符合特定要求的，成立该罪的故意。行为人因"误解"而致认识不符合特定要求的，不成立该罪的故意。此时的"误解"与没有具体犯罪故意的认识是一回事，并无特别的意义。有特定的认识才能成立故意，无特定的认识不能成立故意，此乃故意成立的一般性问题。倘若这类"错误"的事例也纳入错误论中，势必会扩大错误论的范围和种类，造成错误论与故意论的重叠交叉，淹没掉错误论的主旨和特殊性。

综上所述，并非所有的事实性错误都属于犯罪构成事实错误论的范围。

---

〔1〕 参见何秉松主编：《刑法教科书》，中国法制出版社1995年版，第229页以下。此外日本学者大塚仁将这类情况称为"规范性构成要件要素的错误"，并认为对"淫秽性"之类规范要素本身属性的误认，应属于事实错误，对规范要素本身的属性有认识但误以为不违法的，属于法律错误。参见〔日〕大塚仁：《犯罪论的基本问题》，冯军译，中国政法大学出版社1993年版，第212页以下。我国学者刘明祥亦持类似的见解。参见刘明祥："论事实错误与法律错误的区别"，载《法学评论》1995年第4期。

狭义的犯罪构成事实错误应具有三个特征：（1）在故意犯罪过程中发生的；（2）主观认识与客观实际不一致；（3）与主观认识不一致的客观实际是一个犯罪构成事实或者具有刑法上重要性的事实。无犯意而因错误导致危害结果的，属过失论范畴；虽有犯意并发生认识错误，但未实际发生任何非预想性危害结果的，属故意犯罪形态论的范畴。犯罪构成事实错误论的主旨是解决行为人对非预想性犯罪构成事实是否也成立犯罪故意的问题，换言之，行为人本有犯意，因错误而致发生原犯意预想以外的犯罪构成事实时，该错误是否妨碍把非预想的事实归责于行为人的故意犯罪行为。

行为人预想之内的犯罪事实是否实现不是错误论的焦点。但是预想的犯罪事实如果已经实现，对非预想的犯罪事实的罪责应单独评价。

三、犯罪构成事实认识错误的种类

按照上述对犯罪构成事实认识错误的狭义理解和把握，犯罪构成事实认识错误只有以下三种情况。

第一，对象辨认错误，即在故意犯罪过程中，行为人由于对侵害对象发生辨认上的错误，以致侵害了非预想的犯罪性对象。例如，甲意图杀乙，却误认丙为乙而将丙射杀。

第二，对象打击错误，即在故意犯罪过程中，行为人由于行为（方式、方法）出现差误而侵害了非预想的犯罪性对象。例如，甲意图杀乙并瞄准乙射击，却命中了乙身旁的丙。有的论著认为，对象打击错误只是行为上的差误，故不属于事实认识错误的范围。[1]这种观点是值得商榷的。第一，行为差误并非与认识错误无关，在因行为差误而致打击错误的场合，行为人只是对预想侵害的对象辨认有误，这并不排斥行为人对自己能力的估量（如枪法）、对使用方法、工具的认识（如枪支、炸弹的性能）以及对侵害对象周围环境的认识发生错误。因对象辨认错误而误中非预想的对象，固然是事实认识错误，因其他方面的认识错误（能力、方法、工具、环境等）而误中非预想的对象，但并非是与认识无关的纯客观性的行为差误。第二，事实错误论之中的错误，其焦点不在于行为人对预想性犯罪事实的心理态度（因为这种犯意是客观存在而毫无争议的），而在于行为人对非预想性犯罪事实的心理态

---

〔1〕 参见何秉松主编：《刑法教科书》，中国法制出版社 1995 年版，第 233 页；张明楷：《犯罪论原理》，武汉大学出版社 1991 年版，第 306 页。

度。换言之，错误论之所谓主观认识与客观实际不一致，重点在于行为人的主观预（设）想，与实际发生的（非预想的）犯罪事实不一致。而错误论的主旨就是要解决这"不一致"的情形是否妨碍对非预想性犯罪事实成立故意。

无论是对象辨认错误还是对象打击错误都有这种意义上的主观认识与客观实际的不一致，都要解决这不一致的情形是否妨碍故意成立的问题。二者在错误论上的共同点，使得不承认行为差误是事实认识错误的论著，也不得不在事实认识错误之后还是要对行为差误作出介绍和评论。既然把行为差误当作事实认识错误的一种情况并无大的理论障碍，同时又有着共同性的问题需要解决，那么何必要把它排斥在外呢？主张简明而富有实效地解决事实错误论问题，一方面应把没有特殊性的"错误"排除在外，另一方面应把所有值得特别研究的错误问题容纳在内。

第三，因果关系的认识错误，即在实施故意犯罪过程中，行为人实现了预想的危害结果，但导致该危害结果的因果进程与行为人预想的不一致。例如，甲卡乙的脖子致乙昏迷，然后抛尸井中，致乙溺死。甲以为乙是被卡死的，而实际上乙是被抛入井中溺死的。

四、犯罪构成事实认识错误的罪责认定

在发生犯罪构成事实认识错误的场合，行为人预想实现某事实，却实际发生了非预想的事实，在心理事实的层面上出现了主观认识与客观实际的不一致。认定错误的罪责就是依法（犯罪构成）对这主客观不一致的心理事实作出评价。评价的焦点是：非预想性犯罪事实与行为人预想实现的犯罪事实在法定犯罪构成的意义上是否具有一致性。如果具有一致性，那么，主客观在心理事实层面上不一致的情况，不妨碍行为人对非预想性事实承担故意罪责；反之，则阻碍承担故意罪责。

我国已有判例体现出这样的立场。吉林省高级人民法院关于"吴某某欲杀其叔而误杀其父案"的判决具有代表性。该案的基本事实是：被告人吴某某欲杀其叔，在其叔与其父交谈之际，举起木棒朝其叔头部打击，被其叔躲过，致木棒击中回头正欲制止吴某某行凶的其父的头部，造成其父死亡。这是一起典型的打击错误的实例。对此，吉林省高级人民法院认为："被告人既有杀人的故意，又有杀人的行为和将人杀死的后果，虽未达到其犯罪目的，但不影响故意杀人罪的成立。"此判例的评析人指出："我们认为，行为符合犯罪构成是行为人承担刑事责任的唯一根据，解决行为误差的刑事责任问题……只能以主观要件与客观要件相统一的犯罪构成为标准……对于故意杀人罪来说，法律并不以特定的对象和特定的结果为构成要件，被告人无论是杀死其叔还是杀死其父，其法律性质是相同的，都是故意非法地剥夺他人生命的行为，对此应以故意杀人罪既遂论处。"〔1〕法院的意见和判例评析人的见解，都明确表达了这样的观点：对打击错误应以犯罪构成为标准认定行为人对误击对象应承担的罪责。日本的判例也体现出类似的观点，并被称为"法定符合说"。所谓"法定符合说"是指，犯罪故意的认定（或事实错误是否阻却故意的认定），不以行为人的认识与实际发生的事实在具体细节上一致为标准，而应当以符合法定的构成要件为标准。行为人认识（预想）到的犯罪事实与现实发生的事实在法定范围内一致，就能够认定对该现实发生的事实成立犯罪故意，不需要在心理事实上的具体的一致。〔2〕日本学者也普遍认为将"法定符合说"运用于事实错误大体是妥当的。〔3〕

根据犯罪构成事实错误在法定犯罪构成上的意义，即法律性质，可以把它们划分为同一犯罪构成范围内的事实错误和非同一犯罪构成范围的事实错误。

（一）同一犯罪构成范围内的事实错误

所谓同一犯罪构成范围内的事实错误（以下简称同一性质的错误）是指行为人预想实现的犯罪事实与实际发生的非预想的犯罪事实，都属同一犯罪构成性质的事实。换言之，二者在行为人的心目中虽然是不一致的，但在法定犯罪构成的性质上是一致的，如果属于同一性质的错误，原则上不妨碍认定行为人对非预想的犯罪事实负故意罪责。

关于同一性质的对象错误，例如甲意图杀害乙，因为误认丙为乙而杀死了丙，或者甲意图杀害乙并朝乙瞄准射击，却偏偏命中了乙身旁的丙。前例属对象辨认错误，后例属对象打击错误。在上述两例中，由于行为人有杀人的意思（杀乙），并且认识到杀人的事实（杀丙），符合故意杀人罪犯罪构成的非法剥夺他人生命的特征。至于实际被杀害的是乙还是丙，只是具体事实方面的枝节性差异，不妨碍认定行为人对实际被杀害的人具有非法剥夺他人

---

〔1〕《人民法院案例选》（总第5辑），人民法院出版社1993年版，第21页以下。

〔2〕 ［日］星野英一等编：《判例六法》，有裴阁1991年版，第1092页（故意之七）。另参见［日］大塚仁：《犯罪论的基本问题》，冯军译，中国政法大学出版社1993年版，第203页。

〔3〕 ［日］前田雅英："具体性事实的错误"，载《法学教室》1992年第7期。

生命的意思。

在对象辨认错误的场合，一般不会在预想和非预想侵害对象上同时都发生损害结果，但是在对象打击错误的场合，则可能在预想和非预想侵害对象上同时发生损害结果。因此，需要区分结果发生的不同情况，明确定罪处罚问题。

1. 行为人仅对误击对象造成实际损害而未对预想侵害对象造成任何实际损害

如行为人意图射杀甲却误中了乙，在甲身上没造成任何实际的损伤。在这种场合，如果行为人对乙的死亡存在间接故意，应认定行为人对甲成立故意杀人罪未遂和对乙成立故意杀人罪既遂。因为行为人对甲、乙均有杀人的故意。如果行为人对乙没有间接故意，则认定行为人只对乙成立一个故意杀人罪的既遂。因为行为人只有一个故意杀人的意思。前者是处断上的一罪（想象竞合犯）；后者是单纯的一罪。区分这两种情况并非毫无意义，因为在现实生活中发生的打击错误，确有对误击对象有间接故意的情况，如朝两个挨得很近的人射击。也有对误击对象不存在间接故意心态的情况，如吴某某欲杀其叔误击其父案。对这两种情况作出不同的评价，即前者评价为想象竞合犯，后者评价为单纯的一罪，能够恰如其分地说明二者的社会危害性程度。

2. 对意图侵害对象和非意图侵害对象造成了同样的危害结果

如行为人意图杀害甲，一枪却击毙了甲、乙二人或者击伤了甲、乙二人。对这样的情况，日本判例认为行为人对甲、乙均应成立故意杀人罪。反映这一立场的判例之一是：行为人意图杀害其婶A，朝A刺十余刀，同时没有预期地刺伤了A怀抱的幼儿B，致A、B死亡。日本大审院判决行为人对A、B均成立杀人罪。判例之二是：行为人为了劫取警察A佩带的手枪，用自己改装的建筑用射钉枪对A背部射击，钉子贯穿A的左侧胸部又偶然地命中了前方约30米处的行人B，致A、B均负重伤，但未能夺取手枪。日本最高裁判所判决行为人对A、B均成立强盗杀人罪未遂。判决站在法定符合说的立场上指出："既然在杀人的意思之下实施了杀害行为，那么，结果发生在犯人没有认识的人身上时，也应说对该结果有杀人的故意。"有的学者虽然赞成法定符合说，但对判决结果有异议。他们认为，在行为人对误击对象有未必故意的场合，因为对A、B均有故意，判定对A、B均成立故意罪是合理的。但是在行为人对误击对象B没有未必故意的场合，因为行为人只有一个杀人（杀A）

的故意，却认定对 A、B 均成立故意杀人罪是不合理的（日本的理论和实践认为上述两判例中的行为人对误击对象 B 没有未必故意）。他们认为，上述两判例中的行为人已经实现了预期的犯罪，就不属于错误论范围的问题。因为错误论是故意论的例外，它解决的问题是：行为人没有使意图侵害的对象发生预想的结果，却在另一非预想的对象上发生了结果，那么能否把这非预想对象上发生的结果归责于行为人的故意行为？所以，当行为人预想的犯罪结果被实现就不存在错误的问题了。又造成非预想性危害结果的，属于一个完整无缺的故意犯罪所产生的过剩结果，对此只需研究行为人对过剩结果有无过失。基于这样的见解，他们认为就上述两个判例而言，第一例的行为人对 A 应成立杀人罪，对 B 有过失就成立过失致死罪；第二例的行为对 A 成立强盗杀人罪（未遂），对 B 成立过失致伤罪。因两例中的行为人均属一行为数结果，应按想象竞合犯处断。[1]

学者的见解是有道理的。在意图侵害对象和非预想侵害对象都遭到同样损害的场合，由于行为人原犯罪故意已实现或在一定程度上实现了，也就是说已有特定的危害结果要归责于原故意行为了，那么就不应当再考虑把非预想结果归责于原故意行为，而应分别考虑：如果行为人对误击对象发生的非预想结果有间接故意的，对预定侵害对象和非预定侵害对象均成立故意罪；如果行为人对非预想结果没有间接故意，那么对预想侵害对象成立故意罪，对非预想侵害对象成立过失罪。虽然最终都要以想象竞合犯按一罪处断，但在犯罪成立阶段，有必要明确是对两个危害结果均承担故意罪责，还是对其中的一个结果承担故意罪责，而对另一个结果承担过失罪责。

3. 对非预想侵害对象造成了构成要件的结果，而对预想侵害的对象只造成了一定程度的损害，尚未造成构成要件性结果的

例如，行为人意图射杀甲，而同时误中了乙，致甲负伤而致乙死亡。对于这样的情况，行为人如果对乙的死亡存在间接故意，那么对甲应成立杀人罪（未遂），对乙应成立杀人罪（既遂），按想象竞合犯处断。如果行为人对致乙死亡不存在间接故意，那么首先应当明确：行为人以一个杀人的故意（杀甲）并实施了一个杀人行为，且造成了一个人的死亡结果（乙死亡），按照法定（构成要件）符合说，对乙的死亡应成立故意杀人罪（既遂）。其次，

〔1〕 关于日本的这两个判例及学者评论，参见〔日〕大塚仁：《犯罪论的基本问题》，冯军译，中国政法大学出版社 1993 年版，第 204 页以下。

由于已经把杀死了一个人（乙）的结果归责于原故意行为了，那么就不宜再让行为人对致甲负伤的结果负故意罪责。换言之，应让行为人对致甲伤害的结果负过失责任，即成立一个杀人罪既遂（对乙）和一个过失重伤罪（对甲），按想象竞合犯处断。如果对甲的伤害未达重伤程度的，应作为量刑情节考虑。

关于同一性质的因果关系错误，刑法中规定的一些犯罪要求实际发生特定的结果为既遂（结果犯）。因此成立结果犯的既遂，不仅需要行为与结果存在因果关系，还需要行为人对这一因果关系有认识。结果犯的因果关系首先是经犯罪构成法定化的因果关系，它是以社会生活中一种现象经常引起另一种现象的经验为基础的。因此，有无因果关系的认识，应根据这种社会生活上的一般经验加以判断。行为人的预想与实际的因果关系进程不一致，没有超出犯罪构成所确定的一般经验范围的，属于同一性质的因果关系错误，不阻却负故意既遂罪责。

一般认为，同一犯罪构成性质的因果关系的认识错误主要有两种类型。

（1）行为人既定的犯罪行为实现了既定的危害结果，但因果进程与行为人预想的不一致。例如，行为人用刀将甲砍落到湍急的河流中，致甲溺死。行为人预定用刀砍杀甲，而实际上致甲溺死。由于刀砍人落水致死是常见之事，行为人明显能认识到其间的因果关系。至于具体细节上的不一致，不妨碍故意罪既遂的成立。

（2）行为人实施的既定的行为没有实现预想的结果，但误以为已实现了预想结果，进而实施了第二个行为，才产生了预想的结果。关于这种类型，人们常举之例是：行为人意图杀甲，卡甲的脖子直至认为甲已死亡，实际甲未被卡死。行为人之后为匿尸而抛"尸"井内，致甲溺死。有些国家刑法中规定有遗弃尸体罪，在司法习惯上认为杀人后弃尸的行为不属事后不可罚的行为。因此杀人、弃尸在法律评价上是两个行为，应各自独立构成犯罪（牵连犯）。在这些国家的学说中，自然将这样的例子作为一种因果关系错误的类型。我国刑法未将遗弃尸体规定为罪，对杀人后的弃尸行为不必单独评价，自然也不必单列为一种因果关系错误的类型，其实可以把它视为第一种类型。

在国外的学说中，因果关系的错误是否阻却故意的问题，主要集中在第二种类型上。"如果观察行为人实际的犯罪意思，可以看到有杀人的意思和遗弃尸体的意思。因而，如果根据具体符合说，可以把犯罪区分为两个，成立杀人罪未遂和过失致死罪。"[1]但是根据法定符合说，从整体上把握行为人的一系列行为，可以看出相当的因果关系，不阻却成立故意杀人罪既遂。

在我国的学说中已经直截了当地把杀人和弃尸视为一行为，那么无论是卡脖子致死还是抛尸井中致死不过是同一杀人行为过程中的细节，在这样的细节上发生认识错误，不妨碍将死亡结果归责于行为人的故意杀人行为。结果加重犯的因果关系的错误问题，不属错误论的范围。因为法律对加重结果不限定于故意心态。无论有无故意，都是在结果加重的法定刑范围内处罚。

（二）非同一犯罪构成范围的事实认识错误

这种错误是指在故意犯罪过程中，行为人意图实现的犯罪事实与因错误而实际发生的犯罪事实属于不同性质的犯罪构成范围。由于因错误而发生的犯罪事实已超出了原犯意意图实现的犯罪构成的范围，因此原则上妨碍把因错误而发生的犯罪事实归责到原故意犯罪行为上去，即阻却对因错误而发生的事实成立故意罪。例如，行为人有故意杀人的意图，却因认识或打击错误而杀死了珍稀野生动物的；或者相反，意图猎杀珍稀野生动物但因辨认或打击错误而杀死了人的。杀人与杀野生动物，属于不同犯罪构成的事实，不能将致死野生动物的结果归责于故意杀人的行为，也不能将致人死亡的结果归责于故意猎杀野生动物的行为。对于原意图实现的犯罪因错误而未实现的，成立故意罪（未遂）；对于因错误而实际发生的危害事实，如有过失并且应负刑事责任的，成立过失犯罪，按想象竞合犯处断。

值得注意的是，对于不同犯罪构成间的事实错误，如两犯罪构成间在性质上有某种程度重合情况的，应在重合的限度内，认定具有犯罪故意。例如，意图窃取财物而误窃枪支的，二者虽属不同的犯罪构成事实，但在财物的限度内二者是重合的，因此行为人应在窃取财物的限度内成立故意犯罪，即应成立盗窃罪（既遂）。对误窃枪支的事实，不承担故意罪责。

五、行为社会危害性的认识错误

行为性质的认识错误是指行为人对自己的行为是否具有社会危害性主观

---

〔1〕 参见〔日〕大塚仁：《犯罪论的基本问题》，冯军译，中国政法大学出版社1993年版，第207页。

认识与客观实际不一致。这种错误类型的法律依据是我国《刑法》第 11 条对犯罪故意认识因素的要求，即成立犯罪故意需要对行为的社会危害性有认识。其主旨是要解决行为人对自己行为社会危害性的误解，是否妨碍行为人承担故意罪责的问题。

所谓社会危害性认识是对行为的社会、法律意义否定性评价的认识（对负价值的认识），它与违法性认识实际上是一致的。行为规范（价值）是由国家、社会主导的，其中最主要的是由国家以法律形式宣布的。因此行为的社会、法律意义上的负价值，既是法律所禁止的，也是对社会利益、秩序有损害的。二者是统一不可分割的。社会危害性认识与违法性认识本是同一的，那么社会危害性认识错误与违法性认识错误也应是同一的。之所以称社会危害性错误而不称违法性错误，如前所述，一是因为"社会危害性"在我国刑事立法上有较明确的依据，二是因为"违法性"一词在我国理论中常取其形式意义，容易引起误解。

这里所称的社会危害性认识错误与我国刑法理论中一般理解的"法律上的错误"是有些差别的，至少在考虑问题的侧重点上有所差别。在西方国家的理论乃至立法中，由称"法律上的错误"转称"违法性错误"或"禁止性错误"，不是一个名称的简单转换，而是对"法律错误"的把握向实质化、具体化的转换。法律上的错误可作广义和狭义的理解。广义的法律错误，指一切不知或误解法律规定的情况，包括不知或误解法律具体规定的情况，如不知或误解违反了行政法还是刑法，或者虽知是犯罪但不知处罚如何等情况，甚至还包括所谓"假想的犯罪"。狭义的理解则特指违法性错误或禁止性错误，即不知或误解了自己的行为是为法律所一般性禁止或不允许的。[1] 过去，在"不知法律不免责"格言的支配下，对法律错误的把握是相当粗放的。随着现代社会中经济、行政的禁令罚则日益增多，对不知法律的具体情况一律不加区别地、绝对地不免责显得过于苛刻，可能会惩罚无辜。由此导致了新的问题，即法律错误可否免责？在何种情况下免责？与此相对应，在理论体系上，故意被分别把握为构成要件故意和责任故意，而责任故意的中心内容是违法性意识。这个"违法性"与作为犯罪成立一般要件之一的"违法性"是同一的，其实质意义是对整体社会法秩序或共同生活秩序的违反或破坏

---

[1]　参见日本裁判所书记官研修所编：《刑法概说》，第 56 页以下。

（实质的违法性论）。在责任论中违法性意识是否是责任（故意）的必要要素成为争议的焦点，由此形成了（违法性意识）不要说、必要说和折衷说（自然犯不要、行政犯必要）。法律错误的议论中心与责任要素的议论中心在违法性意识上联结到一起。必要说认为，违法性意识是责任要素，因法律错误而欠缺违法性意识的，阻却责任。折衷说认为，有违法性意识的可能性是责任要素，因法律错误而欠缺违法性意识可能性的，阻却责任。在这种意义上，对违法性意识的理解日趋实质化和具体化。例如，"对犯罪事实实际认识且也具有做坏事这样的违法意识，当然可能非难，作为一般人如当然认为是坏事且认识犯罪事实，也可能非难"。[1]在这里违法意识竟被理解为有"做坏事"的认识。在这样的背景下，对法律错误作广义的形式的理解，几乎成为不关痛痒的泛泛之论，所以发生了由称"法律错误"向称"违法性错误""禁止性错误"的转变。即法律错误的中心实际是关于不知或误解行为是否为法秩序所禁止或允许的情况，它是与作为责任要素的违法性意识直接关联的那部分法律错误。至于一般意义上的对法律具体规定的不知或误解，无形中作为常识，被置于法律错误的议题之外。基于同样的道理，这里所称的社会危害性认识错误就是要侧重于同作为故意认识要素的社会危害性认识直接关联的那种认识错误，而不是与故意成立无关的广义的法律错误。

在我国的刑法理论中，对法律上的错误一般作广义的、形式的理解，由于囿于"不知法律不免责"的见解（同时，这与对违法性的习惯上的形式理解不无关系），我国刑法理论上关于法律错误的中心仍然主要围绕着具体刑法规定的不知和误解进行议论。我国的一些论著提到社会危害性的认识是故意的必要因素，但同时又指出成立犯罪故意要求有社会危害性认识但不要求有刑事违法性认识，明显地把二者分割开来。这种见解在我国理论上是很普遍的。其结果，不仅使刑事违法性应有的意思遭到了严重的误解，而且割断了法律错误与故意论联结的最有价值的纽带——社会危害性认识，使法律错误论像断线的风筝一般无所依附，成为可有可无的空泛之论。这大概也是我国刑法理论中关于法律错误的理论备受冷落的重要原因之一吧。

笔者不能赞成把刑事违法性认识和社会危害性认识、（一般）违法性认识

〔1〕〔日〕前田雅英："故意论的新展开"，载《法学教室》1992年第5期。

区别开来的观点。[1]我国关于犯罪一般概念的理论一贯认为刑事违法性、社会危害性和一般违法性三者是不一致、有区别的，这种见解虽然能够成立，但是据此推论三种认识在错误论中应予严格区别的观点却是不必要、不切实际的。

社会危害性认识归根到底是说明犯罪人反社会、反规范的思想意识问题。既然承认它是成立故意所必要的认识因素，那么围绕着故意成立与否，就应谈论与它最为相称的认识与错误问题。这个问题应当是包括（一般）违法性的认识与错误在内的对违反整体法秩序的认识与错误，而不限于刑事违法性的认识与错误。因为前者显然能包容后者，至少使后者成为低一个层次的问题。社会主义社会法律秩序是一个整体，当我们确定罪与非罪的时候，确实需要十分谨慎地在这个整体中区别刑事违法与一般违法。但是当我们确定是否成立犯罪故意的时候，即在考虑行为人有无反社会、反规范的意识的时候，应当考虑的是行为人对社会主义社会整体法律秩序有无冲突对立的意识，即有无一般违法性认识。单独考虑对整体法秩序的一部分（刑事法）是否持冲突、对立的意识是不全面的，也是不必要的。在理论上提出一个极端狭窄的"刑事违法性认识"的概念，并且把法律错误严格限制在这个范围内，使法律错误的领域内，只讨论欠缺一种极高程度的违法认识如何不影响故意的成立，却不讨论欠缺成立故意所必要的那种违法认识如何影响故意的成立，这种现象令人费解。产生这种现象的原因，一方面大约是囿于法律错误不免责的结论，另一方面是受刑事违法性与一般违法性严格区别观念的约束。其实，在违法性认识上，应当谈论的是对社会整体法秩序的违法性认识问题，此时把刑事违法性与一般违法性作为整体法秩序把握是妥当的。起码可以说，在法律错误的领域内，这种意义的违法性认识错误是更为深入、更有实际意义的问题。

行为的社会危害性认识与违法性认识是不可分离的。社会危害性无非是对行为社会意义的否定评价，而这种评价不是凭空进行的，必须以一定的行为准则（规范）为依据。这个依据就是国家以一定的形式所确立的行为准则，即法律规范。行为人是否认识到自己行为的社会危害性或者说是否认识到自

---

[1] 关于刑事违法性认识与非刑事违法性认识区别的观点，参见高铭暄主编：《刑法学原理》，中国人民大学出版社 1993 年版，第 120 页。此外，最近在我国亦有学者反对这种区别的观点，指出：把违法性认识解释为关于违反法律规范或法律秩序的意识较合适，即不能把它限定在认识行为违反刑法的范围，并作出了精辟的阐述。参见刘明祥："刑法中违法性认识的内容及其判断"，载《法商研究》1995 年第 3 期。

己行为是"坏"的、"恶"的、"有害"的，总是要参照法律规范来判断，[1]即从是否为法律所允许的角度来判断。因此违法性认识与社会危害性认识是不可分割的。那种认为故意以有社会危害性认识为必要而不以有违法性认识为必要的观点，或者认为没有社会危害性认识不成立故意，而没有违法性认识不妨碍成立故意的观点，都有意无意地把二者分离开来，这是不恰当的。倘若深究什么是社会危害性认识，可以回答认识到"有害"，倘若进一步追问，凭什么认识到有害？恐怕不能诉诸行为人或法官的感觉，也不能诉诸道德规范，而只能诉诸法律规范，即通过是否为法所允许的途径来认识。社会危害性虽然是事物的实质，但在司法领域中，对实质的认识一旦脱离法律形式的认识，就会无从入手也会无所依据，使严谨的法律问题变得捉摸不定。正是在这个意义上讲，称"违法性认识""违法性认识错误"或许更为直接明了。严格意义上的违法性认识错误即禁止性错误与本文所称社会危害性认识错误是等价的、不可分离的。

六、社会危害性认识错误的种类

社会危害性认识错误可以分为以下两类。

第一，因对法规的不知或误解，而误以为自己的行为不具有社会危害性。它包括以下两种情况：（1）因不知有关法规的存在而以为自己的行为不是被法律所禁止的；（2）虽知道有关法规，但以为自己的行为不属于该法规所禁止的情况。前者是法律的不知，后者是法律的误解，都可能导致欠缺社会危害性认识。

这里所说的被法律所禁止或不被法律所允许之"法律"，是包括刑事法在内的法律整体，即我国社会主义社会的整体法秩序，不单指刑事法。行为人对自己的行为是违反刑事法还是违反一般法的不知或误解，属于对具体法律规定的不知或误解，对有无社会危害性认识不产生影响。例如，重婚既是刑法所禁止的，也是婚姻法所不允许的，行为人重婚，只要认识到重婚一般意义上被法所禁止就认为有社会危害性认识。换言之，只要认识到我国法律不允许一夫多妻或一妻多夫就属于知道自己的行为是被法律所禁止的，无须特

---

〔1〕 关于违法性认识与社会危害性认识的关系，亦有相反的观点，即通过社会危害性认识来认识违法性。参见马克昌主编：《刑法通论》，武汉大学出版社1991年版，第312页以下。从认识的角度讲，这种观点颠倒了违法性认识与危害性认识的关系。在法制社会中，法律应是评判（行为）是非的唯一标准，对实质的认识必须凭借一定的（法律）形式。

别考虑行为人对重婚被刑法所禁止一事有无认识。同样的道理，行为人只要知道侵犯著作权是侵权行为（民事违法），即使他对新颁布的《关于惩治著作权的犯罪的决定》一无所知，即属于知道自己的行为是法所不允许的。因为这一点就足以说明行为人的反社会、反规范的意识。在这种场合，还应特别考虑行为人是否知悉新颁布的刑事法令、是否知道侵犯著作权要负刑事责任。在我国的行政、经济法中，由于大量使用行政、经济的制裁手段（如治安管理处罚、工商行政管理处罚、海关处罚、违反税法的处罚等），有的还相当严厉，这导致我国刑事违法行为都已具有极为明显的社会危害性，孤立地谈论刑事违法性的认识或错误，未免脱离实际。

第二，排除行为社会危害性事实的认识错误，即客观上并不存在成立排除社会危害性的事实，行为人误以为存在，而采取了自认为是没有社会危害性的正当行为。其典型的例子是"假想的防卫"和"假想的避险"。

关于这种错误的性质，外国学者展开了激烈的争论，当把错误划分为事实错误与法律错误时，争论焦点就是它应属于事实错误还是法律错误；当把错误划分为犯罪构成事实错误与违法性错误（禁止性错误）时，又争论它属于犯罪构成事实错误还是违法性错误。这种错误确有其特殊性。一方面，它是事实性错误，另一方面，它又是关于违法性的错误而非构成要件性的错误。

在坚持法律错误不免责的背景下，考虑这种错误的事实性质和可以免除故意罪责的结论，一般将它归入事实错误之中。在违法性错误可以免除故意罪责的背景下，考虑到已把事实错误限定为构成要件事实错误和违法错误不绝对不免责，一般把它划入违法性错误之中。因为一方面，犯罪构成事实错误已难以包容这种违法性的事实错误；另一方面，把它划入违法性错误也不致得出不当的结论。从体系上讲，犯罪构成事实错误是构成要件符合性的问题，而关于违法性阻却事由的错误是违法性的问题。如果承认构成要件符合性和违法性之间质的差别，就不宜把这两种错误放到一起。

在我国，一直将这种错误归入事实错误之中。即使主张采用犯罪构成事实错误和违法性错误划分方式的学者，仍然将其划入犯罪构成事实错误之中。[1]

---

〔1〕 参见何秉松主编：《刑法教科书》，中国法制出版社 1995 年版，第 230 页。也有学者认为，这种错误虽然是行为性质的认识错误，但导致其行为性质认识错误的前提是事实错误，因此仍应属于事实错误。这不失为有力的说怯。参见刘明祥："刑法中违法性认识的内容及其判断"，载《法商研究》1995 年第 3 期。

本文主张把错误划分为犯罪构成事实的错误和行为社会危害性认识错误。因此也主张相应地把排除行为社会危害性事实的认识错误划入社会危害性认识错误中。我国学者称这种错误为"行为性质的错误",可见十分看重它对行为社会危害性缺乏认识。将其归入社会危害性错误之中,符合其主要特征。此外,在刑事立法和理论体系上均把正当防卫、紧急避险等排除社会危害性行为当作犯罪构成论的反面问题。因此把这种错误与犯罪构成事实认识错误分别把握,在体系上也是妥当的。

七、对社会危害性认识错误的评价

成立故意需要行为人对社会危害性有认识,因此,没有社会危害性的认识理应能够排除故意罪责。但是作为故意成立反面问题的社会危害性认识错误是否能被评价为欠缺故意所需的社会危害性认识、排除故意罪责,则不能不考虑以下两个前提。

第一,对犯罪构成事实有认识足以推定对社会危害性有认识。刑法分则以罪状形式规定的犯罪事实均具有较高的社会危害性。尤其是我国刑法,已把大量的治安、行政、经济违法行为排除在外,使我国刑法中规定的犯罪均具有更高的社会危害程度。从认识的角度讲,具有极明显的社会危害性。行为人客观上实施符合犯罪构成要件的行为,主观上对该行为事实有认识,很难想象对自己行为的性质会缺乏认识。我国的刑法理论历来主张统一地把握法定构成事实及其危害性。西方刑法理论虽然把法定构成事实与违法性(其实质是社会危害性问题)分别把握,但认为构成要件有推定违法的功能,两种理论异曲同工,都可说明行为人有对犯罪构成事实的认识,足以推定其对社会危害性有认识。对社会危害性认识的标志或途径是对违法性的认识,即对行为是被法律所禁止的认识。

第二,公民应当知法、守法。从发挥刑法的规范公民行为、维护社会秩序的作用考虑,完全有理由要求公民应当知道什么样的行为是法律所禁止或不允许的。因此当行为人实施了符合犯罪构成要件的行为并且有事实认识时,一般不必考虑行为人对社会危害性有无认识,也不接受其对社会危害性有认识错误的辩解。

根据上述两个前提,认定犯罪故意,一般只需认定行为人对犯罪构成事实有认识,不必证明、认定行为人对社会危害性有认识,也不接受欠缺社会危害性认识的辩解。换言之,社会危害性认识错误在审判实践中对故意的成立一般不发生影响。由于我国现行刑事法所规定的犯罪具有较高程度或极为明显的社会危害性，得出这样的结论更具现实意义。另一方面，在观念上却不能不承认："推定"并不等于完全真实；"知法义务"也不等于公民都有完全知法的能力，依据"推定"和"知法义务"得出的社会危害性认识错误一般不影响故意的结论，也不能否定成立故意以有社会危害性认识为必要。因此在行为人对社会危害性发生认识错误并且有充分的理由足以推翻这种"推定"和"知法义务"的场合，即行为人能充分证明这种"推定"在他所处的具体情况下是不真实的，"知法义务"在他所处的具体情况下是不合理的，他确实没有认识到行为的社会危害性，就应当排除成立故意罪责。如果行为人不能推翻这两个前提，则不能排除成立故意罪责。

主张违法性错误可以免责的学者，一般以自然犯和法定犯的划分为基础谈论违法性错误的评价问题。他们认为对于自然犯和法定犯同样都需要提出足以推翻这种推定的证据，才能否定有违法性意识。对于自然犯来说，由于犯罪事实的认识与违法性意识之间有当然的联系，在诉讼中要推翻这种推定是极其困难的；对于法定犯来说，相对要容易一些。[1]在违法性错误评价问题上区别自然犯与法定犯的观念无疑具有理论和实践意义。这种区别的观念已引起我国学者的注意，并有人撰文对法定犯违法性错误的判断问题进行了论述。[2]

把"法律错误不免责"的原则推向事实化、绝对化是不恰当的。这个原则其实也是建立在"推定"和"知法义务"基础上的。如果仅仅停留在这一层面上把握这一原则无疑是正确的，但把这一原则推向绝对，排斥任何情况下免责的可能性，就等于把"推定"当作了真实，把"知法义务"变成了事实上人人都有能力知法或事实上知法。

把这一原则绝对化在理论上说不通。日本有学者指出：站在责任主义的立场上，应当以有违法性意识可能性为追究故意罪责的必要条件，即使事实上欠缺违法性意识也无免责的余地，未免过于强调国家的权威而使责任主义

---

〔1〕 参见［日］大塚仁：《犯罪论的基本问题》，冯军译，中国政法大学出版社1993年版，第221页以下。

〔2〕 参见刘明祥："刑法中违法性认识的内容及其判断"，载《法商研究》1995年第3期。本文未从区分自然犯、法定犯的角度论述社会危害性认识错误的评价问题，主要有两个原因，其一，自然犯、法定犯的划分在我国刑法理论中尚未被普遍接受；其二，自然犯、法定犯的界限不易确定。

不能贯彻到底。[1]我国学者根据《刑法》第 11 条的规定，普遍认为有社会危害性认识为成立犯罪故意的必要因素。如果将其贯彻到底就不能完全排斥违法性认识错误有免除故意罪责的余地。可能有人会认为，危害性认识错误有免除故意罪责的余地而违法性认识错误无免除故意罪责余地。我认为危害性认识与违法性认识是同一事物不同的表述，二者不可分离。前者离开了后者便失去了具体把握的途径，成为名存实亡的问题；后者如果脱离前者，便会成为空洞的问题。

把这一原则绝对化在实践中也是行不通的。日本的判例为了维护刑法中"法律错误不免责"的规定，一贯坚持不免除故意罪责的立场。但是在法网日益严密的时代，法定犯的法律错误问题不能不加以考虑。有时为了追求判决的合理性，不得不将某些属于违法性错误的情况认定为事实错误，以避免对确实缺乏违法性意识的行为人追究刑事责任。这种"暗度陈仓"的办法，使有的学者不禁感叹，（对公共浴池无许可证营业案）原以为是法律错误而最高裁判所却认定为事实错误。这个判决表明，故意有无的判断是决定事实错误与法律错误区别的内在的东西，进而，故意有无的判断与无许可营业罪的违法性认识的可能性的判断不无关系。[2]有的学者则率直地指出，这是判例既要维护刑事立法又要追求合理性所采用的变通办法。[3]德国 1967 年新刑法则确认：违法性错误如果是不可避免的，无罪责；如果是可能避免的，减轻处罚。在立法上正式承认违法性错误有免责的余地。1994 年 3 月 1 日起生效的新《法国刑法典》第 122—3 条规定："能证明自己系由于其无力避免的对法律的某种误解，认为可以合法完成其行为的人，不负刑事责任。"对于这一规定，该刑法典的原编者特加注解作了以下说明："对法律的某种误解，是一项全新的规定，它动摇了法国法律一个根深蒂固的传统，抛弃了以下格言'任何人都不被认为不知法律'……判例认为：违法行为人不知其行为违法当罚'不能成为辩护理由'，援用'不知道法律对犯罪意图并无影响'……这种僵

---

〔1〕 参见 [日] 大塚仁：《犯罪论的基本问题》，冯军译，中国政法大学出版社 1993 年版，第 220 页以下；参见 [日] 福田平、大塚仁：《日本刑法总论讲义》，李乔、文石等译，辽宁人民出版社 1986 年版，第 124 页。

〔2〕 [日] 前田雅英："故意论的新展开"，载《法学教室》1992 年第 5 期。

〔3〕 参见 [日] 大塚仁：《犯罪论的基本问题》，冯军译，中国政法大学出版社 1993 年版，第 227 页。

化的做法反映了刑事司法观念中某种过时的特点。"[1]法国的这一刑事立法也正式承认了违法性错误有免责的余地。我国刑法对法律错误问题未作明确规定，而对犯罪故意则规定以有社会危害性认识为必要，因此可以根据故意的规定来肯定社会危害性认识错误（或违法性认识错误）有免除故意罪责的余地。

　　需要说明的是："法律错误不免责"或者其对立的命题"法律错误可免责"之"免责"的含义，既包括免除故意罪责也包括免除过失罪责。由于本文主张对错误论作狭义理解，即把错误论仅当作故意论的反面问题，所以在此只论及社会危害性认识错误是否可以排除故意罪责的问题。至于它是否也可以排除过失罪责的问题，以本文对错误论体系的见解，应属于过失论的范畴，故在此不予讨论。[2]

---

　　〔1〕　罗结珍译：《法国刑法典》，中国人民公安大学出版社 1995 年版，第 9 页注。
　　〔2〕　关于过失犯罪的违法性认识及其判断问题，刘明祥在《刑法中违法性认识的内容及其判断》一文中作了较详细的论述。

刑法总则这两款大有来头，删不得！

——也谈《刑法》第 14 条第 2 款和第 15 条第 2 款[1]

　　《检察日报》2008 年 1 月 17 日第 6 版刊载《这两款，应从刑法总则中删除》一文，该文认为我国 1997 年修订后《刑法》第 3 条已经规定了罪刑法定原则，还保留刑法"两款"规定，即"故意犯罪，应当负刑事责任"（第 14 条第 2 款）和"过失犯罪，法律有规定的才负刑事责任"（第 15 条第 2 款）"纯属多余"，并"建议下一次修改刑法时删除这两款规定"。我认为该文的观点太轻率。

　　这两款规定大有来头。《德国刑法典》第 15 条规定："本法只处罚故意行为，但明文规定处罚过失行为的不在此限。"《日本刑法典》第 38 条规定："没有犯罪故意的行为不处罚，但法律有特别规定的不在此限。"《意大利刑法典》第 42 条第 2 款规定："如果某人在实施行为时不是出于故意，不得因被法律规定为重罪的行为受到处罚，被法律明文规定为超意图犯罪或者过失罪的情况除外。"如果有必要，还可以从很多国家的刑法典中找到这类规定。我国《刑法》中第 14 条第 2 款和第 15 条第 2 款这"两款"规定与上述抄录的外国刑法典的有关规定同源，可见大有来头。这些国家刑法中规定罪刑法定原则已有百年以上的历史，却依然保留这些规定，这些国家的立法者显然认为它们与罪刑法定原则在内容上不重复，有独立存在的意义。

　　这两款规定不是多余的。其立法精神是：刑法以处罚故意犯罪为原则、处罚过失犯罪为例外。其实体内容是：相对于故意行为，用专门条款进一步限定处罚过失行为的范围。比如《意大利刑法典》第 42 条第 2 款就明确了除法律有特别规定的情形外，过失行为只有触犯了重罪才可罚，触犯了轻罪不可罚。而故意行为，则不论触犯重罪还是轻罪皆可罚。其立法技术是：分则各条着重对犯罪可观察、易把握的"客观"方面进行描述，其主观要件"默

---

[1]　原载《检察日报》2008 年 2 月 25 日，第 5 版。

认"为故意，不必逐一标明本条之罪"故意才可罚"或者"过失不可罚"。这样既能保持立法简洁又能明确界定过失犯的处罚范围。其实，我国刑法对犯罪主体也采取了这样的立法技术。分则各条之罪"默认"的犯罪主体是自然人，不必逐一标明本条罪主体"包括自然人"或者"不包括单位"。只需要对包含单位主体的条款特别明示。与此配套，《刑法》第 30 条规定，单位实施的危害社会的行为，"法律规定为单位犯罪的，应当负刑事责任"。

由这种立法模式还派生出学说上解释分则各条主观要件的一个基本规则：若刑法分则某条没有特别明示该条之罪包括过失，根据总则的有关规定应当解释为故意罪，过失不构成该罪。比如《刑法》第 114 条规定："放火、决水、爆炸以及投放毒害性、放射性、传染病病原体等物质或者以其他危险方法危害公共安全，尚未造成严重后果的，处 3 年以上 10 年以下有期徒刑。"本条之罪的过失犯是否可罚呢？该条没有明示，但由第 14 条和第 15 条的第 2 款规定可发现该条过失犯不可罚。如果没有这"两款"凭什么说该条过失犯不可罚？《刑法修正案（五）》在《刑法》第 369 条（破坏武器装备、军事设施、军事通信罪）中增加第 2 款，"过失犯前款罪，造成严重后果的，处……"为什么？因为原刑法第 369 条没有明示该条过失犯可罚，根据第 15 条第 2 款当然解释为该条之罪的过失犯不可罚，所以才不得不增补处罚过失犯的规定。

这两款规定删不得！因为分则是"以故意行为为基点"规定犯罪行为类型的，不可以一体适用于过失行为，所以即使有罪刑法定原则，仍然需要法律进一步界定过失犯罪的范围。如果删除这两款会使过失犯罪的处罚范围不明确；如果删除这两款，还需要对分则犯罪主观要件立法模式进行相应的大调整，得不偿失。这两款还有助于人们树立过失行为与故意行为不可等量齐观的观念，仅此一点就值得保留。

邹某某、刘某某、王某故意伤害、窝藏案〔1〕

一、一审诉讼与裁决〔2〕

（一）被告人情况

（1）被告人邹某某，男，1969 年 9 月 29 日出生，曾因犯盗窃罪被处有期徒刑 1 年；1989 年 1 月 23 日因犯盗窃罪被判处有期徒刑 4 年；1994 年 3 月 16 日因故意伤害被高安市公安局收容审查，1996 年 12 月 31 日转刑事拘留，1997 年 3 月 19 日转取保候审。2001 年 8 月 13 日因犯盗窃罪被判处有期徒刑 2 年，2001 年 12 月 18 日因故意伤害转押于高安市看守所。

（2）被告人刘某某，男，1971 年 12 月 20 日生，汉族，高中文化，因故意伤害，于 2001 年 11 月 29 日到高安市公安局兰坊派出所投案自首，同年 11 月 30 日被取保候审。2002 年 1 月 1 日经高安市人民检察院批准逮捕，2002 年 1 月 21 日由高安市公安局执行逮捕，现关押于高安市看守所。

（3）被告人王某，女，1971 年 3 月 20 日出生，汉族，初中文化，系某市工商银行职工。因故意伤害，于 1994 年 3 月 16 日被收容审查，1995 年 9 月 26 日转取保候审。2001 年 12 月 11 日被刑事拘留，2002 年 1 月 18 日被批准逮捕，后转取保候审。

（二）法院一审认定的事实

江西省宜春市中级人民法院经审理查明：1987 年底，被告人邹某某在舞厅跳舞时认识了被告人王某。不久，二人开始恋爱。1988 年，邹某某因犯盗窃罪被判刑 4 年。在服刑期间王某曾去看过邹某某。1991 年底，邹某某刑满

---

〔1〕 载《中国案例指导》2006 年第 1 辑，最高人民法院最高人民检察院《中国案例指导》编委会，法律出版社 2006 年 2 月出版。

〔2〕 一审情况，来源于江西省宜春市中级人民法院刑事附带民事判决书（2002）宜中刑一初字第 36 号；二审情况，来源于江西省高级人民法院刑事判决书（2003）赣刑一终字第 37 号。

释放后经常找王某，二人又开始往来，并发生性关系。1992 年春节，王某经人介绍认识胡某某，同年 6、7 月份由双方父母做主确立了恋爱关系。此后，王某既和胡某某谈恋爱，又继续与邹某某保持性关系，并于 1993 年 3 月怀孕后，在邹某某姐姐邹某陪同下到医院做人流手术。1993 年 7 月，经双方父母商定，王某、胡某某定于 10 月 16 日结婚，并着手操办婚事。被告人邹某某在得知王某与胡某某快要结婚的消息后，心怀不满，于 1993 年 9 月的一天购买了 1 元钱硫酸，伺机报复被害人胡某某。同月 24 日下午，被告人邹某某找到刚认识不久的被告人刘某某，并带其到高安市城区租住的房内，谎称其弟上班时常被一姓张的人欺负，要刘某某帮忙教训姓张的。被告人刘某某同意帮忙。当晚 9 时许，被告人邹某某、刘某某窜至高安市赤土板路，被告人邹某某拿出装有硫酸的瓶子交给被告人刘某某，让其泼在被害人胡某某脸上。不久，胡某某从被告人王某家里出来，邹某某即对刘某某说："来了，就是这个人。"邹某某说完后在远处等候刘某某。刘某某迎着胡某某过去将硫酸泼在胡某某的脸上，然后与邹某某连夜跑到灰埠，随后又分别潜逃外地。经法医鉴定：被害人胡某某伤情为重伤甲级，伤残等级评定为一级伤残，丧失劳动能力 100%。

1993 年年底，被告人邹某某逃至江苏泰州市泰东乡五金磨具厂，找到该厂袁某（系邹某某姐姐邹某前夫），并在该厂做工。被告人王某通过邹某某的朋友王某得知邹某某的下落，并与邹某某经常电话联系，在此期间王某寄了 500 元钱以及包裹给邹某某。1994 年 3 月 9 日，被告人王某携带 17 000 元钱由王某带路到江苏泰州与被告人邹某某共同生活。1994 年 3 月 16 日被告人邹某某、王某在泰州被公安机关抓获。

被告人刘某某于 2001 年 11 月 29 日到高安市兰坊派出所投案自首，供认了其受邹某某指使拿硫酸泼在被害人胡某某脸上的犯罪事实。

（三）主要证据

上述犯罪事实有以下证据证实。

（1）被告人邹某某口供。其供认在得知王某与胡某某恋爱并准备结婚后，对胡某某怀恨在心，购买了浓硫酸准备报复，并于 1993 年 9 月 24 日晚指使刘某某将浓硫酸泼在胡某某的脸上，但事先没有告诉刘某某是硫酸，只是请他帮忙。

（2）被告人刘某某供述。1993 年 9 月 24 日下午，邹某某到他厂里邀他到高安玩。晚上 7 时许，邹某某对他说："走，到我朋友那里去玩。"后来，坐着邹某某骑的自行车，经过瑞州大桥，过北街，在下桥 100 米左右的小巷里停下来，邹某某说等一个他的朋友来。等了十多分钟，过来一个人，邹某某就说来了，让等下将一杯"水"（指硫酸）泼在那个人的脸上，并随手将一个不知是玻璃还是陶瓷的东西递给他，并教他泼的时候对那人讲："你跟我弟弟不好。"当时拦住那人问他："听说你跟我弟弟不好呀，你是农行姓张的呀！"问完就将那杯"水"朝那人脸上泼过去，然后坐邹某某的自行车跑了。在路上，邹某某说他在"水"里放了一点他自己配的药，泼到脸上就是有点痒，过个把礼拜就没事。过了十多天，派出所来调查才知道泼的是硫酸。

（3）被告人王某供述。1988 年其与邹某某相识，1989 年邹某某被判刑劳改，1992 年经人介绍与胡某某相识恋爱，并选定 1993 年 10 月 16 日举行婚礼。邹某某刑满释放后又来找她，二人又好上了。当邹某某得知其与胡某某将结婚后，邹某某提出与其结婚，同他出走，王某没同意。邹某某就说："你不出去，我就杀掉他（指胡某某）。"1993 年 9 月 24 日晚，和胡某某看完电影回家，不久，胡某某妈妈跑来告诉她，胡某某被人害了（指泼硫酸）。出事一段时间后，邹某某的姐姐邹某对其说这件事（指泼硫酸）是邹某和一个与其要好的恩里（刘某某）做的。邹某某到泰州后，她通过邹某某的朋友王某知道邹某某的地址和联系电话，后经常联系，并寄了两个包裹去泰州，还寄了500 元钱。1994 年 3 月 11 日由王某送到了泰州并与邹某某共同生活，随身带了 17 000 元钱。

（4）被害人胡某某陈述。1993 年 9 月 24 日晚上 9 时半许，其骑自行车回家，走到公安局东边围墙小门处时，看到一个人站在那里。当其走到那人旁边时，那人问，"你是农行姓张的吗"，他听后回答说不姓张。那人又说，"你欺负我老弟，我今天杀掉你"。说罢那人就把硫酸泼在他脸上。1993 年的一天，邹某某和另外一个人找他谈了王某的事，叫他不要和王某谈（恋爱）。

（四）一审诉讼与裁决

1. 控方的指控

宜春市检察机关依据上述事实，于 2002 年 10 月 8 日以赣宜检起诉字第（2002）第 5 号起诉书向宜春市中级人民法院指控：被告人邹某某、刘某某目无国法，故意用硫酸伤害他人，构成故意伤害罪，且属手段残忍，情节恶劣，后果严重。被告人邹某某系累犯。被告人王某明知被告人邹某某犯有严重罪行，仍多次寄钱、物予以帮助，其行为已构成窝藏罪。

原告人胡某某向本院提起附带民事诉讼。

2. 被告方的辩解

（1）被告人邹某某庭审时辩解称：用硫酸泼胡某某是王某出的主意，是王某要刘某某泼的，他只是参与，请求从轻处罚。其辩护人辩称：①起诉书认定邹某某购买硫酸伺机报复被害人并要刘某某泼硫酸到被害人脸上，事实不清、证据不足；②被告人邹某某供述用硫酸泼被害人是王某的主意，有证据佐证；③该案有许多证据遗失，请求对被告人从轻处罚。

（2）被告人刘某某庭审时辩解称，是邹某某要其将"药水"泼在胡某某脸上，当时不知道是硫酸，泼完硫酸后邹某某也没告诉其是硫酸，其有自首情节，请求从轻处罚。其辩护人辩称：刘某某的行为是过失犯罪，有投案自首情节，在关押期间积极检举了邹某某串供的事实，认罪态度好，请求从轻处罚。

（3）被告人王某庭审时辩解称：她事先不知道是邹某某请了刘某某用硫酸泼胡某某，只是寄了 500 元钱和包裹给邹某某，并带了 17 000 元钱到江苏与邹某某共同生活。其辩护人辩称：王某的窝藏行为情节显著轻微，危害不大，其行为不构成犯罪；且其行为已超追诉时效。

3. 一审法院裁决理由和结论

宜春市中级人民法院经审理认为，被告人邹某某为达个人目的，指使被告人刘某某用浓硫酸毁人容貌，致重伤甲级，伤残一级，情节恶劣，后果严重，其行为已构成故意伤害罪。被告人王某明知他人犯罪，还予以提供钱物并与其共同生活，其行为已构成窝藏罪。起诉书指控的罪名成立。被告人邹某某多次犯罪被判刑罚，且刑满释放后 5 年内重新犯罪，属累犯，依法应从重处罚。被告人邹某某及辩护人提出泼硫酸是被告人王某的主意，是王某叫刘某某泼的等辩护意见，只有被告人邹某某一人的口供，与被告人刘某某、王某的供述均不能印证，又没有其他证据予以证实，对其辩护意见不予采纳。被告人刘某某在江西省高级人民法院、人民检察院、公安厅、司法厅于 2001 年 10 月 12 日发布的《关于敦促犯罪在逃人员投案自首的联合通告》期限内投案自首，符合通告的第一、二条之规定；另外，被告人刘某某的亲属自愿为刘某某承担 2 万元的民事赔偿，且被告人刘某某是受他人指使，在事先并不明知所泼物是硫酸的情况下作的案，其主观恶性相对较轻。鉴于以上原因，对被告人刘某某从轻处罚。被告人刘某某的辩护人辩称，被告人刘某某的行为属过失伤害，与被告人邹某某、刘某某的供述和本案事实不符，不予采纳。被告人王某的辩护人辩称，王某犯窝藏罪的诉讼时效已过，与本案事实及相关法律规定不符，亦不予采纳。附带民事部分，根据现有证据不能认定被告人王某参与了故意伤害，故王某不承担民事赔偿责任；经查，被告人邹某某、刘某某本人无赔偿能力，民事部分依法酌情判处。依照《中华人民共和国刑法》第 12 条、第 65 条第 1 款、第 67 条第 1 款、第 71 条及 1979 年《中华人民共和国刑法》第 134 条第 2 款、第 162 条第 2 款、第 22 条第 1 款、第 52 条、第 53 条第 1 款、第 31 条、1981 年 6 月 10 日通过的《全国人民代表大会常务委员会关于处理逃跑或者重新犯罪的劳改犯和劳教人员的决定》（已失效）第 2 条第 2 款、1983 年 9 月 2 日通过的《全国人民代表大会常务委员会关于严惩严重危害社会治安的犯罪分子的决定》（已失效）第 1 条第 2 项、《中华人民共和国民法通则》第 119 条之规定，判决如下。

（1）被告人邹某某犯故意伤害罪，判处死刑，剥夺政治权利终身；原犯盗窃罪被判处有期徒刑 2 年，余刑 1 年零 4 个月；合并决定执行死刑，剥夺政治权利终身。

（2）被告人刘某某犯故意伤害罪，判处有期徒刑 15 年，剥夺政治权利 2 年（刑期从判决执行之日起计算。判决执行前先行羁押的，羁押一日折抵刑期一日，即自 2002 年 1 月 21 日起至 2011 年 1 月 18 日止）。

（3）被告人王某犯窝藏罪，判处有期徒刑 2 年（刑期自判决执行之日起计算。判决执行前先行羁押的，羁押一日折抵刑期一日，即自 2001 年 12 月 11 日起至 2003 年 12 月 10 日止）。

被告人邹某某、刘某某赔偿附带民事原告人胡某某经济损失 20 000 元。

二、二审情况

一审法院判决后，本案三被告人均向江西省高级人民法院提起上诉。

（一）上诉理由

（1）上诉人邹某某上诉及其辩护人辩护提出，王某具有作案动机、具有犯罪行为，王某才是本案的主谋和元凶。邹某某案发时不在现场，是刘某某拿着硫酸到现场，他在本案中所起作用很小，属从犯，且归案后认罪态度较好，请求二审法院查明事实，依法改判。

（2）上诉人刘某某上诉提出，他不知道邹某某要伤害被害人，他本人不具有伤害被害人的动机，也不知泼到被害人脸上的是硫酸，他不具有伤害他人的故意，因而他是过失犯罪，并且有投案自首的情节，请求二审法院查明事实，予以改判。

（3）上诉人王某上诉及其辩护人辩护提出，她寄500元钱给邹某某对其潜逃的作用轻微，她带去的钱没有给邹某某，并且她的行为已超过追诉期限，请求二审法院查明事实，予以改判。

（二）二审认定的事实证据（采信一审判决认定的事实和证据）

（三）二审裁判理由和结论

（1）关于邹某某上诉及其辩护人辩护提出，王某是本案的主谋，邹某某是从犯的问题。经查，本案只有邹某某的供述指认王某参与预谋，而邹某某所供述的，是王某叫刘某某去泼硫酸等关键内容，与王某、刘某某的供述不能相印证，且无其他证据予以证实。相反，王某、刘某某关于王某没有叫刘某某去泼硫酸的供述能相互印证，且与刘某某在泼硫酸前不知是硫酸的有关证据能相互印证。故邹某某上诉及其辩护人辩护意见与事实证据不符，不能成立。

（2）关于刘某某上诉提出他是过失犯罪的问题。经查，刘某某在泼硫酸前受邹某某的欺骗，不知所泼物是硫酸的事实属实；但其接受邹某某的指使，同意帮邹某某教训一下被害人，主观上有帮助伤害他人的故意，在接受玻璃瓶时，也应明知所泼物将对被害人造成损害，客观上刘某某实施了故意将瓶中的液体（硫酸）泼到被害人脸上的行为，造成被害人受伤的严重后果，其行为符合故意伤害罪的构成要件，故其上诉意见与事实证据不符，不能成立。

（3）关于王某上诉及其辩护人辩护提出王某不构成窝藏罪并已过追诉期限的问题。经查，王某对邹某某逃跑没有起到帮助作用属实，但她寄500元钱给邹某某，对邹某某继续潜逃具有帮助作用。同时她又携17 000元到泰州与邹某某会合，其与邹某某长期躲藏在外的意图是明显的。同时王某自1994年3月16日被公安机关抓获以后，一直受公安机关的追诉，故其上诉及其辩护人的辩护意见均与事实证据不符，不能成立。

法院认为，上诉人邹某某为达个人目的，而采用欺骗的手段，指使他人用浓硫酸毁人容貌，致人重伤甲级，伤残一级，其行为已构成故意伤害罪，且犯罪情节特别恶劣，后果特别严重。上诉人刘某某在明知所泼物将造成他人伤害的情况下，将硫酸泼在他人脸上，造成他人重伤甲级，伤残一级的严重后果，其行为亦已构成故意伤害罪。上诉人王某明知他人犯罪，还予以提供钱物并与其共同生活，其行为已构成窝藏罪。上诉人邹某某刑满释放后 5 年内重新犯罪，属累犯，依法应从重处罚。上诉人邹某某、王某上诉及其辩护人辩护提出要求从轻的理由，法院不予采纳。上诉人刘某某在江西省高级人民法院、人民检察院、公安厅、司法厅于 2001 年 10 月 12 日发布的《关于敦促犯罪在逃人员投案自首的联合通告》期限内投案自首，符合通告的第一、二条之规定，依法应认定自首；另外，刘某某的亲属自愿为刘某某承担 2 万元的民事赔偿，依法可从轻处罚。考虑到刘某某确系在受他人欺骗下犯罪，其犯罪时主观恶性较小，故其要求从轻判处的理由，予以采纳。依照 1996 年《中华人民共和国刑事诉讼法》第 189 条第 1 项、第 2 项和《中华人民共和国刑法》第 12 条、第 65 条第 1 款、第 67 条第 1 款、第 71 条及 1979 年《中华人民共和国刑法》第 134 条第 2 款、第 162 条第 2 款、第 22 条第 1 款、第 52 条、第 53 条第 1 款、第 31 条、1983 年 9 月 2 日通过的《全国人民代表大会常务委员会关于严惩严重危害社会治安的犯罪分子的决定》（已失效）第 1 条第 2 项、《中华人民共和国民法通则》第 119 条之规定，判决如下。

（1）维持江西省宜春市中级人民法院（2002）宜中刑一初字第 36 号刑事附带民事判决的第（1）、（2）、（4）项，即：被告人邹某某犯故意伤害罪判处死刑，剥夺政治权利终身；原犯盗窃罪被判处有期徒刑 2 年，余刑 1 年零 4 个月；合并决定执行死刑，剥夺政治权利终身。被告人王某犯窝藏罪，判处有期徒刑 2 年。被告人邹某某、刘某某赔偿附带民事诉讼原告人胡某某经济损失 20 000 元。维持第（2）项，即被告人刘某某犯故意伤害罪的定罪部分；

（2）撤销江西省宜春市中级人民法院（2002）宜中刑一初字第 36 号刑事附带民事判决书第（2）项，即判处被告人刘某某有期徒刑 15 年、剥夺政治权利 2 年的处罚部分；

（3）上诉人刘某某犯故意伤害罪，判处有期徒刑 10 年，剥夺政治权利 2 年（刑期从判决执行之日起计算。判决执行前先行羁押的，羁押一日折抵刑期一日，即自 2001 年 12 月 10 日起至 2011 年 12 月 9 日止）。本判决为终审判决。

三、分析研究

（一）争议焦点

该案争议的焦点主要涉及下述两个问题。

（1）被告人刘某某是否具有伤害罪的故意？这反映在指控、判决的罪名和刘某某的上诉理由中：检察机关指控刘某某构成故意伤害罪，法院一审判决指控的罪名成立；刘某某上诉提出"受邹某某的欺骗，不知所泼物是硫酸"，缺乏伤害罪的故意，仅构成"过失犯罪"。

（2）与前一个问题关联，在本案中，教唆犯的意思需要明确表示到何种程度、被教唆人具体领会到何种程度，才认为二人具有共同的故意？或者将这个问题换一个角度提出，即：被教唆人受到教唆人的欺骗，以致不完全了解事实真相和教唆人的真实意图，由此产生被教唆人与教唆人的主观认识不尽一致的情况，是否影响认定具有共同犯罪的故意？

（二）上述两个问题涉及的法律要点

1. 故意的内容

单独犯情况下的故意内容是基础或基准。本案焦点虽然事关共同犯罪，但是刑法中的制度主要是以单独犯为基础或基准设定的，本案两名被告人的故意内容，仍然应当以单独犯的故意内容为基础。

确定故意内容涉及两个法律条文或法律依据。

其一，《刑法》第14条关于故意的一般规定："明知自己的行为会发生危害社会的结果，并且希望或者放任这种结果发生，因而构成犯罪的，是故意犯罪。"据此，犯罪故意的一般内容或因素：（1）认识因素：行为人"明知"自己的行为会发生危害社会的结果。具体包含两项内容：①对犯罪"事实"的认识，这个事实通常是分则条文"罪状描述的事实"，也称"构成要件事实"，如强奸妇女、杀人、盗窃等；②对行为"价值"或"危害性"（评价）的认识，也就是对自己行为是非善恶（好坏）的评判。因为刑法中规定的犯罪行为如盗窃、杀人其坏其恶的性质不言而喻，所以通常行为人对犯罪事实有认识，就足以认为具有犯罪故意，不必对每一个案件都考虑行为人有无价值认识。（2）意志因素：行为人"希望"或者"放任"这种危害结果发生。

其二，《刑法》第234条"故意伤害他人身体的，处……"的伤害罪故意。《刑法》第14条只是原则性地指明犯罪故意的"一般内容"，对确定刑法中的各种具体犯罪之犯罪故意具有指导作用。但是，在审理具体案件时，还要根据被告人涉嫌的罪名或触犯的分则条文，明确具体的犯罪故意的法律内容，如盗窃故意、抢劫故意、杀人故意以及伤害的故意等。本案两名被告人涉嫌或被指控或被法院认定构成故意伤害罪，就需要明确"故意伤害罪"之犯罪故意的内容。具体到故意伤害罪的内容，应包括以下两点。（1）认识因素：明知自己的行为会造成他人身体伤害的结果。即具有故意伤害罪构成要件事实的认识。知道该种行为具有危害性。（2）意志因素：希望或放任人身伤害结果发生。

2. 故意内容的司法认定

认定被告人是否构成犯罪或者认定被告人是否具有某一犯罪的某一个要件、要素，实际上是判断被告人的行为与法律规定（如《刑法》第234条）的犯罪或犯罪要件、要素是否一致。按照欧陆刑法学说的说法，就是认定被告人的行为是否该当某一条文规定构成要件或要素。

（1）本案被告人邹某某为阻止胡某某与王某结婚，先是当面威胁，继而购买硫酸指使他人泼其面部，造成残疾后果，明显具有损害他人健康之故意。

（2）本案被告人刘某某应邹某某之请，帮忙教训一下曾欺负邹某某弟弟的"姓张的"。教训欺负弟弟的人，从生活常理讲，刘某某认识到邹某某出于报复动机对欺负人的加害且同意帮忙，即也具有出于报复动机对欺负人加害的认识。帮忙教训的方式是把一小瓶"液体"泼其面部，这"液体"是什么？刘某某对此认识不确切，可能是无关痛痒的"水"，也可能是其他厉害的东西。但从"出于报复动机——有加害意思——事先准备——事先预谋——专程守候来人——以该液体相泼"这样的事件发生全过程看，刘某某可以认识到自己行为会造成与报复加害相应的结果。从生活常理看，足以认定具有伤害的故意。至于"液体"是何物？有多大的危险性？会造成什么样的结果？他可能了解得并不清楚。但是，就本案而言认定刘某某具有伤害的故意，不需要清晰到这种程度，也不应当要求清晰到这种程度。因为既不能排除他真以为该液体是无害的"水"，也不能排除他实际意识到是硫酸一类危险性极强的东西。而且，从事情的全过程看，他认为液体是无关痛痒的"水"的可能性最小，最不合情理。试想，在邹某某有心报复的情况下，怎么会特意有心专门找他来只为泼对方一小瓶无关痛痒的水？当然，也不能据此推断，他认识到泼的是硫酸。在两者都不能确定的情况下，只能按常识、常情推断，他应当认识到朝对方面部泼液体是与报复加害相连相当的加害行为，能认定这一点，确认其具有伤害的故意是合情理的。

（3）认定本案被告人是否具备法定的伤害故意（即故意伤害罪或《刑法》第234条构成要件故意符合性判断），需注意以下几点。

①伤害故意的内容和被告人认识的程度或清晰度。第一，法定故意伤害罪的故意内容，主要是对损害他人身体健康"结果"的心态。故意伤害的结果按程度划分包括"轻伤""重伤""死亡"，从法律上讲，只要求认识到可能或足以造成"轻伤结果"就能满足确认伤害罪主观罪过基本条件，不必要求认识到重伤或死亡结果，因为重伤或死亡是伤害罪加重的结果。第二，照此标准衡量，被告人刘某某只要认识到自己的行为可能或足以造成他人轻伤的结果，就应当认为具有伤害性质的故意。为报复加害而故意实施与报复加害相当的加害行为，可认定具有这样性质的故意。

②被告人主观认识和实际（伤害）结果（效果）。第一，本案被告人刘某某有报复加害意思并实施相当的加害行为，这是其实际的主观心态；第二，实际发生的结果或效果是严重毁容残疾，这可能是其始料未及的。这二者的不一致不影响伤害故意的成立。因为，伤害故意的基本内容只要求认识到可能或足以造成轻伤害的结果，不必认识到更重的结果。实际发生了超出预期的残疾结果，不是排除伤害故意的理由。不能因为被告人刘某某没有认识到硫酸泼人致残的严重后果，或者因为对致残的后果是"过失"，就认为不是故意伤害而是过失。同样道理，假如被害人死亡了且被告人对死亡结果是过失的，这只能作为否定、排除具有"杀人"故意的理由，不足以作为排除"伤害"故意的理由。证明没有伤害故意，必须证明没有认识到可能或足以损害他人健康，仅证明没有致重伤或残疾的故意是不能充分排除伤害故意的。

③司法认定的时间基准：事前、事中、事后。行为人的犯罪心态按时间可分为事前的、事中的和事后的，有时被告人在这三个阶段的心理是一致的，有时是不一致的。在不一致的情况下，司法人员应当以何时的心态为准？根据犯罪心理与犯罪行为"同时"的原则，只能以事先、事中的为准，不能以事后的为准。本案被告人王某在事后得知发生伤害犯罪的事实，事前、事中均没有伤害的故意，所以不成立故意伤害罪（共犯）。同理，本案被告人刘某某在事后才知泼硫酸致人残疾，但是不能以此时的心态作为定罪量刑的依据，只能以事前、事中时的心态为准，当时的确对泼硫酸致人残疾没有明确的认

识，判决中对他也没有按照这种恶意处罚。相反，被告人邹某某事先知道是硫酸、能认识到致人毁容残疾的结果，所以对他按照这种恶意进行处罚。

④司法认定的角度基准：被告人、社会人、司法人。对同样的情形，不同的人可能有不同的认识，涉及以谁的认识为基准判断犯罪心理的问题，具体包括：被告人当时的实际认识；社会人即普通人或一般群众假如遇到当时情形可能有的认识；司法人员假如遇到当时情形可能有的认识。按照罪责的原理，是被告人对自己的罪行承担责任，因此，最根本最合理的应当是以被告人当时的认识为准，也就是说，被告人本人当时确实没有伤害故意的不能认定为有伤害故意。不能根据一般人遇到那种情况会有伤害故意而推测被告人也有，更不能"以司法人员之心（或司法人员以己之心）度被告人之腹"。问题在于，被告人有无某认识或某罪故意只有被告人心里最明白、最有发言权，而被告人出于保护自己的本能往往避重就轻不说实话，那该怎么办呢？司法人员其实也只能根据情况"推测"被告人真实的心态。

⑤生活常理与司法经验和技术。司法人员依据什么认定（或推测）被告人的真实心态呢？恐怕只能根据一般人在该情况下会有如何的心态进行判断，而一般人在该情况下会有如何的心态，实际上就是生活常理或常识。依据常人心态对被告人（特定人）心态的判断多少具有一定的客观性。就本案而言，被告人刘某某辩称"当时不知道是硫酸，泼完硫酸后邹某某也没告诉其是硫酸"，其辩护人也称他"不知泼到被害人脸上的是硫酸，他不具有伤害他人的故意"。因为被告人说的不一定是其真实的心态，所以，不能全信，只能作为判断的根据之一。审理此案的审判员认定被告人刘某某具有伤害故意，恐怕还是认为，在二被告人之间已经言明要"教训"他人的情况下，用朝他人面部泼某种液体的方式教训，"应该具有"会损害他人健康的认识。这个"应该具有"的推断依据是什么？其实就是普通群众在此情况下一般有此认识，也就是生活常理或情理。另外，司法人员在进行判断时总难免"将心比心"，掺杂个性，使这种对被告人主观心态的揣摩、推测、认定有时又带有审判人员的主观色彩。

⑥司法经验和习惯。众多审判人员对大量案件的处理，积累了一定的经验，得到了同行认可或同行之间已经就某问题达成了共识，就会形成一定的司法习惯、惯例。可以省却后来审理案件的摸索过程，直接参照相关习惯、判例作出判决。比如公布本案，可能为以后的审判人员审理此类案件提供

参考。

⑦对主观故意的推定。经过长期实践，司法职业群体可能会在认定某些特殊、难解犯罪心态方面形成一定的规则。比如《关于依法查处盗窃、抢劫机动车案件的规定》第 17 条，该规定所称的"明知"（盗、抢的机动车辆），是指知道或者应当知道。有下列情形之一的，可视为应当知道，但有证据证明确属被蒙骗的除外：第一，在非法的机动车交易场所和销售单位购买的；第二，机动车证件手续不全或者明显违反规定的；第三，机动车发动机号或者车架号有更改痕迹，没有合法证明的；第四，以明显低于市场价格购买机动车的。依据这一规定，对行为人有某种"客观表现情形之一"的，就可判定该行为人"主观"具有某种认识或犯意。这种推定是以形成一定的"规则"为基础，依据规则判定。它使司法人员摆脱对被告人心态的猜测、揣度形成内心确信的心证，而辅之以一定的规则，根据规则推断被告人心态。类似的推定规则有，《最高人民法院、最高人民检察院、海关总署关于办理走私刑事案件适用法律若干问题的意见》（2002 年 7 月 8 日）第 5 条对走私故意的认定，"关于走私犯罪嫌疑人、被告人主观故意的认定问题。行为人明知自己的行为违反国家法律法规，逃避海关监管，偷逃进出境货物、物品的应缴税额，或者逃避国家有关进出境的禁止性管理，并且希望或者放任危害结果发生的，应认定为具有走私的主观故意。走私主观故意中的'明知'是指行为人知道或者应当知道所从事的行为是走私行为。具有下列情形之一的，可以认定为'明知'，但有证据证明确属被蒙骗的除外……"在最高人民法院下发的《全国法院审理金融犯罪案件工作座谈会纪要》中，也规定了在金融诈骗犯罪活动中，可以认定行为人具有非法占有目的的七种具体情形。在关于奸淫幼女的解释中对"明知是幼女"主观认识的规定，包含"应当知道"（对方是幼女）等。推定的规则，使犯罪主观故意的认定得到司法规则的辅助，更易操作。推定与心证不同，它是依据一定规则或同行约定俗成的习惯进行的，并且如有充分证据可推翻推定。推定应当依规则、惯例进行，否则有擅断的危险。

3. 共同故意的认定

本案最为复杂之处在于：被教唆人与教唆人的主观认识不尽一致，这是否妨碍共同故意的成立？本案被告人邹某某也就是教唆人，明知是硫酸且指使他人也就是被教唆人刘某某去泼被害人面部。而被教唆人称，邹某某只说将这杯"水"泼在那个人的脸上,本人"也不知泼到被害人脸上的是硫酸"。对此法院一、二审判决均予认定:"经查,刘某某在泼硫酸前受邹某某的欺骗,不知所泼物是硫酸的事实属实。"说明二人主观认识确实不尽一致。这就涉及是否具有共同伤害的故意乃至是否成立共同犯罪的问题。

在构成要件的故意上一致,就具有共同犯罪故意。构成故意伤害罪的共同犯罪,必须具有共同的伤害的故意,这是成立共同犯罪的主观要件。但是需注意,认定共同犯罪只需要认定各共同行为人具有"某种犯罪的共同故意"即可,并非要求各共同行为人具有"完全一致的主观认识"。这是两个不同的概念。

就本案而言,邹某某故意以硫酸泼面加害他人,动机是打击报复情敌,明显具有伤害他人的故意;刘某某亦"同意帮邹某某教训一下被害人"(判词)并在此认识下参与拦截他人、实施以不明液体泼其面部的"教训"行为,可认定具备了伤害他人的故意。二人在有报复加害之意和有足以损害他人健康的认识上是一致的,具有共同性。而这种共同的主观认识已经具备了伤害故意的基本内容或者说具备了故意伤害罪"构成要件的故意"。对其他细节的认识不一致,如在起因(邹为报复情敌,刘以为报复欺负邹弟弟的人)、工具(邹知是硫酸而刘不明知为何物)以及与工具相关的残疾后果(邹有预见而刘不确知)方面认识不一致,不阻碍成立共同伤害的故意。换言之,这个问题也可以表述为:各行为人的认识共同到何种程度就可认为具有犯罪的共同故意?笔者认为,只需要共同到具备特定犯罪构成要件故意的程度。这个问题还可以表述为:各行为人的认识不一致到何种程度才能排除、否定具有共同犯罪故意?笔者认为,必须不一致到缺乏特定犯罪的构成要件故意的程度才可以认为不具有该罪的共同故意。就本案而言,教唆人与被教唆人主观认识尽管存在诸多不一致之处,但在具有"故意伤害罪构成要件故意"上仍是一致的,不妨碍认定具有故意伤害罪的共同故意。也就是说,具有共同犯罪的故意,不是指各人在所有问题上都具有"共同的认识",而是指在构成要件范围内具有共同的认识。正因为如此,法院判决在认定被告人刘某某受邹某某欺骗不了解某些真相的同时,仍认定二人具有伤害他人的共同故意。

在构成要件故意上不一致的,不具有共同犯罪故意。假如本案被告人刘某某被邹某某欺骗,仅仅被告知开个玩笑,向他人面部泼一点墨水、脏水什么的,且当时的情形也足以使人信以为真。那么,刘某某没有伤害他人的故意，不成立故意伤害罪的共犯。根据情况，可以认为是过失致人重伤之类的犯罪。这种情形，属于不知情被他人当作犯罪工具利用的情况，与利用人不构成共犯。对利用人而言，是利用他人不知情行为作为自己的犯罪工具，属于单独犯。学说上称其为"间接正犯"或间接实行犯，不属于教唆犯。就本案而言，被告人刘某某的确被邹某某欺骗和利用，但是被欺骗、利用的程度尚不足以排除伤害故意。

如果在构成要件故意上部分一致部分不一致的，怎么办？比如，甲以杀人（剥夺生命）的故意、乙以伤害（损害健康）的故意，二人共同加害丙致丙死亡。通说的结论是，二人在构成要件故意不一致的方面，不成立共犯，即甲乙不成立故意杀人罪的共同犯罪，因为二人在故意杀人罪构成要件故意上不具有共同性。二人在具有故意伤害罪构成要件的故意上是一致的或具有共同性，可认为成立故意伤害罪的共同犯罪。

（三）量刑

1. 对故意伤害罪的死刑适用

（1）一审、二审法院对被告人邹某某故意伤害罪的量刑是一致的，即均"判处死刑，剥夺政治权利终身"，判决的法律根据也基本一致，即均适用1979年《刑法》第134条第2款（故意伤害罪），同时，适用《全国人民代表大会常务委员会关于严惩严重危害社会治安的犯罪分子的决定》（以下简称1983年《决定》）（已失效）第1条第2项："故意伤害他人身体，致人重伤或者死亡，情节恶劣的……""可以在刑法规定的最高刑以上处刑，直至判处死刑"，再适用《刑法》第65条第1款累犯从重处罚的规定，适用死刑。

一审和二审法院适用的法律依据略有差异，即一审法院还适用了《全国人民代表大会常务委员会关于处理逃跑或者重新犯罪的劳改犯和劳教人员的决定》（已失效），而二审法院没有适用该决定。应当说在这点上二审法院是正确的。因为该决定在现行刑法生效后已经被废止。在1997年10月1日以后，无论是审理刑法生效前还是刑法生效后发生的"未决"刑事案件，均不能适用此决定。

（2）适用死刑的事实根据。本案被告人邹某某指使、利用他人使用硫酸毁容，造成他人严重残疾。这种情形在我国的司法实务中通常被认为属于1983年《决定》第1条第2项所称："故意伤害他人身体，致人重伤或者死亡，情节恶劣的……"的情形之一，也属于司法实务中掌握的《刑法》第

234 条的 "以特别残忍的手段致人重伤造成严重残疾" 的情形之一，加上被告人邹某某在共同犯罪中起主要作用，且系累犯，法院适用死刑，符合我国对故意伤害罪适用死刑的一般尺度。

（3）共同犯罪的责任。被告人邹某某是教唆犯，没有疑问。他是否兼有实行行为，值得讨论。邹某某预先准备硫酸，带领刘某某到作案现场守候、指认被害人，并隐瞒真实的作案动机和使用硫酸实施严重伤害的手段。在使用硫酸加害这一点上，具有利用不知情人行为实施犯罪的性质，也即具有间接实行行为性质，所以，邹某某兼有教唆和实行行为，在共犯中起主要作用，应承担主要的责任。

2. 对被告人刘某某与邹某某缺乏共同故意的部分，应在量刑上考虑

被告人刘某某与邹某某在用硫酸泼面致残上认识不一致，缺乏共同故意，对此一审和二审均在量刑中予以考虑，从轻判处刑罚。对刘某某，一审 "判处有期徒刑 15 年"，二审改判有期徒刑 10 年，均明显轻于邹某某的死刑。这无疑是正确的。但笔者认为判决考虑得不够充分、彻底。对被告人刘某某与邹某某缺乏共同故意的部分最好通过下列两个途径之一从量刑上予以体现。

（1）对刘某某不适用 1983 年《决定》第 1 条第 2 项加重处罚的规定。对刘某某的量刑关键之一是法律适用问题，对刘某某是否适用 1983 年《决定》第 1 条第 2 项，即 "故意伤害他人身体，致人重伤或者死亡，情节恶劣的……" "可以在刑法规定的最高刑以上处刑"。1983 年《决定》是对 1979 年《刑法》第 134 条的补充修订，因此有必要看看 1979 年《刑法》第 134 条第 2 款规定："犯前款罪（指故意伤害罪），致人重伤的，处 3 年以上 7 年以下有期徒刑；致人死亡的，处 7 年以上有期徒刑或者无期徒刑。" 因为本案中未造成死亡结果，依据该条无适用 7 年以上有期徒刑的余地。如果要判处 7 年以上有期徒刑，必须适用 1983 年《决定》在法定刑以上加重处罚的规定。对此，从判决书中难以看出是否适用了 1983 年《决定》，但是从一审和二审判决均处 10 年以上有期徒刑推测，显然是实际适用了 1983 年《决定》加重处罚的规定。

那么，对刘某某与邹某某一样也适用 1983 年《决定》加重处罚的合理性也有必要予以探讨。

就此案而言，量刑的根据有两个，其一是 1979 年《刑法》第 134 条，其二是 1983 年《决定》。一审判决认定："被告人刘某某是受他人指使，在事先

并不明知所泼物是硫酸的情况下作的案，其主观恶性相对较轻。"这一点虽然不能排除其具有共同伤害的故意，但是未必不能作为排除适用 1983 年《决定》加重处罚的根据。因为 1983 年《决定》对伤害罪加重处罚的事由是"情节恶劣"，而刘某某仅以一般伤害的故意实施伤害行为，在被欺骗、利用的情况下客观上造成了硫酸毁容的结果，从主客观相统一的角度考虑，他的行为不符合"情节恶劣"的情形，应当与邹某某区别对待，不适用 1983 年《决定》加重处罚，单独适用 1979 年《刑法》第 134 条的规定处 3 年以上 7 年以下有期徒刑。即他对故意伤害他人并造成伤残的结果承担刑事责任，对使用硫酸致人伤残这种"情节恶劣"的情形或使用硫酸这样"特别残忍的手段"致人伤残的情形，与邹某某没有共同的故意，不承担刑事责任。一审和二审法院均考虑到刘某某主观恶性较轻，判处了轻于邹某某的刑罚，但似乎不够彻底。

在涉及定罪量刑的重要法律依据上，判决书中没有针对各被告人具体指明，这也给刘某某的辩护人提出上诉理由带来不便。辩护人似乎也应该提出对刘某某是否应当适用 1983 年《决定》加重处罚的问题，要求二审予以明确。

（2）对被告人刘某某是否应当认定为从犯。一般情况下，造成共同犯罪结果的实行犯应当认定为主犯，不能认定为从犯。但本案情况特殊，共同犯罪中一切活动都由教唆人邹某某预先安排妥当，刘某某仅仅出头将硫酸泼向被害人面部，且事先不明知使用硫酸毁容致人残疾的真相，有被欺骗、利用的成分。因此，认定为从犯不是不可以的。

不过应当注意，其在使用硫酸毁容致人残疾上被欺骗、利用的情节，只能评价一次，即如果作为适用法律的根据考虑，因而只适用 1979 年《刑法》第 134 条的规定，不适用 1983 年《决定》加重处罚的规定，则不能再作为认定从犯的事实根据；如果在适用法律时未考虑这一情节，则可以作为认定从犯的事实依据。不论对被告不利还是有利，对同一事实不能重复评价的原理恐怕都应遵守。

（四）美中不足

1. 对邹某某的累犯情节应当适用 1979 年《刑法》第 61 条的规定

一审和二审判决均适用《刑法》第 65 条第 1 款，认定被告人邹某某"刑满释放后 5 年内重新犯罪，属累犯，依法应从重处罚"（判词），这值得商榷。

根据《最高人民法院关于适用刑法时间效力规定若干问题的解释》（1997 年 10 月 1 日实施）第 3 条："前罪判处的刑罚已经执行完毕或者赦免，在 1997 年 9 月 30 日以前又犯应当判处有期徒刑以上刑罚之罪，是否构成累犯，适用修订前的《刑法》第 61 条的规定。"一审和二审判决在本案累犯问题上适用法律与最高人民法院的上述司法解释不符。

对 1997 年 9 月 30 日以前发生的累犯情节，适用《刑法》第 65 条还是 1979 年《刑法》第 61 条，有时会产生实体影响。假如被告人邹某某故意伤害罪发生于前罪刑满释放以后第 4 年，是否构成累犯？这会因为适用法律不同而产生不同的结论。如果依据 1979 年《刑法》第 61 条，已经超过 3 年，不成立累犯；如果依据《刑法》第 65 条，在 5 年以内，构成累犯。对此最高人民法院的有关司法解释根据"从旧兼从轻"的原则，指示适用 1979 年《刑法》第 61 条规定。

2. 被告人王某所犯窝藏罪似乎已过追诉时效

被告人王某的窝藏罪是否已过追诉时效，是本案的争议焦点之一。被告人王某的辩护人在一审时就提出王某的窝藏罪已过追诉时效的问题，一审法院没有采纳该辩护意见。在上诉时，又提出已过追诉时效的上诉意见，二审法院仍予驳回。可见这是本案的争议焦点之一。

（1）双方都没有说到法律要点。

被告人的辩护人在上诉意见中称："即使王某构成窝藏罪，追诉时效也已超过。对案件的追诉时效，1979 年《刑法》第 76 条规定，法定最高刑不满 5 年的，经过 5 年不再追诉；法定最高刑不满 10 年的，经过 10 年不再追诉。本案应对王某适用 5 年的追诉期限。王某的犯罪情节轻微，即使构成犯罪也只能属一般情节，其法定最高刑为 2 年，因此，对王某应适用 5 年的追诉期限。由于王某的行为自 1994 年 3 月被采取强制措施后就已实行终了，本案追诉期限从 1994 年 3 月起经过 5 年，也就是说对王某的追诉必须在 1999 年 3 月之前。"

法院一审判决指出："被告人王某的辩护人辩称，王某犯窝藏罪诉讼时效已过，与本案事实及相关法律规定不符，亦不予采纳。"但一审判决对不予采纳的理由语焉不详。作为判决书，已过追诉时效的重要辩护意见不予采纳，应当具体说明不采纳的理由。仅笼统以与案件事实和法律规定不符一带而过，不能令人信服，也不方便被告人提起上诉。

法院二审判决指出："王某自 1994 年 3 月 16 日被公安机关抓获以后，一直受公安机关的追诉，故其上诉及其辩护人的辩护意见均与事实证据不符，不能成立。"该判决较为具体地说出了理由，比一审判决规范。也正是凭借这一判决理由，才能发现问题所在：双方都没说到点子上。

（2）本案追诉时效问题的要点是"时效延长"的适用，也即是 1979 年《刑法》第 77 条规定的适用。

1979 年《刑法》第 77 条规定："在人民法院、人民检察院、公安机关采取强制措施以后，逃避侦查或者审判的，不受追诉期限的限制。"现行刑法与此相对应的是第 88 条规定："在人民检察院、公安机关、国家安全机关立案侦查或者在人民法院受理案件以后，逃避侦查或者审判的，不受追诉期限的限制。"根据从旧兼从轻的原则，对本案应当适用 1979 年《刑法》第 77 条的规定。

辩护人在上诉意见中只提出 1979 年《刑法》第 76 条和第 78 条规定，未提及 1979 年《刑法》第 77 条"时效延长"的规定。对此，一审法院恐怕应负一定的责任，因为一审时，辩护人只要按照追诉时效起算的普通情况（第 76 条）主张已过追诉时效即可，不必提及第 77 条时效延长的特殊情况。而一审法院针对已过时效的辩护意见，至少应当指出不予采纳的法律依据。一审法院在判决中没有指出是依据第 76 条还是第 77 条驳回辩护意见，在提起上诉时要么猜测法院判决的法律依据提出上诉意见，要么无所适从、无的放矢，以致上诉意见缺乏针对性。由此可见，诉讼各方以及法院的水平和操作规范性是相互影响的。

注意，辩护人在上诉人意见中虽然提到"由于王某的行为自 1994 年 3 月被采取强制措施后就已终了……"，但他的意思不是指 1979 年《刑法》第 77 条规定而是指第 78 条第 1 款："犯罪行为有连续或继续状态的。从犯罪行为终了之日起计算。"（追诉时效）意思是，王某的窝藏行为因被采取强制措施而结束继续状态，应从即日起算追诉时效。

适用 1979 年《刑法》第 77 条"不受追诉期限的限制"的规定，即延长时效或推延起算追诉时效的时间，应当具备两个要件：①司法机关"采取强制措施以后"（依《刑法》第 88 条是"立案侦查或者在人民法院受理案件以后"）；②"逃避侦查或者审判的"。

二审判决认定王某窝藏案具备时效延长第一个要件"采取强制措施以

后"，但未提及第二个要件"逃避侦查或者审判的"，显然是不充分的。而王某窝藏案恰恰在时效延长的第二个要件上存在疑问。按照通说，在被采取强制措施以后（1979 年《刑法》第 77 条）或在"立案侦查或者在人民法院受理案件以后"（《刑法》第 88 条），还必须具备第二个要件即"逃避侦查或者审判的"，才能不受追诉时效的限制。例如，"在实践中应当注意，不能简单地理解为只要人民检察院、公安机关、国家安全机关对案件进行立案，或者人民法院对案件予以受理后，就可不受追诉时效的限制。上述机关对案件进行立案或受理后，犯罪嫌疑人或被告人必须具有'逃避侦查或者审判'的情况。如果没有逃避侦查和审判的行为，而是有的司法机关立案或受理后，因某些原因又未继续采取侦查或追究措施，以致超过追诉期限的，不应适用本条规定。"[1]"'逃避侦查或者审判'主要是指以逃跑、隐藏的方法逃避刑事追究"。[2]这些虽然是针对《刑法》第 88 条中时效延长的"逃避侦查或审判"的解说，但可以适用于对 1979 年《刑法》第 77 条的理解。此案被告人王某的确于 1994 年 3 月 16 日被公安局收审，1995 年 9 月 26 日转取保候审，符合"被采取强制措施以后"的条件，但是她一直没有"逃避侦查或审判"的行为。而且，如该取保候审没有延长的话，应在 1996 年 9 月 25 日期满，公安机关直到 2001 年 12 月 11 日重新对其采取刑事拘留，自取保候审期满时起算也已经超过 5 年，过了追诉时效。

（3）需要进一步探讨的问题。

假如本案被告人王某自 1994 年 3 月 16 日被公安局收审，后又转取保候审，始终处在侦查机关的控制之下、侦查之中，即一直处在受审、待审的状态，但没有任何逃跑、隐藏之类的"逃避侦查或审判"的行为，能否认为当然适用时效延长的规定？个人观点认为，不宜当然适用时效延长的规定。因为不能完全忽视 1979 年《刑法》第 78 条、现行《刑法》第 88 条规定"逃避侦查或审判"对适用时效延长的限制。从道理上讲，对刑事案件立案、侦查，对嫌疑人采取强制措施，却久拖不予起诉，不利于社会关系的稳定。如果在这种情况下没有发生"逃避侦查或审判"的行为，也能发生时效延长，不符合设立追诉时效制度的精神。

---

[1] 胡康生、郎胜主编：《中华人民共和国刑法释义》，法律出版社 2004 年版，第 84 页。
[2] 李淳、王尚新主编：《中国刑法修订的背景与适用》，法律出版社 1998 年版，第 88 页。

（五）其他有趣的假设

作为理论探讨或者为了使本案的解说更具有普遍性，脱离就案论案就事论事的狭小范围，我们不妨对本案再做一些假设，进行一些探讨。

（1）假如刘某某未能将"液体"泼中被害人面部，未造成任何的人身伤害结果，对邹、刘二人的行为如何认定处理？在我国司法实务上，对伤害行为通常需实际造成"轻伤"程度以上的伤害结果才作为刑事案件立案、受案、审理，没有实际发生轻伤以上的结果，难以进入刑事追诉程序。那么，对于假设的这种没有发生伤害结果的情况，应该怎么办？与此关联，从实体上讲，对故意伤害未遂的，是否应当追究刑事责任？通说认为，不能排除对故意伤害未遂追究刑事责任。因此对这种假设的情况似应这样处理，邹某某故意使用硫酸泼面毁容的恶劣方法伤害他人，即使未遂，鉴于其伤害行为极其恶劣，应当追究其故意伤害罪并以未遂罪责。对于刘某某，因为其不具有以硫酸泼面毁容的恶意，不属于特别恶劣的伤害行为，未遂的，不宜追究其刑事责任。对刘某某不追究伤害罪责，不表示他没有伤害的故意和行为，而是因为他只有情节一般的伤害故意和行为，在未造成轻伤以上结果的情况下，按照我国对伤害罪处理的普遍尺度或习惯，不追究伤害的罪责。

（2）假如刘某某虽然将"液体"泼中被害人面部，但未造成任何的人身伤害结果。其原因是邹某某买来的硫酸是假货，没有任何腐蚀性，所以没有发生任何伤害结果。这属于学说上所谓"手段不能犯"。对于这类手段不能犯，是否应当按照未遂犯追究刑事责任，学说上历来存在争议。我国的通说和司法实务一般认为对不能犯应当按照未遂犯处罚。就此处假设的具体情形而言，它与上述（1）中假设的情形基本相同，只是客观上没有具体危险性。如果站在对不能犯按照未遂犯处罚的立场，不能排除对邹某某追究伤害未遂罪责的可能性。但也可考虑毕竟没有任何具体危险，危害性较小，酌情不追究刑事责任。

（3）假如邹某某从神汉巫婆处弄来所谓"神水"，相信该"神水"对普通人虽然不起任何伤害作用，但将其泼到即将结婚的人身上，可使其在结婚典礼上死亡。为此将此情况告诉刘某某并指使刘某某将"神水"泼到被害人身上。本假设的情形属于学说上所谓"迷信犯""愚昧犯"，是"不能犯"的一种。对于这种不能犯，中外通说均认为不应当按照未遂犯处罚。

（4）假如邹某某为了恐吓胡某某使其不敢与女友王某结婚，弄来一瓶清水，指使刘某某泼向胡某某面部。邹某某为了做得逼真、取得最佳恐吓效果，欺骗刘某某说是浓硫酸足以毁容，并指使其泼向胡某某面部。刘某某按照指使将"浓硫酸"泼向胡某某面部。但因为事实上是清水，不可能造成任何人身伤害。对这种假设的情形如何认定处理？就邹某某的行为而言，这种恐吓行为在我国刑法上不属于犯罪行为，不存在追究刑事责任的问题；就刘某某的行为而言，属于学说上所谓手段（或工具）的不能犯，依通说不排除追究故意伤害罪责的可能性。但是，鉴于始作俑者邹某某都不被认为是犯罪，若对刘某某追究刑事责任有些不近情理，所以均不追究刑事责任较为合理，也符合刑事犯罪"门槛"较高的立法和司法特点。

（5）假如邹某某弄来浓硫酸指使刘某某泼在被害人面部，并告诉其真相。刘某某走到被害人跟前，故意不朝被害人身上泼，而是泼到地上，未造成任何伤害结果。对此假设的情形应当如何认定处理？根据案件事实的不同，可有两种结论。

①刘某某自始就没有加害他人的意思，只是应付邹某某，所以在实施时，也没朝人身上泼。这属于被教唆人没有犯被教唆的罪的情况，对于刘某某，不认为是犯罪；对于邹某某应当适用《刑法》第29条第2款的规定，按照被教唆人没有犯被教唆的罪，对教唆犯可以从轻或者减轻处罚。这属于学说上所谓"教唆未遂"。

②刘某某一开始有加害他人的意思，只是到现场实施时走到被害人跟前，因为害怕或同情或其他原因而临时改变主意没朝人身上泼。这属于被教唆人犯被教唆的罪但在实行犯罪过程中自动中止的情况。对于刘某某，成立故意伤害罪中止，没有造成损害结果应当免除处罚。这属于学说上所谓"部分共犯单独中止"的情形。但是，其中止的效力只及于自己，不及于其他共犯人即不及于邹某某，对于邹某某，应当认定为犯罪未遂，适用《刑法》第23条（未遂犯）规定可以比照既遂犯从轻或者减轻处罚。这属于（共同犯罪）"犯罪未遂"，与上述"教唆未遂"的意义不同，适用的法律条文也不同。

不过，对于刘某某究竟是自始就没有加害意思还是自始就有加害意思只是在实行中才中止，这种心态的认定，属于证据问题而非实体问题。

（六）本案要点：被教唆人在不明残酷伤害手段的情况下接受教唆实施伤害行为致人伤残的如何定罪处刑

成立共同犯罪的主观要件是各共同犯罪人具有犯罪性质相同的故意。就成立共同故意伤害罪而言，就是具有损害他人健康的故意，其内容是：明知自己的行为足以造成他人轻伤以上的伤害结果，并希望或放任这种结果发生的心态，不必要求明确认识到造成严重伤害的结果。

就本案而言，教唆人蓄意以硫酸毁容的残酷手段伤害他人，并指使被教唆人将硫酸泼他人面部；被教唆人在不明使用硫酸毁容真相的情况下接受教唆，实施教训他人的行为，致人伤残。这足以认定被教唆人具有伤害的共同故意，与教唆人构成共同犯罪。但二人在使用硫酸毁容特别残酷的手段致人严重残疾上，不具有共同故意，根据主客观统一的原理，对被教唆人不应按照使用特别残酷的手段致人伤残的规定处罚。

发挥正当防卫作用、鼓励公民反抗不法侵害[1]

有一位学者说过，案例是推动学说前进的火车头。其实我觉得不仅是推动学说发展的火车头，也是推动立法、司法的火车头。道理很简单，因为法律是服务于社会生活需要的，解决好案件，也就是满足社会生活需要，才是真正好的法律。

依据抽象的标准，几个人来判断一个案件，往往都很难统一认识，说明制订一个司法标准是极其困难的。但是通过案例示范、指导，往往有一个比较好的效果。老百姓有一句话"不怕不识货，就怕货比货"。就是说通过具体的案例，才能把一个案件中间适用法律的微妙之处体现出来，把处理案件的智慧、人文精神、人情的微妙之处体现出来。所以，像正当防卫适用这样的问题，通过案例来推进其合理适用，更切实有效。我认为今天开会专门讨论昆山防卫案以及其他案例，并通过有关正当防卫案例的研讨，推动正当防卫制度的适用，其意义重大，不亚于制订司法解释。接下来就这个问题我谈几点看法。

首先，是对我国正当防卫制度的评价，其实就是对我国正当防卫立法规定的评价。应该说中国正当防卫的立法规定非常先进，对防卫人极其有利，甚至表现出一种对防卫制度适用不充分的焦虑。我国第一部刑法（1979 年《刑法》）关于正当防卫有如下规定："正当防卫超过必要限度，造成不应有损害的，是防卫过当。"这样的规定与世界上很多国家有关防卫过当的规定是一致的，算是防卫过当制度比较普遍的法律表述。但是到 1997 年修订刑法时，就做了两个重大的修改。其一是规定："正当防卫明显超过必要限度，造成重大损害的，是防卫过当。"增加的"明显""重大"修饰，对防卫过当的标准一下子就提高了。旨在鼓励正当防卫，期望适用正当防卫制度时对防卫

---

〔1〕 原载《法律适用（司法案例）》2018 年第 20 期。

人作出更有利的判决。其二是增加第 3 款特殊防卫规定，"对于行凶、杀人、抢劫、强奸等危及人身安全的暴力犯罪，致不法侵害人伤亡的，不认为过当"。这一规定都有一点替法官做出正当防卫的裁判的倾向，意思就是说，前提成立，对方是行凶类暴力犯罪危及人身安全的，就应当给出结论，不认为过当而认为是正当防卫。通过修订后刑法这两个变化尤其是第 3 款的规定就可以看出，1997 年修订后刑法对防卫人作了非常有利的规定，甚至在替法官做不认为过当的裁判。就我有限的见识，没看到过哪个国家的刑法正当防卫制度的规定，如此有利于防卫人！可以说，中国刑法的正当防卫制度是世界上对防卫人最有利的规定，不是之一，并且我国刑法对其给出了最简明的判断标准。

我国正当防卫的立法，对防卫人极其有利。然而，据说，我国司法机关在适用正当防卫制度上比较保守，在审理案件时对防卫人往往做出不利的判决。这种说法虽然未经证明，但至少不少人都这么认为，以至于有人说，我国刑法正当防卫规定快成为"僵尸条文"了。这说明我国司法机关处理涉防卫案件，对防卫人保护不够充分。在这种背景下，我国这样标准明确、有利防卫人的立法，应该说是一个非常好的有针对性的立法了。因为它恰恰是针对我国适用防卫制度过于保守的状况规定的，希望弥补司法适用的不足。从其针对的司法现状、有利防卫人的价值选择、标准明确便于操作而言，应该说都是非常好的，在立法上没有问题。

正当防卫的学术研究是否存在问题？就我所知，防卫过当的，到底应该认为是故意犯罪还是过失犯罪，至今学界也没有一个令人信服的说法。主流观点认为，防卫人只有防卫的故意，没有犯罪的故意，因此在防卫过程中举止失措的情况下造成不应有的结果，主观罪过形式应该是过失犯罪，但是不排除故意犯罪。到底该定故意罪还是过失罪，始终没有一个明确的说法，这反映出学术研究不透彻。司法实务上是摇摆不定的，防卫过当致人死亡的，一般认定为故意伤害致人死亡，不定故意杀人罪，罕见定过失致人死亡罪，表现出折衷态度：既不认可对死亡结果是故意，也不认可是过失犯罪行为，而认为是故意犯罪行为，所以定故意伤害罪（致人死亡）。至今，学说、实务界尚未形成共识。

正当防卫制度司法实践是否存在问题？有一个未经证实的说法，即司法适用正当防卫比较保守，关于这一点张明楷教授也说得比较充分。我个人的感受，司法在处理涉防卫案件上偏于保守。主要的偏差是往往做出对防卫人不利的裁判。我在朝阳区人民检察院挂职的时候，遇到一个刑事和解案件，甲乙二人是邻居，甲人高马大，身强力壮，经常欺负乙。有一次甲又欺负乙，乙被欺负急了，回击一拳打在甲鼻子上，造成鼻梁骨折，鉴定为轻伤。甲告到派出所，认定乙构成故意伤害罪，移送检察院起诉。检察院做工作，进行和解，商议赔偿。这时候，乙害怕被起诉、判刑，平时备受甲欺负的乙倒过来求欺负他的甲。这事我怎么看都觉得不公平，简直像是帮助恶人欺负老实人。仅仅是因为甲受轻伤就认为乙有罪，不看是非曲直。甲以强凌弱先动手欺负乙，乙气急还击，应该是防卫，损害结果仅仅是轻伤，可以认为是正当防卫。然而，对本案没有考虑防卫的因素，确实比较保守。

关于国外的防卫制度，我曾经关注过发生在美国的一个防卫案件。一个日本高中生在美国留学，一日不知何故携摄像机游玩到人家院子里，这个时候远处房子围栏处站着一个美国小伙子向他喊话，可能是让他走开。他没有听清楚是什么意思，提着摄像机就往那房子跑过去。美国小伙子转身回屋，拿了手枪出来，正好碰到那日本高中生走到房子的回廊，美国小伙举枪就把他打死了。当时是90年代初，正值日美贸易摩擦，这个案子引起日本全民关注，情绪如同一点就燃的火药桶。之后，审理这个案件，陪审团宣判自卫，无罪。美国小伙子在法庭上就说一声"抱歉"就完事了。后来那个日本高中生的父亲成为控枪运动的鼓动者，活跃在美国。这个案子我关注始终，处理结果令我惊讶。这在中国起码也是个假想防卫，至少要定过失致人死亡罪。但是美国法庭裁判的结果却完全不同，对防卫人极其有利。美国的法律对防卫人未见有多么有利的规定，但法庭实际裁决上却作出这么大尺度的有利判决，确实令我非常惊讶。通过这个案例可见有的国家对正当防卫认定的尺度非常宽大。以后，我们也可以找一些外国正当防卫案例作参考。

最后，谈一谈关于正当防卫制度的司法适用规则或指引问题。正当防卫其实就是两个要点：防卫前提和防卫限度。防卫前提是指，发生了可以实行防卫的正进行的不法侵害，因为只有发生了正进行的不法侵害，才产生了防卫制度的"启动"。若启动防卫制度，最后的处理结果，适当的话是正当防卫，过当的话是防卫过当，至少有一个法定减轻处罚情节。如于某防卫案，一审以故意伤害罪（致人死亡）判决无期徒刑，就是不认为其遭遇了不法侵害，因此在该案中没有启动防卫制度，以致发生重大误判。所以，首先要解决何种情况之下认为发生了不法侵害，或者说何等情况下认为防卫人可以"启动"防卫权，从司法角度讲就是启动防卫制度的适用。

关于防卫的前提，在制定指引规则时可以作如下考虑。

第一，任何人遭到无端的暴力侵害，比如遭到抢劫、强奸、盗窃违法犯罪行为的侵害，以及其他无端的暴力侵害，就当然地启动防卫权，对这类无端攻击进行反击。致无端侵害者伤亡的，至少可认定具备防卫的前提条件。

第二，普通人之间的纠纷，比如甲乙骑车发生了碰撞，因而发生争吵，继而发生打架。对这类纠纷，要树立起一个规则："君子动口不动手"，即遇事动口"讲理""评理"，是君子之道。争吵归争吵，谁也不得动手。谁先动手，试图以大欺小，以强凌弱，以武力谋取争执优势，就率先破坏了人与人交往最基本的规则，违背了君子之道，一般情况下可以认定为不法侵害。遭到攻击方一般情况下可以启动防卫权，对之进行防卫。这会不会是大题小作？我觉得有一点非常重要，即通过刑法判例、持之以恒的努力，树立"君子动口不动手"的规则，人们发生矛盾、纠纷、争执，谁都不得有意先动粗施暴破坏交往规则。率先动手，就是暴行、殴打等不法侵害行为。即使发生纠纷在前，但谁都不可以率先动手。这样，正当防卫制度不仅仅在处理刑事案件上维护刑法规范，而且使人与人在社会交往中遵守"不动手规则"。通过正当防卫的司法适用反馈给普通百姓，树立"君子动口不动手"的观念，我们的社会也会变得更文明、安全。不过，一般情况下如此，还是要有例外情形。比如说熟人之间，知道某人有点毛病，喝了酒以后喜欢撒酒疯有冒犯的举止，还有老师管教学生有粗暴举止，父母管教子女，夫妻之间打架争吵，就不能简单套用这个规则了。对于特殊情况，可以通过个案的形式逐一示范。但是至少要确定这个规则，就是"君子动口不动手"，对于率先的暴力攻击，可以不退让，启动防卫权进行防卫。

打架斗殴中的是非曲直非常重要，尤其是人与人之间的纠纷，要看清谁是挑事者。如果在起因上就有错，争执起来又率先动手暴力攻击，应当认为是不法侵害，可以对之实施防卫。前面说的是防卫人身问题，接下来是住宅防卫问题。中外关于住宅的文化不一样，国外是"城堡"文化，住宅就是主人的城堡，避风的港湾，避难的庇护所。就是欠债了，躲到家中把门一关，讨债的也不能进来。住宅，不仅是挡风遮雨场所，也是躲灾避祸场所，任何人都不能侵犯。门不关不锁也不怕人非法侵犯。对于非法侵犯住宅行为，一般可认为是不法侵害。尤其是现在，人们的居住条件大大改善，经济条件也大大改善，住宅会成为诱人的侵犯目标，同时又是相当脆弱的目标。应注重对住宅安宁安全的保护，对于非法侵入住宅行为，应当认为是不法侵害，可以启动防卫权。比如即使是上门讨债的，债务人跑到家里躲起来了，把门一关，即使不锁，未经许可谁也不能进来，谁进来就是非法侵入。讨债可以用合法的方式到法院去告状，通过司法强制执行，但不能以非法的手段，非法侵入住宅的手段，扰乱住宅安宁的手段来讨债。如果都用"恶讨"手段来讨债，会形成恶性循环，一面倚仗"恶讨"手段无所顾忌地放债，一面使用无所不用其极的"恶讨"手段讨债，破坏社会秩序。所以，应该培养"宅文化"或者是说"城堡文化"。

制定司法解释，首先应明确，遭遇什么样的情形可以启动防卫行为；从司法裁判来说，遭遇什么情形可以认为具备了防卫的前提条件。

最后，需补充说明，醉酒误闯他人住宅的行为，闯入者没有恶意，是否可以认为是不法侵害行为？如果可以认为是不法侵害行为，对其打击至少可以认为具备防卫前提条件，而不是假想防卫。

关于防卫的限度，我国现行法律规定得比较具体。在司法认定合理限度上，第一，要以防卫人当时情况为基准，在遭到突如其来或紧迫侵害时，防卫人一时可能有认识不清、控制不住的情况。像昆山防卫案，于某某先遭到拳打脚踢，继而遭到持刀攻击，虽然对方只是用刀背击打，但是于某某面对持刀攻击，当时很难判明对方会干什么，对方又表现得狂躁野蛮凶狠，生死完全看对方。任何人面对这个局面都会感到极端紧张、恐惧、愤怒，都会觉得在生死关头。因此，当抢刀在手之际，殊死反击，连砍对方数刀，在当时情境下实属正常反应，不应苛求，不应当以事后冷静观察情况去考量方式是否适时、是否适度。第二，法律要站到防卫人一方。当一方对另一方发动不法侵害时，不法侵害方率先侵害他人的权益，破坏法律秩序，属于不法或非正义一方；而遭受不法侵害之人采取防卫行动，属于捍卫自己合法权益，同时维护法律秩序，属于合法、正义一方。因此，防卫人与法律是一方，共同对付不法侵害方。防卫人用自己的防卫行为维护社会生活的规则和法律秩序。人人都要知理守法，任何人不得非法侵犯他人人身、住宅、财产，不得为杀人、伤害、盗窃、抢劫、非法侵入住宅等不法侵害行为。如果对他人实施的不法侵害进行防卫，那么防卫人不仅仅是在捍卫自身权益，也是在维护法律，

"替天行道"，向社会公众宣示，违法犯罪行为不仅会受到国家法律的制裁，而且也会受到被侵害人的痛击，从而打击违法犯罪行为，尤其是打击动辄诉诸暴力的行为。法律赋予公民正当防卫权，是法律需要与公民共同与违法犯罪做斗争，共同维护法律秩序，预防犯罪，共同构建人人讲理守法、和平相处的交往关系。因此，防卫人反击不法侵害时，已经与法律属于同一个战壕的战友，而不法侵害人是法律和防卫人的共同敌人。

以设身处地替防卫人着想的观念、立场来认定防卫人的行为是否超出合理限度，是权衡利弊之后的明智选择。人人敢于捍卫自身权益，与违法犯罪做斗争，能够有效减少违法犯罪现象，这是大局、大利益。为此，法律的天平需要向防卫人一方倾斜，不法侵害人一方的利益就不得不有所减让。

关于减轻、免除防卫人责任问题，我特别赞成冯军教授提到的《德国刑法》第33条规定，遇到突如其来的侵害、危险或状况，行为人由于恐惧、慌张，举止失措造成不应有损害的，可以作为减轻、免除罪责的理由。比如家里深夜突然进来一个贼，一定是暴力犯。面对突如其来的情况，主人可能采取了比较猛烈的手段，比如一击致命的手段。或者半夜有个精神病人或者醉酒的人不期而至家中，主人惊恐之下实施了激烈防卫行为，打倒之后开灯一看才发现是楼上的邻居走错门了。对于这样惊恐、愤怒、冲动下举止失措造成过分的损害结果，应该给予谅解和宽恕。我国刑法正当防卫制度没有《德国刑法》第33条减轻、免除责任的规定，与我国刑法理论体系不讲究区分不法与责任有关。因此，在遭到突如其来的侵害、危险时，由于惊恐、害怕、慌张而举止失措导致造成不应有的损害的，也可以适用《刑法》第20条规定减轻或免除处罚。

论财产刑的正当理由及其立法完善[1]

应当重视从经济上打击经济——贪利型（含财产罪）犯罪已成为刑事政策上的共识。我国刑法修改在即，如何完善财产刑的立法，贯彻这一刑事政策自然成为引人注目的话题。从世界范围看，自 60 年代以来，西方诸国（包括日本）以贯彻有关惩治毒品犯罪的国际条约为契机，纷纷强调从经济上严打毒品犯罪以及其他严重经济犯罪，如火如荼地推进以加大剥夺财产刑力度为目标的没收制度改革。由此可见，中外在打击有关犯罪的政策思路上是完全一致的。但是，我们不能不注意到中外在同一思路之下的财产刑制度上所存在的巨大差异。西方诸国基本废止或未采用一般没收制度，仅保留特定物的没收、追缴制度。[2]它们在从经济上严打犯罪的思路支配下所进行的被视为"具有划时代意义的改革"，不过是将没收的范围扩大到犯罪所得利益，将应予没收的利益由纯利扩至总体（成本加纯利），以及在某种场合下减轻控方证明财产非法来源的责任或者将举证责任倒置。另外，对个别犯罪允许突破法定罚金限额。[3]而在我国现行刑法中，不仅已有对犯罪所得财产的没收措施（第 60 条），而且没收财产刑（一般没收）可广泛适用于反革命犯罪和经济——贪利型犯罪，罚金刑大多无限额的规定。通过比较可知，中外都期望从经济上严打有关犯罪，但二者现行立法的起点大相径庭，因而努力的方向也有所不同。西方国家主要是力图突破原有的过分拘泥的没收制度的约束，从立法上加强打击的力度，而我国现行刑法中的财产刑制度比起它们改革后的财产刑制度仍然具有十分充足甚至过分的打击力度。所以，在我国加强从

---

〔1〕 载《中国法学》1997 年第 1 期。

〔2〕 英国原对大逆罪、重罪有一般没收，19 世纪后半叶废止。参见［日］田中利幸："英国的没收制度"，载《法学家》（日）1996 年 3 月 15 日。美国自立国后就未采用普通法中的一般没收制度，参见佐伯仁志："美国的没收制度"，载《法学家》（日）1993 年 3 月 15 日。

〔3〕 参见芝原邦尔著《没收与国际条约》、西田典之著《德国的没收剥夺制度》、山口厚著《我国没收追缴制度的现状》、田中利幸著《英国的没收制度》，以上载于《法学家》（日）1993 年 3 月 15 日。

经济上打击犯罪的力度，主攻方向不在立法而在司法，不在实体法而在程序法。完善我国刑法中的财产刑制度，更值得重视的是其正当化的理由以及如何在法制的轨道上名正言顺地从经济上打击犯罪分子。

一、设置适用财产刑或处分的正当理由

这种正当理由分一般正当理由和特殊正当理由两部分。一般性正当理由指财产刑（处分）作为刑罚方法与自由刑、生命刑共同的正当理由，包括：（1）报应已然罪责；（2）预防、遏制未然犯罪。特殊性正当理由指财产特性所决定的财产刑（处分）与自由刑、生命刑不同的正当理由，包括：（1）取缔不法状态；（2）形式平等与实质平等相均衡；（3）保护重大公共利益的需要。分述如下。

（一）一般正当理由

1. 报应已然罪责

关于刑罚的正当理由，虽然存在着行为责任、道义责任、过去责任同行为人责任、社会责任、将来责任两派观念的对立，但均不能否认已然的行为罪责是刑事责任的基础。换言之，行为是刑罚的唯一根据和尺度的经典性论断至今仍未过时。所以依据已然的、有罪过的犯罪行为事实对犯罪人进行报应（惩罚）仍是财产刑首要的基本的正当理由。[1] 这种报应是通过剥夺合法财产权益实现的。它与犯罪事实之间的关系受公平观念的支配，也就是说，它在质与量上都应当与犯罪事实相均衡。不依据犯罪事实的财产刑或者不以犯罪事实为尺度的财产刑，是缺乏一般性正当理由的。对犯罪分子非法财产的收缴，不是对已然犯罪事实的惩罚，不是严格意义的财产刑，不必依据这一正当理由。

2. 预防、遏制未然犯罪，保护社会免受犯罪的侵害

这也是一个不能不承认的刑罚正当理由。问题是这个正当理由在多大程度上能被接受。中庸的见解是：应当在对罪行报应的框架内以期实现预防遏制的目的。因此，基于这一正当理由设置适用财产刑，允许适当调整剥夺财产的数量与方式，如提高对经济——贪利型犯罪的罚金金额，强化财产处分措

---

〔1〕 关于刑罚的正当理由，在我国学界并未形成派别上的争论。从《刑法》第58条规定的量刑原则和第48条规定的"判处罚金，应当根据犯罪情节决定罚金数额"看，明显表现出报应已然罪责的态度。

施等。

（二）特殊正当理由

1. 取缔非法状态

财产刑所剥夺的利益与生命刑、自由刑剥夺的权益的显著差别之一是：财产利益有合法与非法的区别，而生命、自由权益无此区别。在剥夺合法财产的场合，其正当理由与刑罚的正当理由一致，即以已然的有罪过的犯罪事实为根据和尺度，兼顾预防、遏制未然犯罪。但是，在剥夺非法财产的场合，如剥夺违法犯罪所得的财物、用于犯罪的财物违禁品等，则不能不另寻正当化的根据。这个正当化的根据就是取缔不法状态。

因为报应的观念要求犯罪分子用其合法权益赎回其行为所造成的损害，以恢复合法状态。不允许犯罪分子用已不属于他的东西来赎罪。上述不法财物是犯罪行为所造成的不法状态的组成部分，消除这种不法状态，恢复合法状态，是维护法律秩序的必然要求。所以对不法财产的处置，既不是依据报应，也不必依据预防，只需依据取缔不法状态的理由。据此，对于不法财产不论其数额多少一律没收，转换成其他形式的，予以追缴。由于这种没收、追缴的根据是依法取缔不法状态，本身不构成对犯罪分子合法权益的剥夺，因此基本不具报应（惩罚）的性质。这意味着犯罪分子不论因此而被没收、追缴多少数量的财产，都不具有赎罪的意义，不妨碍使用其他方法惩罚已然的罪行。这还意味着，不论以此理由没收、追缴多少数量的财产，都不构成过量的惩罚或苛刻刑罚。这是从经济上严打经济——贪利型犯罪最有开发潜力的正当理由。

2. 形式平等与实质平等均衡

财产刑剥夺的利益与自由刑、生命刑所剥夺的权益二者之间的另一个显著差别是：财产利益具有不均等性，而自由、生命具有均等性。因此，剥夺财产刑的数量的正当理由是形式平等与实质平等的均衡，单纯追求形式平等，同样的罪行一律处以等量的罚金是不正当的；片面追求实质平等，过分剥夺犯罪分子合法积累的与犯罪无关的财产也是不正当的。

3. 保护重大公共利益的需要

基于报应的理由，剥夺合法财产在不脱离报应基础的限度内是正当的；基于预防的理由，剥夺无限额的合法财产在有特殊需要的场合是正当的，反之，则是不正当的。首先，剥夺合法财产与处置不法财产不同，剥夺合法财产的一般正当根据从质上讲是罪行的对价物（赎罪物），从量上讲与罪行均衡；处置不法财产的一般正当根据是取缔不法状态，该不法财产不是罪行的对价，也没有量的制约。其次，剥夺限量的合法财产与剥夺无限量的合法财产不同，前者有尺度，具备受罪刑均衡原则制约的前提；后者没有尺度，欠缺受罪刑均衡原则制约的前提。由此又派生出一个显著的差别，前种剥夺在罪刑均衡的限度内是使犯罪分子以其合法财产赎罪，即是有对价的（有偿的），因此不存在侵害犯罪分子合法财产权益的问题；而后一种剥夺，不排除与罪行不对价不等价的可能性，这难免对财产权制度产生消极的影响。因此，没收财产刑和无限额罚金刑是可能脱逸报应的一般正当理由，对财产权有副作用的刑罚方法。当然，不能因此否定国家基于预防的理由设置这类剥夺财产刑的权力，关键在于，国家在什么情况下才有必要冒这样的风险、付出这样的代价。这种必要性就是保护重大公共利益的需要。

所谓保护重大公共利益的需要，是指国家为了抗制敌对势力、恶势力的反抗破坏，维护人类根本价值、国家自身安全、社会根本制度以及公共安全方面的重大需要。国家一方面有权基于这种特制的需要设置无限额的剥夺财产刑；另一方面应顾虑设置这种刑罚的风险和代价，尽量采取谦抑的态度。换言之，基于这一正当理由设置的财产刑应当作为抗制特定犯罪的特殊刑罚方法，而不宜作为一种普遍运用的常规刑罚方法。

二、完善财产刑[1]立法

通过对设置、适用财产刑的正当理由的探讨，可以看出我国刑法中的财产刑制度存在着以下缺陷：（1）对部分犯罪的罚金刑没有限额；（2）没收财产刑适用的范围过于广泛；（3）对犯罪关联财物的没收、追缴制度过于简略。[2]上述三方面的缺陷又共同派生出刑法中规定的几种剥夺财产的方法相互界限不甚分明、可以替换使用的问题，例如以罚金刑代替没收财产刑，或者回避认定犯罪嫌疑人财产的性质，以罚金刑或者没收财产刑含糊地予以罚没。这是不符合法的明确性要求的。因此，完善我国财产刑立法的思路是，将从经济上严厉打击有关犯罪的刑事政策纳入法制轨道，名正言顺地剥夺犯罪分子

---

〔1〕 我国刑法中，财产刑有罚金和没收财产二种。此外，由于《刑法》第60条规定的犯罪关联财物的处分制度与财产刑有密切联系，有必要一并讨论。

〔2〕《刑法》第60条规定："犯罪分子违法所得的一切财物，应当予以追缴或者责令退赔；违禁品和供犯罪所用的本人财物，应当予以没收。"这个规定确立了我国刑法的没收处分制度。

的财产，为此应当进一步规范罚金刑、严格限制没收财产刑的适用对象，强化犯罪关联财物的没收、追缴措施。

（一）规范罚金刑

（1）罚金刑剥夺财产利益的内容是强制犯罪分子向国家缴纳一定数量的货币，所缴纳的货币在性质上应属于犯罪分子的合法财产。包括所有合法取得的货币，不包括应予没收追缴的犯罪关联财产。对犯罪关联财产一律应优先适用没收处分措施予以没收、追缴。

（2）罚金刑应有最高限额或者比例限制。[1]

（3）罚金刑为附加刑，既可以独立适用，也可以附加适用。[2]无论是独立适用还是附加适用均受罪刑相适应原则的制约，适用的根据和尺度是预防、遏制未然犯罪的必要性，但这种必要性不能背离已然的行为事实，不能导致双重惩罚。具体而言：①在以非经济——贪利型犯罪为适用对象的场合，只宜单科或选科（独立适用），不宜并科（附加适用）。因为在这种场合，不存在从经济上打击犯罪的问题，对一项罪行适用任一主刑或者独立适用罚金刑均能实现对罪行的（报应）惩罚。至于预防、遏制的效果，也可在报应的限度内实现。②在以经济——贪利型犯罪为适用对象的场合，依据预防、遏制的需要可以并科（附加适用），但是应避免双重惩罚，即在评价罪刑相适应时，应是主刑加附加适用的罚金刑之和与罪行相适应。必须指出，在这种场合贯彻从经济上打击犯罪的刑事政策的侧重点是使犯罪分子在经济上吃亏，即罚金作为对其罪行惩罚的有机组成部分，剥夺其一定量的合法财产使其吃亏，从而产生抑制贪利犯罪动机的效果。

（二）严格限制没收财产刑的适用对象

在修改刑法的议论中，限制、减少死刑的适用成为刑罚问题的焦点，而限制、减少没收财产刑的适用问题却很少有人提起。这令人感到遗憾。笔者

---

〔1〕关于罚金刑应有限额问题，我国学者多有论述。参见廖增昀："完善我国刑法中的财产刑"，载《法学研究》1990年第3期。王生贵："对适用财产附加刑中有关问题的探讨"，载《法学与实践》1990年第3期。

〔2〕关于罚金刑的地位、适用范围及执行问题，参见张明楷："罚金刑若干问题的再思考"，载《中国法学》1991年第4期。该文指出：由于我国刑事处罚和行政处罚分离的二元体系、刑法中规定的都是罪质较重的犯罪，因此不必将罚金刑作为主刑，也不可对立法、司法扩大适用罚金刑抱过大期望。笔者赞同这一观点。

认为若要顺应刑罚轻刑化、人道化、国际化的潮流，限制没收财产刑的问题与限制死刑问题同样重要。

1. 限制的理由

没收财产适用的对象过于广泛。《刑法》第55条规定的没收财产刑可适用于刑法典中的24个条文所规定的犯罪，另外，在单行刑事法规中还规定可以广泛适用于贿赂罪，拐卖、绑架妇女儿童罪，强迫他人卖淫罪，组织他人卖淫罪，传播淫秽物品罪，生产、销售伪劣商品罪等30余种犯罪。两项合计达四五十种犯罪之多，几乎成为一种和罚金刑平行的刑罚方法。在立法上将如此严厉的刑罚方法如此广泛适用是有疑问的。由于我国《刑法》第60条规定了犯罪关联财物的没收处分制度，《刑法》第55条的没收财产刑显然是指没收犯罪分子所有的合法财产，这种没收不问该合法财产是否与犯罪有关联，一般为附加适用。在附加适用的场合，意味着犯罪分子在受到主刑报应的基础上，又被依据保护安全、遏制犯罪的理由剥夺了可能与犯罪无关的合法财产，所以十分严厉。在刑法中依据保护安全、遏制犯罪的理由而非报应的理由广泛规定这种可以剥夺合法财产的刑罚，不可能不给财产所有权制度带来消极的影响。西方国家在保障财产权、责任主义、无罪推定、禁止苛刻刑罚等信念的支配下，有的废止了一般没收制度，仅规定特定物的没收制度；有的虽保留了一般没收制度，但严格控制在极小的范围内。我国当前允许多种经济形式并存，鼓励外商投资，鼓励、保护合法经营致富，自当为与犯罪无关联的合法财产提供切实的完整的保护。动辄没收，有损国家和法律的威信，也是在单一公有制经济的特定历史条件下，鄙视有产者、剥夺有产者的思想意识在法律上的反映。在党的改革开放政策指导下，合法致富的有产者与过去剥削致富的有产者已根本不同，非为报应罪责，不能轻言剥夺无限额合法财产。在经济上严打经济犯罪、毒品犯罪、环境犯罪是世界性刑事政策新潮流，西方各国主要是通过扩大、活用特定物没收制度来顺应这个潮流的。我国完全可以从强化没收处分制度入手，加强经济上的打击力度，没有必要对四五十种犯罪都挂上没收财产刑。

因此，没收财产刑只能作为国家维护自身安全和社会安宁、抗制敌对势力和恶势力的特殊手段，而不宜作为一般性的从经济上打击经济——贪利型犯罪的刑罚方法。没收财产刑、罚金、没收处分虽然都是从经济上打击犯罪，但三者的着眼点是不同的，罚金是以剥夺一定量合法财产的方式惩罚罪行，使犯罪分子遭受经济损失；没收处分是以没收犯罪关联财产的方式，使犯罪分子在经济上占不到便宜（有时还要遭受一定的损失），有此两种方法剥夺合法或非法的财产足以实现从经济上打击经济——贪利型犯罪的政策。而没收财产刑应在贯彻国家更高政策的层次上、着眼于从经济上打击敌对势力和有组织的恶势力，剥夺它们的经济实力，保护国家和社会的安全。

2. 没收财产刑的完善

（1）没收财产刑剥夺的财产权益内容是犯罪分子个人合法所有的全部或部分任何形式的财产，不包括犯罪关联财产。对犯罪关联财产，应适用没收处分措施处理。

（2）没收财产刑只能附加适用，不能独立适用。

（3）没收财产刑适用的根据是保护公共利益的需要，它不必要也不可能有数量的限制，因此属于无尺度的刑罚，它不必要也不可能受罪刑相适应原则的制约，因此是一种特殊的刑事制裁措施。

关于没收财产刑的性质是刑罚还是处分？理论界有不同的见解。因西方国家没收制度主要是对犯罪关联财物的没收，它主要不是依据惩罚罪责而是依据保护国家和社会安全理由适用的，所以多作为一种处分措施。如德国、日本、瑞士、意大利、英国等。法国的一般没收、特定物没收均作为附加刑罚，这大约与法国刑法典不分刑罚、保安处分有关。在我国刑法中，没收财产刑究竟被赋予刑罚还是保安处分的性质，这取决于刑罚体系的安排。如果大量减少没收财产刑（一般没收），提高没收处分措施（犯罪关联物没收）的地位，设专门章节规定。那么，可以将一般没收（即没收财产刑）从附加刑中取消，规定于没收处分的章节中，作为一种极为特殊的没收，即基于保护国家和社会安全的理由，表明国家强烈的政治上的否定态度（而非经济上的考虑），适用于极为严重危害国家、社会安全的犯罪分子。

（4）剥夺财产刑适用的对象应缩减，限制在极其严重的反革命罪和职业化或有组织的犯罪范围内。具体如阴谋颠覆政府、分裂国家罪，资敌罪，组织领导反革命集团罪，持械聚众叛乱罪，以及具有黑社会性质的从事毒品、组织他人卖淫、流氓等犯罪的犯罪集团。

（三）强化没收处分措施

1. 重视没收处分措施在打击经济——贪利型犯罪方面的作用，提高它的法律地位

没收处分措施的刑事政策着眼点是不让犯罪分子在经济上占到便宜，适用的范围是一切违法所得以及其他犯罪关联财物，适用的依据是取缔不法状态。因此，只要认定了财产的非法性质或者与犯罪的关联，不论何种犯罪，也不论有多大的数量，一律予以没收。这是既名正言顺又极有效率地打击经济——贪利型犯罪的常规武器，应予重视，充分发挥其应有的作用。国际社会推进在经济上打击毒品犯罪，也主要是通过扩大、活用没收处分措施进行的。为了发挥没收处分措施的作用，提高它的法律地位，有必要在刑法总则中设专章或专节予以规定。

2. 明确和扩大适用的范围

（1）应予没收的财物为：①违禁品；②由犯罪行为所产生的物品；③犯罪分子违法所得的一切财物及其所产生的一切利益。

（2）可以予以没收的财物为：①判决时属于犯罪分子所有用于犯罪的财物。如果为此项没收显失均衡的，不应当没收。②第三人故意或严重过失提供或取得上列应予没收或者可以没收的财物。

（3）第三人对上列财物依法享有请求权的，应予返还。例如国家、集体或个人被盗的财物。在一定的期限内权利人未提出请求的，按无主物处理，收归国有。

（4）犯罪分子违法所得的财物因消费、转让等原因不能没收或返还的，追缴其价款予以没收或者退赔。

3. 对某些经济——贪利型犯罪的常业犯、惯犯和犯罪集团，适用特别的认定违法所得财物及其利益的规则

对于走私罪，投机倒把罪，盗窃罪，抢劫罪，走私、制造、运输、贩卖毒品罪，传播淫秽物品罪，组织他人卖淫罪，强迫他人卖淫罪，拐卖、绑架妇女儿童罪的常业犯、惯犯、集团犯，当有证据证明其财产或者支出明显超过其合法收入，而又没有充足的证据证明其财产或者支出的合法来源的，视为违法所得。

总之，通过强化没收处分措施，可以提高打击经济——贪利型犯罪的效率。在立法上，可以改变过分依赖罚金尤其是没收财产刑的局面，即使降低

罚金限额，减少没收财产刑适用对象，总体上也丝毫不削弱对经济——贪利型犯罪的打击力度；在司法上，可以减少、杜绝对犯罪分子的嫌疑财产不经认定，即予罚没的现象。对犯罪分子的嫌疑财产适用罚金、没收财产刑还是适用没收处分剥夺，结局虽然相同但说法不同。能认定为违法所得，予以没收，是对国家和人民更有利的说法。

再论财产刑的正当理由及其改革[1]

在财产刑方面改革的呼声不断却收效甚微，需要转变观念来打破僵局。我国刑法中的财产刑是指以剥夺犯罪人财产权利为内容的刑罚方法，包括罚金刑和没收财产刑。在 1997 年修订刑法时，学界和实务部门就对财产刑的修改完善提出了一些建议，比如提升罚金刑地位、明确数额、建立易科制度等，以扩大罚金刑的适用、解决执行难的问题。[2]关于没收财产刑，有建议限制、缩小没收财产刑的适用范围。[3]但是这些建议在修订后的刑法中没有得到充分的反映，以致有关问题依旧存在，如罚金刑单科适用率低、执行难依然如故，[4]这背后其实是刑法中罚金刑配置的缺陷。再如修订后刑法扩大没收财产刑的适用范围，而学者却在其后提出应当限制甚至废除没收财产刑。[5]自

---

[1] 原载《法学家》2006 年第 1 期。本人曾于 1996 年即刑法修订之前撰写《论财产刑的正当理由及其立法完善》一文，发表于《中国法学》1997 年第 1 期。该文指出，我国财产刑立法（指修订前刑法）存在的问题主要是：部分罚金刑无限额，没收财产刑广泛，没收处分制度相对薄弱。为此论述了财产刑的一般正当理由是报应和预防，刑事没收的正当理由是消除不法状态。指出完善财产刑的思路是：（1）规范罚金刑；（2）限制没收财产刑；（3）强化没收处分，通过强化没收处分，克服以罚金、没收财产刑代替没收处分的不规范现象，也可以弥补限额罚金、限制没收财产刑所产生的空隙。

[2] 参见最高人民法院刑法修改小组："（一）关于刑法总则修改的若干问题（草稿）》（1989 年 3 月）"，载高铭暄、赵秉志编：《新中国刑法立法文献资料总览》（下），中国人民公安大学出版社 1998 年版，第 2244～2245 页。关于罚金问题：法院适用罚金案件比较少，个别基层法院几乎没有对罪犯单处过罚金刑，主要原因是罚金刑适用范围过窄、规定过于笼统、难以执行等，因此建议扩大适用范围、明确罚金数额、规定罚金刑易服劳役。

[3] 阮齐林："论财产刑的正当理由及其立法完善"，载《中国法学》1997 年第 1 期。

[4] 重庆市第一中级人民法院课题组："财产刑执行情况的调查报告"，载《西南政法大学学报》2004 年第 5 期。"财产刑实际未被执行的情况普遍存在，客观上损害了法院裁判的严肃性和权威性，成为刑事司法的一大败笔"。

[5] 关于限制论的文章和观点参见杨彩霞："没收财产刑的困境与出路"，载《华东政法学院学报》2001 年第 4 期。梁根林、储槐植："论法定刑结构的优化——兼评 97 刑法典的法定刑结构"，载《中外法学》1999 年第 12 期；阮齐林："论财产刑的正当理由及其立法完善"，载《中国法学》1997 年第 1 期。关于废止论的文章和观点可参见曲新久："没收财产，一种应当废除的刑罚"，载《检察日报》

1979 年制定刑法至今，虽然 1997 年修订财产刑改革呼声高、建议多，但进展不大，看来需要更新观念才能跳出这个怪圈。

我们应当确立的观念是：财产刑既然以剥夺罪犯合法财产为内容，就应当建立在赎罪的正当根据上。既然以赎罪为根据，"以钱赎罪"与以自由、生命赎罪在正当性根据上并无实质差别。据此，罚金刑作为较轻缓的刑种适用于所有较轻的罪行不是不能接受的；罚金刑与自由刑易科也不是不能接受的。既然以剥夺合法财产权益为内容，以赎罪为正当根据，配置、适用财产刑就不能不顾及公民财产的安全，就不能不受刑罚公平、谦抑原则的约束。据此，无限额罚金制、罚金刑并科制、一般没收均缺乏普遍存在的正当性根据。

我们应当改变的观念是，在财产刑方面"轻赎罪重预防重剥夺"。正是这种观念支配立法，一方面限制了罚金刑的适用范围，使修订后的刑法依然把罚金刑适用范围限定于经济、贪利犯罪，而不是全部犯罪；另一方面又允许过分扩大财产刑的适用限度，使修订后的刑法中依然普遍存在无限额罚金制、罚金刑并科制、一般没收。而我国刑法中财产刑的这些特点，是造成罚金刑适用率低、执行难、政策效果不明显的关键因素，也是造成没收财产刑过分配置的关键因素。通过这种财产刑配置、适用能够发挥抑制犯罪动机、剥夺犯罪能力的普遍预防效果，其实是个错觉。

在财产刑问题上对劳动者温情、对剥削者无情的阶级斗争观念对"轻赎罪重预防重剥夺"观念的形成具有重要影响。

一、适用财产刑所剥夺的财产是犯罪人的合法财产

这是一个不需要证明的命题，因为只有剥夺犯罪人的合法权益才能作为对犯罪人罪行的惩罚，剥夺犯罪人的非法财产以及犯罪关联物品不能作为对罪行的惩罚。剥夺犯罪所得、犯罪工具、违禁品应适用非刑罚方法（刑事没收）。

（一）这样一个简单得不能再简单的命题却是我们确立财产刑正当理由以及其他基本观念的前提

1. 财产刑的配置和适用关系到公民合法财产权利的安全

财产不仅是人的生存基础，而且还是决定人的社会地位的重要因素，因此，

（接上页）2000 年 3 月 16 日，第 3 版。李洁："论一般没收财产刑应予废止"，载《法制与社会发展》2002 年第 3 期。

严密保护财产权是定分止争、构建和谐社会的必要条件。在公共权力为公民财产权提供保护的时代，公民财产权利遭到来自个人的侵害可以寻求国家保护。但公民财产权利也可能遭到来自公共权力的侵害。资产阶级夺取政权之后宣布的一个宪法原则就是私有财产神圣不可侵犯，这显然是为了提防来自公共权力的侵害。我国宪法规定国家依法保护公民的合法财产权利，不言而喻也包括保护公民财产权利不受公共权力的非法剥夺。财产刑是公共权力依法对犯罪人财产权利进行剥夺的刑罚方法，因此财产刑的合理配置、适用直接关系到公民财产权的安全。

由此可推导出，刑法中如果规定过分的财产刑会威胁公民财产权的安全，与保护公民财产权利的宪法规范发生冲突。就罚金刑而言，部分犯罪如侵犯财产罪的罚金刑没有限额；就没收财产刑而言，广泛适用于严重犯罪，这都可能危及公民的财产安全。

2. 财产刑的配置和适用同样需要遵循公平、谦抑原则

财产刑既然剥夺犯罪人合法所有的财产，就应当受到刑罚公正与谦抑原则的约束。（1）罪行是有范围和限度的，因此财产刑的分量也应当是有范围和限度的，无限额的罚金刑和没收财产刑在这点上缺乏正当性。（2）同样的罪行应当受到大致相同的处罚。罚金刑执行难，意味着有的罪犯被执行罚金有的罪犯不被执行罚金成为普遍而无奈的现实，这既不严肃也不公平。另外，公民财产不平均状况还可能导致另一种不公平，财产状况较好的犯罪人可能因此而被剥夺较多的财产。

3. 财产刑既具有软弱性也具有严厉性，因场合而异

财产刑比起自由刑通常较为软弱：对穷人无奈，对富人无效。但在特定条件下也很严厉，对穷人如果强化执行力度迫使其缴付一笔罚金，也是相当严厉的；对富人，如果加大数额将其个人毕生甚至其家族世代积累的财富罚没得一干二净，那也很可怕。这不仅会影响到犯罪人本人的生存质量，甚至波及家庭其他成员的生活质量，导致一个显赫家族的衰落。因此，对财产刑的配置与适用不可不持谨慎态度。

（二）这样一个简单得不能再简单的命题却有助于划清刑事没收与没收财产刑（一般没收）的界限

1. 刑事没收与没收财产刑的关键差别是所没收财产的性质不同

刑事没收的财产分为三类：（1）非法所得之物；（2）本身违法之物如管

制刀具、毒品、淫秽物品等违禁品；（3）用于犯罪之物，如犯罪工具，可统称为"犯罪关联物"。没收财产刑所没收的是刑事没收范围之外的合法财产，二者不可混同。没收财产刑因为是对罪行的处罚，以剥夺犯罪人合法财产权益为内容，所以不需要证明财产的非法性质或与犯罪的关联性。相反，刑事没收则需要证明财产的非法性质或与犯罪的关联性。犯罪人提出财产的合法性或与犯罪无关不是抗辩没收财产刑的理由，却是抗辩刑事没收的理由。

2. 我国刑法规定的一般没收与西方国家性质不同

西方国家刑法中规定的没收制度，主要是刑事没收即对非法财产以及犯罪关联物的没收，并非是我国刑法中的一般没收即对合法财产的没收。"我国刑法规定的没收对象是犯罪人个人所有的财物，却没有强调没收之对象必须是与犯罪有关之财产。这与当代各国刑法典规定只没收对象一般包括与犯罪行为关联的财产的立法价值选择迥然不同。"[1]自资本主义国家确立私有财产神圣不可侵犯的原则以后，基本上宣告了一般没收（没收财产刑）的废止。一般没收是极为例外场合适用的制裁措施。国际公约中倡导各国对有组织犯罪、毒品犯罪加强没收措施，也是刑事没收即对犯罪工具、资金和非法收益的没收，而非一般没收。强化没收的方式通常是放宽对财产非法性的证明责任。如对毒品犯罪，司法机关证明被告人长期从事毒品犯罪且证明其拥有大量来源不明的财产时，需要被告人说明其来源。不能说明的，认定为毒品犯罪的非法收益，予以没收。这种没收，依然是对非法财产的没收，只是适当减轻控方的证明责任。这属于强化刑事没收而非一般没收。扩大一般没收并非是顺国际潮流而动的举措。我国在刑事没收之外还广泛规定没收财产刑，其实起到取代刑事没收、减省证明财产非法性质或与犯罪关联性的作用。就价值选择而言，重视没收的效率而轻视了公民财产安全。

二、罚金刑的正当理由主要应当是赎罪而非预防

（一）在罚金刑正当性根据上"轻赎罪重预防重剥夺"，是我国罚金刑制度陷入僵局的观念因素

我国立法一直不能正视罚金刑赎罪的正当性。在历次立法讨论到罚金刑的地位（规定为主刑还是辅刑）、罚金刑与自由刑易科、扩大罚金刑独立适用

---

〔1〕谢望原："中国刑事处罚改革及其构想"，载李希慧、刘宪权主编：中国刑法学年会论文集（2005年度）第一卷《刑罚制度研究》（下册），中国人民公安大学出版社2005年版，第1112页。

等问题时，其中反复出现的一个理由就是，不要造成花钱买罪的现象。其实质是不肯坦然承认罚金刑的赎罪性质。造成这种观念的原因是多方面的。

（1）罚金刑与生俱来的缺陷。①由财富的不平均性产生的适用不公平。就惩罚犯罪而言，最基本的准则是公平且止于犯罪者一人，自由刑符合这个要求，所以无人质疑其公平性。而罚金刑则不然，因为人们拥有财富的数量不同，所以同罪同罚只能满足形式公平而有违实质公平；反之，根据财富的多寡同罪不同罚，则满足实质公平而损害形式公平。②罚金刑不能限定犯罪人必须以本人的合法财产缴纳，使惩罚不一定止于犯罪者本人。③罚金刑不足以惩罚严重的犯罪。因为对穷人不宜适用高额罚金，对富人适用罚金缺乏严厉性。对富人虽然可以适用与其财产状况相应的高额罚金直到其感到"痛苦"，但又违背公平原则。所以不平等和软弱是罚金刑的天然缺陷。这是各国刑事立法都必须面对的共同问题。

（2）马列主义经典作家以财产刑为典型例证对资本主义刑法虚伪性和不平等性的批判，至今还影响着人们的观念。恩格斯对资本主义法律批判的经典语句至今仍耳熟能详："如果阔佬被传到……结果是罚他一笔微不足道的罚款，资产者轻蔑地把钱往桌上一扔，就扬长而去。但是如果穷鬼被传到治安法官那里去，那么他几乎总是先被扣押起来……最后被处以罚款，可是他付不出这笔钱，于是只好在监狱里做一个月或几个月的苦工来抵罪。"[1]因此，过去曾普遍存在这样的认识："在资本主义国家中，罚金刑被广泛适用……有些国家还规定，交不起罚金的，要易科徒刑。这种做法显然是有利于资产阶级而不利于劳动人民的。"[2]这样的观点在早先的立法和1997年修订刑法过程中也均有反映。[3]我们曾经批判过的东西，反过来又坦然接受、使用，在感情

---

〔1〕［德］恩格斯："英国工人阶级状况"，载《马克思恩格斯全集》第2卷，第570页。

〔2〕王作富：《中华人民共和国刑法概论》，中央第二政法干部管理学校（内部教材）北京大学印刷厂1984年版，第212~213页。

〔3〕例如，全国人民代表大会常务委员会法律室：《关于〈对中华人民共和国 刑法草案（初稿）的修改意见（1962年6月7日）〉的修改意见报告》。"一种意见认为罚金刑可以作为一种较轻的刑罚，在单独使用时，用以解决人民内部比较轻微的犯罪……另一种意见认为：中国古代适用罚金是剥削人民的一种手段，资本主义国家适用罚金，对资本家有利，有钱可以赎罪，我们社会主义国家不应当以罚金刑作为刑罚。"再如公安部刑法修改领导小组办公室："关于罚金刑问题，我们认为，不能盲目扩大其适用范围，也不能把它作为主刑……以免造成'以钱赎罪''无钱坐牢'的现象（1996）。"高铭暄、赵秉志编：《新中国刑法立法文献资料总览》（下），中国人民公安大学出版社1998年版，第1976页、第2695页。

上需要一个转变的过程。

（3）中国的特有情况。与西方国家比较，我国人民的收入不高；我国刑法中规定的犯罪较为严重。这两个因素极大地压缩了罚金刑适用的空间，使罚金刑不宜像西方国家那样广泛适用。

与此相应，我国一直强调配置罚金刑的主要根据是预防和剥夺，即针对贪利性犯罪罚没财物，抑制其犯罪动机、剥夺犯罪能力。这种"轻赎罪重预防重剥夺"观念最终支配立法，表现在现行罚金刑制度上就是：（1）罚金刑只能作为辅刑；（2）不能与自由刑易科；（3）只对贪利性和经济性犯罪配置；（4）广泛采取罚金刑与自由刑的并科制；（5）常见罪的罚金刑没有限额。如果认可罚金刑的赎罪性，那么罚金刑作为主刑、可与自由刑易科、可适用于非贪利型犯罪是很容易接受的；相反，广泛适用并科、无数额限制则是不能容忍的。因为从赎罪的观念看，并科有双重处罚、不公平处罚的嫌疑，无限额则有脱离罪行限度处罚的可能。而我国刑法罚金刑制度的五个特点是形成司法实务中罚金刑执行难、政策效果（减少关押）不明显的根源。因为缺乏同罪同罚的公平原则的支撑，势必会导致司法人员适用、执行时犹豫彷徨。

（二）罚金刑改革的出路在于转变"轻赎罪重预防重剥夺"的观念，确立罚金刑主要正当根据是赎罪而非预防的观念，根据罚金刑的特点合理利用

1. 社会主义应当比资本主义更能接受罚金刑赎罪的正当理由

因为社会主义国家实行按劳分配制度，绝大多数人的财产是辛勤劳动所得，而不是剥削所得。我国已经宣布消灭了剥削阶级，全体人民都是社会主义的劳动者。当公民违法犯罪时，罚取其劳动所得赎罪，理由正当。基于罚金赎罪的正当性，罚金刑完全可以适用于所有的轻微犯罪。当其不能缴纳罚金时，换处自由刑也是正当的。在大家都是以劳动所得赎罪的意义上讲，这是公平的。当然，在我国还存在贫富不均的现象，同罪同罚存在实质的不公平。不过，即使是自由刑，绝对的公平也是不存在的，同样被判处无期徒刑、死刑，如果考虑年轻者与年老者年龄差异也未必公平。同样是被判处 3 年有期徒刑，过惯优裕生活的犯人可能感觉更痛苦、更不适应。同样是被判处 1 年有期徒刑，公务员、教师等白领人士比无业人员可能失去更多，他们可能因此而失去毕生奋斗得到的地位、职业。

2. 把抑制贪利动机、剥夺犯罪能力的预防功能当作罚金刑正当根据是不切实际的

贪利和经济犯罪中，盗窃、抢劫、抢夺、诈骗、敲诈勒索等侵犯财产的犯罪占实际发案数的90%以上，而这些犯罪人通常是因为没有钱或者没有稳定的职业才去偷、抢、骗的，对他们而言，通过罚金剥夺其犯罪的条件或抑制其贪利动机的理由是虚构的。因为这些犯罪本身就是"无本买卖"，这些犯罪人就是因为没钱才去犯罪的。实际发案数的90%以上的应适用罚金刑的犯罪多属这种情形，罚金刑执行难在所难免，罚金刑的预防效果也无从谈起。抑制贪利动机、剥夺犯罪能力的预防功能只对极少量的经济犯罪有效，不具有普遍性。至于财产刑起到不让犯罪分子在经济上占便宜的作用的根据，更是不能成为其正当根据。因为通过犯罪得到的利益，属于违法所得，应当适用刑事没收、追缴，其正当根据是消除非法状态。不需要也不能适用财产刑予以剥夺。

三、没收财产刑的正当理由

没收财产刑缺乏作为刑罚方法的一般正当理由。因为没收犯罪人合法财产的部分或全部，缺乏范围和尺度的限制，可能使犯罪人在财产上遭到没有限度的制裁，不符合刑法公平、谦抑的原则。在已经配置罚金刑和设置刑事没收的情况下，即使从功利的角度，也没有必要配置没收财产刑。对犯罪人适用罚金刑，同样可以达到通过剥夺犯罪人合法财产惩罚犯罪人、解除其犯罪经济条件的目的。[1]对罚金刑设置数额的限制可以避免无限度惩罚。没收财产刑则没有这样的限制，为公共权力剥夺犯罪人合法财产提供了过于强大的权力，不利于维护公民财产安全。对于犯罪人的非法财产，应当适用刑事没收剥夺。刑事没收也是一种有限度的剥夺，即以非法财产、用于犯罪之物

---

〔1〕 李洁提出"一般的没收财产刑应予废止"的主要理由是：（1）"没收财产刑如果作为一种剥夺部分财产的刑罚，在已经有罚金刑规定的情况，没有存在的必要。"（2）"具有一定的超刑事责任范围的任意处置的违反罪刑法定原则基本精神的倾向。"并从报应与预防的正当根据，罪责均衡的要求以及与罚金刑选择的角度进行了具体的论证。参见李洁："论一般没收财产刑应予废止"，载《法制与社会发展》2002年第3期。本人赞成这些观点并与其根据基本一致，但更看重从国家权力与公民权利之间的平衡角度来考虑没收财产刑的正当性，即没有理由授予国家这样大的剥夺财产的权利，没有必要让公民财产安全蒙受这样大的风险。至于是限制还是废止？笔者认为在目前广泛配置没收财产刑的立法现状下，大幅削减更为现实。另外，作为国家或公共利益的特殊需要，没收财产刑也具有一定的存在根据。

或违禁品为限。在对犯罪人合法的和非法的财产均有方法剥夺的情况下，没有必要以牺牲公民财产安全为代价设置没收财产刑。

只有在证明有必要无限度剥夺犯罪人财产的场合，没收财产刑才能具有存在的正当根据，而这种场合应当是非常罕见的。

四、财产刑的改革方向

（一）关于罚金刑，应确立罚金刑也具有赎罪性的观念，将其作为一种比自由刑轻缓的刑种普遍适用于轻微的犯罪

（1）正视罚金刑对富人无效对穷人无奈的局限性，将其定位于一种比自由刑温和的刑种。（2）重视它替代部分短期自由刑适用所产生的预防功能。西方国家重视扩大罚金刑适用的政策考虑主要是替代短期自由刑，减少监狱传染，有利罪犯悔过自新。这也是我国学者一直强烈主张的观点。（3）罚金刑适用范围应当由贪利、经济性犯罪扩大到所有的轻微犯罪。[1]罚金刑预防犯罪的政策意义主要在于减少自由刑适用，而非在于具有抑制犯罪动机、剥夺犯罪能力的作用。因此，没有必要把它的适用范围限定于贪利、经济型犯罪，而应当看重它（相对于传统刑罚自由刑）较轻缓、不关押的特点适用于轻微的犯罪。对所有的轻微犯罪在"坐牢"之外增加一个选择的刑种，在"关与不关"之间多出一个罚金的选择总比没有选择好。

基于上述定位，建议（1）对于轻微犯罪，均配置"可以单处罚金"与有期徒刑、拘役、管制并列，供选择适用。与此相应，对轻微犯罪（比如法定刑为3年以下有期徒刑的）废除罚金刑与主刑必须并科的规定。（2）建立罚金刑与短期自由刑、管制在量刑和执行阶段的换处制度。比如在量刑阶段，对宣告刑为1年以下有期徒刑或者拘役、管制的，均可酌情转换为宣告相应数额的罚金；在执行阶段，罚金不能执行的，均可转换为相应期限的自由刑。与此相配套，采取日额罚金制，判处罚金的天数和每天的罚金额确定总罚金额，以便在罚金刑执行受阻的情况下换处自由刑。（3）充分保护被害人的权益。对故意伤害等侵犯人身的犯罪适用单处罚金结案的，应当酌情考虑被害

---

〔1〕 最高人民检察院刑法修改小组（1996年5月）曾经建议："（二）扩大罚金刑的适用范围，罚金刑可以适用于以下对象（1）贪利图财性犯罪；（2）轻微犯罪；（3）过失犯罪；（4）法人犯罪。"但没有被采纳。高铭暄、赵秉志编：《新中国刑法立法文献资料总览》（下），中国人民公安大学出版社1998年版，第2697页。

人的意见。（4）对于较为严重的犯罪，一般采取与主刑"可以并处罚金"的选择并科制，并规定可以并处罚金额的上限。对于较为严重的犯罪不宜设置可以单处罚金的规定，这是由罚金刑的轻缓性质决定的。也不宜设置必须并处罚金的规定，因为犯罪人没有缴纳罚金的能力将无法执行。与其空判不如不判，判决而又不能执行将有损判决的严肃性。（5）在选择并处罚金的场合，应当与主刑的判决统筹考虑。因为既然承认罚金是一种承担刑事责任的方式，具有赎罪的功能，并处罚金就应当作为对罪行惩罚的一部分考虑，酌情从轻或减轻主刑的适用。[1]这样也能与没有并处罚金的保持平衡。

（二）关于没收财产刑，应当结束广泛配置没收财产刑的立法结构

应废除或者在极小的范围内保留没收财产刑。如果保留没收财产刑，正当根据只能是维护国家安全或社会稳定的特殊需要，针对敌对势力或有组织犯罪配置没收财产刑，比如资敌罪、资助危害国家安全活动罪、组织领导恐怖活动组织罪、组织领导黑社会性质组织罪。修订后的刑法典最为令人费解之处是在广泛配置没收财产刑同时，对组织领导黑社会性质组织罪却没有配置。在行为人构成组织领导黑社会性质组织罪的情况下，通常因"为非作恶"而成立其他严重刑事犯罪如故意杀人罪、故意伤害罪、绑架罪等，已经被判处了重刑。再对其组织领导黑社会性质组织罪判处 15 年以下的有期徒刑不关痛痒。倒是有必要适用罚金或没收财产刑以剥夺其经济能力。

（三）规范、强化刑事没收

依法正确适用刑事没收和财产刑的前提是甄别财产的性质。刑事没收以财产具有非法性或与犯罪的关联性为要件，适用刑事没收必须认定具备这个要件，这是它比财产刑较难适用的关键。在实务中往往通过罚金刑或没收财产刑剥夺犯罪分子的非法财产，因为适用财产刑不需要这个要件，比较便捷。这虽然省去了查证财产非法性的麻烦，但不正当、不合法。因为二者适用的正当根据不同，不能混用。罚金刑和没收财产刑所罚没的是犯罪人的合法财

---

〔1〕储槐植、梁根林："在决定罚金刑与自由刑并科时，不能仅仅考虑作为主刑的自由刑是否与罪行的社会危害程度相适应，而应当综合考虑罚金刑与自由刑并科后的刑罚强度与罪行的危害程度是否相适应。否则，罚金刑就成了可有可无、无关痛痒的东西了。这一点似乎尚未引起人们充分注意。""在自由刑与财产刑并科的情况下，仍然应当坚持和贯彻罪责刑相当原则。""论法定刑结构的优化——兼评 97 刑法典的法定刑结构"，载《中外法学》1999 年第 6 期。该文作者注意到财产刑既然是一种刑罚，就应当受罪刑均衡原则的制约。这也是把赎罪作为财产刑正当根据的必然结论。

产，构成对罪行的惩罚，罚没的数量受罪刑相适应原则的约束。相反，刑事没收所没收的是非法财产，其适用的正当根据是消除非法状态，其适用的范围以与犯罪关联的非法财产为限度，与罪行轻重无关。不甄别财产的性质以财产刑取代刑事没收，会使判决罚没财产的数量不能正确反映处罚的轻重。因为如果适用财产刑罚没与犯罪关联的非法财产，即使数量很大其实并未使罪犯受罚；如果把合法财产混同非法财产悉数罚没，可能使罪犯财产受到过度的剥夺。

如果减少罚金刑并科、减少甚至废止没收财产刑，将会减少司法实务以财产刑替代刑事没收的条件，不得不适用刑事没收剥夺罪犯的犯罪关联财产。而适用刑事没收，将使司法机关增加证明财产非法性的负担。一方面，应当充分认识这是坚持惩罚的正当性必须付出的代价，决不能为追求效率而牺牲法律的正当性；另一方面，应当建立刑事没收的证明规则，适当减轻司法机关认定犯罪关联财产的负担。

中国控制死刑的方略[1]

关于中国控制死刑的方略，我国学者达成了诸多的共识：在国际社会，废止死刑是大势所趋；就我国目前状况，不仅立法对许多罪名配置有死刑而且司法还较普遍适用死刑，所以应当积极推动控制死刑。其步骤是由减少循序渐进到废止；其路径是先废除非暴力犯罪，逐渐过渡到暴力致死的犯罪。[2]在中国控制死刑方面"司法对死刑的限制具有最直接、最现实的意义"，"死缓制度发挥着特别重要的作用"。[3]中国死刑逐步废止后，适当提高有期徒刑刑期，对于本该判处死刑的罪犯提高减刑、假释后实际执行的刑期，[4]等等。以这些共识为基础，本文拟讨论相关话题求教于同仁。

一、司法先行、立法缓行

控制死刑的步骤，是立法先行还是司法先行？我认为应当是司法先行、立法缓行，即通过（法院）司法逐步减少乃至不适用或不执行死刑，使死刑达到了名存实亡的程度再从立法上废除。

他国控制死刑大多经历了这样的过程，可资借鉴。完全从制度上废除死刑的国家如英国，从 1969 年起就对谋杀不再适用死刑，但直至 1998 年才完全从法律上废除了所有犯罪的死刑。[5]依然保留死刑制度的国家如日本，每年判处和实际执行死刑的仅数人，有的年份甚至停止执行死刑。[6]韩国在立法上虽然对大量罪名规定有死刑，但"自 1987 年至 1997 年 11 年间，犯罪发

---

〔1〕 原载赵秉志主编：《刑法学研究精品集锦Ⅲ（上册）》，北京师范大学出版社 2012 年版。

〔2〕 赵秉志："中国逐步废止死论纲"，载《法学》2005 年第 1 期。

〔3〕 赵秉志："当代中国刑罚制度改革论纲"，载赵秉志主编：《刑事法治发展研究报告》，中国人民公安大学出版社 2009 年版，第 205 页。

〔4〕 赵秉志："中国逐步废止死论纲"，载《法学》2005 年第 1 期。

〔5〕 何荣功："欧盟代表性国家死刑废止道路研究"，载赵秉志、威廉·夏巴斯主编：《死刑立法改革专题研究》，中国法制出版社 2009 年版，第 71 页。

〔6〕 ［日］大塚仁：《刑法概说》（总论），冯军译，中国人民公安大学出版社 2003 年版，第 446 页、第 447 页。

生的总件数呈逐年增加之势，期间共执行死刑人数也只有 101 名……韩国自1998 年以来巧妙地回避了民意的迷恋死刑情结，非正式地中止了死刑的实际执行制度，目前韩国已经超过 10 年没有再执行一例死刑，正式步入法律上保留死刑，事实上废止死刑的国家行列"。[1]韩国并非个别现象，如同韩国这样（立法保留死刑但超过 10 年没有执行）"事实上废止死刑"的国家为数甚多，以至于引发了死刑废止国和保留国统计标准和数据之间的差异。[2]为了兑现3 年内废止死刑的承诺，"俄罗斯联邦宪法法院签署了'冻结'死刑的决议。迄今，俄罗斯已有超过 10 年没有适用死刑，成为事实上废止死刑的国家"。[3]诸多国家的经历表明：控制死刑完全可以委诸司法部门实施，司法控制死刑的效率可以使立法上的死刑制度达到名存实亡的程度。在减少、废止死刑的道路上，从来不存在立法滞后的问题。立法只是在死刑名存实亡之后走个程序，予以确认。

世界大多数国家都经历同样的司法控制死刑之路，大概与民众对待死刑的态度有关。民众对于严重的谋杀罪行，大多强烈要求适用死刑。这种报应情绪一方面代表公民的健全意识，另一方面与理性的死刑观之间存在冲突。作为妥协，通过司法根据民情逐渐推动减少、废止死刑。尊重民众对凶犯的憎恶情绪、对被害者的同情之心，回避与公民公平正义观念的冲突。这是尊重民意的选择，也是一种推行废止死刑理念的稳健策略。

对于中国而言，司法先行、立法缓行是控制死刑的稳健方式。司法先行，可进可退，没有政治风险。中国是一个人口大国，各地政治、经济发展不平衡，在民意普遍赞成死刑的情况下，没有必要冒政治风险从立法入手减少、废止死刑。对于暴力致死犯罪，被害人亲属基于"杀人偿命"观念强烈要求适用死刑，在公众仍然普遍认同这种观念的背景下，不能在立法上对此类犯罪废除死刑。如果贸然废除，遇到极端的凶杀案件将会使政府陷入被动。对于非暴力的犯罪，如贪污贿赂等犯罪，在公众面对贪污腐败持极端愤恨情绪的背景下，也不宜仓促从立法上废止死刑。同样，如果遇到极端的贪腐案件也会使政府陷入被动。既然选择从减少到废止的渐进道路，从逻辑上讲，应

---

[1] 郭健："韩国死刑制度的变革及其对中国的启示"，载赵秉志、威廉·夏巴斯主编：《死刑立法改革专题研究》，中国法制出版社 2009 年版，第 207 页。

[2] 于志刚："关于废止死刑国家的数量统计结论之反思"，载《法学》2009 年第 1 期。

[3] 赵秉志、袁彬："俄罗斯废止死刑及其启示"，载《法制日报》2009 年 12 月 2 日。

选取司法先行的稳健策略。

对于暴力犯罪在立法上保留死刑，有利无弊。对于非暴力犯罪，如贪污贿赂、毒品犯罪等趋利的犯罪，通过死刑立法始终保持威慑，有利无害。只要事实上不适用，挂在刑法上有何不妥！学者多主张对于非暴力犯罪应当率先废除死刑，其实对于这类"理智"犯罪，死刑或许有一定的威慑效果。另外，至少对民众有一定的抚慰作用。

中国面临的外部压力不在于刑法保留死刑或者立法上广泛规定有死刑，而是在司法中仍然较多适用并执行死刑。联合国以及其他国际组织倡导减少死刑适用和执行，主要关注实际执行死刑的状况和按照国际准则公布执行死刑的数字。仅仅通过立法废止刑法中备而不用的死刑或非暴力犯罪的死刑，不能从根本上解决问题。只有通过司法切实有效地减少死刑适用特别是死刑执行才是解决问题的根本途径。

中国的司法体制尤其有利于司法推进控制死刑。最高人民法院掌管全国死刑案件复核权，可以统一全国各级人民法院的死刑适用，也可以通过调整死刑相关制度，如死缓、无期徒刑的适用、执行，配合控制死刑的工作。因此，最高人民法院应当担当而且也完全能够胜任控制死刑的任务。有的国家，鉴于民意对废止死刑立法的阻力，通过法院以死刑违宪的名义拒绝适用或执行死刑。中国应当充分发挥法院体制的作用，把控制死刑的操作定在司法层面，把控制死刑的政治风险降到最小程度。

中国目前控制死刑，不在于刑法规定哪种罪有死刑，而在于法院不适用死刑或不执行死刑，在此过程中让法律职业群体和公众逐渐形成新的死刑适用尺度和新的罪刑等价观。

二、统一死刑适用标准、以死刑缓期执行渐行取代死刑执行

司法先行控制死刑的核心环节有两个：其一是统一死刑的适用标准；其二是以"死缓"逐渐取代死刑的执行。

（一）统一死刑适用的司法标准

根据各国经验，控制死刑的最后堡垒是严重的谋杀类罪行。面对这类罪行：其一，保留死刑存在罪刑等价的根据，即罪犯毁灭了他人的生命；其二，需要克服杀人偿命的公平观念；其三，面对被害人亲属渴望严惩罪犯的心情，很难拿出充足的理由说服他们。在这最后攻坚阶段，死刑将保留较长时间。

至于其他的犯罪，如贪污贿赂、贩卖毒品、伪造贩卖假币等非暴力致命犯罪，在世界其他保留死刑的国家，不涉及死刑的适用，在中国现阶段，虽然涉及死刑适用，但其司法控制纯属于国家刑事政策的选择，也不成其为问题。中国刑法中涉及死刑的条款虽然有 68 个之多，但是在死刑适用方面真正成为问题的只有那些包含有暴力致人伤亡内容的条款，也即包含实质意义的"谋杀"条款。除《刑法》第 232 条的故意杀人罪之外，主要是那些将暴力致人死亡作为加重犯的情况，如抢劫、强奸致人重伤死亡，放火，爆炸，投放危险物质，破坏交通工具，破坏交通设施，劫持航空器致人重伤、死亡。按中国现行法律适用的通说，上述加重犯的规定均属于特别规定，应予优先适用。这导致司法牵涉的死刑条款增多，标准多元，不利于统一掌握死刑的适用。

有的学者鉴于这种不利因素，建议首先从立法上调整刑法结构，将涉及谋杀的犯罪行为在适用死刑上统一尺度，包括放火、爆炸、投放危险物质、劫持航空器罪具有故意杀人性质的行为，统一按照故意杀人罪认定处罚。[1] 这种建议的思路无疑是正确的，可是需要对刑法典的结构进行大调整。

其实，在中国刑法现有结构下从司法上统一死刑标准非常简单，只要确立一个法律适用规则：凡行为同时符合刑法某条加重犯的要件和《刑法》第 232 条故意杀人罪要件的，一律适用《刑法》第 232 条以故意杀人罪定罪处罚。这一规则非常容易被法律职业群体接受，因为很多学者一直就主张采取这一规则。这样，无需对刑法典进行修订就可以统一死刑司法标准，是一个简单易行的方案。

在将暴力致人死伤案件的死刑适用统统归拢到《刑法》第 232 条之后，围绕故意杀人罪的认定处罚，由最高人民法院统一制定或掌握适用死刑的先决条件或排除适用死刑的情形。通过死刑复核程序控制死刑的适用。

（二）法院在适用死刑时，逐渐减少死刑立即执行，代之以死刑缓期二年执行（死缓）

"死缓"是具有中国特色的制度，其设立的本意就是减少死刑的执行。中

---

〔1〕 赵秉志："对于大部分原本属于故意致命性的普通暴力犯罪，可以通过立法技术的调整，将其转以故意杀人罪论处，从而从立法技术的角度废止其死刑条款……在条件成熟时，完全可以通过调整立法技术，将故意致命性普通暴力犯罪以转质的立法方式，转以故意杀人罪论处。易言之，凡是故意侵犯生命的犯罪情形，一律都按故意杀人罪论处"，见"中国逐步废止死论纲"，载《法学》2005年第 1 期。

国在"死缓"的适用和执行上已经形成了完备的制度，积累了丰富的司法经验，完全可以发挥这个现成的制度在控制死刑方面的作用。国际社会通行以实际执行死刑的数量作为一国适用死刑的重要指标，这表明，第一，认可判决死刑而不执行的司法实践；第二，在死刑控制上更看重问题的实质，即是否实际执行死刑，而不十分看重立法是否保留死刑、司法是否判决死刑。在严格限制死刑的国家，对于罪行极其严重的罪犯判处死刑但不执行，一方面表明国家和法律对该罪行最强烈的责难，另一方面安抚公众的情绪，是一种兼顾死刑存置论者和死刑废止论者立场的折衷办法，也是各国普遍经历的控制废止死刑之路。

三、立法"加重生刑"须慎重

在控制死刑的过程中，有学者提出中国刑罚结构"死刑过重、生刑过轻"的观点，"我国刑罚体系存在着结构性缺陷，这就是死刑过重，生刑过轻：一死一生，轻重悬殊，从而极大地妨碍了刑罚功能的正常发挥……这里的生刑，包括死缓（因为死缓一般不杀）、无期徒刑和有期徒刑"。[1]其根据是：由于有减刑、假释的机会，死缓一般关押18年，无期徒刑一般关押15年，15年有期徒刑一般关押12年，20年有期徒刑一般关押15年。由此推论中国刑法中的"生刑"相对于广泛配置的死刑，甚至相对于外国刑法适用情况，都显现出"生刑"过轻的特点。由此建议："在严格限制死刑适用的前提下，为使刑罚结构合理，应当加重生刑。具体地说，某些过去判处死刑立即执行的犯罪，现在由于贯彻少杀政策不杀以后，改判死缓或者无期徒刑，为改变生刑过轻的倾向，应当加重死缓和无期徒刑惩治力度。被判处死缓的，原则上关押终身；个别减刑或者假释的，最低应关押30年以上。被判无期徒刑的，多数应关押终身；少数减刑或者假释的，最低应关押20年以上。有期徒刑的上限提高到25年，数罪并罚不超过30年。通过加重生刑，从而为死刑的减少适用创造条件……从而减少对死刑的过分依赖，也使我国刑罚结构趋于合理。"[2]

中国刑罚结构的缺陷是"重死轻生"、应向着"轻死重生"方向调整之说一经提出，学界响应者甚众，几乎成为控制死刑过程中完善中国刑罚结构

---

[1] 陈兴良："刑罚改革论纲"，载《法学家》2006年第1期。
[2] 陈兴良："刑罚改革论纲"，载《法学家》2006年第1期。

的通说。有的学者还沿此思路进一步探讨，提出有期徒刑上限"提高论"〔1〕等观点。不过，对此也有学者持怀疑态度，中国社会科学院法学研究所研究员陈泽宪提出，应全面看待刑罚轻重的问题，中国刑法中"生刑是不是太轻，还有待进一步的实证研究来判断"。〔2〕梁根林教授指出，"倘若在死刑罪没有减少的情况下增加生刑的刑期，对此学界戏言：这是烟未戒掉，酒又喝上，反倒是真正意义上的刑罚结构轻重失衡"。〔3〕张明楷教授指出，"死刑的废止不需要终身刑替代"，也提醒废止死刑未必需要寻求"将犯人终身关押在监狱的刑罚方法"之类严峻的替代方法。〔4〕

由上可见，中国在控制死刑的过程中是否需要"加重生刑"成为重要的问题。我认为，中国刑法"生刑过轻说"的论据尚不充分，立法"加重生刑"应当谨慎。理由如下所述。

（一）对于非暴力犯罪如贪污贿赂诈骗盗窃而言，不存在"生刑"过轻的问题，也没有加重"生刑"的必要性。对这类犯罪最重判处"死缓"平均执行 18 年，足以罚当其罪了

外国刑法中的不得假释的终身刑，以及 20 年以上、30 年以上的有期徒刑，不能作为谈论非法暴力犯罪处罚轻重的依据。因为外国刑法对这类非暴力犯罪规定的法定最高刑就只有有期徒刑，不仅未曾规定过死刑，连无期徒刑都罕见规定。例如日本、德国刑法中，贪污、盗窃、诈骗法定最高刑均为10 年，德国刑法中受贿罪的法定最高刑也是 10 年，日本刑法中受贿罪法定最高刑为 15 年。俄罗斯刑法规定盗窃、诈骗罪的法定最高刑为 10 年，贪污、受贿罪的法定最高刑为 12 年。中国在未来如果废止对非暴力犯的死刑，只不过使刑罚回归合理，不必顾虑"生刑"过轻，没有必要加重"生刑"。

---

〔1〕 马长生、许文辉："死刑限制视角下的有期徒刑上限提高论——谦论我国重刑体系的冲突及衔接"，载《法学杂志》2010 年第 1 期。

〔2〕 参见林燕："我国的刑罚结构，重了还是轻了"，载《检察日报》2007 年 11 月 19 日，第 3 版。

〔3〕 参见林燕："我国的刑罚结构，重了还是轻了"，载《检察日报》2007 年 11 月 19 日，第 3 版。

〔4〕 张明楷："死刑的废止不需要终身刑替代"，载《法学研究》2008 年第 3 期。

（二）对于暴力致人死伤的犯罪，在控制死刑方面"生刑"过轻需加重"生刑"的结论仍须证明，不能作为已证实的命题

有的国家规定不得假释的终身刑，其目的是出于个别防卫并非出于报应罪责，适用的对象罪行严重、具有人身危险性且无法矫治或不能确认已经矫治。现代刑法已经普遍接受教育改造罪犯使之回归社会的观念，基于惩戒、威慑的考虑对罪犯适用不得假释的终身刑与适用死刑的观念并无差异。因此对于可以教育改造的罪犯，即使罪行严重也没有必要适用终身刑。对于确实存在人身危险性不宜回归社会的，可以通过控制减刑、假释把罪犯与社会永久隔离。假释适用的实质条件是"确有悔改表现、不致危害社会"，减刑的条件也要求"确有悔改表现"。对于被判处死缓、无期徒刑的凶恶犯罪人可通过合理适用减刑、假释来解决。即使按照目前平均关押时间死缓犯 18 年、无期徒刑犯 15 年，也不能说明"生刑"过轻需加重"生刑"。因为这只是平均值，对于凶恶罪犯应当而且也能够关押大大超出平均值的时间；况且，目前中国控制死刑进展远未达到对凶恶罪犯都不适用死刑的程度，所以不能轻言"生刑"过轻，也不用急于加重"生刑"。

有的国家有期徒刑在 20 年以上，数罪并罚可达 30 年、40 年以上，甚至可以判处上百年乃至千年的监禁，[1]这理由同样不能支持中国刑法"生刑"过轻需要提高有期徒刑上限的结论。恰恰相反，这样的事实表明那些国家的"生刑"远轻于中国。因为那些国家一般没有死刑，无期徒刑就已经是"极刑"，适用非常慎重。因为有的罪之法定最高刑没有无期徒刑，所以不得不提高有期徒刑的刑期；或者有的罪之法定最高刑虽然是无期徒刑，但是法官嫌其过于严厉、不符合教育刑的观念，很少适用。所以才出现较长的有期徒刑，甚至于数罪并罚后出现百年千年"变相的"无期徒刑。中国刑法的情形不同，常见罪大多配置有无期徒刑，如盗窃、诈骗、抢夺、抢劫、绑架、贪污、贿赂、毒品交易、故意伤害、故意杀人罪等，且采取数额加重或结果加重的立法结构，使每一个罪因为数量多或结果重而成为可适用无期徒刑之罪。通常，一次或多次盗窃、诈骗、抢夺、贪污、贿赂 10 万元以上就足以判处 10 年以上有期徒刑、无期徒刑，以至于使中国司法在数罪并罚上养成粗放的倾向，

---

〔1〕 马长生、许文辉："死刑限制视角下的有期徒刑上限提高论——谦论我国重刑体系的冲突及衔接"，载《法学杂志》2010 年第 1 期。

同种罪不数罪并罚，累计数额以一罪处罚。在我国刑法中故意伤害致人死亡或者致人伤残手段残忍的，同样也规定有无期徒刑。在这种广泛规定并适用无期徒刑的模式下，没有必要提高有期徒刑的上限。只有当刑法中常见罪取消死刑、无期徒刑的情况下，才有必要谈论所谓的提高有期徒刑上限的问题。撇开无期徒刑的配置情况孤立谈论有期徒刑轻重长短是片面的。

日本修订刑法把有期徒刑加长到20年，根本不值得效仿。因为日本已经步入死刑存而罕用的阶段，法官判处无期徒刑也受到严格约束，不得已提高有期徒刑。我国尚处在广泛适用无期徒刑、死刑阶段，控制死刑的焦点不是担心打击不力，而是担心被害人、群众的心理承受能力，担心给犯罪分子造成放松打击的印象。中国在控制死刑上，一方面要使死刑的实际执行有实质的减少；另一方面要把由此产生的消极影响主要是对公众心理的影响和对现有司法传统的冲击降到最低。应当把死刑控制的重点放在司法操作层面上，把由此可能造成的刑罚不平衡问题放在刑罚执行如减刑、假释的适用层面上解决，没有必要从立法上调整现有刑罚格局。

对伪造货币犯罪没有必要保留死刑[1]

我国《刑法》第170条对伪造货币罪规定法定最高刑为死刑。对伪造货币罪有无必要保留死刑，涉及对刑罚正当根据的认识和对待死刑的态度。

对伪造货币罪保留死刑的唯一正当根据恐怕是期望取得威慑、遏制这种犯罪的效果。关于刑罚正当根据，人们向来从公平报应和功利预防两方面寻求。对于伪造货币的犯罪而言，无法从报应观念中获得适用死刑的正当根据。因为这种经济犯罪，不存在谋杀生灵的罪恶，对其还报以剥夺生命的惩罚不符合报应观念。所以，正当根据只能从预防、遏制犯罪方面寻求。

死刑能否有效地减少伪造货币犯罪，这恐怕是个难以证实的问题。保留死刑的确会增加这种犯罪的代价，使其成为一种冒生命危险的勾当。根据人精于算计的本性推测，加强抑制犯罪动机的力度，会得到减少犯罪的效果。不过，这仅仅是按照常理的推测。更多的经验表明，死刑与犯罪的增减没有明显的相关性。二次大战后许多国家减少、废止死刑的实践，没有造成有关犯罪犯罪率的明显波动。其中，有渐进式的废止死刑，如英、法等国；也有突变式的，如俄罗斯。俄罗斯联邦于1996年8月以总统令的形式暂停执行死刑，继而废弃死刑。这种在死刑制度上剧烈的变革，也未见带来何种消极的影响。中国与苏联在很长一段时期里国情近似，俄罗斯废止死刑的试验，对我国具有重要的参考价值。

对伪造货币罪是否应当废止死刑，关键在于对死刑采取谦抑还是扩张的态度。关于死刑存废之争由来已久，各有道理。问题不在于伪造货币罪犯该不该杀，死刑对这种犯罪有没有预防效果，而在于我们对死刑采取何种态度。

对死刑应当抱着"投鼠忌器"的态度。"物不伤其类"是任何一个物种自然的生存繁衍之道。对生命的尊重，也就是对人类自身的尊重。这促使我们时常扪心自问，谁能拥有剥夺同类生命的权力？人民以国家和法律的名义

---

〔1〕 原载赵秉志主编：《中国废止死刑之路探索》，中国人民公安大学出版社2004年版。

就可以正当地剥夺人的生命吗？看看人类自相残杀的愚蠢历史，就可以知道国家和法律也不能保证合理地使用死刑。因此，在让伪造货币罪犯冒着杀头风险的同时，我们也在冒着被用各种各样的理由杀头的风险。这并非是对国家和法律的不信任，而是对人类自身的不自信。各种犯罪包括凶杀屡禁不止，这就是人类自身弱点的大暴露。对于个人的邪恶，我们防不胜防，但唯一能够做到的，就是不以国家和法律的名义剥夺人的生命。这是考虑人类生存的根本利益、根本价值作出的明智选择。欧洲人很精明，既然不敢相信自己能管理好死刑，干脆就废止。我想，他们很清楚为此付出的代价：长期监禁罪犯的巨大花费，民众、被害人难以平复的心情，罪犯付出较低代价等。欧洲人曾经欺负过我们，他们未必是天然的大善人，但在死刑问题上，却透着一种大气的精明，拎得清利弊得失。

对罪犯应当抱着"不与其一般见识"的态度。目前为止，我们还看不到罪恶消失的尽头。总有人轻贱他人的生命，邪恶地、凶残地剥夺他人生命，也总有人算计着从社会、从善良守法的人们那里攫取非法的利益。我们应当同罪恶进行不妥协的斗争。无论是罪犯的凶残还是罪犯的贪婪，都是人类自身的不完善在具体人身上的表现。人类作为一个理性的整体没有必要对其个体的盲动作出同样极端的反应。

保留还是废除死刑都不是免费的午餐。从理想主义的观点来看，死刑没有保留的正当根据。但在我国目前还广泛保留死刑的背景下，主张全面废止死刑或许过于激进。因此我主张，作为渐进废止死刑的第一步，首先是废止伪造货币一类非暴力罪的死刑，减少暴力犯罪死刑的适用。社会和善良守法的人们将为此付出代价，但同时获益更大。对于人类整体而言，有什么比守住不杀人（同类）的信念更重要呢？有什么比保障自身安全、生存的利益更重大呢？换言之，为了制止造假钱有必要付出这样的代价吗？

《刑法修正案（八）》后数附加刑的执行[1]

关于数附加刑的执行，1979 年《刑法》第 64 条第 2 款、1997 年《刑法》原第 69 条第 2 款皆规定："如果数罪中有判处附加刑的，附加刑仍须执行。"这一规定只明确了附加刑与主刑之间采取相加执行（或称并科）规则，并没有明确数附加刑之间如何合并执行。这一法律上的"空白"，委诸司法实践和学理解释填补。三十余年来，学说和实践达成共识，形成司法习惯，体现在有关司法解释中。[2]《刑法修正案（八）》在原规定基础上进一步明确："其中附加刑种类相同的，合并执行，种类不同的，分别执行。"

这一修正是否会对既有的司法习惯带来"修正"值得研讨，因为立法修正如果并不带来司法习惯的改变，就没有必要关注；如果将带来司法习惯的改变，则需要认真对待。就目前研讨的情况看，尽管这一修正总体对司法习惯影响不大，但是，仍在两个问题上引发了争论：第一，数有期剥夺政治权利刑合并是否应当继续采取限制加重原则？第二，没收全部财产刑与罚金刑的合并是否应当继续采取吸收原则？本文就上述问题展开论述。

一、数有期剥夺政治权利刑的合并

数有期剥夺政治权利刑的合并，司法习惯上适用限制加重原则。《关于在执行附加刑剥夺政治权利期间犯新罪应如何处理的批复》（以下简称《批复》）指出："对判处有期徒刑的罪犯，主刑已执行完毕，在执行附加刑剥夺

---

　　〔1〕　原载《人民检察》2012 年第 3 期。

　　〔2〕　《最高人民法院关于在执行附加刑剥夺政治权利期间犯新罪应如何处理的批复》（法释〔2009〕10 号）、《最高人民法院关于适用财产刑若干问题的规定》（法释〔2000〕45 号）。最高人民法院研究室：《关于数罪中有判处两个以上剥夺政治权利附加刑的应如何并罚问题的电话答复》（1986 年 10 月对广西高院）（已失效）。基于前述司法解释达成的共识：（1）数罚金刑、数没收部分财产刑，相加执行。（2）数有期附加剥夺政治权利刑依限制加重原则合并执行。（3）数剥夺政治权利刑中有剥夺政治权利刑终身的，决定执行剥夺政治权利终身；数财产刑（包括没收部分财产和罚金刑）中有没收全部财产的，决定执行没收全部财产刑，吸收原则。（4）剥夺政治权利刑与罚金刑或没收财产刑之间，相加执行。

政治权利期间又犯新罪，如果所犯新罪也剥夺政治权利的，依照《刑法》第55 条、第57 条、第71 条的规定并罚。"

此《批复》至少明确数有期剥夺政治权利刑合并的，最高不得超过《刑法》第55 条规定的5 年或者第57 条规定的10 年，符合限制加重的基本要求。另外，最高人民法院刑五庭负责人就该《批复》答记者问更为明确指出："对剥夺政治权利均为一定期限的，是采取限制加重方法，还是采取相加方法，存在不同意见。经研究，《批复》采纳了限制加重的意见，即如果所犯新罪也剥夺政治权利的，依照《刑法》第55 条、第57 条、第71 条的规定并罚。"

在《刑法修正案（八）》出台后，对数有期剥夺政治权利刑合并出现了"相加"执行的见解。如郎胜主编，王尚新、黄太云副主编的《中华人民共和国刑法释义》（以下简称《释义》）中指出："'附加刑种类相同的，合并执行'是指……相加之后一并执行，比如，同时判处多个罚金刑的，罚金数额相加之后一并执行，同时判处多个剥夺政治权利的，将数个剥夺政治权利的期限相加执行。需要注意的是，相同种类的多个附加刑并不适用限制加重。"[1]《释义》中主张只能采取相加执行原则，且明确提示排斥限制加重原则。因为该《释义》作者的特殊身份，[2]其权威性和影响力值得重视。有著名学者也持同样观点："对数个剥夺一定期限的剥夺政治权利刑，其合并执行采取的也是相加原则，将数个剥夺政治权利的刑期相加后执行。"[3]

不过，司法实务部门在《刑法修正案（八）》实施后，似乎依然坚持习惯做法。在张军主编、胡云腾副主编，最高人民法院研究室、最高人民法院刑法、刑事诉讼法修改工作小组办公室编著的《〈刑法修正案（八）〉条文及配套司法解释理解与适用》（以下简称《适用》）中指出，如果数个被判处的剥夺政治权利刑均是有期限的，根据有关答复"按照限制加重的方法，其剥夺政治权利的附加刑，只能在1 年以上、5 年以下决定执行的刑期，不能

---

〔1〕 郎胜主编：《中华人民共和国刑法释义》（含《刑法修正案（八）》），法律出版社2011 年版，第84 页。

〔2〕 郎胜为全国人大常委会法制工作委员会副主任；王尚新为全国人大常委会法制工作委员会刑法室主任；黄太云为全国人大常委会法制工作委员会刑法室副主任。

〔3〕 赵秉志主编：《〈刑法修正案（八）〉理解与适用》，中国法制出版社2011 年版，第108 页。赵秉志教授系中国刑法学研究会会长，是《刑法修正案（八）》制定时提供专家意见的重要学者之一。

超过 5 年"。[1]《适用》一书的作者同样引人注目。

在数有期剥夺政治权利刑合并方面，《适用》中依然持限制加重观点，而参与《刑法修正案（八）》制定工作的立法部门的领导、工作人员和有关专家的著述中则持相加执行的观点，二者分歧明显。

笔者认为，对数有期剥夺政治权利刑合并采取限制加重原则，较为合理。理由如下所述。

（1）有期限的附加剥夺政治权利刑是附加于主刑（有期徒刑、拘役、管制）的，因此，其附加刑合并方法应当从属于或者受制于相应的主刑。既然所附加适用的主刑（有期徒刑、拘役、管制）数刑合并采取限制加重原则，那么其附加剥夺政治权利刑合并也应当采取相同原则。其主刑合并执行模式更支持其附加刑合并执行采取限制加重原则。

（2）从法律用语看，"合并执行"未必排斥限制加重。过去论及刑法中附加刑合并往往称采取"相加"原则，那仅指附加刑与主刑之间合并采取相加执行方法，并未限定数附加刑合并采取何种方法。"合并执行"通常可理解为根据刑法或学理上的方法合并。至于采取相加还是限制加重方法，应考虑其合理性。

（3）数剥夺政治权利刑往往附加于有期徒刑、拘役等主刑之上，其效力当然适用于主刑执行期间。这意味着，罪犯数罪中只要附加适用一个或数个剥夺政治权利刑，其数主刑执行期间（包括没有被附加适用的主刑执行期间）均剥夺政治权利。这种执行模式已经对罪犯相当严厉，因此，对于有期限的剥夺政治权利刑的合并，应当选择较为温和的限制加重合并方式。

（4）保持协调、平衡。判处死缓、无期徒刑剥夺政治权利终身而后减为有期徒刑的，尚可以将附加剥夺政治权利刑期减为 3 年以上 10 年以下，那么有期徒刑附加剥夺政治权利的，采取简单相加，有可能超过 10 年，与死缓、无期徒刑附加剥夺政治权利终身的比较起来，不能保持协调、平衡。

（5）尽量与既有的司法习惯保持一致，没有特别的理由，不要改变。在《刑法修正案（八）》实施之前，司法部门在"法律空白"状况下运行三十年逐渐积累经验形成的方法，源于实践也自有适合实践之处，应当尽量维持。

---

[1] 张军主编：《〈刑法修正案（八）〉条文及配套司法解释理解与适用》，人民法院出版社 2011 年版，第 100 页。

二、没收全部财产刑和罚金刑的合并

对于没收全部财产刑和罚金刑的合并，司法习惯采取吸收原则。《最高人民法院关于适用财产刑若干问题的规定》第3条第2款规定："一人犯数罪依法同时并处罚金和没收财产的，应当合并执行；但并处没收全部财产的，只执行没收财产刑。"吸收原则由此规定而成为普遍实践。

在《刑法修正案（八）》出台后，对于没收全部财产刑和罚金刑的合并，出现了"相加"执行的观点。有学者举例解释说："再如数罪分别被判处罚金与没收全部财产时，也应分别执行。"[1]这种解释更清晰的例证是："丁在判决宣告前犯有三罪，被分别并处罚金3万元、7万元和没收全部财产。法院不仅要合并执行罚金10万元，而且要没收全部财产。"[2]上述"例释"把数附加刑"种类不同的，分别执行"理解为相加或并科执行。这一观点显然与采取吸收原则的司法习惯存在分歧。这一观点引人注目之处还在于它以国家司法考试试题与参考答案的形式表达出来，具有一定的代表性和影响力。[3]

司法实务部门在《刑法修正案（八）》实施后，依然维持司法习惯，采取吸收原则。最高人民法院研究室等编著的《适用》中指出："《刑法修正案（八）》对《刑法》第69条第2款的修改，所增加的关于附加刑并罚的操作原则，实际上就是对《规定》第3条的体认……故今后处理附加财产刑的并罚问题，仍可依据《规定》办理。"[4]其理由是："被附加判处没收全部财产刑的罪犯大多被判处了较重的刑罚，如死刑、无期徒刑，没收全部财产以后基本上已经没有再执行罚金刑的可能性，故采取了吸收原则。"[5]

除上述吸收说与相加说的分歧外，还存在一种折衷观点："对罚金刑、没收部分财产刑和没收全部财产刑的，其合并执行采取的是吸收原则，即没收全部财产刑吸收罚金刑和没收部分财产刑，对犯罪人只需执行没收全部财产

---

〔1〕 张明楷：《刑法学》，法律出版社2011年版，第531页。

〔2〕 2011年国家司法考试试卷二第57题。

〔3〕 司法考试是国家级的官方考试，名为"参考答案"实为评分"标准答案"。

〔4〕 张军主编：《〈刑法修正案（八）〉条文及配套司法解释理解与适用》，人民法院出版社2011年版，第99页。其中，"第69条第2款的修改"即"种类不同的，分别执行"；《规定》即指《最高人民法院关于适用财产刑若干问题的规定》。

〔5〕 张军主编：《〈刑法修正案（八）〉条文及配套司法解释理解与适用》，人民法院出版社2011年版，第99~100页。

刑即可"；"对数个没收全部财产刑的，则只需执行其中一个没收全部财产刑即可"。其理由是："罚金刑和没收财产刑虽然属于两种刑罚，但由于它们在性质上均是财产刑，因此可将它们看作同一性质的刑罚。"[1]此观点一方面支持司法习惯的吸收结论，另一方面将罚金刑和没收财产刑视为"同一性质刑罚"可以"合并执行"，绕过了不同种类的刑罚"分别执行"的规定，可谓一种折衷态度。可以看出，这一观点认为"分别执行"指相加执行，但为了得出"合并执行"的结论，不得不把罚金刑与没收部分财产刑解释为同一性质的，可以采取吸收的方法合并执行。

被人们寄予厚望且具有重要影响力的《释义》给出的解释是："种类不同的，同时或者依次分别执行。"此释义有点概括，据此尚难确认是吸收说还是相加说。

笔者认为，数附加刑"种类不同的，分别执行"，应解释为按照先执行罚金刑而后执行没收财产刑的顺序分别执行，基调是相加执行，关键是明确分别执行的顺序：先执行罚金刑后执行没收财产刑。理由如下所述。

（一）同时并处罚金和没收全部财产的，分别执行，因为顺序、罚金额、罪犯财产状况等情形的差异会有很大的不同

对罪犯同时并处罚金和没收财产的，以先执行罚金刑最为合理。先执行罚金刑后执行没收全部财产，如果罚金额低于罪犯财产数额，其效果相当于决定执行没收全部财产刑，即与司法习惯的吸收原则的效果相同。如果罚金额高于罪犯财产数额，等于罚金刑吸收了没收全部财产刑。罚金额超出罪犯财产的数额部分，将来"随时追缴"。无论何种情形，这一顺序具有三个优点：其一，没有背离《刑法修正案（八）》"分别执行"字面含义；其二，与司法习惯决定执行没收全部财产刑的效果相同或相近，基本维持了司法习惯的处理结果；其三，能较好实现罪刑相适应。当罪犯全部财产高于罚金额时，无论并处多少财产刑都不会超出其既有的财产范围，不会产生严苛的效果。当罪犯全部财产低于罚金额时，不能缴纳的罚金日后依然可以随时追缴，保持与单处罚金的平衡。因为即使没有并处没收全部财产即单处罚金的场合，对未能缴纳的罚金依然应当要求罪犯日后缴纳。

---

[1] 赵秉志主编：《〈刑法修正案（八）〉理解与适用》，中国法制出版社 2011 年版，第 107 页。

（二）不应当采取先执行没收全部财产后执行罚金刑的顺序"分别执行"

如果先执行没收全部财产后执行罚金刑，将会产生过分严厉的效果。罪犯在已经被没收了个人全部财产的前提下，日后还要负担被国家随时追缴全部罚金额的责任。刑罚的正当性主要考虑两方面因素：其一，实现报应和预防的目的；其二，国家只规定必要而合理的刑罚，禁止适用过分的、残酷的刑罚。报应强调刑罚与罪行相适应，预防应考虑剥夺再犯能力和犯罪人改过自新回归社会。不论追求何种目的，都应当尊重人权，避免过分的、严苛的刑罚。我国刑法相当多条款规定有高额甚至无限额的罚金，没收财产刑同样也没有数额限制，本属较为严厉的刑罚，且是在判处主刑时附加适用的。这样我国刑法财产刑的适用具有双重的严厉性：其一，高额或无限额；其二，附加于主刑适用。为了缓和其严厉性，应当选择较为温和的分别执行顺序。

（三）不宜继续沿用司法习惯，即《最高人民法院关于适用财产刑若干问题的规定》第3条第2款中决定执行没收全部财产刑的规定

对于没收财产刑和罚金刑量刑的合并，司法实践中采取吸收原则不合理。因为，其一，采取吸收原则明显背离《刑法修正案（八）》"分别执行"字面含义。虽然有学者试图将罚金刑和没收财产刑解释为"同一性质刑罚"，绕过"分别执行"规定，但没有这个必要。其二，可能出现罪刑不均衡的情形。当罪犯全部财产低于罚金额时，以没收全部财产刑吸收罚金刑，可能会出现被并处了没收全部财产刑反倒有利的不合情理的效果。比如甲因A罪被并处罚金3000万元，因B罪被并处没收全部财产，但甲的全部财产总额只有1000万元。如果决定执行没收全部财产，甲被判罚金3000万中有2000万等于被免除了"随时追缴"的责任。对甲而言，被多判处一个没收全部财产刑反倒产生了有利的结局，这种荒唐的结局或许罕见但应当绝对避免。

从刑法评价看，没收财产刑明显重于罚金刑，没收财产刑通常附加适用于重罪，而罚金刑通常附加适用于较轻罪行。但实际效果则因场合而异，在以下两种场合罚金刑实际更为严厉。其一，没收财产刑以罪犯个人实际拥有的财产为限，而罚金刑不以罪犯实际拥有的财产为限，罪犯因没有能力执行的，日后依然有被"随时追缴"的负担。类似于对国家负债。其二，罚金额高于罪犯拥有的财产价值的场合。既然没收个人全部财产的实际效果未必总

是重于罚金刑，所以一律以没收财产刑吸收罚金刑难免出现前述不合理情形。而采取先执行罚金刑后执行没收财产刑的方式，既可以产生与司法习惯中相同或相似的合理的处理结果，还可以避免可能出现的不均衡现象。

外国假释制度的几个问题[1]

假释是指有关机关根据囚犯的服刑时间、悔罪表现等情况，将囚犯提前释放到社会予以监督执行的制度。这个制度创始于 19 世纪初期，现已为世界绝大多数国家普遍采用。我国刑法也规定了假释制度，了解外国假释制度对完善我国假释制度有一定的借鉴意义。

一、假释的广泛适用及其原因

20 世纪以来，西方国家把假释当作行刑制度现代化的一项重要措施加以推广，反映在刑事立法上就是不断扩大假释的范围，颁布单行的假释规则，在刑事司法上大量地适用假释。假释制度创立之初，还只是作为一种恩典或者特殊的奖赏适用于极少数囚犯，而现在几乎所有的囚犯都有可能获得假释。刑事政策还强调，司法当局和公众应当积极帮助囚犯创造获准假释的条件。20 世纪 60 年代美国州监狱的犯人有 60% 获假释，到 70 年代，达 70%。在日本，现在假释出狱者也超过刑满出狱者。瑞典 1943 年的法律规定罪犯服刑三分之二的可以假释，服刑六分之五的应当假释，实际使每一个被处自由刑的囚犯都能以假释的方式出狱。一些广泛适用假释的西方国家，自由刑的执行方式因此发生了重大变化。对于多数囚犯来说，自由刑的执行实际分成了两个阶段，前一阶段在监狱中执行，后一阶段在社会上以假释的方式执行。这种刑罚执行方式日益朝制度化、原则化方向发展。

西方国家广泛适用假释的第一个原因来源于刑罚哲学的变化。传统的刑罚哲学强调报复和惩罚，在这种刑罚哲学影响下，形成了立法和司法中罪与刑之间的僵化关系。后来，一种新的刑罚哲学强调教育、改造罪犯和预防犯罪，抛弃了报应刑思想，为实践中摆脱这种僵化的罪刑关系的束缚、采用包括假释在内的比较灵活的刑罚制度铺平了道路。第二个原因是单纯依靠监狱

---

〔1〕 原载《司法理论研究》1986 年第 5 期。

改造罪犯的效果并不理想，累犯率一直很高。罪犯在刚刚出狱的一段时间里难以适应社会的自由生活，尤其容易重新犯罪。这一事实促成了这样的设想：应当有计划地使犯人实现由监狱生活到社会自由生活的平稳过渡，以减少重新犯罪的现象。假释制度作为贯彻这一设想的措施便得到了推广应用。另外，假释比监禁犯人节省费用，也是它得以广泛适用的重要原因。

二、适用假释的标准

囚犯获得假释必须符合法律规定的标准，从各国的法律规定看，大致有三项基本的标准。

（一）囚犯被判处的刑罚是自由刑

死刑与自由刑的性质不同，死刑囚犯当然被排除于假释范围之外。各国一般对这项标准还有进一步的限定，犯罪性质严重的囚犯即使被判处的是自由刑也不得假释，例如贩毒、武装抢劫、绑架和谋杀的罪犯。有的国家对特别严重的累犯禁止假释，还有的国家对服无期自由刑的囚犯禁止假释，原因是特别严重的累犯主观恶性深，无期自由刑囚犯的罪行一般很严重。也有一些国家对短期自由刑囚犯不适用假释，主要原因是刑期太短，不便考察。短期自由刑囚犯不必监禁的，可直接适用缓刑。

（二）囚犯被判处的自由刑已经执行了一部分

犯人被判刑投入监禁场所后须服一部分刑期才能获得假释，这对于惩罚犯罪人过去的罪行，维护法院判决的尊严是十分必要的；对于改造犯罪人，观察犯罪人有无悔改表现也是十分必要的。至于犯罪人被判之刑需执行多长时间才能达到这项标准，各国规定有些差别。服有期自由刑的囚犯，英国规定需执行 1 年以上或原判刑罚三分之一以上；意大利规定需执行原判刑罚二分之一以上，并且不得少于 30 个月，残余刑不得超过 5 年。对于服无期自由刑的囚犯，日本规定须执行达 10 年以上，瑞士规定需执行 5 年以上，意大利规定需执行 28 年以上。有的国家还根据犯罪性质和犯罪人的情况规定不同的执行刑期标准。例如《苏联刑事立法纲要》规定：一般罪犯假释要执行原判刑罚二分之一，较为严重的累犯要执行三分之二，一些性质严重的罪犯要执行四分之三，而对未成年人则将假释执行刑期的标准相应地降低为三分之一、二分之一、三分之二。

（三） 确有悔改表现不致危害社会的

这项品行标准有较大的伸缩性。在假释适用广泛的国家，表现一般、出狱后生活有妥当安置的，就认为符合这项标准了。在假释适用尚不普遍的国家中，假释仍有奖赏和恩典色彩，自然要求囚犯有突出的表现。广泛适用假释的国家日益重视犯罪人是否具备出狱后过守法生活的主客观条件。因此犯人的生活经历、心理素质、谋生技能以及就业、住房、居住地的落实等情况，很受假释机关重视。

三、假释的考验

世界各国关于假释考验的法律规定有三项共同的内容。

第一，每个被假释的人必须接受一定时期的考验。假释的特点是让被假释者附条件地在监禁场所以外生活和工作，以代替执行尚未执行完毕的刑罚，但是这种代替是以被假释的人接受一定期间的考验为前提的。关于考验时间的长短，多数国家以被假释的人尚未执行完毕的刑期为假释考验期。也有一些国家另外规定考验期幅度，由有关人员酌情决定。例如，《瑞士刑法典》规定：假释考验期最长5年，最短1年，无期自由刑考验期为5年。

第二，在考验期内，被假释的人应当遵守假释的附带条件。假释的附带条件是被假释的人在考验期内应当遵守的事项，监督被假释的人遵守这些事项是假释考验的内容。各国关于假释附带条件的规定详略不一，基本的有以下几项：被假释的人应向指定的机关定期汇报；接受有关工作人员的监护；经常和假释官员保持联系，遇到失业、更换职业、更换住所、远途旅行等重大情况应及时向假释官员报告；不得光顾不良处所、结交不良朋友；不得拥有、使用违禁品；在有能力的条件下，必须赔偿被害人的损失。严重违反假释附带条件往往构成撤销假释的理由。

第三，国家有权在假释考验期内撤销假释，判令被假释的人重新入狱执行尚未执行完毕的刑期。被假释的人如果有严重违反假释附带条件的行为或者其他较为严重的违法犯罪行为，有关部门可以撤销假释，对被假释的人执行尚未执行完毕的刑期。被假释的人犯有新罪被判刑的，合并执行。被假释的人遵守假释附带条件至考验期满，视为刑罚执行完毕，获得正式释放。

四、假释事务和处理假释事务的机构

广泛适用假释产生了大量的假释事务。假释的程序大致有申请、审批、监督执行三个阶段，在各阶段中都有相应的事务。假释的申请和审批阶段，有关机构和人员要进行深入细致的调查研究，针对囚犯是否有悔改表现、不致危害社会的问题作出结论；同时还要帮助囚犯创造获准假释的条件和适应社会生活的条件，如对囚犯进行职业训练、心理诊疗，帮助囚犯与地方政府、帮教机构联系，解决出狱后居住地、就业、住房等一系列的生活安置问题，并且要逐项审查落实，确保囚犯假释出狱后能安居乐业。在监督执行阶段，有关机构和人员要监督被假释的人遵守附带的各项条件。此外，西方国家有民间团体和大量的志愿人员业余从事被假释者的保护观察工作，对这些团体和人员的指导、选任也成为国家假释机构和官员承担的任务。

假释的申请主要由刑罚执行机关提出，有的国家规定由刑罚执行机关和其他机构共同提出。例如《苏联刑事立法纲要》规定，假释申请由刑罚执行机关和本地的督察委员会共同提出，未成年人的假释申请由刑罚执行机关和当地的未成年人事务委员会共同提出。不少国家允许囚犯本人、囚犯的代理人和社会团体提出假释申请，但关于囚犯是否符合假释标准仍需刑罚执行机关出具证明。

审查、批准假释的权力归哪类机构行使，从各国的实践看大致有两种情况。第一，由专门的委员会或行政机构行使假释审批权。如日本的地方更生委员会，美国联邦的假释委员会和州的假释委员会，菲律宾的假释局等。此类假释审批机构在组织系统上一般隶属于司法行政部门。有的国家将假释审查、批准的权力分授不同的机构，例如英国，假释审查权归内务部的假释委员会，批准权归内政大臣；美国许多州的假释审查权归州假释委员会，批准权归州长；斯里兰卡假释审查归律师事务委员会负责，准许权由总统行使；法国规定准许假释的权力归司法部长，但需事先获得刑罚执行机关、法院、有关地方行政长官签署的意见，某些重大案件的假释还需征求司法部的顾问委员会的意见。第二，是由法院审理、裁决是否准许假释。苏联及东欧一些国家基本将假释审批权授予法院。少数资本主义国家也有相同的情况。例如《西德刑事诉讼法》规定假释准许与否由法院径行裁决，《巴西刑法典》也规定假释准许与否由法院裁决。

对于假释的审批权归属哪类机构合适也有不同的看法，有的认为假释是一种刑罚的执行方式，以司法行政部门行使假释审批权较为合适；也有的认为，为了保障假释的慎用，由审判机关行使假释审批权较为合适。

假释的监督一般由专门委员会和专职人员执行，也有委托给社会团体或个人执行的国家。英、美及原属英联邦的一些国家，一般由假释委员会确定假释的考验期限和附带条件，并指导假释的监督工作。具体的监督、帮教工作由假释官员和志愿的矫正人员承担。日本由地方更生委员会指导假释监督工作，具体工作由保护观察所的保护观察官和保护司承担。在法国和德国，则由法官主持的委员会负责假释的监督工作。苏联和东欧某些国家将假释监督工作委托给替被假释人担保的社会团体或者接纳被假释人的劳动组织执行，甚至也可以由法院委托某些个人监督被假释的人，如未成年犯人的家长。丹麦、挪威、荷兰等国将被假释人委托给个人或民间团体监督管束，但要接受国家机关的指导。

少数国家的警察机构也是假释的监督执行机构之一。国际性的刑法及监狱会议认为，应避免使用警察执行假释的监督，有的国家明文禁止警察机构执行假释监督，但有的国家允许在没有官办或民办的假释机构的地方，由当地警察机构监督被假释的人。

许多国家都将对获准假释、缓刑的人和少年犯人等的监督、帮教工作统一纳入保护观察的范围内，因此，对被假释人在考验期内的监督执行实际上就是将被假释人交付保护观察。在这些国家中，保护观察机构和保护观察官员就是负责假释监督执行的机构和人员。这种保护观察除有监督的作用外，还特别着重帮助、教育的作用，因此吸引了一些社会团体和大批的热心帮教工作的人士，这些团体和人士也是假释监督执行的重要力量。

刑法学者讲述的国际刑法[1]

《国际刑法入门》看似浅显，实为森下忠教授潜心研究、厚积薄发的心得之作。森下忠教授长期研究国际刑法，著述丰硕。在国际刑法方面仅专著和论文集就有：《国际刑事司法协助研究》（1981 年，成文堂）、《国际刑事司法协助的理论》（1983 年，成文堂）、《国际刑法的潮流》（1985 年，成文堂）、《刑事司法的国际化》（1990 年，成文堂）、《国际刑法的基本问题》（1996年，成文堂）、《犯罪人引渡法的理论》（1993 年，成文堂）等 7 部。他从诸多著述之中推荐把这本《国际刑法入门》翻译成中文，并不是偶然决定的。因为这本书是他梳理多年的研究成果，形成体系，全面叙述国际刑法最新动向和制度的著作，也是他扼要阐述多年研究心得的著作。

森下忠教授在这本书中主要以欧陆各国国际刑法理论和实务为基础，阐述国际刑法的基本内容和观念。其特点之一在于从广义上把握国际刑法。欧洲大陆诸国国境毗连、交往频繁，政治、经济、文化发展水平相当，自古需要处理较多涉外犯罪案件。这种现实需求促进了刑法适用法理论与实务的发达。尤其是在推进欧洲一体化进程中，同时需要推进各国司法的协调统一，促使欧陆诸国往往在广义上把握国际刑法。不仅关注各国联手惩治诸如战争、反人道、灭绝种族、毒品、恐怖主义等国际法上的危害世界法益的罪行，同时也关注合作处理诸如交通肇事、过失致人重伤死亡、盗窃、保险诈骗等国内法上轻重程度不同的普通刑事犯罪。不仅关注通过联手打击犯罪保护人类至关重要的利益，同时也关注通过刑事司法合作保障犯罪人的合法权益，如通过司法合作调取有利被告的证据，帮助犯罪嫌疑人获得证明无辜的机会；通过追诉移管使被告人在母国被追诉、有利于行使防御权；通过执行外国刑事判决使服刑人在母国执行刑罚，有利于罪犯服刑改造、回归社会，等等。

---

〔1〕 收录于 [日] 森下忠：《国际刑法入门》，阮齐林译，张凌校，中国人民公安大学出版社2004 年版，译者序。

在联手打击犯罪和联手保障犯罪人权益的多元宗旨下，审视国际刑事司法合作规范，谋求推广国际刑事司法合作。如，认为司法协助与引渡制度的目的不同，司法协助以维护犯罪人或者诉讼程序关系人权利为目的，而引渡制度以追诉、处罚犯罪人为目的。因此在司法协助方面不必拘泥于相互原则、双方可罚原则、一事不再理原则等渊源于引渡制度的原则。这为减少司法协助的障碍、扩大司法协助范围提供了理论依据。

森下忠教授在这本书中，秉承欧陆传统，从刑法学角度阐述的国际刑法与我国的主流学说不尽相同。在我国，研究国际刑法起步于介绍、参考美国学者巴西奥尼的国际刑法著述。如甘雨沛、何鹏教授指出："目前我们看到的国际刑法学体系，主要是美国巴西奥尼教授的国际刑法学体系。"[1]作为国际法学家，巴西奥尼重视条约中的刑事法和严重危害世界法益的犯罪。受他的影响，我国国际刑法著述也大多侧重于国际法中的刑事法内容。如张智辉教授认为："国际刑法学的研究，包括对国际公约中的刑事法规范的基本精神、体系结构和它所规定的国际犯罪及其刑事责任的研究……"[2]而森下忠教授作为刑法学者则重视国内刑法的国际适用。他阐述的国际刑法，不仅包括条约中的刑事法，而且包括国内刑法的国际适用；他阐述的国际刑法适用的范围，不仅包括条约中的犯罪，而且包括一切具有涉外因素的犯罪。如果说，巴西奥尼倡导建立超国家的国际刑事司法机构和国际刑法典，谋求建立国际刑法的直接适用模式惩治侵害世界法益的犯罪，那么，森下忠教授当时认为建立这种模式还只是遥远的梦想，并且认为可适用的犯罪范围有限、实效不大。他认为，在惩治犯罪方面日益增强的国家共同责任意识和日益淡薄的刑法国家性观念，是广泛实施国际刑事司法合作的基础。他主张通过国家之间的合作，加强国内刑法对涉外刑事案件的有效适用，一方面使一切犯罪（不仅仅是国际法上的犯罪）不致因为国家壁垒形成的缝隙而逃脱应有法律制裁，另一方面切实保护被告人、服刑人的合法权益。

刑法学者讲述的国际刑法，往往偏好从刑法固有的原则中寻求国内法适用的依据。如果说，我国国际刑法的主流学说受巴西奥尼的影响具有国际法的倾向，着眼于从国际法中寻求法律适用根据，那么，森下忠教授在这本书中不仅仅从世界原则（普遍管辖原则）和国际法中寻求国内法适用的根据，

---

〔1〕 甘雨沛、何鹏：《国际刑法学新体系》，北京大学出版社 2000 年版，第 14 页。
〔2〕 张智辉：《国际刑法通论》（增补本），中国政法大学出版社 1999 年版，第 21 页。

而且更注重从属地原则、属人原则、保护原则、安全原则中寻求国内法适用的根据。欧陆刑法学者在新的历史条件下倡导刑事司法合作的同时，仍然不忘恪守传统的国内刑法原则，并为此而苦心求证，创建出代理原则、代理处罚原则、纯代理处罚原则等新原则。从中可以看出欧陆刑法学者讲求法理、不简单以现实需要代替法律根据的严谨态度。

这本书侧重国内刑法的国际适用的特点，有助于补充我国著述在刑法空间效力方面的某些薄弱环节。比如书中介绍的保护原则分保护本国公民和保护国家安全两种情形，其中保护本国公民属于第二级次的管辖原则；而保护国家安全属于第一级次的管辖原则，具有本国刑法优先适用且不受外国法约束的性质，不适用"双方可罚原则"。反思我国《刑法》第 8 条〔1〕把保护本国公民与保护国家安全两个不同级次的管辖原则同条规定，并同样适用"双方可罚原则"。这样一来，对外国人在外国危害我国国家安全的犯罪也适用"双方可罚原则"，即以该罪行在犯罪地也可罚为要件，明显不利于保护本国利益。如果注意到安全原则具有优先适用、不受外国法约束的特性，立法上恐怕就不会对安全原则也设置"但是按照犯罪地的法律不受处罚的除外"这样的限制规定。大约因为受此立法例影响，我国教材也大多不注意（消极的）属人原则（保护本国公民）与安全原则（保护国家安全）之间的重大区别。

这本书出版于 1993 年，因此未能反映最近十年国际刑法的发展变化。为此森下忠教授特意在中文版序言中概要介绍了国际刑法的新进展，多少弥补了这个遗憾。

---

〔1〕《刑法》第 8 条："外国人在中华人民共和国领域外对中华人民共和国国家或者公民犯罪，而按本法规定的最低刑为 3 年以上有期徒刑的，可以适用本法，但是按照犯罪地的法律不受处罚的除外。"

与初学者谈谈学习刑法学的方法[1]

"应试"出来的学生，眼里只有"书"没有"事"。其实，读书是读"事"。尤其是法律学说，很多书用很多文字在相同的话题上表达不同的看法，读者重在了解作者说什么事，为什么要这样说。如果读书读到的还是字词句，那就太缓慢了，艰涩枯燥，不得要领。如果读书读出了话题以及在该话题上的种种说法，那就对了。如果那话题引起了你的兴趣、那说法挑起了你的怀疑，勾着你不停地寻求正解，勾得你想发表见解，那过程就显得轻快了。看人披着法律的外衣一本正经地说利害攸关事，有的智慧，有的固执，有的理性，有的感性，有的保守，有的偏激，还有的和稀泥，是不是很有趣？

一、观念篇：目的、价值及相关学说

（一）了解刑法的目的

刑法学是一门人文学科，领悟其核心观念是入门的捷径。刑法的目的就是核心观念的核心，驾驭着刑法制度、学说的方向。

在罪刑法定时代，刑法即罪与罚，给人的印象好像是从"法律"开始的。其实不然，一切都是从生活开始的。人们共同经营群体生活形成社会秩序，使其相互之间能和谐共处、共同受益。在社会中总有人要做些妨害秩序的事情，轻微如侮辱、诽谤，严重如烧杀淫掳。于是人们（社会）为了捍卫自身的利益而作出反应，在法律中使用刑罚禁止，这就产生了刑法。可见，刑法产生的第一动因是制止妨害社会秩序的行为、维护社会生活利益。如果问题到此为止，那就太简单了。麻烦在于：犯罪由"谁"来确认、刑罚由"谁"来执掌？表面上是国家（公共权力）以法律（公共意志）形式来确认犯罪、施加惩罚，其实是"人"在确认和执行。这个世界有没有圣人我们不知道，但至少我们能确信掌管刑法的人不是圣人。迄今为止的历史表明，人类有很

---

[1] 本文为阮齐林：《刑法学》，中国政法大学出版社 2011 年版，前言。

多不好的表现，不仅个体之间有相互侵犯的时候，而且群体乃至国家之间也是杀伐抢掠不断，从用牙齿、石头打仗的时代一直发展到用弓箭、枪炮、飞机、导弹打仗的时代。刑法的制度史也有许多令人汗颜蒙羞的记录，罪名有时会扣在不同政见者、不同信仰者、不同情感者的头上，刑罚有时会成为统治者滥施淫威的工具。当我们把刑法冠冕堂皇的装饰层层剥去，让"人对人的制裁"裸露出来的时候，[1]尤其是当我们想到，刑法的执掌者有时竟然很愚蠢很暴虐的时候，我们就成为了怀疑主义者，不得不时刻心存戒心，提防滥用刑法之害。可见，刑法产生的第二个动因是防止国家、社会滥立罪名、滥施刑罚侵犯公民权利。这就是刑法的目的：维护社会秩序，保护公民权益免受犯罪之害；保障公民权利免受刑法滥用之害。

罪刑法定原则是现代刑法的基石，其理解和适用必须遵从刑法的目的。为了规范人的行为，减少犯罪活动，为了规范国家运用刑罚权的活动，防范刑罚滥用，均要求明确规定犯罪与刑罚并预先以成文法的形式公布，"广而告之"以便人民一致遵行，达到"刑期于无刑"的效果（立法预防、心理强制）。当社会以法律的名义惩治犯罪时，社会与个人的不对称力量需要在刑法适用上采取不对称的规则，以便维持两个刑法目的之间的平衡，由此决定了罪刑法定原则的内容：采用成文法、排斥习惯法；刑法只能规定"必要的"犯罪和刑罚，禁止过量、残酷的刑罚；禁止适用事后重法，但允许适用事后轻法（从旧兼从轻）；在解释方法上，要求严格遵守条文词语的普通含义解释刑法，重视文理解释的地位，禁止不利于被告人的类推解释。

这方面的话题，可以看看《刑法的根基与哲学》（［日］西原春夫著，顾肖荣等译）、《刑法学基础》（［日］曾根威彦著，黎宏译）、《走向哲学的刑法学》（陈兴良著）、《刑法理性论》（张智辉著）。另外，《人类死刑大观》（［法］马丁·莫内斯蒂埃著，袁筱一等译）展示的"为了惩罚和诛灭恶人而形成的极刑方式"极具感性冲击力，令人对刑法怀有戒心。

（二）了解刑法的价值及相关学说

刑法是规定犯罪、刑事责任和刑罚的法律，可见"犯罪·责任·刑罚"是刑法学的核心话题。罪刑法定原则只给它们解决了制度基础，没有解决某行为之所以应当被规定为犯罪并应当受罚的"内容"。每位刑法专家以及其他

---

〔1〕［日］西原春夫：《刑法的根基与哲学》，顾肖荣等译，法律出版社2004年版，第1~3页。

法律职业者，在面对既存刑法体制、学说时自然会时刻反思：什么应当作为犯罪？现行刑法中的这种、那种犯罪是不是真的都危害社会生活利益，值得处罚？什么样的方式可以作为刑罚？现行刑法中的这种、那种刑罚是不是真的合理？惩罚犯罪是为了什么？我们有没有迷失方向？这类终极标准只能从法律之外的生活中寻求。生活变化了，它们也随之改变，人们会用新标准去改善刑法制度和学说。学说阐释这些话题，从而形成了"犯罪本质论""刑罚目的论""责任本质论"。对犯罪可解析出以下要素（人·意思·行为·结果）：①人，即"犯罪的主体"；②意思，即做某事的心理态度；③行为，即人的举止；④结果，即行为对外界所生之影响。

1. 不变的话题、价值和可变的刑法学说（观点）

（1）不变的话题："人·意思·行为·结果"。如果上升一个层面则是：刑法"目的·犯罪·刑罚·责任"的本质（内容）。

（2）不变的价值："秩序·自由·安稳·公正·功利"。在读书时，初学者如果能定位作者的该段文字是讨论什么话题，就算抓住要领了；如能了解该作者在该话题上的观点和倾向（立场），就算得其要领了；如进一步了解到该作者在该话题采取该观点、价值倾向将会对刑法制度、解释甚至个案的定罪处罚产生何等的影响，那就算深得要领了。比如，"未遂"的可罚性，民事侵权以存在损害事实为构成要件，在"人·意思·行为·结果"的要素中，控制到事实上发生"结果"。如果刑法采取这种观念，则未遂没有可罚性。考虑到刑法规制的行为"性质"恶劣，所以还是要处罚未遂，这时应把犯罪根据设定在结果发生或"结果可能发生"（危险）上。

（3）可变的刑法学说。以未遂为例，有的采取"选择"可罚，有的采取"普遍"可罚，反映出各种刑法学说对"结果"重视的程度不同。"未遂"的可罚范围，有具体危险说、抽象危险说和主观说。具体危险说主张，只有具有侵害结果现实可能性的未遂才应受处罚，据此对"不能犯"不应按照未遂犯处罚。抽象危险说主张，只有具有侵害结果抽象可能性的未遂才应受处罚，因此对不能犯要区分绝对不能与相对不能，以此确定犯罪性。主观说主张，有犯罪的意思和相应的行为就可罚，把犯罪的根据放到通过行为表现出的"犯罪意思"上，据此，即使迷信犯或愚昧犯也不排除可罚性，只是例外不罚。这背后可能包含着作者自认为或被认为：①以结果为中心，犯罪圈的扩大与收缩，甚至抛弃以结果为中心而推前至行为及其意思；②重视事前干预还是事后问责；③重视法规对人的指引还是保护法益的完好状态；④重视社会秩序还是个人自由。归根到底，刑法干预的合理分寸在何处？在此基础上，如果还能了解一点该作者所处的时代背景、当时的社会问题和流行思潮、个人成长经历、学术师承，那就有点专业味道了。

2. 传统学说："法益侵害→结果→行为→意思→人"

传统学说认为犯罪本质是对"权利"或"法益"的侵害。凭直观可知，刑法中各种犯罪如盗窃罪、抢劫罪等有害；深入分析可知，国家通过法律把某个东西当作犯罪惩罚的根源，也是认为其有害。有害是犯罪的本质内容，现在看来道理很简单，几乎是不证自明的。可是，历史上就曾经发生过把持不同信仰、不同观念当作罪恶惩罚的蠢事，也曾发生过把并无大碍的行为（如人与兽性交）当作犯罪惩罚的事情。可见认识并信守犯罪应包含"有害性"内容并不简单。因为曾经发生过这类蠢事，为了将来不再发生这类蠢事，学者们力图证明犯罪必须"有害"的观念并使之成为信条，成为传统的犯罪本质观。

基于这种本质观，评价犯罪的重点在行为所生之外部影响（结果），犯罪之所以成为犯罪，在于对其侵害法益的结果应予否定（结果无价值）评价；评价犯罪的顺序是逆向的，即由侵害法益而追及"结果→行为→意思→人"。当把"人·意思"划为犯罪主观要素、"行为·结果"划为客观要素时，该学说具有重视客观的倾向。刑法究竟该"事先干预"人的意志使其避免犯罪，还是在侵害法益事实发生后进行"事后问责"？该学说重视"事后问责"，犯罪的自然顺序是："人→意思→行为→结果"。该学说把握的犯罪界限直至行为"造成侵害或威胁法益的效果"，比较靠后。

关于责任，传统学说认为，人出于故意、过失的心理意思而实施行为、侵害法益，就应当对自己的行为及其结果承担责任。在"人·意思·行为·结果"的要素中，"意思"是将客观的行为及其结果归责于行为人的主观根据（心理责任论）。人基于道德规则即"本人必须接受自己对别人做的事情"，对自己行为及其后果承担责任（道义责任论）。刑罚的目的建立在公正基础上，让罪行受到应得惩罚（报应主义），把罪犯给别人的东西（侵害）还给罪犯或者人选择犯罪就要担当其后果（道义责任）。罪刑相适应主要是指刑罚的轻重与"意思·行为·结果"的轻重相称。此说的倾向是"对事不对人"，在"人·意思·行为·结果"的要素中，不重视"人"的因素。当时没有考察到人的因素，只是把人想象为"理性人"（自由意志）。当研究犯罪人而发现他们各色各样往往异于常人时，这种观念受到剧烈冲击。

3. 新学说：规范违反说，"命令规范→人→意思→行为→结果→评价规范"

新学说认为，犯罪的本质是违反规范。"规范"简单说就是规则、规矩。人的权利只有在众人（社会）循规、有序、和谐运行时，即处在"有秩序"状态中才能真正成为可享受的利益。这种法秩序状态中的利益，即法益。"权利·利益·规范·秩序·法益"的关系是：人的权利是与生俱来的，如个人的生命、健康、财产权，人享用权利是利益（好处）。但是，生活在人群（社会）中，个人的权利、利益若得不到他人的尊重则没有保障，于是需要规矩（规范）来维护。若人人循规蹈矩，则个人的权利处在和谐有序的享用状态，这就是社会秩序。秩序状态下的权利享用，不再是"自在"的权益，而是"自为"的权益，即法保障的权益，称法益或法权。规范在两方面发挥作用：①对"事"提供了评判对错的标准（评价规范），衡量某人做的"某事合不合规矩"；②对"人"发出指令：请循规蹈矩（命令规范）。当某人做出不合规矩的事时，针对该"人"责问：为何不守规矩！若该人能守规矩（可期待其不犯法）而不守，则应当对自己的犯规行为受到谴责（规范责任说）。

按照规范违反说，罪责的评价重心略有变化：①偏重"结果"的观念被改变，认为刑法对犯罪的否定不单集中在结果上，也应体现在行为上（行为无价值），转向重视行为自身的反规范性；②故意、过失心理是责任根据的说法被改变，强调人拒不服从规范的态度是归责根据，故意、过失心理只是认定人的抗拒规范态度的心理事实根据；③与传统观念相比较，在"人·意思·行为·结果"的要素中，规范违反说对罪责的评价重心略微前移，违法评价推及行为，责任评价推及人的（拒绝服从规范的）态度，甚至推及人格（人格责任）。重视评价人的不合规矩的"行为"和人的不守规矩的"态度"。这既动摇了"事后问责"的传统观念，也为刑法干预人的活动往前推移提供了理论依据。

4. 社会情势与刑法："危险时代的危险刑法"

我们所处的时代充满危险，恐怖主义，种族、宗教冲突，环境污染，高速交通等，煎熬着人们脆弱的神经。或许人们期望法律采取扩张态势约束人的行为，把评价犯罪的重心由行为所生之侵害"结果"推前到"行为包含之侵害危险"，把待法益侵害结果发生事后问责的刑法转变为防范法益侵害危险的刑法。"危险刑法"一语双关：一方面，刑法把犯罪界限前移至"行为之危险"，这是大量规定"危险犯"的刑法；另一方面，"危险刑法"可能会带来侵犯公民自由的危险。危险时代呼唤"危险刑法"，"危险刑法"包含侵犯人权的风险。这不禁又转回到刑法的目的，如何兼顾保护社会、惩治犯罪的双重目标？"投鼠忌器"是学者讨论罪责本质（标准）时不能忘记的箴言。上升到政治层面，就是个人自由主义还是家长主义的选择。

5. 刑罚目的

刑罚目的观虽然与罪责本质密切关联，但它对刑法制度具有独特的影响。报应主义的基础是公正观念，主张人应该因为自己的行为受惩罚、同罪同罚。预防主义的基础是功利观念，一般预防把刑法正当性放在警戒他人上，个别预防把刑法正当性放在教育、促进犯罪人悔过自新上。极端的个别预防使罪刑相适应变成刑罚与犯罪人个人改造的需要相适应。"刑罚的对象不是行为而是行为人"，表明了刑罚适用重心的变化。

6. 中国学说和制度

犯罪本质是"社会危害性"，如果继续追问：危害了什么？回答是：社会关系（客体）或法益、社会利益。关于责任，认为具有故意或过失就具有罪过责任，就应当承担相应的刑事责任，属于心理责任论。关于刑罚目的，采预防主义。

中国制裁危害行为有两个层次的法律：《治安管理处罚法》及其他行政处罚法（规定违法行为和行政处罚）；刑法（规定犯罪和刑罚）。这种法律结构事实上造成了中国刑法上的犯罪必须具有"严重"危害。如果窃取财物不够"数额较大"（500 元以上），或故意伤害行为没有造成"轻伤结果"，适用《治安管理处罚法》给予拘留、罚款处罚，在性质上属于违法行为、行政处罚，不属于犯罪和刑罚。因为存在行政处罚这道关口，有害行为越过这道关口进入刑事处罚领域被当作犯罪处罚的，往往具有相当的严重程度。这种制度特点决定了在"人·意思·行为·结果"的要素中，犯罪界限被极端推后至"结果"。这体现在分则条文对很多犯罪特意规定程度（结果）方面的要件，如"数额较大""情节严重""情节恶劣""销售金额 5 万元以上""偷逃应缴税额在 5 万元以上""违法所得数额巨大"，等等。受这类要件的限制，中国刑法的实际运作具有极端重视客观、结果、事后问责的特点，未遂犯、帮助犯常常实际不受刑事追究。这不等于中国不存在过分追究"危险"的危险,而是把这个问题放到了行政法领域。刑事处罚受这个特点的制约,缓刑、管制、单科罚金刑等轻缓刑罚的适用空间被极度压缩。不了解中国制度特色,在刑法领域倡导"非犯罪化""非监禁化""扩大罚金刑适用,取代短期自由刑",就显得盲目。

7. 小结

希望大家读完上面枯燥且不严谨的文字后能得到一些印象:(1)人们总是尊崇这些价值:"秩序·自由·安稳·公正·功利·社会需求",并喜好选择其中一个或数个作为"立论根据";(2)据此在"刑法目的·犯罪·刑罚·责任"的话题上发表见解;(3)据此见解导致评价罪责的重点在犯罪的"人·意思·行为·结果"要素上发生移动;(4)即使细微的移动在学说上也如同地震。

关于这方面话题,不妨看看《刑法概说》(〔日〕大塚仁著,冯军译)一书,这本教科书有助于打下坚实的刑法学基础;《刑法的精神与范畴》(曲新久著)一书,从标题可见书的内容是谈论刑法学重要话题(范畴)的;《刑法的基本立场》(张明楷著)一书则会告诉你同样的话题为何有不同的说法。

二、制度篇:基本与修正、常规与非常规

(一)基本与修正基本的犯罪构成是由分则各"罪·刑"条款确立的

首先,分则各"罪·刑"条款确立了"犯罪行为"的种类(行为类型)。比如,《刑法》第 302 条规定:"盗窃、侮辱尸体的,处 3 年以下有期徒刑、拘役或者管制。"据此,"盗窃、侮辱尸体"是刑法禁止的犯罪行为,其法律效果是"处 3 年以下有期徒刑、拘役或者管制"。遇到"盗窃、侮辱尸体"的事情(案件),此条是对该行为定罪处罚的基本法律依据。没有此条,不能认为该行为是犯罪;有此条,就可认为该行为是犯罪。处罚也受此条约束,最重不能超过 3 年有期徒刑。总则的许多规定,如罪刑法定原则、罪刑相适应原则,犯罪预备、未遂、中止,共同犯罪、犯罪故意、从轻处罚、减轻处罚、免除处罚等,在处理"盗窃、侮辱尸体"事情(案件)时,均需依附、围绕此条适用。比如,甲唆使乙盗窃他人尸体,乙实施盗窃他人尸体行为,对乙依此条定罪自无疑问,但对于甲能否依此条定罪就存在疑问,因为甲"动口不动手",《刑法》第 302 条禁止并惩罚"盗窃、侮辱尸体",但不能当然推导出禁止并惩罚其"教唆"行为。《刑法》第 29 条规定："教唆他人犯罪的，应当按照他在共同犯罪中所起的作用处罚……如果被教唆的人没有犯被教唆的罪，对于教唆犯，可以从轻或者减轻处罚。"有此规定，对"教唆"他人盗窃尸体的行为才获得处罚的根据。刑法分则开列出"罪·刑"清单，只有当分则开列出"盗窃、侮辱尸体"是一种"犯罪"，该"犯罪"的"教唆"行为才具有犯罪性。对该教唆行为处罚也必须以《刑法》第 302 条为依据。在对甲定罪判刑时，首先需引用《刑法》第 302 条，其次引用《刑法》第 29 条。由此可见，适用刑法条款处理具体案件时，分则各"罪·刑"条款是基本依据。于是学者就解说：分则各本条"罪·刑"条款确立的犯罪构成是"基本的犯罪构成"，总则有关确认犯罪行为的条款是"修正的犯罪构成"，如《刑法》第 29 条"教唆他人犯罪"的行为，就是对分则各条"罪·刑"条款的修正。《刑法》第 302 条经此修正，由惩罚"盗窃、侮辱尸体"自身扩及惩罚该行为之教唆行为。同理，总则中关于"帮助犯""预备犯"的规定也把《刑法》第 302 条由惩罚"盗窃、侮辱尸体"自身扩及惩罚该罪之帮助、预备行为。

其次，分则各"罪·刑"条款确立了对"犯罪程度"处罚的基准。比如，《刑法》第 302 条规定："盗窃、侮辱尸体的，处 3 年以下有期徒刑、拘役或者管制。"另外，《刑法》第 23 条规定："已经着手实行犯罪，由于犯罪分子意志以外的原因而未得逞的，是犯罪未遂。对于未遂犯，可以比照既遂犯从轻或者减轻处罚。"根据此条规定对"未遂犯"比照"既遂犯"处罚，显然"既遂犯"是"未遂犯"的处罚基准。那么"既遂犯"在哪里？在分则各"罪·刑"条款中。《刑法》第 302 条就是其中之一。这意味着，《刑法》第 302 条确立的就是一种（盗窃、侮辱尸体罪的）既遂犯，构成该条之既遂犯，直接适用该条之法定刑处罚。同理，总则关于预备犯、中止犯的规定，也是以分则各条既遂犯为基准处罚的。

最后，犯罪的个数也是分则各"罪·刑"条款确立的。比如，《刑法》第 302 条"盗窃、侮辱尸体的，处 3 年以下有期徒刑、拘役或者管制"。有此规定，"盗窃、侮辱尸体"才被认为是"一个"罪，无论是实施盗窃尸体行为，还是侮辱尸体行为，还是同时对一具尸体兼施了盗窃和侮辱行为，只接受《刑法》第 302 条的一次评价，按照"一罪"定罪处罚即可。

在刑法分则与刑法总则谁"基本"这点上，本不该发生理解上的困难。

可是我发现不少初学者在理解上还会发生困难，揣测原因大概是：学习的进程是从总则到分则，总则又有那么多"基本"的内容（其实主要是"通用"规则），先入为主，以为总则确立了基本的犯罪构成；中外学说犯罪论结构的差异造成的。欧陆学说犯罪论主干有三块内容："犯罪构成·违法·责任"。其"犯罪构成"是狭义的，可直接将它指向分则各"罪·刑"条款中的"罪状"，即使不懂"犯罪构成是违法有责的定型"这样抽象的定义，不清楚犯罪构成"是"什么，也至少能清楚犯罪构成"在"哪里。中国学说犯罪论主干有两块，即"犯罪概念·犯罪构成"。"犯罪构成"是犯罪要件的"总和"，是广义的。这种广义犯罪构成除了说它具有"法定性"的特征外，不能指向刑法更具体的位置。若既不懂它是什么，也不知它在哪里，就麻烦了。初学者往往会把犯罪构成"客体·客观方面·主观方面·主体"四要件当成基本的犯罪构成，其实这是犯罪构成的结构和共同内容。对犯罪构成作"基本·修正"的分类来自欧陆学说，其中"基本"的构成特指特殊的构成而非一般的构成，引入中国学说中存在体系障碍。在中国学说中，这种分类究竟该放弃还是保留？学者们也很矛盾。留着它或许能帮助学生了解一点欧陆犯罪论体系重视分则各本条特殊构成要件的思维。

不过有一点与体系无关，在处理案件、决定适用刑名时，分则各"罪·刑"条款当然是基本的。行为触犯分则某"罪·刑"条款，是成立犯罪的前提。法官审理刑事案件找到、找准可资适用的分则"罪·刑"条款是定罪处刑最基本的法律依据。

（二）常规与非常规

法律源于生活、遵循法理，因此法律制度的设置通常与"生活·法理"是一致的。以故意杀人为例，从生活观察：甲要杀死乙且将乙杀死，甲预定的犯罪目标实现了，追求的结果发生了，一件事情做完了，犯罪既遂了。从法理（刑法学说）评价：刑法设置条文保护人的"生命"，甲非法地杀死了乙，一个人的生命被终结了，法律保护的生命权益被破坏了，该罪行既遂了。《刑法》第232条规定"故意杀人的，处死刑、无期徒刑……"，根据这样的法律规定，故意杀人且把人杀死的，既遂，就程度而言需不折不扣地承担罪状之后的法律效果即"处死刑、无期徒刑……"，在犯一个完整的故意杀人罪上面，"生活·法理·法律"是一致的。假如甲没有杀死乙，则是故意杀人罪的未完成情形。

法律设置与"生活·法理"的一致，自然与人们的观察、经验、逻辑推理一致，大约可以称其为"常规"。因此法律设置的基本的犯罪构成往往合乎常规，并与人们的经验、逻辑思维吻合。初学者往往也能据此"举一反三"，不必一一具体掌握。但是，这恰恰是初学者容易犯错误的地方。立法者出于多种多样的考虑，时有"非常规"的法律设置。

例如，关于"放火"行为，《刑法》第114条规定："放火……危害公共安全，尚未造成严重后果的，处3年以上10年以下有期徒刑。"《刑法》第115条规定："放火……致人重伤、死亡或者使公私财产遭受重大损失的，处10年以上有期徒刑、无期徒刑或者死刑。"按常规理解，只需用一个条文规定惩罚一种罪行，但是《刑法》在这里用两个"罪·刑"条款（第114条和第115条）规定对同一（放火）行为的惩处，一种罪有两个"既遂"的标准，一个是《刑法》第114条的"危险"，另一个是《刑法》第115条的"结果"。这导致放火罪的"未遂"存在两个既遂基准。假如甲欲放火烧毁一巨型仓库，刚刚点着即被人发觉、扑灭，究竟算是既遂还是未遂呢？若按常理推断为未遂可能会出错。其实这是制度设置问题，假如甲放火行为完整实现《刑法》第114条的内容，即使尚未造成严重后果，也适用《刑法》第114条处罚，自无适用总则未遂犯规定从轻、减轻的必要。

在犯罪个数上，因为制度设置的缘故也存在大量非常规情形。按常理，一个"意思·行为·结果"是一罪，刑法往往也是这样设置的，如《刑法》第232条规定之故意杀人罪。但是，法律设置要考虑法理和政策需要，可能会与常识不一致，如《刑法》第239条规定，犯绑架罪"……杀害被绑架人的，处死刑，并处没收财产……"。假如甲绑架乙作人质，勒索到赎金之后竟然将乙杀害。按常理有绑架和故意杀人两个行为，应当成立绑架罪和故意杀人罪，但是，法律在此将自然观察的两个行为和法律上的两个罪行设置为承担一个法律效果（处死刑），只能视同一个罪行定罪处罚。刑法中常见把某罪行或某结果作为另一罪的加重情形，遇到这类加重犯，也只能从制度设置上予以掌握。

假如问题到此为止，不难解决，初学者对不合常规（或不合本人经验、逻辑）的制度设定逐一记牢就可迎刃而解。接下去的问题是，"学者"（注意是"学者"而不是"初学者"）因为自己的观念甚至偏好不同，对制度的设置提出不同的看法（学说）。比如，有学者认为，我国刑法总则对预备、未遂、中止的犯罪性作出了普遍的规定，它与分则各"罪·刑"条款组合成（预备、未遂、中止、既遂的）犯罪构成，因此没有必要区别出基本的犯罪构成和修正的犯罪构成。再比如，通说认为《刑法》第 114 条是放火罪等罪的既遂，《刑法》第 115 条是其结果加重犯。有学者重视犯罪的结果，认为犯罪构成的设置应当以"结果"发生为既遂基准，据此，《刑法》第 115 条应是放火罪等罪的既遂，《刑法》第 114 条是放火罪等罪"未遂犯在分则的特别规定"。这些说法并非没有道理，对初学者而言恐怕只有抓住本国制度设置的特点，结合刑法的基本观念，增强自己的"定力"，才能分辨出不同说法的根据和偏好。

三、提高篇：常态和非常态

生活中发生的绝大多数犯罪案件都是常态的，比如，甲为图保险金谋杀乙，使用剧毒的氰化物将乙毒杀。其动机、目的、认识、行为方式、造成的结果如此普通，以至于稍具常识的人就能作出与专家一致的判断。但是偶尔也会发生一些异常的罪案，如甲谋杀乙却把丙误认作乙（张冠李戴）将丙杀害，或本欲毒杀乙并购买"毒鼠强"（剧毒灭鼠药）投放到乙的食物中，不料该灭鼠药是假的，不可能毒杀乙，或者甲为偿还乙的债务而投保人身意外伤害险，然后乞求乙砍断自己的双腿以便获得保险金偿债。这类异常罪案极为罕见，甚至超出常人的想象，不仅给法律提出了难题，也向学说提出了挑战。学说追求其原理的普遍适用性，能完满说明"常态"问题是理所当然的，只有同时也能完满说明"非常态"问题，才能通过学说原理性、圆满性的最终测试。正因为如此，非常态的事例尽管罕见却常常为学者津津乐道，占了学说很大的篇幅。这不是卖弄也不是猎奇，而是学说需要通过极端事例来进行检验。

学说坚持主、客观相一致的原理，并追求它普遍适用的意义。犯罪人在犯罪过程中主观认识与客观实际通常是一致的，比如例 1，甲欲杀乙，并开枪击中乙致乙死亡。偶尔也会出现意想不到的情况，比如例 2，甲欲杀乙，误把丙认作乙并开枪射击致丙死亡，即发生了对象认识错误。值得研究的不是例 1 而是例 2，即所谓刑法上的认识错误的事实认识错误。考验学说价值、立场的不是例 1 而是例 2。关于例 2，甲对丙的死亡结果该承担故意罪责还是过失罪责？假如是故意罪责，则成立故意杀人罪的既遂，因为甲造成了一个人（丙）的死亡结果；假如是过失罪责，则成立故意杀人罪（对乙）未遂和过失致人死亡（对丙的死亡结果）的想象竞合犯，择一重罪处断，成立故意杀人罪未遂。学者都认可"主客观相一致"，例 2 提出的挑战是：主观与客观应当一致到何种程度？例2中甲对"乙"有杀害故意，对"丙"没有杀害的故意，若要求甲主观认识（欲杀"乙"）与客观实际（杀死"丙"）具体吻合到"乙"还是"丙"程度才对死亡结果承担故意罪责，叫作"具体符合说"，此说显然对确认故意罪责提出了极为严格的要求。若要求甲主观认识与客观实际吻合到"人"的程度即应对某"人"之死（不论是乙还是丙）承担故意罪责，叫作"法定符合说"，因为甲实际杀害的"丙"与"乙"虽然是两个不同的人，但他们同属于《刑法》第232条故意杀人罪之"人"，在法律上是同质的。通过解决这样的极端事例，可看出学说在坚持主客观相一致原理方面的细微差异。

在共同犯罪中，通常各犯罪人的认识一致，但也有认识不一致的事例。这些认识不一致的事例考验了承担共犯罪责需主客观一致到何种程度。比如例3，甲、乙共谋"教训"丙，甲实际上怀有杀丙之心而乙只有伤害丙的意思，二人共同加害丙，甲、乙是否成立故意杀人罪的共犯？共犯成立标准有犯罪共同说、部分犯罪共同说、行为共同说。按犯罪共同说，甲、乙二人不成立故意杀人罪的共同犯罪；按部分犯罪共同说，则仅在故意伤害的限度内可成立共犯；按照行为共同说，则甲、乙二人成立共同犯罪。我国通说采取部分犯罪共同说。比如例4，甲、乙共谋盗窃丙家，甲入户盗窃，乙放哨，甲窃取5万元，出来后向乙谎称只窃得1万元，二人平分1万元。乙是对1万元还是5万元承担罪责？通说认为乙仍对5万元承担罪责，犯罪数额的误认不妨害故意罪责的承担。

认定犯罪故意，不仅要求事实认识的主客观相一致，而且也要求行为违法性认识的主客观相一致。按常理，甲盗窃乙的财物，通常不仅对此事实有认识，而且对此事实的"是非善恶性质"也有认识，即知道这被法律禁止。如果某学说把犯罪故意的否定评价重心放在"知其不可为而为之"上面，会更重视行为人有此"违法意识"，把它当作承担故意罪责的本质根据。对于甲盗窃乙的财物这样的平常事，不需要求证甲知不知道盗窃"不可为"，因为具有普通辨认、控制能力的人从小受到道德教化，不言而喻知道"偷"是件"坏事"。普通人对生活中、法律上绝大多数的罪行均不言而喻"知其不可为"，所以当某人触犯刑律，通常不需说明他是否意识到行为违法就可成立犯罪故意，但不等于"违法意识"不是故意罪责的必要内容。因为现代社会法网严密，行为人可能会因为不知其行为违法（不可为）才触犯法律。比如例

5，甲到非洲国家旅游从商店购买了一件象牙工艺品带回国内，他可能没有意识到这是犯法的（走私珍贵动物制品罪），惩罚他似乎不近人情或过于霸道。面对这样的极端事例，学说上就演绎出是否将违法性意识作为故意内容（要素）的必要说、不要说、有违法性意识可能性说。

主客观一致的原理在处理行为人主客观不一致（认识错误）的非常态事例中才显现出作用，学者的不同观点才显现出实质差异。同理，刑法学的其他原理、制度也是在处理其他非常态情形中得以体现。这类非常态的情形、事例如：（1）不能犯未遂（相对于能犯未遂）；（2）偶然因果关系（相对于必然因果关系）；（3）不作为尤其是不真正不作为犯（相对于作为犯）；（4）想象竞合犯（相对于一行为犯一罪）；（5）间接实行（相对于直接实行）；（6）教唆未遂（相对于成功教唆）；（7）间接故意（相对于直接故意）等。如果把"单个人实行一个既遂罪"看作是分则各本条制度设置的常型，那么，犯罪预备、未遂、中止、帮助、教唆、共同犯罪、数罪、结果加重、情节加重也可以看作是特别的情形，需要特别关注。

四、实务篇：定罪与量刑、法理与情理

适用法律处理案件，不仅要通晓观念、制度、学说，还需要懂社会，了解法律职业群体的思维习惯和经验。下面我们通过一起案件简单了解法律适用情况。

甲女在乙男（单身离异）家做保姆并照看乙4岁的女儿丙。甲、乙发生了两性关系，乙许诺与同居女友丁分手并娶甲。丁因觉察甲、乙关系暧昧遂以乙的名义将甲解雇。甲不满，于某日中午将丙从学校骗至其亲属处，后打公用电话以丙的安全相要挟向乙索要"补偿费"2万元。当日16时许，公安人员接群众举报后将甲抓获，并在甲的带领下将丙解救。甲被控犯绑架罪。

一审以非法拘禁罪判处甲有期徒刑2年，理由是甲的行为不符合绑架罪实质特征，故依据索取不受法律保护的债务的司法解释，以索债（情债）型非法拘禁定罪处罚。控方坚持认为甲构成绑架罪，提起抗诉。二审认为甲绑架丙作为人质，并以此威胁乙索要"损失费"2万元，构成绑架罪。但鉴于犯罪情节轻微，判决免予刑事处罚。[1]

---

〔1〕 臧德胜："挟持他人子女向他人索要'补偿费'的行为是否构成绑架罪——被告人李新朵绑架案法律适用问题探讨"，载《审判前沿》（总第11集），法律出版社2005年版。

本案难在何处呢？首先看本案定罪处罚涉及的全部法律依据。

（1）《刑法》第239条（绑架罪）："以勒索财物为目的绑架他人的，或者绑架他人作为人质的，处10年以上有期徒刑或者无期徒刑，并处罚金或者没收财产……"[1]

（2）《刑法》第238条（非法拘禁罪）："非法拘禁他人或者以其他方法非法剥夺他人人身自由的，处3年以下有期徒刑、拘役、管制或者剥夺政治权利……为索取债务非法扣押、拘禁他人的，依照前两款的规定定罪处罚。"

（3）《刑法》第63条："犯罪分子具有本法规定的减轻处罚情节的，应当在法定刑以下判处刑罚。犯罪分子虽然不具有本法规定的减轻处罚情节，但是根据案件的特殊情况，经最高人民法院核准，也可以在法定刑以下判处刑罚。"

（4）《刑法》第37条："对于犯罪情节轻微不需要判处刑罚的，可以免予刑事处罚……"

本案的难点在于：从法理讲，甲扣押丙作人质勒索2万元，符合《刑法》第239条之"以勒索财物为目的绑架他人"的犯罪构成，理应承担该条"处10年以上有期徒刑……"的法律效果。如果适用《刑法》第239条处罚，同时又不适用《刑法》第63条、第37条，法院对甲必须至少判处10年有期徒刑、并处罚金或没收财产。[2]从情理讲，对本案甲判处10年有期徒刑实在太重，违背朴实的公平感，不合情理。一审法院为回避判刑10年，认定构成非法拘禁罪，判刑2年。遭抗诉后，二审法院改判绑架罪，但同样想回避判刑10年。二审法院找不到对甲可以适用《刑法》第63条"减轻处罚"的事由，干脆依据《刑法》第37条"免予刑事处罚"。本案起诉、审判中定罪量刑的曲折变化，反映出法理与情理的较量并且情理始终支配着案件处理结果。

不过，法院的判决是否正确，哪级法院的判决更合理，则是个令人难以确定回答的问题。如本案甲的行为到底是否符合绑架罪，涉及绑架罪构成要件的解释。一审判决认定不符合其"实质特征"，意思是仅仅"形似"。理由大概是绑架罪法定最低刑为10年以上有期徒刑，立法配置如此重刑，考虑适用的情形应当是那些以勒索巨额财产为目的的严重威胁人质安全的行为。本案

---

〔1〕 本条已被2009年2月28日通过的《刑法修正案（七）》第6条修正，该处所举案例是为了说明刑法修订前刑法规定与现实情理的冲突与衡平。

〔2〕 这种说法被《刑法修正案（七）》第6条修正后，就显得不那么准确了。

这种恩怨儿戏似的"绑架"，实则不是立法者意欲惩治的绑架罪。这种理解存在一个法律漏洞，因为照这种理解就没有"犯罪情节轻微"的绑架罪了，这等于否定了《刑法》第37条普遍适用的效力。起诉方和二审法院不接受一审判决的实质解释。二审判决认定甲构成绑架罪，但认定"犯罪情节轻微"，这也不是没有疑问的。首先，本案甲的绑架行为能否认定"情节轻微"就存在斟酌余地，一审判决不得不转定非法拘禁罪，恐怕就是感到没把握。轻微不轻微是个弹性的概念，但是其效果"免予刑事处罚"却是硬性的。一审法官可能认为对本案甲判2年有期徒刑比免予刑事处罚更为妥当，所以回避了《刑法》第37条的适用。其次，按照二审法官判决的思路，对本案这类绑架案件，要么处刑10年，要么免予刑事处罚，留下10年徒刑的巨大落差，怎能避免量刑畸轻畸重的结果？[1]本案甲假如具有法定减轻情节比如自首，有一个平缓过渡的法律依据，会不会就减轻处罚而避免免予刑事处罚呢？如果这样，对被告人而言多一个法定减轻情节反倒成了坏事，得到一个减轻处罚的机会反倒因此失去免予刑事处罚的机会。与其这样，接受一审判决对绑架的"实质"解释未必不是一种可以考虑的选择。再如，处理本案的各司法机关似乎都认为对甲处刑10年畸重，不近情理。但是这种认识是否符合立法精神呢？也值得推敲。刑法规定绑架罪法定最低刑为10年有期徒刑，立法者就是有意借此表明对绑架行为厉行禁止的态度，对本案甲的理解、宽容是否符合立法意图？可见对具体案件的处理，对具体条文的解释、适用，可能会存在多种观点、意见。

初学者须注意，千万不要成为怀疑主义者，即使是各方对这样疑难的案件存在分歧，但是有两个基本前提：合情，洞察人情世故，符合人们普遍的公平感；合法，必须拿出定案的法律依据。如一审判决根据司法解释"对于绑架人质索取赌债、高利贷等不受法律保护的债务的行为以非法拘禁罪论处"，对本案按照索债型非法拘禁定罪处罚。二审判决认定被告人绑架行为符合《刑法》第37条"犯罪情节轻微"的条件，免予刑事处罚。另外，刑法理论和司法实务在适用刑法处理案件上已经积累了丰富的经验，需要去虚心学习掌握。关于实务方面，不妨看看《刑法分则的解释原理》（张明楷著），希

---

〔1〕 应当注意的是，根据《刑法修正案（七）》第6条，绑架罪的法定刑增加了"情节较轻的，处5年以上10年以下有期徒刑，并处罚金"的规定，这一修订将有效避免司法实务中对绑架罪量刑畸轻畸重的现状。

望大家从这本书中能了解刑法目的等观念、价值，不同的说法如何具体影响到刑法的解释、适用。此外，最高司法机关发布的司法解释或准司法解释，凝聚了中国司法人员的经验和智慧，是了解中国司法实务的必经途径，如《最高人民法院关于审理盗窃案件具体应用法律若干问题的解释》《最高人民法院关于审理抢劫案件具体应用法律若干问题的解释》《最高人民法院关于审理抢劫、抢夺刑事案件适用法律若干问题的意见》《最高人民法院、最高人民检察院、海关总署关于办理走私刑事案件适用法律若干问题的意见》《全国法院审理金融犯罪案件工作座谈会纪要》《全国法院审理经济犯罪案件工作座谈会纪要》等。判例是推动学说、制度发展的主要源泉。建议读者看看刑法案例书，其中法学院校出的案例教程一类的教材，较为系统、平易。司法实务部门判例选集较新较深入，比如《刑事审判参考》《人民法院案例选》。

四、罪刑各论

关于杀婴犯罪的几个问题[1]

中华人民共和国成立后相当长时间里几乎已经绝迹的杀婴事件，近年来在一些地区又时有发生。它严重地侵犯了妇女和儿童的合法权益，削弱了贯彻执行计划生育政策所应取得的效益，因此必须采取相应的措施严加制止。目前，这种"新"的犯罪现象已经引起了社会各方面的重视，同时，它也给我们提出了一些值得探讨的问题。

一、杀婴犯罪的性质和应适用的法律根据

明确婴儿具有人的生命的性质是确定侵犯婴儿生命的犯罪的关键。人的生命究竟起于何时，一直是个众说纷纭的难题。恩格斯曾指出，资产阶级法学家绞尽脑汁去寻求胎儿和人的界限，结果还是徒劳无功。但是，至少可以肯定，没有任何一种学说对已脱离母体并独立成活的婴儿具有人的生命的性质提出异议，这已是人们确定人的生命起点最靠后的界限了。我国法学界比较一致地认为人的生命起于出生，终于死亡。婴儿是指出生不满周岁的小孩。他（她）的生命包括在人的生命范围之内，因此，在性质上被认为是人的生命。

国家承认婴儿作为一个社会主体的法律地位，不仅赋予婴儿以公民的基本权利，而且还给予特别的关怀。根据户籍管理的规定，婴儿一经出生即可申报户口，成为国家的公民。在民法上，婴儿即可取得完全的现实的民事权利能力。我国第一部婚姻法针对当时残留的溺婴现象，曾明文禁止溺杀婴儿。我国现行的宪法和婚姻法都强调国家保护妇女和儿童的利益。由此可见，我国在法律上和事实上都把婴儿当作社会的一个成员看待。我国虽然鼓励和推行计划生育，但决不会默认、允许以溺杀婴儿的方式控制人口。《刑法》对婴儿甚至胎儿生命的尊重，充分体现在《刑法》第44条规定中：为了保护无辜

---

[1] 原载《中国政法大学学报》1984年第2期。

的胎儿和有利于将来婴儿的生长，对孕妇不适用死刑。从这一规定所体现的革命人道主义立场，也可以推论出刑法对非法剥夺婴儿生命行为的态度。没有理由认为刑法将婴儿的生命排除于人的生命之外，而不予以保护。

既然肯定婴儿的生命就是人的生命，那它当然就包括在《刑法》第132条规定的杀人罪侵犯的客体范围之内。任何人具有杀婴的故意并且实施了杀婴的行为就构成《刑法》第132条的故意杀人罪。司法实践中有些同志认为法律对杀婴无明文规定，处理缺乏法律根据。产生这种模糊认识的主要原因，是由于杀婴案件比起其他的杀人案件而言具有自身的一些特点。如犯罪对象是新生婴儿，犯罪动机一般是盼望有机会生育男孩，犯罪主体和犯罪对象之间一般存在着亲属关系（当然这是比较常见的典型的杀婴案件，也有不具有这些特点的杀婴案件）等，这就使杀婴案件看起来似乎是一种有别于其他杀人的犯罪行为。我认为这些特点并非杀婴犯罪的本质特征，因而并不能改变杀婴即杀人的犯罪性质。在我国刑法中，犯罪对象、犯罪动机以及犯罪主体和对象之间的特殊关系不是犯罪的构成要件，不反映某一犯罪的本质特征。因此，犯罪对象、犯罪动机的差异以及犯罪主体与对象关系的特殊性，并不意味着杀婴与其他杀人罪之间有本质的区别，简要分述于下。

（1）犯罪对象之间的差异不影响杀人罪的性质。《刑法》第132条保护的客体是人的生命，人的生命具体表现形式有大人、小孩，男的、女的，健康的和患病的等差异，但这只是形式上的差异，当归结为人的生命时则是同一的，都是《刑法》第132条规定的故意杀人罪的犯罪客体。因此，非法剥夺婴儿的生命权利和非法剥夺成人生命权利在性质上是相同的。

（2）犯罪动机的差异不影响杀人罪的定性。在我国刑法中，犯罪动机一般作为主观方面的一个情节，在量刑中具有重要的意义，但对犯罪的性质不产生影响。其他的杀人罪中包含有各种动机，如仇杀、奸情杀人、图财害命等，但杀人的性质不变。刑法的具体规定也说明了这一点。刑法中关于故意侵害生命的犯罪有三种：一种是以目的区分的反革命杀人罪；一种是以危险的方法致人死亡的犯罪，包括多个罪名，是以手段和侵害的客体划分的；第三种是故意杀人罪。没有将动机作为侵害他人生命犯罪的罪与罪之间界限的。所以，尽管有些杀婴罪的动机较为特殊，但不能改变该类犯罪的故意杀人的性质。

（3）在多数杀婴案件中，犯罪主体和犯罪对象存在着某种特殊的身份关系，如亲属关系甚至是亲子关系，但这并不影响犯罪的性质。在社会主义刑法面前，家庭中的长幼关系是平等的，婴儿不是父母的私产，父母对自己的婴儿也没有剥夺其生命的特权。因此，不论犯罪主体具有什么样的身份，只要侵犯了婴儿的生命，也照样按故意杀人罪定罪处罚。

我国刑法中没有单独规定杀婴罪条款。针对目前杀婴犯罪增多的情况，是否有必要对杀婴犯罪作出特别的规定呢？我认为不必。因为根据我国刑法现有的规定认定和处罚杀婴犯罪是完全可行的。《刑法》第 132 条的罪状部分仅规定"故意杀人的……"，并没有对罪状作进一步的叙明；法定刑的范围最高幅度为死刑，最低幅度为 3 年有期徒刑。这种高度概括的规定能够适应社会上新出现的杀人犯罪形式，包括最近有所抬头的杀婴犯罪。尽管杀婴案件的情况十分复杂，但《刑法》第 132 条规定的法定刑幅度，也完全能满足处罚情节各异的杀婴犯罪的需要。以简明的方法立法，其意图之一就是为了保持法律条文的高度适应性。从技术上讲，对杀婴犯罪适用《刑法》第 132 条也是符合立法意图的。

二、对以不作为行为方式杀婴的认定

杀婴犯罪和故意杀人罪的主客观特征是一致的。但考虑到婴儿的生活能力、生理特点，有必要谈谈不作为方式杀婴的性质和划清不作为方式杀婴与遗弃婴儿罪的界限。新生婴儿的生命力脆弱，没有自理生活的能力，完全依赖他（她）的生育者和养育者，而杀婴犯罪的主体往往又是有义务养育婴儿的人，因此犯罪人比较容易利用婴儿的依赖性以不作为方式达到杀婴的目的，如拒绝哺乳喂养，不予适当的照料等。对于以不作为方式杀婴的，同样应按故意杀人罪论处。因为行为人完全能认识到对一个婴儿不予哺乳、照料会产生的后果，而拒绝哺乳照料造成婴儿的死亡，这只能认为是行为人有意识选择的结果。行为人诸如婴儿的父母、亲属或其他受托照料婴儿的人，由于和婴儿之间的特殊关系，负有养育婴儿的法律义务，如果消极地不予照料婴儿造成了婴儿死亡的结果，是违背法律义务的，因而也就具备了追究其不作为杀婴刑事责任的前提。

要注意划分不作为方式杀婴和遗弃婴儿罪的界限。遗弃婴儿罪和不作为方式杀婴的区别在于：遗弃婴儿罪是拒绝履行抚育婴儿的义务，行为人的目的是企图通过遗弃向他人转嫁应由自己承担的抚育义务；不作为杀婴是以拒绝履行抚育婴儿的义务的方式达到杀婴的目的。在遗弃婴儿造成死亡的场合，不能一概认为构成了遗弃罪，而必须判别行为人遗弃婴儿是转嫁抚育义务的手段，还是杀婴的手段。换句话说，就是判别行为人的故意内容是弃婴还是杀婴。我们只能根据行为人表现于外部的客观行为来判断他故意的内容。新生婴儿无自理能力，显而易见，有义务抚育婴儿的人拒绝履行抚育义务并使婴儿不能获得其他人的抚育就足以置婴儿于死地。所以，行为人拒绝履行抚育婴儿的义务，又将其置于无法获得援助的境地，婴儿死亡便是必然发生的结果，因此只能认为这是行为人希望或者放任发生的危害结果，无疑具有杀婴的故意。反之，行为人虽然拒绝履行抚育婴儿的义务，但将婴儿置放于能够获得援助的场所，如车站、码头、路口等常有人来往的地点，在一般能预见婴儿会由他人抱养的情况下，即使偶然地发生了死亡的结果，也不能认为行为人具有杀婴的故意，而是弃婴的故意，应当按照《刑法》第 183 条定罪处刑。

三、关于对杀婴犯罪的处罚

对于杀婴罪存在两种截然相反的评价。一种观点认为：婴儿对不法侵害无任何抵抗能力，因此杀害婴儿不仅构成杀人罪，而且还应适用对无抵抗能力的人实施侵害的加害情节。苏联的立法精神和法学理论都反映了这一观点。另一种观点认为：杀婴罪是一种较轻形式的犯罪，母亲总是在万般无奈时才会杀死亲生婴儿，因此是一种可宽恕的犯罪。杀婴罪立法例充分体现了这一观点，而该立法例在各国实践中被普遍采用，说明了这是现在较为流行的观点。必须指出，上述评价涉及的杀婴，仅仅限于妇女基于某一特殊的原因，在特定的时间内杀死亲生婴儿的犯罪，含义狭窄。至于本文所谈的我国的杀婴犯罪，是指以婴儿为侵害对象的故意杀人罪，没有主体和情节的限制，范围要大得多。因为概念不尽相同，所以不能适用上述任何一种评价。

目前发生在我国的杀婴犯罪，可以根据动机的不同大致分为两类：第一类是基于重男轻女，盼生儿子的动机而溺杀女婴；第二类是基于其他的动机而杀害婴儿。根据动机作出两类划分是符合我国司法习惯的。例如故意杀人罪，实践中常根据动机归类，像奸情杀人、仇杀、义愤杀人等。根据动机分类有利于我们认识和评价杀婴犯罪。第一类杀婴犯罪是我国较常见的典型的杀婴犯罪，它与旧的习俗和新的人口政策有一定的联系，是一个值得我们当作一种社会问题加以重视和解决的犯罪现象，而第二类杀婴犯罪则较为少见，因而不是这里论述的重点。

对于第一类杀婴犯罪的处罚，原则上应轻于其他的杀人罪，原因如下所述。

（1）在我国人们历来不认为杀婴是一种十分严重的犯罪。杀婴犯罪有着深刻的社会历史根源。旧社会劳动人民为贫困所迫，不得不溺杀难以养活的婴儿，久之成习。人们不明了杀婴犯罪的性质，不把它同一般意义上的杀人等量齐观。剥削阶级统治者虽然认为杀婴是犯罪行为，法律中也有所规定，但不能严格付诸实施。新中国成立以后，随着人民经济、政治状况的改善，杀婴事件几乎已经绝迹，司法实践中也罕见处理杀婴案件。在法治宣传较为落后的地区，人们至今仍然不知道杀婴是犯罪行为；即便是在法治宣传较好的地区，人们也因刑法没有明文规定而不认为杀婴是犯罪行为。这种"不知道"深深地根源于旧的习俗，根源于人们较为普遍的对杀婴犯罪性质的认识和罪恶程度的评价。所以，我们一方面应当同人们头脑中的旧观念进行不妥协的斗争，依法惩罚杀婴犯罪；另一方面又要考虑刑罚的社会效果，处罚杀婴犯罪的严厉程度不能和人们对该行为道义上否定评价的程度相距太远，以免由于刑罚过于严厉，而使人们由同情被害人而变为同情受处罚人。列宁曾引用贝卡利亚的话指出：惩罚的一般预防作用不在于惩罚的严厉性而在于惩罚的必要性。针对我国人民目前对杀婴犯罪的认识水平，这话具有重要的指导意义，它启示我们通过处罚每一杀婴犯罪行为，除了教育罪犯本身外，更主要的是表明国家保护婴儿生命的严正态度，帮助人民提高法治观念，使尊重婴儿生命的观念深入人心，以期收到较好的一般预防效果。

（2）第一类杀婴犯罪，往往是溺婴，将刚刚分娩出世的婴儿以溺毙等方式致死。这种溺婴行为给社会、家庭以及被害人的亲友造成的不良影响没有其他类型杀人罪大。就社会来讲，新生婴儿基本上还未与社会发生接触，甚至还不为周围的人知道、认识，婴儿死亡直接产生的社会影响不大，人们一般感受不到通常杀人犯罪所造成的不安全感。对于新生婴儿的父母及家族成员来说，他们往往因为无力抚养或计划生育等因素的影响，不得已选择溺婴。被害人亲属遭受的物质损失、精神打击，显然不能和失去其他家庭成员相提并论。被害人亲属一般考虑到犯罪人和被害婴儿及本人的亲戚关系，不情愿严惩犯罪人。严惩故意杀人犯客观上要考虑到平复群众和被害人亲友的义愤，即所谓"以平民愤"，而这类溺婴犯罪一般民愤不大，被害人亲属要求严惩的情绪不强烈，因此，作较轻的处罚也可以收到同样的教育效果。

在司法实践中对杀婴犯罪的处罚实际上也是轻于其他的杀人罪的。刑法规定的故意杀人罪法定刑为死刑、无期徒刑、10 年以上有期徒刑，情节较轻的，处 3 年以上 10 年以下有期徒刑。一般故意杀人案件，判处无期徒刑、死刑的较为普遍。而近几年对以同样罪名定性的杀婴犯罪的处刑一般在 2 至 5 年有期徒刑之间。有些同志认为这样的处刑偏轻。不过，对杀婴犯罪的处刑要达到一般杀人案件的处刑水平也是不可取的。我主张对第一类杀婴犯罪的处罚，原则上应低于一般的杀人罪，但是二者不能过于悬殊，在某种情况下，对个别手段残忍、民愤很大的杀婴罪犯，也可以判处杀人罪的最高刑。第二类杀婴犯罪情况比较复杂，更难一概而论。从动机上看，它们比第一类杀婴犯罪恶劣。因此，虽然都是杀婴，但犯罪人的主观恶性和民愤一般是很大的，对这一类杀婴犯罪原则上应给予与一般杀人罪相同的处罚。

应当强调指出，处理杀婴案件应当注意保护妇女的合法权益，强调父亲保护婴儿的义务。如前所述，发生在我国的杀婴案件大多数是为了盼望有机会生育儿子"传宗接代"；其次是为了"甩包袱"[1]。我国家庭结构的特点，决定了这两种情形都与父亲的利害关系最为密切。因此，无论是杀婴的造意还是行为的实施，一般说来，多是以父亲为主的。针对这种情况，遇到妇女亲手杀死亲生婴儿的案件，就应认真调查是否有共同犯罪人。如果妇女杀婴并非出于本意，而是受教唆、胁迫的，就应当追究教唆人、胁迫人的主要责任，不能仅根据妇女是杀婴的执行犯就一律当作主犯追究刑事责任。有些犯杀死亲生婴儿罪行的妇女，在产前曾承受种种的精神压力，产后又承受亲手杀婴的痛苦，她们既是犯罪者又是旧的习惯势力压迫下的受害者，我们在处理这类案件时一定要注意有所区别。

---

[1] 现在偶有外出务工女子未婚怀孕，因无力抚养、感到羞耻、情感失控而不得已将自己亲生婴儿溺毙的案件。司法实践对这类溺婴行为，虽然定性构成故意杀人罪，但比起一般的故意杀人案件，量刑上相当宽大。针对母亲在情绪情感失控之下溺杀自己刚刚分娩的新生婴儿（一般是私生子），曾有外国刑法专门规定溺婴罪，处罚显著轻于故意杀人罪。

金融电子化、网络化提出的新问题[1]

——从财产罪认定与处罚的视角

金融电子化、网络化使财产的占有、持有、控制[2]以及存在的形式发生了变化。巨大的财富表现为存储于某种介质上的数据,金钱的转移、支取表现为一组在电缆中流动的数据。客户凭借一纸票据、一块磁卡,甚至一个密码,就能控制、支配银行账户上的存款,凭借方便的通信工具可以随时随地调动、支取存款,甚至可以不必与银行职员打任何交道,从自动取款机提取现金,在网络上完成资金的转移、支付。这种变化在带来便捷的同时也增加了资金的风险,使犯罪分子能够在瞬间窃取、骗取、转移大量的资金。因此金融机构又在不断地加强安全防范措施,在便捷与安全之间谋求平衡。电子化、网络化的金融系统,使人们对银行和客户资金的占有、控制、支配关系需要有新的认识。

一、携带、持有(方式)观念的变化

在电子化、网络化时代,人们持有、携带财产的形式和范围得到扩大,不限于有形的、随身的财物,还包括无形的、存放在远隔千里的电子银行中的财产。过去理解的携带、持有,仅仅是随身带有的有形物体,比如现钞、物品、支票、存折等。在今天,一个人走到天涯海角,都可以支配存放在电子银行系统中的资金。支配的凭证可以是有形的支票、磁卡,也可以是无形的口令、

---

〔1〕 原载《网络安全技术与应用》2001 年第 7 期。

〔2〕 在日本和我国台湾地区理论通常使用"支配"一词,也有使用"掌握"一词。如"占有(或称所持)是指事实上对物的支配",参见[日]裁判所书记官研修所编:《刑法概说》,司法协会发行,平成 2 年第 1 版,第 108 页;"窃取行为的既遂或未遂问题,还要就物之原持有支配关系之破坏……"再如,"行为人确已掌握他人之物时,即为既遂",参见林山田:《刑法特论》,三民书局股份有限公司 1978 年版,第 227 页。我国刑法理论较多使用控制一词,如关于盗窃罪既遂的学说有控制说、失控说等。在控制与占有的关系上,常把控制视为占有的实质内容。参见刘明祥:"论刑法中的占有",载《法商研究》2000 年第 3 期。

密码。这个人只需要一个电话或者在网络手机上输入一组密码，即可调动大笔资金。比如某人记住一组口令，并且与开户行约定取款程序，那么该人实际上能够在任何时间、任何地点调动账户上的存款，如同携带、持有该财产。但是与传统的持有、携带意义不同，因为该笔资金并不是被有形持有、随身携带。

这种携带、持有方式的变化，给与携带、持有财产相关的财产犯罪方式及其认定带来新的变化。首先，罪犯实现绑架勒索的目的可以不必向第三人索要赎金。罪犯在不满足于抢取被害人随身携带的财物的情况下，可以通过绑架被害人，并以伤害、杀害相威逼，而直接向被害人索取银行账户上的巨额存款，达到与向第三人勒索巨额赎金同样的效果。不论我们认为这种行为是抢劫还是绑架，至少罪犯通过绑架被害人可以取得与绑架人质勒索第三人一样的效果，即不限于被害人随身携带的有限财物。其次，抢劫罪和绑架罪涉及的财产的界限模糊了。抢劫罪的对象一般是被害人携带、持有的财物，而绑架罪所勒索的财物通常是被害人携带、持有之外的财物。因此，依据传统意义上的携带、持有观念，从对象上就可以较为清楚地区分抢劫罪和绑架罪。但是在电子时代，人们利用金融系统可以支配远隔千里的财产，使犯罪人不仅可以劫取被害人随身携带之物，也可直接向被害人索取非随身携带但可以支配的财产。例如，犯罪人把被害人绑架，在非法剥夺其自由的同时，使用刀割、殴打等方式折磨被害人并不时以杀害相威胁，迫使其交付巨额财产。被害人不堪折磨威胁，被迫指令其开户银行将其账户上的巨额资金转到罪犯指定的账户。对于这种情形是认定为绑架罪还是抢劫罪，我们面临着困惑。如果认定为绑架罪，缺乏受害的第三人，不符合绑架罪的扣押人质，强令第三人作为或者不作为的特征。[1]如果认定为抢劫罪，就需要把被害人并未随身携带的银行账户上的存款视为被害人持有之物。从理论上讲，这不失为一种有力的解释，从法律上讲，也不存在重大的障碍。但是有以下几点是

---

〔1〕 在国际刑法中，通常认为劫持人质罪具有两个要件：一是绑架人质；二是向第三人强要（勒索）。其危害性不限于被绑架人人权，还侵犯第三人自决权。参见张智辉：《国际刑法通论》（增补本），中国政法大学出版社 1999 年版，第 183~184 页。我国《刑法》的 239 条虽然没有指明威胁勒索第三人，但在理论解释上通常将勒索第三人作为要件之一。例如高铭暄、马克昌主编：《刑法学》（下编），中国法制出版社 1999 年版，第 838 页、第 894 页。以 "被绑架人作为人质，要求其亲属或其他利害关系人交付一定数额的财物"；抢劫罪与绑架罪的区别之一是："前罪是以暴力、胁迫的方法施加于被害人，当场强行劫取财物的行为；后罪是将人掳走限制其自由后⋯⋯威胁被害人家属或有关人员，迫使在一定限期内交出索取的财物"。

不能不考虑的。其一，在这种情形下，被害人遭受的痛苦、磨难和可能遭受的损失，更接近于遭受绑架罪的侵害，通常超出遭受抢劫罪的侵害。其二，在这种情形下，犯罪人的主观意图和行为方式更接近于绑架罪，表现为长时间扣押、折磨被害人，以释放为条件或者以加害相威胁，勒索巨额财产。与绑架罪不同者，仅仅在于只向被害人本人施加勒索，没有对第三人发出勒索。在有些场合，犯罪人甚至只有一个概括的绑人勒索的故意，即只向被害人（被绑架人）勒索财物，至于被害人是直接调取赎金，还是告知第三人自己遭受的处境，请求第三人支付赎金，并不在意。实践中就有这样的情况。在北京设圈套绑架 2 名韩国人一案中，犯罪人事先明显进行了绑架勒索的预谋，但在实行中只是一味向被害人索取 50 万美元的现金，并要求把资金汇入罪犯指定的账号。被害人在长时间折磨和死亡的威胁之下，只好向远在韩国的朋友求助。但是一方面可能是慑于犯罪人的威吓，不敢说出被绑架的真相；另一方面可能是不愿亲友担忧，不想说出真相。因此谎称在中国进行风险投资，急需一笔资金。在向朋友求助未果的情况下，被害人又不得不指令自己的开户行向罪犯指定的账户汇入巨额资金。对于这样的案情，可以说除了没有第三人遭受到勒索之外，具备所有绑架罪的特征。并且其危害性与绑架罪没有实质的差别。

具有讽刺意味的是，现代金融信用制度的建立，大大减少了携带大笔现金的风险，而电子、网络信用的发展，则更进一步使这一切变得更加方便快捷；但是，另一方面又使其客户的人身面临着一种更为可怕的危险，即遭受绑架并遭到直接的勒索，使身心蒙受巨大创伤和财产遭受巨大损失。而且因为没有惊动第三人，可能使犯罪的风险更小、得逞的机会更大。对此，我们需要思考的是：罪犯已经在事实上利用电子、网络信用系统带来的持有方式的变化，采用不惊动第三人的方式直接索取财物，取得与绑架勒索（第三人）相同的效果。并且也使社会、被害人遭受与绑架勒索（第三人）相同的危害。那么，我们是否也应当考虑电子时代携带、持有方式的变化，将这种情形的犯罪也纳入绑架罪的范围，即取消向第三人勒索赎金的限制呢？当然，对这类情形按抢劫罪论处在法律和理论上也是能够解释的。不过从实质的角度评价，与其危害性是不相称的，也不够自然。

二、财物"控制"的多元化[1]

金融电子化、网络化使金融系统中的财产发生多元控制的现象。一方是金融机构，管理和使用存款人的存款；另一方是存款人，持有相关金融票证，经过一定的验证程序有权从金融机构随时提现。其他人经合法授权或者非法获取有关票证和验证资料后，也可以到金融机构提现。金融业务的电子化和网络化，还使验证程序趋于数字化、机器化，不法者获取有关票证或者口令之后，从银行提现变得更为方便快捷。尤其是在网络上，任何人只要获取密码（一组数字）就可以支配一个网络账户的财产。当然，作为财产合法管理人的银行或者合法所有人的客户，一旦发现异常，也可以非常快捷地冻结账户上的财产，并记录财产转移踪迹，及时追索。这种控制关系的多元化、数字化、机器化，对相关财产犯罪的界限、形态的认定带来一定的影响。

第一，侵占罪和盗窃罪、诈骗罪的界限。一般认为，三者区别的关键在于取得财物控制的方式不同。侵占罪的对象限于行为人"自己占有"之物，[2]这里的占有，是指在实力支配之下或者说在行为人的持有、管理之下。[3]因此，一般认为侵占罪的特点是合法持有、非法侵吞，它与盗窃、诈骗罪区别的关键在于：侵占罪的对象"在侵占人自己的控制之下，而盗窃罪的犯罪对象置于他人的控制之下"。[4]侵占罪是因为受托保管财物或者发现遗忘物、埋藏物之类偶然事件而获得对财物控制的，其取得控制的方式本身不具有犯罪性，即不属于刑法所禁止的行为；盗窃、诈骗罪则是通过非法方式（窃取、骗取）取得控制的。如果行为人使用秘密窃取或者骗取的方法非法地取得他人有关金融票证或者密码，并冒领、冒支他人存款，无疑是盗窃罪或者诈骗罪。在日本的判例中，非常重视金融机构对财产控制的独立性，以至于对于行为人窃取他人存款磁卡，然后又使用该磁卡在银行自动取款机取款的行为，认定为两个盗窃罪，其一是盗窃磁卡的行为；其二是从银行取款机窃取现金的行为。作出这样判决的理由是，行为人除了从磁卡的管理人那里窃取磁卡外，还从银行的管理之下窃取了现金，侵犯了另一法益。尽管银行不需对权利人

---

〔1〕 有学者论及"占有"，认为"刑法上的占有具有排他性"。参见刘明祥："论刑法中的占有"，载《法商研究》2000年第3期。这种占有的排他性与控制的排他性应当是有关联并且是一致的。

〔2〕 ［日］《判例六法》，有斐阁平成3年版。

〔3〕 张明楷：《外国刑法纲要》，清华大学出版社1999年版，第465页。

〔4〕 王礼仁：《盗窃罪的定罪与量刑》，人民法院出版社1999年版，第255页。

承担财产责任，也不妨碍认定行为人取款行为具有盗窃性质。[1]日本法院对该案的判决虽然不完全符合我国的司法习惯，[2]但其对银行管理财物的独立性的重视以及对侵占罪的严格限定，值得我们参考。问题是如果行为人由于代为保管或者以捡拾遗忘物、遗失物等非犯罪的方式取得他人金融票证或者账户密码后，冒领、冒支他人钱款的应当认定为侵占罪还是盗窃罪或者诈骗罪？对此，理论上并未形成明确的认识，在司法实务中则往往认定为侵占罪。如某洗衣店店主侵占顾客遗忘在衣兜内的存折冒领存款案，法院判决构成侵占罪。[3]

对此必须考虑金融信用系统中财物控制的多元化特点。行为人持有相关金融票证或者知悉有关密码，的确是具备了支配账户存款的条件，但是这并没有排除银行和权利人对存款的控制。因为存款仍在银行的管理、控制之下，从银行支取，仍然需要具备权利人或者经合法授权的人这一实质条件；而权利人也随时可以挂失避免损失。这说明金融票证、密码的失控，并没有导致银行和权利人对财产的完全失控。这也正是在银行存款让人们感到比较安全的因素之一。行为人使用持有的他人金融票证或者密码骗取、窃取他人账户存款的，仍然应当将其视为在取得财产的控制上使用了犯罪性的手段。所以，应当以盗窃罪或者诈骗罪论处，不应当以侵占罪论处。另外，出于保障金融系统的安全考虑，应当在道德和法律上筑起一道屏障，任何非权利人、未经授权的人，以欺诈、窃取的方式支取他人账户存款的，都应当视为犯罪性的手段，其行为本身就是犯罪。我国的刑事立法例其实也支持这个观点。如刑法规定冒用他人信用卡是信用卡诈骗行为之一，至于取得信用卡的方式并无限定。但是在司法实践中，对于捡拾他人遗失、遗忘的金融票证、获取他人密码，然后冒领他人款项的行为，认定为侵占罪的判例屡见不鲜。这显然是过分看重行为人取得金融票证方式的非犯罪性，而忽视了非法使用该金融票证从银行骗取、窃取他人账户存款的犯罪性。如果充分考虑金融机构存款的多元控制，并非仅仅是凭借有关金融票证就完全取得控制，那么，在取得票

---

〔1〕　[日]西田典之等：《判例刑法各论》，有斐阁1993年版，第227页。

〔2〕　我国司法一般将这种非法支取行为视为盗窃存款磁卡行为的延续，认定为一罪。

〔3〕　刘家琛主编：《刑法新罪与疑难案例评析》中国民主法制出版社1999年版，第439页。叶某经营干洗店，偶然发现顾客送来清洗的西服衣袋内有一存折，然后用该存折到银行冒领39 000元。该案的评析人认为被告人有侵占（存折）和骗领（银行）存款的行为，属于牵连犯，应当择其重者即诈骗罪定罪处罚。这种评析意见应当是恰当的。

证无犯罪性但是在使用该票证从银行提现具有犯罪性的场合，应当根据使用票证或者密码取款的方式确定行为的性质。至于行为人取得这些票证、密码的方式本身是否具有犯罪性质，不影响盗窃、诈骗罪的成立。那种认为取得金融票证或者密码的行为本身不具有犯罪性，等于是取得财物控制的行为不具有犯罪性，因而属于合法持有非法侵吞的情况，应当以侵占罪论处的观点和判例是不恰当的。

在持有他人权利凭证、密码侵犯他人账户存款的场合，是定诈骗罪还是定盗窃罪，应当视具体情况而定。如果行为人在提现时面对的是银行职员，虚构是权利人的事实或者隐瞒非权利人的真相，而取得存款的，属于诈骗行为，因为欺诈对象通常需要是一个自然人。如果行为人无需通过自然人的环节，只需与机器打交道即可提现或者转移财产的，如从自动取款机或者他人的网络账户上提现、转账的，应当定盗窃罪。因为此时没有自然人的验证环节，全由机器或者程序验证，无所谓欺诈的问题。

第二，犯罪既遂、未遂的界限。电子、网络信用系统中严密的监控措施，往往使犯罪分子在提现或者直接消费之前，不能取得完全的控制。比如罪犯将他人账户上的存款转移到自己的账户上，或者在自己的账户上非法输入存款数额，或者窃取他人的信用卡等，但是在提现或者消费之前，如果被银行或者被权利人发现，可以迅速采取冻结、挂失、追索等措施，并且由于电子系统能够完备地记录钱款的去向，可以有效地监控非法转出的钱款。因此不能以财产转移到罪犯控制的账户或者罪犯获取的信用卡余额为标准判断既遂的金额，而应当以罪犯提现或者实际消费的金额为标准判断既遂的金额。换言之，由于电子、网络信用系统对财物控制的多元化，以失控说作为既遂的标准可能比控制说更为合理。例如郝某、郝某某利用计算机盗划银行资金再到储蓄所取款案。[1]两名被告人利用计算机非法侵入银行计算机系统，先将银行资金 72 万元秘密划入自己的账户，然后再从账户中实际支取 26 万元，因为案发而未能支取剩余的款项。就本案而言，一方面，两名被告人非法将银行 72 万元资金划入自己的账户后，因为凭存折随时可以支取，可以认为他们已经取得对这笔资金的控制。另一方面，也可以认为银行对这笔资金尚未完全失控，因为银行一旦发现资金被盗问题，能够立即追踪资金的去向并迅

---

〔1〕《刑事审判参考》案例第 60 号，载《刑事审判参考》总第 8 辑，法律出版社 2000 年版，第 24 页。

速冻结有关账户，及时恢复控制。据此，把实际支取的金额 26 万元作为既遂的金额较为合理。如果不考虑金融信用电子化带来的银行账户资金多元控制的特点，把盗划入账户的 72 万元全部算作既遂金额，可能会产生以下的问题，即与盗窃普通物品的既遂、未遂的尺度不一致。罪犯将银行资金盗划进自己账户未能支取即被发现的，与入室盗窃未能出户即被抓获的情形相似。如果对罪犯没有出户即被抓获的通常认定为未遂，而盗划资金入自己账户未能支取却认定为既遂，恐怕难以解释。值得一提的是，法院在对本案的判决书中并未明确既遂的金额是多少，给人们留下了一个悬念。在《刑事审判参考》上发表的对本案的评析意见中，也没有明确既遂的数额。倒是评析者打的一个比方，很有意思。他说，本案行为人盗划银行资金入自己的账户然后再支取的行为"如同行为人在行李寄存处先存入一个装有废物的纸箱，然后秘密潜入该寄存处，将他人包内的钱物取出装入自己寄存的纸箱内，第二天再取走装有他人钱物的纸箱"。[1]借这个比方，我们不妨设想一下，假如在行为人第二天来取走纸箱之前，其犯罪事实就被发觉，纸箱没有被行为人从寄存处取走。那么这应当是既遂还是未遂呢？恐怕认为是未遂较为合理。

三、侵犯对象的信息化

金融系统的电子化、网络化使财产的控制和存在形式进一步信息化。人们持有财产权利的凭证可以是一张载有电磁信息的卡片，甚至只是一个记在心中的密码，这使控制、支配金融系统中财产的载体彻底数字化，成为无形的信息。另一方面，人们存放在金融系统中的财产也只是一组数码或者信息。有学者认为，随着社会活动走向信息化，计算机网络系统已成为机密和财富最集中的"魔盒"，因而也成为智能犯罪的主要目标。侵犯财产的犯罪因为其侵犯对象形态的变化，即由有形的物体转变为无形的数码，也需要对侵犯财产罪的方式有新的认识。

财物存在、控制方式的数字化，使财物控制方式由过去房屋、保险柜、钥匙这类有形的控制，转变为一组数字密码的控制。尤其随着计算机在金融系统的应用，金融电子化的飞速发展，电子货币、电子资金划拨、电子转账与结算及自动取款等各项业务广泛采用密码技术对信息加密，保障业务安全。

---

〔1〕《刑事审判参考》案例第 60 号，载《刑事审判参考》总第 8 辑，法律出版社 2000 年版，第 30 页。

对于网络账户而言，只需要输入正确的密码即一组正确的数字，就可以控制、支配、获取该账户上的财产。在这种场合，取得密码是侵犯他人网络账户上的财产的必经途径。因此，窃取密码进行作案成为计算机犯罪活动的主要方式之一。这使我们对抢劫、盗窃、诈骗、敲诈勒索的侵犯财产的实行行为需要有新的认识。比如，破解密码或者刺探密码应当视为盗窃罪的实行行为还是预备行为就需要认真考虑。从传统的观念看，密码相当于房屋的钥匙，破解或者刺探密码的行为相当于窃取、盗配他人钥匙的行为，应当属于预备行为。但是，在无需任何其他验证程序即可取得他人账户财产的场合，密码相当于房屋的门户，因此破解或者刺探密码的行为应当属于实行行为。鉴于破解或者刺探密码的行为十分隐蔽，行为人是否具有非法侵犯他人财产的故意，以及具有侵犯多大数额财产的故意难以显露或者证实，有必要把这种行为直接规定为一种独立的犯罪。即只要行为人实施破解、刺探或者其他非法获取他人密码的行为就成立犯罪，有利于侦查、控诉这种犯罪，也有利于强化人们尊重他人有关密码的道德意识。把对电子化财产的保护提前到对密钥的保护。

此外，金融业务电子化、网络化，还产生了一些按照传统的法律规定无法解决的问题。例如盗窃、骗取他人有关金融信用资料的行为。如果行为人具有窃取、骗取他人金融财产的意图，自然可以认定为盗窃、诈骗罪。但是在本人没有直接的盗窃、诈骗意图，而仅仅是非法获取他人有关金融信用资料，转卖获利的场合，或者仅仅是帮助他人非法获取他人有关金融信用资料，但不知被帮助人非法意图的场合，就很难适用盗窃、诈骗罪条款定罪判刑。鉴于在金融电子化、网络化的时代，这种侵犯他人金融信用资料的行为对他人的财产具有巨大的危险，有必要考虑将其作为一种独立的犯罪，在立法中加以规定。

金融财产控制的特点与侵犯财产罪的认定[1]

一、金融财产"控制"的双重多元化

我们关于财物控制的观念基本来自对实物控制的观察，并不完全符合信用控制的情况。在日常生活中，财物控制是直接对财物本体即实物的控制。这种控制关系一般具有排他的特征，例如对于一沓现钞、一架照相机、一辆汽车，一方将其置于自己的实力支配之下，意味着另一方失去对该财物的控制。在这个意义上讲，控制与失控如同一个问题的两面或者一张纸的两面。而对于金融财产而言，存在着两种控制，其一是实物控制，即银行控制作为财产本体的实物（如现钞、债券、股票等）；其二是金融票证控制，即银行通过记账和凭证确认客户的权利，客户则持有相关权利凭证，支配自己账户上的财产。信用凭证控制是"双重""多元"的。所谓双重是指，银行和客户对账户及信用凭证的控制；银行对财物本体的控制。所谓多元是指，金融财产的本体虽然总是在银行实力支配之下，但是持有权利凭证的人（包括权利人和非权利人），经过一定的验证程序有权随时支配、支取有关账户上的财产，他们在一定程度上也控制着权利凭证上载明的财产。

在认定有关侵犯财产罪的时候，需要考虑金融信用中财产控制的特点。

第一，侵占罪和盗窃罪、诈骗罪的界限。侵占罪的对象限于行为人"自己占有"之物，[2]这里的占有，是指在实力支配之下或者说在行为人的持有、管理之下。[3]因此，一般认为侵占罪的特点是合法持有、非法侵吞，它与盗窃、诈骗罪区别的关键在于：侵占罪的对象"在侵占人自己的控制之下，而盗窃罪的犯罪对象置于他人的控制之下"。[4]侵占罪是因为受托保管财物或者

---

[1] 原载《法学》2001 年第 8 期。

[2] ［日］《判例六法》，有斐阁平成 3 年版。

[3] 张明楷：《外国刑法纲要》，清华大学出版社 1999 年版，第 465 页。

[4] 王礼仁：《盗窃罪的定罪与量刑》，人民法院出版社 1999 年版，第 255 页。

发现遗忘物、埋藏物之类偶然事件而获得对财物控制的，其取得控制的方式本身不具有犯罪性，即不属于刑法所禁止的行为；盗窃、诈骗罪则是通过非法方式（窃取、骗取）取得控制的，其取得控制的行为本身就属于刑法直接禁止的行为。如果行为人使用秘密窃取或者骗取的方法非法取得他人有关金融票证，并冒领、冒支他人存款，无疑是盗窃罪或者诈骗罪。问题是如果行为人由于代为保管或者以捡拾遗忘物、遗失物等非犯罪的方式取得他人金融票证后，冒领、冒支他人钱款的，应当认定为侵占罪还是盗窃罪或者诈骗罪？对此，理论上并未形成明确的认识，在司法实务中则往往认定为侵占罪。

如果充分考虑金融财产控制的特点，应当认定该行为构成盗窃罪或者诈骗罪。行为人持有相关金融票证，的确是具备了支配账户存款的条件，但是这并没有排除银行和权利人对存款的控制。因为存款仍在银行的管理、控制之下，从银行支取，仍然需要具备权利人或者经合法授权的人这一实质条件；而权利人也随时可以挂失避免损失。这说明金融票证的失控，并没有导致银行和权利人对财产的完全失控。金融财产这种权利凭证与存款分离、权利凭证的失控并不完全导致存款失控的特点，正是银行存款让人们感到比较安全的因素之一。行为人使用持有的他人的金融票证，骗取、窃取他人账户存款的，仍然应当将其视为在取得财产的控制上使用了犯罪性的手段。所以，应当以盗窃罪或者诈骗罪论处，不应当以侵占罪论处。在日本的判例中，非常重视金融机构对财产控制的独立性，以至于对于行为人窃取他人存款磁卡，然后又使用该磁卡在银行自动取款机取款的行为，认定为两个盗窃罪，其一是盗窃磁卡的行为；其二是从银行取款机窃取现金的行为。作出这样判决的理由是，行为人除了从磁卡的管理人那里窃取磁卡外，还从银行的管理之下窃取了现金，侵犯了另一法益。尽管银行不需对权利人承担财产责任，也不妨碍认定行为人取款行为具有盗窃性质。[1]日本法院的对该案的判决虽然不完全符合我国的司法习惯，[2]但其对银行管理财物的独立性的重视以及对侵占罪的严格限定，值得我们参考。

另外，出于保障金融系统的安全考虑，应当在道德和法律上筑起一道屏障，任何非权利人、未经授权的人，以欺诈、窃取的方式支取他人账户存款

---

〔1〕 ［日］西田典之等：《判例刑法各论》，有斐阁1993年版，第227页。

〔2〕 我国司法界一般将这种非法支取行为视为盗窃存款磁卡行为的延续，认定为一罪。

的，都应当视为犯罪的手段，其行为本身就是犯罪。我国的刑事立法例其实也支持这个观点。如刑法规定冒用他人信用卡是信用卡诈骗行为之一，但对取得信用卡的方式并无限定。行为人无论是窃取他人信用卡并冒用还是捡拾他人信用卡并冒用，同样属于信用卡诈骗行为。但是在司法实践中，对于捡拾他人遗失、遗忘的金融票证，然后冒领他人款项的行为，认定为侵占罪的判例屡见不鲜。这显然是过分看重行为人取得金融票证方式的非犯罪性，而忽视了非法使用该金融票证从银行骗取、窃取他人账户存款的犯罪性。如果充分考虑金融机构存款的双重、多元控制特点，并非仅仅是凭借有关金融票证就完全取得控制，那么，在取得票证无犯罪性但是在使用该票证从银行提现具有犯罪性的场合，应当根据使用票证取款的方式确定行为的性质。至于行为人取得这些票证的方式本身是否具有犯罪性质，不影响盗窃、诈骗罪的成立。那种认为取得金融票证的行为本身不具有犯罪性，等于取得银行管理下财物的行为不具有犯罪性，因而属于合法持有非法侵吞的情况，应当以侵占罪论处的观点和判例是不恰当的。

在持有他人权利凭证侵犯他人账户存款的场合，是定诈骗罪还是定盗窃罪，应当视具体情况而定。如果行为人在提现时面对的是银行职员，虚构是权利人的事实或者隐瞒非权利人的真相而取得存款的，属于诈骗行为；因为欺诈对象通常需要是一个自然人。如果行为人无须通过自然人的环节，只需与机器打交道即可提现或者转移财产的，如从自动取款机或者他人的网络账户上提现、转账的，应当定盗窃罪。因为此时没有自然人的验证环节，全由机器或者程序验证，无所谓欺诈的问题。

二、有关侵犯财产罪既遂、未遂的界限

受我国对侵犯财产罪特有立法模式的左右，我们对侵犯财产罪既遂的把握，不仅仅是一个简单的"定性"问题，而且还存在"计量"问题。我国刑法对盗窃、诈骗等侵犯财产罪确定罪与非罪、罪重与罪轻的主要依据是犯罪数额。犯罪数额是较大、巨大还是特别巨大决定了法定刑轻重的基本格局，甚至决定了罪与非罪的基本界限。这种罪责评价的立法模式需要严格、统一地明确计算犯罪金额的标准。在一般情况下，既遂的定性与计量是统一的，即当罪犯取得财物的控制，构成既遂，同时也就构成与财物价值相等的犯罪金额的既遂。例如罪犯窃取一架相机既遂，如果该相机价值3000元，同时也就能够认定其既遂金额是3000元。显而易见，在财物与其价值的控制是一体

的场合，既遂的定性与定量是统一的。但是，在被侵犯的"财物"与其价值的控制分离的场合，既遂就不仅是定性问题而且还是定量问题。金融信用中的财产控制往往就是如此。罪犯窃取了他人的金融票证，对该票证而言确实是既遂了。但是，他既遂的量应当如何认定呢？在不以犯罪数额为定罪量刑重要根据的法律体制下，这不成为问题。只要考虑对票证的既遂，就足以定罪判刑。在以犯罪数额为定罪量刑重要根据的法律体制下，犯罪数额的多少至关重要，不能回避这个问题。

鉴于金融信用双重多元控制的特点，对于盗窃、骗取有关金融信用资产的犯罪采取控制加失控说较为合理。在有关侵犯财产犯罪的既遂问题上，历来有失控说、控制说、控制加失控说之争，[1]并且形成对峙局面。其原因是不管采取哪一种学说判断既遂都存在一定的例外情况，并且在多数场合无论采取哪一种学说，结论可能都是相同的。为了避免既遂标准之争成为概念之争，不少论著采取结合具体场合、类型采取不同的标准进行判断既遂。按照这种务实的方式，对于侵犯金融信用资产犯罪，结合金融信用双重多元控制的特点，作为一种既遂的类型，采取控制加失控说较为合理。

判断控制加失控的标准，是实际兑现或者提现。因为金融系统不断加强安全防范措施，对资金的支取、转移进行严格的验证，严密的监控、记录、追踪，往往使犯罪分子在提现或者直接消费之前，不能取得完全的控制。比如罪犯将他人账户上的存款转移到自己的账户上，或者在自己的账户上非法输入存款数额，或者窃取他人的存折、信用卡等，但是在提现或者消费之前，如果被银行或者被权利人发现，可以迅速采取冻结、挂失、追索等措施，并且由于电子系统能够完备地记录钱款的去向，可以有效地监控非法转出的钱款。因此不能以转移到罪犯控制的账户的财产或者罪犯获取的票证面额、信用卡余额为标准判断既遂的金额，而应当以罪犯提现或者实际消费的金额为标准判断既遂的金额。

最高人民法院的立场，反映在先后发布的数个关于盗窃罪的司法解释中。在这些解释中，对盗窃有价支付凭证、有价证券、有价票证如何计算财物价值的解释是：盗窃不记名、不挂失的，不论能否即时兑现，均按票面数计算。盗窃记名的（通常是可挂失的），如果票面价值已定并能即时兑现的，按票面

---

[1] 高铭暄、马克昌主编：《刑法学》（下编），中国法制出版社1999年版，第903页。

数额计算。这种解释没有明确按票面数额计算是否就认为是既遂，既遂的数额是票面数额还是兑现数额。根据最高人民法院的解释："盗窃数额，是指行为人窃取的公私财物的数额。"可以理解为在一般情况下，计算为盗窃数额的，也就是既遂的数额。换言之，只有实际窃取的数额即既遂的数额才能计算为盗窃数额。这种一般情况是指盗窃实物或者不记名挂失的票证，因为在此对实物与其价值、票面金额与其实际（兑现）价值的控制是同一或者一体的。盗窃实物或者票证的既遂等于盗窃实物价值或者票面金额的既遂。但是，这种理解很难适用于盗窃记名、挂失的金融票证的特殊情况。因为在此存在两个数额，其一是票面数额，其二是兑现数额。对这类票证财产的双重多元控制，使票证的控制与票证所载财产的控制是分离的。也就是说，这种情形下，窃取票证的既遂不等同于窃取票证所载财产的既遂。这种观念在我国特有的根据数额确定处罚轻重的立法模式下，尤其重要且不能回避。有学者认为盗窃不记名、不挂失的，应当属于既遂。但是对盗窃记名的则指出"按票面数额计算"仅仅理解为是"定罪和适用法律条款根据"，并非是既遂的标准，判断既遂应当结合票证和兑现情况。[1]这种观点基本是正确的，但是需要进一步明确。

在这种场合，应当以实现兑现的数额为既遂的数额，以票面数额为适用法律条款的根据。具体说，盗窃票面数额较大、巨大或者特别巨大的，按照相应的法定刑幅度适用刑罚，尚未兑现的，按照未遂犯的规定，比照既遂犯从轻或者减轻处罚；[2]如果兑现的，按照实际兑现的数额直接适用相应的法定刑幅度予以处罚。

这种观点，与立法对有关侵犯财产罪罪责的评价是一致的。因为既然立法把犯罪数额作为法定刑轻重的主要依据，就应当把这种数额理解为是确定的、实在的数额，而不应理解为可能兑现的票面数额。对票面数额与兑现数额应当严格区分并应明显体现于罪责的轻重上。记名、可挂失的金融票证，不论是否能够即时兑现，它只是一个财产权利凭证。它不是犯罪的实质对象，对它的控制，不等于财产本身的失控。财产本体仍然在银行的管理、控制之下。只有实现兑现，权利人和银行才真正对财产失去控制，罪犯才取得控制。如果根据能即时兑现的票面金额计算，就会出现犯罪对象的实际内容与形式

---

[1] 王仁礼：《盗窃罪的定罪与量刑》，人民法院出版社 1999 年版，第 170~171 页。

[2] 有学者认为，如果行为人诈骗兑现，将票证归还原主或者毁弃的，可以成立犯罪中止。

的严重错位。根据生活常识理解，罪犯获取有关票证不过相当于获取他人房屋或者保险柜的钥匙。如果仅仅是因为罪犯窃取了钥匙，就需要对该钥匙所控制的全部财产数额承担责任，这显然是不合情理的。从对财产的侵犯程度看，是否实际兑现至关重要。罪犯仅仅获取凭证，其获利的意义不大，对权利人财产利益的侵害也很轻微。尤其是客户广泛采取加密措施，即使是活期存折、到期的存单，罪犯要想兑现也是困难重重、疑虑重重，权利人的风险不大。而一旦实现兑现，罪犯获利和权利人受损的程度则发生重大变化。

这种观点在司法操作上也是简便易行的。不论是否能够即时兑现，不论票面数额是否确定，实际兑现的数额总是统一的、确定的，便于掌握。不需要判断能否即时兑现的问题，实际上对这个问题的判断可能会发生分歧。对于没有兑现但票面数额确定的，其数额作为适用法律条款的依据，即数额较大、巨大或者特别巨大，分别适用相应的法定刑幅度，根据未遂犯的规定从轻或者减轻处罚。对不能兑现或者票面数额不确定的，一律作为量刑的情节考虑。从实际的情况看，审判人员看重的是兑现的数额。因此，这种观点与实际操作也是一致的。

这种观点，可以从理论上统一解释盗窃罪的既遂问题并且可与司法解释本身保持一致。控制与失控是确定财产犯罪既遂的重要观念。在一般情况下，没有必要脱离这个观念确定既遂。在盗窃财物实体的场合，可以根据控制或者失控观念认定既遂；在盗窃不记名、不挂失的票证的场合，因为这类票证与票面财产利益是一致的、不可分离的，其本身就相当于财物实体，可以作同样的解释。对于记名、挂失票证，因为其票面权利与票证所载的财产本体是分离的，所以，以票证所载的权利兑现，即财产本体的控制与失控作为既遂的根据。按照最高人民法院的解释，有的以实际兑现为根据，有的以能够即时兑现为根据，标准是不统一的，并且难以统一在控制失控的观念下。另外，最高人民法院在解释中指出："盗窃数额，是指行为人窃取的公私财物的数额。"但是，对票面数额确定且能即时兑现的记名票证，却按票面数额计算。二者的标准显然不对称。其实，与"窃取数额"相称的，应当是兑现数额而不是票面数额。

对于盗划银行或者客户资金的也应当以控制加失控为标准判断既遂。关于盗划金融资金如何计算既遂数额的问题，最高人民法院未作出明确的解释，最高人民法院公布的具有指导意义的判例，也未明确这个问题。例如郝某、郝某某利用计算机盗划银行资金后再到储蓄所取款案。[1]两名被告人利用计算机非法侵入银行计算机系统，先将银行资金72万元秘密划入自己的账户，然后再从账户中实际支取26万元，因为案发而未能支取剩余的款项。就本案而言，一方面，两名被告人非法将银行72万元资金划入自己的账户后，因为凭存折随时可以支取，可以认为他们已经取得对这笔资金的控制。另一方面，也可以认为银行对这笔资金尚未完全失控，因为银行一旦发现资金被盗问题，能够立即追踪资金的去向并迅速冻结有关账户，及时恢复控制。据此，把实际支取的金额26万元作为既遂的金额较为合理。如果不考虑金融信用多元控制的特点，把盗划入账户的72万元全部算作既遂金额，可能会产生以下的问题，即与盗窃普通物品的既遂未遂的尺度不一致。罪犯将银行资金盗划进自己账户未能支取即被发现的，与入室盗窃未能出户即被抓获的情形相似。如果对犯罪没有出户即被抓获的通常认定为未遂，而盗划资金入自己账户未能支取却认定为既遂，恐怕难以作出合理解释。值得一提的是，法院在对本案的判决书中并未明确既遂的金额是多少，给人们留下了一个悬念。在《刑事审判参考》上发表的对本案的评析意见中，也没有明确既遂的数额。倒是评析者打的一个比方，很有意思。他说，本案行为人盗划银行资金入自己的账户然后再支取的行为"如同行为人在行李寄存处先存入一个装有废物的纸箱，然后秘密潜入该寄存处，将他人包内的钱物取出装入自己寄存的纸箱内，第二天再取走装有他人钱物的纸箱"。[2]借这个比方，我们不妨设想一下，假如在行为人第二天来取走纸箱之前，其犯罪事实就被发觉，纸箱没有被行为人从寄存处取走。那么这应当是既遂还是未遂呢？恐怕认为是未遂较为合理。

三、远距离控制（遥控）

在电子化、网络化时代，人们持有、携带财产的形式和范围得到扩大，不限于有形的、随身的财物，还包括无形的存放在远隔千里外的电子银行中的财产。过去理解的携带、持有，仅仅是随身带有的有形物体。比如现钞、物品、支票、存折等。在今天，人们借助现代的通信手段和电子信用可以支

---

[1] 《刑事审判参考》案例第60号，载《刑事审判参考》总第8辑，法律出版社2000年版，第24页。

[2] 《刑事审判参考》案例第60号，载《刑事审判参考》总第8辑，法律出版社2000年版，第24页。

配存放在电子银行系统中的资产，如同携带、持有该财产。但是与传统的持有、携带意义不同，因为该资产被持有却不是有形的，也不是随身的。

这种携带、持有方式的变化，对区别绑架罪与抢劫罪的界限带来新的变化。首先，罪犯实现绑架勒索的目的可以不必向第三人索要赎金。罪犯在不满足于抢取被害人随身携带的财物的情况下，可以通过绑架被害人，并以伤害、杀害相威逼，而直接向被害人索取银行账户上的巨额存款，达到与向第三人勒索巨额赎金同样的效果。不论我们认为这种行为是抢劫还是绑架，至少罪犯通过绑架被害人可以取得与绑架人质勒索第三人一样的效果，即不限于被害人随身携带的有限财物。其次，抢劫罪和绑架罪涉及的财产的界限模糊了。抢劫罪的对象一般是被害人携带、持有的财物，而绑架罪所勒索的财物通常是被害人携带、持有之外的财物。因此，依据传统意义上的携带、持有观念，从对象上就可以较为清楚地区分抢劫罪和绑架罪。但是在电子时代，人们利用金融系统可以支配远隔千里外的财产，使犯罪人不仅可以劫取被害人随身携带之物，也可直接向被害人索取非随身携带但可以支配的财产。例如，犯罪人把被害人绑架，在非法剥夺其自由的同时，使用刀割、殴打等方式折磨被害人并不时以杀害相威胁，迫使其交付巨额财产。被害人不堪折磨威胁，被迫指令其开户银行将其账户上的巨额资金转到罪犯指定的账户。对于这种情形是认定为绑架罪还是抢劫罪，我们面临着困惑。如果认定为绑架罪，缺乏受害的第三人，不符合绑架罪的强令第三人作为或者不作为的特征。[1]如果认定为抢劫罪，就需要把被害人并未随身携带的银行账户上的存款视为被害人持有之物。从理论上讲，这不失为一种有力的解释，从法律上讲，也不存在重大的障碍。但是有以下几点是不能不考虑的。其一，在这种情形下，被害人遭受的痛苦、磨难和可能遭受的损失，更接近于遭受绑架罪的侵害，通常超出遭受抢劫罪的侵害。其二，在这种情形下，犯罪人的主观意图和行

---

[1] 在国际刑法中，通常认为劫持人质罪具有两个要件：一是绑架人质；二是向第三人强要（勒索）。其危害性不限于被绑架人人权，还侵犯第三人自决权。参见张智辉：《国际刑法通论》（增补本），中国政法大学出版社1999年版，第183~184页。我国《刑法》第239条虽然没有指明威胁勒索第三人，但在理论解释上通常将勒索第三人作为要件之一。例如高铭暄、马克昌主编：《刑法学》（下编），中国法制出版社1999年版，第838页、第894页。以"以被绑架人作为人质，要求其亲属或其他利害关系人交付一定数额的财物"；抢劫罪与绑架罪的区别之一是："前罪是以暴力、胁迫的方法施加于被害人，当场强行劫取财物的行为；后罪是将人掳走限制其自由后……威胁被害人家属或有关人员，迫使在一定限期内交出索取的财物"。

为方式更接近于绑架罪，表现为长时间扣押、折磨被害人，以释放为条件或者以加害相威胁，勒索巨额财产。与绑架罪不同者，仅仅在于只向被害人本人施加勒索，没有对第三人发出勒索。在有些场合，犯罪人甚至只有一个概括的绑人勒索的故意，即只向被绑架人勒索财物，至于被绑架人是直接调取赎金，还是告知第三人自己遭受的处境，请求第三人支付赎金，并不在意。实践中就有这样的情况。在北京设圈套绑架 2 名韩国人案中，犯罪人事先明显进行了绑架勒索的预谋，但在实行中只是一味向被害人索取 50 万美元的现金，并要求把资金汇入罪犯指定的账号。被害人在长时间折磨和死亡的威胁之下，只好通过电话指令自己的开户行向罪犯指定的账户汇入巨额资金。对于这样的案情，可以说除了没有第三人遭受到勒索之外，具备所有绑架罪的特征。并且其危害性与绑架罪没有实质的差别。

具有讽刺意味的是，现代金融信用制度的建立，一方面大大减少了携带大笔现金的风险，而电子、网络信用的发展，则更进一步使这一切变得更加方便快捷；但是另一方面，又使其客户的人身面临着一种更为可怕的危险，即遭受绑架并遭到直接的勒索，身心蒙受巨大创伤和财产遭受巨大损失。而且因为没有惊动第三人，可能使犯罪的风险更小、得逞的机会更大。对此，我们需要思考的是：罪犯已经在事实上利用金融信用财产的遥控方式，采用不惊动第三人的方式直接索取财物，取得与绑架勒索（第三人）相同的效果。并且也使社会、被害人遭受与绑架勒索（第三人）相同的危害。那么，我们是否也应当作出反应，将这种情形的犯罪也纳入绑架罪的范围，即取消向第三人勒索赎金的限制呢？当然，对这类情形按抢劫罪论处在法律和理论上也是能够解释的。不过从实质的角度评价，与其危害性是不相称的，也不够自然。

"二维码替换案" 应定性诈骗[1]

"二维码替换案"（以下简称二维码案）案情：被告人将商家向顾客收款的二维码通过使用暗中调换、覆盖等方式替换为自己的二维码。通过顾客购物后扫描该二维码付款，获取顾客支付给商家的购物款。对于二维码案，应该定性盗窃还是诈骗？这一案件曾在"刑事实务"微信公众号引起过争论。最近石狮市人民法院（2017 闽 0581 刑初 1070 号）判决书判决邹某某二维码案成立盗窃罪，因而再起争论。

一、二维码案应当定性诈骗

（一）案情研判

被告人将商家向顾客收款的二维码暗中调换（覆盖）为自己的二维码，获取顾客支付商家的购物款。顾客付款时须采取以下操作：扫码、进入该二维码界面、输入购物款金额、最后确认支付。该款本应当进入商家收款账户，因为二维码被暗中调换（覆盖），顾客实际扫描了被告人的二维码，结果钱款进入到被告人的账户，被其非法占有。后续可能的结局：第一，顾客付款后携所购物品离去，商家没有收到顾客支付的购物款，蒙受损失；第二，商家发现没有收到顾客支付的购物款，与顾客起纠纷，发现二维码被替换的真相。

（二）法律评价：被告人的行为完全符合诈骗罪的法律要件

（1）被告人所非法获取的财物，是顾客支付给商家的购物款。

（2）该购物款是"顾客占有的财物"，如微信钱包中的零钱或绑定银行卡中的现金（或称财产性数据）。

（3）该购物款是基于"顾客的处分"从顾客占有下转移为被告人占有。其"占有的转移"完全是基于（其占有者）顾客的处分意思。顾客处分内容

---

[1] 原载《中国检察官》2018 年第 2 期。

与其认识内容一致，即向商家指定或张贴于特定位置的二维码进行扫描支付一定数额的购物款。

（4）顾客因为错误的认识而对占有的财物（或财产性利益）做出了错误的处分。该错误认识产生于对微信二维码的错误认识，将实际上是被告人的二维码认为是商家收款的二维码，从而操作付款。

综上，被告人通过暗中将自己的二维码替换商家收款二维码，使顾客误认为该二维码是商家收款二维码，将自己的财物支付（处分）到被告人的账户，被告人因而非法占有了顾客的财物。被告人非法占有他人财物的行为完全符合《刑法》第 266 条骗取他人财物的构成要件。

（三）本案的特殊情况

在"三角欺诈"中，被骗交付财物的人与蒙受损失的人不是同一人，不影响诈骗罪成立。顾客将被告人的收款二维码误认为商家的收款二维码，从而扫码支付购物款到被告人的账户，商家没有收到应收购物款，因而蒙受损失。基于被骗，顾客错误处分购物款到被告人账户；商家因顾客这个错误处分蒙受损失，是"三角欺诈"。学说和实务普遍认可蒙受损失人与被骗处分财物人不是同一人不影响诈骗性质，能成立诈骗罪。

本二维码案与常见"三角欺诈"存在一点不同，即受骗人处分的，是自己账户中的电子钱币，而不是权利人或蒙受损失人的，与学说上以"三角欺诈"概念为标签的情形略有不同。因而有学者尝试将其标签为"新类型的三角诈骗"。[1]我认为这点差异不足以影响诈骗性质，因为"三角欺诈"的核心观念是：受骗处分财物人与蒙受损失人即使不是同一人，也可成立诈骗罪。这个核心观念足以涵盖二维码案的情况。此外，对二维码案，不借助"三角欺诈"观念也足以认定为诈骗性质：即顾客将假冒二维码误认作商家收款二维码，扫码之后在手机界面显示假冒的商家界面，使顾客误认为是商家收款二维码界面，从而输入应付金额、确认付款，电子钱币从顾客账户进入到被告人账户，完成电子钱币交付。这已经形成完整的骗取交付、转移占有并实现了受骗一方（顾客）失去财物占有、施骗一方非法获取占有。这就是一个典型的诈骗财物的过程。至于受骗客户没有蒙受损失、不是受害人，不影响该行为的诈骗性质。关于这一点，张明楷教授其实已经给出了合理的解释：

---

[1] 张明楷："三角诈骗的类型"，载《法学评论》2017 年第 1 期。

"商户是最终的财物损失者，这是由民事关系决定的，而并非由诈骗行为直接决定的……刑事关系的被害人与民事关系的被害人的界定，所考虑的出发点是不同的。"[1]

二、对盗窃定性的反驳

（一）石狮市人民法院（2017 闽 0581 刑初 1070 号）刑事判决书认定二维码案是盗窃罪

石狮市人民法院判决认定邹某某二维码案是盗窃罪的理由有三。

"首先，被告人邹某某采用秘密手段，调换（覆盖）商家的微信收款二维码，从而获取顾客支付给商家的款项，符合盗窃罪的客观构成要件。秘密调换二维码是其获取财物的关键。"[2]

这个理由不成立，第一，秘密调换二维码本身不是窃取他人占有物的行为，不是获取财物的关键，或者说不是决定行为法律性质的关键。第二，秘密调换二维码是令顾客误认该二维码是商家收款二维码，从而扫码支付（处分）购物款到被告人账户的关键。以秘密调换（覆盖）方式将自己的二维码置于商家收款二维码的位置以使商家、顾客不知道假冒，扫码后出现的界面尽量与商家二维码界面相似以免被顾客、商家识破，从而令顾客上当受骗，误以为是商家收费二维码从而确认支付购物款，这是被告人非法占有他人财物的"关键"。

这个"关键"在刑法上应当评价为骗取而非窃取。应当评价为"骗取"，因为被告人非法获取顾客占有之财物是基于顾客处分行为，即顾客错误地把被告人二维码误认为商家收款二维码，从而扫码支付购物款到被告人账户。被告人因而非法占有他人财物。不应当评价为"窃取"，因为被告人获取顾客支付之购物款不是违背顾客意志取得。顾客在微信（支付宝等）钱包以及绑定银行卡中的以电子数据形式存在的"钱币"，是"顾客占有财物"。顾客占有的财物如何从"顾客占有下"转移到"被告人占有下"？什么行为导致"财物占有转移"？被告人不是采取侵入顾客的微信钱包或银行卡的方式、违背顾客意志将其占有的财物转移归被告人占有，"财物占有的转移"不是因为被告人采取违背顾客（占有者）意志方式（窃取）实现的，而是通过欺骗占

---

[1] 张明楷："三角诈骗的类型"，载《法学评论》2017 年第 1 期。

[2] （2017 闽 0581 刑初 1070 号）刑事判决书。

有者（顾客）将自己钱包（银行卡）中的现金扫码支付给被告人账户，如同顾客按照自己意志支付给商家的收款二维码一样。就按照自己意志从自己卡包中扫码支付购物款而言，扫被告人二维码支付与扫商家二维码支付二者完全相同。误把被告人二维码当作商家收款二维码扫码支付，属于基于错误的处分，符合骗取的特征，不符合窃取的特征。

"其次，商家向顾客交付货物后，商家的财产权利已然处于确定、可控状态，顾客必须立即支付对等价款。微信收款二维码可看作是商家的收银箱，顾客扫描商家的二维码即是向商家的收银箱付款。被告人秘密调换（覆盖）二维码即是秘密用自己的收银箱换掉商家的收银箱，使得顾客交付的款项落入自己的收银箱，从而占为己有。"[1]这一判决盗窃的理由不成立。第一，商家向顾客交付货物后，顾客应支付的对价就"处于确定、可控的状态"纯属无对象的空想，与该行为是盗窃还是诈骗的性质无关。顾客的钱财仍然在顾客的支配下，如果顾客不扫其假冒二维码，不可能出现被告人侵犯他人财物的结果。第二，这种侵犯财物的结果，不是秘密调换二维码的结果，秘密调换二维码（或如判决书比喻的"收钱箱"）一万次也得不到一分钱，足以说明这个秘密调换二维码行为本身不是窃取行为。这个"秘密"与所谓盗窃的"秘密性"风马牛不相及。这里的秘密调换二维码不过是被告人将自己的二维码假冒商家收费二维码的行为，非法获取财产的"关键"是顾客向这个假冒的二维码支付购物款。在这个过程中，财物由顾客占有转移到被告人占有，商家自始至终都没有占有该被侵犯的财物，只有顾客占有的财物转移归被告人占有，而这个占有转移基于顾客的处分行为，跟商家毫无关系。商家既没有被偷也没有被骗，是顾客遭被告人用假冒的二维码欺骗，向被告人交付了财物（电子钱币）。

最后，"被告人并没有对商家或顾客实施虚构事实或隐瞒真相的行为，不能认定商家或顾客主观上受骗"。[2]这个理由更不成立。秘密调换二维码，使被告人的二维码出现在商家收款二维码位置上，商家和顾客都以为该被告人的二维码是商家的收款二维码，导致顾客向被告人二维码扫码付款。被告人将自己二维码冒充商家收费二维码，使顾客误认为是商家收费二维码，这就是欺骗或"使诈""诱人受骗"。如果商家或顾客发现界面不对、识破假冒二

---

〔1〕 （2017 闽 0581 刑初 1070 号）刑事判决书。

〔2〕 （2017 闽 0581 刑初 1070 号）刑事判决书。

维码，商家便不会使用该假冒二维码或顾客就不会确认支付。相反，被告人对顾客卡包中的钱自始至终都没有实施过窃取的行为。

石狮市人民法院的（2017 闽 0581 刑初 1070 号）判决书判决被告人邹某某的行为构成盗窃罪的三个理由，脱离案件事实和刑法学基本概念，进行不着边际的推论，其结论和理由皆不应当被当作先例遵循。

（二）有论者根据二维码支付的本质特征认定本类案件应当定性为盗窃

将本类案件定性为盗窃的理由有以下几点。

"第一，二维码支付的本质属性是资金在支付机构账户内的流转。商户和客户对支付机构享有债权，而支付机构则实际占有并管理着账户内资金。"[1]

"第二，通过前述对二维码支付特征的探讨，不难发现其实在客户扫码确认的时候，债权已经发生转让，也就是客户以扫码确认的方式通知了支付机构，其享有的债权已经转让给了商户……在债权发生转让以后，行为人因技术手段获得了商户的债权，构成对债权的盗窃罪。"[2]

这个根据"二维码支付本质特征"认定盗窃的观点不成立。这种观点貌似深入到二维码支付的规范流程以论证二维码案的盗窃性质，但实质上以貌似深奥的二维码支付流程来曲解二维码案的规范解读。二维码支付流程再玄，债权如何在支付机构账户内流转，这与二维码案应该定性盗窃还是诈骗毫无关系。对于二维码"用户"包括商户、顾客、被告人以及其他用户而言，都不过是通过"账户"（或账号）拥有、支配、管理电子钱币，如同用户在银行的存款，都在银行的占有管控之下，用户则是通过自己的银行"账户"来实现对存放银行财产（金融资产）的拥有、支配、管理。包括被告人在内的二维码支付用户，都是通过自己的账户（账号）实现电子财产（权）占有管理处分的。回到二维码案上，顾客购物付款，把被告人的二维码当作商家收款二维码，扫码、在假冒的商家收款界面上输入金额、确认支付，使顾客账户占有的电子钱币（或称债权）转移到被告人账户，由被告人非法占有，此电子钱币（或曰债权）在支付机构的账户中从顾客账户流转到被告人账户，这个使财产（电子钱币）转移的过程即已完成。这个转移过程的完成，是被

---

[1] 机器猫大王（全国十佳公诉人，"刑事实务"公众号专家俱乐部成员）本案是盗窃还是诈骗？——从二维码支付的本质特征谈起 本案定性是盗窃还是诈骗？微信"刑事实务"公众号。

[2] 机器猫大王（全国十佳公诉人，"刑事实务"公众号专家俱乐部成员）本案是盗窃还是诈骗？——从二维码支付的本质特征谈起 本案定性是盗窃还是诈骗？微信"刑事实务"公众号。

告人通过欺骗手段实现非法占有财物（债权）的目的。因为被告人通过调换二维码方式，使顾客将被告人的二维码当作商家收款二维码，将账户中的钱财（债权）向被告人假冒的二维码扫码支付，基于误解处分了自己占有的财物给被告人占有。相反，未见窃取手段。被告人非法获取顾客卡包中的电子钱币（债权）没有采取窃取手段，顾客向被告人假冒的二维码扫码支付电子钱币（处分财物）之后，不存在所谓的"技术手段"获取，而是按照二维码支付流程或银行划账打款流程，进入到被告人账户，被告人因而实现非法占有他人财物的目的。

此"二维码支付的本质"决定盗窃性质说，解说了一通二维码支付流程后，好像不能说明什么问题，不得不又指出："从社会的一般观念来说，客户支付钱款肯定是向商户而非向篡改二维码的行为人支付，从而换取商品。"[1]这种说法恰恰支持了诈骗定性。顾客购物付款其真实意思当然是要向商户收款二维码付款，但误将被告人假冒的二维码当作商家收款二维码扫码支付，是因误解陷入错误所作的错误处分，导致被害人蒙受损失、被告人非法占有财物。完全符合骗取的特征，未见窃取行为。

至于"本案的被害人是商户"，被骗处分的人是顾客，被害人与被骗处分财产人不是同一人，属于"三角欺诈"，不影响诈骗罪的性质。

（三）有学者认为，应当定性盗窃罪

该种观点的理由是，盗窃与诈骗的区分是：财物的转移占有，是否在"权利人（被害人）无感知情况下发生的"。（1）"超市是被害人"，"因为顾客无义务也无能力怀疑查证码的归属"。[2]（2）"超市对钱款失去也毫无感知"。[3]调换二维码，"此举与在超市的钱柜下面挖个洞让所收钱款掉到洞下行为人自己袋子里没有本质区别"。[4]

这个观点存在以下疑问，不能成立。第一，不切合二维码案的案情，本

〔1〕机器猫大王（全国十佳公诉人，"刑事实务"公众号专家俱乐部成员）本案是盗窃还是诈骗？——从二维码支付的本质特征谈起 本案定性是盗窃还是诈骗？微信"刑事实务"公众号。
〔2〕李永红（浙江工业大学法学院教授、"刑事实务"公众号专家俱乐部成员）"构成盗窃罪"载微信"刑事实务"公众号。
〔3〕李永红（浙江工业大学法学院教授、"刑事实务"公众号专家俱乐部成员）"构成盗窃罪"载微信"刑事实务"公众号。
〔4〕李永红（浙江工业大学法学院教授、"刑事实务"公众号专家俱乐部成员）"构成盗窃罪"载微信"刑事实务"公众号。

案是电子（钱币）支付，不是实物（钱币）支付。以实物（钱币）支付的思维，以及"在超市的钱柜下面挖个洞让所收钱款掉到洞下行为人自己袋子里"这样实物（钱币）支付的比拟，不契合二维码案的案情。二维码案中，顾客卡包中的电子钱币自始至终都未曾被超市（商家）占有，其占有财物在没有感知情况下被转移的事实不存在。涉案电子钱币占有转移只是发生在顾客账户与被告人账户之间，占有转移与超市（商家）无涉。既然超市（商家）从未占有该电子钱币，其占有的转移是否被商家感知对定性盗窃还是诈骗没有意义。第二，本案中的电子钱币及其占有转移只是发生在顾客与被告人的电子钱币账户（钱包）之间。显然，顾客对把自己账户中的电子钱币扫码支付出去是有感知的，在占有者（顾客）有感知情况下电子钱币的占有发生了转移。被告人形成占有，顾客失去占有。电子钱币此间、此后再没有任何转移。非法占有财物的过程就此完成，完全符合交付的条件。占有者（顾客）对占有转移感知需要感知到什么程度？涉及交付（处分）意思的内容。对此至多要求受骗者"对'转移'物或者财产的利益"[1]有认识，不以处分者对获得占有者是谁，是超市（商家）还是被告人有认识为必要。如甲假冒乙身份令丙向其交付钱财的，丙误以为甲就是乙而交付的，仍是基于自己的意思交付，是诈骗。第三，以"权利人或受害人"对财物占有转移有没有感知来界分诈骗与盗窃，过于狭隘。诈骗案中，通常受骗交付财物人、权利人、蒙受损失人为同一人。但是受骗交付人与权利人、蒙受损失人不是同一人的，是否排斥成立诈骗？这种情形通常被标签为"三角欺诈"，如前所述"三角欺诈"属于诈骗的一种，仍具有诈骗性质。

---

〔1〕 ［日］山口厚：《刑法各论》，中国人民大学出版社 2011 年版，第 300 页。

关于黑社会性质犯罪司法解释的意见[1]

《最高人民法院关于审理黑社会性质组织犯罪的案件具体应用法律若干问题的解释》（以下简称《解释》）于 2000 年 12 月 4 日发布，本文谈一些对该《解释》的意见。

（一）关于该解释的主要争议问题

该《解释》第 1 条第 3 项规定黑社会性质的组织必须具有的特征之一是，"通过贿赂、威胁等手段，引诱、逼迫国家工作人员参加黑社会性质组织活动，或者为其提供非法保护"。对此，一种观点认为，这种限制是适当的，有利于打击黑社会性质的组织，也有利于深挖"保护伞"；另一种观点认为，《解释》规定的这一限制性要件，超出了《刑法》第 294 条应有的含义，大大缩小了认定黑社会性质组织的范围，使自 2001 年底开展的打黑专项斗争中查处的大量"涉黑"案件难以定性处理。

1. 从法律解释的角度看，最高人民法院对黑社会性质的组织所加的上述限制性解释是适当的

因为最高人民法院在此对《刑法》第 294 条所作的是限制性解释，而不是扩张解释，不存在司法机关超越权限，违反罪刑法定原则，侵犯公民权利的问题。即使从《刑法》第 294 条字面上看不出有国家工作人员参与或者保护的含义，也应当允许司法机关在适用中作出限制。

对法律条文的理解，应当考虑社会常识的补充作用。《刑法》第 294 条毕竟是对黑社会性质的组织作出的规定，而解释中对黑社会性质组织规定的四个特征，包括有国家工作人员参与或者保护的特征，是符合常识的。因为，无论是中国的还是外国的一般观点，都认为黑社会通常具有与官员勾结的特征，可以说是黑社会组织一词中的应有之义。加之我国司法实践中对该特征

---

〔1〕 原载《刑事法判解研究》2002 年第 1 期，中国人民大学刑事法律科学研究中心主办，人民法院出版社 2001 年版。

的实际掌握并不十分严格，这对于黑社会性质组织而言算不上是过分的限制。在《刑法》第 294 条的罪状中虽然没有文字明确表述出这一特征，但是，这并不意味着司法机关不能根据社会一般观念，提出这一特征。这如同刑法条文中对诈骗罪、盗窃罪、抢劫罪没有用文字明确表述"非法占有为目的"，不妨碍解释上认为盗窃、诈骗、抢劫罪具有非法占有目的的主观特征一样。

2. 从社会需要这一实质的角度看，应当考虑处理黑恶势力的刑事政策问题

2001 年年底按中央指示，公安部部署开展打击黑恶势力专项斗争，各地公安司法机关根据自己对法律政策的理解，相继查处了一批黑恶势力的案件。但是，对照最高人民法院的《解释》，发现其中的大多数不具备《解释》第 1 条第 3 项所规定的要件，不能按照黑社会组织性质的犯罪认定处罚。据此，我们不妨把黑恶势力分为两部分，一部分是"黑势力"，即具备官员参与或提供保护特征的黑社会性质组织；另一部分是"恶势力"，即尚不具备官员参与或提供保护特征的称霸一方、为非作恶的犯罪团伙。对于"黑势力"，按照最高人民法院的解释，以黑社会性质的组织犯罪处置；对于"恶势力"，由于按照最高人民法院现行的解释不能认定为黑社会性质的组织，需要拿出一个对策。在中国的现阶段，这类"恶势力"在数量上远远多于"黑势力"，其对社会治安的危害也远比"黑势力"广泛，值得关注。

是将"恶势力"犯罪纳入《刑法》第 294 条规定的黑社会性质组织犯罪的范围内定罪处罚，还是将"恶势力"犯罪排除在《刑法》第 294 条规定的范围之外，运用其他的法律规定予以处罚？这是关于黑社会性质组织解释是否恰当之争背后需要解决的实质问题。最高人民法院对黑社会性质组织基本特征的解释，一方面，比学说上认为的典型的黑社会组织宽泛，反映了中国这方面犯罪的现实；另一方面，也能照顾到黑社会性质的组织与普通犯罪集团和流氓团伙的区别，应当认为是适当的。对于依照该《解释》不能认定为黑社会性质组织的恶势力，如果有其他犯罪行为的，如聚众斗殴、寻衅滋事、强制猥亵、侮辱妇女等犯罪行为的，直接按照有关罪名处罚。如果尚未达到犯罪程度的，给予行政处罚。关键在于对这类犯罪也采取高压态势，而不在于非要以黑社会性质组织犯罪的名义惩处不可。建议有关部门将"恶势力"与"黑势力"并列纳入严打整治斗争的范围。

(二) 对立法的一点看法

《刑法》第 294 条对组织、领导、参加黑社会性质组织罪没有规定没收财

产刑，是一个遗憾。条文规定的法定最高刑是 10 年有期徒刑，并且强调有其他犯罪行为的，必须数罪并罚，由此可以看出该条立法的用意是专门惩处组织、领导、参加行为的。既然如此，应当将没收财产刑作为处罚该种犯罪行为的手段之一。因为黑社会性质组织的特征之一是具有一定的经济实力，这也是黑社会性质组织赖以生存、发展的重要基础。在黑社会性质组织成员有其他犯罪行为依照其他规定惩处的法律框架之下，《刑法》第 294 条的规定应当着重打击组织、领导、参加行为以及摧毁犯罪组织。而没收财产是从经济上摧毁黑社会性质的组织的有效而必要的方式。西方国家在私有财产神圣不可侵犯的信念支配下，远在倡导废除死刑之前，就基本废除了没收财产刑。少数仍然保留没收财产刑的国家，其没收财产刑主要就是针对有组织犯罪规定的。国际社会倡导从经济上打击犯罪，也主要是强调对有组织的犯罪包括黑社会除加强没收其违法所得外，有必要考虑适用一般没收。在我国刑法中，广泛适用没收财产刑惩处犯罪，却对最有必要适用的组织、领导、参加黑社会性质组织罪没有规定，不能不说是一个立法上的缺陷。

因此，建议如在修订该条时，增加规定没收财产刑。

依法从严惩治贪污贿赂犯罪

——解读《关于办理贪污贿赂刑事案件适用法律若干问题的解释》[1]

自《刑法修正案（九）》对贪污贿赂罪的定罪量刑标准作出重大立法修正之后，最高人民法院、最高人民检察院将如何解释修正后的刑法条文令人关注。近日，《最高人民法院、最高人民检察院关于办理贪污贿赂刑事案件适用法律若干问题的解释》（以下简称《解释》）终于出台，拜读之后，发现该《解释》既有提高定罪量刑数额标准适应客观实际需要的一面，更有依法以严惩处贪污贿赂等腐败犯罪的一面，体现如下。

一、贪污贿赂入罪的数额标准压得很低

在具备"一定情节"的条件下，贪污受贿1万元即构成犯罪，应予追究刑事责任。这"一定情节"具有两个特点，其一，相当广泛，《解释》第1条对贪污罪列举规定了五种"情节"并且还规定有"造成恶劣影响或者其他严重后果"的兜底情节；对受贿罪则列举规定了八项"情节"，其中包括"造成恶劣影响或者其他严重后果"的兜底情节。其二，具体明确，《解释》对贪污受贿1万元应予定罪判刑的"一定情节"列举得具体明确，便于操作，这将促进司法机关严格执行贪污受贿1万元的入罪标准，增加"老虎苍蝇一起打"的实效。

之所以说1万元的入罪标准是"压得很低"，主要有两个缘由：第一，1997年《刑法》第383条对贪污贿赂罪的入罪标准定在"5000元"，时至今日已近20年，经济发展、收入和物价水平与20年前已经不能同日而语，国民经济生产总值已经上升了6倍多，而具备一定情节的入罪标准仅仅提高1倍，不可不谓"压得很低"。第二，由于经济社会的巨大发展变化，原来5000元的入罪标准在司法实践中已很难执行，即使低于3万元被追诉的，也

〔1〕 原载《人民法院报》2016年4月19日，第2版。

主要是因为其他犯罪案件被牵连出来的，且多被判处免于刑事处罚。而《解释》规定在具有"一定情节"时1万元即可立案侦查追究刑事责任，的确压得很低。通常情况下，即使不具有"一定情节"的以3万元为定罪起点，参考近些年实践操作情况，也算是较低的入罪标准。此外，贪污、受贿没有达到1万元加其他严重情节或3万元的，仍可给予党纪政纪处分。

刑法规范人的行为、惩戒威慑其他人的效果在于其必至性，即违法必究。对于贪官而言即使小贪也会遭到检控，定罪判刑，将有效破除侥幸心理，取得良好预防效果。对于国家工作人员而言，一旦被追诉，其政治、职业生涯即告终结，这种刑罚之外的效果也令国家工作人员十分畏惧。通过压低入罪标准，有助于强化"莫伸手，伸手必被捉"的戒律。

二、对贪污、受贿构成要件作扩大解释，更易于检察机关成功起诉贪污、贿赂犯罪，更有利于法院适用刑法有关条款定罪判刑

具体而言，一是《解释》第12条不仅继续坚持以往司法解释将贿赂犯罪中的"财物"扩张到"财产性利益"，而且进行了更进一步的归类细分："财产性利益包括可以折算为货币的物质利益如房屋装修、债务免除等，以及需要支付货币的其他利益如会员服务、旅游等。"《解释》首次明确财产性利益包括可以折算为货币的物质利益和需要支付货币才能获得的其他利益两种，尤其是对后一种利益的明确，将有效解决案件中常见的两种情况：第一种是请托人购买后转送给国家工作人员消费；另一种是请托人将在社会上作为商品销售的自有利益，免费提供给国家工作人员消费。对贿赂物范围的扩张解释和细化分类，将有助于对贿赂案件的定罪判刑。

二是《解释》第13条对于受贿罪"为他人谋取利益"要件的认定，在坚持既往司法做法的基础上作了进一步的扩张解释。《刑法》第385条规定成立受贿罪必备要件之一是"为他人谋取利益"，也即利用职务上便利为请托人"办事"。而有些贿赂案件被告人是否具备"为他人谋取利益"要件，认定起来相当困难，比如以下情形。

（1）国家工作人员收受请托人财物后没有任何表示，或者不是国家工作人员本人收下而是由其他的特定关系人收下的，无从知道国家工作人员有何表示。

（2）国家工作人员收受请托人财物后没有为请托人"办事"的实际行动，且事情也没有办成。

（3）向请托人给予财物时没有言明和提及请托事项，如逢年过节、红白喜事给予国家工作人员财物，貌似"人情往来"，国家工作人员问："有什么事没有？"送者回答："没事没事，就是看看领导"；再例如逢年过节、红白喜事下级给上级领导送礼金的，没有提及请托事项的。

（4）利用职务便利先办事后收财即"事后收财"的。

（5）国家工作人员利用职务上的便利为请托人谋取利益前后多次收受请托人财物，看不出每笔收财与办事之间存在关联。

针对以上"为他人谋取利益"认定的难点，《解释》第13条规定："具有下列情形之一的，应当认定为'为他人谋取利益'，构成犯罪的，应当依照刑法关于受贿犯罪的规定定罪处罚：（一）实际或者承诺为他人谋取利益的；（二）明知他人有具体请托事项的；（三）履职时未被请托，但事后基于该履职事由收受他人财物的。国家工作人员索取、收受具有上下级关系的下属或者具有行政管理关系的被管理人员的财物价值3万元以上，可能影响职权行使的，视为承诺为他人谋取利益。"《解释》第15条规定："……国家工作人员利用职务上的便利为请托人谋取利益前后多次收受请托人财物，受请托之前收受的财物数额在1万元以上的，应当一并计入受贿数额。"这些规定直击司法实践中常见的认定受贿罪的疑难之处，将会有效提高指控受贿犯罪的成功率、扩大成功指控受贿犯罪的范围，同时还能有效节省司法资源，成为从严惩处受贿犯罪的利器。但凡业内人士更看重这类解释在便利认定受贿犯罪、计算犯罪金额方面的作用。

三、明确统一了某些疑难问题的认定标准，有利于对贪污、受贿定罪处罚

贪污、受贿案中，被告人往往以贪污或受贿的钱款用于单位公务支出或社会捐赠或救灾扶贫为理由，辩解不构成犯罪，司法实务中对此也有不同认识。对此，《解释》第16条指出："国家工作人员出于贪污、受贿的故意，非法占有公共财物、收受他人财物之后，将赃款赃物用于单位公务支出或者社会捐赠的，不影响贪污、受贿罪的认定，但量刑时可以酌情考虑。"这一规定将为司法人员驳回被告人这类辩解提供明确的依据。再如，国家工作人员利用职务便利为请托人谋取利益，配偶、子女、情人等特定关系人收受请托人财物，国家工作人员知道后不置可否，甚至辩解说要求他们自行退还请托人，究竟仅认定收受财物的特定关系人成立利用影响力受贿罪还是认定国家工作人员构成受贿罪？这也是司法实务中的常见难题。对此，《解释》第16条指出："特定关系人索取、收受他人财物，国家工作人员知道后未退还或者上交的，应当认定国家工作人员具有受贿故意。"这等于说，特定关系人收受了请托人财物，只要具备：（1）国家工作人员主观上"知道"；（2）事后看，该财物"没有退还、上交"，即认定有受贿故意，其实就是认定国家工作人员构成受贿罪。被告人辩称以为已经"退还"请托人了，甚至辩称要求他们"退还"请托人（怎么还没有退呢？）的，根据《解释》就不能成立、不予理会了。

四、加强对"买官卖官"官场腐败的打击力度

通过贿赂买官卖官的行为严重违反党的组织纪律，严重破坏政治生态，可能导致区域性腐败、系统性腐败，其危害性可谓官场腐败之最。对此《解释》多处规定有关"买官卖官"贿赂行为属于"严重情节"，或者作为降低入罪数额的依据，如《解释》第1条第3款第3项规定"为他人谋取职务提拔、调整"受贿罪数额较大标准为1万元以上；或者降低加重量刑数额标准的依据，如第2条第3款规定，（为他人谋取职务提拔、调整）受贿数额在10万元以上不满20万元的，依法处3年以上10年以下有期徒刑，并处罚金或者没收财产。第3条第3款规定，（为他人谋取职务提拔、调整）受贿数额在150万元以上不满300万元的，应当认定为"其他特别严重情节"，"依法判处10年以上有期徒刑、无期徒刑或者死刑，并处罚金或者没收财产"。第7条第2款第3项和第8条第1款第2项规定："通过行贿谋取职务提拔、调整的"，行贿数额1万元以上即可达到入罪标准；行贿数额在50万元以上不满100万元的，应当认定为行贿"情节严重"（处5年以上有期徒刑）。这些规定充分体现依法严惩"买官卖官"贿赂犯罪，有利于厉行整肃腐败风气。

五、加大对贪污、贿赂犯罪分子财产剥夺的力度，在加大没收、追缴贪污受贿犯罪所得的基础上，还规定远重于其他犯罪的罚金刑

《解释》第18条规定："贪污贿赂犯罪分子违法所得的一切财物，应当依照《刑法》第64条的规定予以追缴或者责令退赔，对被害人的合法财产应当及时返还。对尚未追缴到案或者尚未足额退赔的违法所得，应当继续追缴或者责令退赔。"在此没收、追缴全部违法所得基础上，《解释》第19条规定：对贪污受贿罪，判处3年以下有期徒刑或者拘役的，应当并处10万元以上50万元以下罚金；判处3年以上10年以下有期徒刑的，应当并处20万元以上犯罪数额2倍以下的罚金或者没收财产；判处10年以上有期徒刑或者无期徒刑

的，应当并处 50 万元以上犯罪数额 2 倍以下的罚金或者没收财产。需要特别指出，这是在没收、追缴贪污受贿全部违法所得基础上加处的罚金或没收财产，这罚金或没收财产是针对犯罪人合法收入、合法财产的罚没！国家工作人员合法收入来源于薪金，经过第一遍贪污贿赂违法犯罪所得没收、追缴，再经过第二遍合法财产的罚没，加上对贪污受贿罪犯一般要剥夺政治权利和剥夺正常退休的养老待遇，对贪污、受贿罪犯实行这三重经济剥夺，可以说是极其严厉的处罚，充分体现了加大经济处罚力度的政策要求，对于有效惩治和预防腐败这类贪利型犯罪将发挥重要的震慑作用。

六、对于《刑法修正案（九）》专门针对贪污贿赂犯罪分子的"死缓后终身监禁"的制度，作出严格的执行规定

《解释》指出：对被判处"死缓期满后终身监禁"的罪犯，在裁判的同时一并决定"减为无期徒刑后，终身监禁，不得减刑、假释"。这等于是确认被判处"死缓期满后终身监禁"的罪犯，在死刑缓期 2 年执行期满后将受到绝对"终身监禁"，不论其终身监禁期间服刑表现如何，即使有立功表现也不能豁免"终身监禁"。这种"死缓"，就替代死刑（立即执行）而言具有人道主义的一面；不过，这种无条件终身监禁的解释也有过于严厉的一面。刑罚的主要目的是预防犯罪，教育改造罪犯使之重新回归社会，而这种绝对"终身监禁"不给罪犯改过自新回归社会的机会和希望，似乎过于重视刑罚惩罚、威慑的目的，而轻视刑罚教育改造罪犯的目的，是不是存在片面性？即使对于贪污贿赂犯罪分子，也应当教育改造、给其出路。建议将来选择适当时机稍微缓和一下该刚性终身监禁的规定，给罪犯改过自新回归社会的希望。

七、严惩受贿（贪赃）"枉法"行为

这体现在两方面。其一，将受贿"为他人谋取不正当利益"作为降低入罪或加重刑罚数额的情节，《解释》规定"为他人谋取不正当利益的"受贿数额较大起点标准为 1 万元；受贿数额巨大起点标准为 10 万元；受贿数额特别巨大起点标准为 150 万元。其二，厉行数罪并罚，《解释》第 17 条规定，国家工作人员利用职务上的便利，收受他人财物，为他人谋取利益，同时构成受贿罪和渎职罪，原则上应当以受贿罪和渎职犯罪数罪并罚。以往的学说和实务认为，国家工作人员利用职务便利收受财物为他人谋取利益而渎职的，具有牵连关系不必数罪并罚。近几年有关司法解释逐渐主张应当数罪并罚。

《解释》第 17 条则进一步确认应当数罪并罚，而不问是否存在牵连关系。

八、严格控制行贿犯罪宽大情节的适用

《刑法》第 390 条第 2 款规定："行贿人在被追诉前主动交待行贿行为的，可以从轻或者减轻处罚。其中，犯罪较轻的，对侦破重大案件起关键作用的，或者有重大立功表现的，可以减轻或者免除处罚。"《解释》第 14 条对该款"情节较轻""对侦破重大案件起关键作用"作出了限制解释，严格控制行贿罪从轻、减轻处罚的适用。

总之，《解释》一方面根据社会经济发展水平适当上调贪污贿赂犯罪的定罪量刑数额标准，使之回归合理；另一方面在入罪标准、构成要件解释、刑罚适用等方面全方位贯彻依法从严惩治贪污贿赂犯罪刑事政策。

论《刑法》第397条的若干问题[1]

新《刑法》第397条是由1979年《刑法》第187条修改而来。对它的解释，众说纷纭，莫衷一是。本文试对《刑法》第397条的地位、罪名、罪过等问题作一简要探讨。

一、《刑法》第397条的地位

在新《刑法》中，第397条具有惩治国家机关工作人员渎职犯罪一般性条款的地位。从罪状看，它涵盖了国家机关工作人员滥用职权、玩忽职守以及徇私舞弊的渎职罪；从法定刑看，它规定的最低刑为拘役，最高刑为10年有期徒刑，既能适应处罚过失渎职犯罪，又能适应处罚故意渎职犯罪；从立法确立的它与其他渎职条款的关系看，"本法另有规定的，依照规定"，表明它是惩罚渎职犯罪最一般性的规定。

《刑法》第397条依然是一个"口袋罪"。在刑法修订过程中，对1979年《刑法》第187条玩忽职守罪的规定进行了全面地分解。分解之后形成的《刑法》第397条，在内容上比1979年《刑法》第187条的确缩小了很多。但是在另一方面也有所扩大，这表现为它在保留玩忽职守行为方式的基础上，又补充规定了滥用职权及徇私舞弊的行为方式，并且提高了法定刑，这使其内容在某些方面比1979年《刑法》第187条又有所扩大。因此《刑法》第397条实际上是新刑法惩治渎职罪的"口袋罪"。

在新刑法中也未能消除惩治渎职犯罪的"口袋罪"，这在一定程度上反映了我国社会现实情况的需要。一方面，国家机关工作人员在我国的政治、经济、文化等事务中起着极为重要的作用；另一方面，加强国家机关工作人员勤政、廉政建设的呼声十分强烈。这使新刑法即便增补大量具体渎职犯罪类型，仍有挂一漏万之虞，不得不保留这个口袋罪条款。认识《刑法》第397

---

[1] 原载《中央检察官管理干部学院学报》1997年第4期。

400

条的地位，对解释《刑法》第 397 条具有重要意义。

二、《刑法》第 397 条的罪名

对《刑法》第 397 条宜理解为包括两个罪名：其一是第 1 款的滥用职权、玩忽职守罪；其二是第 2 款的徇私舞弊罪。

认为第 1 款的罪名是滥用职权、玩忽职守罪的理由是：滥用职权与玩忽职守难以界定；在现实生活中行为人往往既有滥用职权又有玩忽职守的行为，对这种情形仅以滥用职权或者玩忽职守一罪论处不够充分；按滥用职权罪和玩忽职守罪实行数罪并罚又过于苛刻，尤其是在行为人只造成一个重大损失结果的场合，不能数罪并罚。因此把滥用职权、玩忽职守罪当作一个选择罪名，既符合犯罪的现状又便利司法机关操作。如果行为人以滥用职权或者玩忽职守的行为之一造成重大损失的，按滥用职权罪或者玩忽职守罪定罪处罚；如果兼有滥用职权和玩忽职守行为造成重大损失的，仍然只需按滥用职权、玩忽职守罪中的一罪定罪处罚。

关于《刑法》第 397 条第 2 款规定的"徇私舞弊"，是独立的罪名还是滥用职权、玩忽职守罪的加重情节，有不同的见解。将其理解为独立的罪名较合理，理由如下。

（1）《刑法》第 397 条第 2 款有独立的法定刑。该法定刑的下限与第 1 款的上限无衔接关系，独立性显著，而其他刑法条款中的情节加重犯和结果加重犯的法定刑与基本犯的法定刑都有紧密的衔接关系，无显著的独立性。根据刑法的一般原理，独立法定刑之前的罪状应成为独立的罪名。

（2）《刑法》第 397 条第 1 款与第 2 款的罪过形式明显不同。滥用职权、玩忽职守的罪过形式主要是过失，徇私舞弊的罪过形式主要是故意，二者在主观恶性上的差别，正是在立法上区别对待的原因。如果对徇私舞弊渎职的情形仍然只定滥用职权、玩忽职守罪，不足以体现对故意渎职犯罪和过失渎职犯罪区别对待的立法精神，也不足以反映行为人的主观恶性和渎职的重要特点。

（3）有利于理解、掌握《刑法》第 397 条第 2 款徇私舞弊渎职罪的一般规定与刑法另有规定的徇私舞弊犯罪关系。刑法分则第 9 章中规定了大量的具体的滥用职权、玩忽职守和徇私舞弊渎职罪，基本形成了两种类型的渎职罪，一类以滥用职权、玩忽职守为主要特征，另一类以徇私舞弊为主要特征。它们都是独立的罪名，基本上分别与《刑法》第 397 条第 1 款和第 2 款存在着具体与一般的对应关系。《刑法》第 397 条第 2 款也规定，"本法另有规定的，依照规定"，十分明确地提示了这种对应关系。既然具体的徇私舞弊渎职罪都是独立的罪名，那么与其对应的一般的徇私舞弊渎职罪也应当作为独立的罪名。否则，难以理解、掌握《刑法》第 397 条与其他另有规定的渎职罪的关系。

三、《刑法》第 397 条之罪的罪过形式

《刑法》第 397 条第 1 款规定的滥用职权、玩忽职守罪的罪过形式是过失。其特点是因自以为是、恣意妄为而滥用职权，或者因严重不负责任而玩忽职守。其内容是对自己的滥用职权、玩忽职守行为可能造成的严重损害国家和人民利益的危害结果具有过失。这意味着：第一，行为人必须对危害结果具有过失才构成犯罪，对滥用职权、玩忽职守行为本身是故意还是过失是判断有无犯罪过失的重要根据，但不是犯罪的主观要件；第二，排斥故意，即行为人对危害结果不得具有故意，如果有故意则应以有关的故意犯罪论处。理由如下所述。

（1）本罪以"致使公共财产、国家和人民利益遭受重大损失"为要件，属于结果犯。对于结果犯一般应以行为人对该结果的心态作为确定罪过形式的根据，而不是以对行为本身的心态作为确定罪过形式的根据。由于滥用职权、玩忽职守行为本身的不法程度较低、反伦理道义性不明显，行为人对它是故意还是过失，不足以作为确定罪过形式的根据。事实上，罕见行为人过失滥用职权、过失玩忽职守的情形，对这种情形，即使造成严重后果也不必追究刑事责任。行为人往往是有意越权或者有意不履行职责、不正确履行职责，就如同驾驶员有意违章一样，但不能认为这种意思就是犯意。只有有对行为所造成的严重后果的意思，才是犯意。

（2）本罪的法定刑与刑法规定的其他过失犯罪的法定刑一致，符合刑法对过失犯罪刑事责任的一般性规定。《刑法》第 397 条规定，滥用职权、玩忽职守造成重大损失结果的，处 3 年以下有期徒刑或者拘役，情节特别严重的，处 3 年以上 7 年以下有期徒刑。这在我国刑法中是一种典型的过失犯罪法定刑。

（3）从相关渎职罪条款看，本罪应为过失罪。《刑法》第 397 条第 2 款规定了徇私舞弊罪，并且规定了较重的法定刑。它与第 1 款的区别主要在于主观恶性不同，因此可以把第 1 款理解为惩治过失犯罪的一般性规定，把第 2

款理解为惩治故意犯罪的一般性规定。行为人因滥用职权、玩忽职守而过失造成重大损失的，适用第 1 款定罪处罚，对重大损失具有故意的，适用第 2 款或者其他规定定罪处罚。这样理解，有利于明确该条第 1 款和第 2 款的地位、分工，充分发挥二者各自的作用，体现对故意渎职罪和过失渎职罪区别对待的立法精神。另外，第 9 章中规定的一些"严重不负责任"渎职罪被认为是由 1979 年《刑法》第 187 条玩忽职守罪分解而来，它们属于特殊的过失渎职罪类型，与新《刑法》第 397 条第 1 款存在着特殊与一般的关系。因此从维护惩治渎职罪刑法体系协调一致的角度考虑，也应将其理解为过失犯罪。

（4）从新旧刑法的历史联系看，新《刑法》第 397 条是由 1979 年《刑法》第 187 条修改而来。人们一般认为 1979 年《刑法》第 187 条规定的玩忽职守罪是过失犯罪。新《刑法》第 397 条与 1979 年《刑法》第 187 条的差别在于：第 1 款增加了滥用职权，第 2 款增加了徇私舞弊。可以把滥用职权视为对 1979 年《刑法》第 187 条玩忽职守罪行为方式的补充规定，把徇私舞弊视为对 1979 年《刑法》第 187 条玩忽职守罪罪过形式的补充规定。《刑法》第 397 条第 1 款的罪过形式不变，仍然是过失。《刑法》第 397 条第 2 款的罪过形式是故意。

《刑法》第 397 条第 2 款规定的徇私舞弊罪的罪过形式是故意。其特点是屈从私利、私情，有意利用职权违背职责和法律，放任严重危害结果发生。其内容是对"致使公共财产、国家和人民利益遭受重大损失"的结果持故意态度。

四、《刑法》第 397 条之罪与罪的区别与联系

（1）《刑法》第 397 条第 1 款规定的滥用职权、玩忽职守罪可视为选择罪名，滥用职权主要表现为以作为的方式超越权限处理无权处理的事务，或者不顾职责的程序和宗旨随心所欲地处理事务。玩忽职守主要表现为以不作为的方式不履行职责或者懈怠履行职责。行为人仅有滥用职权行为造成重大损失的，可定为滥用职权罪，仅有玩忽职守行为的，可定为玩忽职守罪。兼有两种行为造成重大损失的，定滥用职权、玩忽职守罪。滥用职权和玩忽职守在主观方面的差别主要是：前者表现为行使职权时自以为是、恣意妄为的态度，后者表现为对职责严重不负责的态度，但是行为人对重大损失结果都是过失的。

（2）《刑法》第 397 条第 2 款规定的徇私舞弊罪是在具备滥用职权、玩忽

职守罪的基本犯罪构成基础上，因为另有徇私舞弊的情形而构成的犯罪。具有徇私舞弊的情形是徇私舞弊罪与滥用职权、玩忽职守罪区别的关键。所谓徇私舞弊，在主观方面是因为屈从私利、私情而有意渎职，对渎职行为及其结果具有一定程度的恶意，就其主观不法程度而言应属于故意犯罪，即对造成重大损失结果一般具有间接故意。在客观方面具有利用职权以欺骗、隐瞒等方式进行种种违背职责活动，并且致使公共财产、国家和人民利益遭受重大损失。

在1979年刑法中因为只有玩忽职守罪的一般规定，对刑法无特别规定的徇私舞弊的渎职行为往往也以玩忽职守罪论处，以致产生了玩忽职守罪是否也包括故意罪的议论。其实刑法只排斥把故意罪条款适用于过失行为，并不排斥把过失罪条款适用于故意罪。换言之，故意罪条款不可解释为当然包括过失的情形，过失罪条款可解释为当然包括故意的情形，但刑法对该故意罪已有规定的除外。因此过去依照1979年《刑法》第187条处罚无特别规定的徇私舞弊渎职犯罪是没有问题的。然而在新《刑法》第397条第2款对徇私舞弊故意渎职犯罪作了专门规定之后，对徇私舞弊故意渎职犯罪只能适用《刑法》第397条第2款定罪处罚，不能适用《刑法》第397条第1款定罪处罚。

五、《刑法》第397条之罪的主体及其他

滥用职权、玩忽职守罪和徇私舞弊罪的主体是国家机关工作人员，即《刑法》第93条所称之"国家机关中从事公务的人员"。该条第2款所称之以"国家工作人员论"的人员不属于《刑法》第397条之罪的主体。新《刑法》第93条对国家工作人员分两款界定，第1款为国家机关工作人员，第2款为以国家工作人员论的人员，第9章规定的渎职罪主体一律为国家机关工作人员，表现出立法在惩治渎职罪方面"政企分离""政务与事务分离"的意图。由于新刑法对渎职罪主体的严格限制，不仅使滥用职权、玩忽职守罪和徇私舞弊罪主体范围比1979年《刑法》中玩忽职守罪的主体范围大大缩小，而且也使其犯罪行为的范围大大缩小，许多属于1979年《刑法》玩忽职守罪的行为（如最高人民检察院在有关司法解释中列举过13个方面64种玩忽职守罪的表现形式），因为主体的关系将不能适用《刑法》第397条定罪处罚，也不能适用刑法"另有规定"的具体渎职罪条款定罪处罚。新刑法对1979年《刑法》第187条修订后产生的这块"空白区域"，将由其他章节的有关条款填补。这些条款主要是:《刑法》第 167 条之国有公司、企业、事业单位负责人合同失职罪,第 168 条之国有公司、企业负责人徇私舞弊造成破产、亏损罪,第 186 条第 2 款之非法发放贷款罪,第 188 条之违章出具信用证、保函、票据、存单、资信证明罪等。但这些条款显然不能完全填补这块"空白区域",因此对《刑法》第 397 条犯罪主体的解释如何恪守罪刑法定原则又能满足惩处犯罪的需要,将成为一个重要的课题。

论玩忽职守罪[1]

序　言

同玩忽职守罪做斗争具有重要的意义。玩忽职守罪妨害国家机关的正常活动，造成国家机关低效率甚至不正常的工作状态。不仅会使我们不能取得在优越的社会主义制度下应取得的政治成就和经济效益，而且还会造成国家威信和人民生命财产不可弥补的巨大损失。湖北省燃化局个别领导玩忽职守致200多人死于崩塌的山体之下；河北省衡水铁厂负责人草率下马，近千万元的家当几乎被破坏得荡然无存；石嘴山市水电局局长田某某严重失职造成矿区群众20余人死亡，直接、间接财产损失1000万元。这些都是玩忽职守罪造成严重危害后果的事例。玩忽职守罪虽然和贪污、受贿等以权谋私的犯罪性质不同，但造成的损失动辄以十万、百万，甚至千万元计。在这方面玩忽职守比起贪污、受贿等以权谋私的犯罪不知要严重多少倍。至于某些玩忽职守者对群众的疾苦漠不关心，对党的政策、国家的法律贯彻执行不力，造成人身伤亡和其他国家、人民利益的重大损失，也足以损害党和政府的威望，产生极为恶劣的政治影响。玩忽职守的犯罪仍然还在十分严重地发生着，极大地阻碍着经济体制改革和现代化建设的步伐。这引起了全党、全国人民的高度重视，中纪委在1984年5月通报指出：有的人当官做老爷，对国家和人民的利益漠不关心，对工作敷衍塞责、玩忽职守，以致事故频生、损失惊人，已达到令人不能容忍的地步。为此党中央要求在整党工作中把官僚主义案例作为突出问题进行查处。[2]最高人民检察院也发出通报，要求各级检察机关认真开展对玩忽职守案件的检察工作。严肃认真地查究官僚主义造成损失浪

---

[1]　此文为1985年阮齐林的硕士学位论文。

[2]　《人民日报》1984年5月11日，第4版。

费的案件（其中包括部分玩忽职守案件），有效地促进了国家工作人员改进工作。全国经贸系统在查出大量的这类案件并予以行政的、经济的直至刑事处分之后，明显地改善了经营管理，提高了经济效益，同时还挽回了一些经济损失。上海、河北等7省市的经贸单位挽回损失3300多万元，天津、吉林等11省市的经贸单位催追回国外的逾期贷款2亿元。

运用刑罚同玩忽职守罪做斗争是一项十分艰巨、复杂的任务。由于国家工作人员广泛深入地从事各项政治、经济、文化活动，形成了各部门、各行业玩忽职守犯罪之间的差异，致使玩忽职守罪的表现形式复杂多样。而且大量的玩忽职守罪是以不作为行为方式实施的，并往往由多种原因共同引起同一损害后果，行为的犯罪性质不明显和责任分散，都给认定和处罚玩忽职守罪带来一定的困难。由于国家工作人员的职务活动直接受到各种规章制度和行政、经济法规的调整，致使认定处罚玩忽职守罪需要经常地援引有关规章制度和行政、经济法规的规定，这也增加了认定处罚玩忽职守罪的复杂性。由于人们对玩忽职守罪社会危害性的评价有很大的差异，致使处理玩忽职守罪有很强的政策性，有些人往往对玩忽职守罪的危害性认识不足，只看到犯罪人未谋私利的一面，不希望追究刑事责任，甚至认为追究了某个玩忽职守者的刑事责任会挫伤干部的积极性；而另一些人则因目睹玩忽职守者极端不负责任所造成的众多人身伤亡和重大经济损失，强烈要求严惩犯罪人。因此，玩忽职守案件的处理是否妥当，往往会引起很大的反响，产生积极的或消极的社会效果。

玩忽职守罪是一个需要加强研究的课题。研究玩忽职守罪具有重要的现实意义。应当承认，我们对于玩忽职守罪的研究比起玩忽职守罪的严重性以及同这种犯罪斗争的复杂性是不相适应的，比较起对贪污、受贿等故意的渎职犯罪的研究水平也是有差距的。人们还只是更多地注意到典型的、重大的玩忽职守案件，更多地通过舆论工具谴责玩忽职守者给国家、人民造成的巨大损失，揭露什么样的玩忽职守者竟未受到法律制裁或者制裁畸轻，而对于玩忽职守罪的概念、构成要件、责任特点及完善玩忽职守罪立法等基本问题未予足够的重视。研究玩忽职守罪还有一定的理论意义，玩忽职守罪在特殊主体，不作为，职务上过失，刑法和行政法、经济法有关规定协调运用等方面是十分典型的，研究玩忽职守罪这方面的问题也可丰富刑法这方面的理论。

本文试图以玩忽职守罪发生和处理的实际情况作为基础，结合我国有关玩忽职守罪立法、司法经验，阐述玩忽职守罪的概念、犯罪构成要件和刑事责任，最后提出进一步完善玩忽职守罪立法的建议。

一、玩忽职守罪的历史沿革

（一）我国古代玩忽职守罪的沿革

玩忽职守罪的法律规定在我国历史上源远流长。上古时期，鲧因治水无功，受到流刑的处罚，恐怕要属我国古代玩忽职守犯罪比较早的案例。又《尚书·胤征》记载夏代"政典"有"先时者杀无赦，不及时者杀无赦"的记载。意即掌管历象的官员，所测历象的时期有误，先于实际的天时或后于实际的天时则处死刑。夏代有这种规定可以推之我国自有阶级、国家起即有处罚玩忽职守罪的法律现象。[1]

战国、秦汉时期就可见统治阶级加强国家机器的工作效率、惩治渎职犯罪的法律思想和法律规定。战国末期集法家之大成者韩非子主张"明主治吏不治民"。[2]实践法家思想的秦王朝就有了一系列惩治官吏职务上过失犯罪的法律规定，追究官吏在司法、经济管理和征赋税徭役方面失职行为的责任，如失刑罪、保举连坐、职务连坐、失期罪、失亡罪等。秦以后唐以前各主要朝代对于秦玩忽职守罪的法律制度当有继承和发展，因资料关系只能得到零碎的几则。值得一提的是汉即有"公负"的提法，晋张裴《律注》有犯罪为公为私之分，说明当时对官吏犯罪已开始能一般地从动机上进行区分。

唐律[3]追究失职行为责任的内容十分广泛，官吏在断狱、决罚囚禁、市场管理、仓储、水利、驿传、征赋税、发徭役、户籍管理等方面的失职行为都被以具体条文的形式规定为犯罪，如官司出入人罪、死囚当绞误斩、失囚、市司牛马过市不立卷、损败官仓物、失时不修堤防、主司不觉脱漏户口等罪。同时唐律还有"公罪""私罪"的区分，并在处罚上区别对待。所谓公罪即"谓缘公事致罪而无私、曲者"，[4]所谓私罪即"谓缘公事私自犯者，虽缘公事，意涉阿曲，亦同私罪"。[5]由唐律对公罪、私罪的注解，可见唐律中不仅

---

[1] 参见徐朝阳：《中国刑法溯源》，商务印书馆1933年版。

[2] 《韩非子·外储·说右下》。

[3] 指《永徽律疏》。

[4] 《唐律疏议》名例，第17条注疏，第44页。

[5] 《唐律疏议》名例，第17条注疏，第44页。

有渎职的一般概念，而且还根据犯罪动机做了更具体的区分。公罪、私罪的概念虽未明确渎职是出于过失还是故意，但与过失、故意的含义极为一致，即"无私、曲"通常都是过失；"私自犯"或"意涉阿曲"通常都是故意。唐律中有许多处罚渎职犯罪的条文，凡职官渎职具有"无私、曲"情节的，属于公罪，凡职官渎职是"私自犯"或"意涉阿曲"的，属于私罪。公罪在"官当"年数、坐"公事失措自觉举"等方面受到优于私罪的处遇。因此，公罪、私罪的规定，实际上是总则中建立了对分则中各种职务上过失犯罪从轻处罚的制度。唐律中有关玩忽职守罪的法律规定，随同以后各代对唐律的继承而基本被承袭下来。

（二）我国刑法中玩忽职守罪的沿革

我国刑法上玩忽职守罪的沿革，实质是中国共产党领导的中国人民在各历史时期关于玩忽职守犯罪的意志以这样或那样的法律形式运动的过程。这种法律意志的内容是：为了保障当时革命和建设事业顺利进行，将玩忽职守造成国家、人民利益重大损失的行为规定为犯罪，适用刑罚处罚。反映这一内容的法律规定不能不受各自赖以产生的社会经济政治状况的影响，具有时代的特征，而与1979年《刑法》第187条玩忽职守罪的规定有所不同，但并不影响它们在本质上的一致性和在内容上的继承关系。与中国共产党领导中国人民革命斗争和法治建设的历程相一致，我国刑法上玩忽职守罪的沿革也可分为两个时期，一是新民主主义时期根据地刑法上的玩忽职守罪，二是社会主义革命时期法律上的玩忽职守罪。在社会主义时期又可划分为两个发展阶段：第一阶段，自中华人民共和国成立后至1979年《刑法》颁布前，我国玩忽职守罪的法律规定仍然分散地存在于单行法规中；第二阶段，由于1979年颁布《刑法》，产生了统一的、普遍施行的玩忽职守罪刑法规范和初步形成了以1979年《刑法》第187条玩忽职守罪规定为基础的处理玩忽职守罪的法律规范体系。

1. 新民主主义革命时期革命根据地刑法上的玩忽职守罪

在新民主主义革命时期，革命根据地的刑法惩治革命队伍中工作人员严重玩忽职守的行为，但不是以玩忽职守确定罪名，而以玩忽职守造成的结果性质确定罪名，如果行为人玩忽职守而造成经济损失的，按浪费罪定罪处罚。例如，中央苏区1933年底颁行的《关于惩治贪污浪费行为的训令》第2条规定"苏维埃机关、国营企业公共团体的工作人员，因玩忽职守而浪费公款，致使国家蒙受损失者，依其浪费的程度处以警告，撤销职务以至1个月以上3年以下的监禁"。[1]如果行为人玩忽职守造成人的死亡或者国家机密泄露，则分别依杀人罪、泄密罪追究责任。例如《苏皖边区第一行政区破坏解放区革命秩序治罪办法》第7条规定："凡挟仇报复或处理失当，应根据当时之动机及产生影响，追究杀人罪责。"《中华苏维埃共和国惩治反革命条例》第10条规定："……因玩忽职务，不感觉其行动所能发生的结果而泄漏上述秘密者，处1年至5年的监禁。"[2]对于玩忽职守的犯罪作这样的规定是由特定的历史条件和法制状况决定的。当时革命根据地法制比较简单，对经济方面的犯罪主要规定于单行的《惩治贪污浪费条例》中，并基本上以是否占为己有为标准划分为贪污、浪费两种罪。在实行供给制的情况下，铺张浪费、为图私利浪费、玩忽职守浪费三种浪费的形式都损害着有限的财政资源。因此，在法律中不分浪费的具体形式，而根据它们造成经济损失和犯罪人未秘密占为己有的共同特征，统一定为浪费罪。对于革命队伍中的人员因玩忽职守而造成非经济性损失的犯罪，则规定于其他的单行法规（如《惩治反革命条例》）中，也只是根据具体造成的结果性质确定罪名，而不是一般地根据玩忽职守的行为特征按渎职罪论处。

2. 社会主义革命时期玩忽职守罪的沿革

第一阶段，关于处理玩忽职守罪的法律规定存在于一些单行的法规中。中华人民共和国成立后，国家工作人员违法失职给国家、人民利益造成严重损失的情况日益受到重视，国务院及各部门在陆续颁行的一些单行的行政、经济性质的法规中对严重违法失职造成国家和人民利益重大损失的行为作了追究刑事责任的规定。例如，1952年中央节约检查委员会《关于处理贪污、浪费及克服官僚主义若干规定》中指出："由于负责人严重的官僚主义或经管人员失职所造成的业务上的浪费和损失……其情节严重因而招致国家巨大损失者，可作专案议处，酌予刑事处分。"1963年《国务院关于加强企业生产中安全工作的几项规定》第5条第2项规定："对于违反政策法规和规章制度或工作不负责任而造成事故的，应根据情节的轻重和损失的大小，给以不同

---

[1] 韩延龙、常兆儒编：《新民主主义革命时期根据地法制文献选编》，中国社会科学出版社1981年版。

[2] 韩延龙、常兆儒编：《新民主主义革命时期根据地法制文献选编》，中国社会科学出版社1981年版。

的处分，直至送交司法机关处理。"这一阶段玩忽职守罪法律规定比新民主主义革命时期玩忽职守罪法律规定有了明显的变化，这就使玩忽职守造成经济损失的犯罪在法律中的地位突出起来，不仅表现为许多单行法规追究违法失职造成责任事故的犯罪，还表现为法律中规定了"业务上浪费"较其他形式浪费较重的责任。这一变化的原因在于社会主义革命时期造成浪费和损失的形式发生了变化，在新民主主义时期造成浪费和损失的主要形式是集体或个人生活中的超支与铺张浪费，玩忽职守造成浪费还属次要的形式。进入社会主义革命时期，造成浪费和损失的主要形式有了变化，党和人民的中心工作由夺取政权转移到经济建设方面来，由于这方面工作大规模地进行和近现代化生产的特点，致使国家工作人员在经济建设的计划、决策、管理活动中因玩忽职守而造成经济损失和人身伤亡的事故日益突出，浪费和损失的主要形式已转到玩忽职守上面来，其危害性也明显地超出了集体、个人生活方面的超支与铺张浪费。

第二阶段，统一的玩忽职守罪刑事法律规定的产生和处理玩忽职守罪法律规范体系的初步形成。1979 年颁布的刑法规定了玩忽职守罪的概念和刑事责任，1979 年《刑法》第 187 条写道："国家工作人员由于玩忽职守，致使公共财产、国家和人民利益遭受重大损失的，处 5 年以下有期徒刑或者拘役。"自此，我国玩忽职守罪法律规定以集中统一的刑法规范的形式存在。

刑法颁行以后，又有一系列的单行行政、经济性的法规直接或间接地依据 1979 年《刑法》第 187 条规定作为追究违反本法的严重失职行为刑事责任的法律根据。例如，1983 年《食品卫生法》第 41 条规定："违反本法，造成严重食物中毒事故或者其他严重食源性疾患，致人死亡或者致人残废因而丧失劳动能力的，根据不同情节，对直接责任人员分别依照 1979 年《中华人民共和国刑法》第 187 条、第 114 条或者第 164 条的规定，追究刑事责任。"以相同或相似方式依据 1979 年《刑法》第 187 条规定追究违反本法、严重失职行为刑事责任的单行法规还有：1984 年《水污染防治法》、1984 年《古建筑消防管理规则》、1979 年《环境保护法》、1982 年《文物保护法》、1981 年《经济合同法》等一系列法规，这种立法格局初步形成了以 1979 年《刑法》第 187 条为核心、以其他单行的行政经济法规为配合的认定和处罚玩忽职守罪的法律规范体系。由于 1979 年《刑法》第 187 条的存在，这些法规中有关追究失职行为刑事责任规定的制定和实施有着坚实的刑法根据，比第一阶段中单行法规的有关追究失职行为刑事责任的规定更为明确，更为切实可行。同时，这些规定又从各方面进一步确认、巩固了 1979 年《刑法》第 187 条认定、处罚玩忽职守罪核心的或基础的地位，从各自的角度补充、明确着 1979 年《刑法》第 187 条的实际内容，这些法规中的有关规定是认定和处罚违反这些法规的玩忽职守犯罪所必须参照执行的。1979 年《刑法》第 187 条对玩忽职守罪的主、客观特征规定得比较概括，因此这些法规的有关规定也有助于具体认定玩忽职守罪的主客观特征。我国当前单行行政、经济法规的制定工作方兴未艾，在追究违反本法失职行为的刑事责任方面，这些法规和 1979 年《刑法》第 187 条之间依据和配合的立法格局继续保持。目前，这一玩忽职守罪的法律体系仍在发展。

二、玩忽职守罪的概念

（一）玩忽职守罪的定义

根据我国 1979 年《刑法》第 187 条的规定，玩忽职守罪是国家工作人员以严重不负责任的态度对待工作，不履行或不正确履行职责致使公共财产、国家和人民利益遭受重大损失的行为。这一定义较为完整地反映出玩忽职守罪的基本特征，同时以"严重不负责任的态度"和"不履行或不正确履行职责"分别表述犯罪人的心理状态和行为方式，较为清楚地对它们予以反映。这一定义比较概括、简练，没有列举诸如"马虎草率""漫不经心""粗心大意"等玩忽职守罪的具体表现形式，也使玩忽职守罪的基本特征突出，所以是一个较为合适的玩忽职守罪定义。

我国刑法学者关于玩忽职守罪的表述是不尽相同的。例如，（甲）"玩忽职守罪是指国家工作人员以马虎草率、严重不负责任的态度去对待自己职务上应尽的义务，致使公共财产、国家和人民利益遭受重大损失的行为。"[1]（乙）"玩忽职守罪就是国家工作人员严重不负责任，玩忽职务，致使公共财产、国家和人民利益遭受重大损失的行为。"[2]（丙）"玩忽职守罪是指国家工作人员对待自己的工作漫不经心、疏忽大意或者擅离职守，极端不负责任

---

〔1〕 中央政法干部学校刑法刑事诉讼法教研室编著：《中华人民共和国刑法讲义》（分则部分），群众出版社 1982 年版，第 288 页。

〔2〕 中国人民大学法律系刑法教研室编著：《刑法各论》，中国人民大学出版社 1982 年版，第 254 页。

致使公共财产、国家和人民的利益遭受重大损失的行为。"〔1〕上列（甲）（乙）（丙）三个定义在主体和重大损失结果这两点上表述是一致的，但对犯罪人的心理状态和行为特征的表述就不尽一致了。人们对此并没有发生过争议，似乎这样表述或者那样表述无关紧要，关系不大，这个现象反映了我们对表述玩忽职守罪定义所应满足的要求不够明确。

给玩忽职守罪下一个比较合适的定义应考虑以下三个要求。

（1）应尽量完整地概括玩忽职守罪的基本特征。因为玩忽职守罪的定义要反映出玩忽职守罪的本质属性，而只有完整地概括玩忽职守罪的基本特征，才能全面地反映出玩忽职守罪的本质属性；（2）要尽量地把犯罪的心理状态和客观行为方式表达清楚，因为在定义中能清楚地区分玩忽职守罪的心理状态和行为方式，是保证概念清晰准确的重要条件；（3）应能适应玩忽职守罪内容广泛、类型众多的特点。从 1979 年《刑法》第 187 条的规定看，它包括了十分广泛的内容，在司法实践中玩忽职守罪的具体表现形式极为复杂多样，因此适宜采取较为抽象、概括的方式给玩忽职守罪下定义。

在明确了给玩忽职守罪下定义所应考虑的要求之后，上述(甲)(乙)(丙)三个定义的表述是可以商榷的，它们不同程度地没有满足给玩忽职守下定义所应考虑的要求，（甲）定义的不足之处是对行为特征未明确地表达出来；（乙）定义的不足之处在于，对于犯罪的心理状态、行为方式未予分别表述；（丙）定义列举了一些玩忽职守罪的表现形式，但犯罪的心理状态和行为特征不突出。由于玩忽职守罪的表现形式极为多样，采用具体列举的方式表述是比较困难的，既难以列举周全，挂一漏万，也难以避免所列举的各表现形式相互交叉，反而会使定义显得不够清晰。

（二）玩忽职守罪的范围

玩忽职守罪的范围可以通过玩忽职守罪条文在刑法中和在处理玩忽职守罪法律规范体系中的地位显示出来。在 1979 年《刑法》中，第 187 条实际具有一个一般性处理国家工作人员职务过失犯罪条款的地位。

1979 年《刑法》中涉及国家工作人员职务过失犯罪的条文还有第 114 条、第 115 条，〔2〕但这两个条文范围有限，只有国家工作人员在生产过程中

---

〔1〕 金子桐、于志："谈谈查处玩忽职守罪"，载《政治与法律》1984 年第 4 期。

〔2〕 第 186 条是否包括过失泄密犯罪尚存争议。

违章指挥或者在危险品管理活动中的过失犯罪可能适用第 114 条、第 115 条定性处罚，而 1979 年《刑法》第 187 条则没有类似的限制，凡国家工作人员职务上的过失犯罪除上述两种情况外，都可以适用 1979 年《刑法》第 187 条的规定。所以，除具备厂矿重大责任事故罪要件和违反危险物品管理规定重大责任事故罪要件的犯罪外，国家工作人员职务上的过失犯罪基本上属于玩忽职守罪的范围。由于 1979 年《刑法》第 187 条实际具有一个一般性处理国家工作人员职务上过失犯罪的地位，大量的行政、经济法规直接或间接地依据 1979 年《刑法》第 187 条的规定，追究国家工作人员严重违反本法的失职行为的刑事责任。因此，国家工作人员违反某些行政、经济法规，因失职而造成重大损失的犯罪行为，属于玩忽职守罪的范围。

司法实践中依照 1979 年《刑法》第 187 条认定和处罚的玩忽职守罪常见的有以下 12 种：

（1）国家机关工作人员玩忽职守致使仓储、运输中的物资大量腐烂、损坏、遗失的行为；

（2）企业管理人员失职致使发生重大责任事故的行为；

（3）医护人员失职造成重大医疗事故的行为；

（4）银行、信用社的工作人员违章发放贷款不能收回，致国家遭受重大损失的行为；

（5）企事业单位的工作人员（主要是从事购销活动的人员）轻易受骗，致使国家遭受重大损失的行为；

（6）财会人员由于严重不负责任造成账目严重混乱或者严重短款、缺款的行为；

（7）专职或临时值班看管财物的人员、经管财物的人员擅离职守或疏忽大意致使所看管、经管的财物被盗的行为；

（8）农技人员或农资供销人员错用、错售种子、农药、兽药造成农、林、牧、渔业生产遭受重大损失的行为；

（9）教师或教育行政管理人员玩忽职守造成学生伤亡的行为；

（10）司法工作人员疏忽大意致重刑犯、重大嫌疑犯脱逃的行为；

（11）国家工作人员对于刑事犯罪应追究而未追究或者追究不力致使发生严重后果的行为；

（12）社队干部、林业管理人员玩忽职守致使发生严重哄砍、滥伐林木的行为。

上述玩忽职守罪的种类具体反映了玩忽职守罪的范围。玩忽职守罪概念是玩忽职守罪本质属性的反映，它的内容包括在玩忽职守罪的定义和范围里。玩忽职守罪的定义以简练的语言概括玩忽职守罪的基本特征，指明玩忽职守罪是什么；玩忽职守罪的范围则通过法律规定和司法实践两个途径指明玩忽职守罪的外部界限和包括的具体种类。玩忽职守罪的定义和范围分别从"质"和"量"这两方面揭示玩忽职守罪的概念。

三、玩忽职守罪的犯罪构成

认定某一行为成立玩忽职守罪必须要有一定的规格，玩忽职守的犯罪构成就是认定某一行为能否构成玩忽职守罪的规格。我国刑法上犯罪构成的一般理论是从犯罪的客体、犯罪的主体、犯罪的客观方面、犯罪的主观方面这四个方面论述犯罪构成要件的。本文为了论述方便，就沿用这一模式（体例）分别从这四个方面论述玩忽职守罪的犯罪构成，即分别从玩忽职守罪的客体、玩忽职守罪的主体、玩忽职守罪的客观方面和玩忽职守罪的主观方面，论述玩忽职守罪的犯罪构成。当某一行为同时具备了玩忽职守罪诸方面的全部构成要件，就构成了玩忽职守罪。

（一）玩忽职守罪的客体

玩忽职守罪的客体是国家机关的正常活动。玩忽职守罪的客体反映出玩忽职守罪侵害了我国社会主义社会的那一部分社会关系，是玩忽职守罪的构成要件之一。问题在于1979年《刑法》第137条的规定并没有特别把客体规定出来（刑法中的其他规范常常也是不规定客体的），因此需要注意利用它的同类客体。国家机关的正常活动是一类罪——渎职罪的客体，但能成为玩忽职守罪的直接客体，不仅因为玩忽职守罪是渎职类犯罪中的一种犯罪，必然全部地或者部分地具有渎职罪同类客体的属性，而且还因为玩忽职守罪的实际内容差不多相当于一类犯罪，即职务上的过失犯罪。因此国家机关的正常活动既可以是玩忽职守罪和其他渎职罪的同类客体，也可以是玩忽职守罪的直接客体。

国家机关的正常活动是指各政府机关及其派出机构、企业事业单位和承担了国家某一方面职能的社会组织依照正当的程序进行国家管理的活动。国家可以根据不同的角度划分成不同的种类，依据法律规定所管辖的区域范围，分为中央机关和地方机关；根据行使职权的性质可分为权力机关、行政机关、司法机关。街道办事处是地方国家机关的派出机构，玩忽职守罪的客体包括上述机关或机构的正常活动。

企业单位行政、经济管理机构，事业单位和工会，共青团，妇联等社会组织，虽然不是国家机关，也不是国家机关的派出机构，但是它们的正常活动也是玩忽职守罪的客体。因为它们实际履行着和国家机关类似的国家职能。国家职能是指与国家根本任务相适应的国家活动的基本方向和最主要方面。我国国家职能包括对内镇压敌对阶级的反抗，组织、发展社会主义的经济、科学、文化、教育事业，对外防御帝国主义的侵略。各类或各级国家机关就是在某一方面、某一范围内实现着国家职能，而企业单位的行政、经济管理机构，事业单位和一些社会组织也在某一方面、某一范围内实现着国家职能。企业单位的行政、经济管理机构在国家机关的领导下，执行和完成国家的生产建设计划和交办的其他任务，组织指挥本单位的生产和业务活动，管理日常事务；事业单位则是直接承担着国家交办的教育、科学、文化、卫生等项事业的组织并实施这些方面的任务；共青团、妇联、工会全面地协助国家机关、企事业单位进行着各自担负的国家职能活动。

国家工作人员玩忽职守必然妨害国家机关的正常活动。首先，每一个国家工作人员都是该人员任职机关的职守组织系统的一个组成部分，他的玩忽职守行为都会在该机关产生"牵一发而动全身"的效果，妨害该机关的正常活动。尤其是该机关的领导人玩忽职守，更易使该国家机关的活动处于不正常状态。其次，国家工作人员履行职守的活动一般是该机关职能活动的一部分。他玩忽职守不仅使自己的工作任务不能完成，而且还会影响整个机关工作任务的完成。因此，要保障国家机关及其他机构和组织严格按照本机关或组织的章程进行活动，有效地完成国家交给的任务，就必须要求该机构或组织的国家工作人员忠实地、正确地履行自己的职责。由于国家机关在社会主义革命和建设中的重要地位和作用，国家工作人员玩忽职守，除了妨害国家机关正常活动外，往往还会致使公共财产、国家和人民的利益遭受重大损失。这类损失的结果不一定发生在玩忽职守行为人所在的国家机关中，但主要是由国家承担损失，国家机关要对直接发生损失结果的具体单位承担领导、管理不当的责任。

玩忽职守罪对国家机关正常活动的侵害和其他非渎职性的犯罪对国家机

关正常活动的妨害在具体途径上是有区别的，因而在性质上也是不同的。我国刑法上有一些犯罪妨害国家机关或者某一类国家机关的正常活动，例如妨害公务罪、招摇撞骗罪、伪造、盗窃、抢夺、毁灭公文、证件印章罪、拒不执行判决、裁定罪、脱逃罪等，这些犯罪是国家机关外部的人员以外在的破坏力量阻碍、干扰国家机关的正常活动。玩忽职守罪则是从国家机关内部，即从国家机关所设的某一职位上，以玩忽职守的方式妨害国家机关的正常活动。

同是玩忽职守的犯罪行为，对国家机关正常活动损害的形式也是有所区别的。"职守"的含义是比较广泛的，按照现代汉语词典的解释，就是"一定的工作岗位"。因为"职守"的内容、活动方向的差别，对于国家机关正常活动的意义也是不同的。第一类职守的内容和活动方向与所在机关的职能活动相一致，如权力机关、行政机关、司法机关，这些国家机关以行使某一权力作为其职能活动的方向，如法院行使审判权，企业内的行政、经济管理机构则行使企业的行政、经济管理权，事业单位和一些社会团体的职能活动方向亦可依此类推。国家工作人员的职守的活动方向绝大多数和所任职机关的职能活动方向一致，例如，法院中大多数的工作人员（如书记员、审判员、法警等）的职守和审判活动相一致。这种一致性的意义在于，这些职守的活动体现着该机关的职能活动，这些职能得到忠实的、正确的行使标志着该机关的职能活动在正常进行，反之，在这类职守上渎职，就会使该机关的职能活动受到损害。例如，法院中的审判人员玩忽职守则直接造成审判权的不正确行使，表现为造成冤、假、错案。通常说的玩忽职守罪侵犯国家机关的正常活动，最大量的、最典型的是玩忽职守对国家机关职能活动的侵害，这也是一切渎职性犯罪对国家机关正常活动最典型的侵害形式。第二类职守是辅助所在单位职能活动的或者说是机关单位进行职能活动必不可少的条件。如后勤工作、财会工作等，这类职守活动是任何机关单位进行正常活动所不可缺少的，但并不是该机关的职能活动。例如法院中的会计，是法院审判工作的辅助职守，会计人员正确地履行自己的职守，有利于法院的审判活动，但不等于该法院审判权的正确行使，该会计人员玩忽职守造成财务上的混乱或遗失款物，也不等于该法院的职能活动——行使审判权的活动受到直接的损害。如果该会计直接参加到审判活动中来，比如参加某一贪污案的查账工作，他的玩忽职守行为则直接侵害到法院的职能活动。虽然国家工作人员玩忽职守都会损害国家机关的正常活动，但是根据职守与国家职能活动的关系，分辨不同的玩忽职守行为对国家机关正常活动侵害的不同，有利于我们对玩忽职守罪进行分类和具体评价玩忽职守罪的社会危害性。

（二）玩忽职守罪的主体

1979 年《刑法》第 187 条明确规定玩忽职守罪的主体是国家工作人员，因此确定玩忽职守罪的主体成为确认刑法中所称国家工作人员的范围问题。1979 年《刑法》第 83 条指出："本法所说的国家工作人员是指一切国家机关、企业事业单位和其他依照法律从事公务的人员。"本条只是大致地举出了国家工作人员主要任职的机构，并且实际上以是否依法从事公务为标准确定是否是国家工作人员。关于国家工作人员任职的机构和依法从事公务的标准，人们的认识不尽一致，因此哪类人是国家工作人员，哪类人不是国家工作人员，一直是个有争论的问题。

确定"依法从事公务"的含义，是确定国家工作人员范围的关键。对此，《中国大百科全书》（法学卷）的解释是："依照法律从事公务，是指根据法律规定经人民选举或国家委任、聘用，从事国家管理或教育、科研、医疗等专业活动。这类人员，无论任常职或临时职，编制内或编制外，只要是在依法从事公务，都属于国家工作人员。"根据这一解释，我国国家工作人员有两大类是基本可以肯定的。

（1）从事国家管理的人员，包括国家机关企事业单位中从事国家管理活动的人员。国家机关是国家管理的机关，因此任职于国家机关并且其职务上的活动与所任职机关的职能活动相一致或起辅助作用的工作人员都属国家工作人员。企事业单位的行政、经济管理机构，亦具有国家管理的性质，因此任职于这类机构从事管理活动或协助这种管理活动的工作人员，属于国家工作人员。在国家机关、企事业单位中工作的勤杂人员、普通工人不属于国家工作人员的范围。

（2）各类专业人员，包括国家机关、企事业单位并且主要是事业单位中的各种从事教育、科研、医疗卫生等专业活动人员，如教师、医生、科学家等，这类人员一般具有干部职称和较高的文化程度，是实现国家文化教育、科学、医疗卫生等方面职能的骨干力量。

关于国家工作人员的范围也即是玩忽职守罪主体的范围，还需要进一步明确以下几点。

（1）在集体所有制企业的行政、经济管理机构中任职，从事或协助从事行政、经济管理工作人员应属于国家工作人员。《刑法》第 83 条中所说的企业单位并未指出企业的经济性质，因此，有人认为集体企业的负责人属于1979 年《刑法》第 155 条第 3 款所说的受国家机关委托从事公务的人员，这就把集体企业中从事行政、经济管理工作的人员排除于或者区别于国家的工作人员。企业是全民所有制还是集体所有制，不应影响其从事管理工作或协助管理工作人员的性质，集体所有制企业的行政、经济管理人员应当属于国家工作人员。因为集体所有制企业和全民所有制企业除所有制形式不同外，有许多相同之处。按照我国宪法规定，集体所有的财产仍属于公共财产，是社会主义经济成分，许多集体企业在领导体制、劳动制度等主要方面仿效国营企业的体制和制度，其生产经营的规模也是相当大的，有些并不亚于国营企业。集体企业的管理人员的工作和国营企业管理人员的工作并无差别。他们和国营企业的管理人员一样要贯彻国家生产经营计划，组织、领导生产经营活动，协调企业内成员之间的关系，接受国家交办的其他任务，企业的管理人员和技术人员一般也都具有干部或者技术方面的职称。从刑法调整的范围来讲，刑法不仅保护国营经济及其广大职工的利益免受渎职行为的侵犯，也应当保护集体经济及其广大职工的利益免受渎职行为的侵犯。因此不能把集体所有制企业中执行行政、经济管理职能的工作人员排除于国家工作人员的范围之外。

（2）专职的共产党、共青团、工会、妇联等工作人员应属于国家工作人员。这类人员任职于两类机构中，一些任职于专门的党、团、工、妇机构，这类机构在实现国家职能方面的作用和国家机关相同，即实际履行着国家管理职能，这类机构的工作人员应和国家机关工作人员一样对待。还有一些任职于国家机关企业、事业单位的有关组织，他们实际上指导或协助所在机构的管理活动，因此亦属国家工作人员。

（3）商业、服务行业直接从事经营、服务活动的人员不应属于国家工作人员。《刑法》第 83 条所说的企业单位不应限于工矿企业单位，企业单位是指从事产品或商品生产、流通或服务性活动的实行经济核算的单位，所以企业单位并不仅指工矿企业，还应包括商业企业和服务行业。商业企业和服务行业直接从事营业和服务工作的人员，如营业员、保管员、出纳员、服务人员等，工作性质和工矿企业的工人基本相同，他们经手或经营公共财产就如同工人管理和操作机器一样。他们职守方面的活动，既不是国家机关职能活动的一项内容，亦不是国家机关职能活动的必要条件，恰恰相反，他们的职守活动是国家机关活动（具体地说是企业行政或经济管理机构活动）的对象，即国家机关的活动正是管理、协调他们职守的活动。所以，他们职守上的活动和工人的生产活动对于国家机关活动的影响是相同的，他们不应属于国家工作人员的范围。

综上所述，首先可以肯定，任职于政府机关并且其职务活动与所任职机关的职能活动相一致或起辅助作用的工作人员和各类专业人员都属玩忽职守罪主体的范围；在国营、集体所有制企业的行政、经济管理机构中任职从事或协助从事企业行政、经济管理活动的工作人员以及专职从事共产党、共青团、工会、妇联等事务的工作人员亦属玩忽职守罪主体的范围。而在政府机构中工作的勤杂人员和工业企业中的工人以及商业服务行业中直接从事营业、服务工作的人员不应属玩忽职守罪主体的范围。

（三）玩忽职守罪的客观方面

玩忽职守罪客观方面的特征可以表述为：国家工作人员不履行或者不正确履行自己的职责，并由于这种行为致使公共财产、国家和人民的利益遭受重大损失。玩忽职守罪是一种职务上的犯罪，因此"职守"对于确定玩忽职守罪的客观行为特征具有重要的意义，它既是划定玩忽职守的作为或不作为的范围的标准，又是确定玩忽职守的不作为义务的根据。玩忽职守罪是一种过失犯罪，因此必须以造成一定的重大损失结果为构成犯罪客观方面的必要条件，单有不履行或者不正确履行职守的行为不能构成犯罪。即使有了一定的玩忽职守行为和一定的损失结果，还必须确定它们之间的因果关系，才能使行为人对该损失结果承担责任。所以玩忽职守罪的客观方面包括三项内容：（1）玩忽职守的行为；（2）由这种行为造成的重大损失结果；（3）玩忽职守行为和损失结果之间的因果关系。

1. 玩忽职守行为

玩忽职守罪的客观行为特征可能是刑法分则各罪中最难确定和表达的。玩忽职守罪的客观行为特征通常被定义为：不履行和不正确履行自己的职责。这一定义也反映了本罪行为特征难以确定的原因：第一，它是相对于职守而言的，一个人的作为或者不作为是否属于玩忽职守行为，不仅在于行为本身，而且是视行为和职守的关系而定；第二，它是排除性的而不是肯定性的，即玩忽职守是"不履行职守或者不正确履行职守的行为"，也就是说履行职守、正确履行职守之外的那些行为，这些行为是什么样子刻画表述就困难了，它不像肯定式的表达——如盗窃罪是秘密将他人财物占为己有的行为——那样具体明确；第三，以不作为行为方式实施的玩忽职守罪占多数，本身就给确定、表述客观行为特征带来困难。鉴于上述困难，我们在解决玩忽职守罪的客观行为特征时有必要以"职守"为核心，通过把握行为与"职守"的相对关系来认识玩忽职守罪的客观行为特征。

玩忽职守行为和"职守"的关系可以分为四种类型：（1）未履行职守；（2）擅离职守；（3）未尽职守；（4）逾越职守。

未履行职守是指行为人没有实施职守上所要求实施的行为，擅离职守在于职守的内容中有较明确的时间、空间要求，如值班，看守财物等。擅离职守是行为人不按职守的要求，在特定的时间里离开了特定的场所，以致没有尽到职责。擅离职守实际上被包含于未履行职守范围内。未履行职守、擅离职守均表明行为人没有为职守上所要求的一定行为。对这两种违背职守类型从行为方式上分析，一般属于不作为。

未尽职守是指履行职守有误或者不得力，或者二者兼而有之，具体指这三种情况。（1）行为人在服务活动时出现差错，比如司药员发错了药；护士打错了针等。（2）行为人在进行职务活动时所作的决策或采取的措施不得力、不及时，例如某矿山体崩塌致死 284 人的重大事故中，山体将崩塌早有预兆，该矿的上级局领导曾经请工程师勘察过山崖，开过两次汇报分析会，下发过两次文件，并向地区工办作过汇报，总的来说是做了些应做的工作。但终因他们重视不够，对山崩规模估计不足，在紧要关头犹豫不决措施不力，未及时撤出在危崖下生活和工作的人员，造成了本可避免的重大人身伤亡事故。（3）连续性的过错和失职行为。例如某蔬菜公司负责人玩忽职守造成数十万元浪费的案件，其行为有：①盲目购进大批久存的物资，造成物资积压；②在这些物资滞销积压于仓库期间，又不闻不问，不予妥善管理，致使其霉烂变质；③将某些霉变不能食用的食品掺假出售，有损人民健康；④企业管理混乱，账目混乱，亏损严重。再例如，一玩忽职守案中，某会计自任职 14 年来，一贯不执行财务管理制度，草率从事，致使他所经手的 62 个开户单位和个人账目不符，并造成缺款金额 18 000 元。像这类情形的玩忽职守罪，具体确定其行为特征都是很困难的，一般只能根据案发后所查出的结果，概括地确定行为人未尽职责，具有玩忽职守行为。在过失犯罪中，恐怕也只有玩忽职守罪才会出现如此多样和长期的犯罪行为，这也反映了某些玩忽职守罪的复杂性。由上可见，一些未尽职责的行为，既包含作为的成分也包含不作为的成分。很难笼统地说出这是"作为"或"不作为"，司法文书中常常这样表达："被告未采取有力措施""被告未认真研究和解决""被告草率作出错误决定"或者"被告一贯对工作马虎草率，不负责任"，等等。

逾越职守是指行为人在执行职务或业务活动中超出了自己职务权限，实施了按其职务、业务性质来说根本无权实施的行为。最常见的是行为人使用了应由上级批准才能行使的权力。逾越职守本身就是一种违反工作制度的行为，也是违背职守较为严重的一种情况，并往往伴有自私徇私的动机。逾越职守行为的积极作为的性质比较明显，一般属于作为。在司法文书中常用这样的措辞表达逾越职守的行为："被告违反制度擅自决定"或者"被告擅自实施"等，以表明行为人的行为超出了自己的权限，并且也未得到特别的允许。

把逾越职守的行为排除于玩忽职守行为之外，不仅是脱离实际的，也是缺乏理论根据的。有人认为：玩忽职守罪是一种过失犯罪，不应包括逾越职守的行为。这种观点不符合实际，在司法实践中，司法部门依玩忽职守罪认定了大量逾越职守造成重大损失的行为；从理论上讲，逾越职守行为故意的性质比较明显，违反职责程度比较严重，但这仅是就逾越职守行为本身而言的，如果行为人对自己逾越职守的行为可能引起重大损失结果应该预见而未预见，或者已预见而轻信能够避免，以致发生了重大损失结果，行为人在行为时对于重大损失结果的发生仍属过失，这与玩忽职守罪是过失犯罪的性质并不矛盾。

玩忽职守的行为又可分为作为和不作为两种形式。区分玩忽职守的作为和不作为主要参考两个因素，第一是职务上的要求，一定的职务要求提供了应该做什么和应当怎样做的客观标准。第二是直接引起重大危害结果时行为人的行为态势。玩忽职守的作为和不作为是相对的，具体表现为实施了一个行为而导致了职务上的不作为，或者一个职务上的不作为导致了另一个错误的作为。例如，值班人员因为去看电影离开了值班岗位，属于实施了一个行为而导致了职务上不作为的情况；护士给病人注射某些药物不做过敏试验，即进行注射，致病人因药物过敏而死亡，属于因一个职务上的不作为而导致了另一个错误作为的情况。在某些玩忽职守案件中还有更复杂的情况，即行为人实施了一系列的失职行为造成了重大的损失，如前面介绍过的某蔬菜公司负责人玩忽职守致浪费数十万元案，某会计一贯玩忽职守致账目混乱款物严重短缺案，其中行为人既有职务上的作为，又有职务上的不作为，这些行为共同造成了重大损失结果。对这类案件行为人玩忽职守的行为形式断然地说成作为或不作为都有些勉强。鉴于玩忽职守罪行为形式的相对性和复杂性，对玩忽职守罪的行为形式只能以职务上的要求为客观标准，以行为人行动的积极性或消极性为外部特征，大致做一个区分。在司法实践中普遍运用擅离职守、未履行职守、未尽职守、逾越职守等概念反映行为人违背职守的情况，也可以从一定程度上说明行为人玩忽职守的行为形式。

玩忽职守的作为和不作为两种形式，对于构成玩忽职守罪具有同等的价值。我国刑法上绝大多数罪都是以作为为标准规定的。实际的犯罪亦是以作为为常例，不作为为例外，独有玩忽职守罪在条文的表述上看不出是以作为为标准，还是以不作为为标准。实际认定和处罚的玩忽职守罪行为形式一般表现为不作为，但也有的表现为作为，还有两者兼而有之。但是，行为人不实施职务要求的行为或者不正确实施职务要求的行为而招致重大损失结果，对于构成玩忽职守罪明显地具有同等的价值，因为在广泛实行劳动分工的社会里，不仅职务上积极的作为可以对外界发生影响，而且职务上的不作为也同样可以对外界发生影响。职务活动是一种社会化的活动，它对外界发生影响并不在于它是静的还是动的，或者是积极的还是消极的，而在于分工的特点和工作的性质，越是分工细密的部门，越是存在着更多的不作为致使重大结果发生的可能性，分工从事管理工作的人员的不作为会影响甚至左右他人的行为，而致使重大损失发生。另一方面，职务上的义务具有排他性，职务上的权利和义务是一致的，一种职责往往也意味着一种职权，行为人负有某项职务上的义务，同时也排斥他人插手自己职责范围内的事务，这种职务上的不作为会导致分工协作关系的破坏，进而招致重大损失。所以玩忽职守罪的不作为和作为一样，能引起客观外界的变化和支配他人的行为，破坏现代各项社会实践中人们之间的分工协作关系，从而使国家和人民的利益遭受重大损失。

2. 玩忽职守罪的重大损失结果

（1）致使发生"重大损失"的结果是客观方面的一个要件。

"致使公共财产、国家和人民利益遭受重大损失"是玩忽职守罪客观方面的一个要件。重大损失与非重大损失之间只是有着数量的差别，但数量的变化在一定条件下决定着质量的区别。玩忽职守行为造成的损失没有达到"重大"的数量，便不能构成犯罪。

有一个比较普遍的观点，认为"重大损失"是区分玩忽职守罪与非罪的界限，这种观点是值得商榷的。"重大损失"只能是玩忽职守罪客观方面的要件。因为"重大损失"对于构成玩忽职守罪只具有一个构成要件的功能，而不具有区分罪与非罪界限的功能。"重大损失"这一要件和其他诸方面的要件合起来，反映出玩忽职守行为的社会危害性已达到犯罪程度，应受刑罚处罚；不具备"重大损失"，则不能构成犯罪，其功能恰与其他的要件相同。玩忽职守罪中的"重大损失"只能反映某一方面的情况，即结果的严重程度，而不是一个综合性反映和评价行为整体的社会危害性程度的概念，不能作为区别罪与非罪的界限。我国刑法学界公认刑法分则某些条文中特别规定的"情节严重"是一个区分罪与非罪的标准，这一观点是正确的，因为"情节严重"不是独立的某一方面的要件，其内容根源于犯罪诸方面的要件并反映和评价行为整体社会危害性达到了犯罪的程度。"情节严重"具有双重功能：第一是限制性功能；第二是综合地反映和评价行为社会危害性程度的功能。当这两个功能高度一致时，就具有区分罪与非罪界限的作用。玩忽职守罪的"重大损失"不能与"情节严重"相提并论，在于它明显地不具有"情节严重"的第二个功能。

将"重大损失"作为罪与非罪的界限的观点也是不符合法律规定的。一些单行法规中作了对严重失职行为追究刑事责任的规定，这些规定中关于"重大损失"的作用主要有两种表达方式：第一种是造成重大损失的可追究行政责任、经济责任、刑事责任；[1]第二种是造成重大损失情节严重的追究刑事责任。[2]第一种的表达方式说明造成重大损失不一定追究刑事责任，第二种的表达方式说明造成重大损失要情节严重才能追究刑事责任，由此可见在单行的法规中，"重大损失"仍然只是追究刑事责任的一个必要条件，而没有

---

〔1〕 例如1979年《环境保护法》第32条规定："对严重污染和破坏环境，引起人员伤亡或者造成农、林、牧、副、渔业重大损失的单位的领导人员、直接责任人员或者其他公民，要追究行政责任，经济责任、直至依法追究刑事责任。"

〔2〕 例如1982年《文物保护法》第31条规定："有下列行为的，依法追究刑事责任……（四）国家工作人员玩忽职守，造成珍贵文物损毁或者流失，情节严重的。"

划分罪与非罪界限的作用。在我国刑法中，不仅玩忽职守罪以一定的损害结果为犯罪构成要件。而且所有的过失犯罪都必须以一定的实际损害结果为犯罪构成要件，如果认为"重大损失"是区分玩忽职守罪与非罪的界限，那么其他过失犯罪所要求的一定损失结果的作用如何看待呢？如果认为其他犯罪所要求的损失结果不具有罪与非罪界限的作用。那么为什么独有玩忽职守罪所要求的损失结果具有罪与非罪界限的作用呢？这显然会在同一问题上发生矛盾。

认为"重大损失"是玩忽职守罪与非罪的界限不利于司法实践，而且也是行不通的。因为这会不适当地提高损害结果在构成玩忽职守罪中的地位和作用，轻视其他构成要件的作用，将应作为一个要件与其他诸要件并列的损失结果，从玩忽职守罪诸构成要件中独立出来成为决定玩忽职守罪与非罪的另一标准，这会导致以结果认罪的倾向。实际上什么是重大损失，什么是非重大损失这本身就有一定的相对性，要受制于案件的其他情节。相同或相近案件会因其他情节不同，一个被认为构成犯罪，一个被认为不构成犯罪，这在司法实践中是常见的。

（2）玩忽职守罪重大损失的认定。

玩忽职守造成的损失结果常见的有两大类：一类是人身伤亡；一类是经济损失。经济损失又可分为直接经济损失和间接经济损失，直接经济损失是指玩忽职守造成公共财产损毁的实际价值（包括恢复修理的价值），间接经济损失是指因玩忽职守造成停工、停产影响计划产值、人身伤亡善后处理费用等非直接性的经济损失。认定玩忽职守罪的重大损失只包括人身伤亡和直接经济损失，不包括间接经济损失。当然间接经济损失的数量可以作为玩忽职守罪的情节在量刑时考虑。

判断一定量的损失结果是否重大，既要衡量损失的数值，也要考虑损失的实际危害效果。损失数值是指造成人身伤亡的数量和造成公共财产毁损的实际货币价值。实际危害效果是指一定数值的损失所产生的社会危害性。损失数值多少和危害效果大小通常是一致的，即损失越大危害越大，损失较少，危害也较小，但是这种一致性是相对的，在不同的时间、地点、条件下，一定数值的损失所产生的危害效果会有差别。具体地说，在经济发展水平差距较大的两个地区，一定量的损失数值所产生的危害效果可能是不相同的；受损单位的经济能力、工作条件和常见事故损失数值不同，一定量的损失产生的危害效果也会有所不同；其他一些特定的情况也会使一定量的损失和产生的危害效果具有相对性，例如，在粮食紧张时期而毁损粮食的和在粮食充裕时期而毁损粮食的，虽然数量相同或相近，但危害效果则是有很大差别的。因为损失数值和危害效果在基本一致的前提下还有一定的相对性，所以如果我们不仅从形式上而且从实质上认定重大损失，就应当既考虑损失的数值也要考虑损失的危害效果，尽可能客观、合理地认定玩忽职守罪的重大损失。

正确理解和执行司法机关确立的玩忽职守罪重大损失的数值标准。为了统一地、准确地认定玩忽职守罪的重大损失，司法机关根据本地区的情况确定了重大损失的数值标准，例如××省的标准是"使公共财产，国家和人民利益遭受损失万元以上，人员死亡或重伤致残 3 人以上的"。定出重大损失数值标准的做法是很普遍的，并实际有效地指导着司法人员认定玩忽职守罪的重大损失。总的来说，司法机关确立玩忽职守罪重大损失的数值标准是充分考虑到危害效果的，最明显的是各省的公共财产重大损失的数值标准因经济发展的状况不同而有很大的差别，有的省把经济损失的标准定在 1 万元以上，有的省在 3 万元以上，有的省定在 5 万元甚至 10 万元以上。仅从损失的数值标准看，各地是不平衡的。但从损失的危害效果看则是平衡的，即在经济发达地区造成 5 万元的损失和在经济落后地区造成 1 万元或 3 万元的损失，其危害效果在各自的地区同样是重大的。相反，不考虑同样数值的损失在经济发展水平不同的地区所产生的不同危害效果，对经济发达地区与经济落后地区确定同样的数值标准，反而是不平衡、不合理的。因为司法机关的重大损失标准已结合了危害效果，所以是比较合理的标准。但是，这样的标准是根据本地区的一般情况制定的（通常是一个省的范围），在一个省的范围内，城市和乡村的经济发展水平仍然是不平衡的，各单位之间的具体情况也有很大差异的。因此，当我们具体运用这样的标准衡量情节各异的案件的损失是否重大时，还是需要考虑损失数值和危害效果的相对性。司法机关制定重大损失的标准，目的在于利用案件数值的直观性和可比较性，将玩忽职守罪的重大损失具体化，便于比较统一、合理地执行。不能把这样的标准绝对化，用这样的标准"一刀切"地判断所有的案件损失是否重大，这样可能会对案件的损失结果作出不合理的判断。比较合适的做法是，以司法机关制定的标准为基础，同时参考损失的实际危害效果，根据损失确实重大而处罚面又不宜过宽的精神，具体认定玩忽职守造成的损失结果是否属于重大损失。

3. 玩忽职守行为和重大损失结果之间的因果关系

论述玩忽职守罪的因果关系，应当以司法判例为出发点。因为要反映玩忽职守罪因果关系的特殊性，使这里论述的因果关系是玩忽职守罪的因果关系而不是刑法上一般的因果关系，就需要考察玩忽职守罪因果关系实际存在的方式。归纳判例中玩忽职守罪的因果关系大致有下列四种情况。

（1）玩忽职守行为+他人的故意违法犯罪行为→重大损失结果。

玩忽职守行为是指各种违背职守的行为。他人的故意违法犯罪行为包括盗窃、诈骗、放火、脱逃、杀人、哄砍山林等行为。行为人玩忽职守的行为与他人的故意违法犯罪行为遭遇而发生重大损失结果。例如某会计将巨款放在抽屉内（按规定应存放银行或保险柜）适逢夜晚盗贼入室，窃走巨款。

（2）玩忽职守行为+他人的失职行为或过失犯罪+自然力的作用→重大损失结果。

这常见于工矿企业的重大责任事故案件和粮食及其他公共财产保管的责任事故案件中。典型的如矿山瓦斯爆炸责任事故。厂矿领导的玩忽职守行为和重大损失结果之间往往介入工人违章作业或干部违章指挥的过失行为和瓦斯聚集过量的自然条件。

（3）玩忽职守行为+某种自然因素→重大损失结果。

这些自然因素包括暴雨、洪水、火灾等爆发出的能量所产生的破坏作用，还包括某些人体的特异体质如对某种药物过敏，物品的不正常状况如粮食含水分过高，果品受过冻等。行为人玩忽职守行为，遇上自然力的破坏作用或者人体的不正常素质而致重大损失结果发生。

（4）玩忽职守行为→重大损失结果。

这是常见于各罪的最普通的因果关系。如财会人员遗失款物。

由于判例中反映的玩忽职守罪因果关系以第（1）（2）（3）种形式为多，所以可以说玩忽职守罪的因果关系是比较特殊、比较复杂的。其特殊性在于第（1）（2）（3）种形式的因果关系在其他犯罪中是罕见的，而在玩忽职守罪中却是主要的形式，第（4）种形式的因果关系在其他犯罪中是最普遍的形式，而在玩忽职守罪中却是少见的。其复杂性在于：第一，行为人的行为与结果之间往往遭遇其他人为的或自然的因素；第二，玩忽职守罪多半是不作为的行为形式，这种行为形式对发生结果缺乏明显的促进作用。上述二因素再加上过失的心理状态，行为人的行为没有明确的主观意图支配，难以明显地表现出对结果发生促进的趋向。这些都致使玩忽职守罪因果关系显得比较松散、间接、偶然。

玩忽职守罪的因果关系是指玩忽职守行为合乎规律地引起重大损失结果。这种行为和结果之间合乎规律的联系，在玩忽职守行为遭遇或者介入其他人为因素或自然因素而引起危害结果的场合（即上述玩忽职守罪因果关系的第（1）（2）（3）种形式）表现为主体玩忽职守行为具有引起危害结果发生的可能性，在一定条件下向危害结果发生现实性转化。如某会计违反制度将巨款存放抽屉中的行为，或值班员擅离职守的行为，就具有失盗而致使公共财产遭受重大损失的可能性，当其他人为的因素（盗贼偷窃既遂）介入时，这种可能性就转为现实的危害结果。这样行为人的玩忽职守行为便与危害结果之间发生了合乎规律的联系。其客观根据在于：国家工作人员的职守是对客观规律的反映，国家工作人员玩忽职守的行为是对客观规律的违反，具有造成危害结果的现实可能性。国家工作人员的职守一般规定于守则、条例、岗位工作制度等之中。人们通常注意到这些职务上的要求是社会规范的一面，因而把违反职务要求当作违法性，似乎它与事物的因果性没有联系，其实不然。这些职务要求是从哪里来的呢？既不是从天上掉下来的，也不是人们头脑中所固有的，而是从长期的社会实践中总结出来的。在社会实践中，人们认识到会计员将巨款乱放的行为、对财物不予看管的行为更容易失盗；对库存的粮食不按时测温、通风翻晒的行为更容易使粮食霉烂；注射某类药物不做过敏试验会出事故。正是诸如此类的情况经常性地发生，使人们认识到一种现象（乱放钱物，不按时测温、通风，不做过敏试验）和另一种现象（失盗、粮食霉烂、过敏死亡）之间的必然联系。为了阻碍这种对社会实践不利的联系，人们制定出各种职务上的规范、准则。因此违反职守的行为具有二重意义：其一是对遵守职务上规范、准则义务的违反；其二是对职守方面的规范、准则所反映的客观规律的违反，具有造成一定损失结果的现实可能性。人们在工作中往往对明显地能直接导致损失结果发生的事物比较注意，对于那些致使损失结果发生可能性较小的事务掉以轻心，所以玩忽职守罪往往发生于表面看来损害结果发生可能性较小的事务上面。其实可能性小只是转变为现实的几率较低，看上去显得偶然，但并不等于不可能转变为现实。小的现实可能性一旦转变为现实，则是客观的、合规律的。"可能性与偶然性有一定的联系，但是产生某些现象和过程的可能性，主要是由客观世界的合规律的必然联系所决定的，不过它是建立在各种因果关系相互影响、许多必然规律交互作用的复杂情况的基础上的。"[1]某一具体的玩忽职守行为所包含的造成一定损害后果的现实可能性，正是在和其他人为的或自然的因素交互作用的复杂情况的基础上，合规律地转化为现实性，即导致危害结果发生。所以，在玩忽职守行为遭遇或介入其他自然的或人为的因素作用的情况下致使危害结果发生，其行为和结果之间具有合规律的联系。至于玩忽职守行为直接致使损失后果发生的场合（即前述玩忽职守罪因果关系第（4）种形式），其因果性早已在一般的刑法因果关系的理论中得到过充分的说明，这里无须赘述。

（四）玩忽职守罪的主观方面

1. 玩忽职守罪的罪过形式

玩忽职守罪在主观方面的特征是过失，这在《刑法》第187条的规定和有关的解释中得到充分的说明，也为我国法学界所公认。《刑法》第187条对玩忽职守罪的规定符合过失犯罪的特点。"玩忽职守"一词在主观上通常是指以一种不负责任的态度对待工作。由于玩忽职守致使公共财产遭受重大损失才构成犯罪，这里法律不仅要求有损害结果，而且要有重大的损害结果才构成犯罪，显然只有在行为人主观方面是过失的情况下，才有必要在客观上作如此严格的限制。刑事立法过程中，有关文件把玩忽职守罪和重大责任事故罪相提并称为过失犯罪，1961年中央政法小组送交彭真同志的《关于补充修改〈中华人民共和国刑法草案（初稿）〉的报告》中指出：对于情节恶劣，后果严重的责任事故和严重玩忽职守等过失罪……作了追究刑事责任的规定。该草案中的玩忽职守罪条是现行刑法玩忽职守罪条的前身。我国法学界公认玩忽职守罪主观方面是过失，这在司法部统编的《刑法学》和其他一些法学院校的刑法教科书中也得到证实。

根据行为人对于自己玩忽职守的行为可能致使公共财产、国家和人民利益遭受重大损失是否有预见，可以把玩忽职守罪的过失划分为疏忽大意的过失和过于自信的过失两种形式。玩忽职守罪疏忽大意的过失是指国家工作人员应当预见职务上的作为或不作为可能引起危害社会的后果，因为疏忽大意而没有预见，以致发生了这种结果。玩忽职守过于自信的过失是指国家工作人员已经预见自己不履行或不正确履行职守的行为可能发生严重危害社会的

---

[1] 肖前等主编：《辩证唯物主义原理》，人民出版社1981年版，第272页。

结果，但轻信可以避免，以致发生了这种严重的危害后果。玩忽职守罪疏忽大意的过失和过于自信的过失，都是对玩忽职守行为造成的重大损失后果而言的，至于国家工作人员滥用职权、瞎指挥、官僚主义，为谋私利而违反职责等玩忽职守行为，则往往是明知不符合规章制度、职务上的要求而故意实施的。

2. 玩忽职守罪过失的起因

因为玩忽职守罪的过失是相对于重大损失结果而言的，所以也只有在重大损失发生以后才完全表现出来，那么在此之前行为人的心理状态如何呢？这时的心理状态与结果发生后表现出来的过失有着紧密的联系，可以称之为玩忽职守过失的起因或基础。根据对大量判例的分析、归纳，玩忽职守罪过失的起因或基础可分为三类。

（1）由于工作中粗心大意而引起过失。国家工作人员在职务活动中由于一时粗心大意而致工作发生差误。例如，某司药人员不注意，误将砒霜当作水牛角粉配给病人服用，致病人中毒死亡。

（2）由于官僚主义作风而引起过失。国家工作人员对工作一贯表现出马虎草率、不负责任、松弛懈怠的态度，漠视应重视的问题，拖延应及时处理的问题，致使发生重大损失结果。例如某镇房管所所长在检查、确认某居民的住房属于危房后，本应及时维修。他有条件及时维修该危房，却不予及时维修，亦不采取其他安全措施，仅发一纸"危房通知书"给房主了事，致使房屋因得不到及时维修而倒塌，压死多人。

（3）由于自私徇私而引起过失。国家工作人员在职务活动中，徇亲朋好友之情或贪图小利而违反制度，致使发生重大损失后果。例如某县农业银行下属的一个营业所的贷款员，因为和某甲熟识，便违章贷给某甲巨额贷款。按制度，发放如此巨额的贷款，应请示上级银行，并在了解接受贷款人的信用之后才能发放。后来某甲经营的工厂破产，致30万元贷款无法收回，国家遭受重大损失。

上述分类不一定十分准确，但还是有意义的。玩忽职守罪过失的情况十分复杂，差别甚大，对过失的起因进行分类，可以了解玩忽职守罪过失完全表现出来以前行为人的心理状态，避免把情节各异的玩忽职守罪一概而论的弊病，有利于具体分析玩忽职守罪过失的特点和行为人的罪过程度。玩忽职守罪的过失起因与过失形式既有联系又有区别，一般地说，由于粗心大意引起的过失多属于疏忽大意形式的过失，由于官僚主义作风或自私徇私引起的过失，多属于过于自信的过失。由于粗心大意引起的过失其罪过程度一般轻于官僚主义作风或者自私徇私所引起的过失，这与疏忽大意的过失一般轻于过于自信的过失是一致的。玩忽职守罪过失起因一般表明违背职守的意思活动，是在重大损失结果发生以前，行为人过失尚未完全表现出来时对待工作的心理态度。玩忽职守罪的过失形式表明行为人对于违背职守行为和严重危害结果之间关系的心理状态，前者可以反映罪过的大小，后者主要反映罪过的有无。

3. 玩忽职守罪过失的判断

在行为人没有预见自己的行为可能引起重大损失结果的情况下，判断行为人对重大损失结果的发生主观上是否有过失，关键在于判断行为人是否应当预见。所谓应当预见包含应该预见和能够预见两层含义。这里的应该预见，是指职务上的预见义务，即国家工作人员对自己职责范围内的责任或是规章制度的要求有义务知道并且注意。因此，国家工作人员有义务预见自己不履行职责或不正确履行职责的行为可能造成的危害结果。所谓能够预见，是指主体能力和具体环境结合在一起对玩忽职守致使发生重大损失预见的可能性。应该预见和能够预见既有联系又有区别，前者是义务的范畴，后者是实在的范畴。确定职务上预见义务的范围（应知道、注意到的）应符合实际情况（主体能力、客观条件），如果提出了过高的要求会加重国家工作人员的责任，把无过失的行为也当作过失犯罪处理，同时又要求主体的能力应努力符合国家提出的职务要求，否则国家为保障国家机关进行正常活动所制定的职责、规章制度会成为一纸空文，得不到法律手段的保护。应该预见和能够预见相互制约、促进的关系，促使我们在判定行为人是否有玩忽职守罪的过失时，慎重地平衡预见义务和预见能力的作用，兼顾社会和个人的利益。由于国家工作人员大多数都是称职的，所以行为人的预见能力在具体情况下能否预见自己的行为可能发生危害后果，仍然是判断玩忽职守罪过失最普通、最主要的标准。假如国家工作人员具有与职务相适应的知识水平和工作能力，并无违反规章制度或常规之处，相比于他自己平日的工作态度亦无不慎之处，在这种情况下行为人仍不能预见损害结果发生的，应认为没有过失，不对这一损害结果负刑事责任。但是当行为人的预见能力与预见义务不一致时，则需要考虑根据预见义务确定行为人主观上有无过失，这主要是指行为人的知识水平、工作能力低于职务上的要求，即所谓是"外行"而不知道、不注意，但按其职责应知道、应注意的事项，以致没有预见自己的行为可能引起危害社会的结果。例如，某地毯厂因仓储中的胶背地毯自燃引起火灾，造成巨大经济损失一案，该厂的仓储科长缺乏关于胶背地毯的知识，不知道胶背地毯会自燃，在制定仓库的规章制度时未制定具体明确的防止胶背地毯自燃的措施，以致不能科学地管理胶背地毯而造成重大事故。该仓储科长虽然不懂胶背地毯有自燃的可能性，并因此而没有预见不采取防自燃措施可能引起危害社会的后果，但他还是有过失的，因为作为仓储科长应该懂得本厂经营多年的产品的性能，有义务针对产品的性能采取正确的保管措施，这是他职责范围内应该认识、应该注意的事情。类似于本案主体的预见能力低于职务上要求，并因此没有预见可能发生的危害结果的情况，尽管根据行为人的能力确实"不能预见"自己的行为可能引起危害结果，但我们仍然认为行为人具备了应当预见的前提，在主观上有过失。其理由是，造成行为人所谓"不能预见"的心理状态，是由于主体的能力低于职务要求、违背职务上的预见义务造成的，而不是由于出现了超出行为人职责所应认识的范围的因素而造成的。

认定玩忽职守罪的过失有必要强调职务上的预见义务，不允许仅以"外行"为理由否认玩忽职守罪过失的存在。玩忽职守罪的过失是一种职务上的过失，相对于普遍过失，其预见义务所具有的地位应当突出一些。中华人民共和国成立后相当长的时间里，我国法学理论和司法实践都承认"文化水平低""工作经验不足"，是否定具有玩忽职守罪过失的理由，那时我们的干部刚由从战争中学习战争转向从建设中学习建设，因为"外行"而给国家和人民利益造成重大损失尚属情有可原。到现在，我们的老干部已在工作岗位上学习和工作了30余年，新干部是按知识化、专业化标准选拔的，如果时至今日仍然是"外行"的，只能说是甘当"外行"的结果。这本身就是一种对待革命和建设事业严重不负责任的态度。再仅仅以"外行"为理由对其失职造成的重大损失不负刑事责任，显然不符合新的历史时期对国家工作人员提出的要求。国家工作人员在国家政治、经济事务中具有重要的作用，他们的职务活动关系着国家和人民巨额财产和众多人的生命安全，国家有权也有必要要求每个工作人员忠于职守。在其位谋其政，不允许以"外行"为理由，拿国家和人民的生命财产去白白地"交学费"。

重视职务上的预见义务在确定玩忽职守罪过失方面的作用也是合理的。首先，职务上的预见义务一般与主体的预见能力是一致的，因为国家工作人员担任某项职务是经过挑选、考核的，总是在力能胜任的情况下担任该项职务的，因此在通常情况下，国家工作人员称职便能够满足职务上的预见义务，不致因为强调职务上预见义务而负担不合理的责任；其次，职务上预见义务的范围通常是已经制度化、规范化了的，比起普通的预见义务范围要具体明确，因此当我们确定行为人是否有职务上的预见义务时，往往有职责分工的决议、规章制度、操作规程等作为依据，既能够查证行为人违背了职务上的预见义务，也能够防止随意以职务上的预见义务为由，不适当地扩大行为人的责任。

4. 玩忽职守罪过于自信过失的特殊表现形式及其认定

一般情况下，玩忽职守罪过于自信过失并不难认定。但玩忽职守案件中有这样较特殊的情况：行为人已预见或者经别人提醒"已知道"有事故苗头或事故隐患存在，却长时间地不采取有效的措施予以防止；还有的甚至已将问题提上了议事日程，就是作风拖拉、议而不决，以致延误时间发生重大损失结果。例如，某矿山体崩塌致死 280 余人的重大事故中，几个有关领导在58 天时间里接到各种形式的危险报告达 14 次，也开会研究过，但一直未指示撤离危崖下的人员，最终酿成了重大人身伤亡事故。又如某粮食加工厂粮食霉烂案，该厂厂长得到工人报告某库粮食正在霉烂的情况，却到很多日以后才打开仓库检查，此时该粮库粮食已全部霉烂。一些官僚主义者一贯漠视工作，遇事拖拉，在已预见可能发生危害结果时，常常无所作为。玩忽职守者这种已预见的心理状态会持续相当长的时间，并对可能发生的危害结果无所作为，很近似于间接故意，也容易被误认为是间接故意，致使人们对玩忽职守罪过失犯罪的性质产生怀疑，因此有必要谈谈这种心理状态是玩忽职守罪过于自信的过失、不能认为是间接故意的理由。

第一，职务活动的复杂性削弱认识的深度，使玩忽职守者对自己行为可能造成危害社会的结果的认识没有达到明知的程度。职务活动是通过分工协作进行的，这就介入了复杂的人际关系。在几人分管一项工作的场合，会产生互相推诿、依赖的心理；在一人分管多项工作的场合，又会出现分散注意力的情况，影响认识的积极性和专一性，导致不明确的认识。从事组织、管理工作的人员对于生产、工作第一线的情况往往是通过间接途径得到的，自己并未观察、体验实际的情况。所以听完汇报后说"知道了"，真实情形如何他未必很清楚。这些职务活动的复杂性常干扰了有关人员的认识深度。已预见或"已知道",一般并未达到明知的状态。

第二,职务活动的复杂性影响行为人把不希望危害结果发生的意志及时有效地付诸实际行动。国家工作人员的职务活动不同于日常生活中的活动,日常活动中,行为人一旦预见行为可能发生危害结果能及时、敏捷地予以阻止,避免危害结果发生。因为国家机关、企事业单位处理问题常常受到权限和程序限制,一个问题的处理措施可能要经集体讨论才能决定,如遇意见不统一时还决定不下来;有些问题要请示上级机关,而这个上级机关可能在百里之外;开会研究问题有些还是定期的,需要等到一定的日期才能开会研究。这些工作程序有些可能是合理的,有些可能是不合理的,但却能实际延误防止发生危害结果的宝贵时间。由于上述某一或某些因素的影响,行为人在已预见或"已知道"危害结果将可能发生时,也许会迟迟不采取有效的解决办法,以致本可避免的损失没有能够避免,这仍属对工作中的问题处置不当,不能认为是间接故意的放任态度。

第三,认识肤浅或者责任不明影响行为人积极地把不希望危害结果发生的意志表现为实际行动。认识肤浅可能有两方面的原因:一是主体素质差,行为人官僚主义作风严重,不负责任,漠视工作中的问题,对可能发生的危害后果认识不足;二是职务活动的复杂性削弱了认识的深度,使行为人对可能发生的危害结果认识不足。责任不明也可能有两方面原因:一是主体对责任认识不明确,把应归自己负责解决的问题误以为不属于自己职责范围的问题;二是分工本身不明确,即通常所说的"大家都管,大家都不管"的问题。无论造成认识肤浅、责任不明的原因是什么,都足以使行为人对阻止可能发生的危害结果缺乏紧迫感,照旧例行公事,不能积极地去采取措施避免危害结果发生。

总之,由于职务活动的复杂性常常削弱玩忽职守者对自己的行为可能引起危害结果这一事实的认识深度,延缓自己采取行动去实现希望避免危害结果发生的意志,致使有些玩忽职守者过于自信的过失往往表现得近似于间接故意,即当玩忽职守者已预见或"已知道"危害结果可能发生时,有可能让这种心理状态持续很长时间,并对可能发生的危害结果采取无所作为的态度。这种情况是玩忽职守罪过于自信过失极有特色的表现形式,尤其在行为人不作为致使发生重大损失结果的场合,更易于表现为这种形式,这是我们认定玩忽职守罪过于自信过失所应当注意的。

四、玩忽职守罪的刑事责任

（一）玩忽职守罪刑事责任概述

行为人具备了玩忽职守罪诸方面的构成要件，就应当负刑事责任。因为具备了玩忽职守罪的犯罪构成就表明行为人在主观上有罪过，在客观上实施了玩忽职守的行为给国家和人民造成重大损失，具备了应负刑事责任的主、客观基础。行为人主观上有罪过和客观上实施玩忽职守行为造成重大损失是有机地结合在一起的，只有当玩忽职守行为造成重大损失时，其主观上不负责任的态度才超出人们所能谅解的程度，从而形成作为刑法意义上罪过形式之一的过失；同时，也只有当行为人主观上有过失时，才能对他造成重大损失的玩忽职守行为进行责难。国家工作人员肩负着管理国家、发展经济及文化事业的重任，理应最大限度地发挥自己的主观能动性去发现、认识所从事工作的客观规律，并认真地顺应这些规律做好本职工作。在社会主义条件下，党和国家在这方面为国家工作人员提供了良好的条件。可是有些人以极不负责任的态度对待工作，在工作中违背职责，不尊重客观规律，以致给国家和人民的利益造成重大损失。对于这种有罪过的、严重危害国家和人民利益的犯罪行为应当适用刑罚处罚。

处罚玩忽职守罪首先应注意几个一般性的问题。第一，玩忽职守者虽然造成了很严重的损失结果，但主观上毕竟是过失。行为人内心是不愿意发生这种损害结果的，多数人在事后也会感到震惊、悔恨。因此尽管玩忽职守罪造成的损失都十分严重，但犯罪人的罪过和主观恶性还是比较轻的，也是比较容易接受教育和改造的。第二，玩忽职守罪是一种职务上的过失犯罪，担任某些职务的人（工矿企业管理人员、医生、财会人员）有着比普通人更多的造成损失的机会，这虽然要求他们具有专门知识和采取更为谨慎的态度，另一方面也应当承认从事这些职业活动所具有的风险。第三，玩忽职守罪多发生于管理过程中，某一重大或巨大损失结果往往是由多人的过失犯罪或违法行为共同造成的，或因疏忽而便利他人故意犯罪造成的，加之不作为行为方式占的比例高，行为促成发生损害后果的趋向性较弱，这些都或多或少地分散或减轻了犯罪人的罪责。因此在量刑时，不能仅看到玩忽职守罪损失后果的严重性，还要考察犯罪人的罪过、责任等因素。

我国刑事立法对玩忽职守罪规定了较轻法定刑。尤其相对于玩忽职守罪的损失结果的严重性，则更为明显地具有处罚轻的特点。《刑法》第187条规定："国家工作人员由于玩忽职守，致使公共财产、国家和人民的利益遭受重大损失的，处5年以下有期徒刑或者拘役。"《刑法》第192条还规定："国家工作人员犯本章之罪，情节轻微的，可以由主管部门酌情予以行政处分。"

在司法实践中，本着教育为主的方针处理玩忽职守罪。经过对司法人员的征询表明：人民法院、人民检察院处理玩忽职守案件，重视对行为人和社会的教育作用，旨在促进行为人反省自己对工作严重不负责任的态度和提醒、促使国家工作人员在履行职责时应当以认真负责的态度对待工作，告诫人们玩忽职守给国家、人民利益造成重大损失的，不仅要受到党纪、政纪的处分，还会受到国法的制裁。司法机关贯彻教育为主的方针，具体表现为对玩忽职守者区分不同的情况，采用多种方式处理，给犯罪人以较多的机会在社会上接受教育和改造，较少地判处实刑。检察机关对于立案的玩忽职守案件，经常作出交由党政机关处理的建议或作出免予起诉的决定。人民法院作有罪判决适用刑罚处罚的，则对60%的犯罪人适用缓刑。并且不论判处实刑还是缓刑，刑期一般是比较低的。

（二）玩忽职守罪的量刑

我国《刑法》第57条规定："对于犯罪分子决定刑罚的时候，应当根据犯罪的事实、犯罪的性质、情节和对于社会的危害程度，依照本法的有关规定判处。"这是总结我国多年实践经验提出的、指导量刑工作的一般原则。根据这个一般原则，结合玩忽职守罪的具体情况，对玩忽职守犯罪分子决定刑罚的时候，应当在全面认识犯罪事实的基础上，具体考虑以下几个量刑的情节。

1. 在量刑时应充分考虑行为人过失的起因

行为人玩忽职守起因于粗心大意还是官僚主义或者是为谋私利，反映出行为人过失罪过的程度。国家工作人员因为谋私利徇私情而漠视国家和人民的重大利益，在道德和法律上理应受到更为严厉的否定评价，同时也反映了行为人主观恶性较深，不宜全部放在社会上教育和改造。而因为一时粗心或者作风拖拉、工作懈怠而玩忽职守的，虽然同样地造成了很严重的损失，但主观罪过较轻，比较适宜放在社会上教育和改造。列宁就曾十分重视罪过程度对处罚玩忽职守行为的意义，他指出，对官僚主义、拖拉行为、马虎大意等应尽量地适用科处行政处分的方法，"而在罪过比较大的场合，则必须免除其职务，送交法院，通过司法人民委员部组织公开的、有教育意义的审判"。[1]

2. 违背职守的程度也应是决定量刑轻重的重要因素

对于职务上的过失犯罪，职务的要求是确定行为违法性的客观标准。违背职守的程度反映了行为违法的程度，也即反映了国家工作人员对于所负的职务义务的违反程度，因此应在量刑时予以考虑。行为人罪过程度和违背职守的程度往往是一致的。行为人由于自私徇私或者严重官僚主义不负责任，常常会有意地逾越职守或者无视履行职责；换句话说，行为人明显地、严重地违背职守，常常是因为自私徇私或者严重地不负责任。在同一案件中，二者往往一致，并影响到量刑的轻重。

3. 玩忽职守行为造成的损失程度应是量刑的重要依据

因为在立法上，损失的轻重具有构成要件的意义，立法是重视损失的程度的，而玩忽职守罪的社会危害性又客观地表现为造成的生命财产的实际损失，损失的程度在量刑中应无疑义地具有重要的地位。

4. 犯罪人一贯的工作表现也可以在量刑时加以考虑

因为相对于故意犯罪或者普通的过失犯罪，在玩忽职守罪中，犯罪人平日表现更能说明犯罪的偶然性或必然性。行为人工作一贯认真负责、小心谨慎、从未出过差错等情况，可以说明这次犯罪是由于偶然的疏忽，罪过小，主观恶性浅。玩忽职守罪发生于职务活动中，范围比较特定，行为人表现如何一般都有公论或者上级的考绩，能够充分说明这次犯罪的偶然性，也容易得到领导、群众的谅解。如果行为人工作一贯漫不经心，经常地违章出错亦不接受教训，或对人民的利益、群众的生命财产采取麻木不仁的态度，拒绝接受合理的建议和批评，一旦酿成重大事故构成玩忽职守罪，则可以说明行为人这次犯罪不是偶然的，而是工作一贯不负责任的结果，量刑上可以适当考虑从重。

5. 犯罪发生后的表现也应是量刑参考的情节

行为人玩忽职守而致使发生重大损失结果后，往往有两种表现。一种是立即报告事情经过，及时地采取挽救措施以尽量减少或挽回损失，协助有关人员调查案情，实事求是地承担责任，表示接受教训。行为人事后一系列积

---

[1] 苏联司法部全苏法学研究所编:《苏维埃刑法分则》（下），中国人民大学出版社1954年版，第122页。

极主动的态度和做法，既便利了事故的发现、调查和损失的挽救，又是悔罪的具体表现。相反的一种表现是：隐瞒或谎报犯罪事实，延误挽救损失的时机，拒不认错、推卸责任甚至企图嫁祸于人等。行为人具有其中一种或数种行为既阻碍了案件的发现、调查或损失的挽救，又反映出行为人仍无接受教训和悔改之意。对于前一种表现可以适当从轻处罚，对于后一种表现可以适当从重处罚。

（三）关于"两头大"案件的量刑问题

最后有必要谈谈"两头大"案件责任的特殊性及其对量刑的影响，以澄清某些误解。"两头大"的案件是指主体的官大、玩忽职守造成的损失大。官大和损失大往往同时存在，原因在于职务的高低一般和管辖的人力财力多寡成正比例，因此职务高者的玩忽职守行为有可能造成较大的损失，反过来说，往往只有较大的损失才能涉及职务高者的责任。

"两头大"案件责任往往比较间接、分散。这一责任的特殊性又往往使"两头大"案件受到相对于损失结果显然为轻的处罚。职务较高的人员一般处在组织、领导、管理的岗位上，而重大损失的发生点一般在基层作业人员的岗位上，查究起造成重大损失的责任，往往是由点呈扇面扩散，损失越大波及的责任人员越广，越往上级越分散、间接。以常见的煤矿瓦斯爆炸事故为例，其责任可能有以下几个环节：（1）矿工违章作业；（2）瓦斯检测员失误；（3）作业班组长指挥失当；（4）主管安全的人员监察不力；（5）工程技术人员没有提供比较合理的技术方案；（6）矿长、书记平日不重视安全，对安全生产工作抓得不紧，对事故隐患没有及时指示消除；矿领导中又有正副矿长、书记多人，各有一定的责任；（7）局领导检查工作也未发现问题或发现有事故隐患却未督促矿里处理，一味要求完成生产任务。在这样的案件里，刑事责任追究到哪一环节往往视损失的大小而定，如果损失不大，顶多追究到班组长以下人员重大责任事故的刑事责任，对以上各级领导给予党政纪律处分。如果损失巨大，则可能要追究矿领导玩忽职守罪的刑事责任。如果追究了某一矿领导的刑事责任，其他矿领导也有一定的责任未予追究。对于这样的情况，司法部门往往觉得不可不追究刑事责任，但又不宜过重。考虑到责任的间接和分散，即考虑到中间环节的一部分责任，考虑到其他矿领导及上级局领导也有一些责任，事故造成的损失尽管巨大，但由几层环节几方面的人员分担责任，法院再作平衡，一般对玩忽职守者作了较轻的处罚，通常都要判处缓刑。这是比较典型的责任间接和分散的案例，并非个个"两头大"的案件都是如此。这里旨在利用典型案例说明某些"两头大"的案件责任的特殊性及其对量刑的影响。而普通工作人员因业务上的失职造成重大损失，责任直接、集中，尽管损失远远小于上面所说的"两头大"的案件，处刑可能反而要重一些。

以上关于某些玩忽职守案件责任特殊性的论述，可以澄清以下两个问题。

（1）玩忽职守行为造成的损失的程度是量刑的重要依据，但一些玩忽职守罪案件责任的集中、直接或者间接、分散的程度差别很大，由于这些差别的存在，损失程度对量刑轻重影响不明显是正常的；损失重而处理轻，损失轻而处理重，这种案件与案件之间处刑相对于损失程度不平衡的情况也是正常的。

（2）司法部门对"两头大"案件处罚较轻，主要不是因为主体的职务高。在处罚玩忽职守罪方面虽然不能否认官官相护、设置障碍的不良现象偶有存在，但可以肯定，这种不良现象并不能深刻而普遍地影响对玩忽职守罪的处罚。

五、进一步完善玩忽职守罪的立法

现在和将来相当长的时间内，玩忽职守罪还会继续存在，危害我国的社会主义事业。我们还必须运用刑罚武器和玩忽职守罪做斗争。司法实践中根据玩忽职守罪的规定，认定并处罚了各种类型的玩忽职守犯罪；立法方面，有一系列的行政、经济法规以多种形式依据刑法中的玩忽职守罪规定作为追究违反本法、严重失职行为刑事责任的依据。这说明我国刑法中的玩忽职守罪法律规定是基本适应我国目前的社会政治、经济状况的，并且在处理玩忽职守犯罪，保障国家机关的正常活动，保护国家和人民的利益方面具有重要的地位和作用。但是在运用这一法律规定同玩忽职守的犯罪做斗争的过程中，也出现了个别同社会政治、经济状况不相适应的情况。由于社会政治、经济关系的发展变化，也需要玩忽职守罪法律规定有相应的变动。这就产生了进一步完善玩忽职守罪立法的问题。

完善玩忽职守罪的立法，需要采取一些立法措施，解决由玩忽职守罪规定承担的过多的内容。我国刑法中玩忽职守罪的法律规定承担了过多的内容，这表现为：国家工作人员在职务活动中因玩忽职守造成重大损失的犯罪要依据 1979 年《刑法》第 187 条定罪处刑。大量的行政、经济法规追究失职行为的刑事责任要依照或比照1979年《刑法》第187条的规定，一些法律未专门规定的犯罪如重大医疗事故方面的犯罪往往依玩忽职守罪处理，还有非国家工作人员玩忽职守使公共财产遭受重大损失的犯罪，也实际以玩忽职守罪论处。一个玩忽职守罪的条文，很难概括许多由于玩忽职守损害社会主义革命和建设事业的犯罪现象，也不能适应我国为保障现代化建设事业在广泛的领域内同各种玩忽职守罪做斗争的需要。由于一个玩忽职守罪条文承担了过多的内容，还给认识和执行玩忽职守罪规定带来困难。所以，从立法上采取一些措施分散由刑法玩忽职守罪条文所承担的内容，是完善玩忽职守罪立法的一个基本方向。

第一，将某些现在依玩忽职守罪条文定性处罚的犯罪，规定于刑法中由故意或过失支配的同类犯罪条款中。例如可以在刑法分则私放罪条文中，规定处罚司法人员严重过失致罪犯脱逃的犯罪，在过失致死罪条文中，规定一个处罚医务人员由于业务过失致人死亡的条款，以吸收一部分由玩忽职守罪条文承担的内容。

第二，在行政、经济法规中直接设置刑罚条款，追究违反本法，严重失职造成重大损失行为的刑事责任。这样有助于减轻玩忽职守罪法律规定的负担，同时也有利于这些法规中所规定的各类责任都得到严格的实施。在单行行政、经济法规中直接设置刑罚条款也有一个问题，就是可能引起刑罚适用的混乱。但这一问题是可以解决的。只要这类刑罚条款和刑法玩忽职守罪的规定保持一致，并经有权制定刑事法律规范的机关授权制定和审查通过，保证刑罚条款的内容和制定程序的统一，是不会引起刑罚适用混乱的。单行的行政、经济法规中有了刑罚条款，便可以在本法的系统内追究不同危害程度违法行为的不同种类的责任，并给予相应的处罚。从这方面讲，还有利于协调统一地执行法律。

第三，修订玩忽职守罪的刑法规定，或者增添新的条文，明确非国家工作人员玩忽职守致使公共财产遭受重大损失的犯罪性质和责任。在我国不仅国家工作人员而且非国家工作人员也可以因玩忽职守致使公共财产遭受重大损失。例如，营业员值班时玩忽职守致使商店物资被盗，厂矿中的保管员玩忽职守致仓库中的物资大量损坏、遗失，公社、大队的护林员玩忽职守致使大量的林木被滥砍、滥伐等。这种现象是客观存在的。从我国玩忽职守罪法律规定的历史发展过程看，这些行为情节严重的是可以追究刑事责任的，讨论制定《刑法》第187条时也考虑了这方面的需要，[1]但《刑法》第187条规定玩忽职守罪的主体只能是国家工作人员，却限制了这方面的需要，以致在我国刑法规范体系中就形成了这样的局面：普通工人玩忽职守造成重大责任事故的可以追究刑事责任（《刑法》第114条、第115条），国家工作人员玩忽职守损害国家和人民重大利益的可以追究刑事责任，但对既非工人、又非国家工作人员的一些直接经手、经管公共财产的人员玩忽职守致使公共财产遭受重大损失的行为，却没有追究刑事责任的规定。刑事立法这种和玩忽职守的犯罪现象不相适应的状况，在司法实践中就明显地暴露出来，出现了把这种不具备玩忽职守全部构成要件的行为按玩忽职守罪定罪处罚的"违法"现象。如果要从根本上消除这一"违法"现象，保障刑法对玩忽职守罪主体、客体规定能够在司法实践中得到切实地遵守，就需要从立法上明确非国家工作人员玩忽职守致使公共财产遭受重大损失的犯罪性质和责任。具体可以采用下列两种方式：（1）对玩忽职守罪的主体作出类似于对贪污罪主体的补充规定。即除国家工作人员外，单立一款补充规定受托从事公务的人员玩忽职守致使公共财产遭受重大损失的，依照玩忽职守罪论处。（2）在刑法财产上的犯罪一章中，增添直接负有经管公共财产责任的人员玩忽职守致使公共财产遭受重大损失的条款。

正在进行的经济体制改革要适当调整国家机关和全民所有制企业的责、权关系，这会引起玩忽职守犯罪的某些变化。与此相适应，调整这方面犯罪的刑法规范亦需有所变化。《中共中央关于经济体制改革的决定》指出：经济体制改革就是"要使企业真正成为相对独立的经济实体，成为自主经营、自负盈亏的社会主义商品生产和经营者，具有自我改造和自我发展的能力，成为具有一定权利义务的法人"。"今后各级政府部门原则上不再直接经营管理企业。"该决定还指出："同时，要在自愿互利的基础上广泛发展全民、集体、个体经济相互之间灵活多样的合作经营和经济联合，有些小型全民所有制企业还可以租给或包给集体或劳动者个人经营。"从而实现了上述依据改革的要求，将会使企业管理机构的经营管理活动和政府机构管理活动基本分离，使企业经营管理活动相对独立于政府机构的管理活动，因此如何采用法律手段保障企业经营管理人员正确地行使企业的经营管理权，防止玩忽企业的经营

---

[1] 参见高铭暄：《中华人民共和国刑法的孕育和诞生》，法律出版社1981年版。

管理权就成为相对独立的问题，可以将玩忽企业经营管理权的犯罪从玩忽职守罪中独立出来。为了适应企业经营管理权扩大的新情况，强调国家对委托给企业经营管理人员的企业经营管理权的保护，督促国家工作人员认真负责地经营管理企业，也有必要单独作出规定，处罚玩忽企业经营管理权致使公共财产遭受重大损失的犯罪。

为了更加有效地同玩忽职守罪做斗争，完善刑事立法是很重要的。但更为重要的，是加强国家工作人员的思想教育工作，健全规章制度，任用称职人员，提高国家工作人员的责任心和文化素质。通过运用思想教育、行政管理和刑事制裁等多种方法综合治理玩忽职守罪，一定能够减少、预防玩忽职守罪，维护国家机关的正常活动，保障社会主义事业顺利进行。

李某某醉酒驾驶致人死伤案之我见[1]

案件事实：某晚，李某某饮酒后驾车在河北大学生活区道路上从后面将同向结伴并行的两名大学生撞倒。之后，他继续驾驶将乘车人送到生活区校舍附近后原路返回，被门卫拦下带至警卫室。经查证，李某某是醉酒驾驶，且车速超过该校区时速 5 公里的限速。被撞 2 人 1 人死亡 1 人轻伤。李某某负事故全责。

我认为，应当将李某某醉酒驾驶致人死伤案认定为交通肇事罪，理由如下。

一、醉酒驾驶致人死伤，只要对致人死伤结果不具有故意的，就应认定为交通肇事罪

从法律规定看，醉酒驾驶致人死伤是交通违法和交通肇事常规类型。《道路交通安全法》第 91 条规定，"醉酒后驾驶机动车的"，由交通管理部门，"处 15 日以下拘留和暂扣 3 个月以上 6 个月以下机动车驾驶证，并处 500 元以上 2000 元以下罚款"，可见，"醉酒驾驶"是交通违法行为，不是犯罪行为。《刑法》第 133 条规定，"违反交通运输管理法规"，"因而致人重伤、死亡"的，是交通肇事罪。其中，"违反交通运输管理法规"，就包括"醉酒驾驶"的情形，但构成交通肇事罪以造成死伤结果为要件。可见，醉酒驾驶致人死伤是《刑法》第 133 条交通肇事罪的常规涵盖范围。

在司法上，醉酒驾驶或醉酒驾驶致人死伤的，按交通违章行为或交通肇事罪处罚是常规，已成为司法惯例。"据公安机关统计，1998 年，全国共发生 5075 起酒后和醉酒驾车肇事案件，造成 2363 人死亡；2008 年，发生 7518 起，死亡 3060 人；2009 年 1 月至 8 月，共发生 3206 起，造成 1302 人死亡，其中，酒后驾车肇事 2162 起，造成 893 人死亡；醉酒驾车肇事 1044 起，造成 409 人

---

[1] 载《中国检察官》2011 年第 8 期。

死亡。"〔1〕这些官方发布的、成千上万的醉酒驾驶致人死伤案，基本都是以交通违章或交通肇事罪定性处罚的，这里的"基本都是"概率极高，只是没有能够达到"无一例外"的程度而已。

按照生活经验，人们驾驶汽车是为了享受交通便利或者兜风乐趣，没有特别的原因，对发生交通事故都持排斥态度，没有人乐意发生交通事故。循此人之常情，即使是醉酒驾驶致人死伤，没有特别的事由，一般以交通肇事罪定罪处罚。法理情理，尺度一致。

二、醉酒驾驶致人死伤，达到故意程度的，构成以危险方法危害公共安全罪

这一问题中，如何认定达到"故意"程度成为关键，为了统一标准，最高人民法院于 2009 年出台了《关于醉酒驾车犯罪法律适用问题的意见》，并配发了两个典型案例。

从该意见看，这"故意"的内容是（行为人）对"致人死伤结果"的认知，而非对"醉酒驾驶"的认知。从发布的两个典型判例（东莞黎某某案和成都孙某某案）看，认定行为人达到故意程度的关键在于醉酒驾驶肇事之后，其后续行为又造成新的损害结果。该意见指出：黎某某、孙某某"在醉酒驾车发生交通事故后，继续驾车冲撞行驶，其主观上对他人伤亡的危害结果明显持放任态度，具有危害公共安全的故意。二被告人的行为均已构成以危险方法危害公共安全罪"。〔2〕

有关司法人员为了进一步明确肇事之后的"后续行为及其结果"对认定"故意心态"的意义，还在论文中特意将醉酒驾驶分为"一次碰撞"和"二次碰撞"两种情形，并指出："在二次碰撞情形下，行为人醉酒驾车发生一次碰撞后……仍然继续驾车行驶，以致再次肇事，冲撞车辆或行人造成更为严重的后果。此种情形之下，行为人将他人的生命置于高度危险之中，其本人已经没有能力对这种危险予以控制，危险随时随地都会发生，却依然不管不顾、置之不理。这种状态，明显反映出行为人完全不计自己醉酒驾车行为的后果，对他人伤亡的危害结果持放任态度，主观上具有危害公共安全的间接

---

〔1〕 参见《最高人民法院关于印发醉酒驾车犯罪法律适用问题指导意见及相关典型案例的通知》。

〔2〕 参见《最高人民法院关于醉酒驾车犯罪法律适用问题的意见》。

故意，应定以危险方法危害公共安全罪。"[1]由此可见，对于醉酒驾驶致人死伤案，例外地适用以危险方法危害公共安全罪，关键在于肇事后发生"二次肇事"（碰撞），根据二次肇事及其后果所表现出的心态认定是否具有故意。

三、交通肇事罪与以危险方法危害公共安全罪在适用上的差异

从刑法注释角度看，《刑法》第 133 条之交通肇事罪是过失罪。《刑法》第 115 条以危险方法危害公共安全罪是故意罪，即指故意以放火、爆炸、投放危险物质、决水之外的危险方法危害公共安全的行为。因此，对醉酒驾驶致人死伤的行为适用《刑法》第 115 条还是第 133 条，关键在于认定行为人是故意还是过失。认定的依据是行为人对"致人死伤结果"的心态，而不是对"醉酒驾驶"违章行为自身的心态。如果足以认定行为人对明知自己的醉酒驾驶行为会造成死伤结果并且希望或放任该结果发生，是故意犯罪，构成以危险方法危害公共安全罪。如果不足以认定行为人对致人死伤结果具有这样的故意心态，但足以认定违反交通管理法规造成了该结果的，是过失心态，构成交通肇事罪。

确认故意还是过失应当以行为人在行为造成危害结果之时具有的心态为准，具体而言，应以醉酒驾驶造成死伤结果之时的心理为准。在致人死伤的结果发生以后，行为人对自己先前造成的死伤结果的心态，不是犯罪心理，也不影响其犯罪心态的认定。

四、对李某某"醉酒驾驶致人死伤"案的定性

就李某某"醉酒驾驶致人死伤"案而言，不足以认定他对致人死伤结果达到故意程度，因此应当以交通肇事罪定罪处罚，排斥适用以危险方法危害公共安全罪。

首先，李某某"醉酒驾驶致人死伤"案只有"一次碰撞"，即在他撞倒二人致一死一伤之后，虽然继续行驶但没有再次发生碰撞（肇事），属于醉酒驾驶致人死伤"一次肇事"的情形，按常规应属交通肇事罪。

其次，李某某仅有的"一次碰撞（肇事）"，除醉酒驾驶之外并无特别异常之处。李某某为接送人而进入该校区，事出有因；与两名被害人素不相

---

[1] 高贵君、韩维中、王飞："醉酒驾车犯罪的法律适用问题"，载《法学杂志》2009 年第 12 期，高贵君，最高人民法院刑五庭庭长；韩维中，最高人民法院刑五庭副庭长；王飞，最高人民法院助理审判员。

识，无报复个人的动机；也没有表现出对社会公众、该高校学生的敌视心理，属于非常普通的醉酒驾驶"一次碰撞（肇事）"的类型，不能认定他对两名被害人死伤结果具有犯罪故意。

最后，李某某"醉酒驾驶致人死伤"之后，没有停车继续行驶将乘车人送达目的地后又原途返回。根据现有的事实证据，其"后续行为"既没有造成更严重后果也没有产生具体的危险，不成其为犯罪故意，也不能作为认定他对先前致人死伤结果具有故意的根据。相反，他原路返回以及在校区门口被警卫拦截时没有驾车冲撞之类的粗暴举动，可表明其肇事之后的后续行为危险性不大，达到故意危害公共安全的程度。

综上，李某某的行为属于普通的"醉酒驾驶致人死伤"之中"一次碰撞（肇事）"的情形，不能认定其对被害人死伤有犯罪故意，不应令其承担故意罪责，应当以交通肇事罪定罪处罚。

五、李某某行为的刑法适用

李某某的行为触犯《刑法》第133条（交通肇事罪），同时还触犯第115条第2款（过失以危险方法危害公共安全罪）、第233条（过失致人死亡罪），根据特别规定优先适用的规则，应当适用《刑法》第133条以交通肇事罪定罪处罚，排斥其他条款适用。

《刑法》第133条（交通肇事罪）可以适用于校区内道路驾驶机动车辆致人死伤的案件。《道路交通安全法》第119条第1项规定，"'道路'，是指公路、城市道路和虽在单位管辖范围但允许社会机动车通行的地方"。高校生活区道路属于"在单位管辖范围但允许社会机动车通行的地方"，据此，属于《刑法》第133条交通肇事罪的适用范围。确认的实质标准是：是否应当适用交通运输管理法规认定事故责任并据此令行为人承担罪责。本案自始就由交警立案侦查，依据道路交通法规认定事故责任并作为认定罪责的依据，应当以交通肇事罪定罪处罚。另外，公检法三机关在适用《刑法》第133条（交通肇事罪）方面积累的丰富的经验，有利于案件得到公平、高效的处理。

《刑法》第133条（交通肇事罪）对于《刑法》第115条第2款（过失以危险方法危害公共安全罪）而言，属于具体规定或者特殊类型，应当予以优先适用。

《刑法》第133条（交通肇事罪）对于《刑法》第233条（过失致人死亡罪）而言，也属于具体规定或者特殊类型，应当予以优先适用。

　　《刑法修正案（八）》虽然将醉酒驾驶"入罪"，也不会改变对醉酒驾驶致人死伤以交通肇事罪定性处罚的常规。根据《刑法》第133条之一：道路上醉酒驾驶机动车的，处拘役，并处罚金。这是刑法中唯一的法定最高刑是拘役的犯罪，也即是处罚最轻的犯罪。"醉酒驾驶"最高处（6个月）拘役，醉酒驾驶"致人死伤"的，适用《刑法》第133条以交通肇事罪处罚（通常3年以下有期徒刑），轻重衔接自然合理。不可能越过《刑法》第133条，直接适用《刑法》第115条（10年以上有期徒刑、无期徒刑或者死刑）。

　　另外，比较《刑法》第114条"以危险方法危害公共安全罪"和《刑法》第133条之一"醉酒驾驶"的法定刑，可见二者的巨大差异。《刑法》第114条"放火、决水、爆炸、投放毒害性、放射性、传染病病原体等物质或者以其他危险方法危害公共安全，尚未造成严重后果的，处3年以上10年以下有期徒刑"。而"醉酒驾驶"的法定最高刑是拘役。二者主观同是故意、客观同样有公共危险性、同样是危险犯不以造成严重后果为必要，但立法配置的处罚却有天壤之别，说明醉酒驾驶与以危险方法危害公共安全罪不可相提并论。

公诉案中检察院与法院常见定罪量刑分歧研究[1]

公诉案中检察院与法院常见定罪量刑分歧，也就是刑事案件在起诉、审判环节发生的分歧，具有以下特点：（1）真实性，这种分歧都发生于真实的刑事案件中，不同于虚构、推想的分歧；（2）疑难性，两机关均拥有一批训练有素、经验丰富的专业人才，它们发生分歧的案件往往较为疑难；（3）实践价值，对这种争议点归纳、分析，引起各方关注，能够推动诉讼中刑事案件争议焦点的研究，逐步达成共识。因为有些分歧如此的细微，以至于我们感到仅仅使用抽象的语言已经难以充分表达出各方分歧的焦点和我们的分析意见，所以本课题注重采取结合案例的分析方式。这方面值得分析研究的问题很多，因篇幅所限，这里仅择其要者，分定罪与量刑部分介绍如下。

一、案件定性方面的分歧

（一）故意伤害罪、故意杀人罪、过失致人死亡罪的界分

在暴力攻击人身的行为造成死亡结果，且排除直接故意或不能认定具有直接故意的场合，认定为故意伤害罪、故意杀人罪抑或是过失致人死亡罪？各方因认定被告人主观心态的差异往往会导致定性的分歧。

例一：徐某和李某听他们的妻子说被同事刘某辱骂，遂蓄意报复。某日晚23点，徐、李纠集另一男青年踹开刘某家的门进入室内，李某进门摔碎酒瓶质问刘某，徐某将刘某按倒在床上，朝左胸扎了一刀。徐某供述：刘某不服就扎了他一刀。刘某被扎后说："东子（指徐某）别动了，我漏了（指被扎处流血）。"李某说穿上衣服去医院，刘某没走几步就倒在楼道了。徐某当时见状说："装的，别管了。"经鉴定，刘某是被单刃刺器刺破心脏致急性失血性休克死亡。公诉机关指控徐某故意伤害

---

〔1〕 原载《中国检察》2007年第1期。本文系最高人民检察院课题"公诉案中检察院与法院常见定罪量刑分歧研究"的结项报告。

罪,法院认定徐某故意杀人罪,理由是徐某对自己的行为不计后果,一刀扎在被害人胸部且在深夜将被害人弃置于寒冷的楼外后逃跑,对死亡结果持放任态度。[1]

就上述例一而言,从案件的起因、被害人与被告人之间的关系、案发的环境等情况看,大体属于因同事、邻里纠纷而引发的侵犯人身的案件,司法机关认定为故意杀人罪或故意伤害罪的判例均有,差别非常细微。在死亡结果已经发生的场合,认定要点是被告人"对死亡结果是否持放任态度"。而认定是否是放任态度关键看两点:其一是行为方式,是否属于使用致命工具、打击致命部位;其二是事后态度,对被害人是否有施救等措施显示出避免死亡结果的态度。鉴于本案徐某使用致命工具打击致命部位,事后也没有避免行为结果的表现,故法院认定为对死亡结果持放任态度,判决构成故意杀人罪,较符合间接故意的特点和司法实务的认定尺度。反之,被告人若使用非致命工具,或者即使使用致命工具打击了致命部位,但事后显示出避免死亡结果的态度,以本案的情形,通常可认定为故意伤害罪。虽然法院认定为故意杀人罪,但还是考虑到本案起因、过程和投案自首情节,判处有期徒刑12年。

例二:被告人周某(木工)在工地作业时因为塔吊司机宋某(17岁)未能及时为其进行吊运作业,持木工斧爬上塔吊驾驶室(距地面37米),斥责宋某为何不将吊塔调过去,说完抢起斧子用斧背砸宋某后背一下,致宋某摔出塔吊驾驶室,造成死亡后果。同在塔吊的吴某证言:"斧子抢起时还碰碎了驾驶室顶的灯泡,我急忙上前阻拦,同时转身看宋某时,不见了。"公诉机关起诉过失致人死亡罪,法院判决故意杀人罪。判决理由为:被告人因工作矛盾不能正确处理,竟持板斧违章进入高空危险作业区内,对正在作业的宋某行凶,被告人明知自己在特定的高空危险作业区内对他人的行凶行为会造成他人高空坠地死亡的后果,但其放任这种结果发生,致宋某高空坠地死亡,构成故意杀人罪。[2]判处有期徒刑12年,剥夺政治权利3年。

---

[1] 北京市朝阳区人民法院判决书(2000)朝刑初字第751号。

[2] 北京市朝阳区人民法院刑事判决书(1999)朝刑初字第1126号。

就例二而言，被告人周某的行为造成了死亡结果，但是从起因、过程分析，对造成被害人坠亡的结果应是过失的，尚不足以认定具有杀人的直接故意，也不宜认定为间接故意。因为起因不过是作业中配合不好，方式上使用斧背比较节制，过程是瞬间发生的，被害人坠亡的主要因素是躲避暴力攻击发生的，不是斧击直接造成的。因此，周某对宋某发生坠亡结果认定为过失较为符合生活常理。公诉机关起诉过失致人死亡罪与被告人对死亡结果的心态较为合理。判词认为"被告人明知自己在特定的高空危险作业区内对他人的行凶行为会造成他人高空坠地死亡的后果，但其放任这种结果发生"，据此认定被告人对死亡结果是间接故意。判决作出这种认定的前提，与案件的起因、过程和生活常理明显不符，因为，被告人很可能不熟悉塔吊驾驶室的环境，没有料到会致使被害人坠亡，所以判决推断的前提本身可能就是错误的。

应当注意，即使认为本案被告人对坠亡结果是过失的，也不排除认定为故意伤害罪（致人死亡）的可能性。其要点是被告人的行为本身是否具有故意伤害的性质，如果足以认定为具有故意伤害性质，则可认定为故意伤害致人死亡；如果不足以认定为故意伤害性质，则只能认定为过失致人死亡。本案较为典型地揭示了在暴力行为造成死亡结果的场合定性的疑难点：即故意杀人罪、过失致人死亡罪、故意伤害罪（致人死亡）三罪之间的界分。其认定的法律要点是：（1）足以认定被告人对死亡结果具有故意（直接故意或间接故意）时，认定为故意杀人罪；（2）不足以认定被告人对死亡结果具有故意但足以认定行为具有故意伤害性质时，应以故意伤害罪定罪处罚。（3）不足以认定行为具有故意伤害性质时，通常考虑是否构成过失致人死亡罪。这虽然一般不影响认定有罪，但是不同定性对处罚有重大影响。在同样是发生死亡结果的情形下，故意杀人的，处罚较为严厉，在造成死亡结果的场合（既遂），判处死刑属于较为普遍的处罚；对于故意伤害致人死亡的，处罚相对较轻，适用死刑属于例外情况；对于过失致人死亡的，则处罚更轻，一般为3年以上7年以下有期徒刑。因此在定性分歧的背后，涉及被告人利害关系。

（二）绑架罪与非法拘禁罪的区别

其主要争议点是对"恩怨型"和"儿戏型"扣押人质案件的定性选择。

例一：李某某绑架案：[1]被告人李某某在冯某某家做保姆，并照顾孩子，二人还发生了两性关系。冯某某还许诺与同居女友李某平分手后娶李某某为妻。李某平因怀疑该二人有不正当两性关系，以冯某某的名义将李某某解雇。李某某心存不满，某日中午12点以冯某某找女儿冯某（女，4岁）有事为由，将冯某从学校骗至其亲属处，后打公用电话以冯某的安全相要挟向冯某某索要补偿费人民币20 000元。当日16时许，公安人员接到群众举报后将李某某抓获归案，并在李某某的带领下将冯某解救。

某区检察院以绑架罪起诉本案，法院一审以非法拘禁罪判处有期徒刑2年，理由是被告人行为不符合绑架罪实质特征，故依据索取不受法律保护的债务的司法解释，以索债型非法拘禁罪定罪处罚。二审法院则认为，被告人绑架冯某作为人质，并以此威胁冯某之父冯某某，索要"损失费"人民币2万元，其行为已构成绑架罪，但鉴于李某某犯罪情节轻微及本案的具体情节，可对李某某免予刑事处罚。[2]在起诉、审判过程中本案定罪量刑的极富戏剧性的变化显示出各方的分歧点。

这是一个典型的"恩怨型"扣押人质案件，其特点是被告人与人质之间相识且有一定程度的交往，并且按照人之常情一方认为另一方在交往中有负于自己，从而采取扣押人质的方式索要补偿。对这类情形，从表面上看符合绑架罪的"扣押人质索要财物"的特点，但是从公平感或罪刑相适应的角度出发，认定为绑架罪显然与处10年以上有期徒刑的法律效果不相称。所以司法机关有时按照非法拘禁罪起诉、判决，有时按照绑架罪定性起诉、判决，对此没有形成一致的认识。我们认为，《刑法》第239条对绑架罪规定的法定最低刑是10年以上有期徒刑，从实质条件出发掌握绑架罪的适用，该罪设定的情形应当是那些以勒索巨额财产或重大不法利益为目的对不特定人实施的扣押人质行为，这样才与立法中对该罪的评价（法定刑）相称。立法和司法也考虑到这点，特别规定为索取债务而扣押人质的，以非法拘禁罪论处；最高人民法院的解释指出，对于绑架人质索取赌债、高利贷等不受法律保护的

---

[1] 北京市朝阳区人民法院判决书（2003）朝刑初字第473号。

[2] 参见臧德胜："挟持他人子女向他人索要'补偿费'的行为是否构成绑架罪——被告人李某某绑架案法律适用问题探讨"，载《审判前沿》2005年第1辑（总第11辑）。

债务的行为，也仅以非法拘禁罪论处，进一步缩小了绑架罪的适用范围。就本案而言，双方存在恩怨，并且索取的财产绝对数额不大，按社会常理与双方的恩怨大体相称，其行为的性质和社会危害性与索取不受法律保护的债务的情形相当，以非法拘禁罪定罪处罚较为合理。公诉机关以绑架罪起诉，过于拘泥于法律形式，忽略了司法的实质公平，把一审法院推入两难境地：要么定绑架罪免予刑事处罚；要么定绑架罪处10年以上有期徒刑。一审法院为了追求实质公平，不得不以非法拘禁罪定罪处罚。抗诉后二审判决采纳了抗诉的意见，改判构成绑架罪，但是适用《刑法》第37条以犯罪情节较轻免予刑事处罚。就本案的处理结果而言，既维持了法律形式又满足了实质公平的要求，似乎是两全其美。但对这类案件一概这样定性，毕竟在量刑上留下一个免予刑事处罚和处10年以上有期徒刑这样巨大的落差，会使将来同类案件的量刑不得不在这两极之间进行选择，显然这不是明智的办法，缺乏长远的考虑，也难免出现量刑畸轻畸重的结果。因此我们认为，对于类似于本案的"恩怨型"绑架案件，通常按照非法拘禁罪或敲诈勒索罪起诉、审判较为适宜。对于虽有恩怨，但是索要的财物数量巨大明显超出恩怨范围的，仍可以绑架罪定罪处罚。可能有人要问，如何把握这个尺度呢？这恰恰是需要司法人员根据人情世故、社会经验去合理把握的。其实，同样的问题也存在于为索取债务或不受法律保护的债务而扣押人质的案件中，因为有时索要的数额未必与纠纷的数额完全相等，同样需要司法人员对有没有超出索债的限度进行合理的判断。以刻板的司法方式把立法的苛刻放大，这不可取；相反，能以灵活的司法方式把立法的苛刻最小化，这才是明智的做法。就个案而言，本案的二审判决是充满智慧的，巧妙地利用《刑法》第37条赋予法院的免予刑事处罚的裁量权，避免了刻板、苛刻的判决。但是，对类似案件总能在两极中选择得恰到好处吗？

（三）聚众斗殴中致人重伤、死亡的定性

《刑法》第292条第2款规定："聚众斗殴，致人重伤、死亡的，依照本法第234条、第232条的规定定罪处罚。"这是刑法关于聚众斗殴罪转化犯的规定，对此款的适用即聚众斗殴在何种情况下转化为故意伤害、故意杀人，理论和实务均存在较大的分歧。

例一：〔1〕被告人王某之妻兄马某某驾驶小公共汽车因错车与同一路小公共汽车司机冯某某夫妇发生纠纷。后双方次日上午到车队解决问题，因领导不在未果。当日 15 时许，马某某打电话将冯某某约至一地点，王某在马某某要求下又集结数人（均在逃）与冯某某集结的乔某某等数人斗殴。在互殴中，王某等人持垒球棒将冯某某、乔某某打伤致死，经法医鉴定二人均系被钝器打击头部致重度颅脑损伤死亡。检察院指控王某犯聚众斗殴罪。法院认为，王某纠集他人在公共场所持械进行斗殴，并在斗殴中造成两人死亡的严重后果，构成故意伤害罪，判处有期徒刑 14 年，剥夺政治权利 3 年。

本案定性焦点是对被告人王某是否适用"转化犯"的规定。如何理解这些转化性条款，即在实施聚众斗殴、刑讯逼供等犯罪的过程中出现伤残、死亡结果的如何定性，理论及实践中均有分歧。其一，聚众斗殴中致人重伤、死亡是否必然转化为故意杀人罪或故意伤害罪？如果不是必然转化，那么在何种情况下转化？其二，在致人死亡的场合，是一律认定为故意杀人罪还是根据情况也可以认定为故意伤害罪？其三，转化为故意杀人或故意伤害罪之后，其责任人（转化犯）范围的认定。

关于第一点，随着司法实践的进展，对此的认识趋于一致：出现加重的结果未必转化为他罪。"不应将所有致人伤残、死亡的刑讯逼供案件都以故意伤害罪、故意杀人罪定罪处罚。"〔2〕我们同意这种观点，认为应当将刑法中的这些条款理解为提示性的条款，而非强制性的条款。〔3〕立法者制定这些条款的目的是提示司法人员，被告人在实施聚众斗殴等罪时，如果其行为符合故意伤害罪、故意杀人罪的构成要件，应当以转化后的罪名处理。发生犯罪罪名转化的前提是犯罪构成的转化，也就是说只有当被告人的犯罪事实超出了原罪的法定犯罪构成，原罪已经不能包容，并且其行为符合了转化后的犯罪构成时，才能发生罪名转化的问题。否则，即使发生了伤残、死亡结果，也不应当定故意伤害罪或者故意杀人罪，仍然定聚众斗殴罪。具体到聚众斗殴

---

〔1〕 北京市朝阳区人民法院判决书（2001）朝刑初字第 1739 号。

〔2〕 赵秉志：《中国刑法案例与学理研究·分则篇（三）》，法律出版社 2001 年版，第 256 页，该处认为这是立法缺陷。

〔3〕 有持不同观点者认为，应当将该条理解为特别规定，才能有效地打击犯罪，参见张明楷："故意伤害罪探疑"，载《中国法学》2001 年第 3 期。

罪而言，在决定是否转化时必须根据刑法主客观相统一的定罪原则，即被告人在主观上具有致人伤残、死亡的犯罪故意，客观上实施了以暴力手段伤害他人身体、剥夺他人生命的行为，造成了他人伤残、死亡的结果。也就是说被告人的行为符合了故意伤害罪或者故意杀人罪的构成要件，认定聚众斗殴罪罚不当其罪时才能转化为故意伤害罪或者故意杀人罪。

就上述王某一案而言，法院认为，被告人王某既纠集了其他人员参与斗殴，系首要分子，同时又积极参与对被害人的殴打，系积极参加的犯罪分子，所以，应当对被害人的死亡结果承担责任，适用转化条款的规定。

关于第二点，即造成死亡结果的是否一律定故意杀人罪？我们认为不能。因为既然认为该条款属于提示性规定，那么在聚众斗殴致人死亡的场合，是定故意伤害（致人死亡）还是故意杀人罪，应当在行为超出了聚众斗殴限度的基础上，根据该超出部分是符合故意伤害罪要件还是故意杀人罪要件，分别认定为故意杀人罪或故意伤害罪。就上述王某一案而言，纠集众人持械斗殴，从起因和纠集过程看，尚不足以认定王某具有杀人的故意；从斗殴的过程看，王某虽然直接参与斗殴，并持械打击被害人，但尚不足以证明其使用致命工具打击致命部位且放任他人死亡结果发生，所以按照实务中处理杀人、伤害案件的一般尺度，认定为故意伤害罪比较合适。换言之，如果不考虑聚众斗殴的背景，对本案王某的行为认定为故意伤害罪还是比较符合一般尺度的。既不能因为存在聚众斗殴的背景，而从重认定为故意杀人罪；也不能因为存在聚众斗殴的背景，对具备故意伤害罪（致人重伤、死亡）犯罪构成的行为仅仅以聚众斗殴罪处罚。

关于第三点，即适用转化条款的范围，对聚众斗殴犯罪分子适用转化条款，应包括两种情况。（1）在聚众斗殴中直接实施暴力行为，致被害人伤残、死亡的，该行为直接符合故意伤害或者故意杀人的犯罪构成。聚众斗殴与共同故意杀人、伤害比较，具有加害程度、加害对象不特定的特点，尤其是各参与人之间在加害程度、目标上存在较大差异，因此各参与人责任的"共同性"有别于一般的共同犯罪。其共同性的基础是聚众斗殴，如有人实施超出共同性基础而致人重伤死亡的行为的，需要单独追究罪责。（2）组织、指挥、策划他人参与聚众斗殴的首要分子，如果组织、指挥、策划（或纠集）其他人进行聚众斗殴致被害人伤残、死亡的，该首要分子应当承担共同责任。因为这样的首要分子应当对其组织、指挥、策划（或纠集）参与斗殴人员的犯罪行为及后果承担责任。

例二：[1]被告人张某宾、乔某明经营的啤酒屋遇王某军等人滋事，双方发生冲突。后张某宾、张某利、乔某明等人为与王某军殴斗纠集 10 余人来到啤酒屋内，并准备了械斗工具。当日 23 时许，王某军纠集其兄王某恩（男，38 岁，已死亡）等多人来到该啤酒屋外，后双方持棍棒、砍刀进行械斗，在械斗中造成王某恩因被他人用条形钝器打击头部，致颅脑损伤死亡；王某军头皮裂伤二处、额骨凹陷骨折，经鉴定为轻伤。检察院指控张某宾、张某利、乔某明犯聚众斗殴罪。法院认为，张某宾、张某利、乔某明系本案中的主犯，依法应按照三名被告人共同参与、指挥的全部犯罪处罚，因此应对王某恩死亡后果承担责任，故三名被告人的行为均构成故意伤害罪。并对三名被告人均判处了 10 年以上的有期徒刑。

在例二中也发生了被害人被殴打致死的结果，但是与例一不同之处在于，不能证明三名被告人对被害人王某恩有击打行为。三名被告人组织参与纠集他人、准备工具等活动应对被害人死亡结果承担责任，适用转化条款，构成故意伤害罪。对于其他参与人在不能证明其对伤害致死结果负直接责任的情况下，一般只能按照聚众斗殴罪定罪处罚。

上述两例中确定的分寸是：（1）参与聚众斗殴致人重伤死亡的直接责任人适用转化犯条款；（2）对于纠集或指挥策划的首要分子，令其对斗殴中发生的重伤、死亡结果承担共同责任，不以其直接实施致人死伤行为为必要；（3）发生了死亡结果的，不一定一概以故意杀人罪论处；（4）其他参与人在聚众斗殴限度内承担罪责。另外也有一些较为特殊的情形，值得探讨。

例三：[2]被告人赵某某、杨某、王某某与李某某为争夺某地区卖淫妇女的控制权约定斗殴。赵某某在幕后指挥，杨某、王某某纠集近 30 人并准备了 20 余根镐把、斧子等凶器，杨某、王某某在斗殴现场指挥，赵某某在现场附近策应。当晚 21 时许，李某某也组织 10 余人持械到场。在互殴过程中，李某某一伙中大部分人被打跑，李某某被杨某、王某某

---

[1] 北京市朝阳区人民法院判决书（2005）朝刑初字第 336 号。

[2] 北京市朝阳区人民法院判决书（2003）朝刑初字第 2 号。

一伙数人围打、追打过程中跳入河中溺水身亡。嗣后，在附近策应的被告人赵某某接应同伙逃离作案现场。检察院对本案全部 8 名被告人都以聚众斗殴罪起诉。法院认为，本案 8 名被告人均应当构成聚众斗殴罪。另在聚众斗殴中，赵某某所指挥的同伙分别持镐把、斧子等凶器参与斗殴，现有证据表明，李某某是在遭到强烈攻击下被迫跳河而死，因此证实李某某的死亡与赵某某、杨某、王某某一伙的殴打行为具有直接因果关系，属于聚众斗殴中致人死亡。根据现有证据虽然不能确认直接围打李某某的具体人员，但是由于赵某某、杨某、王某某系本案中的主犯，依法应按照 3 名被告人所参与、指挥的全部犯罪处罚，故 3 名被告人对李某某死亡后果承担责任，其行为构成故意伤害罪，并对 3 名被告人均判处了 10 年以上的有期徒刑。对其他 5 名被告人以聚众斗殴罪定罪处罚。

例三的特殊性在于被害人李某某不是被直接击打致死，而是在遭到围殴的情况下，被迫跳河溺水而亡，不仅其直接责任人难以确定，而且，直接责任人行为与死亡结果的因果关系也有一定的特殊性。在无法确定直接责任人的情况下，仍可以令该案聚众斗殴的首要分子对被害人的死亡承担刑事责任。

值得一提的是，上述三个案例反映了一个违反常理的现象，检察院作为公诉机关，指控了一个较轻的罪名，而法院作为审判机关，却认定了一个较重的罪名。虽然，从程序法的角度看，这一做法已得到了普遍认可，[1]但是从中却反映出检察机关的承办人对于聚众斗殴转化犯理解上的含糊犹豫。承办人可能是过多地考虑到聚众斗殴的特殊性，提出了比较保守的起诉意见，法院方面的承办人反倒顾虑较少，对聚众斗殴中造成重伤、死亡的案件，既考虑聚众斗殴罪的特点，又结合处理故意伤害或故意杀人共同犯罪案件的常规进行处理。对聚众斗殴转化条款的适用一直存在分歧，我们不认为这三个案件的判决结果和分析就是结论，而是期望能成为进一步研讨的起点。

---

〔1〕《最高人民法院关于适用〈中华人民共和国刑事诉讼法〉的解释》第 241 条第 2 项规定："起诉指控的事实清楚，证据确实、充分，指控的罪名与审理认定的罪名不一致的，应当按照审理认定的罪名作出有罪判决。"据此，一般认为，人民法院可以根据同一案件事实，改变检察院指控的罪名，包括将较轻的罪名改变为较重的罪名。

（四）寻衅滋事罪的认定

检察院和法院对寻衅滋事罪案件的定性的分歧历来是占第一位的。主要集中在寻衅滋事罪与故意伤害罪、抢劫罪、敲诈勒索罪等的界限方面。

1. 寻衅滋事罪与故意伤害罪的界限

"随意殴打他人，情节恶劣的"，是《刑法》第 293 条规定寻衅滋事罪的行为之一，殴打他人会造成他人不同程度的伤害，这就涉及寻衅滋事罪与故意伤害罪的界限及罪数问题。

> 例一：[1]李某某伙同李某、宋某某（另案处理）于 2002 年 12 月 31 日 23 时许，饮酒后无故对胡某某、徐某某、叶某某进行殴打，致其中一人轻伤，二人轻微伤。检察院指控李某某犯故意伤害罪。法院认为，李某某饮酒后随意殴打他人，情节恶劣，构成寻衅滋事罪。判处有期徒刑 2 年 6 个月。

本案涉及寻衅滋事罪与故意伤害罪的界限。寻衅滋事罪侵犯社会管理秩序，而故意伤害罪侵犯他人身体健康。二罪侵犯客体的区别，直接表现为伤害他人的动机不同。寻衅滋事罪往往是无端寻衅，打人取乐或者显示威风，因此侵害的对象往往也是不特定的人，具有"随意性"；而故意伤害罪往往是产生于一定的事由或者恩怨，因此对象一般也是特定事情的关系人。这一区别是界定二罪的切入点，在这一切入点的基础上，结合案件的其他情节就能够准确地界定二罪。在本案中，被告人李某某与被害人素不相识，无恩无怨，案发当时亦未发生纠葛，所以被害人并不是特定事情的关系人。被告人等人是在酒精的作用下，放纵自己的行为，以打人为乐，犯罪对象没有特定性。其行为符合寻衅滋事罪的构成要件，应定寻衅滋事罪。

因为北京市检察机关指控罪名被法院判决改变的案件中，涉及寻衅滋事罪与故意伤害罪界限的占比较高，所以引起了检察机关的重视。在《2005 年北京市检察院公诉案复查报告》中专门就这一问题进行了分析，该报告指出："寻衅滋事里的'滋事'包含有故意伤害行为"，二者区别的关键在于随意殴打他人，"随意可分为无事生非型和小题大做型两种类型，无事生非型的犯意早已产生，其对象是'不特定'的，即已经有了一个概括的、模糊的殴打故

---

[1] 北京市朝阳区人民法院判决书（2003）朝刑初字第 1425 号。

意之后再去寻找殴打的对象；小题大做型的犯意是在他人刺激下自己借题发挥而形成的，对象针对的就是该'他人'，是'特定的'"。而且该报告特意提出认定"随意"标准是以"社会正常人"为基准，即常人在该情形下不会殴打他人而行为人却殴打他人，表明其随意性。[1]我们认为，该报告以丰富的司法经验为基础对寻衅滋事随意殴打他人与故意伤害罪的界限进行了精辟的分析，表明检察机关不仅重视这个问题，而且提出了合理的解决标准。这将会对公诉机关与法院达成共识起到重要的作用。

另外我们认为，认定寻衅滋事罪还是故意伤害罪，还有三点值得重视。（1）对案情的综合评价。对故意伤害罪一般要造成轻伤结果才追究刑事责任，在上述案例中被告人造成一人轻伤外还造成二人轻微伤，认定为寻衅滋事罪能够对全案作较为全面的评价，有利于正确定罪量刑。（2）在行为人没有造成轻伤以上结果的情况下，通常不能指控故意伤害罪，但在情节恶劣的情况下（比如造成数人轻微伤或多次随意殴打他人造成轻微伤）不排除追究寻衅滋事罪的责任。在这样特定的情况下涉及罪与非罪问题，因此一方面应当领会、发挥寻衅滋事罪在刑法中的特殊作用，对于即使没有造成轻伤以上结果但情节恶劣的随意殴打他人的行为，以寻衅滋事罪起诉追究刑事责任；另一方面，防止把没有造成轻伤以上结果的故意伤害性质行为，按照寻衅滋事罪起诉，规避故意伤害罪的量刑要件。（3）寻衅滋事过程中，行为人殴打他人不计后果，经常出现致人重伤、死亡的结果，对此应当择一重罪以故意伤害罪或者故意杀人罪起诉，不应数罪并罚。

2. 寻衅滋事罪与抢劫罪的界限

《刑法》第293条第3项规定寻衅滋事罪行为之一是"强拿硬要公私财物"情节严重的行为。这一行为往往涉及与抢劫罪的界限区分。

例二：[2]毕某（16岁）、王某某（16岁）于某日下午4时许在本区某中学附近，先后3次拦截该校学生索要钱财，并殴打学生张某等人，致张某受轻微伤并劫取张某等人共36.5元，被当场抓获。案件在法院审理期间，两名被告人的法定代理人赔偿被害人张某6000元。检察院指控

---

〔1〕 北京市人民检察院公诉处：《2005年北京市检察院公诉案复查报告》，2006年3月，第180~181页。

〔2〕 北京市朝阳区人民法院判决书（2003）朝刑初字第2266号。

毕某、王某某犯抢劫罪。法院认为，毕某、王某某在校园周边以大欺小，以强凌弱索取学生财物，影响了学校正常教学秩序，情节严重，构成寻衅滋事罪。鉴于两名被告人犯罪时尚未成年，认罪、悔罪，故从轻处罚，各判处拘役4个月。

例三：[1]魏某（19岁）、王某（17岁）于某日下午4时许在某中学附近，拦截该校学生李某（男，16岁）、韩某（男，15岁）、马某（男，15岁）强行索取人民币105元，并欲将李某带至他处殴打，李某在脱身时将自己的自行车1辆（价值570元）扔弃，王某骑用后又将该车放回李某所在学校。检察院指控魏某、王某犯抢劫罪。法院认为，魏某、王某在校园周边以大欺小，以强凌弱索取学生财物，情节严重，构成寻衅滋事罪，判处魏某有期徒刑8个月，王某拘役5个月。

对上述两案，公诉机关均以抢劫罪起诉，而法院均认为构成寻衅滋事罪。这涉及寻衅滋事罪中"强拿硬要"行为与抢劫的区分，要点在于：前者行为人主观上主要是出于逞强好胜、以强凌弱的动机，后者行为人则具有非法占有他人财物的目的；前者行为人客观上表现为在特定环境、群体中实施欺负行为或显示霸道的过程中强取他人少量财物，而后者行为人则以暴力、胁迫等方式作为劫取他人财物的手段。尤其是未成年人出于以大欺小、以强凌弱随意殴打或强索其他未成年人少量财物的，其侵害的对象、场所较为特定，且不在意财物的多少，不顾忌被害人告发，已经形成一种特定的犯罪现象，属于校园暴力的表现形式之一，与以非法占有财物为目的对不特定人实施抢劫的犯罪有明显的差异。对此，2005年底通过的《最高人民法院关于审理未成年人刑事案件具体应用法律若干问题的解释》中规定，"已满16周岁不满18周岁的人出于以大欺小、以强凌弱或者寻求精神刺激，随意殴打其他未成年人、多次对其他未成年人强拿硬要或者任意损毁公私财物，扰乱学校及其他公共场所秩序，情节严重的，以寻衅滋事罪定罪处罚"。[2]《最高人民法院关于审理抢劫、抢夺刑事案件适用法律若干问题的意见》也指出在司法实践中，对于未成年人使用或威胁使用轻微暴力强抢少量财物的行为，一般不宜

---

[1] 北京市朝阳区人民法院判决书（2003）朝刑初字第2400号。

[2] 《最高人民法院关于审理未成年人刑事案件具体应用法律若干问题的解释》（法释〔2006〕1号）。

以抢劫罪定罪处罚。其行为符合寻衅滋事罪特征的，可以寻衅滋事罪定罪处罚。具体到上述两个案例，以寻衅滋事罪论处更为适宜。

二、案件量刑方面的分歧

根据北京市朝阳区、东城区两个基层检察院以及北京市全市检察系统近年来检法分歧案件统计资料，在检法分歧中，认定量刑情节产生的分歧占相当大的比例。例如，2003 至 2005 年 3 年中，朝阳区检法分歧案件中量刑情节分歧分别占总数的 30.6%、66.7%、51.2%，平均占分歧案件总数的一半以上。再如 2003 年北京市海淀区法院改变检察机关公诉指控共计 97 件，占同期提起公诉案件的 2%。其中涉及量刑情节分歧的有 52 件，[1]占全部检法分歧的 53.6%。检法分歧中这种量刑情节分歧集中表现在自首、立功、未遂等情节的认定上。

（一）自首的认定

1. 被查获罪行未达犯罪程度，主动供述其他同种罪行的，应当认定为自首

　　　　例如田某某盗窃案。[2]被告人田某某于 2004 年 4 月 13 日 23 时许实施盗窃时，被群众抓获后扭送到北京市公安局东城分局景山派出所，接受讯问时又如实供述了其于 2004 年 3 月至 4 月间采用撬锁、破窗入室手段，入室盗窃两次，分别窃得人民币 230 元、价值 1400 元手机的犯罪行为。检察机关对此没有认定被告人自首，法院认为被抓获的行为不构成犯罪，又供述其他多次同种罪行从而达到犯罪程度，应当认为如实供述司法机关尚未掌握的罪行，成立自首。

对于被告人被抓获时盗窃数额不够较大没有达到构成犯罪的程度，但主动供述以前多次盗窃罪行、达到构成盗窃罪程度，能否认定自首？我们认为应当认定为自首。这涉及《刑法》第 67 条第 2 款的理解和适用，对此最高人民法院的解释是：“被采取强制措施的犯罪嫌疑人、被告人和已宣判的罪犯，

---

〔1〕　王宏伟、胡志强：《审判改变公诉指控之实证分析——以 2003 年以来改变指控案例为切入》，系北京市海淀区人民检察院检察业务研究内部资料，2004 年 10 月 13 日刊发。

〔2〕　北京市朝阳区人民法院判决书（2004）年东刑初字第 00403 号。

如实供述司法机关尚未掌握的罪行，与司法机关已掌握的或者判决确定的罪行属不同种罪行的，以自首论。"根据这个司法解释，主动交待同种余罪通常不成立自首。但是本案的情形略有差异，被查获的罪行自身没有达到构成犯罪的程度，即属于一般违法行为，而主动供述的司法机关未掌握的同种余罪达到了犯罪的程度，考虑到本案追究刑事责任的依据是同种余罪，应当根据余罪适用自首。对此有关司法机关也将其作为司法经验总结出来，认为主动供述同种余罪不成立自首的前提是已掌握的罪行独立构成犯罪，如果"仅因实施一般违法行为被抓获"后，主动供述同种罪行成为刑事追诉的主要原因的，应认定为自首。[1]具体理由如下。

（1）应当以作为追究刑事责任依据的罪行作为适用自首的根据。就上述案例而言，被告人被抓获归案的盗窃行为本身尚未达到构成犯罪的程度，单独不能作为追究刑事责任的根据。其主动供述司法机关未掌握的其他盗窃罪行导致被追究刑事责任，追究刑事责任的依据或主要原因在主动供述的同种余罪，因此在累计数额一并进行处罚时，适用自首的根据应当是主动供述的余罪（后罪），余罪符合自首的条件，应当适用自首从宽处罚。

（2）对最高人民法院的"主动供述同种余罪不认为自首"的解释应尽量作限制适用。自首的本质在于罪犯主动接受国家的裁判，一方面表明罪犯有悔罪态度，另一方面节省司法资源。因此，罪行未被发现时主动投案、罪行被发现后主动投案以及到案后主动供述司法机关没有掌握的其他罪行，都符合自首的本质要求，都应当认定成立自首，是否不同种罪行并不具有本质上的差别。可是《最高人民法院关于处理自首和立功具体应用法律若干问题的解释》第2条《刑法》把第67条第2款的"其他罪行"解释为没有被掌握的"不同种罪行"。在此解释出台以前，也有学者主张包含未被掌握的同种罪行，在此解释出台以后，亦有学者认为这是一个不利被告的限制解释，缩小了自首成立的范围。但是，由于我国司法习惯上对同种数罪一并审理而不实行数罪并罚，这一司法习惯导致对主动供述同种余罪自首适用陷入窘境。比如被告人犯有抢劫罪（抢劫A罪）被抓获归案，又主动供述司法机关未掌握的另一起抢劫罪（抢劫B罪），如果实行数罪并罚，则不妨认定抢劫B罪成立自首从宽处罚；但仍对抢劫A罪不适用自首。但在对同种数罪一并审理时不实

---

[1] 上海市高级人民法院："刑法适用问题解答（试行）汇编"（总则）"，载陈兴良主编：《刑事法判解》，法律出版社2004年版，第133页。

行数罪并罚的场合，面对抢劫 A 罪不适用自首，而抢劫 B 罪适用自首又只能以一罪定罪处罚的情况，意味着承认抢劫 B 罪成立自首的同时必须带上抢劫 A 罪一并适用自首宽大处罚，这不合适。从最高人民法院关于自首的解释看，只对主动供述不同种余罪认可成立自首，对同种余罪选择了不认可自首。这种区别对待的做法本来就缺乏充分的理由，且对被告人明显不利，只能理解为是在同种数罪不并罚的司法习惯下作出的不得已的选择。既然如此，对最高人民法院这一对被告人不利的限制解释在适用时应当尽量缩小其范围。

（3）在适用减轻处罚一般需要具有法定情节的情况下，有必要适当放宽自首的适用。我国刑法对许多犯罪都有法定最低刑的限制，而减轻处罚的适用又受到严格的限制。在这种体制下，适当扩张自首的适用，有利于避免过于刻板、苛刻的判罚。

对于主动供述同种余罪可进行进一步的思考。在司法机关已经掌握的罪行仅仅是基本犯的情况下，被告人主动供述同种余罪从而构成加重犯的场合，似可考虑对全案适用自首。比如被告人因盗窃数额较大（法定最高刑为 3 年有期徒刑）被采取强制措施，在此期间主动交待司法机关未掌握的另一起或数起盗窃罪行，从而构成盗窃数额巨大（法定最低刑 3 年有期徒刑）或特别巨大（法定最低刑 10 年有期徒刑）。如果根据现行的司法解释仅仅是酌情从轻处罚，仍然必须在法定最低刑以上适用刑罚，不足以体现坦白从宽的政策，不利于鼓励罪犯主动交代余罪。倘若适用自首，可以酌情适用减轻处罚，有利于体现政策价值。尤其是在主动交待的司法机关未掌握的同种罪行达到适用死刑的一般标准的场合，适用自首的规定，至少可以多一个酌情不判处死刑的选择。

2. 在排查中行为人主动交代所犯罪行的，是否属于自动投案

例如张某盗窃案。民政部李某办公室被盗，保卫处根据规定对进出该办公室的人员进行排查，后在女厕所发现被盗财物，因此对负责清洁工作的两名女保洁员张某、肖某分别进行专门谈话，张某承认了盗窃事实，后保卫处报警，张某在派出所也如实供述了自己的盗窃事实。检察机关认为：张某是在已被列为怀疑对象，被单位保卫部门人员询问时承认自己的犯罪事实，不属于"仅因形迹可疑，被有关组织盘问、教育后，主动交代自己的罪行"的情形，不是自动投案，不成立自首。法院则认为属于"形迹可疑"型自首。

这涉及如何理解、适用《最高人民法院关于处理自首和立功具体应用法律若干问题的解释》第1条第1项之规定，即"罪行未被司法机关发觉，仅因形迹可疑被有关组织或者司法机关盘问、教育后，主动交代自己的罪行的……应当视为自动投案"。参考司法解释和司法经验，我们认为认定本案被告人成立自首较为合理。一般而言，"排查"作为搜集犯罪线索、查找犯罪嫌疑人的侦查手段，不具有强制性和法定性，如果嫌疑人在接受侦查机关排查询问时，如实供述了自己的犯罪事实，只要没有确实的证据证明被排查人有犯罪嫌疑的，可以认定属于"形迹可疑"的情形，主动供述的应当认定为自动投案。就本案而言，犯罪事实虽然已被发觉，但不知犯罪人是谁。仅仅根据出入办公室人员这样的条件对保洁员张某、肖某进行谈话，显然是根据一般的侦查程序、侦察经验进行的排查，并无确定谁是犯罪嫌疑人的证据。从被调查人员方面来看，没有目击证人的证言，或者赃物、证物，或者犯罪工具、犯罪痕迹将其与犯罪事实相联系。因此在谈话后就交待罪行的，应该属于罪行未被发觉仅因形迹可疑经盘问就交待的情况。犯罪人交代罪行不仅具有明显主动性，且对抗侦察的心理防线较为薄弱，主观恶性不深的，适宜认定为自首。

检、法对本案自首认定发生的分歧，一定程度上暴露出"形迹可疑"术语的模糊性和司法人员判断是否属于"形迹可疑"时容易因为理解不同而发生分歧的问题。解决这个问题，一方面应当从司法技术入手，另一方面还应当适当考虑自首适用的倾向，适当放宽自首的认定。根据这样的想法，我们认为区分"形迹可疑"和"犯罪嫌疑"可以采取较为客观化的标准，即以是否存在足以证实被怀疑人具有违法犯罪事实的证据为标准，具体而言可以分为以下两种情形。

（1）没有事主或相关报案记录的情况，经盘问，行为人如实供述罪行的，应当认定为形迹可疑型自首。

即司法人员没有接到事主报案等案件线索（往往通过接受案件登记、立案决定书、110报警记录等在案卷中有所体现），在日常巡逻中发现形迹可疑人，因为形迹可疑人神色表情（看到警察后撒腿就跑或者语无伦次）、衣着特征（如身上有血迹或破损）、随身携带可疑物品（如撬痕明显的车辆、多把万能钥匙等法律禁止公民持有的物品，但其来源有待进一步确认是否为合法持有的场合）等，要求其接受盘问，对这种可疑进行合理解释的情况下，被询问人在盘问中主动供述自己罪行的，一般应当认定为自首。这种情况下被询问人往往不知道自己的罪行是否被司法机关掌握以及被掌握的程度，其在接受盘问、询问的时候，当即承认了自己的犯罪事实，并自愿接受司法机关的处理。即使当时侦查机关已经根据一定的线索确认了犯罪嫌疑人的特征或者有可能有违法犯罪行为，但是因为没有足以当场采取强制措施的证据，采用的是盘问笔录的形式固定口供，应视为一般性的询问，可以认为此时被询问人的犯罪事实尚未被公安机关掌握，其如实供述并愿意接受公安机关进一步处理的，一般应当认定为自首。

（2）采取强制措施不适时的情况下，统一以是否在盘问笔录中对罪行进行供述作为认定自首的标准。

司法实践中，由于采取强制措施要达到严格的程序和证据要求，侦查人员在当场发现犯罪嫌疑人时，即使符合适用强制措施的情形，但往往来不及请示而先适用普通的询问措施。我们认为此时如果嫌疑人如实供述的，即在盘问笔录而非讯问笔录中体现了这种如实供述的，均可以认定为自首。但笔录的性质不能仅靠形式认定，而应以侦查人员的问话内容是询问还是讯问为准。因为根据《刑事诉讼法》第93条的规定，侦查人员在讯问犯罪嫌疑人的时候，应当首先讯问犯罪嫌疑人是否有犯罪行为，让他陈述有罪的情节或者无罪的辩解，然后向他提出问题。如果侦查人员在对被调查对象问话时是为了通过这种问话获得被问者的有罪供述或者是自我归罪的证据，并且让被问者回答是否有犯罪行为，那么这种问话就是讯问（说明侦查机关已经掌握了一定的证据），从这一刻起，被问者的法律身份就是犯罪嫌疑人了，此时其即使如实供述了犯罪事实，也因不具备主动性要求而不能认定为自首。

也许有人认为如果以此来界定自动投案的范围，会有失之过宽之嫌。但在此种刑事程序刚刚开始的情况下，因嫌疑人承认犯罪事实从而明确了侦查方向，同时也表明了犯罪嫌疑人将自己交付国家机关审判的意愿，合乎自首制度设立的目的。对比犯罪嫌疑人在被通缉、追捕过程中主动投案的情形，无疑更加节约司法资源，没有逃跑情节也更加体现了嫌疑人将自己交付国家审判的自愿性。对后者尚能认定为自动投案，从而认定为自首，对于前者反而不能认定，会丧失刑法的均衡性和公平性。因此我们认为确立认定是否"形迹可疑"的形式标准，扩大自首的认定范围，更加具有实质合理性。

有时在没有采取或尚未采取强制措施的案件中，司法人员已经将某人当作犯罪嫌疑人进行了侦查或者讯问，但出于规避刑事诉讼法关于诉讼时限的规定，仅将这种讯问说成是询问或一般的调查，借此摆脱刑事诉讼法有关时限的约束。这种变通处理的方式变相剥夺了犯罪嫌疑人在接受讯问后获得相应法律帮助等诉讼权利，我们可以将这种询问不作为讯问看待，如果被询问人如实交代的，可以认定为自首，作为对这种变相剥夺嫌疑人权利的一种补偿措施。

3. 在不知犯罪人是谁的场合，被害人也可以成为投案对象

例如聂某盗窃案。[1]被告人聂某系某大学学生，盗窃同宿舍同学申某手机四部，遇申某质问时，聂某当即承认了盗窃事实，后申某向学校保卫部门报警，法院、检察机关均认定聂某系自首。

对于本案的被告人成立自首各方没有分歧，但提出了一个有趣的问题，就是在被害人还不能确认犯罪人是谁的情况下，行为人经被害人询问、盘问之后就向被害人承认了自己的罪行，且无逃避侦查审判的行为，能否成立自首？我们认为，在公诉案件中，犯罪人向被害人投案并且在被害人报案时不予以阻止，并接受司法机关的侦查和讯问；或者是自诉案件中，犯罪人直接向有告诉权的被害人或其法定代理人、近亲属等如实供述自己的罪行，[2]并不阻碍其向司法机关告诉并接受审查、裁判的，将其认定为自首也是符合设立自首的立法本意的，同时也反映了行为人接受国家审判的自愿性，符合自首的本质要求。

对于投案的对象，应当是作扩张理解。一般认为投案对象包括司法机关以及犯罪嫌疑人"所在单位、城乡基层组织或者其他有关负责人员"，对这里的"负责人员"应当作广义理解，包括所有负责刑事案件侦查、起诉、审判职责的一般司法人员，犯罪人所在单位的直接主管人员（如部门领导、保卫人员等），以及城乡基层组织中具体负责治安保卫事宜的主管领导及一般工作人员，且无论自首时上述人员是否处于执行职务期间。因为一旦犯罪人向上述机关、人员投案，这些单位、组织或人员所充当的就是犯罪人与司法机关的中介角色，其作用在于对犯罪人采取暂时的控制措施并及时将犯罪人及其

---

〔1〕 北京市海淀区人民检察院《向被害人承认自己的罪行并不妨碍被害人报案的行为可否认定为自首》。

〔2〕 这种情况在我国古代刑法以及日本等国家及地区的刑法中均有规定，称为"首服"。

罪行移交司法机关处理。[1]因此实践中比较多见的行为人在接受单位领导或保安、联防等负有保护安全、预防犯罪的机关、人员的盘问、教育时，能如实交代的，也应当视为自动投案。因为此时行为人罪行尚未被司法机关发觉，受到刑罚追究的危险性尚不大，其如实交代，且事后没有阻碍有关组织的报案，能进一步配合司法机关工作，反映了其主观恶性较小，应该作为自动投案处理。

4. 电话传唤到案的是否属于自动投案

例如余某某故意伤害案。[2]被告人余某某因故与汪某某互殴，在互殴过程中，被告人余某某持铁锹将汪某某打成轻伤（偏重）。事发后，民警打电话将余某某约至事发现场，将其抓获。对本案，公诉机关没有认定余某某自首。法院认为成立自首，予以从轻处罚。

我们认为，有必要在这类案件的自首认定上达成共识，原则上认为属于自动投案。电话传唤属于一种口头传唤，经电话传唤到案是否属于自动投案要根据具体情况确定。首先，口头传唤有时确实包含了传讯的意图，但毕竟不是法定的传唤方式，不属于强制措施，因此经口头传唤到案的，不能排除属于自动到案。其次，要根据案情认定。就本案而言，互相斗殴的事实发生后，因为案件轻微，事实简单明了，是否构成犯罪主要取决于伤情鉴定，一方伤情鉴定为轻伤以上程度的，另一方涉嫌故意伤害罪；反之，双方伤势均未达到轻伤程度的，则不属于刑事案件。在这种是否构成犯罪尚不明确的情况下，公安机关一般不会采取强制措施，而是让双方当事人均回家等待进一步的调查或处理。因为案件轻微，是非曲直存在争议，双方当事人一般不会为此而逃跑。公安人员也掌握了当事人的这种心理，料定其不会为此等小事而逃跑，一旦认为有必要追究刑事责任的，一般也不会大动干戈采取抓捕行动，而是简单地口头传唤嫌疑人到案，嫌疑人一般也会听从传唤到案。最后，这种情形在司法实践中常见，但处理方式并不统一，有的不认为自首，有的认定为自首，如同法院对本案的认定。是否认定为自动投案，涉及自首适用扩张还是限制的政策选择。

---

〔1〕 周振想：《自首制度的理论与实践》，人民法院出版社 1988 年版，第 54 页。

〔2〕 北京市朝阳区人民法院判决书（2004）朝刑初字第 02994 号。

我们认为对这类情形选择扩张适用较为合理。因为这类案件往往起因于群众之间的纠纷，案情公开、性质较轻、当事人双方都愿意诉诸司法机关公断。也因为如此，公安人员根据经验认为逃匿的可能性不大，不必急于控制嫌疑人，留有余地。经调查或鉴定后，案件性质明朗，当事人构成犯罪，随传随到，表明嫌疑人具有接受国家裁判的意思。认定成立自首，肯定和鼓励嫌疑人的合作态度，既有利于其认罪服法也可以产生良好的示范效应。最后，不能不强调一下"平衡"问题。嫌疑人经口头传唤不仅不到案反而逃匿，被公安机关通缉后又主动到案的，依然可以成立自首。与此相比较，经口头传唤就直接到案的嫌疑人主动性更好，应予鼓励，认定为自首较公平合理。

（二）盗窃罪既遂与未遂的尺度

例如孔某盗窃案。[1]孔某于 2004 年 8 月 21 日 16 时许，在北京市某女装店内，趁售货员不备将一件连衣裙（价值人民币 1500 元）装入其所背挎包内，后走出店门。该店售货员听到警报器报警后，追到门外将被告人孔某拦住，后将其扭送至派出所。上述赃物被追缴并发还被害人。检察机关认为孔某系盗窃未遂，法院认为属于既遂。

检察机关认为：孔某系盗窃未遂是因为商店雇佣店员、安装防盗器都是为了防止店内财物失窃，二者都是商店对其财物控制的方式，是商店对其财物控制的具体体现。店员对财物控制是一种有形的控制，防盗器对店内财物是一种无形的控制。被告人带未付款的店内商品出店门时，防盗器报警，即商店的无形控制发挥作用，此时商店并未丧失对连衣裙的控制，后通过有形的控制即售货员的追赶，将被盗财物追回。在整个过程中，商店并未丧失对被盗物品的控制，因此应属盗窃未遂。

法院认为孔某的行为属于盗窃既遂。理由是：在特定场所内盗窃，应以是否把财物带出该场所作为既遂与未遂的界限。本案中，被告人孔某将商店内财物装于其包内走出商店门时，即已脱离了物主的控制，为盗窃既遂。商店是有特定范围的场所，对其店内财物的控制范围限于其店内，将店内物品带出店外即事实上使商店失去了对其财物的控制，盗窃行为即为既遂。售货员因警报器响，发现被告人，并追出店外将其抓获，并不影响犯罪形态的

---

[1] 北京市朝阳区人民法院判决书（2005）东刑初字第 00054 号。

认定。

我们认为本案认定为盗窃既遂较为合适。认定盗窃罪既遂与未遂常有分歧，这不足为怪。在学说上就存在控制说、失控说和控制加失控说等多种观点。其实不论采取哪一种判断标准，遇到复杂的案件都会有很难辨别其细微差别，作出令人信服的决断的时候。这种情形下，合理解决问题需要选择什么样的立场或倾向，即应当倾向于适当扩张既遂还是未遂？我们主张应适当扩张盗窃罪既遂、缩小盗窃罪未遂的适用。因为根据《最高人民法院关于审理盗窃案件具体应用法律若干问题的解释》第1条第2项：盗窃未遂，情节严重，应当定罪处罚。这意味着，起诉未遂的盗窃罪行需要具备"情节严重"的要件，或者至少应当说明该未遂的盗窃罪行"情节严重"。根据该解释，"情节严重"是指"以数额巨大的财物或者国家珍贵文物等为盗窃目标"之类的盗窃案件。就上述案例中孔某的盗窃行为而言，显然不符合该解释的"情节严重"的条件。因此如果认定其行为是盗窃未遂，就不应该起诉追究其刑事责任。反之，如果认为有必要起诉本案行为人，同时又不违背最高人民法院关于盗窃未遂追诉条件的限制，只能以盗窃既遂为由起诉。基于这样的理由，我们认为，一般而言应适当收缩盗窃未遂的认定，从控方讲以免给自己增加起诉的困难和障碍；从审判方讲以免背离处罚盗窃犯罪的社会需求。就孔某盗窃个案而言，公诉方对有关司法解释不够重视。本案到底是既遂还是未遂，其细微之处在于无论采取控制说还是失控说抑或是其他学说，都难以令人信服地断言是既遂还是未遂。但有一点是明确的，就是司法解释对盗窃未遂要求"情节严重"才定罪判刑。因此对本案，要么以盗窃既遂为由起诉，要么以盗窃未遂、情节严重为由起诉。认定为盗窃未遂又不能说明情节严重就起诉，起诉的法律根据不充分。这类情况在司法实务中普遍存在，期望在此引起各方注意。

（三）认定从犯的标准和共犯制度

例如刘某某等三人盗窃案。[1]任某某、刘某、刘某某预谋盗窃残疾人专用车转卖后从中渔利，由刘某某驾驶其松花江牌面包车搭载任某某、刘某前往作案地点，由任某某、刘某剪断车锁盗车。刘某某望风接应并

---

〔1〕 北京市朝阳区人民法院判决书（2005）东刑初字第00285号。

搭载任某某、刘某及盗窃的车辆离开。三名被告人以同样方式先后盗窃残疾人专用车共4辆（价值18 650元）。检察机关认为：刘某某在整个犯罪中主要实施运送同案犯罪嫌疑人"踩道"前往犯罪地点、望风的行为，并未参与具体盗窃行为，可以认定其在共同犯罪中起次要、辅助作用，为从犯。法院认为：刘某某在共同犯罪中，虽未直接实施盗窃行为，但其地位及作用尚不符合从犯的构成要件，不是从犯。

本案分歧的焦点在于刘某某是否属于从犯。我们倾向于认为刘某某不属于从犯。这个看似简单的问题，其实涉及我国共同犯罪制度的特点和共犯制度的变化。

（1）《刑法》第27条规定在共同犯罪中起次要或辅助作用的，是从犯，对于从犯应当从轻减轻或者免除处罚。但是，仅仅根据本条从犯的规定不足以解决从犯认定的标准问题。因为从犯是相对于主犯而言的，我国刑法对主犯认定的标准是在共同犯罪中起主要作用。因此主犯与从犯之分的实质标准是在共同犯罪中作用的大小。那么本案的焦点就是刘某某在该盗窃案中的作用大小的认定。综合全案的犯罪特点和过程看，刘某某与同案其他共犯人比较，在该案中所起的作用没有什么差别。因为在使用机动交通工具远程盗窃较为笨重的物品场合，驾驶交通工具者的作用相当重要，甚至决定了作案的特点。正因为其分工的重要性，所以只需其专司其职，不必一齐动手去撬窃车辆。也就是说，没有直接撬窃车辆未必作用较小。

（2）本案中刘某某的分工是帮助犯还是实行犯？一般而言，帮助犯因为没有直接实施犯罪行为，一般被认为是起"辅助"作用的从犯。但是在个案中关于帮助犯与实行犯的区分往往存在争议，就本案而言，刘某某从预谋、"踩点"、运送共犯人到现场、望风，到接应共犯人及窃取的赃物，参与了盗窃犯罪全过程，且是远程窃取笨重物品的重要环节，只是没有直接实施撬窃车辆的行为。从实质标准衡量，不属于发挥次要或辅助作用的情形；从形式标准衡量，也应属于实行犯。认为刘某某属于帮助犯与该案的作案特点也不符。法院的判决更能反映本案犯罪的时代特点、更符合刘某某在共同犯罪中的作用，更为可取。检察机关的控诉意见似乎未解共犯论的精髓，也不符合本案的特点。

（3）共犯制度的修订变化对主犯、从犯认定标准产生的微妙影响：扩大了主犯认定范围，缩小了从犯的认定范围。修订前《刑法》第23条第2款规定：主犯应当从重处罚。这意味着在当时的法律中主犯是处罚的"从重形态"，即法定从重处罚情节，而不是处罚的"常态"（标准态）。这导致当时认定主犯较为慎重，往往对作用明显较大者认定为主犯。修订后的《刑法》第26条取消了主犯应当从重处罚的规定，这意味着主犯不再是法定从重处罚的情节，使主犯回归到处罚的"常态"，与此相对，只有从犯是处罚的特殊形态。这一修订变化产生的影响是：认定主犯成为共同犯罪人常态（普通状态）的认定，不涉及法定情节的适用。只有从犯涉及法定情节的适用，所以需要明显作用较小的理由。这意味着在共同犯罪案件中，不被认定为从犯的，都是主犯。因为现行刑法中主犯已经成为共犯处罚的"常态"，不被认定为从犯的，就当然理解为按常态处罚，即按主犯处罚。因此应逐渐适应把主犯视为处罚常态、从犯视为特殊样态的现行共犯体制，在共同犯罪中起一般作用的，可以按主犯处罚，不需要将其认定为从犯。如果这样理解现行刑法的共犯制度，将本案中的刘某某认定为主犯或不认定为从犯是较为合理的。

北京市朝阳区检察院 1999 年度公诉案件
量刑的分析研究[1]

一、量刑情况概要

全面细致地统计基层法院判决的刑罚，不仅是了解我国量刑现状的必要途径，也是研究、评价法院量刑的基础。为此，我们对北京市朝阳区人民检察院 1999 年度提起公诉、北京市朝阳区人民法院作出有罪判决的全部案件进行了尽可能全面的统计。[2]统计的概况如下。

朝阳区法院对朝阳区检察院 1999 年提起公诉的刑事案件，作出有罪判决的共 1314 案，涉及 1786 人。其中盗窃罪 476 案，625 人，分别占全年度有罪判决的 36.2%，35.0%；故意伤害罪 236 案，261 人，分别占全年度有罪判决的 18%，14.6%；抢劫罪 218 案，358 人，分别占全年度有罪判决的 16.6%，20%；交通肇事罪 48 案，48 人，分别占全年度有罪判决的 3.7% 和 2.7%；诈骗罪 33 案，44 人，分别占全年度有罪判决的 2.5%，2.4%；其他罪（合并统计）353 案，492 人，分别占全年度有罪判决的 26.9%，27.5%。

（一）盗窃罪量刑概况

盗窃数额较大的有 370 案，473 人，分别占全年度盗窃罪有罪判决的 77.7%，75.7%。依据北京市高级人民法院的解释，盗窃罪数额较大的标准掌握

---

[1] 原载《政法论坛》2001 年第 1 期。本文为北京市朝阳区人民检察院和中国政法大学法律系合作项目成果之一。其他作者还有：臧德胜、冯景旭、李小燕、付强、冉云梅。

[2] 关于统计的说明。该统计是根据朝阳区检察院 1999 年度公诉、朝阳区法院一审有罪判决制作的。不包括：（1）该年度由检察机关作出酌量不起诉的案件；（2）由朝阳区检察院起诉、朝阳区法院作出无罪判决或者判决免予刑事处罚的案件；（3）相同罪名，但根据级别管辖的规定可能判处无期徒刑以上刑罚应当由中级人民法院管辖的案件；（4）上诉或者抗诉后由二审法院对一审判决改变定罪量刑的情况。我们尽可能收集齐全 1999 年度的判例，以便完整地反映某一审法院量刑的情况，但不能排除有个别遗漏。在统计时，针对共同犯罪和数罪并罚的案件采用分别统计的方法，所以统计的个案总和及犯罪人总和分别略大于实际案件总数及犯罪人数。

在 1000 元以上不满 10 000 元。依据《刑法》第 264 条的规定，应当处 3 年以下有期徒刑、拘役或者管制，并处或者单处罚金。据统计，1999 年度盗窃数额较大被判有罪的案件，人均盗窃的财物价值 4789.7 元，人均刑期[1] 12 个月；被判有期徒刑的，人均刑期为 13.2 个月；被判拘役[2]的，人均刑期为 5.4 个月；适用缓刑的为 14 人，适用率[3]为 3.0%；单处罚金刑的为 2 人，适用率为 0.4%；并处罚金的为 460 人，适用率为 97.3%，人均罚金数额为 1698 元。

盗窃数额巨大或者有其他严重情节的 93 案，121 人，分别占全年度盗窃罪有罪判决的 19.5%，19.4%。依据北京市高级人民法院的解释，盗窃罪数额巨大的标准掌握在 10 000 元以上不满 60 000 元。依据《刑法》第 264 条的规定，应当处 3 年以上 10 年以下有期徒刑，并处罚金。据统计，1999 年度盗窃数额巨大被判有罪的案件，人均盗窃的财物价值 30 946 元，人均刑期 54.1 个月；被判有期徒刑的，人均刑期为 54.5 个月；被判拘役的，人均刑期为 5 个月；适用缓刑的为 2 人，适用率为 1.7%；并处罚金的为 119 人，适用率为 98.3%，人均并处罚金数额为 5664 元；并处剥夺政治权利 16 人，适用率为 13.2%，平均刑期为 15.6 个月。

盗窃数额特别巨大或者有其他特别严重情节的有 24 案，31 人，分别占全年度盗窃罪有罪判决的 5.0%，5.0%。依据北京市高级人民法院的解释，盗窃罪数额巨大的标准掌握在 60 000 元以上。依据《刑法》第 264 条的规定，应当处 10 年以上有期徒刑或者无期徒刑，并处罚金或者没收财产。据统计，1999 年度盗窃数额特别巨大被判有罪的案件，人均盗窃的财物价值 125 459 元，全部被判有期徒刑，人均刑期为 126 个月，无适用拘役及缓刑的，并处罚金的为 31 人，适用率为 100%，人均并处罚金数额为 19 665 元，并处剥夺政治权利 26 人，适用率为 83.9%，人均刑期为 23.1 个月。

(二) 故意伤害罪量刑概况

故意伤害罪造成轻伤结果的有 158 案，177 人，分别占全年度故意伤害罪有罪判决的 66.9%，67.8%。依据《刑法》第 234 条的规定，应当处 3 年以下有期徒刑、拘役或者管制。据统计，1999 年度故意伤害罪造成轻伤结果案

---

〔1〕 本统计没有特别说明的，"人均刑期"指包含有期徒刑、拘役及其缓刑总和的平均刑期。

〔2〕 本统计的有期徒刑、拘役没有特别说明的，均包括实刑和缓刑。

〔3〕 本统计所指缓刑适用率是指适用缓刑人数与该范围内全部犯罪人数之比。

件，人均刑期 16.8 个月，其中，被判有期徒刑的，人均刑期为 17.6 个月；被判拘役的，人均刑期为 5.5 个月；适用缓刑的为 73 人，适用率为 41.2%；无被判处管制刑的；并处剥夺政治权利 2 人，适用率为 1.1%，人均刑期为 12 个月。

故意伤害罪造成重伤结果的有 56 案，60 人，分别占全年度故意伤害罪有罪判决的 23.7%，23%。依据《刑法》第 234 条的规定，应当处 3 年以上 10 年以下有期徒刑。据统计，1999 年度故意伤害罪造成重伤结果案件，人均刑期 62.3 个月，其中被判有期徒刑（实刑）的，人均刑期为 65 个月；无被判拘役的；适用缓刑的为 4 人，适用率为 6.7%；并处剥夺政治权利的为 15 人，适用率为 25%，人均刑期为 12.8 个月。

故意伤害罪致人死亡或者以特别残忍的手段致人重伤造成严重残疾的有 22 案，24 人，分别占全年度故意伤害罪有罪判决的 9.3%，9.2%。依据《刑法》第 234 条的规定，应当处 10 年以上有期徒刑、无期徒刑或者死刑。据统计，1999 年度这种情形的故意伤害罪案件，被判有期徒刑的，人均刑期为 135.1 个月；无被判拘役的；适用缓刑的为 1 人，适用率为 4.2%；并处剥夺政治权利 18 人，适用率为 75%，人均刑期为 29.3 个月。

（三）抢劫罪量刑概况

普通抢劫罪有 157 案，240 人，分别占全年度抢劫罪有罪判决的 72%，67%。依据《刑法》第 263 条的规定，应当处 3 年以上 10 年以下有期徒刑，并处罚金。据统计，1999 年度普通抢劫罪被判有罪的案件中，人均刑期 53 个月，被判有期徒刑（实刑）的，人均刑期为 55.9 个月；适用缓刑的为 16 人，适用率为 6.7％；并处罚金的为 231 人，适用率为 96.3%，人均并处罚金数额为 3746.8 元；并处剥夺政治权利 51 人，适用率为 21.3%，人均刑期 14.4 个月。

加重的抢劫罪有 61 案，118 人，分别占全年度抢劫罪有罪判决的 28%，33%。依据《刑法》第 263 条的规定，加重的抢劫罪[1]应当处 10 年以上有

---

[1] 加重的抢劫罪是指具有下列情形之一：
（一）入户抢劫的；
（二）在公共交通工具上抢劫的；
（三）抢劫银行或者其他金融机构的；
（四）多次抢劫或者抢劫数额巨大的；
（五）抢劫致人重伤、死亡的；
（六）冒充军警人员抢劫的；
（七）持枪抢劫的；
（八）抢劫军用物资或者抢险、救灾、救济物资的。

期徒刑、无期徒刑或者死刑，并处罚金或者没收财产。据统计，1999 年度加重抢劫罪被判有罪的案件，人均刑期为 118.2 个月，其中，被判有期徒刑（实刑）的，人均刑期为 123.2 个月；适用缓刑的为 6 人，适用率为 5.1%；并处罚金的为 116 人，适用率为 98.3%，人均并处罚金数额为 9655.2 元；并处剥夺政治权利 95 人，适用率为 80.5%，人均刑期为 21.6 个月。

（四）诈骗罪量刑概况

1. 《刑法》第 266 条规定的诈骗罪量刑概况

诈骗数额较大的有 23 案，29 人，分别占全年度诈骗罪有罪判决的 69.7%，66%。依据北京市高级人民法院的解释，诈骗罪数额较大的标准掌握在 3000 元以上不满 50 000 元。依据《刑法》第 266 条的规定，应当处 3 年以下有期徒刑、拘役或者管制，并处或者单处罚金。据统计，1999 年度诈骗数额较大被判有罪的案件，人均诈骗的财物价值 4220.1 元，人均刑期为 16.5 个月，其中，被判有期徒刑的，人均刑期为 16.9 个月；被判拘役的，人均刑期为 6 个月；并处罚金的为 29 人，适用率为 100%，人均罚金数额为 3379.3 元。

诈骗数额巨大或者有其他严重情节的有 6 案，9 人，分别占全年度诈骗罪有罪判决的 18.2%，20.5%。依据北京市高级人民法院的解释，诈骗罪数额巨大的标准掌握在 50 000 元以上不满 200 000 元。依据《刑法》第 264 条的规定，应当处 3 年以上 10 年以下有期徒刑，并处罚金。据统计，1999 年度诈骗数额巨大被判有罪的案件，人均诈骗的财物价值 124 029.9 元，被判有期徒刑的，人均刑期为 73.7 个月；并处罚金的为 7 人，适用率为 100%，人均并处罚金数额为 35 285.7 元。

诈骗数额特别巨大或者有其他特别严重情节的有 4 案，6 人，分别占全年度诈骗罪有罪判决的 12.1%，13.6%。依据北京市高级人民法院的解释，诈骗罪数额巨大的标准掌握在 200 000 元以上。依据《刑法》第 264 条的规定，应当处 10 年以上有期徒刑或者无期徒刑，并处罚金或者没收财产。据统计，1999 年度诈骗数额特别巨大被判有罪的案件，人均诈骗的财物价值 28.7 万元，被判有期徒刑的，人均刑期为 123.4 个月；并处罚金的为 6 人，适用率为 100%，人均并处罚金数额为 45 000 元；并处剥夺政治权利的有 2 人，适用率为 4.8%，人均剥夺刑期为 12 个月。

2. 其他诈骗罪

（1）合同诈骗罪。共 10 案，12 人，其中数额较大的有 2 案，2 人，分别占全年度合同诈骗罪有罪判决的 20%，16.7%，人均刑期 42 个月，并处罚金 2 人，适用率为 100%，人均罚金金额 1.75 万元。数额巨大的有 5 案，6 人，分别占全年度合同诈骗罪有罪判决的 50%，50%，人均刑期 60 个月；并处罚金 6 人，适用率 100%，人均罚金 2.67 万元。数额特别巨大的有 3 案，4 人，分别占全年度合同诈骗罪有罪判决的 30%，33.3%，人均刑期 150 个月；并处罚金的有 4 人，适用率 100%，人均罚金 13.8 万元。

（2）招摇撞骗罪。共 6 案，8 人，人均刑期为 16.8 个月，无并处罚金。

（3）票据诈骗罪。共 3 案，4 人，人均刑期为 91.5 个月，判处罚金 4 人，适用率 100%，人均罚金数额 9.25 万元。

（五）交通肇事罪量刑概况

交通肇事罪有 48 案，48 人，人均刑期为 26 个月，其中 27 人被判处有期徒刑（实刑），人均刑期 31.2 个月；适用缓刑 21 人，适用率 43.8%。

（六）其他犯罪的量刑情况

强奸罪 37 案，41 人，其中普通强奸 28 人，人均刑期 59.2 个月，27 人被判有期徒刑（实刑），人均刑期 60.1 个月，缓刑 1 人，7 人被并处剥夺政治权利，适用率为 25%，人均刑期 15.4 个月；加重的强奸有 13 人，均被判处有期徒刑，人均刑期为 152.3 个月，被并处剥夺政治权利有 12 人，适用率为 92.3%，人均刑期 35 个月。

贩卖毒品罪 36 案，45 人，45 人被判处有期徒刑，人均刑期 73.93 个月；并处罚金 41 人，适用率 91.26%，人均罚金 0.86 万元；并处没收财产 3 人，适用率 6.67%；18 人被并处剥夺政治权利，适用率为 40%，人均刑期 18 个月。

寻衅滋事罪 31 案，46 人，人均刑期 23 个月，其中 39 人被判处有期徒刑（实刑），人均刑期 23.08 个月；缓刑 7 人，人均刑期为 22.3 个月，适用率 15.22%。

非法拘禁罪 22 案，60 人，人均刑期 11.1 个月，其中 53 人被判处有期徒刑（实刑），人均刑期 11.5 个月；5 人被判处拘役，人均刑期 6.8 个月；缓刑 2 人，适用率 3.33%。

抢夺罪 20 案，26 人，人均刑期 11.2 个月，其中 22 人被判处有期徒刑，人均刑期 12.27 个月；拘役 4 人，人均刑期 5.5 个月；并处罚金 25 人，适用率 96.2%，人均罚金 1380 元。

出售、购买假币罪 19 案，29 人，人均刑期 34.9 个月，其中 24 人被判处有期徒刑，人均刑期 41.2 个月；拘役 5 人，人均刑期 5.8 个月；并处罚金 29 人，适用率 100%，人均罚金 4.04 万元。

敲诈勒索罪 19 案，31 人，人均刑期 26.1 个月，其中 30 人被判处有期徒刑，人均刑期 26.8 个月；拘役 1 人，刑期 6 个月，1 人被并处剥夺政治权利，适用率为 3.2%，刑期 12 个月。

非法持有枪支罪 18 案，18 人，人均刑期 13.1 个月，其中 15 人被判处有期徒刑，人均刑期 14.6 个月；拘役 3 人，人均刑期 5 个月；缓刑 1 人，适用率 5.6%。

传播淫秽物品牟利罪 18 案，25 人，人均刑期 31.8 个月，其中 24 人被判处有期徒刑，人均刑期 32.8 个月；拘役 1 人，刑期 6 个月；并处罚金 24 人，适用率 96%，人均罚金 4800 元；3 人被并处剥夺政治权利，适用率为 12%，人均刑期 28 个月。

窝藏、转移赃物罪 17 案，19 人，人均刑期 9.2 个月，其中 16 人被判处有期徒刑，人均刑期 9.9 个月；拘役 3 人，人均刑期 5.3 个月，并处罚金 18 人，适用率 94.7%，人均罚金 2400 元。

妨害公务罪 13 案，15 人，人均刑期 14.3 个月，其中 13 人被判处有期徒刑，人均刑期 14.9 个月；拘役 1 人，刑期 6 个月，缓刑 1 人，适用率 6.7%。

职务侵占罪 13 案，16 人，人均刑期 38.5 个月，其中 14 人被判处有期徒刑，人均刑期 40.6 个月；拘役 1 人，刑期 12 个月，缓刑 2 人，适用率 12.5%。

引诱、容留、介绍卖淫罪 11 案，13 人，13 人被判处有期徒刑，人均刑期 42.3 个月；并处罚金 13 人，适用率 100%，人均罚金 6500 元。

非法持有毒品罪 9 案，9 人，9 人被判处有期徒刑，人均刑期 33.2 个月；并处罚金 8 人，适用率 88.9%，人均罚金 4300 元。

持有、使用假币罪 6 案，9 人，人均刑期 33.4 个月，其中 8 人被判处有期徒刑（实刑），人均刑期 36.1 个月；缓刑 1 人，适用率 11.1%，并处罚金 9 人，适用率 100%，人均罚金 4.04 万元。

伪造国家机关公文、证件、印章罪 5 案，10 人，人均刑期 14.6 个月，其中 9 人被判处有期徒刑（实刑），人均刑期 13.6 个月；缓刑 1 人，适用率 10%。

绑架罪 5 案，12 人，12 人被判处有期徒刑，人均刑期 80.6 个月；并处罚金 12 人，适用率 100%，人均罚金 1.75 万元。

拐卖妇女、儿童罪 4 案，4 人，4 人被判处有期徒刑，人均刑期 42 个月。

重大责任事故罪 4 案，4 人，4 人被判处有期徒刑，人均刑期 21 个月。

贪污罪 4 案，4 人，人均刑期 90 个月，其中 3 人被判处有期徒刑，人均刑期 108 个月；缓刑 1 人，适用率 25%。

受贿罪 2 案，2 人，人均刑期 54 个月，其中 1 人被判处有期徒刑，刑期 72 个月；缓刑 1 人，适用率 50%。

挪用公款罪 2 案，3 人，人均刑期 40 个月，其中 2 人被判处有期徒刑（实刑），人均刑期 42 个月；缓刑 1 人，适用率 33.3%。

侵占罪 2 案，2 人，2 人被判处有期徒刑，人均刑期 33 个月。

其他不足 2 案的犯罪量刑情况略。

二、财产刑的适用

（一）罚金刑的适用

在中国的现行刑法中，广泛规定了罚金刑。据统计，在刑法典分则 350 个条文中，"共有 147 个条文规定了罚金刑，占分则条文总数的近 1/2，广泛分布于刑法分则的 7 个章节"。[1]主要适用于经济犯罪和贪利性质的犯罪及某些妨害社会管理秩序的犯罪。

（1）从适用的方式看，以并科居多，单独适用的极少。据统计，在盗窃案中，有 610 人被并处罚金，适用率为 97.6%，适用单处罚金的仅有 1 案 2 人，适用率为 0.4%，而其他案件中，没有一例案件适用单处罚金。

（2）从适用的罚金数额看，在适用罚金刑的 1214 人中，平均额为 6890 元。其中盗窃罪的平均额为 3400 元，抢劫罪的平均额为 5722 元，而其他案件（合并统计）的平均额高达 16 751 元。

（3）从适用的根据看，几乎很少考虑犯罪人的支付能力。主要是因为立法上规定对有些罪必须附加适用（并科）。这种立法上的强制并罚的规定，使法院无暇考虑犯罪人的支付能力，加之中国刑法中没有罚金刑的易科自由刑的制度，其执行情况不容乐观。

（4）从适用的政策思想看，侧重于从经济上打击经济和贪利犯罪，加强

---

〔1〕 何慧新："新刑法中的罚金刑分析"，载丁慕英等主编：《刑法实施中的重点难点问题研究》，法律出版社 1998 年版，第 525 页。

打击犯罪的力度。最明显的是，据统计数据显示，罚金刑 99.6% 都是与自由刑并处的，单处的仅有 2 人。其适用的对象多为经济、贪利性犯罪。如诈骗罪、贩卖假币罪等犯罪并科罚金适用率达到 100%，罚金额明显高于其他犯罪，伪造有价证券罪的平均罚金额高达 300 000 元。[1]

　　这次统计令人感到意外的是罚金刑的适用率非常之高。总共被判有罪的 1786 人中，被判处罚金刑的有 1214 人，适用率近 68%。如果把法律没有规定科处罚金刑的犯罪如故意伤害罪、强奸罪、交通肇事罪等除外计算，其适用率更高，达到 95.4%。[2]其中盗窃、抢劫、诈骗（合计占全部案件的 50% 以上）的罚金刑适用率在 96% 以上，其他经济、贪利性犯罪的适用率接近 100%。过去，我国学者认为我国的罚金刑适用率过低，强调扩大罚金刑的适用。这种评价与过去有关法院的统计显示的情况是一致的。例如，河北省高级人民法院研究室对河北省 1992 年上半年判决的司法统计[3]和内蒙古自治区高级人民法院研究室关于财产刑[4]适用的调查报告，[5]就认为财产刑实际适用率很低，河北省 1992 年 1～6 月份可以适用财产刑的有 726 名犯罪分子，实际适用 33 名犯罪分子，仅占 4.55%；应当并处罚金或没收财产刑的犯罪分子 61 名，只适用了 10 名，占 16.39%。内蒙古自治区在 1991 年和 1992 年前 9 个月，全区一审适用财产刑的案件仅有 165 件，占同期结案数 13 666 件的 1.2%，占可以或应当适用财产刑案件数 3397 件的 4.85%。但是上述评价与本次统计的情况不符。这说明罚金刑适用率低的情况在朝阳区法院的判决中发生了根本的变化。

　　这次统计值得注意的情况是，罚金刑的适用基本上是并科适用，单科极少。这种结果可能是许多学者始料未及的。罚金刑的适用率是明显提高了，但是提高的只是并科适用。这与学者以罚金刑取代自由刑的期望并不一致。

---

　　〔1〕　在统计中仅有一案三人分别被判处 30 万元罚金。因案件数太少，这样高额的罚金不一定具有代表性。

　　〔2〕　在统计中，有 1273 人属于法定可以或者应当处罚金刑。

　　〔3〕　河北省高级人民法院研究室："对当前适用没收财产、罚金刑的分析"，载《人民法院年鉴》（1992），人民法院出版社 1995 年版，第 842 页。

　　〔4〕　此处的财产刑包括罚金和没收财产刑。

　　〔5〕　内蒙古自治区高级人民法院研究室："对财产刑适用情况的调查"，载《人民法院年鉴》（1992），人民法院出版社 1995 年版，第 859 页。内蒙古自治区高级人民法院研究室对乌盟、呼盟、哲盟中院以及集宁区、察右前旗、兴和县、海拉尔区、满洲里市、鄂温克旗、通辽市 7 个基层院适用财产刑情况。

罚金刑的扩大适用并未带来自由刑的减少适用。罚金刑适用率提高的原因主要有两个，其一是从经济上打击经济、贪利性犯罪的政策思想的影响，其二是 1997 年《刑法》扩大了应当并处罚金的规定。

我国罚金刑的适用情况与国外的罚金刑的适用情况有很大的差别。

（1）在适用范围上，外国几乎可以适用于任何犯罪；我国限于经济、贪利、破坏社会秩序的犯罪。

（2）在适用方式上，外国单处罚金占较大比例；而本统计显示我国法院并处罚金占绝对比例，并处罚金犯罪人与单处罚金犯罪人之比为 607∶1。

（3）在适用数量上，外国适用罚金刑处罚的犯罪占很大比例，以致有现代刑罚体系是罚金刑与自由刑中心论，极端者有倡导罚金刑中心论。而本统计显示我国法院以罚金刑单独处理结案的很少，几乎到了可以忽略不计的程度。

（4）在适用金额的根据上，外国把犯罪事实和支付能力均纳入立法考虑的范围内；中国则很少考虑犯罪人的支付能力。

（5）在执行方式上，外国多有罚金刑与自由刑及其他措施（如义务劳动）的换处制度。中国没有这些制度，立法上规定了罚金执行的多种方式，但仅限于财产，不得以其他措施换处。

产生上述差别的原因主要有以下几方面。

（1）政策的着眼点不同：在国外，倡导适用罚金刑政策思想主要是因为刑罚宽和的政策和取代短期自由刑的目的，以此来避免自由刑费用昂贵、犯罪传习的弊端，有利于罪犯重新适应社会生活。我国侧重从经济上加大打击力度，这导致几乎全是剥夺自由刑并科罚金，单科的极少；同时适用范围也较窄。罚金刑与自由刑并科，可以贯彻从经济上制裁打击犯罪的政策意图，但是，对于刑罚宽和、减少短期自由刑适用的政策而言，无实质意义。

（2）体制不同：外国处罚体制多为一元制，而我国是二元的处罚体制，不法程度较低的行为没有被纳入刑事处罚体系，[1]而使用行政处罚（罚款、劳教等）处理。而不法程度较低的行为是最适宜使用罚金处理的。从这个意义上讲，中外罚金刑的适用率不具有可比性。

---

　　〔1〕　储槐植教授在《我国刑法中犯罪概念的定量因素》（载《法学研究》1988 年第 2 期）一文中首次提出我国刑法中犯罪的定量问题，并指出这是我国刑法的创新。因此，我国刑法中规定的犯罪需要具有较高的不法程度，与此相应，刑罚的起点也较为严厉。

（3）观念不同：我国在司法实践中存在适用罚金刑的意识形态障碍。国外许多国家将罚金视为一种以公正与有效相兼容为基础的刑罚方法，而我国由于顾忌罚金刑的不公正性，一直未能将其纳入主刑的范围，一直不能正视和解决罚金刑与自由刑换处的问题。而罚金刑没有自由刑作为后盾，必然存在执行难的死结。罚金刑执行难反过来又限制了罚金刑的单独适用。在中国目前的制裁体系下，如果不建立罚金刑与自由刑换处的制度，便不可能改变单处罚金刑几乎等于零的局面。

（二）没收财产刑

没收财产是指没收犯罪分子个人所有财产的一部或者全部。我国刑法中共有 59 个条文可适用没收财产刑，占分则条文（351 条）的 16.8%，几乎成为一种和罚金刑平行的刑罚方法。[1]

没收财产作为一种财产刑，在我国主要适用于危害国家安全罪、情节严重的破坏社会主义经济秩序罪、侵犯财产罪、妨害社会管理秩序罪等。

从法院实际适用的情况看，适用极少，在全年度的有罪判决中，仅有 3 例并处没收财产刑，即贩卖毒品并罚 3 人。从犯罪的性质出发，我们可以看出，法院在适用没收财产刑时，是考虑到了国家刑事政策的倾向性的。

1. 存在的问题

（1）立法上没收财产刑适用的对象相当广泛，但在实际适用中，相当有限。[2]据统计资料显示，仅对犯贩卖毒品罪共 3 人适用了没收财产刑。尽管如此，立法上广泛规定没收财产刑是有疑问的，因为这会给私有财产的保护带来消极的影响。

在经济上严打经济犯罪、毒品犯罪、环境犯罪是世界性刑事政策新潮流，西方各国主要是通过扩大、活用特定物没收制度来顺应这个潮流的。它们在从经济上严打犯罪的思路支配下所进行的被视为"具有划时代意义的改革"，不过是将没收的范围扩大到犯罪所得利益，将应予没收的利益由纯利扩至总体（成本加纯利），以及在某种场合下减轻控方证明财产非法来源的责任或者

---

〔1〕 注意这种一般没收在西方国家基本没有。这种一般没收与特殊没收不同。所谓特殊没收是指《刑法》第 64 条的规定："犯罪分子违法所得的一切财物，应当予以追缴或者责令退赔；对被害人的合法财产，应当及时返还；违禁品和供犯罪所用的本人财物，应当予以没收。没收的财物和罚金，一律上缴国库，不得挪用和自行处理。"

〔2〕 基层法院案件管辖范围，也一定程度限制了没收财产刑的适用。

将举证责任倒置。另外，对个别犯罪允许突破法定罚金限额。而在我国现行刑法中，不仅已有对犯罪所得财产的没收措施，而且没收财产刑（一般没收）可广泛适用于危害国家安全罪和经济—贪利型犯罪。

（2）没收财产刑适用与罚金刑、特定物没收追缴处分之间的界限、作用不清，可以互相替换适用。这种情况下难免出现回避认定犯罪人嫌疑财产的性质，简单以罚金、没收财产刑处置的现象。

2. 改进

（1）明确正当理由。这种正当理由分一般正当理由和特殊正当理由两部分。一般正当理由是指没收财产刑作为刑罚方法与自由刑、生命刑共同具有的正当理由，包括：①报应已然罪责；②预防、遏制未然犯罪。特殊性正当理由指由财产刑特点所决定的财产刑（处分）所具有的与自由刑、生命刑不同的正当理由，包括：①取缔不法状态；②形式平等与实质平等相均衡；③保护重大公共利益的需要。

（2）严格限制甚至废除没收财产刑。没收财产刑仅在保护重大公共利益、抗制敌对势力需要的场合，才有适用的合理根据。

（3）强化对犯罪关联物、违禁品、犯罪所得物、利益的没收、追缴处分措施。重视没收处分措施在打击经济–贪利型犯罪方面的作用，提高它的法律地位。适用的范围是一切违法所得以及其他犯罪关联财物，适用的依据是取缔不法状态。

（4）以罚金刑取代没收财产刑。

三、缓刑的适用

在中国刑法中，缓刑适用条件是被判处 3 年以下有期徒刑的犯罪人，并且确有悔改表现不致再危害社会的，可以适用缓刑，但是对累犯不适用缓刑。

在中国，扩大缓刑的适用一直是国家重要的刑事政策之一。尤其是学者，受各国开放处遇的刑事政策思想影响，积极倡导缓刑的适用。

从统计资料看，适用缓刑的犯罪人为 159 人，占全部可适用缓刑犯罪人[1]的 13.3%，占全部犯罪人的 8.9%。其中，以交通肇事罪的适用率为最高，占全部可适用缓刑犯罪人的 56.8%（21 人/37 人），占全部犯罪人的 44.8%

---

〔1〕 据统计，判处 3 年以下有期徒刑或拘役的犯罪人共 1224 人，其中累犯 31 人，所以全部可适用缓刑犯罪人为 1193 人。

（21 人/48 人）。其次是故意伤害罪，占全部可适用缓刑人数的 42.9%（78 人/182 人），占全部犯罪人数的 29.9%（78 人/261 人）。再次是抢劫罪，占全部可适用缓刑人数的 25.9%（22 人/85 人），占全部犯罪人数的 6.1%（22 人/358 人）。最后是盗窃罪，占全部可适用缓刑犯罪人数的 3.1%（16 人/520 人），占全部犯罪人数的 2.9（16 人/625 人）。其余犯罪（合并统计）占全部可适用缓刑犯罪人数的 6%（22 人/369 人），占全部犯罪人数的 3.5%（22 人/636 人）。

从统计数据可得出如下结论。

从适用的犯罪看，缓刑大多适用于故意伤害罪（轻伤）、交通肇事罪。

从适用的主体看，其一，对未成年人罪犯适用缓刑较多，共适用 34 人，占全部缓刑适用的 21.4%。而未成年犯罪人，只占全部犯罪人的 9.2%；未成年人犯罪缓刑适用人数占全部可适用缓刑未成年人数的 30%，占全部未成年犯罪人数的 20.6%。成年人缓刑适用人数为 125 人，占全部可适用缓刑成年犯罪人的 11.5%，占全部成年人犯罪人数的 7.7%。其二，比较而言，缓刑对京籍罪犯适用较多，共 156 人，占缓刑适用人数的 98.1%。相反，仅对 3 名外来人员罪犯适用了缓刑，占全部缓刑适用人数的 1.9%。而外来人员犯罪占整个刑事犯罪的 70.4%。

缓刑的适用率总体较低。这首先还是由中国的二元制裁体系造成的。公诉罪犯的犯罪不法程度较高，不宜广泛适用缓刑。其次，对于北京而言，大量外来人口犯罪，由于难以监管，一般不宜适用缓刑。最后，涉及对某些犯罪的特别考虑，在司法机关强调打击某类犯罪时，对这类犯罪的缓刑适用会受到一定的限制。例如，在强调打击严重危害社会治安犯罪或者非法出版物犯罪的场合，这类被起诉的罪犯较少适用缓刑。

四、管制的适用

管制是中国刑法中极有特色的限制自由刑。管制的执行类似于缓刑，即将罪犯放在监狱之外，在社会上由公安机关监督执行。管制与缓刑不同之处是，管制是独立的轻于拘役、有期徒刑的刑种，并且不能被撤销。它也不同于西方国家的社区劳动，因为被判管制的犯人，如果劳动的，依法应当同工同酬。罪犯有遵守管制规则的义务，但没有从事义务劳动的义务。从减少监禁，扩大开放性处遇措施的角度讲，管制和缓刑具有相同的刑事政策意义。

从统计的 1314 个案件来看，没有适用管制的案件。造成这种状况的原因是多方面的。首先，依然是因为二元的制裁体系，使进入公诉程序的罪犯具有较高不法程度，一般不适宜适用管制刑。其次，缓刑制度的存在，限制了管制适用的范围。对于被判处 3 年以下有期徒刑、拘役的罪犯，如果可以不关押的，可以适用缓刑，会取得同样的政策效果。最后，对于大量的非京籍罪犯，由于不便监管，也不宜适用管制。

制定和修订刑法典时，管制刑的存废是争议的焦点之一。如果实践经验表明，管制刑实际上被闲置不用，那么，管制刑就没有保留的必要。况且，完全可以用缓刑实现管制刑的功能。虽然缓刑和管制都有执行难的问题，但相对而言，缓刑执行难较之管制更容易得到解决。因为缓刑具有可撤销性，这种无形的压力在目前监管难以落实的情况下，多少对罪犯有一些督促作用。

五、影响量刑轻重的相关因素

（一）结果与量刑轻重的关联

在中国刑法中，法定刑的配置具有一个重要的特色，就是法定刑的轻重与犯罪的数量（结果）相关联，即倾向客观化的模式。[1] 这种将客观结果的

---

〔1〕 最典型的如：《刑法》第 383 条关于贪污罪和受贿罪法定刑的规定：" 对犯贪污罪的，根据情节轻重，分别依照下列规定处罚：

（一）个人贪污数额在 10 万元以上的，处 10 年以上有期徒刑或者无期徒刑，可以并处没收财产；情节特别严重的，处死刑，并处没收财产。

（二）个人贪污数额在 5 万元以上不满 10 万元的，处 5 年以上有期徒刑，可以并处没收财产；情节特别严重的，处无期徒刑，并处没收财产。

（三）个人贪污数额在 5000 元以上不满 5 万元的，处 1 年以上 7 年以下有期徒刑；情节严重的，处 7 年以上 10 年以下有期徒刑。个人贪污数额在 5000 元以上不满 1 万元，犯罪后有悔改表现、积极退赃的，可以减轻处罚或者免予刑事处罚，由其所在单位或者上级主管机关给予行政处分。

（四）个人贪污数额不满 5000 元，情节较重的，处 2 年以下有期徒刑或者拘役；情节较轻的，由其所在单位或者上级主管机关酌情给予行政处分。

对多次贪污未经处理的，按照累计贪污数额处罚。" 这个规定基本上是根据贪污受贿的数额作为配置法定刑轻重的依据。在量刑时，数额的多少就成为适用相应法定刑的决定性的因素。具体说，如果行为人贪污数额累计在 10 万元以上而又没有法定减轻处罚情节的，通常应定判处 10 年以上有期徒刑。同时数额达到 10 年以上有期徒刑，也是适用死刑的必要条件。类似的规定在刑法典中还有很多，往往属于常见罪行。如《刑法》第 264 条对盗窃罪的规定："盗窃公私财物，数额较大或者多次盗窃的，处 3 年以下有期徒刑、拘役或者管制，并处或者单处罚金；数额巨大或者有其他严重情节的，处 3 年以上 10 年以下有期徒刑，并处罚金；数额特别巨大或者有其他特别严重情节的，处 10 年以上有期徒刑或者无期徒刑，并处罚金或者没收财产；有下列情形之一的，处无期徒刑或者死刑，并处没收财产：

（一）盗窃金融机构，数额特别巨大的；

量化，作为定罪量刑的主要依据的立法模式，决定了中国刑事司法对大多数犯罪定罪量刑的基本格局。比如对盗窃罪，盗窃数额"较大""巨大""特别巨大"这三个等级的数量，是决定分别适用三个法定刑幅度"3 年以下有期徒刑……""3 年以上 10 年以下有期徒刑""10 年以上有期徒刑……"的主要根据。对于故意伤害罪，"轻伤""重伤""死亡"三种结果，是决定分别适用三个法定刑幅度"3 年以下有期徒刑……""3 年以上 10 年以下有期徒刑""10 年以上有期徒刑……"的主要根据。在这种立法体制之下，量刑的轻重首先与结果具有最大的关联性。如统计显示：盗窃罪，数额较大的，人均被判处 12 个月的刑期；数额巨大的，人均被判处 54.1 个月的刑期；数额特别巨大的，人均被判处 126 个月的刑期。故意伤害罪，轻伤的，人均被判处 16.8 个月的刑期；重伤的，人均被判处 62.3 个月的刑期；致人死亡的，人均被判处 135.1 个月的刑期。[1]

　　正因为如此，可以认为中国的量刑政策，具有浓重的客观化色彩。这种模式简单明了，操作方便，也能够实现刑罚轻重与犯罪（数额）结果的均衡，实现在人口大国里以犯罪结果、数额为基准的量刑平衡。这种模式也有效地

（接上页）（二）盗窃珍贵文物，情节严重的。"在这个规定中，"数额较大""数额巨大""数额特别巨大"是配置法定刑轻重的基本依据，同样，在量刑时盗窃数额累计数量是决定刑罚轻重的关键指标。为了便于操作，对这样的数额作出具体解释成为最高法院指导司法的重要职责。并且要随着通货膨胀的重大变化，不断地调整对数额的解释。最新的解释是 1998 年作出的："据《刑法》第 264 条的规定，结合当前的经济发展水平和社会治安状况，现对盗窃罪数额认定标准规定如下：

一、个人盗窃公私财物"数额较大"，以 500 元至 2 千元为起点。

二、个人盗窃公私财物"数额巨大"，以 5000 元至 2 万元为起点。

三、个人盗窃公私财物"数额特别巨大"，以 3 万元至 10 万元为起点。"

其他一些侵犯财产的犯罪，如诈骗罪、侵占罪、职务侵占罪、挪用资金罪、敲诈勒索罪、故意毁坏财物罪、挪用公款罪以及一些破坏经济秩序的犯罪如生产销售伪劣产品罪、非法经营罪、偷税罪等，大体也是这种模式。甚至对毒品犯罪也是这种模式。因此犯罪的数额，既是配置法定刑的依据也是裁量刑罚的主要依据。这种主要根据犯罪数额的多少配置法定刑的模式，既是国民或者立法者罪刑观念的反映，也极大地影响到司法者的量刑观念，左右了司法习惯，奠定了我国量刑客观化倾向的格局，使中国的量刑具有强烈的客观化特色。也就是说，犯罪的结果（涉及金额的多寡）是裁量刑罚最为显要因素。由于这种模式涉及的都是最为常见的犯罪，如盗窃、诈骗、贪污、受贿、侵占、挪用等，使法院不仅在事实上广为采用这种客观化的标准处理案件，而且还渗透到对其他犯罪的刑罚配置与裁量中，如对于拐卖妇女、儿童罪，规定拐卖 3 人以上的处 10 年以上有期徒刑或者无期徒刑。

〔1〕　在盗窃数额特别巨大或者致人重伤死亡的场合，其实际处刑比统计显示的还要重。因为，本统计依据是朝阳区法院的一审有罪判决。根据级别管辖，盗窃数额特别巨大或者致人重伤死亡的案件，如果应当判处无期徒刑或者死刑的，应当由中级人民法院管辖。本统计没有反映这种应当判处死刑、无期徒刑的情况。

制约了法官的自由裁量权。这是具有中国特色的量刑体制。至于案件的其他情况，如犯罪人的主观恶性、人身危险性及家庭社会环境等个性化的因素，一般只能是在这个框架内予以考虑。从统计的情况看，结果、数额以外的因素，也得到了较为充分的考虑。[1]

（二）犯罪人户籍所在地与量刑的关联

在本统计的全部案件中，北京籍的犯罪人人均刑期为 37.8 个月；非北京籍的犯罪人人均刑期为 42.1 个月。具体情况如下。

1. 盗窃罪

盗窃罪数额较大的，北京籍的犯罪人，人均犯罪金额为 5704.6 元，人均刑期为 12.7 个月，并处罚金额人均为 1587.2 元；非北京籍犯罪人，人均犯罪金额为 4664.2 元，人均刑期为 11.9 个月，并处罚金额为 1714.2 元。盗窃数额巨大的，北京籍的犯罪人，人均犯罪金额为 26 747.8 元，人均刑期为 38.3 个月，并处罚金额人均为 4515.2 元；非北京籍犯罪人，人均犯罪金额为 32 520.8 元，人均刑期为 60.0 个月，并处罚金额为人均 6104.7 元。盗窃数额特别巨大的，北京籍的犯罪人，人均犯罪金额为 157 140 元，人均刑期为 132 个月，并处罚金额人均为 21 750 元；非北京籍犯罪人，人均犯罪金额为 114 439.2 元，人均刑期为 124.0 个月，并处罚金额为 19 343.5 元。

2. 故意伤害罪

故意伤害造成轻伤结果的，北京籍的犯罪人，人均刑期为 13.7 个月；非北京籍犯罪人，人均刑期为 19.5 个月。故意伤害造成重伤结果的，北京籍的犯罪人，人均刑期为 54.5 个月；非北京籍犯罪人，人均刑期为 66.8 个月。故意伤害造成死亡结果的，北京籍的犯罪人，人均刑期为 122.2 个月；非北京籍犯罪人，人均刑期为 137.5 个月。

3. 抢劫罪

普通抢劫，北京籍的犯罪人，人均刑期为 41 个月，并处罚金额人均为 2843.1 元；非北京籍犯罪人，人均刑期为 57 个月，并处罚金额为 4002.8 元。加重的抢劫，北京籍的犯罪人，人均刑期为 76.4 个月，并处罚金额人均为 7000 元；非北京籍犯罪人，人均刑期为 127.8 个月，人均罚金金额为 10 276.6 元。

---

[1] 这在后面介绍的犯罪人户籍所在地、年龄、前科与量刑轻重的关联将有所反映。

4. 诈骗罪

诈骗数额较大的，北京籍的犯罪人，人均犯罪金额为 8357.8 元，人均刑期为 14.2 个月，并处罚金额人均为 2454.5 元；非北京籍犯罪人，人均犯罪金额为 17 080.4 元，人均刑期为 17.7 个月，并处罚金额为 3888.9 元。诈骗数额巨大的，北京籍的犯罪人，人均犯罪金额为 18.6 万元，人均刑期为 84 个月，并处罚金额人均为 7000 元（仅 1 人）；非北京籍犯罪人，人均犯罪金额为 11.37 万元，人均刑期为 72 个月，并处罚金额为 4 万元。诈骗数额特别巨大的，北京籍的犯罪人，人均犯罪金额为 24.7 万元，人均刑期为 108 个月，并处罚金额人均为 2 万元（仅 1 人）；非北京籍犯罪人，人均犯罪金额为 32.7 万元，人均刑期为 140 个月，并处罚金额为 8.3 万元。

5. 交通肇事罪

普通情节的交通肇事罪，北京籍的犯罪人有 23 人，人均造成死亡结果 0.92 人，人均造成重伤结果 0.17 人，人均造成轻伤结果 0.17 人，人均造成经济损失 1.98 万元，人均刑期为 25.6 个月；非北京籍犯罪人有 25 人，人均造成死亡人数为 1.08 人，人均造成轻伤结果 0.08 人，人均造成经济损失 1.43 万元，人均刑期为 32.3 个月。情节加重的交通肇事罪，无北京籍的犯罪人；非北京籍犯罪人有 6 人，人均造成死亡人数为 1.67 人，人均造成重伤结果 0.5 人，人均造成轻伤结果 0.17 人，人均刑期为 54 个月。交通肇事逃逸致人死亡的，无北京籍的犯罪人；非北京籍犯罪人有 1 人，人均造成死亡人数为 1 人，人均刑期为 84 个月。关于本罪的赔偿情况，北京籍犯罪人，人均赔偿 7.53 万元（含单位、亲属代赔）；非北京籍犯罪人，人均赔偿 9.06 万元（含单位、亲属代赔）。

6. 其他犯罪处刑案件

其他犯罪处刑案件共 353 件，犯罪人 492 人，北京籍犯罪人 174 人，占 35.3%，人均刑期 38.8 个月，并处罚金人均 2.46 万元，剥夺政治权利的 11 人，人均刑期 17.8 个月；非北京籍罪犯 318 人，占 64.7%，人均刑期 38.3 个月，并处罚金的 133 人，人均罚金 2.4 万元，并处剥夺政治权利的 16 人，人均 19.5 个月。

从上述统计看，非北京籍的犯罪人受到的处罚比北京籍犯罪人要重一些。其中较为明显的是加重抢劫罪的量刑，人均刑期高出 51.4 个月。交通肇事罪量刑，非北京籍犯罪人处刑也比较高。故意伤害罪轻伤结果的处罚，非北京籍犯罪人人均刑期比北京籍犯罪人人均刑期高出5.8个月，考虑到其法定刑限定在3年以下有期徒刑的狭小范围内，这种差距相对而言还是很大的。

这种犯罪人户籍所在地差异所产生的量刑差别，至少反映出对北京籍人犯与对非北京籍人犯量刑的不平衡。根据目前的资料虽然尚难断定这是基于案情的差异而产生的差别还是基于案外因素所产生的差别，但是值得我们关注和研究。如果导致这种差异的原因是案情的差异，那么，仍然属于公平的判决。如果是案外因素的影响，那么，就属于量刑的偏差，应当予以纠正。对此，我们需要认真考虑，是否存在（户籍）地域的歧视？是否因为北京籍犯罪人比非北京籍犯罪人能够获得更好的法律帮助？是否因为北京籍犯罪人能够更好地赔偿被害人的损失？

至于缓刑的适用，差距更为明显。这主要是由于不便监管和控制等客观方面的因素，对非北京籍的犯罪人通常不能适用缓刑。

（三）年龄与量刑轻重的关联

本统计的全部案件中，未成年人的人均刑期为27.5个月，成年人的人均刑期为41.7个月；未成年人的人均罚金额为2614元，成年人的人均罚金额为11 330元，具体情况如下。

1. 盗窃罪

盗窃罪数额较大的，成年人人均犯罪金额为4940.4元，人均刑期为12.4个月，并处罚金额人均为4924.3元；未成年人，人均犯罪金额为3243.6元，人均刑期为8.1个月，并处罚金额人均为3275.8元。盗窃数额巨大的，成年犯罪人，人均犯罪金额为31 931.4元，人均刑期为57.9个月，并处罚金额人均为6023.1元；未成年犯罪人，人均犯罪金额为20 187元，人均刑期为16.3个月，并处罚金额为2136.4元。盗窃数额特别巨大的，成年犯罪人，人均犯罪金额为122 707.3元，人均刑期为133.6个月，并处罚金额人均为20 765.3元；未成年犯罪人，人均犯罪金额为139 766元，人均刑期为86.4个月，并处罚金额为15 800元。

2. 故意伤害罪

故意伤害造成轻伤结果的，成年犯罪人，人均刑期为17.4个月；未成年犯罪人，人均刑期为11个月。故意伤害造成重伤结果的，成年犯罪人，人均刑期为63.2个月；未成年犯罪人，人均刑期为49.5个月。故意伤害造成死亡结果的，成年犯罪人，人均刑期为133.6个月；未成年犯罪人，人均刑期为60个月。

3. 抢劫罪

普通抢劫，成年犯罪人，人均刑期为61.9个月，并处罚金额人均为4291.7元；未成年犯罪人，人均刑期为28.8个月，并处罚金额人均为2293.7元。加重的抢劫，成年犯罪人，人均刑期为126.6个月，并处罚金额人均为10 223.3元，无人被并处没收财产；未成年犯罪人，[1]人均刑期为74.1个月，并处罚金额人均为5153元，无人被并处没收财产。

4. 其他犯罪

除上述盗窃、故意伤害、抢劫三种犯罪外，其他犯罪成年犯罪人人均刑期为36.7个月，并处罚金额人均22 100元，并对3人并处没收财产；未成年犯罪人人均刑期为12.2个月，并处罚金额人均1500元。

5. 缓刑的适用

成年犯罪人的适用率为7.7%；未成年人的适用率为20.6%。

对未成年犯罪人应当作出宽大处理，是中国的重要量刑政策之一。以上统计明显地反映出对未成年人量刑比成年人的量刑要轻。通常人均被判处的刑期要比成年人罪犯低1/3至2/3，在其他犯罪类型中，表现更为明显。但在罚金方面，虽然对未成年人判处罚金的人均数额低于成年人，资料显示的数额应当说仍然是比较大的。我们认为应当严格限制对未成年犯罪人适用罚金。因为未成年人一般没有独立的经济来源，对他们适用罚金无异于对犯罪人的亲友适用罚金，有悖于罪责自负的刑事责任原理。

另外，在统计的过程中，我们还发现一个多少令人感到意外的现象，那就是未成年人罪犯罚金刑的执行情况，好于成年人。这大约是家长考虑到子女会因此获得宽大处理，作为回报愿意积极代为缴纳罚金的原因。而成年人被并处罚金之后，有被又打又罚双重处罚的感觉，对缴纳罚金持消极态度。

(四) 前科与量刑轻重的关联[2]

累犯是法定的从重处罚的情节。在本统计中，累犯为82人，占全部犯罪

---

[1] 本统计中，抢劫罪（加重）中的未成年人从犯亦被归入加重抢劫未成年犯罪。对于该未成年犯罪人，有些人被判处的刑期远远低于"10年以上有期徒刑，无期徒刑或者死刑"这一法定刑。

[2] 这里的前科取狭义，仅指累犯。对于曾受过治安处罚、劳动教养处分以及具有累犯以外的前科劣迹的，未统计在内。但是，在调查统计中，我们发现，法院对于具有累犯以外的前科劣迹的犯罪人，通常在量刑时也适当考虑，判处较重刑罚。

人数的 4.5%。累犯都被判处有期徒刑，平均刑期为 68 个月，非累犯的平均刑期为 39.2 个月，具体情况如下。

（1）盗窃罪。盗窃数额较大的，非累犯人均犯罪金额为 4878.6 元，人均刑期为 11.5 个月，并处罚金额人均为 1680 元；累犯人均犯罪金额为 2795.4 元，人均刑期为 25.7 个月，并处罚金额为 2138.9 元。盗窃数额巨大的，非累犯人均犯罪金额为 31 079 元，人均刑期为 53.2 个月，并处罚金额人均为 5535 元；累犯人均犯罪金额为 27 868 元，人均刑期为 74.4 个月，并处罚金额为 8600 元。盗窃数额特别巨大的，非累犯人均犯罪金额为 123 590 元，人均刑期为 124.6 个月，并处罚金额人均为 19 630 元；累犯人均犯罪金额为 181 520元，人均刑期为 168 个月，并处罚金额为 30 000 元。

（2）故意伤害罪。故意伤害造成轻伤结果的，非累犯人均刑期为 16.8 个月；累犯人均刑期为 24 个月。故意伤害造成重伤结果的，非累犯人均刑期为 61.5 个月；累犯人均刑期为 84 个月。故意伤害造成死亡结果的，非累犯人均刑期为 126.3 个月；累犯人均刑期为 160 个月。

（3）抢劫罪。普通抢劫，非累犯人均刑期为 52 个月，并处罚金额人均为 3502.3 元；累犯人均刑期为 84.7 个月，并处罚金额为 6444.4 元。加重的抢劫，非累犯人均刑期为 115.1 个月，并处罚金额人均为 9381.8 元；累犯人均刑期为 160.5 个月，人均犯罪金额为 14 666.7 元。

（4）诈骗罪。累犯平均诈骗 5.25 万元，平均刑期为 43.5 个月，并处罚金额人均 1.58 万元；非累犯平均诈骗 6.42 万元，平均刑期为 45.8 个月，并处罚金额人均 1.55 万元。

（5）交通肇事罪没有累犯问题。

（6）其他犯罪中，非累犯共 457 人，人均刑期为 38.8 个月，并处罚金人数 226 人，适用率为 49.5%，并处罚金人均数额为 21 300 元；累犯共 35 人，人均刑期为 99.9 个月，并处罚金人数 21 人，适用率 60%，并处罚金人均数额 9400 元。

以上统计显示，累犯确实受到较重的处罚。最明显的是盗窃数额较大的场合，累犯的人均犯罪金额几乎仅相当于非累犯的一半，而被处的刑期却高出非累犯 1 倍多。在伤害和抢劫罪方面，累犯的人均刑期也高出非累犯约 2/3。在诈骗罪中，累犯与非累犯的人均刑期和罚金额相近，但是非累犯的诈骗金额却高出 1 万余元。

六、小结

（1）北京市朝阳区人民检察院 1999 年度提起公诉、北京市朝阳区人民法院作出有罪判决的全部案件中，盗窃罪约占 1/3；其次是故意伤害罪和抢劫罪，二者之和约占 1/3；广义的诈骗案，也占相当比例；其他犯罪案件约占 1/3 以下。在过失犯罪中，交通肇事罪位居首位。因此，掌握好这 5 种（类）犯罪的量刑尺度，对于正确量刑具有重要意义。

（2）重视结果的客观化立法模式，决定了犯罪结果（数额）与量刑的轻重具有最大关联性。盗窃数额巨大人均被判处的刑期是盗窃数额较大的 4 倍多，故意伤害致人重伤的人均刑期是故意伤害致人轻伤的 3 倍多。

（3）犯罪人的人身情况对量刑轻重具有重要影响。其中，累犯从重处罚的规定得到充分的贯彻，累犯人均被判处的刑期比非累犯一般要长 1/2 以上。未成年人罪犯从轻的规定也得到了充分的贯彻，未成年罪犯人均被判处的刑期比成年罪犯通常要低 1/3 以上，普通抢劫则低 1/2 以上。未成年人的缓刑适用率为 20.6%，几乎是成年人的 3 倍。

（4）对非北京籍罪犯人均判处的刑罚一般比北京籍罪犯要重。

（5）缓刑的适用率（占全部可适用缓刑犯罪人）为 8.9%。适用的犯罪主要是交通肇事罪、故意伤害罪、抢劫罪。京籍罪犯和未成年人有较多的缓刑机会，非北京籍罪犯几乎没有缓刑的机会。

（6）管制刑实际罕有适用，其一是适合适用管制的罪行很少；其二是更有利监管的缓刑可以取代管制。

（7）罚金刑的适用率很高，但实际只适用并科，即与自由刑并处，单科的极少，可以忽略不计。这确实能体现从经济上打击贪利、经济型犯罪的政策。但是，这有双重处罚之嫌，也不能起到减少自由刑适用的作用。与扩大罚金刑适用以减缓刑罚的严厉程度、减少自由刑适用的国际潮流南辕北辙。

（8）没收财产刑虽然在立法中有较为宽泛的规定，但是在司法实践中却很少得到适用。

（9）由于中国二元制裁体系的影响，进入刑事司法程序的案件通常具有较高的不法程度，所以，宽和的制裁方法如单处罚金、管制以及缓刑的适用，受到很大的限制，不可能被广泛适用。此外，对于外来的犯罪人，由于执行难通常不宜适用管制、缓刑。因此，对于外来人口犯罪占多数的大城市，开放性刑罚的适用进一步受到限制。

（10）从常见罪（盗窃、故意伤害、抢劫）量刑情况看，法院量刑的平均值一般低于法定刑幅度的"中线"：如盗窃数额较大的，平均处刑 12 个月，故意伤害致人轻伤的平均处刑 16.9 个月，低于 3 年以下有期徒刑法定幅度"中线"即 18.5 个月（拘役起点 1 个月至 3 年的中线，即（36-1）÷2+1＝18.5）。如果根据判处有期徒刑计算，盗窃数额较大的，平均处刑 13.2 个月，故意伤害致人轻伤的，平均处刑 17.6 个月，也低于 3 年以下有期徒刑法定幅度"中线"即 21 个月（有期徒刑 6 个月起点至 3 年，即（36-6）÷2+6＝21）。犯罪性质较重或者犯罪程度较重的，更为明显，如盗窃数额巨大的，法院量刑的平均值为 54.1 个月，故意伤害致人重伤的是 62.3 个月，普通抢劫是 53.1 个月，而这三种情况的"中线"是 78 个月（（120-36）÷2+36＝78）。因此，根据法定刑幅度的"中线"确定量刑基准可能要重于法院实际掌握的尺度。